U0898253

交通科技译丛

桥梁管理

BRIDGE MANAGEMENT

BOJIDAR YANEV 著

孙利民　陈　斌　叶肖伟　译

人民交通出版社股份有限公司
China Communications Press Co.,Ltd.

内 容 提 要

桥梁管理既涉及技术,又牵涉管理,是一门多学科融合的综合艺术。世界桥梁界有许多工程技术和科研人员出版过桥梁管理类的书籍,但大部分著作局限于论述技术问题。而这本《桥梁管理》可以说是仅有的将工程、管理、经济和哲学有机整合在一起的专著。本书汇聚了原著作者 30 年的桥梁咨询、管理经验,不仅论述了工程与管理之关系,还基于网络和系统工程学的概念提出了对桥梁管理的需求——结构到系统的概念,也即失效、易损性和失效概率;描述了各类评估和桥梁管理支持系统;最后将系统概念应用到结构层面。本书还包含了作者亲历的众多工程案例,诸多美国现行的桥梁管理规章、制度和方法。

本书可作为政府职能部门、养护公司、咨询公司、科研单位等的桥梁管理人员、技术人员的参考书籍,也可作为高等院校土木、交通运输、市政工程和工程管理等专业本科生和研究生的选修课参考书。

译 者 序

近30年来,中国经历了基础设施建设的高峰期,国家高速公路网从无到有,总里程已达到12万公里,各类桥梁的总数达70多万座,数量已超过美国,居世界之首,而且80%以上是近30年内建成的。已建成桥梁运营期的维护管理工作变得日益重要和繁重,运营中因设计缺陷、施工质量不良、养护不到位、超载超负荷使用等原因带来的各类桥梁损伤甚至垮桥事故多有发生。作为发达国家的美国,大型近代桥梁的历史已过百年,其国土面积大,高速及普通公路网发达,公路桥梁数量众多,经历了桥梁建设高峰、繁重运营、各类事故频发之后,在桥梁管理养护方面积累了丰富的经验,形成了先进理念和较为成熟的桥梁结构信息管理、维护决策及养护技术。这些对我国的桥梁管理具有非常有意义的借鉴作用。

本书原著者Bojidar Yanev博士是美国纽约市交通局桥梁管理部门的技术主管,长年负责桥梁养护管理工作,同时任哥伦比亚大学兼职教授,从事桥梁养护相关的专业教育与人才培养。译者之一的同济大学孙利民教授于2000年与其在北京清华大学主办的一次研讨会上相识,后经当时在美国纽约市交通局工作的桥梁结构工程师陈晓明博士的推动,Bojidar Yanev博士于2002年访问了上海同济大学,进行了为期两天的讲座,向上海地区的桥梁管养研究人员和工程师介绍了其工作,得到好评。2007年出版了英文专著《Bridge Management》,汇集了桥梁养护管理的最新成果和工程实践。Bojidar Yanev博士也十分希望他的研究成果和工程实践经验能有益于中国的桥梁养护管理,在陈晓明博士的建议下,孙利民教授应允了该书中文版的翻译工作。后续,杭州市城市管理委员会市政监管中心的陈斌博士和浙江大学的叶肖伟副教授加入了翻译工作。这两位译者在桥梁养护管理方面均有一定的研究和较为丰富的经验,他们的加入大大推进了本书的翻译出版进程。

原著内容涉猎广泛,包含了原著者在哲学、艺术层次的思考,理论和技术研发,工程实践案例,对相关规范、标准的应用与解释等。译者因个人的知识和经验所限,在翻译过程中感觉难度很大,加之其他客观原因,书的翻译工作延续了数年。参加翻译、图表整理及校核工作的除了以上提及的人员之外,还有同济大学桥梁工程系教师孙智研究员、淡丹辉教授、张启伟教授、黄洪葳副研究员、张立业博士、陈林博士、常军博士及伍海山、于刚、闵志华、张枢文、谢发祥、周毅等多位研究生,美国的陈晓明博士对书中的难解之处给予了背景解释和帮助,在此对各位的辛勤付出深表谢意。

译者希望,本书的中译版能为国内从事桥梁结构养护管理工作的科研和技术人员,特别是一线的桥梁管养工程师提供参考。

译 者

2016年11月于上海/杭州

中文版前言

作为该领域发展“最前沿”的专著，英文版《桥梁管理》于2007年出版。作者一直在该领域从事相关教学和研究工作，几乎每天都经受着由于桥梁管理上的欠缺而引来的谴责。作者对“即时失效”理论的坚持是为了明确地区分信息资料管理和桥梁管理的不同。信息资料管理随着时间的推移逐渐过时，而桥梁管理却逐渐走向成熟。为了说明这两个领域的关联性，本书从传统的处理方法出发审视当今的问题及其解决方案后，提出了桥梁管理理论。

现在，中国读者可以首次评价《桥梁管理》一书的形式和内容是否符合他们的兴趣。中国读者的观点非常重要，因为近年来，桥梁发展的重心已逐渐转移到中国。中国已建、在建或正在设计大量新颖的、创新的或创世界纪录的桥梁，令世人惊叹。重大桥梁工程建设数量的大幅度增加，对建后提供优质服务的桥梁管理工作提出挑战。

从桥梁建设的先驱者那里可以获得非常有用的经验。早期的事故案例出现在中国，近代的案例在世界范围内随处可见，但均与它们管理的失败密切相关。在美国，现代桥梁管理始于1967年12月15日坐落在波因特普莱森特的跨越俄亥俄河的银桥的倒塌事故。该事故造成46人丧生，并引发政治风波，最终制定了国家桥梁法规，即决定对公路桥梁进行两年一次检测的强制性法令，并开发出计算机辅助的管理系统。然而这些措施并没能避免2007年8月1日位于I35号州际高速公路上的明尼阿波利斯的跨越密西西比河的桥梁的倒塌。此次事故造成13人丧生，100多人受伤。公众对这两次事故的反响基本一样，除了不可避免地要求对事故原因进行法庭调查外，还提出对于受到广泛关注的基础设施需要政府拨款资助的提议。全美国61万座桥梁中约有30%“具有结构性缺陷”这一事实再次引起了人们的关注。人们开始再次反思与倒塌桥梁结构类似的其他桥梁结构进行的检测过程和对整个桥梁生命周期管理的技术决策的合理性。不幸的是，四年后，因预算问题受到公众质疑，增加基础设施管理经费的要求再次失去民意支持。

然而，这两次桥梁事故之间也有很明显的不同。1967年，全国范围的桥梁状况，甚至桥梁数目尚不为人所知，而2007年，与事故桥梁结构相似的其他桥梁的具体位置当天就能被确定，并在一周之内就可提出相应的安全保障措施。如果说桥梁管理的首要任务是桥梁信息管理，则它是可行的，而真正的管理应是决策执行的管理，这一直是一个尚无结论的问题。

每一种优化都必须协调目标和条件之间的矛盾。桥梁管理也在不同层次上遇到了这种矛盾。一旦正确地认识了这些矛盾，它们就成了必须解决的问题，但如果这些矛盾被掩盖，它们就会变成绊脚石。因此，如同资产管理过程一样，详细描述一些更重要的典型案例是有帮助的。

工程结构和社会需求

工程技术的目标是建造最佳且高效的结构物。公众最关心的则是以最低的成本满足最大的交通需求量。

即时成本和全寿命期成本

即时成本或初期成本最小化很有可能导致全寿命期成本增加。然而,即使已证明如此,即时成本仍不可避免地受到高度重视。

质量和安全

追求质量目标和安全目标之间应该本不存在什么矛盾。然而,在实际工程中,追求这两个目标所需的方法却是截然不同的。质量是一个确定的宏观概念,基于一个目标和一些规范性条款而建立。安全则是一个概率变量,它可通过各种模型和假设进行量化并需与成本和效益相互协调。当主要关心的是安全而非质量时,如书中案例所述,交通资产管理的趋向会由交通事故的灾难程度来决定。然而,描述质量的另一种方法是对灾害进行经济易损性分析。建成的桥梁可能无法满足交通需求,也可能吸引了大量的交通流量,证明其初期投资的正确性。

自上而下和自下而上的管理方式

解决桥梁管理中的问题必须协调整体(或网络层次)和局部(或项目层次)的管理观念或方法。整体观念趋向于采用统计的方法,而局部观念常采用确定性的方法。二者各有其优缺点,在各层次上采用和借鉴最先进的工程技术与经验可使二者有效地互补。总而言之,当实际工程需要从不同角度进行综合考虑时,应避免只倾向于某一种方法。

桥梁管理及其他层次的管理

桥梁管理者在履行其职责时,不可避免地要与财务人员、政府官员和其他职能部门管理者打交道,桥梁管理者经常站在政府职能部门的角度来确定需求和分配资源。在这些关键的互动过程中,工程师可以提供决策支持,也可主动参与决策。这两种方式所涉及的行为对技术的需求在总体上来说是不同的,因而形成了不同的专业职业。在决策过程中,工程师的作用是基础设施建设过程的管理,最终决定桥梁是由他们自己进行设计,还是根据建筑师、经济师、政府部门和其他社会专业团体的需求,只做施工和维护。

全书所用的专业术语比较有限,并尽可能使这些专业术语相互关联,以尽量避免出现模糊的技术术语。因此必须区分桥梁状态评估(如状态等级)和定量检测。同样,作者试图将结构构件内部冗余与结构冗余联系在一起以表示结构构件冗余的延性。在《桥梁管理》一书中相对较新且常用的专业术语主要有以下几条:

鲁棒性

主要强调结构承受损坏的能力,包括结构的冗余度、构件的延性和其他有助于提高结构可靠性的性能。

可恢复性

在变化的外部荷载环境条件下,恢复结构原有性能的特性。

以上两个术语都可用于项目和网络层次的评估。

桥梁养护

联邦高速公路管理局(FHWA)调研了桥梁的预防性养护和纠错性维修措施,其目的是找出最有效的维护方案,供推荐使用和预算申报参考。

长期桥梁健康监测项目

联邦高速公路管理局(FHWA)正在实施长期桥梁健康监测项目,该项目对不同地域的各种桥梁性能进行长期监测，并将实测性能与现行设计规范预期性能进行比对。

相关领域，特别是材料测试与应用以及非破坏测试和评估领域的最新研究进展常见著报道。然而，一本桥梁管理书籍不应只是对相关新技术的概述，本书一种值得尝试的利用方法是，学生和工程技术人员可根据自己的知识结构，通过审阅本书中案例 28 来拓展对新的非破坏测试与评估方法的了解。

桥梁养护与健康监测技术的结合也进展迅速。结构监测的原本目的是发现和排除结构的潜在损伤，最新的监测技术被越来越多地采用，来提升结构全寿命期性能。远程监控设备，如动态称重系统、除湿和防冰装置等大量安装于大型和重要的桥梁，所获得的信息将有助于桥梁业主优化新桥项目的设计。除湿技术已成为悬索桥锚碇和拉索的标准配置，数字和红外摄影技术也被用来采集各种数据。本书中译版对案例 24 进行了修改，以反映上述技术的阶段性研究成果。

在本书 2007 年版本的第 10.4.5 节中，作者曾提到“桥梁早期状态的分级需要被新一代更精细方法取代”，实际上，相关研发工作一直在进展当中。2010 年，美国国家公路与交通运输协会(AASHTO)编制了新的桥梁构件检测手册，该手册将桥梁构件状态划分为四个等级，以便进行定量而非定性的评估。2012 年，美国联邦高速公路局(FHWA)颁布了《桥梁检测人员参考手册》，其中采用了美国国家公路与交通运输协会(AASHTO)的四级分级方法。根据这一新颁布的手册，桥梁检测工程师必须对每跨桥梁中观测到的构件状态进行定量评级，而不是仅对桥跨进行总体定性评级。2016 年，纽约市也将其桥梁评级方法由传统的七级改为 AASHTO 所建议的四级。然而，这一评级方法的改进伴随着新的挑战，评估状态必须折算为统计数据，以便用来确定养护优先顺序和预测将来的养护需求。当然，为大家所熟悉的整桥状态和适用性评估分级仍然是有意义的。在国家桥梁档案库(NBI)中，也可以采用以桥跨性能替代全桥性能的表达方式，但目前采用新方式的州并不多。2015 年 7 月，联邦高速公路管理局(FHWA)颁布了期待已久的国家隧道档案库规范(FHWA-HIF-15 -006)以及隧道运营、养护、检测及评估手册(TOMEI, FHWA-HIF-15 -005)。该档案中已包括了全国 20 万座隧道的信息，相关的预算也将根据国会决议配置。将来，国家桥梁档案库(NBI)还计划收录 25 万座铁路桥梁的信息。

通过上述事例，作者意在表明，桥梁管理问题涉及社会和工程技术等多个领域，在不同地域、不同时间，这些问题的解决不能仅凭一种方式。本书的目的是探讨影响工程师在桥梁管理中角色和作用定位的一时性和永久性因素。在过去的许多世纪，基于工程和哲学原理构筑的坚实框架，技术和管理形成了具有活力的上层建筑。桥梁管理的主要任务就是在效应和效率两者之间取得平衡，在某些领域，这种平衡每天甚至每分钟都需维持。桥梁一经建成，就永久性地改变了地理环境，他的服役功能也不是一时性的，必须以全寿命周期来考虑。作为纽约市交通部桥梁检测和管理部门的创立者，作者的观点显然会受到长期个人经验的影响。然而，无论历史学派还是当代学派都认为，世上的管理和工程技术就是寻求尽可能的相互平衡。

作者的诸多重要经历中,当然也包括2001年对北京清华大学和2002年(2010年再次)对上海同济大学的访问。很荣幸,该书出版后受到中国同仁们的关注,作者也希望此书能成为一级进身之阶,服务于中国同行们在该领域的不断发展。作者特别感谢上海同济大学桥梁工程系主任孙利民教授对本书的兴趣并组织了该书的翻译。特别感谢陈晓明博士参与了相关技术交流的重要阶段,并亲自引荐作者结缘于杰出的清华大学土木工程系和同济大学桥梁系。

Bojidar Yanev

2016年10月于纽约市

目　　录

前言…… XV
致谢…… XVII

导论　工程与管理

第 1 章　工程与管理：动态的平衡 …… 3
1.1　资产、活动、静力和动态 …… 3
1.2　艺术、科学、经验主义和抽象主义 …… 4
1.3　工程师作为管理者…… 10
案例 1　纽约城市桥梁历史 …… 12
案例 2　纽约市乔治·华盛顿大桥 …… 18
1.4　工程师与管理者…… 19
1.5　需求与供给…… 26
案例 3　纽约市威廉斯堡大桥 …… 29
1.6　知识与信息…… 37
1.7　收益与成本…… 39
1.8　理论和应用中的确定、不确定和信念 …… 40
1.9　模糊、未知和随机 …… 43
1.10　客观与主观以及定性与定量 …… 44
1.11　能力与资质 …… 46
案例 4　政府再造工程 …… 48

第一部分　需求：从结构到系统

第 2 章　目标、限制条件、需求和优先顺序 …… 53
2.1　效用最大化…… 53
2.2　目标最优化…… 55
2.3　优化行为…… 57
案例 5　高层网络管理人员的观点 …… 57
2.4　风险最小化…… 60
第 3 章　失效 …… 62
案例 6　银桥，波恩特普雷森特 …… 63

3.1 理解和避免…… 64
3.2 灾难性事故…… 65
3.3 部分失效、准失效和超安全设计 …… 66
案例7 出故障的连接件 …… 68
3.4 成因…… 71
3.5 组合效应及偶然性…… 72
3.6 教训…… 73
第4章 产品和过程的易损性 …… 76
4.1 管理…… 82
案例8 城市环境桥梁管理机构的合同授予程序 …… 83
案例9 基于状态评级的费用估算 …… 87
案例10 现值贴现 …… 99
案例11 $i=0$ 和 $i=6\%$ 的全寿命策略 …… 103
案例12 平均和最小状态评级 …… 108
4.2 分析和设计 …… 117
案例13 初应力和次应力 …… 124
案例14 根据数据库优化桥梁地震易损性 …… 141
案例15 高温导致的极限应变 …… 146
4.3 设计和施工 …… 148
案例16 桥面板底部剥落 …… 153
4.4 维护(11.4节) …… 167
4.5 检测(14.5节) …… 167
4.6 运营 …… 170
4.7 易损性预测 …… 171
第5章 失效概率…… 172
5.1 风险评估 …… 172
5.2 结构可靠度 …… 173
案例17 状态等级的变化率 …… 175
5.3 网络可靠度 …… 183
5.4 过程可靠度 …… 184
5.5 再分析 …… 184

第二部分 评估:桥梁管理支持系统

第6章 系统和结构…… 189
第7章 数据管理…… 194
第8章 清单档案…… 198
8.1 基本参数 …… 199

8.2　桥梁种类 …………………………………………………………………………………… 199
8.3　部件、单元和构件……………………………………………………………………………… 200
第9章　评估:状态、需求和资源…………………………………………………………… 202
案例18　基于状态等级的桥梁管理平衡 ……………………………………………………… 203
9.1　专业技术对信息的提供与需求 ……………………………………………………………… 206
9.2　需求/反应方案……………………………………………………………………………… 207
9.3　数量/质量和确定性/不确定性 ……………………………………………………………… 208
9.4　随时间的变化 ………………………………………………………………………………… 208
9.5　尺寸、复杂性和重要性………………………………………………………………………… 209
第10章　结构状况 ……………………………………………………………………………… 210
10.1　适用性………………………………………………………………………………………… 210
10.2　结构的易损性………………………………………………………………………………… 212
10.3　潜在危险……………………………………………………………………………………… 213
10.4　结构状态评估………………………………………………………………………………… 215
案例19　伸缩缝检查表 ………………………………………………………………………… 217
案例20　桥梁线性平均退化 …………………………………………………………………… 221
案例21　基于线性退化模型的全寿命周期策略对比 ………………………………………… 223
案例22　典型的退化路径 ……………………………………………………………………… 224
10.5　荷载评定……………………………………………………………………………………… 229
10.6　诊断…………………………………………………………………………………………… 231
10.7　小结…………………………………………………………………………………………… 233
第11章　需求 …………………………………………………………………………………… 234
11.1　服务的质量和数量…………………………………………………………………………… 236
11.2　防灾减灾……………………………………………………………………………………… 239
11.3　修复和重建…………………………………………………………………………………… 240
11.4　维护和修理…………………………………………………………………………………… 241
案例23　NYC DOT推荐的预防性维护(PM) ………………………………………………… 246
案例24　作为维护函数的桥梁退化率 ………………………………………………………… 248
11.5　经济评估……………………………………………………………………………………… 263
第12章　制定决策 ……………………………………………………………………………… 268
12.1　策略规划/资产管理 ………………………………………………………………………… 270
12.2　优化…………………………………………………………………………………………… 272
12.3　实施…………………………………………………………………………………………… 273

第三部分　实施:从系统到结构

第13章　任务和运营 …………………………………………………………………………… 279
13.1　管理…………………………………………………………………………………………… 279

13.2 质量保证、质量控制和方案论证 …… 280
13.3 职责、责任和义务 …… 281
13.4 设计/施工 …… 282
13.5 维护和维修 …… 285
第 14 章 结构检测和评估 …… 287
14.1 美国桥梁检测标准(NBIS) …… 287
14.2 需要重点关注的细节 …… 288
14.3 检测类型 …… 294
案例 25 布鲁克林桥在环境激励和人工激励下的动力响应监测 …… 304
14.4 人员 …… 308
案例 26 标准检测设备 …… 309
14.5 检测的可靠性和质量(QC&QA) …… 313
案例 27 桥梁检测过程 …… 314
第 15 章 新技术和桥梁管理系统 …… 319
15.1 无损检测和评估 …… 319
15.2 结构健康监测 …… 325
案例 28 无损检测和评估的需要和功能 …… 327
15.3 专家系统 …… 330
15.4 智能交通系统 …… 330
15.5 桥梁管理系统的管理 …… 331
第 16 章 结论 …… 333

参考文献 …… 335
附录 …… 356
附录 1 《副主祭的杰作或奇妙的单马车》—Oliver Wendell holmes (1895,第 158 页) …… 356
附录 2 Bayesian 的统计决策理论和基于可靠性的设计 …… 358
附录 3 “机器赢了这场战争。”I. ASIMOV(1990) …… 359
附录 4 条件概率 …… 359
附录 5 不确定性 …… 360
附录 6 定量管理技术 …… 361
附录 7 结构可靠性 …… 362
附录 8 优化 …… 364
附录 9 概率 …… 365
附录 10 塑性框架分析的上下边界理论 …… 367
附录 11 美国桥梁清单的发展历程(NBI) …… 368
附录 12 初始成本 …… 369

附录 13　网络层次和项目层次桥梁管理 …… 369
附录 14　美国国家桥梁清单(NBI)及提出的 NBI 规范 …… 370
附录 15　资产管理的分析工具 …… 373
附录 16　桥梁管理系统(BMS) …… 374
附录 17　考虑冗余的桥梁可靠性 …… 378
附录 18　数据整合 …… 380
附录 19　私有化 …… 383
附录 20　州际公路招标程序管理 …… 384
附录 21　担保、多参数投标和最大效益承包 …… 385
附录 22　紧急情况管理 …… 386
附录 23　交通投资和经济效益之间的联系 …… 387
附录 24　系统开发 …… 389
附录 25　荷载组合和极限状态 …… 389
附录 26　结构稳定性 …… 391
案例 EA26　轴向荷载作用下的侧向刚度 …… 399
附录 27　组合作用下的有效板宽 …… 399
附录 28　活载分布系数 …… 400
附录 29　上部结构变形 …… 401
附录 30　AASHTO 活载设计 …… 401
附录 31　冲击系数 …… 402
附录 32　桥梁和其他公路结构的地震设计准则 …… 403
附录 33　地震易损性的排序 …… 404
附录 34　桥梁生命周期成本分析(BLCCA) …… 408
附录 35　Hambly 悖论 …… 409
附录 36　优化模型 …… 410
附录 37　数值优化 …… 410
附录 38　灾难性结构故障的生命周期成本最小化 …… 412
附录 39　决策性能指标的一般分类 …… 413
附录 40　状态评定系统 …… 414
附录 41　桥梁状态评定 …… 420
附录 42　专家系统(ESs)和人工智能(AI) …… 424
附录 43　模拟退火算法(SA)和遗传算法(GAs) …… 425
附录 44　状态退化模型 …… 426
附录 45　AASHTO 荷载评定 …… 430
附录 46　标识 …… 434
案例 EA46　标识预测(NYC DOT) …… 435
附录 47　桥梁管理专家系统 …… 439

附录 48　预防性维护(PM)/可维护性 …… 440
附录 49　用户成本估计 …… 441
附录 50　公路质量保证术语(TRC E-C037,2002) …… 443
附录 51　特殊设计实践 …… 443
附录 52　实施维护 …… 444
附录 53　NBIS 人员的资格条件 …… 445

前　言

“通常，有识者和无识者之间的区别在于前者懂得如何传授知识。因此，我们认为相对于经验，艺术是更真实的知识。艺术家懂得传授知识，而仅有经验的人却不懂。”

亚里士多德，形而上学（第1卷，981b，1941）

亚里士多德认为，人类在获得知识之后，会进入一种与当初探究知识时相反的状态（形而上学，983a）。在亚里士多德的预言过去了24个世纪的今天，艺术源于那些个人主义的为数不多的天才，而经验则被人和机器研究和复制。相对于并不那么功利的教育而言，培训由于能带来切实的利益而受到追崇。因而，对桥梁管理方法培训的需求超过了桥梁管理的实践。对初学者来说，学习桥梁管理有点勉为其难，而桥梁专家则认为无需学习。诸多优秀文献给出了结构分析、设计、施工、维护、运营、检测、修复、经济学、计算机科学以及信息理论等方面的基本知识。各种会议论文集、政府机构的指令、国家合作公路研究计划（National Cooperative Highway Research Program，NCHRP）、手册、指南、期刊以及互联网报道了桥梁管理的最新进展。

经济合作与发展组织（1992，第17页）对桥梁管理的定义如下：

“桥梁管理是指确保桥梁安全性和功能性的所有活动。一个有效的桥梁管理体制，必须支持公路和桥梁管理部门的组建及其管理和技术职责……尤为重要的是，必须保证具有足够数量的、有资格的、训练有素的且对自己的责任和义务非常明确的人力资源。管理人员必须清楚他们在不同管理过程中所扮演的角色。”

上文中的体制就是指为各部门和专业人员而开发的桥梁管理支持系统。支持桥梁管理系统的足够数量的、有资格的、训练有素的人力资源必须得到保证，但这并不是政府部门的强制性要求。有远见的战略家没有具体项目知识，而实干的管理者则缺少统盘全局的视野。一本书不可能涵盖全部，甚至在出版前就有过时或多余的风险。对具体问题的严格处理并不能把握问题的全部，而一般性的叙述则又有可能变得过于宽泛和散漫。

一些值得关注的例子包括哈德森编著的一些书籍，如国家合作公路研究计划报告300（1987）和哈德森等人1997年的著作（后者是在本书即将完成时由哈德森亲自提供给本书作者的）。国家合作公路研究计划报告300（1987）将桥梁管理系统的目的描述为：桥梁管理系统应该能帮助决策者在有限的资金条件下选择最经济的方案来实现桥梁的预期服役目标，同时应能预测将来的资金需求……桥梁管理系统将给交通部门各级官员、工程师和管理者们带来好处。

下列领域中对称职的行政管理、工程和管理的需求正在不断提升：

- 由采用不同技术建造的服役期0～150年的结构和设施组成的大型基础设施网络。
- 依赖于交通基础设施的动态的全球经济。

• 与桥梁管理相关的所有领域快速发展的能力，包括分析、施工、数据采集和处理。

基础设施性能测定与改善委员会（国家研究委员会，1995）实行了一个为期三年的联邦基础设施战略研究课题，其成果总结中描述道（第 19 页）：

> “随着基于计算机的预测和模拟方法以及系统状态测量和监测新技术的功能日益强大和成本效益改善，大量高端的系统性能评估方法得以实现。远程传感、实时监测、网络分析以及仿真模型为系统范围的状态测量和系统变化评估提供了强大的新功能。这些工具将支持更有意义的跨辖区多模式合作。尽管如此，基础设施的性能测量和管理仍然困难重重。”

1950 年，爱因斯坦预测了如下风险：手段的完美和目标的混乱好像是我们这个时代的特征。在技术进步和社会变革的影响下，专业技术及其产品都需要精心维护。专家们努力掌握最新信息和技术，而各专业之间也都为获得管理职责而不断竞争。为使其成为一门学科，管理往往要加速其结构化进程，以便能发挥长期效能。大卫·布鲁克斯认为（纽约时报，2004 年 7 月 20 日，专栏，第 A19 页，第 1 栏）：许多大学已成为专业信息传播的场所。在学术教育和市场需求的动态交换中，存在着知识过时的风险以及盲目创新的危害。申克（1997，第 91 页）认为：专家意见的激增实际上已经导致了专业技术的混乱。

人们将桥梁管理分为自上而下和自下而上两类避免混乱。在过去，管理者们都出身于工程师、建筑工人或者工匠，并且受过设计、施工或者相关行业（包括军事）的教育和训练。随着近年来统计学、概率论、定量分析、系统设计、无损检测、数据处理以及软件设计等方面的进展，工程师逐渐由行政人员向决策支持和实施人员转变。同时，经济学、企业管理、行政学、法律、建筑学、城市规划以及政治都一如既往地采用自上而下的决策过程。资产管理的核心领域受到了桥梁管理自上而下各级管理人员的特别关注。

由于通过搜索电子资料可以获取所有信息（实时信息除外），同时工程师和管理者们应该有途径解决他们自己的问题，因此，本书不再赘述。本书更适合作为现场相关工作及常见问题的行为指南。为了避免内容过于陈旧，本书由部分交叉的三块内容组成：一般论述、描述相关内容出处的附录以及案例说明。参考文献包括古代的、现代的以及最新的文献，这就提醒人们该学科既是即时的又是永恒的。作者鼓励读者直接与原文献作者联系。

分析从设计到施工及有形资产管理环节中获得进步。工程实践则遵循了另外的路径：管理提供服务、建造商建造设施、设计者给出复杂功能的形式。因此，桥梁管理学科应该是可及的、可实施的，由各种内容组成、服务于不同的目的以及不同背景的人。桥梁管理具有循环性，加之对于重要的结构安全问题的描述难免见长，因此，书中内容的重复表述可能会影响读者的阅读兴趣，这点还有待大家的评判。

致　　谢

作者能够完成此书，很大程度上归功于在哥伦比亚大学 30 年的求学、研究和执教期间所受到的教育及得到的各方建议，也归功于在加州大学伯克利分校为期 2 年的博士后研究工作，同样归功于在纽约市的工程顾问公司为期 10 年的实践工作，还归功于作者在自己主持创建的纽约市交通局桥梁检测和管理办公室的 18 年工作经历（其中一些工作是同时进行的）。个人经历增强了作者对桥梁管理领域内人才和知识的赏识能力，对此，作者在文中进行了引用或阐述。对美国、欧洲、日本、中国大陆、中国台湾、韩国、印度尼西亚和澳大利亚等地诸多同仁的访问使作者的视野超越了地域限制（虽然各地的关注点不尽相同）。John Wiley & Sons 公司的 R. Ratay 和 J. Harper 的鼓励使本书得以最终出版。

导论

工程与管理

第 1 章　工程与管理:动态的平衡

专业化分工似乎结束了长期以来建造大师之间独特的传承。后继的工程师和管理者们正在形成他们各自的品位、行为、才能和技术术语,他们的目标不尽相同,但在专业工具和可能存在争议的应用领域等方面仍然有共通点。工程与管理的脱离,让人惋惜,但更为实际的是重新协调两者的共存关系,因为只要两者存在不同之处,它们将可以做到很好的互补。构成两个专业的范畴、定义和学科同样需要互补。一些例子列举如下:

艺术	科学
知识	信息
信息	数据
质量	数量
功能	形式
形式	内容
内容	强度
形状	稳定性
过程	产品
发现	发明
类推	分析
结构分析	设计
设计	建造
评价	检查
不确定性	概率
安全性	可靠性
价值	货币
领导	管理
管理	工程

只要能够证实这样一个预测性的结论:工程与管理及其所使用的资源、方法、目标、过程和产品是辨证对立的,则上述例子就可以不断扩展。因此,哲学处理方法能很好地适用于此,根据传统应该产生更多难以解释的问题。同时,工程与管理必须运用所有艺术和科学的手段为现在提供服务并为将来勾画蓝图。

1.1　资产、活动、静力和动态

工程既为将来创造实物资产,同时又保护过去的物质财富。管理则对现在和将来的人力、物力和财力资源的使用进行优化。工程与管理的联系和冲突是人类创造力的源泉,在桥梁的建造和运营过程当中最能体现它们之间的联系。

变化和生命在物理界表示为能量,在思想界表示为信息,在商业界则表示为金钱。哲学认为人类的认知是思想的对立统一,物理学把自然现象模拟成能量平衡。静态平衡可以充分描述许多结构问题,而且逐渐为设计者所用。相对而言,使社会产生分离、联合、重新组织和设计的力量是动态的,领导力也是如此。类似地,桥梁不仅在空间上而且在时间上承载着交通。如思想传播一样,桥梁为人们提供了或多或少的临时捷径。无论结构物呈现出有多么耐久,其寿命均取决于活跃于社会大脑中的动态作用力。一座被废弃的桥梁,如同一辆报废的车辆或被遗忘的思想一样毫无价值。

工程管理必须使桥梁适应社会和物理世界的变化,实现了这一点,工程和管理就能融为一体成就杰作。否则,它们将无法和谐并存,并且表现为显著不同,甚至互相冲突。艺术和科学持续塑造着它们,在不同程度上将经验和认识以及应用和抽象融合在一起。

1.2 艺术、科学、经验主义和抽象主义

亚里士多德(公元前384—322年,见图1.1)在他的《尼各马可伦理学》(1941年,第六卷,第1139a-1140a页)中这样定义艺术和科学:科学知识的客体具有必然性和永恒性……艺术是关于创作的创造性状态,包含正确的推理过程。

亚里士多德把医学和建筑学分别作为科学和艺术的范例。他在《形而上学》(1941,第981a页)中指出:

> "就付诸行动而言,经验似乎在任何一个方面都不逊色于艺术,拥有经验的人比那些只有理论而没有经验的人更容易取得成功。原因在于经验是关于个体的知识和大众的艺术,而实践和生产都关乎个体。但是,我们认为知识和理解都属于艺术而不属于经验,并且我们还认为艺术家比拥有经验的人更聪明,这是由于前者知道成因而后者却不知。"

图1.1 亚里士多德,大理石像,罗马人,公元1—2世纪,巴黎卢浮宫

按照这个标准,一个世纪后的阿基米德(公元前287—212年)是一位具有丰富经验的艺术家。根据现在的标准,他在理论和应用方面表现出的大无畏精神可以定义为试探工程精神。具有传奇色彩的是,他在运用自己的实用发明捍卫了锡拉丘兹之后,竟然为保护自己的思想丢掉了性命。

在中世纪,哲学和科学渐行渐远,但是手工艺品却具有艺术品质。阿米蒂奇(1976)认为基于经验的成就是后来科学革命的先驱,表现为那一时期的大教堂和一些杰出学者的代表作,比如罗吉尔·培根(1219—1292)。海曼在1969年指出,如果说在当时理论尚未达到现代标准,建设实践则自公元前600年开始就得到了不同形式的规范。公元1400年,米格诺重申了亚里士多德的观点:没有理论指导的实践一无是处。

斯塔克在2005年提出,信念孵化了文艺复兴时期的科学革命以及随后的工业革命。在文

艺复兴时期，艺术和科学有机地融合在一起，就像古代的科学和哲学一样。在梵蒂冈署名之屋的墙壁上，拉斐尔（1483—1520）描绘了对信徒怀着崇敬之情的古希腊哲学家们。雅典学院（图1.2）精辟地总结了哲学和科学的主要趋势，包括毕达哥拉斯的和声学、欧几里得的几何学、托勒密和琐罗亚斯德的天文学、赫拉克利特的悲观主义、戴奥真尼斯的犬儒主义、苏格拉底的辩论学，并以柏拉图的唯心主义与亚里士多德的唯物主义的整合达到顶峰。

图1.2 雅典学院，拉斐尔，署名之屋，梵蒂冈，罗马。底排：毕达哥拉斯，左；赫拉克利特（米开朗基罗风格，正在书写），左中；戴奥真尼斯（半卧着），右中；欧几里得（弯着腰解说着），右；托勒密（拿着地球仪）和琐罗亚斯德（拿着恒星球体），远右。顶排：苏格拉底（穿着绿色的宽外袍，掐数着手指），左起第六位；柏拉图（莱昂纳多风格），左中；亚里士多德，右中。这幢建筑让人回想起由布拉芒特设计的圣·彼德大教堂（图1.3）

在佛罗伦萨和罗马分别由布鲁内莱斯基（1377—1446）和米开朗基罗（1475—1564）（图1.4）设计的穹顶是力学和雕塑的统一。莱昂纳多·达·芬奇（1452—1519）兼作艺术家和要塞设计师。尼科洛·马基雅维里（1469—1527）向雇主凯萨·波吉亚提出了合理的管理原则。伽利略·伽利雷（1564—1642）是物理学和军事工程学教授，他运用数学建立行星轨道模型，推导出悬臂梁挠度计算公式。尼古拉·哥白尼（1473—1543）建立了日心说。勒奈· 笛卡尔（1596—1650）

图1.3 圣·彼德大教堂，罗马

图1.4 米开朗基罗铜像，丹尼尔·达伏尔特拉（1509—1566）作品，巴黎卢浮宫

思考人类生存的核心。“站在巨人的肩膀上”（古代的，但也可能是距离现在不远的时候）的艾萨克·牛顿（1642—1727）发现了万有引力定律，并和莱布尼兹（1646—1716）一起推导出万有引力微积分表达式。

图1.5 伏尔泰，大理石像，皮嘉尔作品，1776年，巴黎卢浮宫

然而，微积分很快便发展到不可思议的地步。伏尔泰（1694—1778）（图1.5）称之为是对无法想象其存在的事物进行计量和量化的艺术。克莱恩（1953）断言：牛顿时代为数学和科学的紧密结合提供了有利的环境，也使得物理推理为数学家指明了方向，并使他们停留在正确的轨道上。因为数学家们获得的结果是有用的并且应用合理，这使他们对其采用的方法充满信心，并且激励着他们不断向前探索。

1678年，罗伯特·虎克（1635—1703）观察到铁的伸长率与作用的拉力成正比。1776年，库仑（1736—1808）将其从弹性体扩展至固体领域，并在1807年通过杨氏（1773—1829）模量进行量化，从而构成了工程的理论支柱。在实践方面，乔治·史蒂芬森（1781—1848）发明的蒸汽机引发了工业革命。毕灵顿（甘斯，1991）认为现代工程起源于18世纪晚期的大不列颠中西部地区。

各种发现和发明逐渐在商场上展开竞争，而不是在战场上。数学变得抽象化，科学变得专业化，艺术和工艺变得职业化和商业化。和平时期资产管理关注的焦点由承载力到抵抗破坏能力直至产品效率和贸易利润。亚当·斯密（1723—1790）从政府的角度对财富和价值进行了量化。理论、经验、伦理和思辨的不稳定结合形成了政治经济学。

埃菲尔认为：科学、冶金术以及工程艺术的进步使19世纪后半期与众不同（哈里斯，1975年，第81页），它们之间的相互作用取决于所处的历史背景。一旦结构需求超过贸易能力，工程在英国便成为一种职业，在美国成为一种商业，在法国则成为一种科学。亚历西斯·托克维尔（1805—1859）在2000年发现：“在贵族制社会……利润和工作的概念明显不同……但在民主社会，二者显然是一致的”。戈登（1978，第四章）把二者在方法上的区别描述为法国的理论主义与英国的实用主义的对比。英美两国的工程倾向于传统的罗杰·培根式经验主义，而法国的工程则拥护笛卡尔式的分析方法（图1.6）。

尽管亚里士多德因为掌握理论原则的艺术而受人尊敬，但他注意到实用经验在市场上更为抢手。在非中央集权的英格兰，注重理论的工程师们被看作属于呼之即来的而不是最顶层的一类人。在高度中央集权的法国，城市建设工程被认为是领导阶层专属的学科，因为它是分析能力的象征。受到德语、凯尔特语和意大利语的影响，英语可能更能适应于自由主义，而浪漫的法语则更具描述性和准确性。英语里的发动机和法语里的有争议的天才所指不同。

托克维尔（2000，第二卷，第十章，第459页）这样解释美国人为什么比较关注应用而不是科学理论：民主社会里的科研人员总担心在幻觉中迷失自己，他们不信任系统，喜欢贴近事实并研究它们……他们对自己感兴趣的学科的主要部分进行深入研究，还喜欢用大众化的语言来解释它们。他们对科学的追求遵循着更自由安全的道路，而不是那么高尚的道路。

因此，应用知识的渴求和单纯求知的不同之处在于（托克维尔，2000，第461页）：

"如果帕斯卡只是为了取得巨大的成就，或者说只是为了追逐名誉，我难以想象他会像他现在这样，集结全部身心去发现造物主的那些隐藏最深的秘密……

未来会告诉我们，民主社会是否会像以前的贵族社会一样很容易产生如此罕见有创造力的激情。"

图1.6　勒奈·笛卡尔大学，巴黎

思想的应用也存在差异，在某种程度上可以类比为自上而下和自下而上两种方法之间的区别（托克维尔，2000，第641页）：在民主社会里，人们之间没有约束关系，每个人都有自己的想法；而在贵族社会里，只要影响具体某个人的观点就足够了，因为余下的人会跟随其后。

120年之后，时任哥伦比亚大学（图1.7）教务长和系主任的雅克·巴尊（1959，第11页）认为：

"人们开始相信可以直接将知识和经验联系在一起进行积累和传授，而不需要传统的阶段模式，或者设立一个公众关心的知识福利机构。他们认为书本上的知识非常细致，并且认为那些公式万无一失。然而正当所有学科的知识汇总似乎满足了需求的时候，思想家和实践者中间产生了一种无声的恐慌，交流出了问题，并且这种恐慌无时不在。"

图1.7　哥伦比亚大学，纽约市

交流属于语言范畴，不同的文化背景，交流的方式不同。从1665年开始，法国就通过政府法令强制对结构进行检查。目前，这项工作由毕业于巴黎路桥学院（图1.8）的高才生们实施，他们需要通过竞争激烈的考试才能进入这所学府。在美国，许多名牌大学的毕业生终其一生都在资产金融和结构管理领域与他们的同行们进行竞争。

图 1.8 法国国立路桥学院,巴黎

1977 年,卡纳克斯对传统的英法两国悬索桥设计和建造理论与经验的相互作用进行了比较分析。詹姆士·芬利(1762—1839)法官远在大变形理论建立之前就取得了实用链式悬索桥的专利。虽然纳维尔(1785—1836)设计的横跨塞纳河的悬索桥的锚碇有不足之处,但他关于悬索桥设计的著作为理论的发展做出了不朽的贡献。毕业于法国国立理工学院的奥古斯特·孔德(1798—1857)建立了哲学中的实证论。两位理论家都得到了人们的认可。纳维尔和圣·维南及其杰出的同事们的大理石半身像一起竖立在巴黎路桥学院的大厅里[图 1.9a)],孔德的纪念碑俯视着索邦神学院[图 1.9b)]。

传闻性的证据倾向于已有的陈腔滥调。据推测,实用主义者可能用一美元建造别人需要十美元才能完成的工程。一位自称毕业于巴黎高等师范学院的理论学家认为实践中有效,并不一定在理论上有效。

a)

b)

图 1.9 a)纳维尔,大理石像,路桥学院,巴黎;b)奥古斯特·孔德,大理石像,索邦神学院,巴黎

当托克维尔关于由新的民主社会来取代旧的贵族社会的梦想得以实现后,教条主义应运而生。帕金森(1957,第 16 页)分析认为,英国国会下议院是由对立的双方组成,彼此都认为自己是

正确的，对方是错误的，而法国国会参议院半圆形的会议厅则是多数的成员朝着同一个方向……同时允许不同程度的对与错之间存在一些细微的分别。帕金森同时诙谐地提出，尽管如此，座位安排、语言和一些传统意义上的投机取巧都不免会产生这种差别。例如美国参议院也是半圆形的，两党制度的确立是法国式的，而不是英国式的。

不管主流文化传统怎样，工程科学都应更多地归功于艺术，而不是工程实践的现状。派肯(1992，第47页)认为法国佩罗内领导的桥梁公司更多地采用描述而非分析的方法。奥布利将早期巴黎路桥学院的哲学解释为如果某种独立观察没能与自然条件下的实践相联系，则建立在其上的理论知识也会导致许多错误。

这个时期的专业人员被概括为工程—艺术家和水力建筑师。派肯(1992，第230页)认为桥梁工程师和建筑师两者之间的职业关系要比军事工程师与民用工程师之间的关系密切得多。数学化很快被库仑、卡诺特、梅尼埃、波达以及杜布耶等人引入其中。

在《美国铁道和力学杂志》(1841年4月1日，第379期，第12卷)中，约翰·罗布林(1806—1869)主张采用经验和分析(此时二者都很缺乏)相结合的方法来保证悬索桥的动力安全性：

> “为保证将悬索桥成功地引入美国，它们的建设，特别是第一座桥的建设，不应该仅依靠力学。任何一种现代进步都没有像悬索桥系统那样得到这么多的科学支持。正如我们所见，欧洲的这种雄伟的、大胆的结构是在最杰出的工程师们的直接监督下建立起来的，他们富有经验的判断力得益于大量科学知识的支持。”

艺术大师们共有的最显著特征，看来就是具有将经验和理论进行完美结合的能力。惊讶于中世纪教堂的完美，保罗·瓦莱里(1871—1945)推测(1945，第144页)：显然，这一伟大时期的建造者们在构思建筑物时是将形式和物质作为一个整体进行考虑的，而不是将它们分开进行考虑……他们是用材料进行思考的。

哈里斯(1975，第52页)把这个引述同样应用到埃菲尔铁塔。1917年，法国超现实主义者马赛尔·杜尚(1887—1968)将管道工程和桥梁工程定位为美国艺术中最大的成就。

1983年，毕灵顿认为一流的桥梁工程师总是在吸收各种文化和科学的潮流，以求超越进而重塑它们。托马斯·泰尔福特(1757—1834)和弗朗索瓦·埃纳比克(1843—1921)二人有着同样的圬工工程的经验背景。伊桑巴德·金德姆·布鲁内尔(1806—1859)与古斯塔夫·埃菲尔(1832—1923)在艺术上的大胆源于对理论的清晰认识。纽约桥梁委员会委员古斯塔夫·林登少(1850—1935)，虽在德累斯顿学习，但却非常仰慕布鲁内尔和斯蒂芬森。卡尔·库尔曼(1821—1881)在苏黎世开办学校之前，曾在英国和美国把探究土木工程作为最初的职业。奥特马尔·安曼(1879—1966)曾和他一起学习，后来在纽约建造桥梁。戴卫·斯坦曼(1887—1971)把约瑟夫·米兰(1854—1941)的悬索桥大变形理论从德文译成英文。列昂·莫伊谢夫(1872—1943)翻译了钢筋混凝土方面的法语书籍《认知》(1903年)。

纽约市标志性建筑麦康柏斯丹大桥(图1.10)的众多设计者之一波勒(1885，第43页)公开宣称：我们无论如何也不能允许建造纯粹依靠经验的结构物。他尤其反对(第48页)通过简单的试验就做出草率的决策，这种事情十多年前就开始在英国出现，它们正在给工程师们以盲目的引导。波勒对其专业定位如下：当有许多清楚明白的计划在手时，基于一个没有任何人详细了解的计划来建造一个建筑，就等同于犯罪。

图 1.10 麦康柏斯丹大桥，哈莱姆河，纽约市

在 20 世纪，信息唾手可得，专业技术更加精确，分工更加细化。巴尊(1959，第 11 页)却为此哀叹：

“信息的泛滥同样造成人与人之间沟通困难。因为他们都相信自己的专业和语言不能够而且也不应该为另一专业所理解。这就是我们没有注意到的由专业分工带来的副作用。人们曾一度认为这是外部强加的缺陷，事实上它是知识分子内心所固有的排斥造成的。这种排斥源于人们错误地认为理解力等同于专业技能。”

不管人们是否悲痛，激烈的市场和技能竞争加剧了专业分工的进程。交通研究委员会(TRB，2001，第 8 页)专门用了一段篇幅，旨在公路管理当中消除艺术引进科学。通过改进它们的分析与计算工具，数学、物理和生物在其应用领域不断地被细分。经济学与财务管理、商务管理是有区别的。建筑学声称对结构选型有独一无二的权利。每一种结构形式都要求由专业设计师设计，由专业承包商施工。

应各种不同的需要，工程与管理、建筑与经济，从古代战争、建筑和领导中彻底的手工艺术分化为不同的职业。但职业从来都需要正确的判断力和良好的品位，理论在一定的范围(并不总是明确的)之内保持正确性，超出这个范围，理论通常会回归到直觉和类推这两种更典型的艺术方法。在可以用分析的手段优化结构以适应某种新功能之前，人们只能通过反复尝试的主观选择和个人想象力来使其趋于完美。

1.3 工程师作为管理者

在有组织的战争早期，管理和工程得到共同发展。孙子(1994，第 184 页)把战争的艺术明确地归结为测量、估计、计算、权衡和取胜等工程任务的综合。随着火炮的诞生及其杀伤力日益增强，对于防御工事的需求应运而生。法国路易十四执政时期(1638—1715)，沃邦(1663—1707)作为军队的最高指挥官的同时，还担任防御工事委员会主任和建筑、艺术和制造主管的职务。青年时期，作为指挥官的拿破仑曾炫耀了火炮的威力，但他最后承认粮食才是军队战斗力的保障。在 19 世纪，工程民用化之后，依然在实践和教育的某些方面保留了半军事化的特点。在英国，跟随一位有名的实践工程师当学徒被认为是最好的教育。在德国，约翰·罗布林跟着黑格尔学习；在瑞士，安曼跟随库尔曼学习。华盛顿·罗布林在伦斯勒理工学院(1854—1857)学习了包括多变量微积分、定性与定量分析、修辞评论、伦理哲学和法国文学等在内的一百多门课程，他是班上 65 人中最终毕业的 12 人中的一个（斯坦曼，1945）。

独特的人生经历，胜过形式化的教育，更能超越职业的界限，使得桥梁管理者更加富有神秘色彩。例如吉斯在 1963 年和波卓斯基在 1993 年关于应用生物学和历史学的论述，1993 年，弗莱西奈的自传都验证了管理者们这种神秘的形象。某些工程师们只关心某种特定形式的桥梁，而其他的工程师们则从事多种桥梁的设计。无论如何，满足现有需求和创造新需求的能力都是了不起的。所有成功的典范都表明他们不仅牢固地掌握了理论，并且义无反顾地投身于实践中，想象力和实用性的综合是另一种描述成功的方式，正如所有创新性的成就一样。

在法国，让·鲁道夫·佩罗内（1708—1794）被公认为是法国桥梁工程公司之父。在创办桥梁工程公司之前，由于缺乏必要的资金而无法进入筑城公司，他曾担任巴黎市的首席建筑师。作为法国国王路易十五的朋友，佩罗内是路桥学院的首位院长，在巴黎跨越塞纳河的诸多桥梁中，他设计了纳衣桥，而且还设立了法国首个公路综合资料库（皮肯，1992）。

首位悬索桥专利持有者詹姆士·芬利（1762—1839）是一位法官、农场主，同时也是个商人（卡纳克斯，1997）。

托马斯·泰尔福特（1757—1834）在毕灵顿（甘斯，1991，第 5 页）眼中是第一位伟大的结构艺术家，他的设计追求重量轻、造价低、结构有魅力，跨越梅奈海峡的悬索桥或许就是他杰作中最伟大的作品。泰尔福特把工程师看作是新一代的建造大师，他是伦敦土木工程协会（世界上第一个工程学会）的第一任会长，直至去世。

具有法国血统的马克·伊桑巴德·布鲁内尔爵士（1769—1849）在纽约担任总工程师，然后移民去了英国。在英国，他擅长造船服务于英国对拿破仑的战争，并且在泰晤士河下建造了第一条隧道（1822—1843）。他对于英国相当重要，以致惠灵顿公爵阻止他应沙皇亚历山大的邀请前往俄国（比林顿，1983）。

马克的儿子伊桑巴德·金德姆·布鲁内尔（1806—1859）设计并建造了数座当时最富有想象力和大胆的桥梁，建造了最大最革新的蒸汽轮船，在铁路中引入了 7in（2 135mm）的标准轨距以及其他很多发明。作为一个工程艺术家，为了实现他最大的抱负——建造大东方号蒸汽轮船，布鲁内尔不得不从事管理工作。

斐迪南·德·雷塞布（1805—1895）修建了苏伊士运河，但是没能在巴拿马再次成就壮举。1977 年，麦克拉夫追溯了这两次工程尝试的不同结局——在法属殖民地成功了，在美洲巴拿马却失败了——的原因是只有工程与管理完美结合才能成功。乔治·戈索尔斯（1858—1928）代表美国政府，应用不同的管理和工程方法完成了巴拿马运河工程。

图 1.11　詹姆斯·布坎南·伊兹，荣誉大厅，布朗克斯，纽约市

詹姆斯·布坎南·伊兹（1820—1887）（图 1.11）设计并建造了密西西比河上伟大的圣·路易斯桥。他是该河上救援作业的指挥员和管理者，组织施工了很多建设项目并赢得了国际资金的支持。麦克拉夫（1972，第 181 页）对他进行了精彩的描述：伊兹喜欢同时和两三个人下

棋，并在最近（大约 1870）和一些铁匠们的举重比赛中获得了亚军。

约翰·罗布林（1806—1869）因为布鲁克林桥（案例 1）而被认为是史上最伟大的桥梁设计师之一。然而，他在其他方面同样出色。除了在黑格尔门下学习哲学、设计并建造了 19 世纪最长和最杰出的悬索—斜拉组合桥外，他还在宾夕法尼亚州成立了耕地社区，创立了罗布林高强钢丝公司，并为 20 世纪将曼哈顿和布鲁克林并入纽约市而必须获得的政治和经济支持做游说。

案例 1　纽约城市桥梁历史

1908 年的城市桥梁年度报告列举了 45 座桥梁，其中包括横跨东河口的 4 座破纪录桥梁，以及移动桥梁和一些木结构。林登塔尔、沃德尔、鲍勒、巴克、安曼、斯坦曼、莫耶斯基、莫伊瑟夫等众多杰出的工程师对所谓的三州地区（纽约州、新泽西州和康涅狄格河）的桥梁网络做出了贡献。

2004 年，纽约市管理者 790 座结构物，包括 6 座隧道和超过 100 座人行天桥，总的跨数达到 5 000 跨，平均历时大约 80 年。纽约州运营着类似数目的主干桥梁，在同一地理区域，平均历时 40 年。行政部门管理着收费的公路和铁路桥梁以及隧道，纽约市的桥梁总数超过 2 200 座。

表 E1.1 列出了三州地区的 12 座大跨径桥梁，其中的 5 座桥梁拥有世界纪录。该市纪录的最长桥梁是葛湾那高速公路桥，全长 3.52mile（5634m），1 745 606in^2（162 385m^2），322 跨。图 E1.1～图 E1.11 近景展示了不同的结构类型和功用。

纽约市大跨径桥梁　　表 E1.1

年份（年）	桥　梁	最大跨径	结构	功用	业主
1883	布鲁克林大桥（罗布林）	主跨 487m①，边跨 284m	悬索桥	六车道	纽约市
1888	华盛顿大桥（施耐德、麦卡尔平和哈顿）	155m	多层钢拱桥	六车道	纽约市
1903	威廉斯堡大桥（巴克）	主跨 488m①	悬索桥	八车道，两轨道	纽约市和大纽约交通运输管理局
1908	曼哈顿大桥（莫耶斯基和莫伊瑟夫）	主跨 449m，边跨 222m	悬索桥	七车道，四轨道	纽约市和大纽约交通运输管理局
1912	皇后大桥（林登塔尔）	主跨 361m，总长 1 136m	悬臂桁架	十车道	纽约市
1912	地狱门大桥（林登塔尔）	主跨 310m	钢拱桥	四轨道	美国铁路公司
1931	贝永大桥（安曼）	主跨 511m①	钢拱桥	八车道	纽约与新泽西港口事务管理局

续上表

年份(年)	桥　梁	最大跨径	结构	功用	业主
1931	乔治·华盛顿大桥(安曼)	主跨 1 067m①	悬索桥	十四车道	纽约与新泽西港口事务管理局
1936	三区大桥(安曼)	主跨 421m	悬索桥	七车道	大纽约交通运输管理局
1936	亨利·哈德森大桥(斯坦曼)	主跨 244m	固定实体拱桥	六车道	大纽约交通运输管理局
1937	白石大桥(安曼)	主跨 701.5m	悬索桥	六车道	大纽约交通运输管理局
1961	窄颈大桥(安曼)	主跨 549m	悬索桥	六车道	大纽约交通运输管理局
1964	费雷泽诺大桥(安曼)	主跨 1 300m①	悬索桥	十二车道	大纽约交通运输管理局

注:①表示世界纪录。

图 E1.1　布鲁克林大桥和曼哈顿大桥,东河

图 E1.2　威廉斯堡大桥,东河

图 E1.3　皇后大桥,东河

图 E1.4　三区大桥和地狱门大桥,哈莱姆河

图 E1.5　贝永大桥

图 E1.6　乔治·华盛顿大桥

图 E1.7　亨利·哈德森大桥

图 E1.8　布朗克斯—白石大桥和窄颈大桥

图 E1.9　费雷泽诺大桥

图 E1.10　亚历山大·汉密尔顿大桥和华盛顿大桥，哈莱姆河

图 E1.11　第九街吊桥和跨郭瓦纳斯运河地铁高架桥

罗布林给工程师们的建议是亲自去参加建造过程,从而获得比工程提供的更多的收获(比灵顿,1983)。罗布林是一个非常自信的人,他认为待在布鲁克林桥工地上(麦卡洛,1972)就能治好他的腿伤,因此赶走了医生。这种责任委派的管理缺陷被证明是致命的。

华盛顿·罗布林(1837—1926)上校是一名毕业于伦斯勒理工学院的工程师,后来在尤利塞斯·格兰特将军的直接率领下参加了南北战争。为了测试布鲁克林桥桥塔沉箱的安全性,他在无人在场的时候用手枪向箱室射击。繁重的工作严重摧垮了他的身体,虽然曼哈顿市和布鲁克林市的两位市长曾努力劝免他的职务,但他还是在妻子埃米莉的协助下,一直管理着布鲁克林桥的建设直至1883年竣工(图1.12)(麦卡洛,1972)。

毕业于巴黎中央理工学院的古斯塔夫·埃菲尔(1832—1923)(图1.13)在欧波特的杜罗河(1876)及加比拉的图吕耶河(1884)上设计了铁路拱桥,这些桥梁展示了埃菲尔对钢结构设计的娴熟技能。吕耶河桥是世界上最高的拱桥,矢高400ft(122m)。然而,接下来设计并修建的世界上最高的铁塔证明埃菲尔不仅是卓越的设计师,而且还是杰出的管理者。

图1.12　约翰,华盛顿和埃米莉,布鲁克林桥

图1.13　古斯塔夫·埃菲尔,埃菲尔铁塔,巴黎

1975年,哈里斯称赞埃菲尔监管下的工程建设具有生产线的效率。对铁塔升降机的选择和设计(已超越了埃菲尔的设计能力)是埃菲尔管理技能的模范展示。这一过程,包括与美国升降机制造商奥蒂斯进行的谈判。这家美国升降机公司同样是有巨大工程成就的企业,谈判有时显得无关紧要但最终证明是极富成效的。奥蒂斯企业前一代的代表利沙·格拉夫·奥蒂斯(1811—1861)于1854年发明了起重机、1857年发明了升降机,从而使建造高耸结构成为

可能。

弗朗索瓦·埃纳比克(1843—1921)基于他对钢筋混凝土的认识和现场经验，建造了大量的钢筋混凝土结构并使其成为一个国际商业(比林顿，1983)。

预应力之父尤金·弗莱西奈(1872—1962)曾写道(1993，第30页)，在他的结构施工现场，他是一位管理者、承包人和设计者，用他自己的话说是一个不听从任何人建议和命令的绝对主宰者。

古斯塔夫·林登塔尔(1850—1935)在纽约市设计了地标性建筑——地狱门大桥，并担任了纽约市皇后大桥(案例1)的设计管理，他喜欢应用眼杆(图1.14)。在20世纪之交，纽约市进入高速发展时期，他担任桥梁委员会成员，安曼和斯坦曼都是他的门徒。

图1.14　史密斯菲尔德大桥，匹兹堡，宾夕法尼亚州

奥特马·安曼(1879—1966)(图1.15)作为纽约市和新泽西港口事务管理局的总工程师，设计了纽约市的三区大桥、乔治·华盛顿大桥、贝永大桥、白石大桥、窄颈大桥和韦拉扎诺大桥(案例1)。他调查了1907年魁北克大桥坍塌的原因，并担任过包括旧金山金门大桥(约瑟夫·斯特劳斯担任总工)在内的许多桥梁的顾问。

图1.15　奥特马·安曼，港口事务管理局，乔治·华盛顿大桥，纽约市

尽管安曼在设计工作中取得了突出的成就，人们更多地把他当作一个政治企业家，一个比其导师(机智的林登塔尔)更具有无限才能的管理者(波宾，2001，第六章)。安曼在桥梁设计中考虑的优先原则为经济性、实用性和美观性(波宾，2001，第188-225页)。在乔治·华盛顿大桥的设计投标中，他的设计以2 500万美元的惊人低价击败林登塔尔而中标。1931年，乔治·华盛顿大桥成为世界首座跨径超越1km并拥有8个公路车道的桥梁。1962年，其下层桥面通车时，《纽约时报》称(雷耶尔，1977年，第107页)：安曼是位梦想家、艺术家、坚强可靠的设计师，是他使得这座优美的桥梁得以诞生并坚不可摧。

就像布鲁克林大桥和埃菲尔铁塔一样，安曼的桥梁在规模上已经创下纪录，在累积服役时间方面，他的桥梁还在创造着令人赞叹的纪录。通车40年后的韦拉扎诺大桥依然保持着美国最大桥梁跨径的纪录。通车74年之后的乔治·华盛顿大桥则成了美国最繁忙的大跨桥梁，日征过桥费接近100万美元(案例2)。安曼的桥梁(即使那些不那么成功的桥梁)诠释了合理的管理是创新性结构设计的特征。

案例 2　纽约市乔治·华盛顿大桥

乔治·华盛顿大桥(图 E2.1 和图 E1.6)横跨哈德逊河,建造之前进行了一项始于 1925 年的交通调研,结果预见,如果以 50 美分的交通收费,那么到 1932 年将可以产生 525 万美元的年度收入(雷耶尔,1977)。该桥由纽约和新泽西港口事务管理局总工程师奥特马·安曼设计,上层桥面拥有 8 个车道,下层桥面可以走火车或者拥有 6 个车道。从 1927 年 10 月 21 日开始施工,在 1931 年 10 月早于预期开放了 4 个车道,总造价 5 900 万美元,低于预算。在 1943 年剩余的车道通车。下层桥面的 6 个车道于 1963 年完工,花费 7 600 万美元,接近两倍的交通承载量并提供了很好的抗扭刚度。在 1992 ~ 1993 年进行了大修,花费 3 620 万美元。

直到 1937 年,长 3 500ft(1 067m)的 14 车道双层桥面主跨一直保持着世界纪录。该纪录被长 4 200ft(1 280m)的金门大桥超越,该桥有 6 个车道,连接旧金山和马林县(图 4.41 和图 4.42)。在 1964 年,安曼将纪录刷新到 4 260ft(1 300m),那就是连接布鲁克林和斯塔顿岛的拥有 12 车道双层桥面的费雷泽诺大桥(图 E1.9)。位于威尔士的亨伯大桥将纪录延伸到4 623ft(1 410m)。连接日本本州岛和四国岛的明石海峡大桥(图 1.39)保持着目前的世界纪录,它有 6 个车道,主跨长 6 528ft(1 991m)。

明石海峡大桥、乔治·华盛顿大桥、费雷泽诺大桥和金门大桥都是依托加劲桁架设计[图 1.40a)和图 1.42]。相比较而言,亨伯大桥、丹麦大贝尔特海峡大桥(5 325ft,1 624m)(图 1.41 和图 E2.2)、香港青马大桥(4 515ft,1 377m)(图 E2.3)以及众多其他现代悬索桥主跨是箱梁结构。

图 E2.1　乔治·华盛顿大桥,哈德逊河,西边桥塔正在喷漆作业

图 E2.2　大贝尔特海峡大桥的箱梁

图 E2.3　香港青马大桥

表 E2.1 列出了乔治・华盛顿大桥的收费和使用者数量。

乔治・华盛顿大桥的年收费、使用量和收入　　表 E2.1

年份(年)	年向东行驶车辆数(辆)	平均收费(美元)	年收入(百万美元)
1932	10 500 000	0.5	5.25
1991	47 952 700	4.3	207.78
1992	47 764 900	4.7	223.76

一个综合的列表还应包括其他国家和文化背景下的桥梁。桥梁设计许多灵感和技术来源于造船业、汽车制造业和航空工业。大型工程结构的复杂性,迫使工程师们不断地在设计与管理各层面的事务中展开竞争。1986 年,范德齐描述了在金门大桥(图 1.16)的建造过程中,富有灵感的艺术家莫伊塞夫、行事缜密的设计师查尔斯・埃利斯(1876—1949)及具有伟大抱负的管理者约瑟夫・斯特劳斯三人之间精细的合作。

图 1.16　约瑟夫・斯特劳斯,金门大桥,旧金山市

通常情况下,能力和奉献精神,容易低估代价而高估成就。个人才能需要调整到与交通的各种需求相符。桥梁管理者们仍在自冒危险的情况下独自奋斗。

1.4　工程师与管理者

工程师和管理者之间竞争力的差别,在希腊神话帕里斯对选美竞赛的裁决中就有所暗示。参加选美比赛的有奥林匹斯山王后赫拉(图 1.17)、宙斯心爱的创造物雅典娜(图 1.18)以及爱神阿芙罗狄蒂(图 1.19)。在不和女神厄里斯的挑拨下,三位竞赛者相互排挤,对仲裁者帕里斯分别施以政治权力、对战争与和平的洞察力和美貌的诱惑。被特洛伊城驱逐的王子帕里斯(图 1.20)谨慎地选择了爱神阿芙罗狄蒂,却引发了特洛伊战争。

根据格拉夫斯的记载(1992,第 631 页),之后的流血战争起因于奥林匹斯山国王宙斯和法律与正义女神西弥斯的鼓动,并且其鼓动原因不明。在十年的围攻期间,赫拉和雅典娜的联合势力对付阿芙罗狄蒂和艺术守护神阿波罗。在荷马史诗(图 1.21)《伊利亚特》和《奥德赛》中,这次战争被描绘成无情激进的革新与保守的传统方法之间的冲突(例如,前摄性的和应对性的方法间的对抗)。

历史证明了这个神话的含义。在战争与和平时期都能获得成功的领袖,比精于管理的工程师更为罕见。可以想象当亚历山大大帝(公元前 356—323 年,见图 1.22)面对如何管理他所征服的世界时感动得流泪(这也许是导致他英年早逝的原因)。

对那些恶人来说，企图集政治、管理和科学于一身，已证明是没有好下场的。亚里士多德（《政治》，Ⅱ 8，1267a）叙述在公元前433年，伯里克利（公元前495—429年）任命米利都的希波丹姆斯规划比雷埃夫斯城，他不满足于仅为一个1万人的小城市作规划，便同时起草了宪法，还规范了司法系统。1976年，据阿米泰格的记载，这种古怪行为使希波丹姆斯这位爱多管闲事的城市规划师遭到了放逐。

图1.17　赫拉(朱诺,罗马人),大理石像,公元2世纪,卢浮宫,巴黎

图1.18　雅典娜,大理石像,公元1世纪,卢浮宫,巴黎

图1.19　阿芙罗狄蒂,手持不和果,大理石像,公元1世纪,卢浮宫,巴黎

图1.20　帕里斯,大理石像,卡诺瓦(1757—1822)作品,城市艺术博物馆,纽约市

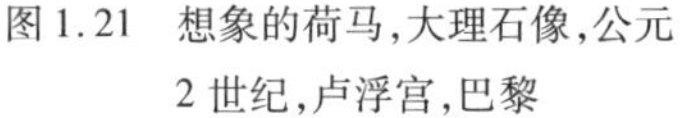

图 1.21　想象的荷马，大理石像，公元 2 世纪，卢浮宫，巴黎

图 1.22　亚历山大大帝，大理石像，罗马人，公元 2 世纪，卢浮宫，巴黎

布鲁达克（公元前 150—125 年）得出这样的结论：虽然吝啬的开发者马库斯·李锡尼·克拉苏（公元前 115—53 年）打败了西班牙广受欢迎的统治者斯巴达克思和庞培（公元前 106—46 年），从而明智地平息了和平争端，但他还是不能与盖尤斯·尤利乌斯·恺撒（公元前 102—44 年）相提并论。恺撒是一位不屈不挠、雄心勃勃的万能的管理者。恺撒的多才多艺体现在几百年来，人们根据其传记创作的艺术形象中（图 1.23 和图 1.24）。

在恺撒称帝的那一天，他在罗马参议院被刺杀，成了又一个政治谋杀的牺牲品。他的外甥屋大维（公元前 63 年—公元 14 年，见图 1.25）逐渐塑造了自己第一公民的形象，并成为罗马第一位大帝。在他 41 年的统治期间，屋大维成立了各层行政机构，修建了基础设施，更令他自豪的是，他把罗马从一个砖瓦城市建成了一个到处有着大理石装饰的华丽城市。

对工程师和管理者来说，职业遭遇会有些不同。马基雅弗利在管理上富有建设性的著作，导致他被关进监狱并受到严刑拷打（而不是等待他老板波吉亚的立即处死）。为了活命，伽利略不得不放弃其得出的宇宙秩序的结论，这也是无奈之举。哥白尼和笛卡尔（前者预见到了伽利略的命运，后者从中学到经验）都在去世后才发表他们更具争议性的科学结果。艾萨克·牛顿公爵太平无事地置身于英国国会上议院，据说他仅有的一次抱怨，也只是针对漏风的窗户。

安托万·劳伦·拉瓦锡（1743—1794）在 25 岁时便因其在化学上所做出的贡献而进入了法国科学院，并因其管理技能很快便当上了主任一职。拉瓦锡因在经济上的努力，特别是担任税收征收员和国库委员期间，导致在恐怖统治时期被推上了断头台。他请求缓刑以完成他的基础研究，但遭到大革命时期任国防部长的杰出军事工程师拉查尔·卡诺特（1753—1823）（后遭流放）的拒绝。

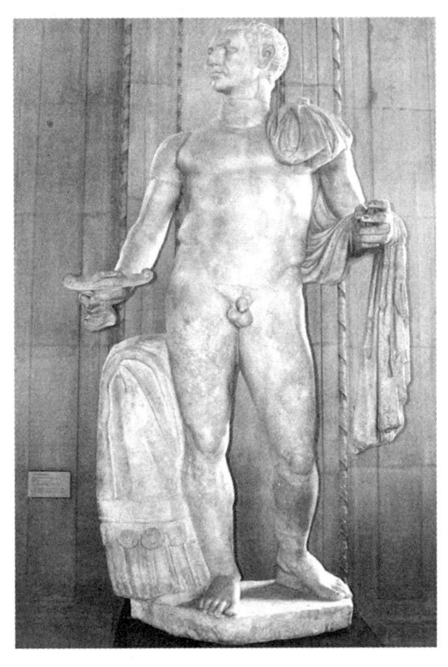

图 1.23　尤利乌斯·恺撒,大理石像,公元 1 世纪,卢浮宫,巴黎

图 1.24　尤利乌斯·恺撒,大理石像,费鲁奇(1465—1526)作品,城市艺术博物馆,纽约市

在巴拿马运河丑闻之后,斐迪南·德·雷塞布因年迈而免于牢狱之灾,但他的儿子查理斯则服了刑。因为一个规则细节,古斯塔·艾菲尔避免了相似的命运。约翰和华盛顿·罗布林在布鲁克林桥的建设中蒙受了经济损失,成了瘸子并贡献了生命。斯特劳斯经受了无数次精神和经济的崩溃,在金门大桥通车一年之内就去世了。

前人的命运、技术知识的日益复杂令通才们感到沮丧。在时间的考验中幸存下来的少数成功的记录,似乎也被做了篡改。例如,本杰明·富兰克林(1706—1790)对科学做出了贡献,但这些似乎是削弱了而不是增强了他作为美国奠基者的形象。富兰克林纪念碑树立在纽约帕克洛街上,上面详细的碑铭并没有提及他的科学贡献(图 1.26)。富兰克林的历史形象或许比恺撒更加复杂,在公众人物(图 1.27)、政客(图 1.28)和专家(但很少是经验论者)三者之间变化。

汤姆斯·佩恩(1737—1809)(图 1.29)提升了美英两国早期的钢桥设计和施工水平,但他却作为《理性年代》、《人类的权力》和《常识》三本书的作者而闻名于世。

托玛斯·杰斐逊(1743—1826)起草了《独立宣言》并担任了美国第三任总统,因而他的头像被刻在国家发行的 5 美分硬币的正面,硬币背面为杰斐逊设计的蒙提切罗则被认为是一种偶然。5 美分硬币的重新发行显然是寻求更可敬的成就来代替蒙提切罗,这些成就诸如购买路易斯安那州、路易斯和克拉克远征、西部大开发[图 1.30a)]。在哥伦比亚大学[图 1.30b)]校园内,杰斐逊的雕塑屹立在新闻学院的前面,想必这应该比待在建筑学院前面要令人舒服得多。

图 1.25　奥古斯都·屋大维，大理石像，罗马，公元前 20 年，卢浮宫，巴黎

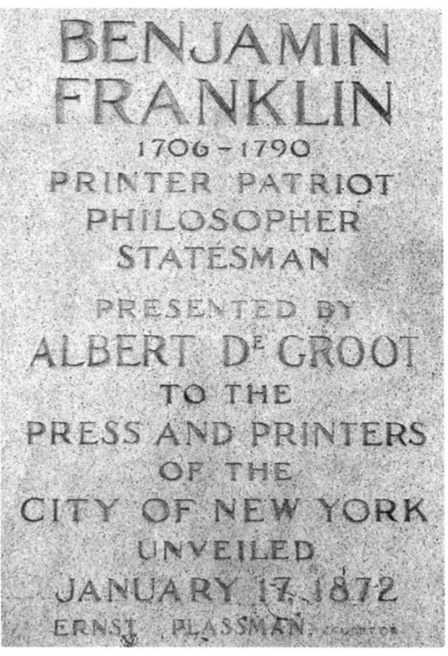
BENJAMIN
FRANKLIN
1706-1790
PRINTER PATRIOT
PHILOSOPHER
STATESMAN
PRESENTED BY
ALBERT D^E GROOT
TO THE
PRESS AND PRINTERS
OF THE
CITY OF NEW YORK
UNVEILED
JANUARY 17 1872
ERNST PLASSMAN

图 1.26　本杰明·富兰克林，碑铭，帕克洛街，纽约市

相比之下，美国第 31 任总统赫伯特·胡佛(1874—1964)，作为采矿工程师和历史上第一次大规模国外援助行动的管理者取得了巨大成就，人们也从未否认过他应得的荣誉(德鲁克，1973，第 25 页)。

图 1.27　本杰明·富兰克林，帕克洛街，纽约市

关于托马斯·爱迪生(1847—1931，图 1.31)，人们很难同时认识到其发明和专利的科学意义以及其创办公司的经济重要性。亨利·福特(1863—1947)与爱迪生同时代，他也是爱迪生的朋友，人们对于他留下来的遗产的认识也是一样。他不但设计了一些最早期的汽车，而且最重要的是他推行了规模化生产。然而，大多数传记却把焦点集中在他作为一名重要的公司老板和工业家方面。艾伦尼·杜邦(1771—1834)是拉瓦锡的学生，他是早期美国一流的化学工程师(阿米蒂奇，1976)，他的名字却和他所发起的工业联合体联系在一起。

霍华德·休斯(1905—1976)是一名前加州理工学院的学生，也是一位大胆的设计师和管理者，却因个人癖好、在电影工业的冒险和一些异端的经济行为而闻名。杰伊(1994，第 37 页)把休斯被他自己创建的航空公司 TWA 驱逐出管理层，比作英国国王查理一世被处决；还将从家庭所有制到职业管理的工业转型,比作早期从私人王朝到职业精英管理体制的政治变革。然而,2004 年菲利普发现在 21 世纪的政治和经济领域中,仍然存在世袭王朝比理性的精英主义统治更具有竞争力的例子。

图 1.28　本杰明・富兰克林和乔治・华盛顿,赤土陶品,乌东作品,卢浮宫,巴黎

图 1.29　汤姆斯・佩恩,荣誉大厅,布朗克斯,纽约市

a)　　b)

图 1.30　a)各种硬币,正面为托玛斯・杰斐逊侧像,背面不同;b)托玛斯・杰斐逊,新闻学院,哥伦比亚大学,纽约市

即使工程和管理有着共同的长期目标,他们眼前的优先权可能会直接抵触。工程师培养和利用自然资源,管理者指导社会群体之间资源交易。工程追求持久的结果,采用的是同样永久而客观的和可重复的推理手段。管理则采用最有效、最适宜的独到方法来满足当时紧急、短

暂的优先性。布鲁达克(第879页)相信恺撒天生具有比任何人都高明的能力,能够正确地利用战争中的一切,尤其是能抓住最佳时机。

图1.31　托马斯·爱迪生,荣誉大厅,布朗克斯,纽约市

柏林(1996,第40~53页)对那些企图通过把管理的奥秘简化为社会静力学和动力学来进行分析的社会工程师和诸如圣·西蒙(1760—1825)、傅立叶(1772—1837)及康德(图1.9)等以救世主自居的传道士感到不屑。在他看来,科学家们寻求具体问题普遍有效的方法,而政治家们必须把握一般情况的特别之处。富有创新精神的建筑师莱特赞同后一职责,他曾将其目标描述为建造适合特殊环境、满足特别功能的独特结构。在法律事务上,霍姆斯相似地坚持认为引导我们的应是经验,而不是逻辑(见附录1)。另一方面,只有当逻辑和经验取得和谐时才能满足工程上的需求,这样的条件并不是总能够满足的。尽管工程上遵循严格的方法,希波丹姆斯也是出于为人类造福的目的,亚里士多德(《伦理》,1941,1268b)仍旧批评了他将人们分为艺术家、农夫、战士三类的意图,并指出这种分类当中必有巨大混淆之处。

2100年之后,沃邦元帅自不量力地向他的主人路易十四提出税收改革方案,这一举动断送了他作为杰出的军官和建造师的美好前程。

柏林认为成功的科学家和政治实用主义者的区别是:科学家具有理论(主观)知识,而实用主义者具有实践(客观)知识,过分地依靠理论分析将是致命的,反之亦然。

在缺乏现实主义的乌托邦王国,错误的判断不在于无力应用自然科学方法,相反在于过度应用……所以,科学家认为是理性的,在历史学家和政治家们那里却变成了空想,反之亦然……我们是否应该如柏拉图、圣·西蒙或者韦尔斯所愿,让科学家们来管理国家?……政治领域人与人之间的猜疑多数是起源于信仰,并没有什么绝对的错误,这种信仰是希望人们过一种简单、平等的生活,从而太相信将理论领域得到的结果直接应用于社会,将会带来良好的结局。

图1.32　孔多塞,第六区,巴黎

政治实用主义者们和社会工程师们的公开辩论依然活跃(有时会显得沉静)。孔多塞侯爵(1743—1794)和皮埃尔·西蒙·拉普拉斯侯爵(1749—1827)在法庭判决中引入统计分析的方法来修正希波丹姆斯的成果,从而规范司法系统。他们都当选为法国科学院院士,成了不朽的伟人。数学家、哲学家、经济家和立法委员会主席孔多塞(图1.32),一个完美社会的信仰者,在恐怖统治时期为避免被推上断头台而服毒自尽。拉普拉斯把

研究局限在数学、物理和天文学领域,得以终老一生。2005 年,是法国投票反对由德斯坦提出的欧洲宪法,德斯坦是巴黎理工学院的毕业生,是法国前总统,卒于 2004 年。

1.5 需求与供给

一旦工程发展成为一种职业,从业人员便成为一种资源,需要管理来进行经济有效地分配。随着商业逐渐取代战争成为国家之间财富转移的主要手段,工程上的约束因素也由政治转变为经济。杰伊(1994,第 201 页)如是说:商业和战争是如此之类似,以致军事历史上的每一时期都存在工业和商业上的战争。

如图 1.33a)所示的供—需流程图是双向的。工程提供专业化的服务,管理提供资源。悬索桥专利持有人约翰・芬利(见 1.3 节)和他的业主也许就是用这种方式进行交易的。公众和他们选举和支持的政治管理之间形成了一个更为复杂的供—需链。以前杰出的桥梁设计师们,譬如那些曾由毕灵顿在 1983 年分析过的,找到了一些可直接与公众、高层政治管理者互动的途径。这种互动正在变得越来越困难。2001 年,姚治平和罗埃塞特发现工程师们和决策者们之间已经形成了越来越多的中间层。图 1.33b)表明不同管理层面与用户、技术专家以及他们之间的交流。

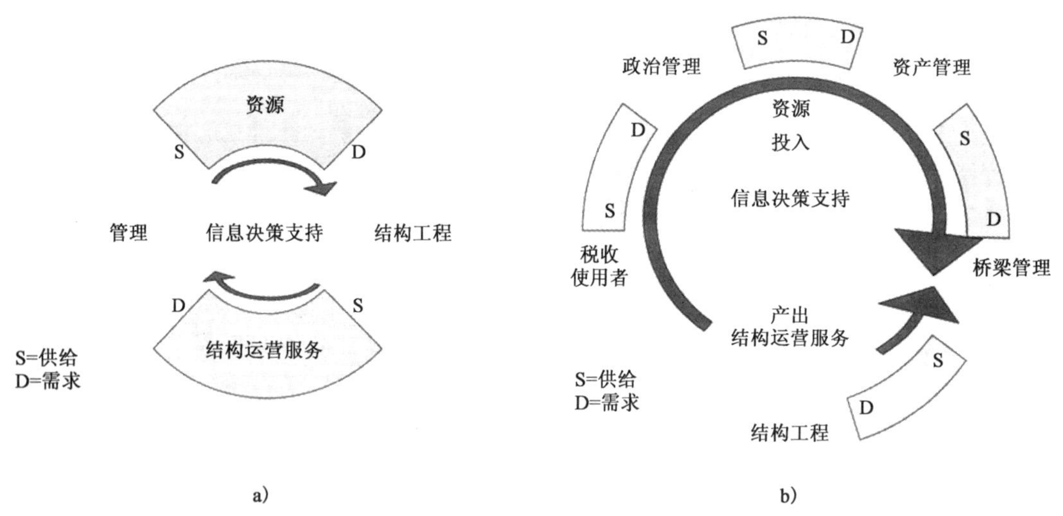

图 1.33 a)双向供—需关系;b)多层次供—需关系

尽管人类活动丰富多样,但活动最优秀的产品,例如建筑杰作,总是结合了多种活动的成果。工程成就只有成为管理杰作后才有意义。据报道,惠灵顿公爵(1769—1852)把由乔治・斯蒂芬森(1781—1848)设计的蒸汽机贬为下层阶级用来随处闲逛的工具。然而,斯蒂芬森的儿子罗伯特(1803—1859)看到了人们对这种交通工具的需求,建造了大不列颠大桥,该座里程碑式的大桥一直被保存到 1970 年(比林顿,1983)。

一定程度上,工程师和管理者(或他们的历史先驱)这两种职业是不同的,管理者服务于大众，却需要可能包括工程师在内的技术团队的支持。当建筑上升为一种艺术时，建造大师便成了领导的宠儿。

实用层面和精神层面的需求，共同促使了埃及金字塔、中国万里长城（图 1.34）和罗马各式拱建筑（图 1.35、图 1.36）的出现。耐久性是结构设计的基本要求，做出最大限度的施工努力是美德的一种体现。这些古代建筑屹立了数千年之久，已经远远超过了它们的服务年限，但依然是人类不朽的纪念碑。

图 1.34　中国万里长城

图 1.35　罗马圆形大剧场，始建造于公元 72 年

仅依靠纪念性的和破纪录的桥跨结构，交通事业是得不到长足发展的。许多使用木材，绳索及其他易腐烂材料建造的结构，同样满足有效管理的要求。一座吊桥、一块石板或者一根大树干，它们当中的一种或许就是跨越我们必经沟渠的最好选择，或者是唯一选择。尽管这些结构有着不耐久的天性，就成本和功能来说，他们一样可以成为工程和管理的杰作。

图 1.36　断桥，罗马，倒塌于 1598 年

到了 20 世纪，社会和交通的动态发展使得桥梁的永存变成了一种奢望。约翰·罗布林修建的大量桥梁都证明：在一个竞争的市场中，要想使一座桥梁长久地成为地标结构是相当困难的。那些修建在尼亚加拉大瀑布以及匹兹堡的宏伟桥梁，随着它们的使用性的丧失，已经被人们淡忘。辛辛那提—卡温顿大桥［图 1.37a）］依然是一个国际性的地理标志，得以幸存下来，其在加固之后用于承载两个车道的公路交通。

在布达佩斯,具有地标意义的多瑙河悬索桥,在第二次世界大战期间部分被毁坏,随后得到修复以满足交通和地标象征意义的需求[图 1.37b)]。

a)

b)

图 1.37 a)辛辛那提—科文顿大桥;b)布达佩斯的多瑙河桥

布鲁克林大桥已经通车了 123 年,每日有 10 万人通过此桥往返于曼哈顿和布鲁克林之间,它的纪念碑形象是与其功能分不开的,这种结合似乎是由设计实现的。雷耶尔(1977,第 11 页)援引罗布林写给纽约桥梁公司的一封信如下:这件深思熟虑的作品,如按照我的设计施工,将不仅作为一座伟大桥梁而存在,而且它将成为这个大陆、这个时代的最伟大的工程作品。它最显著的特征——桥塔,不但是毗邻城市的地理标志,还将有资格成为国家纪念碑。

埃菲尔也用非常相似的言辞来推崇他颇具争议的埃菲尔铁塔工程:铁塔除了可以鼓舞精神之外,还将在国防以及科学领域有着不同的应用前景(哈里斯,1975,第 101 页)。

埃菲尔铁塔暗含的研究价值,还体现在新兴的航空学方面。一个世纪之后,埃菲尔铁塔(图 1.38)成了巴黎的旅游热点、电视塔、国家的标志,并造就了巴黎最盈利的企业。

然而,埃菲尔在波尔多修建的第一座铁路桥梁,虽然有其公认的历史意义,人们却准备在 2008 年拆掉它。《世界报》(2006 年 2 月 2 日,第 26 页)援引一名法国铁路代表的话:法国铁路没有任何义务去保存一座没有列车经过的铁路桥梁。

试图为行人和骑自行车者保存这座桥梁的努力都遭遇到常见的资金困境。尽管一座新的铁路桥梁估计要 1.17 亿欧元的造价,但是保存旧桥的成本和收益以及旧桥对于将来的用处更加模糊(见 11.5 节)。

纽约州的中哈德逊铁路桥(图 1.39)遇到了相似的难题。这座桥梁竣工于 1888 年,在不能通行列车后一直作为人行桥使用,但是这样无法筹集到维护资金。

商业和结构艺术之间的这种既刺激又沉闷的紧张关系(比林顿,1983 年),如今呈现为管理和工程之间的相互作用形式。另外,还存在个人设计与大众舆论之间的紧张关系。专攻设计和施工的工程师们,支持一种供给侧桥梁管理方法,强调工程的革新性。奥尔森在《土木工程》(1993 年 4 月,第 57-59 页)杂志中针对更换威廉斯堡大桥(案例 3)的提议表达了这种立场。

图 1.38　埃菲尔铁塔，巴黎

图 1.39　中哈德逊铁路桥

案例 3　纽约市威廉斯堡大桥

威廉斯堡大桥（图 E1.2、图 E3.1 和图 E3.2）于 1903 年 12 月 19 日通车，连接布鲁克林和曼哈顿。莱弗特·巴克是总工程师，林登塔尔是桥梁行政管理人。悬索桥的跨径还在不断增长，主跨 1 600ft（488m）是世界上当时最长的悬索结构，然而，福思湾的悬臂桁架更长，边跨不是悬吊的。该桥本来承担 6 个火车轨道、4 个汽车和马车车道以及 2 个人行道。1924 年，平均每天使用者数量最多的时候有 505 000 人。在第二次世界大战后期，其中的四个火车道被替换成了公路车道。由于汽车变成了主要的交通模式，该桥取消了火车轨道，每天的使用者数量减半（图 E3.1），包括运输货物的货车。

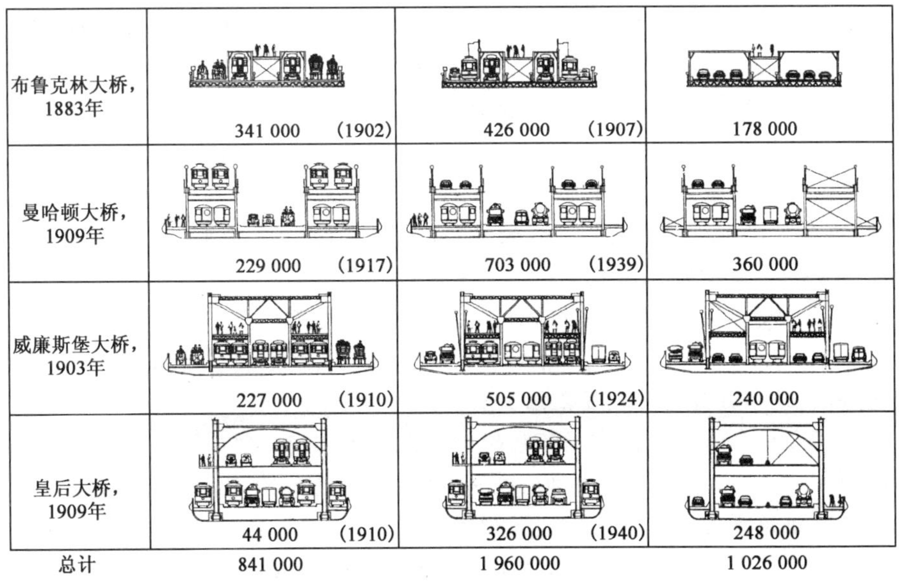

图 E3.1　东河区桥梁，纽约市，纽约市交通局（1988 年）

四根索缆中的每根索都包含被分成37股的7 696根钢丝,典型高强平行钢丝的直径是0.189in(5mm),屈服强度是220ksi(1 517MPa)。钢丝没有镀锌,当时假定钢丝必须做好充足的防水工作,因此不需要镀锌材料的保护。另一个值得注意的特征是悬挑的横梁用以支撑两个交通车道(图 E3.3)。

图 E3.2 威廉斯堡大桥,东河

图 E3.3 腐蚀的悬臂横梁和桁架连接节点

国家公路合作研究项目合成本 330(2004,第 3 页)阐述了桥梁维护的重要性:缺乏维护会导致严重的后果。1988 年,对纽约的威廉斯堡大桥进行的例行检测发现钢梁存在严重退化,共 400 个区域的结构状态需要引起立即关注。在紧急维修工作中,该桥首先关闭了繁重的轨道交通,然后又有 3 个月时间的所有交通封闭。这一举措严重干扰了城市的商业运作并上了头条。

威廉斯堡大桥的重要性,引起了公众和媒体的关注。1988 年 2 月 24 日,莱文在新纽约时代中写道(第 E24 页):

> “行政人员指出大约这个城市一半的桥梁(846 座)被评级为差或一般状态,31 座桥梁必须至少部分封闭交通,100 座桥梁需要被替换……在过去的几十年中,桥梁需要经历预算紧张情况下城市的变迁,这将缩短结构的使用寿命,导致许多桥梁过早丧失功能。
>
> 用于锚固曼哈顿大桥吊杆的眼杆也在退化。皇后大桥上的钢纵梁发生了腐蚀,同样的情况也发生在皇后大道大桥的钢柱。横跨哈莱姆河的华盛顿大桥的混凝土桥面和支撑横梁已经发生退化。麦迪逊大道大桥的裂缝降低了它的评级。去年春季,普拉斯基大桥的一个车道的路面出现了坑洞。
>
> 根据将近一年前开始的检测工作的结果,威廉斯堡大桥的缆索需要进行维修或者替换,这项任务将要花费 2 亿 5 千万美元,甚至更多……
>
> 交通专员桑德勒指出,在接下来的十年里,他的部门规划花费 13 亿 7 千万美元(包括联邦和州资金)。他仍坚持他能使用超过 6 亿美元,不包括正常维护的资金。
>
> 尽管纽约市已经雇用了额外的 30 名桥梁检测员,近几年,每年仅有 6 百万美元花费在维护上……这个数目大约是行政人员所说的六分之一。
>
> 相比较而言,三区大桥和隧道管理局也收取通行费,在 1985 年花费了 2 千万用于维护七座桥梁和两座隧道。

为了修复桥梁，官僚政治也必须要得到改变……桑德勒专员称救济部门是只用于桥梁的行政单位……由于1983年康涅狄格州的麦阿纳斯河大桥以及去年上纽约州的斯科哈里湾大桥的倒塌，共有13人丧生，没人能逃脱干系。”

负责建造东河区桥梁的桥梁委员会，已经在几十年前吸收了其他机构。在20世纪20年代至60年代期间建造的长跨桥由行政部门管理并靠收费获得资助。1988年后期，纽约市交通管理局成立了一个桥梁事务处，其功能在附录18中进行阐述。

两年一次的例行检测之后，发现悬臂板梁（图E3.3）和缆索（图E3.4）在加速退化（威廉斯堡大桥技术咨询委员会，1988年），因此建议临时关闭桥梁。通过分析缆索，发现缆索的安全因子从4.1降到了2.3。

基于两个关键的假设得出以下结论：

- 沿着索长方向的任何一点的断裂索丝数目（除了锚固端），能够从观察到的索表面的断丝数目推断出来。
- 索的承载力和所有断丝数目成比例折减。

基于前述的研究，使用另一个模型获得的折减安全因子为3.6，由于以下的区别：

- 断丝在索截面全长计数，通过在典型位置插入楔形物（图E3.5）来获得通道。
- 假定断丝能恢复功能，等于2～3个索环距离（40～60ft，12～18m）的摩擦力。

图E3.4　断裂的缆索钢丝

图E3.5　缆索检测

之前的研究建议更换缆索及桥梁。大量注册的顾问公司提出了斜拉桥和悬索桥的设计，用于在同样的或者不同的方位进行替换桥梁，三个优秀的概念设计方案胜出［图E3.6a），b），c）］。

由施莱克和沃尔特提出的斜拉—悬索混合桥梁证实了布鲁克林大桥的影响力，同样包括由斯坦曼、博因顿、格龙奎斯特和伯索尔提出的悬索桥塔。

然而，后面一部分工程师建议对现役桥梁进行修复，主要由于两个原因：

- 相较于建造一座新桥的费用9亿5千万（1988），修复的费用估计约为4亿美元。
- 在同一方位建造一座新桥意味着3～4年的交通干扰。

对威廉斯堡大桥进行修复的决定，在整个社区和专业界产生了强烈的争论，反对修复的原因是：

• 现在桥梁的不合规格的特征不能被修正，比如交通车道宽度。

• 修复的桥梁的有效寿命不能被可靠地估计出来。

a)

b)

c)

图 E3.6 替换概念：a）施莱克和沃尔特；b）林同棪和贝蒂戈莱；c）斯坦曼、博因顿、格龙奎斯特和伯索尔

奥尔森（土木工程，1993 年 4 月，第 59 页）写道：任何稍微训练有素的人都认为用修复替代重建是不可能的。除了引桥，主桥处于如此快速的退化状态，以至于没有一个完好的构件可以用来附着新单元……桥梁已经病入膏肓，唯一的方法是重建。

最终，仅仅引桥是彻底重建的。一旦确定主缆可以被保存下来，修复便成为可行。赞同的观点新增如下：

• 由于交通干扰引起的使用费用对公众来说是破坏性的。这一影响将由于同步修复的曼哈顿大桥而被加重，这是给货车跨越东河（图 E1.1）通行提供的唯一选择。

• 真正的费用超支不应该与建造一座新桥的初始估算费用进行比较，这是因为后者也将会得到改变。

• 对现在桥梁的维护需求比对一座新桥的维护更加了解。

• 对现在桥梁延长 75 ~ 100 年的寿命允许将来被目前无法估计的结构替换。

罗宾逊（1988，第 75-78 页）对终究选择修复总结为：以 1987 年的美元估计，施工费用将要约 3 亿 7 千 8 百万美元，然而，到 1999 年上浮 6% 的话，总费用将超过 6 亿美元。整个 21 世纪的预估基本养护费用为 1 亿 5 千万美元。在 100 年里面，将有一次桥面板替换，需要花费 1 千 4 百万美元，在悬挂的跨径要进行 12 次喷漆需要 6 千 5 百万美元。引桥将需要两个新的桥面板，要花费 3 千 1 百万美元，以及 12 次的喷漆作业需要花费 4 千万美元。

威廉斯堡大桥需要解决的是常见的桥梁管理以及超过工程解决方案的问题。技术研究获得的数值数据是很关键的，但是只在某个点上对决策起到了支持作用。从整个城市和国家的角度，调查整合了项目和网络方面的考虑，最终的选择不能与拒绝的方案进行量化权衡。对于旧金山—奥克兰海湾大桥这个案例，对区域的和城市的考虑是决定性的。

像规划的一样，该项目的工作持续了 16 年，花费了 10 亿美元，而 1988 年的预算是 3 亿 7 千 8 百万美元。按 6% 的通胀率，1988 年的 3 亿 7 千 8 百万美元将增长到 2005 年的 10 亿 1 千 8 百万美元。表 E3.1 列出了从 1991 ~ 2004 年的费用变化过程。

从表 E3.1 中列出的费用可以看出，在报告期间的费用由于各种原因稳步增长，最重要的有：

- 在 15 ~ 20 年的重建周期内，新的项目可能会被加进来。比如表 E3.2 中列出的威廉斯堡大桥维修工作的内容条款。第一项内容，替换外车道需要重复做，这是因为相对较新的板梁的坐标与 17 年后安装的正交异性桥面板不匹配（图 E3.7）。
- 在重新施工期间要尽可能地开放交通。
- 费用必须要随着通胀做出调整，如表 E3.1 的最后一列所示。

表 E3.2 列出了修复项目及其对应的费用。修复桥梁比重新建造要更费钱、更复杂，评估和重新设计是专业人员掌握的新的专业类型，相比较于重新建造，它们是不可避免的，这是因为桥梁一旦造好就变成了城市基础设施不可替代的一部分。维护的价值受到了强调，管理的主要任务就是要把目光从新建转移到现有资产的保护。

纽约市东河区桥梁不同年份的预计修复费用（百万美元）　　表 E3.1

	1990 年	1996 年	2000 年	2004 年	1990 年（$\times 1.04^{15}$）
布鲁克林大桥	231.32	321.29	351.26	464.07	416.60
曼哈顿大桥	316.20	611.30	702.20	788.70	569.46
威廉斯堡大桥	398.53	697.21	748.51	989.56	717.73
皇后大桥	337.60	447.70	516.40	741.02	608.00

1990 ~ 2006 年威廉斯堡大桥的修复条款和费用（纽约市交通管理局年度桥梁报告，2004 年）

表 E3.2

修 复 项 目	估计费用（百万美元）[a]
替换主跨外道路（1983）	11.20
替换三分之一吊索（1986）	3.20
维修 20E 号桥墩基础和替换承台（1986）	2.30
喷漆边跨和桥塔（1985）	1.10
喷漆主跨和边跨（1989）	4.24
紧急临时维修（1989）	10.00
在主缆安装临时手绳系统（1990）	0.63
主缆保护（现场试验，润滑油）（1991）	0.44
曼哈顿侧锚固端主缆钢丝股拼接（1991）	0.29

续上表

修 复 项 目	估计费用(百万美元)[a]
临时人行道(1994)	1.05
对北边外道路和北边内道路的组件维修(1994)	4.12
修复主缆和新的冗余悬索系统(1996)	88.30
拆除边跨下的现有建筑(1993)	1.50
钻孔灌注桩测试计划(1993)	0.74
拆除 DOS 和 DOH 建筑,替换整个边跨南边外车道,修复主跨南边外车道桥面板和南边内车道桥面板,替换边跨南边内车道下部结构(1998)	198.00
部分 6 号合约 BMT 轨道结构工作转变为 5 号合约南边跨道路重建工作	65.00
喷漆主塔和过渡塔(2001)	14.90[b]
重建 BMT 地铁结构,安装新的信号标志、轨道和通信系统(2000)	166.65
各种修复工作;修复桥塔,替换支座,移动设备,建筑工程,北边和南边桁架喷漆,吊杆调整,桥塔顶升,柱廊施工	172.90[c]
替换北边跨结构(曼哈顿/布鲁克林)和修复北边一半桥梁(2002)	233.00
地震修复	10.00[d]
合计	989.56

注:[a] 施工结束,除非另有注明。

[b] 在 1996 年完成吊杆喷漆,直到 1998 年发布环境影响评价。喷漆在 1999 年的一个新规划下重新开始,2001 年完成。

[c] 施工阶段。

[d] 设计阶段。

图 E3.7　安装新的板梁和正交异性板

热衷于桥梁美观设计的工程师们,可能会低估建设成本,并对预期收益和公众的支持可能估计过高。柏拉图将关于这种倾向的描述归功于苏格拉底(下一节将提及)。最近这样一些的例子比比皆是。

泰晤士河底下的第一条隧道(1822—1846)是一项宏伟的壮举，广受行人欢迎，然而因为持续亏本而最终改建成地铁(格兰梅特，1966)。20世纪的一些最伟大的交通工程，包括海峡隧道、协和超音速飞机，甚至阿波罗登月计划，都因成本效益太低而在管理层面上受到批评。另一方面，由于埃菲尔铁塔和乔治·华盛顿大桥的创新设计赢得了长期高额收益，因而受到了额外的赞誉。

只有需求紧迫而且建筑雄壮的桥梁才能作为新的世界纪录而诞生，术语标志性桥梁(在罗布林的前述引证中明显隐含)已经意味了这样两个特点的综合。例如，日本的明石海峡大桥[图1.40a)]和多多罗大桥[图1.40b)]、威尔士的亨伯大桥、丹麦的大贝尔特海峡大桥(图1.41)、香港的昂船洲大桥、法国的诺曼底大桥和米洛高架桥、墨西拿海峡的提议方案等。这些结构改变了当地的景观，抓住了人们的想象力，但是它们还必须值得人们付费，这些费用用于桥梁的维护，同时也作为他们奉献的报答。海峡隧道因其成就不能给人带来视觉冲击，故而总是与高造价和低收益联系在一起。

a)

b)

图1.40　a)明石海峡大桥，日本；b)多多罗大桥，日本

图1.41　大贝尔特海峡大桥，丹麦

旧金山—奥克兰海湾区的桥梁(图1.42)很好地完成了双重功能：既是美国西海岸的象征，又是重要的交通动脉。

当这种标志性的特征成为设计的首要目标，而不是作为一种设计结果的时候，成本就会大大超过收益。连接旧金山和奥克兰地区的东海湾大桥是一座普通桁架桥梁[图1.43a)]，它造价昂贵，而且难以进行抗震加固。一座独特的自锚式悬索桥(卡莫，2004)被提议取代东海湾大桥[图1.43b)]。这个提议满足了东海湾地区将其作为地标结构的要求，但是也被认为是世界上最昂贵的桥梁(莫拉约夫，2004)。这些相反的评价使得人们一度拥护，后来又反对设计，最后是深入地审查设计。2005年4月17日出版的《纽约时报》上一篇报道讨论了桥梁重建的反复。

图 1.42　金门大桥和旧金山—奥克兰海湾大桥

a)

b)

图 1.43　a)旧金山—奥克兰东海湾大桥;b)自锚悬索桥提案,旧金山—奥克兰东海湾,魏德林格公司授权

魏德尔(1992,第 8 页)这样评价原有桥梁的建设可行性:

“人们在打算建设一座大跨、高耸、昂贵的桥梁,跨越旧金山港连接旧金山和奥克兰、伯克利城区以及城郊地区。这项工程已经是人们至少十余年来的梦想,但这并不是一个空想,因为某天这个梦想肯定会以这种或那种方式得以实现……然而,感兴趣的湾区人民至今仍没有采取实质性行动来全面研究这个问题。”

法国米洛高架桥,如今被誉为世界上最高的桥梁(图 1.44),2005 年 10 月,就如何选择多跨斜拉作为高架桥的问题,加州市长施瓦辛格咨询了该桥的管理部门。

在一些重要性和造价方面次要一点的桥梁上,创新性的约束会更小一些。图 1.45 呈现了一座具有高度想象力的人行桥梁,该桥虽然规模相对较小,功能有限,但是它算得上是一座标志性桥梁。

图 1.44　米洛高架桥,由施蒂布勒和弗莱西奈提供

图 1.45　人行桥,巴黎

预测和产生新需求的设计成本效益分析，超出了冯·诺埃曼、摩根斯坦（1964）或者科内尔（见附录2）对量化实用性优化的范畴。乔治·欧仁·奥斯曼男爵（1809—1891）在担任第二帝国塞纳河长官的17年间，按照个人意愿而不是大众要求，把巴黎从一座中世纪小镇变成了繁华都市。罗伯特·摩西（1888—1981）在20世纪20年代到60年代之间将纽约市变成了满布公园和马路的都市（图1.46），以符合他所想象的城市生活。

图1.46　罗伯特·摩西，福特汉姆大学，纽约市

在创新高度上，管理依靠工程来和公众以及行政领导层进行交流。在奥斯曼建成巴黎林荫大道过去一个多世纪后，巴黎的林荫大道成了这座城市的标志（图1.47）。罗伯特·摩西——这位伟大的建造大师和政治掮客为纽约市所留下的一切，仍然为人们所讨论，关于不断重新诠释的证据的力度。当他建造的那些富有争议的高速公路和公园道路拥堵不堪时，而他那些为人称道的公园和游泳池（图1.48）却经常遭到遗弃或者疏于维护。卡罗（1974，第1162页）所写的全面介绍罗伯特·摩西的传记以这样一个提问来结尾：人们为什么不对他心存感激呢？

图1.47　巴黎鸟瞰图，城中心的卢浮宫和杜叶里宫

图1.48　皇后区鸟瞰图，纽约市，生气勃勃的法拉盛草原—可罗娜公园及其前面的长岛高速公路

1.6　知识与信息

需求和供给决定理论、应用、信息和知识之间的相互作用。苏格拉底（公元前470—399年）[图1.49a）]反复讨论了在从信息里获得知识这个过程中记忆的作用。

阿米泰格（1976年，第7页）引用苏格拉底的论点来反对柏拉图[公元前427—347年，图1.49b）]在《费得鲁斯篇》（《伟大的对话》，1956）中叙述的既有信息。正如乔伊特的译文，埃及之王萨姆斯，他死后被尊为神，这样评价修斯：

“啊，最具创造才能的修思，你拥有创造天赋，但是面对自己的创造，有时却不能对其是否有用作出最好的判断。而且，在这种情况下，因为出于对自己孩子的父爱会让你说谎，因为您的这些会让学习者精神上产生健忘的发明。因为他们不可使用他们的记忆，而是去相信已经书写好的文字，而不是记住自己的。你找到了一种特效药，这种药不是记忆，而是回忆，你给予门徒的是智慧的伪装；他们将听到许多事情，但没学到任何东西。他们看上去无所不知，其实全然不知；他们会有名无实地拥有博学的声誉，却活得很累。”

a)

b)

图 1.49　a）苏格拉底，大理石头像，罗马，公元 1—2 世纪，卢浮宫，巴黎；
b）柏拉图，大理石像，梵蒂冈博物馆，罗马

为了生产效率和安全性，管理理论、设计规范以及基于知识的系统都刻意追求同样的效果——他们为那些生活在完美世界中，本不会用到的人提供书面指南（如果不是真正的智慧的话）。就像在任何一种人类成熟的理解形式中，分析方法都取代了类比一样，总归有一些东西需要我们去理解而不是仅仅记住这条古代警言依然有用。

华盛顿·罗布林在 1857 年毕业于伦斯勒理工学院时立誓忘记那些（他）没有真正消化而只能记住的知识（斯坦曼，1945）。在这句引用的话中，不能消化的知识似乎暗指信息。

随着不加选择的电子记忆形式的出现，区分知识和信息的需求变得关键起来。1990 年，艾西莫夫预计一个警惕的计算机时代会出现道德和技术上的难题（见附录 3）。随着卓越的想象力、科学的理解和诙谐的幽默的广泛融合，作者展示了人类和机械的协作是如何通过掷硬币或者信任黑匣子等方法来逃避现实的。人们曾认为将前一种方法用于实际的管理决策中是无用的，现在依然是不太可能的（见附录 2）。虽然，后一种方法在本质上与前一种方法是等同的，但人们现在并没有把它完全摒弃。阿瑟·克拉克在《2001》一书中曾预见：一旦专家们开始利用计算机，正如任何其他人一样（某些工程师除外），计算机取代专家指日可待。

作为所有管理系统核心的数据库，就担当了这样一个角色。它处于所有操作的中心地位，并且所有的专家都是通过它来进行交流的。它们已经能够进行复杂的统计建模和预测。专家

系统综合各种主观评价和定量数据以支持决策。这种过程可以设计成这样：由经验家提供数据，由理论家设计自学习数据库，由管理者执行计算机的运行结果。决策一度因其主观性而遭到质疑，现在倒可以交给能确保客观的黑匣子。

近来，由于信息的泛滥，它已等同于智慧或理解和预测输出的能力。在每一种职业中，包括工程和管理（甚至智慧）都追求将信息转化为知识，并因此受到质疑。亚里士多德（《伦理》，第6卷，1140a及1140b）认为智慧是知识的最终形式，并定义智慧为直觉加上科学知识。他赞扬哲学的、实践的和政治的智慧，但是认为它们当中的任何一种单独存在将是不够的。

德鲁克（1968，第四部分）认为，正因为我们处在如今信息如此海量、如此唾手可得的社会中，知识将占中心位置，接着，他还鼓励要去度量，而不是计算。混淆定性的精确性和计算机的定量的精确性，已成为所有使用计算机人员的职业公害，而且相比于管理者，它对工程师危害更大。一个可能的解释是：管理者对他们的主观才能评价得更高些，而工程师挑剔得很，更相信信息，因此更相信计算机。尤为重要的是，工程师作为最机警的修斯的后裔，更加信任计算机，因为计算机是他们自己的创造发明和工具。管理者则视计算机为另一个竞争者。

1.7 收益与成本

根据需求供应的实践活动，在理论和经济的支持之下，转化为各种职业。前者管理知识和信息之间的转化，后者平衡成本和收益。工程和管理因工业革命的影响而变成了职业，在工业革命期间因物理学控制并利用了能源，而经济学导致了大生产。在随后出现的信息时代，焦点逐渐转移到数据处理方面（信息学的一门新学科）。工程设计产品，并对供求关系有了初步的兴趣。相比之下，生产过程管理主要把注意力集中在生产的成本和收益方面。

最初的经济学家，即亚当·斯密（1723—1790）和大卫·里卡多（1772—1823）创造了专业的管理。德鲁克（1973，第21页）认为企业家这个术语由法国萨伊（1767—1832）首先提出。管理随着工业和企业在欧洲、美国，特别是第二次世界大战后的日本的加速发展而不断进步。1967年，加尔布雷斯和赛文·薛瑞柏预测专业的资产管理将会风靡全球所有的工业国家。德鲁克（1973，第15页）发现1970年就开始感到他们幼稚了。那时候，加尔布雷斯（1973，第17章）已经提出了跨国系统。托夫勒（1980，第19章）预计新的系统思维将取代笛卡尔方法。他期望这种有适应性的、快速形成的网络能够呈现双重形式，这种双重性使人回忆起亚原子微粒所处的不确定状态。

贝尔（1973，第14页）设想后工业时代具有以下五个方面的特征：

- 经济部分：产品经济转变为服务经济。
- 职业分布：卓越的专业技术阶层。
- 中轴定理：理论知识作为革新和社会政策制订的源泉，处于中心地位。
- 未来趋向：技术控制和技术评估。
- 决策制订：一种新的智力技术标准。

福山(1999,第3页)将这一时期总结为信息时代。德鲁克(1973,第17页)力图克服管理的模糊性,将其看作一种专业实践:与其说管理是一种科学,不如说它是一种实践活动。在这个意义上,它与医学、法律以及工程一样,它不是知识,而是行为;而且它不是利用常识,也不是基于领导,更不是经济操作,它是基于知识和责任的实践。

按照福山在1992年的看法,到2005年历史将成为过去。这位权威人士(福山,1999)还认为社会正在发生巨大的瓦解。贝尔、加尔布雷斯、赛文·薛瑞柏以及许多第二次世界大战后的政客,都预见企业和利益的全球化已成为热点讨论的话题。正如从前一样,工程和管理在会计学的监督下达到了一种动态平衡。

1.8 理论和应用中的确定、不确定和信念

亚里士多德的《形而上学》基于如下推理:

"所有的人天生就有求知的欲望。[980]

显然,我们必须了解事物发生的初始原因。[982b]

公正地讲,对它的拥有可能是人类力所不能及的……然而,最终能得到一些与我们最初得到的东西相反的,在这个意义上才算获取。[983a]"

在这无止境的求索中,亚里士多德采用了数理逻辑方法(以前的分析学)。两千年后笛卡尔[图1.50a)]再次寻找适宜的分析方法,他机智但草率地摒弃了这两千年间的哲学努力(1976,第98页):我将不谈任何关于哲学的事情,除非它是由几百年来最优秀的哲学家提出的,并且在它身上,还期待发现一些现在没有争论过的,因而还有疑问的事情。

a)

b)

图1.50 a)雷内·笛卡尔,卢浮宫,巴黎;b)布莱士·帕斯卡,卢浮宫,巴黎

笛卡尔发现人们的观点各异，其原因不是因为有些人比另一些人更善于推理，而仅仅因为他们循着不同的路线思考，思索不一样的事物。他主张采用严谨的、精确的数学方法来澄清理由。伽利略认为大自然是用数学语言描述的。约翰·洛克（1632—1704）期望逻辑能由算术来具体化，克莱恩（1953，第263页）称他为理性的超自然论者。

牛顿反对假设，并用自己的数学语言描述了一个由力学唯一定义的宇宙。在他的著作《原理》的倒数第2段中这样陈述：我不采用任何假设；因为那些不能从现象中推论出来的便是假设；假设在实践哲学中是没有立足之地的，不管它是形而上学的，还是自然的，也不管它是具有超自然的特性，还是具有力学的特性。在这种哲学中，特殊的假设是从现象中推论出来的，然后利用归纳方法使其普遍化。

伊曼努尔·康德（1724—1804）和拉普拉斯一道令人信服地假定了太阳系的起源。康德（1965年，第41页）认为所有的知识都开始于经验，但不一定都要产生于经验之中。他把知识分为纯粹知识和经验知识两种，或者说是先验知识和后验知识的两种。先验知识以必要性和普遍性为特征。科学包含分析性和综合性判断，即本体和推论。数学是纯综合性的。在任一特殊理论中，有多少真实的科学，就有多少数学。

黑格尔（1770—1831）在其著作的《逻辑的科学》（1831页）中批判了康德论述运动和重力的书籍（《纯粹动机的评判》，1965，第1781页），并就物体和力的质量和数量方面提了一些问题，这两个概念是相对论力学和量子力学必须表述的（黑格尔，1989年）。

科学决定论与一神论的宗教信仰不谋而合，但它并不总能带来科学发现。托马斯·贝叶斯（1702—1761）曾着手在数学上证明上帝的存在，结果详细阐述了条件概率（见附录4）。拉普拉斯在他的《概率的理论分析》一书中阐述：只要具有掌握使自然界生机勃勃、万事万物各就其位的力量的智慧……便没有什么是不确定的（克莱恩，1980，第67页）。

由于缺少这种智慧，拉普拉斯在专业猜想中应用贝叶斯方程。猜想被认为是估计无法利用其他方法进行预测的社会行为的起点。然而，在自然领域，物理学中也遇到了类似的不可预测的、不稳定的和不确定的现象；在逻辑领域，哲学和数学遭遇到不可判定的命题。确定性已经被限制在一定范围内（克莱恩，1980），超出这个范围，统计学的新分支给出了精确的最好近似。

数学出现了一些分支，以分别处理自然界、社会、逻辑不同领域的不确定性现象，正如通常的思想家争论常识的本质一样。2004年，索尔对于后者做了有趣的总结。尽管笛卡尔将常识戏称为最佳的共性，帕斯卡（1623—1662）[图1.50b）]认为人的内心有一些理智无法理解的常识，他发现笛卡尔的观点大体上是正确的，但又是无用的、不确定的、形而上学的和痛楚的[沉思录，第84节(79)]。伏尔泰支持笛卡尔的观点，他认为常识处于在智力范围的中央，在愚昧和聪明的中间。对汤姆斯·佩恩来说，它意味着民主社会中的记忆、判断和想象，与独裁社会相反（佩恩，1945）。这些特点也将成为标识健全管理的标志。1941年，爱因斯坦将整个科学总结为只不过是日常思考的提炼，人们通常援引这个总结来赞扬理性的常识性本质，但它也肯定了严格演绎的排他性。

为解释机会游戏的结果，帕斯卡阐述了概率论，但最终他推得机会和好处偏好有心人（确定性通常和漠不关心为伴）。笛卡尔虽然信奉严格的推演，他也承认先验性的知识。

达朗倍尔（1717—1783）向学代数的学生保证他们一定会有信念（克莱恩，1953，第232

图1.51　索伦·齐克果,哥本哈根

页)。数百年来,信念和演绎方法变得不可分割。

频率论者,或者称客观主义论者,根据大量群体来计算、识别其特征。詹姆士·麦克斯韦(1831—1879)曾在气体动力学理论中应用客观统计学。或然论者,或者称主观主义论者,例如奥古斯塔斯·摩根(1806—1871),他们承认概率只是头脑的一种感知,并不是诸多环境下的固有特性(麦克聂耳和弗列博格,1994,第179页)。亚瑟·叔本华(1788—1860)研究了意愿、陈述中的世界,并阐述悲观主义是唯一正确的预测方法(或态度)。齐克果(1811—1855)[图1.51)](1849,1980,第35页)赞同此种悲观的观点,但是对宿命论者和决定论者没能比概率更高表示悲叹。他治疗绝望的方案是保持信念,这种信念需要运用想象力来获得。索伦·齐克果(1811—1855)的术语学(必要性是与可能性有关的约束)似乎是现代优化的先驱。

最终,当信任认为力量过时时,理论在解释所有经验证据时表现出其不自信。爱因斯坦一直相信上帝不和万物玩掷骰子的游戏。然而,他承认:只要数学定律应用于现实,它们便变为不确定的;只要它们是确定的,便一定不是用在现实当中。

巴罗(1991,第31页)引用阿兰·图灵(1921—1954)的话,大意是科学是一个微分方程,信仰是它的边界条件。由维尔纳·海森堡(1901—1976)提出的不确定性原理,或称测不准原理,将量子物理置于确定性的牛顿框架之外(牛顿所著《原理》的后记所预料到的进步)。20世纪30年代,库尔特·哥德尔(1906—1978)论述到直觉上确定的超出了数学证明的范围(克莱恩,1980,第263页)。哥德尔的不完整性法则,论证了数学逻辑中的不可判定性命题。于是对于力学和理性决策,及工程和管理一旦没有限制,似乎就会被超越。

海森堡(1958,第11章)担心因为经验的增强和数学模拟手段的出现,19世纪严格的概念体系瓦解之后,由非理性信念(如狂热)带来的确定性也许会更有吸引力。杜威(1929,第8章)并不把海森堡发现的自然随机性看作是寻求道德确定性的终点,他发现不确定性主要是一个实践的问题(第223页)。

统计核物理学之父马克思·博恩(1968,第2章)利用尼尔斯·波尔(1885—1962)在量子力学中引入的互补定律(第107页),做了一个类推,解决了一个关于日常生活中必要性和自由的古老问题:

> "似乎只有两种可能性存在:一个是相信决定论,认为自由愿望为主观幻想;另一个是成为一名神学家,认为发现自然界的规律为一种无意义的智力游戏。古时学院里形而上学者赞颂两种学说中的一种,但是普通人一直接受世界的双层特性。波尔关于互补的思想是对普通人态度的一种辩护,因为它使人们意识到这样一个事实:即使像物理学这样的严密科学,也需要描述的补充,只有当它们结合起来运用时,才能刻画世界的真实面貌。"

1950年,赛文·薛瑞柏(1991,第399页)在其著作《模式》的首页中声明:与确定性的极权主义相比，民主是自然界基本不确定性在人类社会中的体现。1977年，加尔布雷斯将其关于经济思想及其结果的历史著作命名为《不确定的年代》。在该书当中，作者关注的是发达民主社会中城市基础设施确定性方面的管理。1995年，德鲁克用一个章节来介绍如何在不确定性（更精确讲，为不可预见性）的情况下管理和规划。2004年4月8日，在《纽约时报》的专栏版哥伦比亚大学教授布赖恩·格林（也是一位弦理论专家），他撰文庆贺不确定性诞生100周年（从爱因斯坦的相对论和量子力学论文的发表日期算起）。

1965年诺贝尔物理学奖得主加州理工学院理查德·费曼教授曾在1963年发表过这样的演讲：科学家习惯于处理带有疑问和不确定性的问题……我们今天称之为科学知识的东西是具有不同程度确定性的综合总体。它们当中有些是很不确定的，有一些基本上是确定的，但没有一样是绝对确定的。

1.9 模糊、未知和随机

在确定性盛行时期，欧拉（1707—1783）已经认识到了将确定性放松为有意识的、说明的、可能的（卡斯蒂，1990，第23页）需要。当不确定性得到普遍接受之后，不确定性应该相类似地多样化为未知、随机和模糊（附录5）。每一类必须用专门适用的方法来处理，诸多专注的思想学派支持这些方法。

1985年，伯特兰·罗素告诫说：所有事物在一定程度上都是模糊的，只有当你致力于将它变为精确的时候才能认识到这个事实。

罗素在以上陈述中的所有事物，似乎是针对那些特别确定性的主张而言。从模糊中提炼出精确，这似乎在爱因斯坦的格言中有所暗示，大意为整个科学只不过是日常思考的提炼。相比较之下，诸如工程学、经济学和医学等则在日常生活中应用科学原理。1964年，冯·诺埃曼和摩根斯坦提出了博弈论应用于经济决策过程，从下面的推理中分离出来（第4页）：

> “经济科学的经验背景明显是不足的……我们所掌握的经济学相关事实比物理学中掌握的要少得很多，后者已经实现了数学化。事实上17世纪物理学中发生的一些突破性进展，特别是力学分支领域，之所以发生只是因为……数千年的系统的、科学的、天文学的观察积累，在具有无比才干的观察家第谷·布拉赫身上达到顶峰。在经济科学中从没发生此类事情。”

为了限制经济预测中的模糊和未知，作者们假定个人会理性地使可计量的功效最大化，来衡量满意度和喜好度（托克维尔认为这是典型的民主，见1.2节）。这种方法基于如下（频率论者）的主张：在精确的形而上学的科学的许多分支中，大量的数的处理，通常比少的数的处理更简单，这是人所皆知的现象。当然，这首先是因为统计和概率论方法在前者的应用中具有极大的可能性。

处理大量数据样品的定量方法不断增多，但不全是纯频率论的方法。附录6列举出了一些应用最广泛的方法。

1935年，莱昂纳多·达·芬奇在他的笔记中写道：所有的知识都基于看法。拉普拉斯把那种方法和贝叶斯原理联合起来应用。菲尼蒂（1974，第11页）写道：或然说的推理与一般的哲学辩论完全没有关系，正如决定论和非决定论之间的辩论关系。他认为：可能性是信任（例如,如果不是信念这种后天学会的观点的话)的一种量度。看法很重要是由于其因人而异。海斯(1994,第47页)声明:贝叶斯原理得到了不合适的应用,并且产生一些十分荒谬的结论……使得该原理非常正确的应用遭受了质疑。

贝叶斯可靠度方法(附录2和附录4)比确定性和统计方法适用范围更广,但是,它假定所有相关(随机的)特性和现象已知。因此,所有结果的累计概率必须为1。1964年,虽然冯·诺埃曼和摩根斯坦的博弈论和贝叶斯结构可靠度原理不同,后者知道所有结果和前者知道所有游戏者的理性行为的假设是相类似的。二者还同样依靠功能的量化,都无法表达特殊情况。

在条件定义模糊的情况下,贝叶斯假定是相当苛刻的,就如频率统计学对基于看法的可能性方面约束太强一样。模糊及其细微变化,如不明确、无特征以及混淆(麦克尼尔和弗赖伯格,1994,第189页)可用模糊逻辑来模拟。作者在第182页中指出模糊逻辑虽然具有一般性,约束较少,但同时不够精确。持批评意见者将其喻为特种工程,或者是允许没有工程背景的人来执行控制。模糊逻辑也被喻为委员会管理。由于这些都是现实的可能性,模糊也就显然是现实的一部分。为了与温和言论和大棒政策的建议相一致,逻辑变得更加模糊,因为其数据处理能力越来越强。人们发现未知包括不可知和不可描述的东西。为模拟所有的不确定性,数学最终只能采用哲学的非决定性语言。

1.10 客观与主观以及定性与定量

瓦列里(1941,第9页)是一个受过良好数学教育的诗人,大约在1910年他注意到理论和实践在交互式的重新设计中联结在一起。他把思考看作是介于分析和应用的中间物,在一定约束条件下创造概率范围内的可利用价值。爱好诗意的哲学家乔治·桑塔耶纳(1863—1952)认为(1928,第20页):科学是处于个人感觉和普遍认识的一个中间站,他希望科学能清楚地表达经验并揭示其纲要(第72页)。

工程实践已经发展到这样一个阶段,它希望理论最终限制或者拒绝使用一切经验模型。1942年,爱因斯坦和英菲尔德认为:现代物理学的一个最重要的特征是从初始迹象得出的结论,既是定性的,又是定量的。我们希望有能力预测事件,并通过试验来确定观察是否验证了这些预测以及初始假设。为了得到定性的结论,我们必须应用数学语言。

因此,数学被用来进行细微的解释。

杜威(1929,第178页)推测:如果碰巧不是资料或者已知,知识论将大不相同,它将会从获得问题中寻求质量。理论学家倾向于认为数据是已知的,实践学家更愿意获取他需要的数据。

泰伦斯·索诺斯基是一位计算神经生物学实验室教授,1998年他在麻省剑桥学院大厅举行的大脑神经学会议上提出:上帝曾是一位工程师,而不是科学家(雅奈夫,1989)。他之所以说曾经,可能意指在上帝创造万物之时,上帝也应是一位管理者。与之相近的是,《旧约全书》上记载上帝厌恶平衡的破坏,钟爱权重的对等(谚语11—1,詹姆士国王译本,1611)。

于是平衡不是给定的,而是一种设计方案。

对于工程设计,科内尔(弗兰登塔尔,1972,第48页)推荐一种高度浓缩的技术实用主义。他解释了如何综合决定论、客观主义和主观主义形成贝叶斯统计决策理论,以用于基于可靠度的设计当中,摘录如下:

“如果承认我们的目标是一个关于设计的工程目标，而不是一个关于描述的科学目标，那么立即可以得到很多重要的定性结论……如果寻求的是设计，而不是科学描述，那么科学中关于概率本质的许多深奥的、未决的争论变得毫无意义。这时候，自然界（如分子运动或最大风速）是否主要是确定性的，或者概率论是否只是一种描述现有科学水平难以处理的复杂现象的便利手段，这些问题都无关紧要了。要紧的是：从工程设计的角度来说，把一些特殊量（如荷载和抗力）作为随机变量来表达是有用的（例如，它能设计出更经济的结构）。”

将所有变量当作是随机变量，是概率论的方法，但是随着认识的提高修改概率，则是一种与所有学习过程相似的注重实效的方法，附录2描述了这种方法。采用这种方法，确定性的工程安全设计产生了概率可靠度理论，这种理论用力学上和经济上的术语来说，即具有可定量性和可商议性（附录7）。美国各州运输工作者协会制定的描述性的桥梁设计规范被荷载和抗力分项系数的设计方法（荷载抗力系数设计法，1998）所替代，后者即所谓的基于性能和概率论的设计方法（见4.2.1节）。形式不是统一的。欧洲桥梁设计规范承认确定性的存在在一定程度是不可避免的，因而采用半概率的设计方法。

人们可以通过运筹学、决策分析方法来量化工程结构和基础设施资产的可靠性（附录8），然而，不可避免会存在一定的主观性。科内尔（弗兰登塔尔，1972，第47页）认为：主观和客观概率性间的区别实际上已变得模糊和多余。附录2列出了更为广泛的摘录。

总结来说，工程师和管理者必须在定量评估、计算求得的概率、估计的可能性、模拟模糊模式和参考个人意见之上进行决策。可靠的管理必须在得到定性和定量联合评估报告之后计算、分配准确数量的资金，这种报告例如全国40%以上的桥梁存在结构性缺陷，或者已不能满足当前的功能要求［蔡斯等编辑，在TRB函件中（TRC）498，2000，C-6，见10.3节］。

现代工程管理在定性、定量两方面之间不断转化，其结果也不是用单一方法表述，公理、假设、试验均在不同程度有所贡献。对桥梁构件实际状态的未知，在充分调查特性分布的情况下可通过统计的办法来弥补。在已知期望值基础上，利用随机分布理论来模拟随机现象。量化看起来提高了评价的可靠性，但会因未知的影响而变得难以确定。评价看起来是决定性的，但它的基础是模糊的。未知、随机和模糊是相互补充的，并不总是分开的。通过它们各自的方法，决定论者、频率论者、或然论者和模糊逻辑论者，竟然到达了同一点，即将测试得到的数量转化为可接受的、确定的特性。

工程和管理上，将多种方法进行不同组合利用，允许那些表面上对立的但同样理性的方法组合。人们可以选择一种性质（例如形式），然后寻找数量（例如内容）来满足这种品质的要求，也可以排列这些数量来适合约束条件，从而获得一种品质。在5.5节中，概率论者和频率论者的方法被比作（模糊地）框架（附录10）塑性分析中采用运动（上界）和静力（下界）的方法。可以做更宽泛的类比，主观好比艺术表达手法上的自由，而客观好比论证性数据的科学可靠性。然而，科学、艺术相互地借用对方的方法是众所周知的事情。2003年，贝利以主流的持续固定的分析推理为对照，利用所有有效的类推方法，力求建立一个类似的动态思想综合。

虽然工程和管理使用一致的数学语言，但前者是通过应用力学（绝大部分是确定性的）来实现，后者基本上是通过应用统计经济学。因此，工程师们决定可靠性，而管理者们依赖果断。

最好的结果是，具有完备技能的实践者采用指导方针达成预期目标；最坏的结果是，这些专家意见将干瘪成相互排挤的陈腔滥调。法官应是果断性的,法理学家应是好争论的,医生们应是富有同情心的,执行者应是敏捷的,建筑师应是富有创新的,教育家应是富有启发性的。在20世纪的一半时间里,马里奥·萨尔瓦教授在纽约哥伦比亚大学培养工程师,他发现这些学生既缺少当科学家的大志,也没有当建筑师的想象力,他们依赖于理论并呈现社会上和政治上的保守性(甘斯,1991,第13-14页)。这种明显的因循守旧可看作是在可靠性名义下做出的职业牺牲。工程师们喜欢别人根据作品来评价他们,然而最好的作品受到的公众关注度却最小。发明家们(最杰出的代表是托马斯·爱迪生)凭借他们的创造性打破了这种模式,特别是当他们的发明在市场上独领风骚时。

杰出的设计被看作是对已经在抽象中存在的事物的发现,而不是发明。在这种观点当中,管理的即兴性似乎与工程的严格科学方法不相协调。对工程结果的描述强调量化,例如采用估计、评价、设计计算、工作进度表、图例来表述,或者更有甚者,采用提议或推荐(总是有大堆数据作支撑)。

估计数量只是为了支撑决策,具有任何真正效果的决策都是定性的。设计和管理都不能完全总是停留在定量上。设计规范要么是说明性的,要么是基于性能的,他们都是基于对现象的定性说明(见4.3.1节),然而,应用这些规定需要另一种定性的解释。创新性的设计,总是超越规范适用的范围(如果不谈设计思想的话)。

真正的新信息,因为不适用于当前运行的规格化模型,而与积累的技术知识相抵触。1992年美国土木工程师协会的桥梁设计委员会,拒绝了成立桥梁管理分委员会的提议,因为他们觉得管理不在设计的范围之内。一年之后,桥梁维护分委员会投票决定将其委员会更名为桥梁管理、维护和检查委员会。因此不久之后,这个委员会成为正式的委员会。工程与管理持续地在他们共有的领域里重新谈判着。

1.11 能力与资质

伟大的桥梁设计师和管理者奥斯马·安曼(见1.3节)是纽约和新泽西港口事务管理局的总工程师。这是由城市与交通建造大师罗伯特·摩西成立的一个自治公共组织。曼哈顿中心区和布鲁克林间的一座多跨悬索桥就是由摩西提议建设的,设计也许就是安曼完成的。事实上,这个方案曾被富兰克林·罗斯福总统(图1.52)否决过,他出于国防的考虑支持巴特利隧道方案。摩西提议的雄心勃勃的跨越长岛海峡的多跨斜拉桥方案被纽约州州长纳尔逊·洛克菲勒拒绝了,因为这种方案在当地居民中不受欢迎。毫无疑问,社会群体的优先性总是超过对桥梁的需求,因为桥梁是用来产生和支持人们活动的。交通管理者比桥梁管理者可能承担更大的(仍不是最终的)责任,不管桥梁管理者如何有成就。

1995年,德鲁克定义了胜任更高层次管理的管理者应具有的能力范围,这一范围超出狭窄的资格所需。资质和能力二者均有用途。罗马教皇有能力修建桥梁,但罗马仍保留一个有技术资质的交通部门。

对专门才能和资质的需求,造就了形式管理和技术管理的类型。自上而下管理者执行过程,自下而上管理者交付产品。预算管理介于二者之间,如图1.33b)所示。建筑师们类似地充当结构、艺术、大众喜好的协调者。

按照约翰·肯尼思·加尔布雷斯的观点，分化是厌倦、偏离及错误之源（弗兰克，2005）。然而，至少从福特的传输带以来，通过提高才智以提高生产效率的手段就一直遭人怀疑，取而代之的是，生产过程被流水线化、专业化。

图 1.52　富兰克林·罗斯福铜像，尼尔·艾斯敦作品，罗斯福纪念馆，华盛顿特区

2001 年，姚治平和罗埃塞特对未来的工程师们可能被归入职员的身份，他们只提供数据资料或者执行计算，在规划和管理过程中失去了任何重要的发言权的担忧。为扭转这种职业衰落，他们建议在基础设施管理中开设下列课程：

- 数学和基础科学。
- 工程科学。
- 基础设施系统的技术问题。
- 不确定性和风险分析原理。
- 面对不确定性的决策分析。
- 管理和商业原理。
- 社会需求、伦理、公共政策和政治科学。
- 交流技能。

课程设置以交流技能结束，领导能力正是从这儿开始。德鲁克（1954，第 159 页）认为管理教育没有尽头：三千年的学习、劝告、命令和建议，看来既未增长领导者的数量，使人们满意，也没能使人们学会怎样成为领导者。

1995 年，德鲁克认为在变化的环境下（特别是当今社会），执行者们比管理者们更重要。

管理与领导之间的区别，就如工程与管理之间一样模糊不清。亨利·法约尔（1845—1925）阐述了统一指挥下的服务分工，它可看作是领导和管理的联合。辨别这一功能的活动，包括预测、规划、组织、命令（或指导）、激励和交流。

诺思豪斯（1997，第 9 页）定义管理为一种组织工程，与领导既联系又相对立，如下所示：

管理	领导
生产秩序和一致性	生产变化和运动
计划/预算	展望宏图/战略化
组织/设立人事	团结群众/交流
控制/解决问题	激励/鼓舞

在这种塑造练习中，领导（工业、经济、政治）革新，而管理则优化使用人力和其他资源。好的领导应是有效的，而好的管理则必须是有效率的（例如成本效果）。

1985 年，由赫西提出的情景领导模式、把领导行为表达为关系和以任务为导向的功能结合体，主要由委派、参与、出售和吩咐等活动组成。为施工管理的需要，库克和威廉姆斯（2004，第 2 章）把法约尔的七大活动建成两种基本模型，分别为理论 X 和理论 Y（专制性的和民主性的）。专制的理论 X 重视获得产品，如图 1.33a）所示；民主的理论 Y 根据涉及的不同兴趣的要求优化过程,如图 1.33b)所示。

案例 4 表明了领导力求实现再创新想法的决心。领导者给大众以方向感,或者在最适当的时候,以动人的方式树立正在形成的方向。工程师们则提供前进的方法,一旦管理承担起严格定义的、量化的任务,他们就与领导产生了距离就如工程和管理之间的距离一样(或与建筑间一样)。

案例 4　政府再造工程

图 E4.1 为一封由两位纽约市副市长起草的信件,为了催促公共基础设施管理人员进行适合外包项目识别并改进服务质量。图 E4.2 为一篇由纽约州财务主管写的文章,文章中质疑外包项目更费钱但少有成效。

德克萨斯州农工大学哲学教授哈里斯得出结论(《纽约时报》,2006 年 6 月 11 日,第 WK3 页,第 2 栏):工程师们缺少医师和律师的职业身份。后者首先把他们自己看作是他们职业的从业人员,然后才是雇员,工程师们则按照他们的合同任务工作,例如设计和管理合同。

THE CITY OF NEW YORK
OFFICE OF THE MAYOR
NEW YORK, N.Y. 10007

MEMORANDUM

TO: Agency Heads

FROM: Adam L. Barsky
Robert M. Harding

DATE: October 30, 1998

SUBJECT: Reinventing Government

One of the Mayor's goals is to reduce the size of government to its most essential and necessary components. As agency heads and managers, we are challenged to differentiate between those core services that must be provided by City work forces and services that can be 1) discontinued; 2) consolidated; 3) privatized or 4) outsourced. It is also our responsibility to ensure that the services we do provide are the most effective and cost-efficient, meeting our customers' needs while maximizing the use of our scarce resources.

We must critically review City services and periodically coordinate our efforts to ensure that we are all advancing together toward the goal of a more efficient, streamlined and "reinvented" government. To this end, we ask that you submit to our offices your ten (or more) highest priority proposals to eliminate, consolidate, privatize, or outsource services as well as to reengineer, streamline or otherwise dramatically improve the efficiency or effectiveness of a service. Where possible, you should also identify surplus assets that can be sold.

Your proposal package should be delivered, on hard copy and disk, to each of us by Wednesday, November 25th. It should include a project name or title; a brief description of the initiative, including dollar savings or revenue and performance improvements; a timeline for major milestones; and, a point person at your agency who will be specifically responsible for implementing the initiative. We will be scheduling meetings for agency heads to present their plans shortly after the due date for submission. We look forward to your response.

图 E4.1　纽约市副市长巴斯基和哈丁关于重塑政府外包项目的信件,1998 年 10 月 30 日

.Y NEWS • Tuesday, March 27, 2001

McCall rips DOT for consultant work

ALBANY — The state Transportation Department wastes millions of dollars by hiring outside consultants for routine construction projects that should be handled by its own engineers, state Controller Carl McCall charged yesterday.

McCall warned that he might halt payment on consulting contracts if transportation officials cannot provide sufficient reasons for farming out the work to consultants.

He said the state could have saved $137 million had the department reduced spending on consultants by 25% from 1991 to 1999

"These tax dollars could have been better spent repairing roads and bridges across New York," said McCall, a Democrat who has his sights set on becoming governor next year.

The department said it is moving to reduce its reliance on consultants and use them more wisely.

A spokesman also returned fire at McCall, blasting the controller for being interested in electioneering.

"They [the controller's office] didn't want to know the facts about what we are already doing," said spokesman Michael Fleischer.

Joe Mahoney

图 E4.2 每日新闻的一篇文章引述纽约州财务主管麦考尔反对过度外包项目,2001 年 3 月 27 日

任何过程的社会动态功能和静态功能的区分,都归功于个人喜好,在一定程度上这是不可避免的。萨尔瓦(甘斯,1991,第 13-15 页)发现建筑师和工程师是两种完全不同类型的人。与德鲁克的看法相同,他认为不可能培养出能完全消除工程与建筑间裂痕的人才。像姚治平和罗埃塞特(2001 年)一样,萨尔瓦推荐一个共有的最少能力。在一个反生产力的方案中,领导位于公共关系专家控制的领域之外,而管理者退化为会计师,工程师退化为技师,建筑师退化为油漆工。

一份关于 2001 年 9 月 11 日袭击美国的恐怖事件的国家委员会报告认为这是想象力、政策、能力和管理的失败。管理被分成操作上的和制度上的两种(第 11 章,《先见之明和后见之明》,第 339-360 页)。还有一种看法认为想象力、政策、能力的缺乏是由于管理上的失败而致。这似乎就是纽曼和萨默尔(1961)在以管理中的领导位置为题的第 21 章中的观点。

苏迪克在其关于世贸大厦遗址上重建工程的专栏文章中(2005 年 10 月 23 日《纽约时报》,第 25 页)认为:受巨型建筑情结的激发,从法老时代到如今,许多政治领导者一直是建筑的庇护人。作者认为这种形式的激励有效地抵制了惯性状态。

工程师和管理者面临这样一种个人选择:将自己的能力局限在仅给出建议或者扩展自己的能力到建设实施当中去。各种机构必须指引舆论意见和个人创新性看法结合的途径。在对能力的过分单纯化划分当中,个人风格定义了自下而上的管理,而自上而下管理将被约束在形式化的系统当中。换言之,项目和网络都因有自下而上和从自上而下管理的共存而受益。

抛开这些术语,天才们不能巧妙地适合这些指定的职业分类。过分地因循守旧会产生一些老套的爱训话的、极善于计算的、玩弄数据的以及死抠细节的操作者。一旦定义了一种理论课程,那些能够超越课程的人的影响最大。最高长官控制的是人力资源,并不是物资资产。布鲁达克(译稿,德累斯顿,第 864 页)把恺撒的胜利归因于他极度掌握了士兵们亲善和忠诚。技术专家从自然资源的运用中获得最好的成绩,但是他们也在领导的鼓舞下尽其所能,而不总是自己奋发图强。

领导是不求助于独裁暴力工具的人力资源管理。过去技术统治论层面的建造大师也许和同时代的专制统治者有着相同的确定性语言,图 1.33a)充分地描述了他们两者之间的

供—求关系。在现代民主社会,各种形式的监督和平衡手段使政府呈现立法、行政、司法部门三足鼎立的局面。大多数有组织的社会活动遵循一个相似的模型:领导层推广、管理层优化及工作层获取,这三个层次的能力通过预算约束、生产能力、社区兴趣、将来的构想等方式来参与桥梁管理决策。如图 1.33b)所示,这个过程必须是透明的、系统的,从而能被策划和管理。

第一部分

需求:从结构到系统

第 2 章 目标、限制条件、需求和优先顺序

建造者的目标是造出最好的新结构。相比较而言,管理者则必须根据现行的管理标准,使既有结构发挥最大作用。随着结构从概念设计发展到竣工并发挥作用,管理者的观点逐渐比设计者的观点重要。虽然如此,他们不同的观点应该与工程的总体目标相一致,正如纽马克与罗森布卢斯所定义的(1971,第 443 页)任何有目的活动的目标都是对结果进行优化……工程设计的目标是使建成的系统效用最大化(斜体字为原话)。

功能在一定限制条件下的最大化就是冯·诺埃曼和摩根斯坦所定义的优化(1964,第 1.9 节)。2003 年,迪维卡把严格优化的起源归功于约翰·伯努利(1654—1705)。1996 年,黑曼描述了詹姆士(1667—1748)和丹尼·伯努利(1700—1782)对结构分析所做的贡献。在后者的促进下,欧拉在弹性变形问题中应用了变量微积分学,并在 1744 年得出了弹性的概念。根据《旧约全书》谚语 11—1 的精神,欧拉认为上帝不但喜好平衡,而且还将其最大化:由于宇宙的构造是最完美的,并且它是最聪明的造物主的杰作,所以宇宙中发生的一切事情,都是以最大或者最小的形式存在的。

力学系统认为形态使其势能最小化。更广泛而言,当今的交通基础设施系统是由过去 150 年来不断变化的供需关系所塑造的,而这种供需关系一直激励着工程师和管理者。

由于工程活动不仅在自然领域,而且在社会领域不断地优化,曾经绝对的约束和目标,如今变得可互换和可协商。图 1.33a)和图 1.33b)表明了这种转变。

2.1 效用最大化

桥梁工程或多或少不断根据交通方式、可用的材料、劳动力成本以及社会和文化需求的变化而改变。自蒸汽机发明以来,桥梁经历了如下发展过程:

19 世纪的木、铁、钢结构铁路桥梁。

20 世纪的混凝土、钢结构公路和铁路桥梁。

21 世纪初期通行高速列车及公路交通的新型结构类型、新材料桥梁。

桥梁的最大跨径从 1889 年 2 × 1 710ft(521m)的福斯悬臂桁架铁路桥发展到 1998 年 6 529ft(1 991m)的明石海峡公路悬索桥。一座横跨墨西拿海峡、跨径 3.3km 的公铁两用悬索桥正在设计当中。

美国铁道工程和维护协会,原美国铁道工程协会,编制了铁路桥梁设计规范,于 1905 年发行第一版。美国国家公路与运输协会成立于 1921 年,于 1931 年发布第一部公路桥梁设计规范。

美国国家公路与运输协会(1999a)开头语:公路部门在 20 世纪初成立之初,被看作是一些施工组织,设计是他们次要的职责。

案例1简要介绍了纽约市桥梁的建设历史，可以看出随着城市交通需求的增长，桥梁的数量和质量均有所增长。整个国家的桥梁发展趋势也是相似的。在21世纪之交，美国估计有65万座公路桥（见附录11）、10.1万座铁路桥以及数量相当的人行桥。

在交通网络迅速发展的早期，人们重视的主要方面是材料与人工成本估计和施工实践。1916年，沃德尔的综合性著作《桥梁工程》，第1卷针对桥梁（主要是铁路桁架桥）的设计，第2卷针对施工、成本估计和优化。

对材料和施工方法的个人喜好和功能方面的考虑塑造了今日的基础设施。1909年，斯坦曼在哥伦比亚大学的专业工程学位论文中，针对拟建的横跨纽约市哈莱姆河的亨利·哈德森大桥，做了钢拱桥和混凝土拱桥两个对比方案的可行性分析。他在1928年完成了无铰钢拱桥设计方案（图E1.7）。斯坦曼所著的悬索桥教科书（1949）对设计、构造和施工三方面给予了同等的重视。

沃德尔（1921，第13章）在大跨铁路桥的建设上认为采用悬臂桁架桥更具可行性，而反对斯坦曼所支持的悬索桥方案。虽然沃德尔一生致力于钢结构，但是他相信：关于钢桥和混凝土桥的相对经济性比较，不可能得出任何不变的或者是可靠的结论。

林登塔尔发现沃德尔的教材，只要是涉及通常跨径的普通桥型的桥梁（这些桥梁已或多或少成为标准设计）时，这本书将是有价值的，并且是权威的。

图2.1　戈瑟尔斯大桥，史坦顿岛，新泽西

比较沃德尔的戈瑟尔斯大桥（图2.1）和林登塔尔的地狱门大桥和史密斯菲尔德大桥，可以发现20世纪初为大规模建造标准的或者独特的桥梁提供了足够的机会。那些缺乏想象力但执行良好的设计已经为交通提供了可靠的服务，并且为结构的独特设计带来了启示。

20世纪之交的大规模桥梁建设并未降低设计者对耐久性目标的重视。1885年，波勒主张根据当时的桥梁维护实践更新设计，以延长桥梁使用寿命。沃德尔（1921，第6页）定义经济性为应用最少的劳动、资金、材料消耗获得预期结果的科学，并告诫经济分析不能局限于初始成本范围内。他认为（1921，第430页）：

> “保护桥梁免于迅速退化与保证它们设计、施工得当同等重要——甚至更为重要。为了自身利益，钢结构业主非常关心桥梁的设计和建造，在其设计和建造中极为谨慎。如果他忽视了对锈蚀破坏进行的有效保护，结局将会怎样呢？如果维护得当、科学设计、规矩谨慎地施工，也没有严重超载的金属桥梁的寿命将是无限长的，但如果忽略了维护，则它的寿命将非常短暂，特别是当暴露于酸性气体中时，例如从上面或下面通行的火车冒出的烟幕。”

尽管更早时期出现了赞成全寿命周期管理策略的主张，科胡特克（艾尔森和库姆斯，1988，第37页）将全寿命周期成本的提出追溯到20世纪60年代由助理国防部长的后勤管理学院所做的调查。附录11将此事作为里程碑事件，从那时开始美国公路桥梁管理历史进入了主要发展阶段。在桥梁管理的发展中，起推动作用的是桥梁业主的利益，而不是桥梁设计者的兴趣。

公路设计模型是世界银行在1981年建立的，如今在世界公路协会的管理中仍被采用。国家公路研究合作计划（合成本330，2004）也引用了由美国国防建筑工程研究试验室与美国公共事务协会联合开发的MicroPAVER。国家公路研究合作计划报告285推荐在道路和桥梁建设中进行全寿命周期成本分析，并指出在桥梁中的分析将复杂得多。

公路似乎在现代桥梁管理中占主导位置，因为它与旧的铁路结构有明显的区别，并且公路承担的是持续增长的交通模式。铁路桥梁管理自从19世纪解决了自身的问题以后，已经变得不再受人关注。但是，它的示范作用依然是有意义的。

从马车到蒸汽火车的飞跃，比从火车到内燃机车的飞跃要鲜明得多。铁路桥梁受疲劳断裂及非常规轨道的影响较大（见4.2.4节），众所周知的灾难性事故也影响着铁路桥梁的设计和维护实践。

桥梁的所有权对桥梁管理至关重要，铁路桥梁的所有权，比重叠管理下的公路桥梁的所有权，要清晰得多。一条铁路只能看作是一个网络，公路交通网络及通道的管理有时则认为是一种借鉴。

与铁路桥梁横梁的损坏相比，道路表面和桥面的损坏是渐进式的且更加明显。汽车相对火车而言减轻了活载，降低了对道路几何线形的约束，并且公路交通荷载必须采用统计手段来估计，而铁路活载几乎是确定性的。因为汽车和桥梁间相对更模糊的相互作用，许多桥梁业主的负责人允许一个宽泛的、大概可行的维护和管理策略，这些策略是基于一系列退化模型（见第9章和第10章）和优先等级而制定的。一旦公路桥梁的管理进入发展的中期，很可能就不再引人关注，就像现在的铁路桥梁管理一样。高速和磁悬浮列车则可能是下一个引人注目的难题。

2.2　目标最优化

如果把桥梁看作是单独的工程，将其收益最大化是合适的。作为复杂交通网络的关键连接点，桥梁可以最大限度地优化。

Ang和Tang（1975，第12页）指出可以通过假定固有的最不利状况来最大限度地保证安全性，但这样做成本也就最大化了。他们开发了一系列程序，来获得成本最小化或收益最大化的解决方案（见第5.2节）。

由于约束和收益都无法轻易地予以量化，优化就不能完全严格地进行。优化过程将包含两个管理层次之间主观的相互作用，一个层次是对交通网络的管理，另一个层次是对结构或项目的管理。网络管理者们必须根据确定的一套标准来分配可用资金。项目管理者们必须保证预算需求和与桥梁相关各种活动之间的合理安排。假如，如图1.33a）所示的两方参与者都准备单边地求得资金效益的最大化，那么管理将会把预算作为工作重点，而工程则把结构当作重点。每一方的目标将会成为另一方的约束，就像是议价交易或游戏一样。对于所有的谈判者来说，资金是效用的唯一表现形式。在极端情况下，当资金成为管理的唯一相关信息时，会计学将占据重要位置。

相比较而言，当管理寻求最优的产品及服务时，就会激发出物美价廉的工程方案。斯莫尔等人（TRC498，2000，A—1）将网络层次和项目层次的两种桥梁管理理念，阐述为自上而下和自下而上两种管理方式，前者执行政策，后者管理费用。两种管理方式均与现有标准一致。

近几十年来，火车交通在载质量和车流密度上均有了较大的增长，而交通基础设施网络则变得更密集和陈旧。1990 年，交通研究委员会描写了美国公路交通荷载的持续发展情况。管理中优先排序考虑的目标逐渐由新建设施转移到使既有老化结构发挥最大效益上来。同时，数字计算机的发展总体上使科学、工程和社会三者的融合达到了新的水平。桥梁的效用不再单独地最大化，也不再单纯地考虑桥梁设计者的能力。图 1.33a）所示的供求关系已经拓展到包括更广范围内的供求关系，如图 1.33b）所示。

案例 3 强调，对一座服役了 90 年的重要混合式城市老桥，如纽约的威廉斯堡大桥，是维修还是重建的争论。旧金山—奥克兰东海湾大桥（见 1.5 节）同样兼顾了结构、经济及政治三方面的考虑。

正如许多意义深远的变革一样，优先排序从建立新系统到维护旧系统的转变最敏锐地反映在表面现象上。道路的路面对交通的影响很大。国家公路研究合作计划报告 300（1987，第 1 页）写道：桥梁管理不是一件平常的事情……桥梁管理是一个比较新的概念，这个概念将系统的概念成功应用于公路管理活动中。

桥梁管理与平常事情的显著差异，包括网络规划、先进的数据采集及处理。目的是将由运筹学发展来的严格形式化的最优化与一般实践活动的管理区分开来。然而与 1.7 节中援引的德鲁克的一般定义一样，结果也只是得到了什么不是桥梁管理的定义。比乐（1988，第 1 页）类似地强调：在讨论运筹学涉及的内容之前，我们将花点时间把它和统计学加以区别。

在国家公路研究合作计划报告 300（1987）中，欧康娜和海曼（1989）以及经济合作与发展组织（1992）共同定义了桥梁管理的方法和任务，并描述了它们的潜在应用范围。

国家公路研究合作计划报告 300（1987）将桥梁管理总结如下（第 1 页）：

> “目标……是开发一种网络层次上的有效桥梁管理（即管理大量的桥梁，而不是单独的一座桥梁）。这种管理不但能保证可用资金的有效使用，并且可确定各种资金的使用效果。桥梁管理……要求开创性地联合运用一套经济和技术工具对问题进行实际的、客观的、系统的考虑。更确切地说，桥梁管理系统是组织和实施有关交通基础设施中重要桥梁的规划、设计、施工、维护、修复和重建活动的一种理性的、系统的方法。”

除此以外，国家公路研究合作计划报告还讨论了桥梁管理系统。经济合作与发展组织（1992，第 14 页）表述了相似的观点：

> “桥梁管理是处理一座具体结构从其建设开始直到其被替换为止，所有与桥梁相关的活动。桥梁管理者需要一种方法使其能高效工作，并以最经济的方式保证桥梁的功能性和安全性。为了改善当前建立在单个项目基础上的桥梁管理方法和手段，近年来对既有桥梁大规模的股票和资金投入，使得各成员国致力于寻找合理的、经济有效的、网络层次的桥梁管理方法。因此，建立桥梁管理系统是用来为桥梁管理者就系统的技术和组织结构的含义和需求进行识别、澄清，提供指南。”

前述援引表明了人们对定义桥梁管理所做出的努力。就像冯·诺埃曼和摩根斯坦的博弈论（见第 1.4 节）一样，这些努力强调了对客观量化方法的需求。人们为避免规定性的，倾向于描述性的（按近来的术语称之为基于性能的）定义所做的一贯努力也是明显的。后来的出版物，例如国家研究委员会（1994）和欧洲桥梁管理（2002）关于建立桥梁管理的实践和桥梁管理系统的服务记录的报告，提供了新的经验数据。

1987 年，国家公路研究合作计划报告 300 描述了桥梁管理系统网络层次上相关行动的决策支持，详见本书附录 13。施罗等人[交通研究报告(TRR)423，1994，第 27-34 页]将在网络层次上、项目层次上桥梁管理需要的决策支持能力制成了表格。在第 1.6 节中讨论过的一些桥梁管理流程图，例如欧洲桥梁管理(2002 年)(图 A16.5)，清楚地叙述了网络层次上和项目层次上的操作。网络层次的管理强调的是过程管理(例如交通)，而具体现场的任务则必须生产产品(例如结构)。第 1.8 节认为财务管理和桥梁管理应该是互补的，而不是相冲突的。如图 1.33a)所示，网络管理者对交通提出要求，并给予资金支持；项目层次上的工程师要求资金支持，并提供结构性能。

2.3　优化行为

当管理范围从整个国家缩小到局部网络层次和项目层次，对细节的关注掩盖了逐渐缩小的实施许可权。案例 5 中，美国总统对社会和经济发展目标表示赞同。在接下来的一封信中，首席公路行政官斯拉特(后来的交通部长)更明确地阐述了限制条件：可用资金远远不能满足需求。

案例 5　高层网络管理人员的观点

1993 年 10 月 6 日(图 E5.1)，克林顿总统在一封信件中提及：为了使美国在 21 世纪能维持强国地位，就必须对其巨大的桥梁和公路网络进行处理。

1993 年 10 月 23 日(图 E5.2)，在一封随即而来的信件中，美国联邦公路管理局首席公路行政官斯拉特(后来的交通部长)强调：即使有最强烈的愿望，资金还是有其固有的限制。

THE WHITE HOUSE

WASHINGTON

October 6, 1993

Mr. Bojidar S. Yanev
Assistant Commissioner
Bridge Inspection/Research
and Development
New York Department of Transportation
Fourth Floor
2 Rector Street
New York, New York 10006

Dear Mr. Yanev:

Thank you for your thoughtful letter regarding New York City's infrastructure. I agree with you that America must address the problems of its vast network of bridges and highways if we are to remain a strong nation in the next century, and I have forwarded your letter to the Department of Transportation for futher review. I will keep your ideas in mind as I face the great challenges ahead.

Sincerely,

Bill Clinton

图 E5.1　美国总统克林顿的信件

U.S. Department of Transportation
Federal Highway Administration

Office of the Administrator

400 Seventh St., S.W.
Washington, D.C. 20590

October 21, 1993
Refer to: HPD-1

Bolidar S. Yanev, P.E.
Assistant Commissioner
New York City Department
of Transportation
New York, New York 10006

Dear Mr. Yanev:

This is in further reply to your August 27 letter to the President regarding the condition of New York City's major bridges. After replying on October 6, the President asked us to review your concerns.

The President mentioned that our network of highways and bridges is vital if we are to remain a strong Nation in the next century. The Intermodal Surface Transportation Efficiency Act of 1991 (ISTEA), which I am sure you are familiar with, is making it possible for us to address our highway and bridge needs while we develop a National Intermodal Transportation Network that will serve the Nation in an energy efficient, environmentally sound manner.

At the same time, the Federal Government faces some of the same problems that afflict New York City when it comes to our infrastructure. Needs typically exceed the means available to address them. At the national level, ISTEA has allowed us to set new funding records for highway and bridge projects, but still, needs far exceed the available funding. Resources, therefore, must be distributed as equitably as possible.

Under current apportionment formulas for the Highway Bridge Replacement and Rehabilitation Program, New York State receives more funds each year than all but one State, namely Pennsylvania, and has received more than Pennsylvania at times. (The State's share in fiscal year 1994 is $254,496,994.)

In addition, the State has actively sought discretionary bridge funds. Out of discretionary bridge-allocations totalling $2.7 billion through fiscal year 1994, New York State received $382,710,361 or 14.1 percent of the total. Of the amount allocated to the State, a total of $322,414,703 was for bridges in New York City (the Brooklyn, East Tremont, Manhattan, Queensboro, and University Heights Bridges). Thus, New York City bridge projects received nearly 12 percent of all discretionary bridge funds allocated nationwide during that period. For fiscal year 1994, we recently announced an allocation of $12,776,000 for rehabilitation and widening of Ramp D of the Brooklyn Bridge.

Clearly, if funds were unlimited, we would do more. However, we are proud of our role in helping New York City preserve its major bridges as important transportation links and as a valuable historic legacy for generations to come.

Sincerely yours,

Rodney E. Slater
Administrator

图 E5.2　联邦公路管理局首席公路行政官斯拉特的信件

对于地方交通网络和单个工程(引起这些信件的发源地)来说,方案可能局限于要么关闭不安全的桥梁,要么将有限的资金用于减灾(见第 10.3 节)。2004 年,国家公路研究合作计划综合报告 331 详细阐述如下:

“决定全州交通改善计划中项目优先顺序的关键因素,包括安全、交通水平(例如日交通流量)、长期规划的一致性、成本效益、既有设施状况。全州交通改善计划的开发与按设计完成情况的项目开发过程紧密相关。然而,州公路管理部门采用许多不同的方法来选择一些具体的工程列入它们的招标计划。似乎存在一些主要因素

影响这种决定，例如工程的交付状况以及由州各区、各地和各分支公路管理部根据联邦公路管理局的投入建立的工程优先顺序。”

工程由工程师来管理，预算由政治家协商决定，桥梁管理部门则被寄予提供支持结构工程和交通管理两方面决策的客观评估。在整个国家层面上，对基础设施需求的评估有重大意义。根据美国国家桥梁清单所列，在近 65 万座公路桥涵当中，40% 的桥涵存在结构性缺陷或者丧失了功能（附录 14），有三分之二的桥梁是有缺陷的。美国年平均修复和重建费用达到了 70 亿美元。2002 年，欧洲桥梁管理报告了欧盟成员国的国家公路网络上的桥梁情况如下：

“国家公路网的桥梁资产……估计法国为 120 亿欧元、英国为 230 亿欧元、西班牙为 41 亿欧元、德国为 300 亿欧元……由于高度使用而带来的拥堵，每年造成的损失估计在 1 200 亿欧元左右……英国每年花费在本国桥梁维护和维修方面的资金达到 1.8 亿欧元，法国为 0.5 亿欧元、挪威为 0.3 亿欧元、西班牙为 0.13 亿欧元。”

像这样关键的评价，必须采用最新的分析和技术工具。但是，国家委员会报告（2004，第 339 页）建议在管理中也要运用想象力来协调局部需求和全局政策间的关系。当约束太强而不能做严格的优化时，在分配有限资源时，需要有秩序地、有取舍地作出让步。优化表现为确定优先次序。

所有的资源分配都是在相互冲突的约束条件下优化的。皮肯（1992，第 38 页）指出 18 世纪期间法国的交通基础设施工程管理着土地，所以不得不屈从于行政官员和地主的利益。各地政策和优先级各不相同。附录 11 列出了联邦公路管理局为调整美国桥梁管理的优先级所采取的方法。

附录 15 描述了多模式交通资产管理的术语和趋势。项目层次上的桥梁管理很快让我们明白对剩余使用寿命、服务水平以及基础设施恶化的估计都充满了不确定性（见第 10 章）。为达到资产管理的目的，还需做大量有广度和有深度的研究。

世界范围内的工程协会，如美国土木工程师协会（1993，1997），世界道路协会（1996）以及国际桥梁及结构工程协会（2000），针对基础设施管理需求召开了大量的会议。在这个专题上定期组织了会议和研讨会，最突出的是由国际桥梁维护和安全委员会召开的会议。其他一些例子有国立路桥学院（1994），Harding 等人（1990，1993，1997，2000a，2005），Forde（1999），Vincentsen 和 Jensen（1998）、Das 等人（1999），Frangopol（1998，1999a、b），Frangopol 和 Furuta（2001），Miyamoto 和 Frangopol（2001）、Miyamoto 等人（2005）以及 TRC（2000，2003）。国家公路研究合作计划和联邦公路管理局下的交通研究委员会建立了一个全面的并且不断丰富的报告库，报告内容涉及该领域的每一个重大的进展。

一些有关桥梁设计的教科书，例如 Xanthakos（1994）、Barker 和 Puckett（1997）以及 Taly（1998）所著的书等，都在其绪论和结论章节中论述了桥梁管理及其内容，如检查、维护及成本效益分析。Chen 和 Duan（1999）以及 Ryall 等人主编的《桥梁工程手册》也包括了几节桥梁管理的内容。White 等人（2000）论述了桥梁维护、检查及评估。Xanthakos（1996）及 Calgaro 和 Lacroix（1997）论述了既有桥梁的加固和修复。直接论述桥梁管理的教材，例如 Troitsky（1994）和 Ryall（2001）所著的，证实的观点之一是：不可能对桥梁管理领域作出一个全面的论述。Hudson 等人（1997）对基础设施管理作出了一个百科全书式的综述。

软件公司提供用户化的桥梁管理系统。包括北卡罗莱纳、路易斯安那、宾夕法尼亚

(TRR1083,1986,第25-34页)以及纽约州在内的一些州已经开发了各自的桥梁管理系统。附录16给出的有代表性的桥梁管理系统流程图。这些州的桥梁管理系统都包括数据库、输入、输出模块,旨在不同管理层面上为桥梁业主的负责人提供决策支持。流程图中包括的活动先于桥梁管理诞生;然而,这些系统化的处理有望从本质上改善管理水平。

称桥梁管理为管理的确有些勉强,因为它不决定它自身的资源和长期方针,正如图1.33b)所示。沃纳等人(TRR,1083,1986,第25-34页)汇报了宾夕法尼亚州桥梁管理系统,系统给他管理的所有活动都分配了一个优先等级,维修的优先顺序如下:

1. 紧急维修——6个月内;
2. 紧急维修——12个月内;
3. 优先维修——2年以内;
4. 例行的结构性维修——可以推迟到资金允许时;
5. 例行的非结构性维修——可以推迟,直到列入计划。

各种维护活动可根据其对当前桥梁结构稳定的相对重要性,把它们分别标以从A(最高优先级)到E(最低优先级)的不同等级。

应用这种分级的方法,宾夕法尼亚州交通局正在更新桥梁管理系统,以反映发展变化中的需求和状况的进展。

为了管理神户及大阪地区的221.2km的桥梁网络,日本阪神公共高速公路公司引进了维护信息管理系统。赫恩等人(FHWA,2005b)的报告中描述了目前欧洲普遍使用的维护管理系统,与欧洲桥梁管理(2002)所做工作相同。赫恩(Frangopol,2002,第208页)在其全面论述维护管理的章节末尾得出结论:既有的桥梁管理系统是维护管理系统,但是进展中的工作可以把这些系统延伸为桥梁承载力和安全评估系统。

2.4 风险最小化

过去发生的失效事故强烈影响了设计实践,例如,法国荣军大桥(1827)、底桥(1847)、泰桥(1879)、魁北克桥(1907)、塔科马桥(1940)。所有这些事故都发生在施工阶段或者早期运营阶段。于是,桥梁设计规范AREMA(先前的AREA,第1版,1905)及AASHTO(先前的AASHO,1928)由规定安全储备发展到模拟设计与施工阶段的可靠度水平,美国州公路及运输协会荷载抗力系数设计法及欧洲规范也是一样,从而保证结构在竣工前后都安全。既有结构的长期安全性取决于运营计划,例如对其管理和使用,然而对这些活动的规定和控制不可能达到设计和施工时的水平。

近几十年来,一度认为是无限长的桥梁使用寿命变成了一个有争议的桥梁设计参数。美国州公路及运输协会的默认值是75年,然而蔡斯等人报告了桥梁的平均寿命只有42年(TRC498,2000,C—6)。甚至那些性能应该优于重要联结位置桥梁的平均寿命也有争议。《纽约时报》(2006年1月17日,第B1页)报导塔潘齐桥(图2.2)服役50周年:塔潘齐桥达到了50岁——一个该类桥梁危险的年龄。

桥梁在相对较早的结构年龄丧失一些服务能力暗示了资金、维护和基本管理上的不足,于是激起了人们对风险分析和检查的兴趣。由于这些任务无法像设计和施工那样编写出严格的规范，于是出现了大量的代替规范的建议、指南、手册、指示和咨询意见等，例如美国州公路及运输协会的维护章节（1983，2000a，2000b），联邦公路管理局的检查章节（1986，1995a，2002a，2002b）及美国州公路及运输协会的状态评估章节（1989，2000，2003）。

所有这些文献，在一定程度上是因具体事件而编写的。风险及其对应的安全性与其说是客观定量的参数，不如说是人们的预感。如果一个结构在其预期使用寿命的中期就被判定为不安全，带来的经济损失就可能被认为是由管理不当造成的；然而避免倒塌则可认为是工程上的成功。反之，如果一座桥梁服役期间倒塌了，受其影响的用户就会笼统地责怪设计和管理工作。2005 年 9 月 12 日的《工程新闻记录》报导新奥尔良周围防洪堤系统在卡特里娜飓风中的破坏为违约。2006 年 7 月 10 日，大挖掘交通网络中的一个隧道顶板灾难性地崩塌后，人们也表露了同样的情绪。媒体评价这次事件：基础设施是行政管理对象的延伸。这次事件不仅使公众和专业人士丧失了信心，而且不言而喻地带来了作为管理推动力的结构整体性的损失。各种桥梁管理系统通过量化管理决策结果，估计不同结果的可能性，特别是失效结果的可能性，提供决策支持。

图 2.2　塔潘齐大桥，哈德森河

第3章　失　　效

因各自对成功的理解不同,工程和管理对待失败的态度与艺术和科学也不相同。瓦列里(1941,第95页)建议把所有总能成功的方法称为科学,余下的就是文学。但是,笛卡尔和牛顿认为科学高于成功,科学探究是什么,而不是假定可能是什么(见1.8节)。拉迪亚德·吉卜林(1865—1936)主张同等对待成功和失败这两个骗子。成功一直是个骗子,它依赖于不确定的条件和感知。桑塔亚纳(1928,第60页)把成功看作是一次生活中短暂而飘忽不定的经历。现代科学妥协于不确定性(见1.9节),艺术则欣然接受了风险性。因此,科学和管理必须在没有坚实的理论支持、没有艺术认可保证的情况下确保成功。

桥梁中大胆的跨径设计(也许因其比高塔功能性更显著)体现了一种成功。这种成功是显而易见的,也是持久的,然而获取这种成功的机会却是绝无仅有的。在最终成果的朴素外表下通常隐藏了重要的连续渐近性和偶然一致性。单独的结果不足以证明其绝对可靠,因为这也许是一个不稳定过程的结果。一个可靠的惯例鼓励自满,阻止革新。因为与工程系统相关的特性、运行条件以及需求不能被完全地模拟,更难以预见,所以很难严格定义工程系统获得成功(或安全)的界限。

相反,失败经常重复,并可系统地根除。于是,避免失败成了人们追求成功的体现。波卓斯基(1992,第53页)这样写道:成功就是预见失败。人们在理论、实践、非技术领域,甚至是超自然现象中寻找这种预见力。2003年,戈弗雷对处于广泛争论和蔚为壮观的成功典范——米洛高架桥(图1.44),从艺术、建筑、政治、爱、宗教和迷信等角度,编造了许多有趣的故事。路西法在两份具有启发性的拟人化作品中解释该桥梁:当造桥人忽视那些热衷于这种创造的神秘破坏力量时,桥梁将会反抗造桥者。他列举了魁北克桥的垮塌、塔科马大桥的风毁、伦敦千禧桥(图3.1)以及巴黎索尔费里诺步行桥(图3.2)的临时关闭等。相反,在法国有300座左右的桥梁以魔鬼桥的名义保存了下来,最突出的一座是卡奥尔的地标桥梁。作者在首页声明不要将文中人物与实际人物对号入座,并在文中适宜地省去了对工程师们的介绍。

图3.1　千禧桥,伦敦

在技术领域,法拉、利文、比门特(英曼等人,2005)引用1998年阿罗哈航空公司飞机机身失事促使了联邦航空局制订航空器老龄飞机计划(见第1.3节,损伤控制和预测的起因),几次重大桥梁事故的后果和此事故进行了相应类比。其中最重要的是跨俄亥俄河的银桥倒塌事故(见案例6),后来其他的一些失效事故丰富了桥梁的失效数据库。

a)

b)

图 3.2 a)索尔费里诺步行桥,巴黎;b)索尔费里诺步行桥,巴黎

案例 6 银桥,波恩特普雷森特

1967 年 12 月 15 日,位于波恩特普雷森特 36 号公路横跨俄亥俄河的银桥倒塌,46 位驾驶员丧生,是 20 世纪美国的一项纪录,触发了附录 11 中的发展重点。

同时期的 ENR 报告中的先进观点适时地阐述了灾后思考。初始评估(第 241 页)表示:倒塌也许无法避免,由于老化、腐蚀、疲劳和超载的作用,这些作用不是完全独立的。

对银桥的调查研究表明好几个因素导致了倒塌事故,尽管有深度的加劲桁架,该桥整体上依赖非冗余的销钉和眼杆悬索系统。相比较于其他的多眼杆系统(图 E1.3,图 E1.4),失效的桥梁仅由两套眼杆组成。因此,整体的非冗余系统与主要构件的内部非冗余相匹配,后来识别到了局部的材料缺陷。环境温度在零下 23℃左右,进一步脆化了材料。大量的易断裂细节在安全阶段没有被视觉检测到,关键部位的疲劳寿命仅在真实的应力水平和幅值下估计。预防性维护措施本来应该要发挥效果的,但并没有发挥。回顾一下,银桥寿命周期的每一个阶段都给后续阶段带来了更多的负担。

1987 年,罗尔夫和巴索姆(第 4 页)引用了班纳特和明德林(测试和评估杂志,1973 年 3 月,第 152-161 页)从冶金的角度分析银桥倒塌:

> "众多因素的组合导致了断裂;如果少了任何其中之一的因素也许就不会发生倒塌:①高强钢容易发生应力腐蚀开裂;②节点组件的密集导致眼杆最大应力区域不可能涂覆油漆,然而这些区域的裂缝会聚集水;③眼杆链的设计荷载较高,导致眼杆内部的局部应力大于钢材的屈服强度;④钢材的断裂韧性较低,从而当裂缝深度仅达到 0.12in(3.0mm)时就使应力腐蚀裂缝缓慢扩展发展到完全断裂。"

两套眼杆系统的易损性被识别以后,对大量有类似结构特征的桥梁,进行了报废或者密切研究。图 E6.1 展示了华盛顿州帕斯克—肯尼维克大桥上眼杆的一条裂缝,多眼杆系统的状态由于其自身的冗余性而认为是不严重的。然而,建议做超声测试,如图 E6.2 所示。

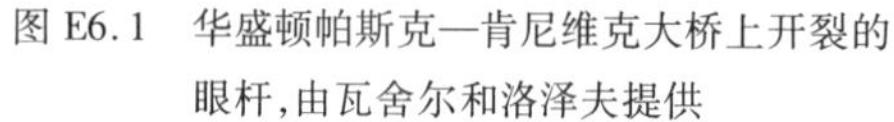
图 E6.1　华盛顿帕斯克—肯尼维克大桥上开裂的眼杆,由瓦舍尔和洛泽夫提供

图 E6.2　皇后大桥的销钉和眼杆超声测试

1983 年 6 月 28 日,康涅狄格州内 95 号公路跨越迈安娜斯河的一跨桥梁倒塌,原因是销栓和吊杆连接的失效。联邦公路局在 1986 年 9 月出版了针对临界断裂的《桥梁构件检查手册》。

1987 年 4 月 3 日,纽约州高速公路当局的一座桥梁因冲刷坠于斯科哈里河。1987 年的地面交通和补助均衡布置条例将桥梁检查程序进一步扩展,将对临界破裂构件和水下构件进行检查的特别程序也包括了进去。

1989 年 10 月 17 日,震级为 7.1 级的洛马—普里埃塔地震在旧金山—奥克兰地区造成了估计 60 亿美元的经济损失,42 人丧生(豪斯纳尔,1990)。1990 年 12699 号总统令强制在联邦资金项目上执行抗震设计规定。

在纽约城市桥梁管理的努力下,1998 年威廉斯堡桥关闭(案例 3)。韩国在 1994 年发生松苏桥失事之后,1996 年也颁布了法律强制实施桥梁检测。

3.1　理解和避免

亚里士多德(见第 1.2 节)认为科学依靠经验避免失败,艺术则是理解失败的原因。由此科学、艺术的术语经历了亚里士多德所预测的普遍存在于学术中的循环——无论是科学的理论建立,还是艺术的即兴表演。虽然如此,亚里士多德的结论:经验甚至比理论更能成功仍是避免失效的关键,虽然它的原因可能没被完全理解。达·芬奇在笔记中写道:经验从来不会出错,出错的是我们的理解。

波卓斯基(1992 年,第 1 章)以摔倒是成长的一部分为标题,阐述了失败是反复尝试,是获得经验必不可少的一部分。波卓斯基认为:科学研究人员可以拒绝假设(正如牛顿那样),因为他们探索的是客观存在的真理,但工程师则不能,因为他们是在创造新的实体。1997 年,卡纳克认为:失效原因分析的发展伴随着(有时是独立于)大量风险基于经验的消除。

1974 年，规避风险是菲尼蒂第 3.2 节讨论的主题，他举了一些例子（大部分来自经济学），强烈建议降低一些不确定的结果，从而降低发生同样不确定损失的可能性。在政治领域，美国《独立宣言》（1776 年 7 月 4 日）写道：诚然，谨慎心里起着决定性作用，长期建立的政体不会因为小的、短暂的原因而改变；与此相应，所有经验表明当不幸还可以忍受时，人们更倾向于忍受，而不是通过废除已经习惯的体制来实现自我救赎。

“如果它还没有破，就别去修理”，这条谚语蕴含的观念不仅指导着社会发展，而且设计和管理也受其影响，其保守主义思想在现有的理论和被普遍接受的实践中依然存在。另一方面，任何东西最终都会坏的，到了那个时候，人们期望工程能准备好出众的替代品供使用，而管理则负责保证顺畅地实现这种替换。因此，必须将这种变化付诸工程和管理，从而在没有任何相关信息的情况下，在新旧运营结构、机械或其他交替过程中获得利益最大化。

在西布利和沃克（1977）、波卓斯基（1993），在英国底桥（1847）、苏格兰泰桥（1879）、魁北克桥（1907）、塔科马大桥（1940）的失事中，发现桥梁事故具有周期趋势。该循环开始于谨慎成功的（部分经验的）设计，结束于实践中超出模型有效性的外延。切斯特的底桥失事（波卓斯基，1994）可看作是一个成功综合征的例子，本质上是一个自满的错误。人们把已知的惯例应用到了它的有效领域之外，从而导致了这类结构事故的发生。

几个世纪以来，桥梁能够得以成功应用，理论和经验或者说设计和管理的相关贡献是无法计量和比拟的，但是，人们通常会责备工程中理论上的疏忽导致了产品的失败。过程中的管理不善，通常归因于经验不足。工程产品与过程精细产生了如下特征：性能丧失、功能故障、局部失效、部分失效以及灾难性破坏等不同级别，它们都应在理论上进行严密的检查，并在实践中避免出现。

3.2 灾难性事故

灾难性事故受到公众关注，刺激立法，塑造专业实践。人们对它们进行了最详细的研究，不断从中吸取教训。法拉、利文和比门特（英曼等人，2005，第 1 章）认为：在土木工程领域，预测的推动力在很大程度上来自于分散的重大工程事故，而不是连续的工程退化。

一些设计教科书的引导性章节中讨论了灾难性事故，例如泰（1988）、巴克和帕克特（1977）。菲尔德（1968）和罗斯（1984）涉及施工失事，然而两位作者都调查了结构寿命的每一阶段。赖亚尔（2001，第 416 页）列出了过去 30 年间 22 次桥梁事故，主要是因为它们的起因和巨大的影响，主要的原因涵盖设计、施工、维护、碰撞、冲刷等方面。伦敦千禧桥（图 3.1）显得更为突出，因为它没有任何损坏却不得不关闭且进行增大阻尼加固（达拉德等人，2001）。菲尔德（1968，第 2 页）解释这是一起未能达到设计期望的事件，并且公众过高的期望使这一事件恶化。从中可以得出一个结论：性能达不到设计要求也是一种失效，而且结构的重要性使性能失效显得更为突出。同样的问题使巴黎的索尔费里诺步行桥（图 3.2）的开通日期明显推迟。虽然这些问题仅影响结构的使用性能，并不破坏其整体性，但对相关的管理者来说仍是灾难性的。

土木结构的灾难性事故是非典型而且可能被神秘化，相关的细节被人们夸大、渲染，甚至扭曲，部分失效、准失效事件大量存在且容易被忽视或者曲解。

3.3　部分失效、准失效和超安全设计

1992 年，莱维和萨瓦多里所定义的可能致命错误，有时在一些残存的安全结构中明显可见。波因特普莱森特桥坍塌之后，在西弗吉尼亚的圣玛丽，一座跨越俄亥俄河的类似结构的桥梁，在没有出现事故的情况下停止使用（泰利，1998 年）。用工程术语来讲，那座桥梁失效了，即使没有造成灾难性的后果。

保守设计被认为既是设计上的失败，也是管理上的失败，因为这样成本效率极低（例如浪费）。用某一标准衡量为保守设计，根据另一标准衡量则有可能只是常规设计。正如第 5 章所述，术语安全储备、安全、可靠性的定义可能由于对实体采用的分析模型和目标的不同而不同。消除保守设计，在假想的结构设计中很容易实现，但是在实际的永久性结构设计当中，为了避免所有假想的失效，则难以实现。此外，一种绝对不可能的过度维护也总是证明应该消除保守设计。

结构安全储备的作用只能在部分或者局部失效时才能得到证明，荷载重分布使失效保持为部分失效或有限失效。如果是设计预料当中的，那么这根本不能理解为失效。钢结构塑性铰的形成以及混凝土延性行为就是这样的例子。结构的使用极限大多数情况下是在部分而不是全部失效模式下精确得出的。如果调查得当，部分失效指避免整体倒塌或整体失效的结构设施或服务。

如图 3.3 所示支撑在 1989 年洛马—普里埃塔地震中屈服，如图 3.4 所示为替换后的更牢固的支撑，至今为止，它们在地震中表现良好。

图 3.3　1989 年旧金山洛马—普里埃塔地震中屈服的支撑

图 3.4　图 3.3 中替换的支撑

在威廉斯堡大桥(案例3)中,腐蚀使得主跨悬索的估计安全系数由4.2降到了3.6,这时还可以通过彻底修复方案继续保持这个安全度。因此在19世纪后期钢索采用的典型保守设计(20世纪后期不太可能这样做)让桥梁管理者可以选择通过维护使桥梁继续服役。这一次以及一些相似事件促使国家公路研究合作计划项目的10—57分项目全面调查悬索桥缆索的安全性。

1981年,布鲁克林大桥的斜拉索开裂被证明对一侧人行道是致命的,但它不会通过结构扩散。整个竖向悬挂系统和斜拉索遭受了严重的腐蚀,并且开始失效。但是,悬索是多次超静定的(图3.5)。吊杆间距为8ft(2.4m),加劲桁架为主要结构,斜拉索提供了额外的加强效果。罗布林说过:如果三种基本系统当中之一失效,桥梁将会下垂,但不会坍塌。这种设计思想不仅避免了失事,而且容许桥梁业主在不中断交通的情况下更换所有的吊杆和斜拉索。

现代的斜拉桥和悬索桥设计,都考虑了单根斜拉索与吊杆的失效。2004年,第一座博斯普鲁斯海峡大桥的吊杆断裂,但是交通仍没有中断。唐卡维尔大桥主缆的一股断裂之后,交通仍然没中断。

在所有罗布林的设计当中,对强度储备的重视明显。图3.6为布鲁克林大桥引桥中的一桁架跨。考虑到结构的年龄(1883年通车运营),荷载等级评定必须假定其材料是极限强度为10肯埃斯(69MPa)的铁材。在这个假设下,桁架的下弦杆将处在超应力状态下。而且,眼杆的销栓连接出现了弯曲的迹象,并非处于纯剪状态。桁架必须用所示的拱来支撑,但交通从未间断过。从工程立项到项目竣工的三年里,连续的监测没有发现任何退化。一次材料试样的测试结果表明材料的强度远超出指定值。应变计监测结果表明活载在主要构件中产生的应力比预期应力低得多。

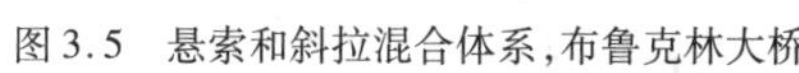
图3.5　悬索和斜拉混合体系,布鲁克林大桥

图3.6　富兰克林广场桁架和支撑拱,布鲁克林大桥引桥

如图3.7所示为一座悬索桥加劲桁架的下弦杆出现的一条裂缝,但并未给结构带来严重后果。

如图3.8所示为一根在根部失效的柱子。一个静定的结构在这种情况下将会坍塌。

支座和其他荷载传递与释放装置经常失效,或者在低于预期性能的情况下工作,如案例7所示。因结构的超静定性能、足够的强度储备以及几何公差而没有带来整体性的不良后果。

图 3.7 悬索桥加劲桁架的断裂下弦杆

图 3.8 因腐蚀在底部连接失效的柱子

案例 7 出故障的连接件

图 E7.1 带连接件的主梁

A. 系紧装置

图 E7.1 中的系紧装置类似于销栓和吊架装配件（见第 14 章）以及剪力释放连接件（下述 B 部分）；然而，它们的预期功能是完全不同的。

图 E7.1 中的桥梁主梁的梁端连接件的最小抗拉设计值是 50 肯埃斯（22.5t）。该力将抵消活荷载并降低跨中弯矩，如此可以允许主梁的高度可变。图 E7.2a）为产生的弯矩图。

这个案例中的薄弱环节是相对粗糙的销栓刚体连接件细节，伸缩缝下的摇臂支座能够承担服役状态下所需的拉力。这是不合理的，通过计算连接件［图 E7.2b）］在指定的 50ksi（22.5t）荷载作用下的弹性伸长量：

$$\Delta_{el} = \frac{50.0L}{EA} = \frac{50.0 \times 90.00}{29\ 000 \times 24} = 0.006(\text{in})$$

或者

$$\Delta_{el} = \frac{22.5L}{EA} = \frac{22.5 \times 2\ 286}{21 \times 15\ 484} = 0.16(\text{mm})$$

式中：$E = 21\text{t/mm}^2(29\ 000\text{ksi})$；

$A = 15\ 484\text{mm}^2(24\text{in}^2)$，横截面积；

$L = 2\ 286\text{mm}(90\text{in})$，长度。

视觉检测（图 E7.3）没有检查出连接件拉力的减小。

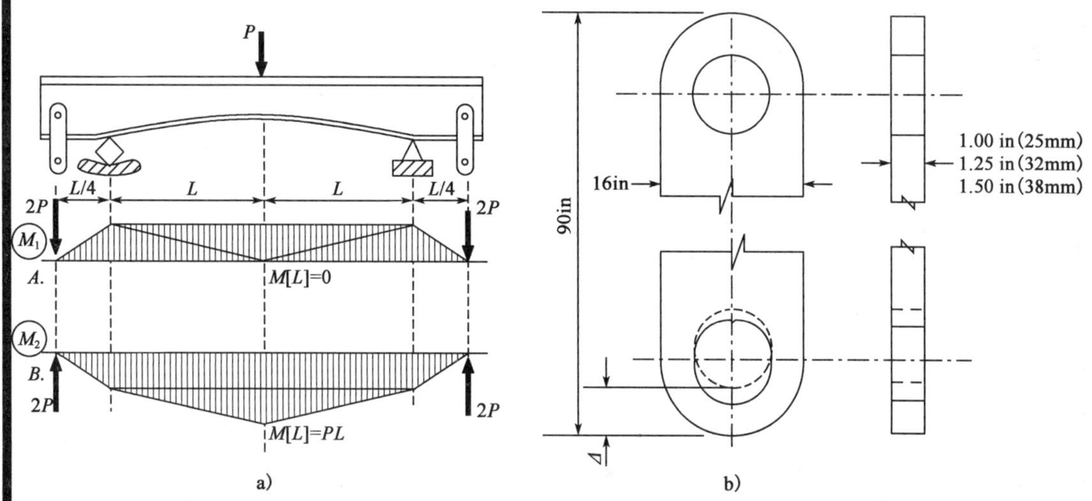

图 E7.2　连接件可能的影响

长达50年的累积,使腐蚀和热效应减少了计算的伸长量。一些连接件变得松弛,另外一些被压紧了,因此增大了跨中的正弯矩,如图E7.2a)所示。尝试通过切断和重焊连接件(图E7.1)来恢复拉力,但是效果不好。

图 E7.3　连接件的现场检测,由特瓦提供

连接件的完全失效使用了主梁的强度储备。在这种状况首次被发现后,桥梁仍然使用了超过十年。最终的修复使用了原有的主梁,在最大跨上新增了一些连接件进行了修理(图E7.4),它们的拉力是允许调节的,用盆式支座替换了摇臂支座。

图 E7.4　修复的连接件

B. 横向荷载释放连接件

图E7.5中的长11ft(3.35m)的连接件用于释放90ft(27m)长的桥墩顶部和桥梁上部结构的横向位移。在长达70年的时期,连接件被冻住了。环境温度的季节性和每天变化拖拉着桥墩(图E7.6)横向移动,使得上部结构的荷载仅由两个墩脚支撑。引起关注的原因是支撑钢桥墩的砌石(图E7.7)的整体性。对于承受修复期间作用的偏心荷载是足够的。两个墩脚能够安全地承载全部的荷载,直到冻结的连接件,用不同的结构细节替换(图E7.8)。

图 E7.5 连接件现场检测

图 E7.6 倾斜的 90ft(27m)长桥墩

图 E7.7 图 E7.6 中桥墩基础提升

图 E7.8 替换图 E7.5 中连接件的滚柱支座

局部失效促使了两个不同类型的改进方法,其一是消除失效的构造;其二是提高结构的可靠性,例如增加冗余度。在许多情况下,两种方案同时采用。案例 7A 桥梁中的竖向约束和支座均进行了更换,同时在桥跨上部结构中也增加了新的主梁。案例 7B 所示的桥梁在运营十多年后增加了新桥墩。在加强桥墩的同时,现代镍钢合金滚动支座最终代替了出现故障的连接。

尽管专业人士和公众十分关注部分失效,他们还是容易忽视充分发展之前的准失效。具有潜在危险的实践在未失效前被当作是一种常规操作,这样的例子很多。因此,严密监测接近失效和近乎错误是必要的。

第 4.2.3 节中讨论的位移过量的滑动支座被及时的、熟练的检查观察到了。虽然没有发生任何事故,检查出这种情况之后马上进行了紧急维修、调查,并且进行了大修。大约在十年之后,经过重建的结构重新开放铁路交通。

安全的施工程序认为接近失效便是失效,需要展开调查,采取适宜的措施。类似的制度将使整个桥梁管理过程受益,包括分析、设计、施工、维护、检查及运营(见 4.1.3 节)。

众所周知的墨菲法则(乐观的看法),即公认的假定任何可能出错的事情将一定出现错误,可以当作是检查的叫醒电话(第二次世界大战时由一个飞机检查员提出的),这相当于放任式的预测。波卓斯基(1992,第 28 页)把它当作是一个玩笑,因为这个法则承认可能出错的事情会在第一时间出现错误,从而也躲避了批评。按照这种逻辑,任何平静无事的行为都将证实情况一切正常,这个推论是错误的。1999 年,费曼在其提交的关于 1986 年挑战号宇

宙飞船失事调查的少数派报告中，揭穿了这种晦涩的推理，如下（第155页）：某种危险以前没有引起灾难性事故的事实并不能保证下一次不会出现事故，除非是对它有了彻底的理解。在玩俄国轮赌博游戏时，第一次安全地发射出去，这个事实并不能给下一次发射带来多少安慰。

在1994年北岭地震中，一些经受住了以往地震考验的结构遭受了严重的破坏。在1989年洛马普里埃塔地震中，位于旧金山中心区的恩巴卡德罗高架桥（图3.9）遭到了破坏，但不是灾难性的。这件事情说明了在同一次地震中，关键因素的积累导致奥克兰的塞浦路斯大街高架桥梁坍塌（图3.10）（宁姆斯等人，1989；郝斯纳等人，1990）。Ⅰ-880号高架桥因为上下两层刚架的不连续性，柱子的箍筋约束过弱，以及基础下厚度极深的海湾泥层的影响而破坏。

图3.9　恩巴卡德罗高架桥，旧金山，1989年10月29日

图3.10　塞浦路斯大街高架桥梁（Ⅰ-880号公路），奥克兰，1989年10月29日

准失效和保守设计反映了一对工程矛盾。尽管分析致力于理解失效的原因，并在设计的产品中消除它们，而管理明智地认为尽管知识是不全面的，过程是不完美的，每个阶段都伴有未知，结构必须在这种情况中保存下来。

3.4　成　　因

1992年，拉维和萨瓦多里总结结构倒塌是因为失误。这种看法反映了笛卡尔的论断——所有的错误皆是缺陷。

与达·芬奇（见第3.1节）看法一致，叔本华（1942，第Ⅱ-105页）将错误定义为作出了错误的推论，给结果找了个错误的原因。在有关经验的问题上，他指出（第Ⅱ-104页）：在认识世间万物皆短暂、易变的道理上，可能任何形式的知识都没有个人的经历更不可或缺。

对事故原因的法庭调查，重现了过程中过失和产品中的缺陷，从而增长了专业经验。

索芙特—克里斯滕森和贝克（1982，第241页）把结构失效归因于可能出现在建造过程任何阶段的严重错误。过程包含构成结构寿命周期的设计、分析、施工、检查以及使用。下列一些基本缺陷已经得到了确定：

- 正规的资质
- 教育

- 经验(最常见的)
- 交流
- 职权
- 能力
- 疏忽和操作不当

根据多种不同的、可能的标准(第 242 页)对同样这些缺陷进行分类如下:

(a)错误的性质(源泉),例如设计、分析、施工、检查以及使用

(b)失效的类型:(A)设计模型失效;(B)和设计的模型不同

(c)后果

(d)责任(原始责任和疏忽)

失效的类型(b)之间的区别可以比喻为模糊和无知之间的区别,它们为三种主要的不确定类型当中的两种(附录 5)。作者们便把重点放到了第三种类型的不确定上(例如随机)。

索芙特—克里斯滕森和贝克(1982)、梅尔彻斯(1987)以及施耐德(1997)在寻找分析上的缺点,布朗(1995)、瑞泰(2000)以及尼尔(2001)则通过公开辩论的分析手段寻找设计、制作、施工以及管理中的缺点。尼尔(2001,第 83 页)列举了如下一些操作上的原因:

- 建设的质量低劣,意指设计、材料、工艺
- 不适当的建造方法,包括在建造过程中强加的荷载
- 在竞争的环境下提供更有效率的结构,或者新颖的结构(在某些方面它们是不足的)
- 对既有设施的监测不足以处理变化着的条件,包括荷载
- 设施业主或者控制者效率低下的使用与维护策略
- 没有意识到或者是没有理解到某一特定行为不作为带来的后果
- 相关的知识与经验不够
- 知识的无效管理,包括缺乏迅速获取信息的渠道

分析和实施过程都容易出现事故。理论决定模型的极限承载能力,实际工程事故塑造管理实践。严格局限于有关结构行为的范围之内。1998 年,古尔默隆力荐唯物主义和现象学相结合的调查路线,前者重点在于力学分析,后者重点在于荷载历史的分析。《工程失效分析》杂志(帕加马,爱思唯尔科学)给出了关于结构失事的严格讨论。

3.5 组合效应及偶然性

司法调查试图揭示导致结构整体失效原因的决策模式或者决策链,而不是某种单个的原因。设计也会导致这样的后果。工程设计中会尽可能地依靠冗余设计来提高过程及产品的可靠度。在这种情况下,整体失效便是由多个部分失效的累积效应引起的。尼尔(2001,第 51 页)认为:在实践中,单个原因造成失效的情况是很少见的。通常的情况是一系列的因素同时发生或者先后发生,它们的最不利组合引发了事故。

无数例子表明是多因素的共同作用,而不是某单个因素引起了失效。波因特普莱森特事故(见案例 6)非常有指导意义,因为即使在别处,也可能会因许多类似的原因引发事故。

在 2004 年 5 月 23 日发生的戴高乐机场封闭人行桥(图 3.11)事件之后,《纽约时报》

图 3.11 戴高乐机场倒塌的壳结构,法国巴黎

(2004 年 5 月 25 日,第 A10 页)报导:现在要说是设计缺陷或是工程失误,还是施工错误引起了该桥的坍塌,为时尚早。

设计缺陷、工程失误和施工错误三者隐含的区别是模糊的。《世界报》(2004 年 5 月 25 日,第 18 页)把这个问题说得更为具体:倒塌是因为……设计失误?材料的缺陷?或者可能是由于施工太快,控制效果太差?

《工程新闻记录》(2004 年 5 月 31 日,第 11 页)叙述了该工程在壳体上部结构倒塌之前就存在施工延误,使用外部纤维加强支撑柱子进行修理的历史。在 2004 年 7 月 7 日的《纽约时报》中,史密斯写道:壳体结构倒塌的原因是很复杂的,结构的不对称性、施工时被刺伤、折得像个皮夹等都是其中的原因。最后一原因引起了人们对倒塌机理的思索。钢支撑刺破壳体结构的事实证明了这种假设(工程新闻记录,2004 年 7 月 12 日,第 10 页)。随后的报告(工程新闻记录,2004 年 9 月 26 日,第 16 页)把重点放在混凝土及钢筋的质量上。2005 年 2 月 15 日发布了调查的初步结论,包括因温度膨胀和收缩引起的混凝土疲劳原因(第 4.3.1 节)。与银桥事故(案例 6)一样,没有预料到单个非关键构件的易损性对发生复合灾难性后果的作用,在失事原因回顾上也很难评价它们。

1994 年,韩国汉河上的松苏大桥的悬吊拱跨坍塌之后,人们概要地调查了设计、施工、维护以及运营各方面的原因。

在论及卡特里娜飓风的影响时,《纽约时报》(2006 年 6 月 11 日,第 WK3 页,第 2 栏)援引加州伯克利大学比衣教授的话:巨大的灾难通常是长时间形成的,包括许多人群和不同组织的作用,还包括发生的大量故障的作用。

工程杰作的独特性已经很容易被人们所认知,但是失效遵循预测的模式却仍是人们的一种期盼。与大众的看法相反,成功与灾难一样都不能赋予人们完美的后见之明的能力。巧合对失败有着重要而难以捉摸的作用,对成功也是如此。

3.6 教 训

塞涅卡(公元 4—65 年)认为:知识在与别人分享之时得到证明。在戴高乐机场事故发生之后,一篇工程新闻记录社论(2004 年 5 月 31 日)呼吁:我们希望全球的工业都来集中研究这次事件,直至从中吸取每一个教训。

现在的诉讼将相关信息的公开时间推迟到了最初的媒体关注持续时间之外。

菲尔德(1968,第 2 页)陈述他希望他对施工事故所做的研究能放松私人调查的文档和记录,使整个工业受益。1984 年,罗斯总结了《工程新闻记录》关于早期著名事故的报导。

教育将知识简化为有意义的信息,而学习将吸收信息转变为知识。马赫(1838—1916)(1956,第 1787 页)评述道:科学的目标是通过在思想上重现事实,预测事实来代替或者保留经验。记忆比经验更为便利,且经常能够完成经验所能完成的目标。

信息相比知识更好管理。专家们在信息(例如说明书)和经验(例如失败)中吸取知识,而基于知识的系统却试图以可传递信息的方式表达知识。因此,知识从经验中进化出来之后便分化为信息,并被经验不足的用户在新的环境下再次测试。有意的高点及无意的低点持久地循环向前发展。成功经验被加入不断增长着的科学知识结构当中去,错误和失败变成要消除的对象(一种有关艺术的典型活动)。它们都以其中意的独特方式在专业人士和大众的记忆中留下标记。

戈登(1978,第 63 页)认为:对材料与结构固有特性拥有深刻的、直觉的理解是工程师所具备的最重要的才能之一。必须结合应用两种方法来管理结构的这种内在的、隐蔽的固有特性:分析和经验(例如启发和适应)。

不是所有的建造技术都会提高设计的专业实践水平。一些并不总能完全明白其含义的实践者分享(自觉不自觉地)成功带来的经验,成功的经验方法如果没有理论来解释就不能给人留下深刻的印象。追随着罗布林的布鲁克林大桥,出现了一些并不卓越但是理论清晰的设计。没有严格的分析,工程事故只不过是一些警戒的传说——要么被夸大,要么被遗忘。事后响应措施更多的是出于自发而不是设计。1907 年魁北克桥失事以后,纽约市皇后大桥的设计(一座完全不同的桁架,虽然仍旧是悬臂)得以公开讨论、评议,并被认为是保守的设计(雷耶尔,1977;佩卓斯基,1995)。

必须从未预料到的、未被观测到的桥梁事件(塔科马大桥的失事录像和事件本身一样是独一无二的)中吸取教训。少数有计划的破坏试验产生了不确定的,但非常有趣的结论,这些结论建议将来可以做更多的这种试验。在条件容许的情况下可以要求做一些破坏试验(检验荷载试验),例如在钢丝绳试验中确定极限强度。即使试验没有达到破坏,也可以从根本上改进一类特殊的设计。

对工程管理来说,要在灾难性事故中获得益处是一个严峻的考验。在纳维叶和莫伊谢夫的许多成就中,他们分别因愿意分析自己所修建桥梁(巴黎的荣军院大桥及华盛顿州塔科马海峡大桥)出现的事故而饱受赞誉。

以下一连串的事件是从悬索桥发展史上有选择性地提取出来的。1823 年纳维叶发表了开创性的论文悬索桥备忘录,对马克・伊桑巴德・布鲁内尔爵士(见第 1.8 节)的设计表示一种特别的崇拜。马克爵士在 1826 年参观纳维叶设计的荣军院桥时阻止他儿子踏上该桥,担心他会掉到河里去(霍普金斯,1970 年,第 203 页)。因地锚急剧变形,纳维叶不得不在 1827 年推毁该桥(卡纳斯基,1927),他在去世之前,出版了该桥失事的详细分析。伊桑巴德・金德姆・布鲁内尔在位于克利夫顿的悬索桥修建完成之前就不幸去世了,他所钟爱的这座桥梁后来终于修建完成,现在也仍然屹立在那里(中途进行过修复)。

马克爵士是有先见之明,还是仅是谨慎呢?纳维叶是否是对理论过于自信呢?伊桑巴德是从自己和父亲在荣军院大桥的经历中学到得多,还是在纳维叶后来的分析中学到得更多呢?这些问题都是有启发意义的,因为对它们不能作出明确的回答。失事是有启发性的经历,但不是科学必须的经历。从失败中提炼出来普遍应用的信息并不能增加专业上的学识。规范规定了设计,但是设计者必须有相应的知识去设计质量可靠的产品。

1995 年,谢泼德和弗罗斯特指出:仅仅是列举一些失事案例和查明的原因并不一定就能把实践向前推进。预测失事是分析手段上的一种成功,但是得靠管理来预防失事。第二次世界大战中在德国侵入法国前不久,法国军队的总指挥官甘末林将军言之凿凿地预计德国的下一个目标将是罗马(1940)。作者对这种无效的梦幻般的清醒大为惊异:假如有一个梦想家是一个建筑师,他想象着自己将要建造的、令人钦佩的建筑应是如何如何;但是他忽视了关于建筑所必需的最后一个细节——细微的、单调乏味的、极其恼人的细节——怎么去建造。

尽管研究工程失事有其益处,但目前进行的研究却是响应。被动地想象着失败的将军比只设计不建造的设计师更容易受到伤害,因为军队是已经投入的资产。建设好的基础设施同样如此,这就是说它们已经是处在荷载(预期的及没考虑到的)作用下进行工作了。

前摄的方案即是在产品和过程中确定并消除其易损特征。这项任务能够用一个有两个步骤的持久循环来完成,两个步骤为:收集与评估信息;作出决定并付诸实施组成。

第4章　产品和过程的易损性

必须在下面的任务和条件中寻求易损性(过去、现在和将来):

实践与结果

条件和资源

需求

可能发生的灾难

可选方案

需求是矛盾的,需要专门的技术优化手段,以使性能最大化、成本最低化(见第2.2节)。分析要建立简单而准确的结构模型;设计应该同时兼顾经济和安全要求,并且在符合规范的情况下有所创新;管理就是在成本最低的前提下提高生活质量。基础设施是由耐久的静态资产组成的,但管理必须有动态的适应性。桥梁的寿命长达百年,但是其间服务需求和管理政策在不断变化。

对立的需求逐渐使功能两极分化,尤其在下面这些专业领域内:

供给　　需求
利益　　成本
结构　　运营
产品　　过程
工程　　网络
服务　　性能
条件　　需求
目标　　任务
自下而上　　自上而下
灾难　　损失
工程　　管理

以上需求可广义地分为表4.1所示的几组。

管理和工程中的需求和供给以及产品和过程　　表4.1

功能	需求/产品	供给/过程
管理	服务(交通),功能组织、决策和技术支持;投资、时间、材料和设备	决策,实施,预算,规划,报告,交流,协调,谈判,监督,质量保证和质量控制(质量保证和质量控制)
工程	结构(桥梁,道路),标准,规格,评估,评定,规划,计算,图纸,进度表,报告	分析,设计,施工,维护,检测,运营,研究和发展,质量保证和质量控制

尽管管理和工程会表现为供求关系的两个相反的方面,但是他们的对象都是处于连续服务状态的各种特定结构。挑战在于平衡不同构件的优先级。将过程和产品分别分解为分散的任务和单元进行考虑,并且理清所需专业技术的范围,但是功能的分段是人为的且与生产过程相反。尽管有所保留,但比乐(1988,见附录8)仍提出了统计学和统筹研究中的一个相似的区别:

> "如果我们要做这样的区分,就必须使一个有经验的统计工作者花费一些时间来做实际的运筹研究,同时需要一个有经验的运筹研究人员花费一些时间来进行统计的实践……对于实际问题,采用将问题分解的方法会损害其解决方法的质量。然而,这种人为地将问题划分为可管理的分量经常是需求一些解决方法所必需的第一步工作。"

管理内容可能包括桥梁相关的任务和这些任务的结果(例如过程和产品)两个方面。产品可以是结构、结构模型、结构提供的服务,都可以表示为串联或并联单元组成的系统。在表4.2中,结构被认为是一个产品,从生命周期的一个阶段演变到下一个阶段。在表4.3中,结构生命周期过程被看作是一系列任务组成的阶段。

产品:桥梁构件在其生命周期内的需求部分列表

表4.2

桥梁构件/单元	桥梁生命周期的阶段					
	策划	方案制订	工程项目	资产/负债	检测和评估	管理
首要/次要构件,墩	模型,应力/应变分布,压力/弯矩/剪力/扭矩,稳定,疲劳,冗余,荷载,材料的短期和长期特性,失效模式,荷载等级,荷载分布	施工图,规范,材料特性,连接,可施工性,可维护性,适用性,易损性,维修/重建,加固,预算	QA:放线,脚手架工程,模板工程,稳定性(永久的/临时的),连接:焊接,螺栓连接,销钉,连杆,铰接,钢筋,混凝土,防水,排水,工期计划,预算	预算,工期计划,人员,桥面板下的保护,除冰,设备,通道,照明,磨损面,信号灯,活动桥操作,交通控制,备用路线,改造,事后应急措施,修复时间表,环境保护,社区外展服务	通道,腐蚀,碱集料反应,分析中的错误,设计,施工,使用,疲劳,冲刷,渗透,浸蚀,环境灾害,断裂—临界细节,临时和永久的维修	服务(交通运输),功能组织,决策和设计,支持:时间和材料,设备,资金
桥面,磨损面		桥面类型,厚度,强度,细部加固,腐蚀防护,钢筋保护层,添加剂,正交各向异性,网格桥面详细设计,防水,磨损面,有效期/更换				
支座/台座	荷载,荷载传递,铰,阻尼,隔振	材料,详细设计,可维护性,使用期,更换方法	材料,详细设计,放线,防水	防水,填充物		
连接	铰接,连续连接	位移能力,连接到面板,维护需求				
排水		排水能力,维护需求				

续上表

桥梁构件/单元	桥梁生命周期的阶段					
	策划	方案制订	工程项目	资产/负债	检测和评估	管理
基础/桩,承台/引桥	土质,航道性质,地震、冲刷,洪水,撞击		打桩,开挖,回填	沉降,冲刷,潜挖,液化、碰撞		
涂装		涂装,再涂类型和周期	QA	使用性,毒性,腐蚀防护		
公用设施	服务类型,所有权,对结构影响,维护/更换需求	连接,安全性	安装	更换		

过程:桥梁相关任务部分列表

表4.3

桥梁构件/单元	桥梁任务					
	(再)分析	设计	建造和修复	维护和运营	检测和评估	管理
重要/次要构件,墩	结构和材料模型,选择荷载工况/组合,预测灾害,与设计对接	设计规范,服务类型,初始成本和生命周期成本估计,进度安排,维修/更换,加固,界面分析,建造,维护,检查	QC:测试,制作,运输,安装,拆除,修复,放线,焊接,螺栓固定,钢筋,浇筑,养护,防水,表面修复,交通控制,调度表,与设计互动,养护,检测,施工规范,外延团体,预算	管理预算,清扫,清洁,冲洗,减灾,紧急措施和修复安排,桥面板下保护,防冻,与设计对接,施工,检测,运营,操作可移动桥梁,交通控制,应急方案,灾害估计,修复,事后应急措施,与其他部门界面,业主,团体	深度的,基本完工的检测,特殊的,活动的,水下,灾害:结构的,安全性,环境的,临界断裂细节;健康监测,清单管理,与分析对接,设计,建设,维护和运营	决策,实施,计划,报告,交流,合作,协商,监督,QA&QC
桥面板,磨损面	结构选型,荷载分布,连续性,复合作用,分担宽度,跨径,剪力滞,变形,扭曲,疲劳	采用规范,选择材料,详细设计,加固,腐蚀保护,防水,正交异性,栅格板详细设计,磨损面,使用期/替换				
支座/桥墩	选择荷载,位移,阻尼,隔振	选择材料,详细设计,维护,检查,使用期,更换方法	检验材料,详细设计,安装	清洁,更换		
连接	估计释放类型	选择类型,位移能力,与桥面板连接				
排水		排水能力				

续上表

桥梁构件/单元	桥梁任务					
	(再)分析	设计	建造和修复	维护和运营	检测和评估	管理
基础/桩/桥台/引桥	确定土质,水道特性,冲刷,洪水,地震,撞击灾害		打桩,挖掘,回填,压实	清理水道,安装墩保护		
涂装		确定涂装手册:规范,涂料,表面准备,实施方法,涂装次数	QC:表面准备,实施,环境保护	去除以前涂装,重新涂装,定点涂装,冲洗		
公用设施	对结构影响,维护需求	检查连接,安全性	安装,测试	更换,所有权		

这种最初的权宜之计很容易被认为是唯一的方法,那些人为的分解变成最终的分解,正如工程师与管理者一样。统计学家与运筹学研究者不同,期盼他们的结合永远都不会实现。于是,临时的做法被强化为规定,在其丧失有效性之后很久仍然支配着实践。

司法调查仅仅关注产品和过程的单独研究,而后使研究结果相互关联。研究产品可被看作是下限或静态的方法(例如,形式固定,数量已知)。比较而言,过程的回顾可以看作是动态的或上限的方法,用来识别所采用形式的倒塌机理(或者,本例中的方法)。如果桥梁管理过程由连续的阶段所构成,那么根据克雷莫纳(2003,见附录17)的定义,它可以被看作是失效单元所组成的系统。结构系统识别通常是确定系统服务模式的各种建模参数,而易损性识别是模拟结构失效的模型。

设计通常遵循静力的或者下限的方法。目的是满足荷载作用下强度和刚度的需求。这样,为特定的形式提供相关内容。然而,运动学或上限法用于预测失效形状,并且可以确定不同形式的需求。最近提出的耐久性的要求反映的是一种运动学的或上限的方法。相对来说,模态模拟(即定量的)比振型模拟(即定性的)更容易优化。考虑到过程比产品的容许误差大,物理的失效极限要比组织结构的失效极限更好定义。采用了新的操作方法,并通过定性的管理决策对过程进行改进。

过程并不是最近才受到关注的。皮肯(1992,第77页)发现:佩罗内(见1.3节)或许不是唯一的从过程的角度认识结构的人(艺术作品),但是他的研究是寻求协调产生顺序的极限。

最终发现,产品的强制性规范和过程的性能指标不能使可用材料和运行强度重复发挥出来(见4.2.1节)。基于性能的规范被推荐用于设计和标准的管理中,然而他们的实施,要求相关的知识面更加宽广和知识的不断更新。强调性能与降低风险密切相关。皮肯(1992,第76页)的报告中称:佩罗内将性能与风险(危险)联系起来。在他看来,现代桥梁与教会的柱廊一样,如果一个小的支撑或者一个柱子倒塌,整个结构必将崩溃。

表4.4的各列列举了桥梁相关需求管理的典型任务,各行表示与桥梁生命周期对应的各个阶段。结果是如图4.4a)、b)以矩阵形式表示的信息。这里的矩阵纯粹指的是形式。明茨伯格(1979,第168页)描述了以管理为目的的矩阵方法的使用。克莱兰和克考格鲁(1981,第32页)将它应用于工程项目。为了建立一个高速公路总管理系统,辛哈和付瓦(1987)提出了

一个表示设施、功能和目标的三维矩阵结构。

结构和过程生命周期内的阶段 表 4.4

结构	过程					
	分析	设计	(再)建设	维护和运营	检测和评估	管理
拟建结构	土质,水道,环境条件,极端事件预测,需求,现有结构评估	最终设计,材料特性,设计荷载,花费:首次花费,生命周期花费,调度表,推荐的维护	出租	维护和运营手册审查,可维护性		需求(网络通信),预算,方案需要,设计方案的审查及选择
项目	备选方案的可行性	同行评审,场地确认	施工进度计划,进度评价,QA&QC			合同文件,施工监督,QA&QC,预算
竣工	竣工图,必要的完工检测/最终验收检测,负债方案,清单输入					
现状	清单,运营级别	维修,构件更换		执行	潜在灾害,状态评估,诊断	监督,与其他部门对接,社区
将来状态	适用性预测			灾害缓解	结构状态预测	易损性预测
需求估计	维修,加固,修复				需求预测	10~20 年投资计划,预算需求

应用于组织结构时,该方法将工程和管理技术分开,并给予他们相同的重要程度。美国航空航天局和 IBM 是早期的拥护者。其中一个结果就是设立明确不同的总工程师和首席执行官,两者的酬金相当。这种方法也可用在政府机构中。在政府机构里,相对稳定的技术责任必须与行政职权四年一次的换届相互作用。

矩阵方法考虑了冗余,并考虑了由冗余引起责任链的不确定性(甚至冲突)。1997 年,哈萨博指出以下三种基本的组织结构:

- 等级结构(自上而下或循环的责任链);
- 网络结构(可以增加循环和多个可能的上层分析树);
- 相关结构(考虑给予需求建立的动态关系矩阵)。

计算机数据库辅助管理过程得到同步发展,并具有类似的结构(见附录 18)。

表 4.5 所示矩阵增加了过程的主要阶段,同时增加了结果。用矩阵表示试图从已建立的资源信息中获得最多的知识。从该循环中的某个阶段所积累的知识,例如分析,成为下一阶段的新信息,例如设计、建设、维护,检查,最后又回到分析。二维矩阵会提供一些独立于网络和项目等级的过程和产品的信息。过程和产品设计师可以互相检查。技术知识对管理者来说也许是新的信息,反之亦然。质量控制检验产品,质量保证审查过程。最近,国家合作公路研究计划全面总结了最优的价值(据推测的产品)和最佳的实践。组织矩阵必须能适应过程和产品不断变化的需要。

产品和过程评估　　表4.5

结果(输出)(表4.2)	过程(表4.3)					
	分析	设计	(再)建设	维护和运营	检测和评估	管　理
交通需求,荷载,结构模型,响应,影响	方案评审	荷载工况检查	资格预审	维护需求审查	结构健康监测,深入检测	监督,性能检查(QA&QC),资源(预算,人员,材料,数据库),安全保证,审计,突发事件
设计计算书,图纸,清单,修复,维修	备选方案分析	方案评审,价值工程	施工图审查,建设进度计划			
预算,进度表,工程,结构		施工图的实地确认	现场工程师,施工支持服务,QA&QC	竣工工程的检测		
服务,维修		维护规范		现场监理	QA&QC	
状态,需求,评估,清单	荷载评定		新建和修复结构的清单		周期检查	
生命周期计划,交通模式,预算,职员,数据管理(BMS)	花费/收益分析					资产管理,评估(风险,需求),内部审计,与外部资源的对接

沿着表4.5的主对角线,依次为各生命周期阶段和任务内部的易损性,即分析、设计、建设、维护、运营和检查。不在主对角线上的非零项可以认为是潜在的易损性,主要是由于不同阶段和应用任务之间的非正常转变造成的。例如,设计上的分析不足,设计曲解分析、不按设计施工、结构维护不当和搪塞的检测。如果没有对角项,过程退化成一个向量或链,其中的每一个任务向下一任务交付质量控制认证合格产品。

如果宗旨是将过程加速,矩阵可以减少到一个或几个并行向量。流程图能够辨认关键路径、辅助分支和充分模型建设项目任务。托夫勒(1980,第280页)认为矩阵结构的要求太严格而不适用于未来的社会,并且他(到目前为止正确地)预测易变的平面网络将替代集中化的自上而下的系统。

与单个结构和网络联系的任务都可以用矩阵结构来模拟。结构清单是相对稳定的,但是需要随生命周期的演变而变化。大型网络清单是更加动态的,而平均需求也许趋于相对稳定的水平。结果,工程必须预测未来的情况和需求(见第10章和第11章)。在桥梁的设计期间,必须做好建设、维护、检查、操作和修复的准备。在将来,随着项目需求和收益的退化,他们失去了紧迫性却增加了不确定性。相反,大型网络在每个生命周期阶段都同时面对着独特的境况和选择。在网络层面上,对各种资源的反复需求更加均匀和可预测。项目(自下而上)和网络(自上而下)优先权的相互作用就像产品和过程的相互作用一样。项目管理提供细节认识(产品的可能是重点)。网络管理必须能在服务需求和网络生命周期之间进行平衡。

产品与过程的分离和工程与管理的分离是类似的。最佳设计产品是形式和内容的独特组合,其过程要与具体产品相适应。如果过程对产品负责,那么管理最终是所有易损性的来源。

2001 年,尼尔(第 83 页)的研究结果表明,失效的原因不止一个,通常有许多……过程的管理可能也会变成监督的范围。

4.1 管　　理

易损性似乎会在生命周期的任何阶段都可能重复出现,除非把管理本身作为一种易损性进行审查。管理是在单个任务范围内寻求与其相关的薄弱环节,而不是质疑管理自身的有效性。拉普拉斯(1749—1827)指出人为因素的监理比自我审查更加容易(克莱恩,1980,第 335 页)。

作为服务于任何具体专业实践的任务,例如设计或者财务,管理在这些实践中受标准和规范的指导。作为一个独立的专业,管理更加灵活,因此也更加脆弱。纯粹的管理由于其对交通设施和网络性能的影响而备受责备。1986 年,吉布尔总结了不同层面上管理失效导致的历史事件,所有这些事件都有行政管理失败的原因。

4.1.1 行政管理

为了优化(或确定优先排序)各种操作包括人力、资金和工程资源,管理必须定义自己的方法和手段来达到或超越相关水平,例如人事、资金、工程设计、施工和维护。行政管理正是服务于这个目的,因此,它必须熟悉工程学和经济学中采用的抽象概念,尤其是荷载和资金。没有有效的行政管理,工程结构或组织不能发挥作用。负责具体结构和网络的机构和部门都是根据它们的职能分别指定的。有效的行政管理是不引人注目的(正如平衡和需求能力超过现有供应不被人关注一样)。失效的行政管理则被认为是官僚主义。

行政管理由以下原因而沦为官僚主义。

经验/能力不足

运营模型的主观性在经济学中比在力学中普遍,在行政管理中就更加明显。结果,行政管理能力主要通过直接的经验来获得,并且大多数应用于它所起源的特定环境。行政管理程序(包括记录实践的书面记录和被称为样板的记录工具)适应于不同的需求限制条件,这使得许多管理者尤其是工程师低估了它的重要性,从而采取对待琐事的态度对待它。常见的不尽人意的结果是具体组织的行政组成的特殊组织管理语言包括一些除内部人员外无法理解的首个字母缩略词。这些语言一直被沿用下来,直到下一届管理者用他们同样隐讳但却重要的术语代替。

所有层次的管理都需要财政和合同方面的专业技术支持。在 1.11 节指出专业化经营管理只是基础设施管理的一个方面。商务行政管理上的成功案例提供了有用但却有限的指导,因为工程上的运营过程和产品不能被独立地处理。在 1.3 节讨论过的很多伟大的设计者,尤其是埃弗尔和安曼,都是杰出的行政管理者。对为数不多的,同时具备工程教育背景和商务、法律学位的高度需求也说明对拥有行政管理能力的工程师的需求。

形式主义

重要的是,基础设施管理的行政管理特别容易受到自我陶醉的影响。行政管理工具呈现产品的重要性,管理方法成为目标,因为资产不像看上去那么能容许形式主义(例如红磁带)。

结构生命周期比其经济寿命和政治寿命要长。结构的稳定性比商务的稳定性更好。低效的行政管理在它们过时后很久仍可能发挥其例行功能,并且在其管理期间不会导致影响服役的结果。行政平衡会变得不稳定,并在结构或运营由于这样或那样的极端事件而倒塌时达到极致。事后分析总是发现灾难必然会发生。

对个别工程管理失误的过度反应或者对于无效管理先例的矫枉过正,可能导致纯粹的形式主义被强加在行政管理上。优化和维持行政管理和物理活动之间的平衡是任何管理中最艰巨的任务。附录 19 指出后者的困难是支持私有化的有利论据,私有化反过来又需要一个不同但是同样烦琐的行政管理。附录 20 和附录 21 以及案例 8 表明了管理公共资产所有权和私有承包商关系的复杂性。

案例 8　城市桥梁管理机构

已经有几百座城市桥梁的当地管理部门采取了以下的竞争性合同文书授予步骤:

1. 负责具体规范文书的项目工程师/合同工程师必须在完成大约 60% 最终设计的时候安排一次指导会议。

2. 负责的工程师安排会议,并发给顾问公司一份指南让其在开会之前阅读,用于准备计划书。

3. 指导会议。

4. 90% 内容递交(2 ~ 3 周审查时间),包括条目列表、询价条款和特殊规范。

5. 对于联邦政府介入的合同,在由项目组安排的会议上跟顾问公司沟通意见。任何特殊规范应该首先递交给业主审查。业主审查完成后,特殊规范应该由州交通局批准并指定新的条款名目。对于当地出资合同中新的特殊规范,业主将在经审查的意见得到回复后发布条款名目。

6. 100% 内容递交(2 ~ 3 周审查时间)。

a. 顾问公司/项目工程师将初步预询价检查递交给负责的工程师审查。

b. 将对初步预询价检查的意见发给项目工程师,获得初步预询价检查的修改稿。

c. 通过规范部门将初步预询价检查文件包递交给机构总契约官(通常需要一周时间批准)。

d. 从机构总契约官处获批初步预询价检查。

7. 在项目组安排的会议上与顾问公司交流意见。

8. 最终版递交(两周时间审查)。

9. 最终的审查并准备好文书供法律部门批准,项目的激励/抑制条款必须获得市长建设办公室以及管理和预算办公室的批准。由项目组将包含正当性说明的备忘录发给市长办公室以及管理和预算办公室,供其审阅和批准。最终递交版包括没有装订和装订的原版文件。任何新的规范应该在准备最终递交版之前获得批准。

10. 将规范文件递交给交通局法律办公室(通常需要 2 ~ 3 周时间批准)。

11. 从法律部门获得批准。遵从法律部门的最终审查意见并准备文件打印。

12. 将投标公告发给合约/采购部门。

13. 批准规范书。将文书发给顾问公司供其按要求打印。顾问公司在最终审查大量打印前两天将 3 份文书拷贝递交到雷克托街 2 号。在顾问公司发出通告前一天(下午三点前)把规范文书发给合约/采购部门。

14. 机构总契约官在报纸上发布通告。

15. 预投标会议(通告发布后 2 ~3 周)。

16. 根据需要发布附录。顾问公司根据业主规范部门的指引准备附录,规范部门审查和批准附录并通过项目组递交给机构总契约官批准。如果需要,在递交之前必须获得业主法律部门的批准。如果项目有联邦协助的城市系统的参与,附录需要经过联邦公路管理局、业主结构分部、州交通局总部以及地区办公室的批准。如果投标公开日必须要改变,附录是必需的。

17. 合约管理者启动投标。投标启动后,规范部门需要 7 份或 9 份合约文本用于合约签订和分发。这些拷贝必须包括所有发布的附录。如果是市政府资助的项目就需要 7 份规范书,如果是联邦协助的城市系统的项目则需要 11 份规范书拷贝。

18. 规范部门将填写流程检查表(仅规范部分)并将其发给项目组。

19. 项目组把流程检查表发给合约注册办公室用于处理合约签订工作。

20. 从项目工程师处收集 7 份或 9 份文本(包括附录)并进行编号。

21. 把文本从 1 ~7 进行编号。将 2 ~9 份文本发给项目工程师,1 份由规范部门保管。项目工程师将这些文本发给合约/采购部门用于合约执行。

22. 项目组将签署合约的副总工程师的建议发给机构合约副主管并拷贝给其他相关人员。

23. 合约管理部门主管将发布合约签署信件。

24. 合约注册。

25. 给承包商发布开工通知。

用 XLS 文件表格提供上述条款并包括全部所需信件的样本。

*** 特殊规范**

一个城市建设项目必须遵循特殊规范,其他机构或业主的交叉职责如下:

海岸警卫队。如果桥梁位于水域,需要包括美国海岸警卫队的要求和军队工程师的许可。顾问公司应该获得最新版本的美国海岸警卫队的要求和军队工程师的许可。

机电规范。所有的机电规范必须经由业主工程审查和支持部门机电组的审阅和批准。

环境保护部门。与下水道、主水管、水和空气污染、噪声控制以及其他环境保护部门管辖的条目相关的规范必须经由环境保护部门的审阅和批准。

防火部门。与防火部门相关的任何规范,顾问公司应该获得防火部门的批准。获得批准之后会指定一个新的条目编号。

移动桥梁的机械装置。所有的机械规范必须经由业主工程审查和支持部门机械组的审阅和批准。

公园与娱乐。任何与公园管理部门管辖的区域相关的特殊规范必须经由公园管理部门的审阅和批准。顾问公司应该将新的特殊规范发给公园管理部门。公园管理部门批准后指定一个新的条目编号。

私人设施。所有私人设施必须经由业主规范组的审阅和评论，主要是为了与业主的标准格式保持一致。技术方面必须经由相关的私人设施管理部门审阅。顾问公司应该进行检查以免与业主的需求相冲突，如果有冲突的话需要私人设施管理部门进行解决。意见经过陈述以后，业主应该给新的私人设施规范指定条目编号。

铁路道路。铁路道路需求/保护安全条款必须经由相关铁路道路管理部门的审阅和批准。

铁路道路保险。项目的铁路道路保险必须通过顾问公司从相关铁路道路管理部门获得，必要的时候需要更新需求。

街灯/交通信号标志。所有的街灯规范必须经由信号部门的批准。如果没有当地的特殊规范，顾问公司将准备与州规范一致的新的特殊规范。

除了特殊规范需求，必须获得任何相关的管辖机构的批准，比如地标委员会。

责任/义务

责任总是伴随着信任，例如对管理者和设计者的信息。在讨论一般性结构破坏以及新奥兰多码头系统在卡纳列娜飓风中的破坏个例时，费尔德（1968 年，第 5 页）和施瓦茨（《纽约时报》，2006 年 6 月 11 日，第 WK3 页，第 1 栏）引用了汉谟拉比法典，这是论及有关建设的责任和义务的专著。几个世纪以来，责任随着社会系统的进步而改变。在施瓦茨的文章中，他以“可惜希波克拉底不是一个工程师”为题，引用肯尼迪、约翰逊和尼尔森的科学顾问温克的话，大意是：安全是一种社会评判。

行政管理容易引起民事责任纠纷，他们最大的努力是寻求合法辩护。就管理的目的，班克斯大致描述了公共部门管理智能，涉及明确定义的任务（因此具有民事责任）和全权能力，考虑能力辨别（由此豁免了民事责任）的区别。如果政府接到了不安全情况的通知，那么政府就应该对其负责。建筑告示意味着管理应该对情况非常了解。

1999 年 3 月 24 日，白朗峰隧道发生的大火导致了 39 人死亡，法国管理协会的会长（与其他几名有责任的管理者一起）因此被罚款 1500 欧元，而且被判两年有期徒刑，缓期两年。法庭发现，事故发生以前，该会长已经上任三年，因此他本有机会可以改善这些出现于他上任前的状况，但是他什么也没做（世界报，2005 年 7 月 29 日，第 7 页，第 2 栏）。

4.1.2　人员

人员为表 4.5 所示产品/过程矩阵增加的第三维数据（易被忽视）。将人员管理与桥梁管理分开是专业化分工趋势的副产品，这也导致工程和管理分开了。人员管理特别困难，因为它要求具备管理和技术两项能力。

外包工程显然增加了人员管理方案，也增加了人员管理的复杂性。因为合同监督和内部运作要求的能力不同。这种不同反映在相应的组织上，并最终反映在基础设施上。

安曼是纽约和新泽西港口事务管理局的总工程师，他设计了乔治·华盛顿大桥，同时也担任白石大桥、窄颈大桥和韦拉扎诺大桥的顾问。

服务采购需要法律和财政技术。公共部门按照预定的程序授予合同,例如附录 20 和附录 21。工程从一个财政年拖延到下一个财政年,可能会失去财政拨款。尽管结构的状况很差,但依然在服役。

出价最低的和质量最高的投标人并不总是同一人。附录 20 和附录 21 描述了解决这两者之间矛盾的方法。

业主很容易逐渐依赖于外部的专业支持,除非他们实行严格的质量控制,这也意味着需要付出加倍的努力。对于那些生命周期比较长的桥梁,只有业主能够提供连续的管理和专业技能。

确保内部的专业人员能够胜任表 4.3 所示的工作,对桥梁业主来说是一个持续的挑战。与结构维护延期一样,人员维护上的衰退要经过很长的时间才能显现出来,而且修复的代价很高。一个高效率的工程单位可能需要 5 ~ 10 年来建立,而且要保持人员的更替和更新。预算的限制和缺乏激励可能会逐渐改变流程,同样的单位将逐渐衰退致负债。

单调的工作容易让人缺乏经验却感到自满(或者筋疲力尽)。1986 年,美国联邦公路管理局警示反对像对待老朋友一样检测桥梁,从而不能发现桥梁即将失效的重要线索。分析、设计、建造和维护似乎都易受惯例的影响。许多桥梁业主通过不断的教育和培训来抵抗这些趋势。美国联邦公路管理局提供进修和介绍性课程,涉及检测、结构构件的临界断裂评定、桥梁管理系统、地震评估和安全等方面。每年预算必须考虑人员的进修,这笔费用与重新启动一个倒退的机构的费用相比是微不足道的。在 4.1.7 节中有相关的例子。

4.1.3 应急管理/损伤控制

为了实现两项主要任务(避免紧急情况和影响结果最小化),管理可以建立完全不同的组织结构。引起潜在紧急情况的原因称为极端事件(见 4.2.4 节),可以通过操作的民事模式设计来减少。在实际中,工程在面临危机的管理、损伤控制、灾后平息以及紧急事件响应等不同使命时,又回到了其军事起点上。根据现有人员、技能及所负责的每天或每小时的任务来安排队伍和班组。如果紧急情况和某结构有关,那么工作经常包括确保结构周围的公共安全和紧急修复的设计和实施。对于同一工程,通常检测、分析、设计、建造、计划和交流工作的不同功能是并发协作的(表 4.3 ~ 表 4.5)。因此,专业技术的效益获得了最大化。一个主要城市许多基础设施网络是由各自的专门机构管理的,如在纽约市的建筑部门、房屋保全部门、交通设计和施工部门、公园环保部门、环卫部门、消防部门和警察部门。紧急情况,如图 4.1 所示水管的破裂和图 4.2 所示挡土墙的滑坡,或极端情况,世界贸易中心双塔大楼倒塌后的清理(图 4.3),需要紧急事务管理办公室针对性地协调所有的技术、技能。

图 4.1 水管破裂,第 5 大道,第 19 街区,纽约市

应急管理取得了战术上的成功。因为战略目标是消灭它的起因,长期的利益规避它。汤姆斯 · 佩恩(1945,第 38 页)在他的《常识》中写道:即时需求使得许多事变得方便,但继续下去将变成压迫。权宜之计和权利并不不同。行政管理和工程规程的

暂时放松所获得的操作自由度,在突显出标准操作的低效性的同时,也可能让行政的无知和工程的无能乘机潜入。没有必要的理论支持,管理也可以进行工程决策,而工程学无法凭借所有通常可利用的工具来判别所有的管理提议。在两个领域都需要超凡的能力,这两种能力通常由同一人所拥有,这更加剧了本已很高的风险。1978 年,罗德·贝克的学术和常识的信任度都很高,他以"企业对官僚主义"为标题(发人深省的),详述了第二次世界大战时伦敦在遭受空袭期间防空洞的设计和建设。

图 4.2　挡土墙滑坡,第 178 号大街高速公路西侧,纽约市

图 4.3　世贸中心遗址的清理,纽约市,2001 年 9 月 13 日

根据最坏优先和类选进行排序

作为优先排序方法,最坏的优先比先到先得更好,优先排序方法,即按照报告的顺序考虑所有的情况。采用按紧迫性下降的顺序排序,需要比通常方法能提供更好的优化能力。案例 9 表明,随着时间的推移,列入最坏类别情况的数量一定会成为多数。

案例 9　基于状态评级的费用估算

在 20 世纪 80 年代,纽约市根据纽约州交通局评级系统和一个包含四个等级的当地系统对桥梁进行评级(附录 40)。1991 年,两个评级系统建立起了相互联系,如表 E9.1 所示。

下面的例子表明,基于表 E9.1 的状态评估估算桥梁急需资金会得出不同的结论。

$$桥面板总面积 \approx 1\ 500\ 000\text{m}^2$$

$$平均桥梁状态评级 \approx 4.4$$

$$建议平均维护费用 \approx 65\ 美元/\text{m}^2(6\ 美元/\text{ft}^2)$$

$$估计平均修复费用 \approx 4\ 840\ 美元/\text{m}^2(450\ 美元/\text{ft}^2)$$

注:2005 年,估计的修复费用调整为 600 美元/ft^2(6 454 美元/m^2)

修复需要的费用计算如下:

(a)基于桥面板总面积中差的部分比例：

修复 1 500 000 m^2 ×(7.3% ×4 840 美元/m^2) =529 700 000 美元

维护 1 500 000 m^2 ×(92.7% ×65 美元/m^2) =90 382 500 美元

总额 620 082 500 美元

(b)基于差的桥面板面积中所占的总跨数：

修复 1 500 000 m^2 ×(22.3% ×4 840 美元/m^2) =1 619 000 000 美元

维护 1 500 000 m^2 ×(77.7% ×65 美元/m^2) =75 757 500 美元

总额 1 694 757 500 美元

两种估计方法产生的较大差距使得它们都不受信任。(a)方法的估计误差是由于假定所有的桥梁尺寸相同引起。(b)方法假定所有的桥梁跨度在尺寸和状态上都是可比的。

桥梁状态评级，年度报告(纽约市交通局,1992 年)　　表 E9.1

状态	评级	桥梁	占比(%)	跨数	占比(%)
差的	1 ~3.0	64	7.3	1 110	22.3
一般	3.01 ~4.5	430	49.1	2 163	43.4
好的	4.51 ~6.0	335	38.3	1 412	28.3
非常好	6.01 ~7.0	46	5.3	301	6.0
总额		875	100	4 986	100

如果将假设的最差跨定义为桥梁状态，那么估计值应该是保守的；比如一座多跨桥梁可能被安排修复，由于一个不好的桥跨或者许多分散的差的单元。为了进行更实际的评估，纽约州交通局介绍了一种桥跨状态评级(附录 41)。尽管这种方法有合逻辑的推论，它也得出了需要修复的估计，类似于那些基于(b)假定的方法。最可能的解释是对其他方面都完好服役的多跨桥梁进行单独的一跨修复是非常不实际的。

到 2004 年为止，桥梁状态评级的分布如图 E9.1 的状态评级比例所示。接近正态分布与中心极限定理一致(附录 9)。观察到的分布不是完全随机的，然而它受到下面的状态评级过程和修复政策的重要趋势的影响：

检测员经常朝着更趋向于比例中心的方向评级。

修复的老桥的桥龄和状态评级经常为比较的中值(案例 12)。

跨数样本超过 6 倍，因此应该符合一个正态分布，甚至更好。但是如表 E9.1 所示，图 E9.2 的分布展现出较强的向更低评级倾斜。总体的平均状态评级大约是 4.5(4 986 跨)和 5.0(750 座桥)。平均桥龄在 70 ~75 年之间。

然而，图 E9.2 所示的跨数状态评级不是独立获取的，而是每跨被指定部分的桥梁评级。因此，得出的分布仅仅确认了大跨桥梁需要更长的时间去修复。

在规定的评级范围内根据桥面板面积预估需求是一个粗糙的平均化。用于横跨东河桥梁(见案例 3)的修复费用超过了 20 000 美元/m^2。使用深度检测(见 14.3 节)预估的修复工作内容更加可靠。纽约市交通局(1992，第 17 页)报道的 10 年修复计划阐述了共 260 座桥梁的预计费用是 34 亿美元(远远超过了前述的高预算)。

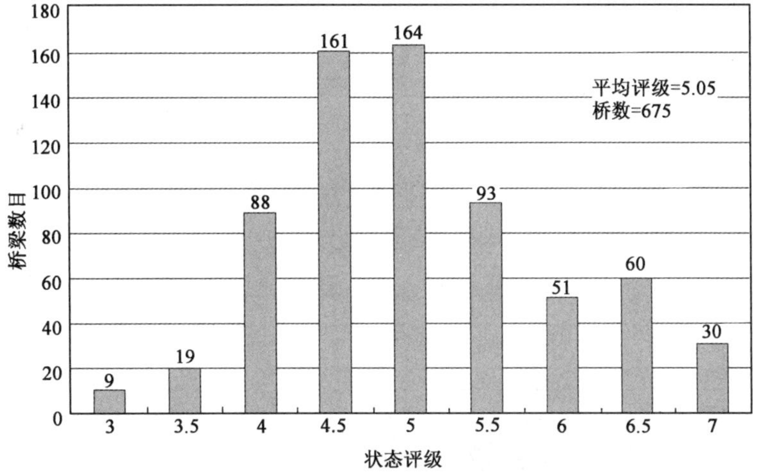

图 E9.1　桥梁状态评级,纽约市,2004 年

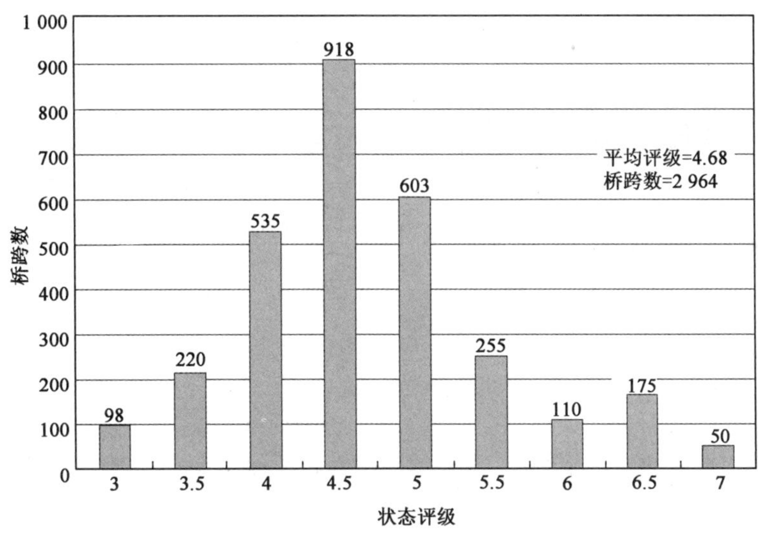

图 E9.2　根据桥跨数加权的桥梁状态评级,纽约市,2004 年

图 E9.3 给出了同样的桥梁根据状态和足量评级尺度得到的基本上不同的分布(见附录 41 的描述)。足量评级反映了使用性能,只要结构状态超过平均值就稍微有所下降。低于平均结构状态时,使用性能明显下降并首先失效(比如对于关闭的或者废弃的桥梁)。

尽管是更加实际的,但深度检测得出的桥梁修复建议报告仍然没有将所有的需求考虑在内。纽约市交通局(1992,第 23 页)总结出标志(比如潜在的危害)是另一个重要的桥梁状态指标(附录 46)。临时性的或永久性的标志维修费用在直接花费中占用 10 000 ~ 15 000美元,通常从费用预算中支出。当标志维修(见 10.3 节)不能在指定的时间内执行,桥梁必须关闭,这样将提高使用者成本而桥梁仍然需要维修。纽约市交通局(1992,见附录 C2)报道了 16 座关闭的、12 座部分关闭的以及 23 座通告要关闭的桥梁。这种状态的系统需要需求性维护,包括紧急检测、维修、可能关闭、交通管理以及社区外展计划。

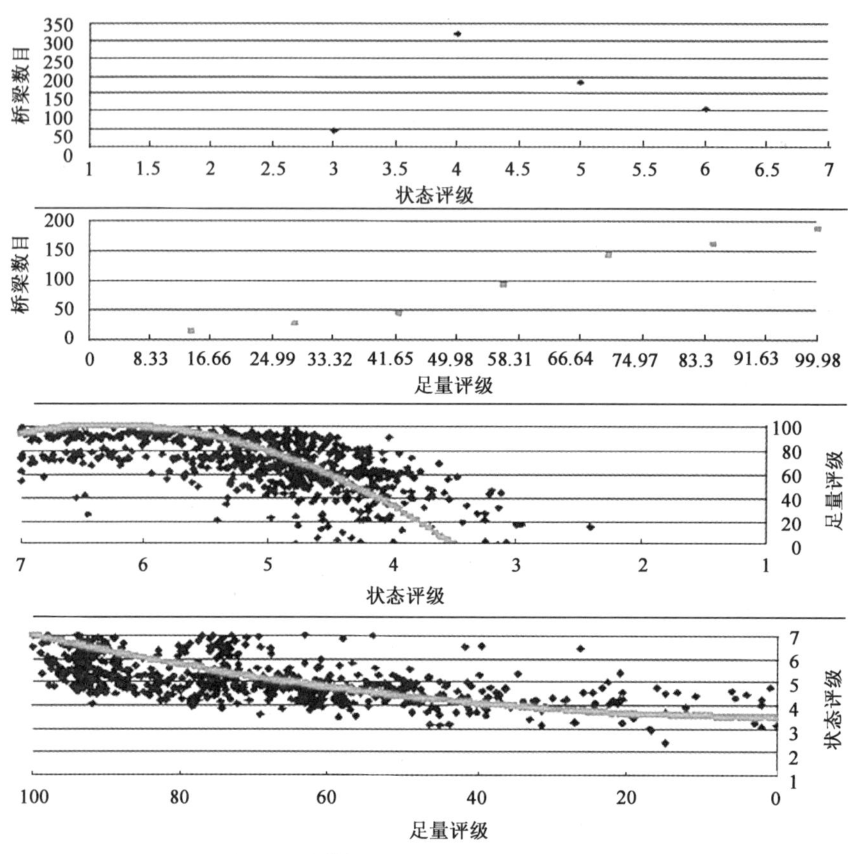

图 E9.3　同样 667 座桥梁的状态和足量评级

除冰和防冰

对于在温和气候的大城市中心，重要的战略性桥梁维护决策可能会被降低（稍微简化的）为除冰（带有氯离子）和防冰（带有非腐蚀性替代物）之间的选择。2005～2006 年，市长办公室报道说纽约市在岩盐使用和铺撒方面的花费为大约每英寸降雪 100 万美元。城市公共卫生部门在一个冬季平均使用了 300 000t 盐。这项工作为城市的驾驶人员节约的时间 T_{salt} 以及避免的事故 A_{salt}（跟没有做处理的地区相比较）。估计氯离子会使桥梁的使用寿命减少约 50%。因此，用非腐蚀性防冰物替代除冰盐带来的与桥梁相关的后果能够通过比较以下的简化费用和收益进行评估：

	费　用	收　益
除冰	$C_{salt}+R$	$T_{salt}\times CT+A_{salt}\times CA$
防冰	$c\times C_{salt}+R/2$	$T_{sub}\times CT+A_{sub}\times CA$

式中：$R\approx$5 亿 5 000 万——桥梁重建/修复费用（美元/年）；

T_{salt}、T_{sub}——分别使用盐和替代物给驾驶人员节约的时间（h）；

$CT\approx10\div20$——驾驶人员单位时间的平均费用（美元/h）；

A_{salt}、A_{sub}——分别使用盐和替代物避免的事故数量；

CA——平均事故费用(美元/事故)；

$C_{salt} \approx 5\,000$ 万 = 盐除冰费用(美元/年)；

C_{sub}——$c \times C_{salt}$ = 用替代物防冰费用。

通常假定 $c = 3 \div 10$。

如果 $A_{salt} = A_{sub}$(在使用了盐替代物时，事故发生后在法庭上可能会有争议的假设)，由于冬季气候导致的预期驾驶人员损失时间不应该超过下式极限：

$$(T_{salt} - T_{sub}) \times CT < \frac{R}{2} - C_{salt}(c-1) \qquad (E9.1)$$

假定 CT = 10 美元/h，$c = 3$，盐替代物将表现出成本效率，如果它产生的延误不超过：

$$\frac{\frac{550}{2} - 2 \times 50}{10} = 17.5(\text{百万小时/年})$$

当使用成本 CT = 20 美元/h 时，可接受的时间损失为 875 万小时/年。对于 $c > 6.5$，根据式(E9.1)，为了被考虑为成本效益，盐替代物将获得一个使用时间净收益。

比较是初步的，并且数值是高度不确定的；然而，出现了好几个有效的理由支持把盐作为除冰选择：

驾驶人员的损失被感觉到比业主的支出更紧急。

与不稳定的交通需求相比，业主的储备表现出相对稳定。

业主期待经过数年的实施从无盐政策中获利，但是运营的大变动立即增加了操作和使用成本。

交通相关的损失不会与时间线性产生，但是得根据使用者的看法和具体情况(在失速的急救车或消防车等极端情况下，可能会导致人员死亡)。

盐比较便宜，并且比非腐蚀性替代物更有效。

为了支持潜在的盐替代物，可能会引起争论，对于整体基础设施，包括所有的生命线、道路和车辆，会招致盐引起的腐蚀。对于所有资产的非腐蚀性防冰的益处必须经过评估。同时，盐已经在选择的尤其是敏感的桥梁中禁止使用。

当采用最坏的优先的方法，资源不能满足安全要求时，管理将被迫采用类选法安排工作的优先级。术语类选法来源于法语中的动词类选，意思是选择或筛选。资产根据其自身状态分为三类，现有资金用于保证中间类群的正常使用。在桥梁中，假设更好的一类桥梁即使将没有紧急维护也能继续维持工作。在极端情况下，最差的一类桥梁可以通过关闭来保证其安全。

类选法是一种应急的权宜之计，因为它集中所有能力于可管理的目标。如果将其拓展为长期的战略，它允许资产退化。紧急措施中花费的资源一般不改善资产状况。三种分类间界限的判定变得极为重要，即使这种判断是不确定的，不准确的，甚至带有偏见的。其中安全性很容易受到妥协。因此，生命周期管理必须消除对类选法的需求。

用安全性强制取代流程约束是管理的失职，作为道德选择，齐克果(1849 年，1980 年，第

41 页)将这种取代称为有足够想象力的宿命论者和决定论者对可靠性的失望。作为一种深思熟虑的专业的选择,这样的做法浪费了技术和管理的分辨能力和资源,如果确定,可以受到法律处分。

技术专家长期以来习惯了相对宽松的支出,这些支出浪费在重复的作业和把实践例行公事化上。一旦原来的危难得到缓解,管理就将这种努力视为对过去失误的处罚,以及寻求收回成本(通常是通过削减预算)的手段。加强跨单位协作的紧迫需求只有在紧急情况下才能得到公认,正如管理出现在失败后的审议中。在这种情况下,它必然的结论是,有某种程度的重复必然是该过程的一部分,譬如质量管理与质量保证(见第 14 章)。

国家合作公路研究计划 525 号报告(附录 22)描述了一个全国范围,致力于用系统的管理来代替交通营运特性的尝试。这份报告显然是受到 2001 年 9 · 11 事件的激发。2005 年的卡特里娜和丽塔飓风进一步证明,应急管理程序的开发和实施本身就是一项紧迫的任务。

4.1.4 无知/沟通不力

1982 年,在索芙特 · 克里斯滕森和贝克(见 3.4 节)的《术语学》中,无知可以被看成是严重错误的根源。或者,它也可以被看作是一个严重的错误,分为 A 类和 B 类,分别指缺乏信息和信息利用不合理。A 型的无知,缺乏足够的知识,是永远存在并且不能完全通过沟通来弥补的。B 型的无知,知识使用不合理,可通过从事技术和管理活动人员的资格交叠和可靠的沟通等管理活动来减少。

关于戴高乐机场壳体结构的倒塌,欧洲新闻记录(2004 年 5 月 31 日)发表社论说:建设的祸因和乐趣在于每一个项目几乎都是独一无二的……有些业主喜欢挑战过往成就的极限。该行业的有些人说,只要有足够的时间和金钱他们可以做漂亮的设计和建造任何建筑,他们也许不是在说谎。的确,一般来说,逊色的项目都缺乏金钱和时间。

在图 1.33a)中,管理供应资源,例如时间和金钱。工程负责承担供应不足的任务。结构和预算管理对不同的生命周期进行优化。前者展望(宣称)长达 75 年的生命周期,后者是需求的响应。工程结构性需求的估计是不确定且不可商讨的。相比之下,预算分配在管理的最高层次的进行协商,然后变成了确定的操作条件。

因而导致的差距引起了由姚治平和罗埃塞特(见本章 1.5 节)提出的将管理人员从工程师中分离出来的界限和由哈里斯(见本章 1.11 节)观察到的专业身份的丢失。这种差距在紧急情况的压力下能得到最有效的减小(见 4.1.3 节)。

在矩阵结构中,资源和责任流可表示如下:

	职	责
资源	工程→工程	工程→管理
	管理→工程	管理→管理

该基本矩阵主对角线上的项目表示独立单元的性能。缺乏这些关系方面的知识就等于能力不足。高度专业化的技术信息之间的沟通非常容易失败。尽管在塔科马大桥 1940 年发生事故前,冯卡门就发表了关于机翼稳定的成果,但桥梁设计却没有从这一信息中获益。随后,获得的认识导致了精细分析建模的冗余系统和比例缩尺物理模型风洞测试的出现。图 3.1 和图 3.2 所示的是同步行人导致的激励反应,在此之前这种现象就已经做过了调查(Fujino 等

人,1993)。

各种形式的质量控制和方案评审(见第 13 章)的目的是检查和控制专业化技术知识的缺陷。另一方面,管理的业绩证明取代比提高更加容易。决策支持系统(例如,桥梁管理系统)容易成为只能被专业人士操作和理解的技术工具,而不是影响管理。

矩阵中的非对角项表示不同能力领域之间的交流需求。管理上不可避免的知识不完备(例如,无知)通过重要信息的传递(见 3.6 节)来弥补。由于不同操作水平之间无法传递专业知识,所以这种功能就由能够传递定性、定量的性能指标承担,该指标以公式的形式评估任何等级(见第 13 章)。

如果数据允许,产品和性能指标通过统计学方法获得。第 1.3 ~1.5 节讨论了用频率和概率的方法做统计分析。海斯和阿伯内西(斯坦纳等人,1982,第 117 页)认为:美国的管理者越来越多地依赖于一些原则,这些原则鼓励分析上的客观和方法上的简洁胜过基于经验的见解。结果,追求短期最大资金回报已经成为许多公司的最高目标。

最初,项目和业务是用直接的实践知识来管理的。随着网络的扩大,基本信息以性能指标的形式取代了直接知识。因此,管理必须平衡项目层面上的任务对直接知识的需求与网络层面上对有用指标的需求之间的矛盾(见第 12 章)。过分依赖一般模型而忽视特殊需求的运营通常会失败。过往经验提供了丰富的对未来的教训,但都或多或少不能立即适用于现在。事后评价(其中本文提供了众多例子)利用了不完整的信息,并且偶尔会超过有效范围地应用当前的观点。最终的结论不能直接对当前正在进行中的工程质量有所贡献。传统指标不能反映新的易损性。为了保证其有意义,性能指标必须进行不断的再评估。

费曼(1999,第 169 页)发现,在美国航天局管理人员和工程师之间沟通的缺乏几乎让人难以置信。而且,谈及的管理人员都是高水平的工程师,他们不仅被寄予了交流的希望,同样被寄予了求知的希望。费曼将 1986 年挑战者的失败归咎于自上而下的管理和设计方法(第 169 页)(第 5 章也有引用)。

自上而下/自下而上,网络/项目层面

1999 年,费曼认为,自上而下的方法从整体上来考虑产品,例如,把产品看作一个串联或非冗余的系统。这种方法适用于一些情况但不是所有情况,它的一个特征是把成功设想为过程的一部分。结果,过程本身被认为是成功的,重新设计经常仅局限于产品。自上而下方法的缺点是,失效是整体的,失效后需要彻底重新设计。与之相对的是由冗余的(甚至是竞争的)自下而上模块(可能由不同的管理程序管理)组成的并联系统。在系统分析与设计中,1988 年米特拉提出了一种构造法,该方法对自上而下方法做了定量改进(见第 4.1.7 节)。

根据这一观点,术语自上而下和自下而上分别描述集中和分散的管理方式。可以类推到分级和关联的组织结构(附录 18)。网络和工程过去常常用来描述责任的范围和等级(见第 2.2 节),自上而下和自下而上不仅分别与他们紧密联系,而且更加符合。施罗莱等人(TRC 423,1994,第 30-33 页)根据 53 座桥梁业主的看法总结了一个网络层面和项目层面的任务清单。许多任务同时出现在两个层面上,但是涉及的范围、复杂程度和责任不同。早期的桥梁管理以考虑工程为主。随着基础设施开始形成一体化的网络,他们的地位对当地发展的影响越来越大。

1987 年,国家合作公路研究计划 300 号报告列出了网络层面和项目层面的主要管理活动,见附件 13。两者的差异表明前者涉及的范围更广、考虑得更加宽泛,后者更加注重技术细节。在实践中,网络管理优先于工程项目,而项目的管理会产生网络层面的任务。网络之间在规模上、多样性上和重要性上又有所不同。

两极分化的方法可有效地应用在早期管理工作中,如果将其制度化并长期使用,则可能造成过程的不连续,甚至是互相冲突。项目层面的管理提供服务,需要资金支持,而网络层面提供资金,但需要责任。如果这种专业分化达到最大程度,工程师和管理人员就会局限于各自的技术和财政方面的专业知识,而最终就没有交流可以用来互相弥补双方对对方知识的匮乏。

进入项目和网络层面的能力壁垒由项目经理、项目工程师或主管工程师来打破。对任何大型工程建设项目,该职位都是必不可少的(在第 13 章也进行了讨论)。胜任这个职位需要工程和管理两方面的专业知识。项目被作为一种并行作业(例如自下而上)网络来进行管理,但要像在自上而下的方式中一样保持整体责任。项目经理/工程师所需的效率和能力是经过众多建设磨炼出来的。随着现代桥梁生命周期管理的发展,类似的标准最终可能会适用于网络的工程师和管理人员。

网络管理必须在国家层面上决策,在某种程度上,它应该是自上而下的。集中化程度是不同的。联邦制的美国允许中央与地方政府之间明确的互动作用。关键任务在于维持一个相对公平的资金分配。案例 5 表明高层管理者在国家基础设施网络层面完成此任务时所遇到的困难。

资金按比例分配给需求,例如交通和状态条件(例如,结构的退化和报废)。美国大城市市长都发起过争取联邦拨款的运动,联邦基金的分配考虑城市网络的密度和重要性。案例 5 表明联邦对作者提出的一个相似的提议的响应。即使数据采用统一的格式存储,工程项目、局部网络和中央网络层面对这些参数的见解也是不同的。近年来,美国联邦公路局进行了调查和审计,旨在协调不同州之间的状态评价和修复需求。与此同时,传统上中央集权的法国正在下放地方桥梁的管理权到其所属的地区。

未来结构的质量主要依赖于对咨询机构和承包商的选择和监督(见第 13.3 节)。这些基本项目层面上的工作需要的资金都来源于网络层面。受这样的约束,项目可能永远不会达到网络管理者预期的质量。

不连续性

术语分解、中断和现在的分离经常用来描述在技术链和非技术管理职能中重要术语的不连续性。任何过程中的不连续性都意味着交流的失败(前面讨论过);但是,这种结果不一定是由疏忽或者无知而导致的。相反,可能是由于用心避免所有重复工作而引起的。

根据图 4.4a),桥梁的设计和检测可以是独立的。检测人员对桥梁状态进行等级划分,设计人员分析结构模型,都要与数据库进行信息交流。信息流依赖于数据管理中心。数据管理中心就是典型的由于交流失败而引起管理失误的地方。

如果将图 4.4a)看作是一个横截面,并且在同一平面内,如图 4.4b)所示,桥梁管理过程就会显示出动态连续性。这样看来,设计和检查并不是对立的,而是功能互补的。随着桥梁由设计到建设、到资产建成、最后成为负债,可以对生命周期进行管理和优化。图 4.4b)所示的桥梁生命周期的阶段为重叠的、并行的作业，但这并不能保证过程的连续性。表 4.2 和表 4.3 说明从生命周期的一个阶段顺利过渡到下一个阶段的困难。英国桥梁委员会（2005，第 102 页，见图 3.8）描绘了类似的资产生命周期，指出大部分公路结构需要不间断地进行维护。

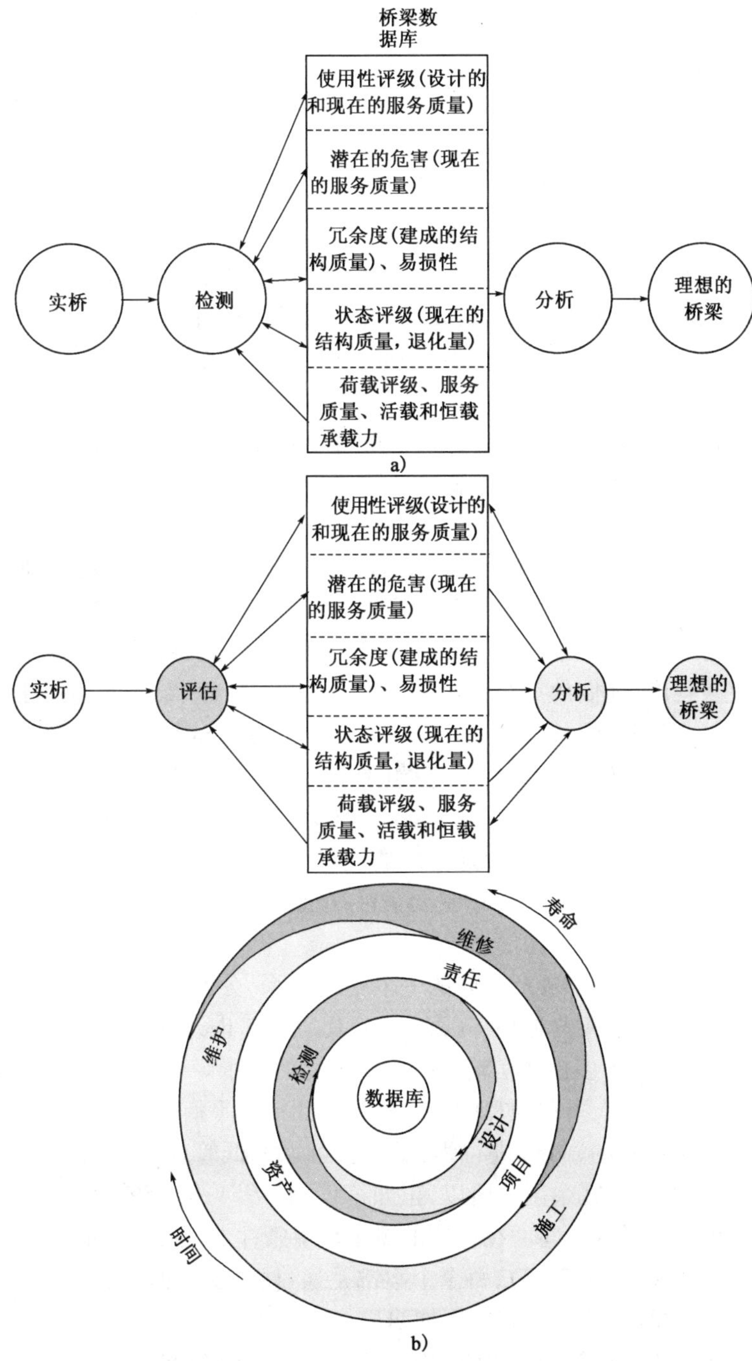

图 4.4　a）桥梁状态数据库的输入和输出；b）桥梁生命周期和数据库

生命周期中非连续的各个阶段之间的不连续性是可以预测的，比如分析与施工或设计与维护。连续的阶段，尤其是建造和维护、维护和检测或设计和建造，他们之间也可能很少有联系。设计者期望承包商能照图施工，而承包商则要修改图纸以方便施工。

由于组织化的高效性，将专业技术划分为专业单元是不可避免的。较大的基础设施网络的管理者倾向于循着如表 4.2 各列所示的任务流水线作业。即使是并行的活动，如表 4.2 各行所示的活动，大多数也可能保持独立性。不同约束条件和优先次序可能支配独立的作业。由于以前的经验而拥护某一设计或者由于喜好某种特定的施工方法而替换某种设计都是常见的。例如，一个原本设计采用螺栓连接的桥梁，在加工制作时可能采用焊接连接，维护和检查通常反对设计与施工所做的选择。

组织不连续性与结构不连续性类似，例如连接装置（伸缩缝和支座；见 4.2.3 节）。它们确保了分离的结构单元的部分独立性。如果它们失效，单元也会分离或者导致相互间产生不当的应力。这种装置的生产如其功能一样是间断的。他们在分析中被假定，由设计确定，由产商制造、由承包商安装，并且经常无法进行检查和/或维护。不难预见，产品和过程始终都是具有缺陷的。

不连续性在结构和过程中是不能被完全消除的。1968 年，德鲁克评述了在技术、经济、政治和学习领域中不断增加的不连续性。在不连续的氛围里，管理部门必须提供一个完整的链接。

交通运输中最基本的不连续性为稳固的土木工程设施和其提供的服务之间的不连续性。另外，更重要的不连续性存在于桥梁工程和运输网络的其他部分之间。公路和桥梁的建设和维护费用比例大致为 1:6，对特殊结构可达到 1:10。这些比例反映了两者各自包括设计和施工的工程任务的复杂程度，他们的重要性比例还可以更高。所以，结构专家的注意力集中在了桥梁上。相比之下，公路网络的长度是主要的，并且是交通系统管理者关注的重点。2002 年，班克斯提出了关于多模式运输系统减少不连续的措施（见 12.1 节），但他将与运输相关的土木工程的活动划分为物理的土木工程和和系统工程（第 19 页）。前者包括固定的运输设施包括桥梁的设计、建造和维护，后者包括交通系统的规划、交通管制设计和运营战略，规划又包括需求、系统能力和运营特点的分析。文章主要关注交通的系统方面。1997 年，哈德森等人提供了综合分析方法。

管理如果不能建立起服务和资产之间的一个平衡关系，公路一直吞噬专门用于运输系统的资金，直到桥梁失效才能扭转这种趋势（案例 3），而且道路也开始退化。近年来资产管理方面的努力（见 12.1 节）强调了多模式运输数据库一体化的需求。

在行政方面，负责工程、人事和预算的管理必须找到一种平衡。另一种是由一个人在某一位置（作为管理人员/工程师的领导）进行强化管理，可以降低管理上沟通不利和重复做功的风险，但是会造成潜在的缺乏冗余度。所以，正如德鲁克（1954，第 159 页）指出管理不能创造领袖。这可能有一种不信任的倾向。在传统的民主环境条件下，在信任问题上，每个人都必须分开对待（托克维尔，2000，见 1.2 节），每个个案都是通过权威管理者与稍微小一点的管理者之间的竞争而决定的，这种不信任的倾向更加明显。

1999 年，美国州公路及运输协会指出（第 1-1 页）：自从统计学的质量控制引入目标管理以来，企业管理原则已经顾及维护。1984 年，由国家合作公路研究计划 273 号报告提出的服务水平在消除不必要重复和辨别达成合同的机会提供了可信的方法。然而不利的一面是，这种方法在微观管理、丧失权威、员工士气低落、过度缩减成本和就业的波动方面难辞其咎。

重复劳动和关键路径

冗余结构并不一直意味着效率低下，这种结构允许荷载重新分配。同样，如果可能的话，它建议采用试验来确认具体方案的分析结果。相反，一个冗余的过程看起来是无效的，也通常是精简的对象。在一个运行良好的组织中，管理也可能被看作是多余的。为了证明其有效性，管理通常将消灭所有的重复劳动作为目标，这种即时节约是很明显的，不利因素需要很长的时间才能显现出来。

消除所有操作的重复，使生命周期位于一个关键路径上。在这个路径上，产品适合标准化的生产。这种方法可在不损失质量的情况下降低成本。例如，空中客车飞机组件在不同的国家制造并获得质量认证，然后在法国的图卢兹完成直接组装。如果这种方法应用于桥梁，即表4.2所列的桥梁的各个部件，在表4.3所示的桥梁生命的各个生命阶段里，都会得到独立、自给自足的处理。

关键路径法是一项比较流行的项目管理技术。哈尔品和里格斯（1992，第269页）指出，这种技术低估了工程的持续时间。关键路径法作为一种策略所具有的任何局限性，使它不可能成为一项长期的交通运输战略。表4.2所列的结构构件，在其生命周期中持续地依赖于表4.3所列的工作。美国纽约州调查委员会在调查斯科哈里湾大桥坍塌（1987）后简洁地表达了这一点，虽然大桥的设计和施工已经存在不足，但若给予适当的检查和维护，大桥不会倒塌。

问题在于：有设计和施工缺陷的结构，有可能得到优质的维护吗？如果所有阶段都可能存在缺陷，则每一项作业都应该能够超正常水平完成，正如安全度的概念所述。良好的维护和检查可能真的能够避免倒塌，但要使可靠性水平能得到进一步提高，只有通过设计、建造、维护和检查的不同组合实现。

在业主组织内部和与其他实体交互中，桥梁运营都存在职能重叠。

在内部，如果表4.3所示的活动都是由独立的人员不重复完成的，那么此过程就是关键路径。短期成本实现最小化，并使关键路径得以实现。然而，大型资产网络为寻求生命周期内的成本收益最优化，这一战略并不有效。最终，事故使可靠性损失和适用性退化。纽约市桥梁年度危害报告，从20世纪80年代中期的小于100份逐渐增加到1993年的3 000份。桥梁的平均寿命从60年下降至30年，每年的桥梁修复率增加了一倍。

不同组织（例如，私人的及公立的）在具体任务的分包工程中，有规律地互相配合。与桥梁相关的工作种类繁多、范围广泛使得分包成为大多数业主的唯一选择。案例3列出了20年来纽约跨东河桥梁的主要修复的费用。案例9描述了城市桥梁典型年度支出。这些支出的主要部分由合同分配，由几十家咨询公司及承建商执行。联邦公路管理局提供了一定比例的备用资金，并监督合同的执行。

联邦政府委托的两年一次的桥梁检查由顾问公司按其与各州运输管理部门的合同来执行。然而未经业主内部分析和实地核查的最终检测报告（例如，产品）没有效用。

与结构性的冗余一样(见5.3节),只要各种活动是内部可靠的,重复工作提高了过程的可靠性。职能重复为不连续性提供了很多机会。可以承担不同形式交通运输结构的双重归属性就是一个例子。同样,桥梁检测中的目测和荷载等效分析(见第10章)可能过分地互相依赖。

图4.5和图4.6所示为一个结构重建的例子,其特别的目的在于将公路与铁路分开从而简化管理。

图4.5 支撑公路和铁路交通的桥墩

图4.6 各种桥墩,分别支撑特定形式的交通

项目和服务

与永久的服务项目比较,持续时间有限的项目的财务管理更受偏爱。工程可以根据预算、资金来源、时间表、责任界限和可交付的成果明确定义。以项目形式的任务外包对于内部一体化服务有重要影响,无论是在文化还是在经济方面。美国21世纪运输公平性法案(美国国会,1998)定义生命周期费用分析为一个评估有用项目段总体经济价值的过程,主要通过分析该项目段在整个生命周期间的初始投入来实现,初始投入包括维修、用户、重建、恢复、维护和重铺路面的费用。尽管如此,将通常连续的任务分成离散的项目,也可能会适得其反。相关的案例4说明了高层政治管理中针对这一问题的反对意见。附录19概述了关于将私有化作为管理战略的适用性方面的基本观点。维护(见4.4节)是易损的,主要是因为它的任务不适合分成具有明确交付成果的不同项目。将维护的规模缩小或扩大,可以是一种解决方法。雅奈夫和特斯塔(2001)指出涂装工作可能被一些大桥业主忽视了几十年,因为这在管理中被作为一项日常维护任务,而不是作为修复项目(见案例23和案例24)。由于陆上综合运输能力法案91(附录11),联邦公路管理局同意并且把涂装作为设备改建来资助。

4.1.5 经济和经济学

德·格拉莫等人(1979,第19页)将工程经济其他经济研究分离出来考虑,因为它并非由货币单独决定。将为私人利益而开发起来的经济学方法应用到公有的基础设施中,具有以下困难(第373页):

- 非营利组织的财务效益不能用利润来衡量(例如,利益不等于利润);

- 利益不能用金钱来定量的衡量;
- 公共工程项目和公众是脱节的;
- 极其重要的政治因素不为工程师所知,或许与短期效益偏差深远,利益并不等于利润;
- 职员的动机不确定;
- 法律上的限制。

成本效益分析侧重于数量,大多用时间和金钱来表示。由于交通网络是公有资产,他们提供的服务被视为社会收益,而服务的减少被视为用户应该承受的惩罚。运输的目的决定了交通量的货币表现形式。这种决定肯定是近似的,并且饱受争议。

在《世界报》第 17 页(2006 年 1 月 6 日)经济学家考柏和普鲁道姆称由于巴黎行政部门对客车实施的强制限制,乘车人每年浪费 6 000 万小时,时间成本为 9 欧元/小时。另外,卡车延误 600 万小时,成本为 30 欧元/小时。作者估计由于空气污染的降低而相应获得的收益约 7 000万欧元。经过粗略的算术计算,车辆服务的缩减转化成的用户损失,大约是 8.3 亿欧元/年。在同一页上,巴黎市长德拉诺对此表示反对,他认为这些发现是主观的,而且缺乏公众健康和环境方面的信息。他表示一定要通过发展公共交通和减少交通堵塞来打破所有人都开车的旧逻辑。

对城市桥梁全摩纳哥石盐除冰的成本效益可以用相似的近似方法进行估算,见案例 9。用货币衡量的生活品质的问题,如舒适度,对健康的隐患,历史意义和美学价值时必须反映公众的看法。具有先见之明的艾菲尔对电梯的安全需求作了如下阐述:该系统不仅要安全,而且应该看上去安全,这是在如此高度上运行、搭载普通大众的电梯最需要具备的特点(哈里斯,1975,第 95 页)。

用户成本在 11.2.1 节作了进一步讨论。案例 10 说明了基于年度估算和按生命周期费用折现的成本效益评估的差别。案例 11 中,考虑用户成本使全寿命成本分析产生了相反的结果。

案例 10　现值贴现

现值分析与可替代的投资策略比较,通过把将来的费用和收益按一个假定的年利率 i 进行折减。折减利率从现在到将来对收益利息损失进行建模。与通货膨胀率相比,折减利率是主观的并用于特定的投资而不是整体的经济。哈德森等人(1997,第 304 页)写道:折减利率被大多数的机构选择是一项政策决定,但是通常它是借款利息率和通货膨胀率的差值。

2003 年,霍克在国家合作公路研究计划 483 号报告中指出折减利率通常由以下三部分组成:

$$i = (1 + \mathrm{cc})(1 + \mathrm{fr})(1 + \mathrm{pi}) - 1 \tag{E10.1}$$

式中:cc——真正的资金机会成本;

fr——与考虑的投资有关的所需金融风险溢价;

pi——价格通胀预期利率。

通过调整包含的相对小的数值忽略高阶项,式(E10.1)简化为

$$i = \mathrm{cc} + \mathrm{fr} + \mathrm{pi} \tag{E10.1a}$$

数目为 A 的现值经过 N 年后折减因子为 $1/(1+i)^N$。如果每年都发生,它们从现在开始经过 N 年后的现值等于

$$a\sum_{n=1}^{N}\frac{1}{(1+i)^n}=a\left(1+\frac{1}{i}\right)\left[1-\frac{1}{(1+i)^N}\right] \tag{E10.2}$$

$$\lim_{N\to\infty}a\sum_{n=1}^{N}\frac{1}{(1+i)^n}=a\left(1+\frac{1}{i}\right) \tag{E10.3}$$

式(E10.3)表明贴现把不收敛的无限级数($a,\ a,\ a,\cdots$)转换为一个收敛的级数,通过 i 确定边界。图 E10.1(雅奈夫,TRC423,1994,第 132 页)展示了在实际范围现值分析内的不同 i 值时,式(E10.3)定义的曲线。因为随着 N(以年数计算)的增加,它们趋向于有限的界限,分析仅能识别在一段有限时间的重要结果。在一个有限 N 值获得的总数与无限的总数的比值等于

$$\frac{a(1+1/i)\left[1-1/(1+i)^N\right]}{a(1+1/i)}=\left[1-\frac{1}{(1+i)^N}\right] \tag{E10.4}$$

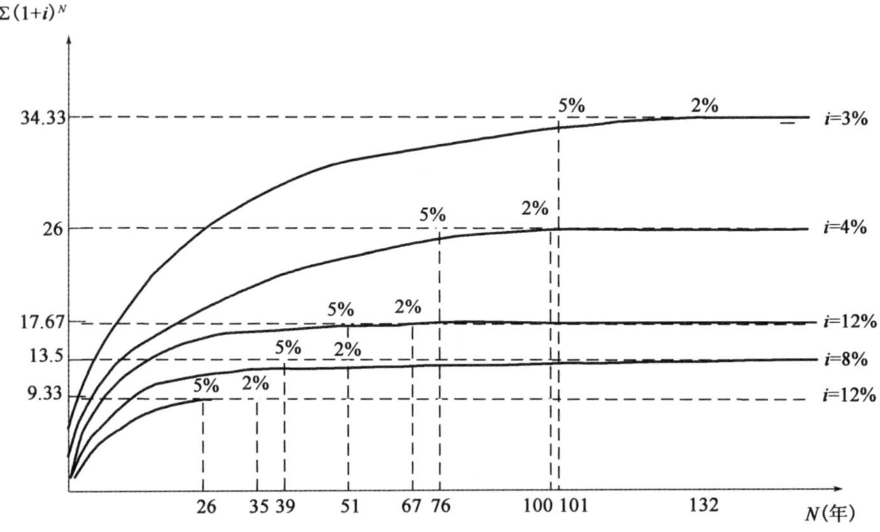

图 E10.1 不同折减利率下的未来货币的累积现值

在给定 i 的情况下,N 能够被选择,那么替代无限大的误差 ε 将不会超过一个容许阈值:

$$N=\frac{\ln\varepsilon}{\ln(1+i)} \tag{E10.5}$$

表 E10.1 列出了通过式(E10.4)获得的具有代表性的数值。

众所周知,随着 i 的增大,年数 N 降低。大的 i 值表明仅在一个相对较短的周期内预期有投资回报。贴现平均值假定为 $i=4\%$。为了在没有完全在生命周期费用分析中消除的情况下减小贴现的影响,一般假定一个低的贴现利率 $i=2\%$。

利明(哈丁等人,1993,第576页)发表了一幅类似于图E10.1的图表。就像目前的例子,他总结说任何超过30或40年的花费对结果的影响微乎其微。停止了短期的拒绝维护支出贴现,作者总结为,如果我们的桥梁维护费用在总的政府建设支出占比维持一个固定的百分比,那么在计算维护净现值时的零折现利率方面就存在争议。

在不同折现利率 i 下与忽略每年投入超过 N 年相关的误差 ε　　表E10.1

i(%)	2			3			4			5			6			7		
1+1/i	51			34.3			26			21			17.6			15.3		
ε(%)	2	5	10	2	5	10	2	5	10	2	5	10	2	5	10	2	5	10
N(年)	198	151	116	132	101	78	100	76	59	80	61	47	67	51	40	58	44	34

对于需要周期性维护和更换的基础设施,德格瑞莫等人(1973,第93页)推荐使用永久年金,也就是一种无限期运作支付的均匀级数。为了提供年度化的支付 X,一个本金 P 必须拨出,以in%计算年利息(利息不等于折减利率)。那么,P in $=X$。如果支付不是年度的,但是出现 k 个周期,计算关系变为

$$X=P[(1+\text{in})^{k}-1] \tag{E10.6}$$

式中:P——X 的资本。

关于年度维护支出资金的可行性,利明(哈丁等人,1993,第576页)评论道:政府通常不会放置一笔资金用于将来的支出,但是从我们支付的税收中维持收益……为了能赶上道路建设价格指数(英国)的增加,有必要以8%的复利息投资。

初始成本和全寿命成本

成本和收益估计(第10.2.1节)是重要而且常有缺陷的。1987年,冲刷对一个桥墩的侵蚀使斯科哈里湾桥坍塌。之后,一个早前被拒绝的主跨更长、成本更高的方案受到全国关注。尽管受到争议,但最初成本最低仍在方案比选中占据优势。

使初始成本对全寿命成本影响最小,一直长期受到关注。波勒(1885,第8页)劝诫说:通常,最便宜的建议会获得通过,因为对于普通委员来说,一座钢桥,无论它的方案来源于什么,它跟别的钢桥并无两样。一流的造桥单位发现一些无知的、不择手段的建造单位的竞标价更低,因为这些单位唯一的目标就是拿到工程。

2004年,法国桥梁和道路总工程师卡尔加罗引用城市规划官沃邦元帅在1683年7月17日写给国王路易十四一封信中的话:陛下,向你展示的此项活动的不完美(比如竞标价过低)已经足够了,丢弃它吧,看在上帝的份上,重建良好信用,给该结构应有的价格,不要拒绝那些履行自身责任并获得正常薪水的企业家,你会发现这是最合算的买卖。

1916年,沃德尔在20世纪初更新了此观点(见附录2)。

毕灵顿在1983年指出,另一方面,经济上有竞争力的设计同样位于最有创意的设计之列。困难之处在于如何在节约成本和便宜之间划清界限。将价值工程应用到桥梁工程上也不总能弄清这个界限。德·格拉莫等人(1979,见第16章)认为这一概念是由通用电气于20世纪40年代和船舶局于1954年分别提出的。这一概念包括审核设计以采用相同质量但价格较低的

材料,从而实现一系列的成本效益提高。对于桥梁来说,价值工程可能会修改施工方法甚至是结构方案。全寿命的效果在后期体现得更加明显。非常重视外观的地标性桥梁可能(非常可能)是价值工程的结果。

新建和现役桥梁的折现现值

与基础设施有关的初始成本(或建设成本)的评估是不确定的,并且随着资产整个生命周期的延长而变得愈加不可靠。将来成本和收益的现值通过折现获得。根据联邦公路管理局的资产管理部:

> "折现是一种考虑投资时间价值的经济方法。折现的计算对于复利也是一样的。生命周期成本分析使用折现的方法把预期的将来成本转化为当前的价值。这样的话,不同的方案的生命周期成本就可以直接比较。因为假定分析中的每个备选方案所能提供的服务水平相同,生命周期成本分析允许运输处基于他们的生命周期成本来评价备选方案。"

有时,折现被归为货币的时间价值(案例10)。在比较不同预期周期的成本和收益时,这种方法尤为方便。这种方法也由于忽略了超过它范围的一些影响而受到批评。必须考虑下面的一些基本限制。

既有结构的现值不等于调整过的建设成本。替换一座已经使用多年的桥梁的收益(或者紧急事件)和新的服务收益并不相同,即使设计交通量差不多。

拟建和既有结构的性能不能在同样的约束条件下评价。新建桥梁必须满足现有和将来的需求。它们的结构和经营特征由它们预期的服务所决定。既有桥梁是基础设施组织和整个地区布局的一部分(见案例1-3;见图1.42)。无论情愿与否,一些已经变成当地或者国际的地标,如布鲁克林大桥(案例1),辛辛那提—科文顿大桥[图1.37a)]和史密斯菲尔德大桥(图1.14)。这些桥梁的经营目标是在尽可能长的生命周期里提供它们所能提供的最好服务水平。

图4.7　横跨特拉华运河的斜拉桥

拟建桥梁的相关成本和收益的评估,虽然有较高的不确定性,但还是必须和备选投资方案相比较。否决一个新的桥梁方案总是一个现实的选择。乔治·华盛顿大桥(案例2)是纽约市哈德森河上计划中的唯一一座建成的桥梁。长岛海峡上的多跨斜拉桥方案从来没有通过(见1.11节)。

对于在使用中的桥梁,方案仅限于维护(从0到最优变动)、修理和替换,但很少包括废弃。图4.7所示的桥梁被建造来替代图4.8中的桥梁。然而社会团体,却反对毁坏旧桥,宣称它为地标性建筑。替换后交通能力得到大幅度提高,但维护费用并没有增加。

已建网络的维护费用随时间保持不变,与规模成比例。运营费用已知,它的收益可以通过基于可测量的服务指标模型估算得到,如果网络足

够大且各状态的桥梁数目随着状态等级呈均匀分布（或正态分布），那么重建就变成常规支出了，且与折现率无关（见11.5节）。由每年的维护费用与估算的替换费用的比值，可明显看出大型网络的维护工作是有意义的（见11.5节）。典型比率的计算方法由BRIME(2002)和比涅克等人(1989)引用。

图4.8　横跨特拉华运河的系杆拱桥

与折现成本不同，年成本为资产在使用年限内的所有支出的年平均值。案例11表明了全寿命估计费用的等效折现值和年成本之间的区别。

案例11　$i=0$ 和 $i=6\%$ 的全寿命策略

对A和B两种维护策略的直接费用进行对比，在 N 年内的折减利率分别为0和6%。年度维护费用的数值与经验值和纽约市交通局的建议值相一致（见案例9）。维护通过每单位桥面板面积的年度费用来表示。因为结构本身已经存在，不考虑初始建设成本。

举例Ⅰ

策略A：设计年度预防性维护 m_A，确保其能够保持不变。

策略B：年度维护开始于一个最小的水平 m_{B1}。需求假定以6%的比率呈指数方式增长。

$m_{An}=21.50$ 美元/m^2/年（2.0美元/ft^2/年），没有对钢结构上漆；

$m_{An}=64.50$ 美元/m^2/年（6.0美元/ft^2/年），对钢结构上漆；

$m_{B1}=10.75$ 美元/m^2/年（1.0美元/ft^2/年），最少维护。

表E11.1显示了在折减利率为 $i=0$ 和 $i=6\%$ 的情况下用于计算累积维护费用的公式。

这里，N 通过反复试验获得。结果表明当生命周期大于21年（$i=0$）或26年（$i=6\%$）且年度费用为21.50美元/m^2/年的时候，策略A是有成本效益的。到这段时期末期，根据策略B产生的年度维护费用将超过36.55美元/m^2/年（大概由于状态衰退引起）。修复将成为唯一的选择。

折减利率为 0 和 6% 时的累积年度费用 表 E11.1

<table>
<tr><td rowspan="2"></td><td rowspan="2">$i(\%)$</td><td colspan="4">维护费用[美元/(m^2·年)]</td></tr>
<tr><td colspan="2">策略 A</td><td colspan="2">策略 B</td></tr>
<tr><td rowspan="2">n 年</td><td>0</td><td colspan="2">$m_{An}=m_A 1.06^n$</td><td colspan="2">$m_{Bn}=m_B$</td></tr>
<tr><td>6</td><td colspan="2">$m_{An}=m_A$</td><td colspan="2">$m_{Bn}=m_B/1.06^n$</td></tr>
<tr><td rowspan="2">从 1 ~ N 年</td><td>0</td><td colspan="2">$\sum_{n=1}^{N} m_{An}=m_A\frac{1.06(1.06^n-1)}{0.06}$</td><td colspan="2">$\sum_{n=1}^{N} m_{Bn}=m_B N$</td></tr>
<tr><td>6</td><td colspan="2">$\sum_{n=1}^{N} m_{An}=m_A N$</td><td colspan="2">$\sum_{n=1}^{N} m_{Bn}=m_B\frac{(1-1/1.06^n)}{0.06}$</td></tr>
<tr><td rowspan="2">$i(\%)$</td><td colspan="2">m_A</td><td rowspan="2">$\sum_{n=1}^{N} m_{An}=\sum_{n=1}^{N} m_{Bn}$ 时的 N</td><td colspan="2">N 年时的 m_B</td></tr>
<tr><td>[美元/(m^2·年)]</td><td>[美元/(ft^2·年)]</td><td>[美元/(m^2·年)]</td><td>[美元/(ft^2·年)]</td></tr>
<tr><td rowspan="2">0</td><td>21.50</td><td>2.00</td><td>21</td><td>36.55</td><td>3.40</td></tr>
<tr><td>64.50</td><td>6.00</td><td>50</td><td>198.01</td><td>18.42</td></tr>
<tr><td rowspan="2">6</td><td>21.50</td><td>2.00</td><td>26</td><td>10.75</td><td>1.00</td></tr>
<tr><td>64.50</td><td>6.00</td><td>100</td><td>10.75</td><td>1.00</td></tr>
</table>

只有当生命周期大于 50 年($i=0$)或 100 年($i=6\%$)且年度维护费用为 64.50 美元/m^2/年的时候,策略 A 是有成本效益的。在这样一段时间内,策略 B 将已经上升到不实际的年度维护费用 198.01 美元/m^2/年。然而,这仅仅当 $i=0$ 时是明显的。当 $i=6\%$ 时,策略 B 的年度现值是固定的。雅奈夫(Frangopol 和 Furuta,2001,第 299-312 页)将结果描述为经济上允许但是结构上不允许。虽然此处假定的成指数增长的维护费用对于示范目的是夸张的、不切实际的,也不可能被专家忽视。与策略 B 类似的政策已经在短期内被采用。就像例子里一样,相应的生命周期已经降至 25 年。

由于它们具有单独的资金来源、花费和本金,维护和建设往往被独立的优化。目前的例子表明这样的部分优化不会有意义。

当需要进行钢结构上漆并包括完全隔污时,这个例子以及案例 24 阐述了高预防性维护费用带来的困难。上漆的费用以及周期性的上漆(12 ~ 20 年)与构件维修相类似而不同于常规预防性维护。

举例 II

策略 A:固定的年度预防性维护 $m_A=21.50$ 美元/m^2/年(2.0 美元/ft^2/年)。每 12 年一次的重漆和维修费用 516 美元/m^2(48 美元/ft^2)。

策略 B:需求年度维护开始于 $m_{B1}=10.75$ 美元/m^2/年(1.0 美元/ft^2/年),并以 6% 的比率呈指数方式增长。

策略 A 和 B:48 年后重建费用 4 840 美元/m^2/年(450 美元/ft^2/年)。

应用案例10中的公式计算获得如下两个策略的总直接费用，如表E11.2所示。

策略A和策略B在48年内的费用（美元/m^2）　　表E11.2

	$i=0$	$i=6\%$
策略A	$3\times56+48\times21.5+4\ 840=7\ 420$	$447.19+336.47+295.08=1\ 078.74$
策略B	$2\ 924+4\ 840=7\ 764$	$516+295=811$
策略A/B	0.96	1.33

当$i=0$时，两个策略表现相当，但是当$i=6\%$时，在48年内需求维护和不上漆明显是最好的。没有证据表明这样的实践是根据现值分析特意选择的，但是现在类型的直觉考虑也许对它们的实施有帮助。策略B错误在于假定需求维护措施能够保持桥梁安全运营，不需要在延长时期进行大修。例子EA.46讨论了到项目生命周期末期潜在危险的增长数字。

举例Ⅲ

策略A：固定的年度预防性维护$m_A=21.50$美元/m^2/年（2.0美元/ft^2/年）。每12年一次的重漆和维修费用516美元/m^2（48美元/ft^2）。120年后重建费用4 840美元/m^2（450美元/ft^2）。

策略B：需求年度维护开始于$m_{B1}=10.75$美元/m^2/年（1.0美元/ft^2/年），并以6%的比率呈指数方式增长。每30年重建费用4 840美元/m^2（450美元/ft^2）。

表E11.3比较了在120年内策略A和B的费用。

策略A和策略B在120年内的费用（美元/m^2）　　表E11.3

	$i=0$	$i=6\%$
策略A	$9\times56+120\times21.5+4\ 840=12\ 062$	$508.79+357.97+4.41=871.17$
策略B	$4\times(901+4\ 840)=22\ 964$	$390+1\ 018=1\ 408$
策略A/B	0.53	0.62

独立于贴现策略A是有成本效益的，但是它依赖于假定维护$m_A=21.50$美元/m^2/年，并且在一个120年的生命周期内每12年的上漆和维修费用为516美元/m^2。维护支出根据桥梁退化引起的延迟进行调整，然而这些延迟都是不确定的。案例24讨论了维护效益对于延迟退化的建模。

例子Ⅲ中阐述的另一个困难来源于一个120年的生命周期。尽管这样的一个生命周期在结构上和经济上是最优的，但它不太可能抵消现在或者不久的将来更紧迫的优先权。

在某些情况下，用户可能对持续养护和重建都不满意。当西57号街的一跨在1973年垮塌后，曼哈顿西侧高速公路（例如通道9－A，在4.3.1节中也有讨论）有长达30个街区的路段被废弃。当局曾尝试用一条新的高速路取代它的提议遭到了公众的抵制（吉布尔，1986年）。经过与当地社区深入磋商后，57号街北面被称为米勒高速路的64跨［图4.9a）］经过了修复，投资大约9千万美元。巴朗在《时代周刊》（2006年6月23日，第B4页，第1栏）上撰文称，在加固了桥梁及地下空间被开辟为公园［图4.9b）］后，留出有1.8亿美元包括私人、州政府的投资，进而开始了一项相对简单的建设工作，把高速公路的车流分向一个位于未来社区住宅下的隧道。一位环境健康发展委员会的组织者称这个项目完全是一个错误，因为如果他们真想为周围居民做点实事的话，他们会去修建滨河大道，而放弃高速公路。

a)

b)

图 4.9　a）西侧高速公路，曼哈顿，1994 年；b）西侧高速公路，2006 年

布鲁克林的 322 跨的哥华奴斯高速公路（图 4.10）遇到了类似的争议。管理城市多跨桥梁的最大挑战在于协调其功能与众多用户的多重需要。

图 4.10　哥华奴斯高速公路，布鲁克林

建设/重建投资

1983 年，毕灵顿认为艾菲尔是一位少有的设计师，他的名气不仅源于他所完成作品的质量，更在于他在现有预算内达到目标的能力。尽管有些是可以比较容易避免的，项目成本和建设时间的超出预计被谴责为管理不善。因为客观原因，大型建设项目初始成本和工期是相当不确定的，而且因项目而异。新建项目不可避免地要承担尚未预见的发展变化。众所周知的

近期例子是波士顿的大开挖，据报道，因为土壤条件，投资从 20 亿美元一直追加到 140 亿美元。重建工作要得到完全评估，只有等到项目执行过程中，结构状况才可以现场检测。施工工期很容易被低估，特别是尽可能减少交通关闭时。

图 4.11 所示桥梁修复规模远远超过预期范围，因为其结构状态比最初评估要严重得多。而且，这座桥梁是当地的标志性建筑，修复后必须保持原来的外观。

图 4.11　曼哈顿西 125 号街河滨大道，通过以货代款的方式进行修复

可施工性可能会需要更换更好的结构构件。图 E3.6 中的各向异性桥面板的竖向布置要求非常精确，所以，作为支撑的横梁即使使用时间不足 10 年而且状态良好也需要更换。

表 E3.1 为 1990 ~ 2004 年间对纽约东河桥梁修复的预算成本。

成本超支看似有点夸张，特别是对于长期项目，因为资金没有考虑这期间的通货膨胀。表 E3.1 的最后一栏调整了 1990 年度的年度支出概算，采用的通货膨胀率为 4%。

如果 10 年间，每年拨给一个项目 100 万美元，最初的预算将达 1 000 万美元。根据 4% 的通货膨胀率调整每年的投入，最终总支出将为

$$\frac{100\text{万}(1.04^{10}-1)}{1.04-1}=1\ 200\text{万}$$

实际支出超出预算 15% 对于投资 1 000 万美元历时 10 年的项目是可以接受的，如果再添加 20% 的话，就基本意味着管理不善。

哈尔品和里格斯（1992，第 269 页）认为两种最流行的网状进度安排技术，如关键路径法和概率评审技术……没有提供关于潜在进度安排超限的足够信息。作者认为概率评审技术仅仅是小小的改进（较之确定性的关键路径法），因为它尝试通过给出预期的完成时间来估计项目持续时间的概率。概率审查技术的估值偏小，这是因为当几条路径在一个节点会聚时会发生合并事件偏差。蒙特卡罗模拟法被推荐为是一种能够避免奇异性的模型。

经验表明大项目的总成本应当被划定在一个相对宽的范围内。例如，跨越哈德森河的塔潘齐大桥资本改良备选方案的成本估计在 35 亿美元（现有结构的复原）与 200 亿美元（新建一个公铁两用隧道）之间（纽约时报，2004 年 5 月）。

平均与最差状况

1942 年，爱因斯坦和英菲尔德发现，统计规律更适合于解释集体行为而不是个体行为。在总体评估大型网络长期的状态和预期需求时，取平均值是很普遍的。当样品空间扩大，平均法也随之更具有预见性，但是在极端情况下，像纳入一些获取受限制的资源时，并不如此。根据巴洛等人在 1965 年的研究成果，大多数模型群体行为的分布主要不同在于分布的尾部，此处的数据是非常不足的（也是最关键的）。最坏情形下需求的范围和紧迫性不能够由平均状况模型外推获得。案例 12 比较了平均和最坏情形下从实际检查中获得的桥梁

状况退化率。

案例 12　平均和最小状态评级

在任何检测年度期间对桥梁状态评级及其桥龄的比较是及时的记录和存档,然而这意味着评级退化的状态等级。如果网络大的话,结果是有意义的,结构的年份有所不同,控制的状态大体均匀。另一方面(更加精致地),必须在一个相当长的时期内对每个结构的状态评级的历史、相关的工作以及服务类型进行跟踪。这两个获取退化模式的方法在某种程度上与通过谱分析和时间时程研究的结构响应及动态激励相类似。

图 E12.1a)和图 E12.1b)为纽约市的桥梁结构状态和足量评级分布情况,分别通过视觉检测和存档和检测数据获得(也与案例 9 进行了比较)。附录 40 和附录 41 描述了评级系统。

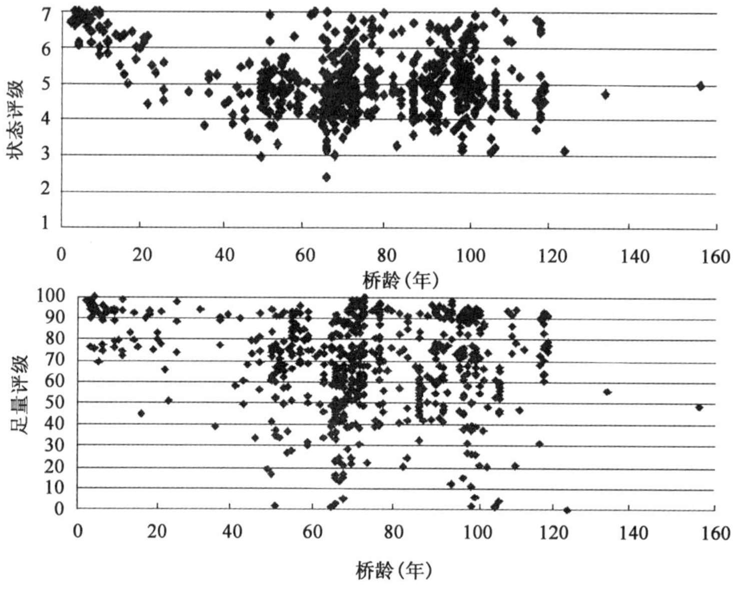

图 E12.1　a)通过纽约市交通局检测获得的桥梁状态评级;b)纽约市公路桥梁计算的足量评级(2005 年)

图 E12.2 中的三种不同的模式是从图 E12.1a)中的数据中分析获得:

(1)*对所有桥龄的桥梁进行平均状态评级*。在早期阶段状态评级快速下降,然后在评级尺度 7 到 1 上渐渐趋近于 4。这个模式在一个未知的程度上包含修复和维修的影响。修复之后,桥梁建设日期通常在存档中保持不变。因此,退化表现出已经是反转的。新桥是巴黎最古老的桥梁,它是极端的案例。可以追溯到 1603 年,它目前的状态证实了它的名字,象征着新。持续修复的结果是该桥明显的不存在的退化,比如图 E12.3 和图 4.77 所示的,适宜该结构地标的状态。

如果在每个桥龄阶段的桥梁状态都与相应的支出相联系,平均状态评级历史可以变成一个有意义的信息来源。在缺少这部分数据的情况下,建设日期可以在存档中调整为最后一次修复的完成日期。那样的解决方案也有其缺陷,因为它将把新桥和东河桥梁(案例 3)误导成同时代的建设日期。可供选择的,表现出状态评级改进的桥梁能够从数据中消除,结果变成第二种模式。

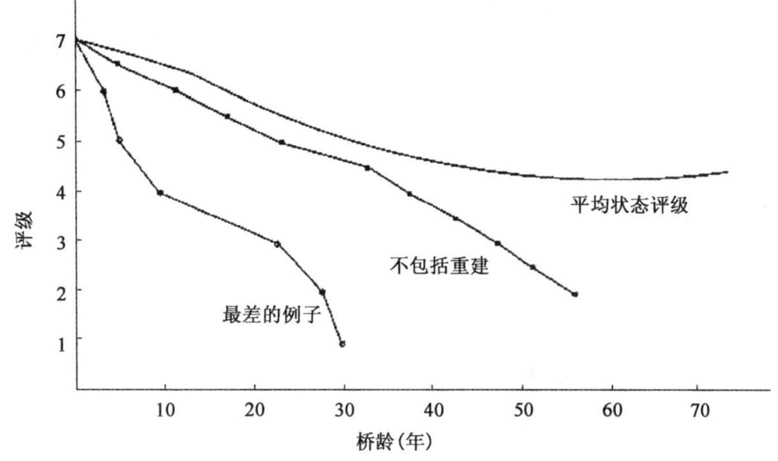

图 E12.2　状态评级模式,通过减少图 E12.1 中的数据获得

(2)除了那些修复桥梁的平均状态评级。存在重要修复记录,但是它们必须与状态评级相关,通过一个个例子的排查。结果曲线表明一个有效的寿命(维修之间)趋向于 60 年。这个结果与相应周期内维持一个固定平均桥梁状态主要支出不相一致(见案例 9 和案例 19)。

重要修复项目根据两年一次检测产生的状态评级进行安排,但是其内容根据单独的深度检测确定(见 14.3 节)。最终的建设费用不详细描述修复工作的内容,因为它们是经过竞争性投标的(附录 20),并包括许多额外的特定现场的支出(比如交通管制)。

当桥梁临近了它们的有效寿命,减灾和紧急维修变得越来越有必要。状态评级可能会也可能不会受影响。因此,真正的桥梁状态不是由修复期间的检测评级唯一定义,不能在后期被确定。因此得出结论:甚至在不包括在备案内的修复之后,获得的平均状态评级模式不代表用于确定修复需求的最短有效生命周期。

(3)最小评级。仅包括在任何桥龄时期观察到的最差状态评级的状态评级历史表明最短的有效寿命为 30 年,对应于案例 9 和案例 19 中描述的支出。对于式(A41.3)中组成的桥梁单元,1997 年,雅奈夫报道了如图 E12.4 所示的观察到的最短寿命。这一结果与案例 23 和 24 中讨论的最陡整体桥梁状态退化率 r 相一致。根据式(A41.3)[以及式(E24.1)]的线性假定计算的加权平均结果为 $r \approx 0.24$,如表 E23.2 中的第 8 列底部所示。

图 E12.3　对新桥进行修复,巴黎

根据式(E19.1),相应的有效寿命为 $L = (7-1)/0.24 \approx 25$(年)。案例 9 和案例 19 中描述的年度修复支出为 25 ~ 30 年的生命周期。

图 E12.2 所示的三种不同退化历史的比较已经表明了好几个现象。根据康纳和海曼(1989)的研究结果,以及例 1 报道的大部分退化历史似乎建议,随着桥龄的增长,平均状态评级稳定在一个平均水平。必须整理出产生这一结果的众多因素。

通过平均所有可得的检测评级的桥梁退化模式是令人误解的。当桥龄增长,修复需求和维修工作将增加。在 100 年桥龄时,大量的修复是必需的,但是它们的内容不可知。数据点的数目随着桥龄有所变化,少数在梁端,大部分在中段。对应不同桥龄的退化曲线不同阶段有不同的可靠度。

将修复的桥梁的桥龄重置为零是不准确的(即使它们被称作为新的桥梁,如图 E12.3 的新桥),因为修复的状态和退化率不可能是全新的。除了修复的或者对其桥龄有重大调整的桥梁减少了老龄结构的数据量。一直到第一次修复的退化历史(如此处的例 2)变得更加实际,但是仍然包含没有登记的改进以及更重要的延迟评级降低的维修。

这个最差例子的历史是最容易获得的并且是最有意义的,因为它显示了自动成为最高优先级别的状态。桥梁单元的最陡退化率(图 E12.4)尤其重要。它们给予了一些应该集中维护或者尽早替换的最易损的结构系统连接。

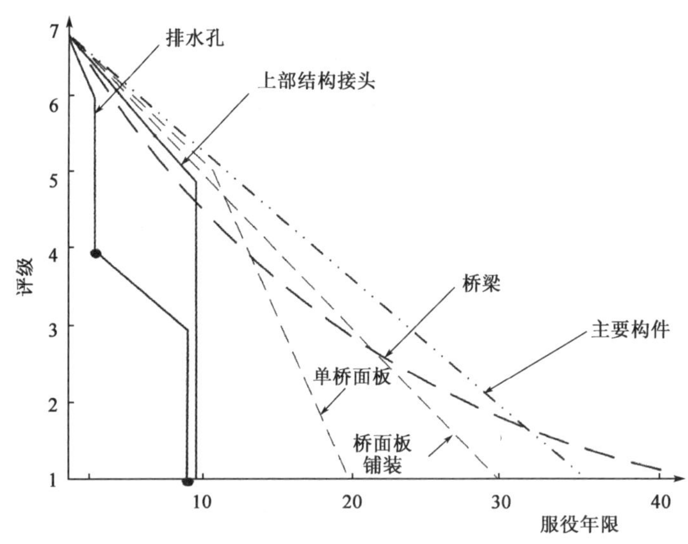

图 E12.4　最短桥梁单元寿命

图 E12.4 识别了节点(图 4.74 和图 4.75)和排水孔(图 E12.5),作为最重要的结构链中的薄弱环节。纽约州交通局桥梁状态计算公式[式(A41.3)]不包括排水孔并给节点指定了一个相对低的权重(表 E23.2)。另一个在式(A41.3)(大概由于它跟直接荷载承载力不相关)中没有但是相对于维护重要的结构单元是上漆(图 E12.6)。案例 23 和案例 24 探究了把上漆作为一种修复而不是维护项的好处。

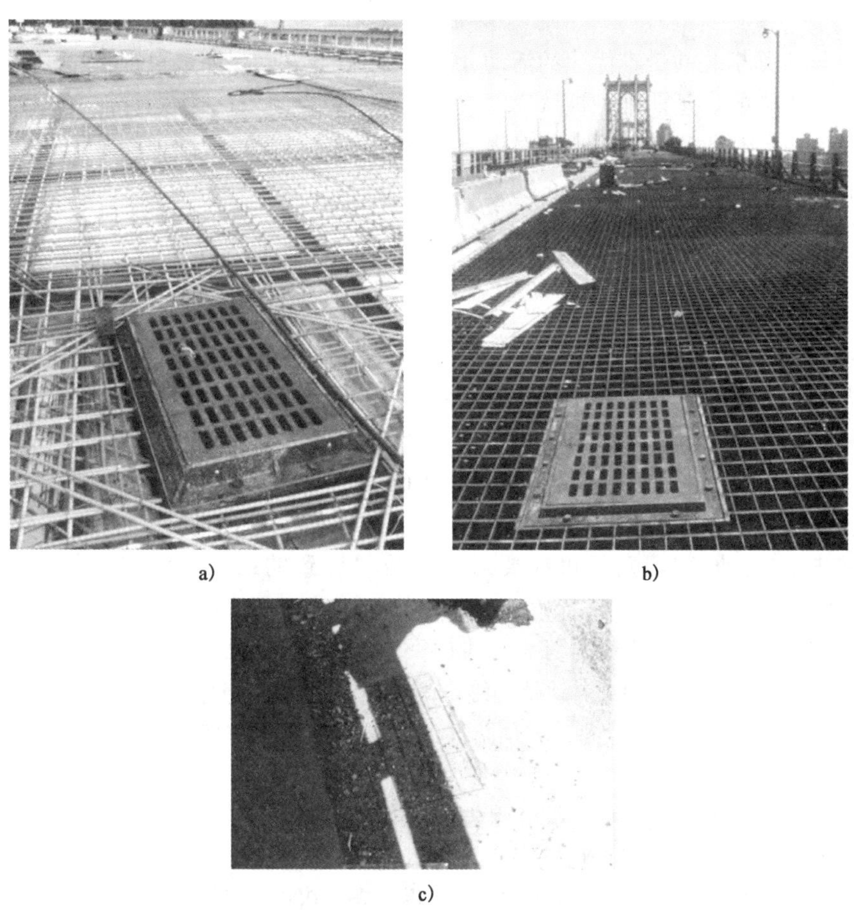

图 E12.5　a)b)钢混桥面板的新的排水孔；c)失效的排水孔

图 E12.6　带覆板、横梁、支座、支架和免拆模板的钢梁。失效的油漆

延期维护

维护是与桥梁相关的最难优化的活动,因为它的任务复发周期最短,而效果在最长的周期结束后才能看出来的。延期维护被认为对安全性是不重要的,对结构的性能有影响,但影响的程度是未知的。等到故障变得明显的时候,结构使用寿命已无可挽回地缩短了,管理人员才开始谴责他们的前任。重复维护费用正在不断减少,即使最初的建设成本已经在假设今后需要维护的前提下最小化了,而需要没有明确的定义。国家合作公路研究计划 285 号报告(1986,第 7 页)指出:延期维护是相对而言的,对维护方案之间差异的评估前必须有一个参考服务水平。

只要维护水平和结构提供的服务相关,任务和支出的拖延必须有明确的解释和优化,通常导致最小化。相比之下,将维护用定量的任务来表示,则减弱了管理(例如,优化支出)的主要作用,并且将大桥的业主置于民事责任过失之中(例如,粗心大意的维护)。国家合作公路研究计划 285 号报告(1986,第 6 页)引述了国家合作公路研究计划 80 号文摘,大意是说:政府采取的行动是相机抉择,所以,是免疫的。不过,报告补充说:个人从事无可选择的活动,部门责任可能要对于其疏忽导致的结果负法律责任(见 4.1.1 节和 13.2 节)。

国家合作公路研究计划 153 号综合报告(1989,第 9 页)总结了早期维护的疏忽,如下:到 1976 年,联邦公路管理局已经认识到延期维护的积压在州际公路和高速公路中正在接近危险的比例。另外也有迹象表明,常规的和预防性的维护方案均无法满足这一需求和矫正有结构缺陷的路面。

国家合作公路研究计划 330 号综合报告(2004,第 3 页)公布:使美国国家公路系统的路面保持现有状态的年花费已接近 500 亿美元。将系统从目前状态改善到一个好的水平(假设然后什么也不做,让它再退化到现在的状态水平)将花费 2 000 亿美元。

报告中的危险比例在工业和财务管理在理论和应用中都很盛行时出现(见附录 6 ~ 附录 8)。工业和基础设施之间的维护差异在很大程度上造成了结构和经营管理的区别。前者已得到广泛的优化,而其解决方法在后者中的应用很有限。

工业生产必须有利可图。莫布里(1990,第 1 页)估计,在美国工业部门中,每年无效的维护管理带来的损失超过 600 亿美元。他建议进行预测性的维护。这在机械和电子部件中是可能的,因为它们的剩余使用寿命是可直接测量或分析预测的。

桥梁的维护和检查的目标都是优化。然而,基础设施的优先等级不同。及时更换部件是许多维护作业中的唯一需求,必然使更换最小化,目的是为了不对交通造成影响。

尼尔(2001,第 52 页)将优先级的不同描述如下:

"机械工程故障和土木工程故障的区别在于,机械故障通常是在运营很长时间后产生于磨损和疲劳。因此,是正常运行状态的一部分。实际上或直觉上,判断往往基于拥有或者运行一台特定机器的全寿命成本……理想的失效模式是故障出现在很长一段时间之后,而且故障持续的时间很短,因此,可以保证在较长的运营时间内提供可靠的性能。

土木工程的一个特点是……大部分的费用是花费在建设工作中,而后期运营中没有这么多的花费。因此，总的趋势是不断地将初始成本降至最低。”

在土木工程中，桥梁由于前述的原因会承受最大的损害，因为桥梁是运动的机械和静态的设施之间的过渡。

国家合作公路研究计划153号综合报告(1989，第31页)列出了以下两个在维护成本分析逻辑中最常见的错误：

- 认为劳务费用和间接费用是确定的，因为它们包括在预算内。因此得出结论说，只有材料、设备和合同服务才需要超出预算的额外现金支出。
- 决策只基于初始成本，没有考虑维护的持续时间。这就忽视了年度花费、简单的现值、时间成本和生命周期花费。

卡罗尔等(TRR 1877，2004，第10-16页)指出了道路中开发和实施防护性维护程序的7个独特的障碍，如下：

- 缺乏证据证明防护性维护处理是经济有效的；
- PM的替代方案(例如延期维护)；
- 缺乏高级管理指导和经验；
- 在工作期间给用户带来不便和延误；
- 政府间的政治活动；
- 内部利益集团；
- 外部利益集团。

结合蒙大拿州、密歇根州、堪萨斯州和内布拉斯加州的实例，作者提出了克服防护性维护强大障碍所带来的好处。桥梁防护性维护面临相似的困难。维护管理(包括检测)的主要易损性如下：

- 工作的范围并不像重建工程那样清晰。一系列可取的、可接受的和推荐的工作内容，传递着这个问题是可以协商的信息。
- 效益不容易计量。产出不是产品而是服务，目的是为用户减小损失，而不是为了业主创造最大利益。
- 基础设施管理是不连续的。未来的损失和现在的收益影响的不是同一个实体。然而，维护针对的设施不变，而且需要连续性。
- 优化算法必须考虑什么都不做来代替维护。该方案可能被误解为意味着什么也不会改变。事实上，结构的退化和未来需求会累积到不确定的程度。

显然，结构对维护的延期并不敏感(在4.4节也作了讨论)，所以结构成为预算管理者在几十年时间内申请内部贷款的根源。案例10和案例11说明在给定恰当的折现率和其他假设条件下，一些看起来合理的理由是怎样为延期维护辩护的。这些理由忽视了以下内容：

- 免于维护的桥梁是不存在的。最近关于零维护桥梁的研究可能具有建设性意义，只要它能建设出具有低维护需求的新型结构。交通和环境不可避免地需要一些形式的维护。广义上讲，维护包括检测。

国家合作公路研究计划327号综合报告(2004，第16页)评述：有效的桥梁维护方案是那些计划好并得到系统应用的案例。国家合作公路研究计划153号综合报告(1989，第35页)总结说：维护是永久的。因此项目层面训练有素，负责的维护实施至少与网络层面创新的优化同等重要。

•延期维护对结构和组织造成的后果是不可逆转的。可以把维护和治疗做一个有效的类比,治疗如果不连续的话会对患者有害。从延期维护而省下的钱会迅速被其他地方消耗而不会对桥梁带来未来的收益。负责维护的组织如果不能发挥自己的功能就会走向灭亡,重新组织的成本高且耗时长。

•在结构退化到一个特定的水平之后,维护将不再有效,重建不可避免。卡罗尔等人(TRR 1877,2004,第 11 页)意味深长地指出,(高速公路)的维护只有在其建成后不间断地进行才是有效的。

•减灾的费用会迅速超过延期维护节省下的积蓄。保守的设计可能允许定期检修在限度范围内的延缓,但要求维护不能延缓。结构状况的恶化将会对公众造成灾难。交通安全必须得到保证,必要的时候要关闭桥梁。

•由于延期维护产生的用户费用无形中增加给桥梁业主(或者用户),直到工商业开始萧条或重新部署。

如果用大众的观点来引导资产管理政策,用户成本预估的主观性将成为一个关键的问题。国家合作公路研究计划 330 号综合报告(2004)总结说(第 26 页):很少有证据可以证明,道路用户和其他股东愿意将较大的资金投入到高效的公路养护策略中(较低的全寿命花费)。

防护性的维护经常被认为是一种浪费,通常由当地税收支付,而施工可能得到联邦和其他资金的支持。不足为奇的是,维护是财政紧缩措施的首选目标。因此,当桥梁越来越多的根据其性能来评估时,维护还始终不得不用固定的规定性指标来管理,这种情况至少要持续到有先进的监测技术可以用来进行更精确的性能评估为止。

延期维护根深蒂固,以至于消除或减少这种需求的措施一直在研究之中。最近的一个例子是由瑞士研究的零维护策略(见 11.4 节),联邦公路管理局(2005)建议对这一策略作进一步研究。相比延期维护(见 4.1.4 节),零维护试图用设计来消除桥梁的日常维护任务。保证行车安全的任务是不能通过这一政策来消除的。零维修政策只适用于专门针对零维修策略设计和建造的结构。

4.1.6 外部原因及能力范围

一些限制桥梁管理成效的关键易损性超出了其能力范围。局限性同时来源于管理上和技术上。表 4.1、表 4.4 和表 4.5 界定了与桥梁有关的任务和产品。对于超出其能力的易损性,桥梁管理必须依赖于来自其他领域的技术。典型的例子是极端事件的预测。地震、飓风、洪水、碰撞和侵袭行为一再表明,潜在的超过规范中指定的荷载会无穷无尽地出现。岩土工程、气象、法律和交通执法、特殊数据分析方面的专家们提供的评估结果可能决定桥梁管理的优先级。

图 1.33a)没有显示出管理能力的局限性,但图 1.33b)显示了管理是多层面的并且远远超出了基础工程运营的领域,最明显的是涉及政治、资金和管理等领域。桥梁管理不可能从大的基础设施和整个经济中独立出来。国家研究委员会(1995 年,第 22 页)指出:许多人断言……低于联邦级别的政府不能有效地处理城市发展和基础设施相关的事务……另一些人则认为这

些问题,在特殊情况下,它是超出基础设施影响的多种因素的结果。

班克斯(2002,见2.6节)总结美国交通运输筹资中的困难如下:以设备为主导的公共部门很少能够找到收入来源来满足他们所识别的设备需要……尽管交通相关的支出都能得到公众的支持,但是与其他需求相比很少能取得优先。

关于用燃料税和过路费来作为资金来源的局限性,作者又说道:

> "公共交通设施的资金筹集变得更加困难,不仅仅因为资金来源的限制,而且由于花费的增长比收入的增长更快的缘故……在20世纪70年代快速通货膨胀时期,正如联邦公路管理局的价值趋势复合指标度量的一样,单位建设费用增长高于平均价格的增长。同时,交通部门不得不面对由于侵权法更改而增长的诉讼费用。"

每次重大的经济和政治变革之后,对公共交通设施进行分散的和私有化的管理都是进行重新考虑的选项。附录23简略地描述了模拟交通基础设施中经济性与投资之间关系的尝试。在13.2节对责任做了进一步讨论。

所引用的大部分分析都是从单纯的经济角度研究的,没有试图量化将来状体已经确定结构产生的后果。预算条件不仅仅是桥梁管理系统中频繁调整的参数之一,而且偶尔也会引起桥梁管理系统正常使用的中断。2004年,斯莱哲列出了管理对施行紧缩政策的典型反映,如下:

- 更好的责任制度;
- 平衡资金;
- 减员;
- 筹集新资金;
- 更好的规划;
- 回避。

所有减轻外界影响的方法都有局限性。在一定程度上,设计和管理可以预测网络的典型易损性,例如事故、疏忽和极端事件。最终,如2.4节所述。服务是可变的,安全是强制的(这个论断与1.8节引用的图灵的格言是一致的)。业主必须关闭任何有安全隐患的桥梁。1988年,出于安全考虑,纽约的威廉斯堡大桥就临时关闭了。因为城市受到了攻击,纽约东河桥梁在911之后就临时关闭了。

一座桥的关闭就是一种失效。它使得业主和用户蒙受的损失是不容忽视的。工程师致力于维护桥梁,使其尽最大可能也处于服务状态。然而,使得一个不安全的桥梁处于开放状态是一种潜在的重大的管理失误。如果工程师基于安全理由强制对桥梁进行关闭,许多意外事故是可以避免的或受到限制的。经典的案例是魁北克大桥的设计者就其关注的问题发电报给建设单位,但建设没有停止,直到桥梁崩溃。如果管理者没有在大风中中断交通,塔科马大桥倒塌将是一个更严重的灾难。

表4.5中的每个阶段和任务都是潜在易损的。如果缺乏识别和评估易损性的方法,这些方法就应该作为桥梁管理系统的一部分来发展。

4.1.7　桥梁管理系统/管理信息系统

任何基于知识提供智力服务的系统都容易被忽视。一旦桥梁管理系统开始用于支持重要的决策，它就成为易损性的观测焦点。

桥梁管理系统在内部，或在与工程、管理和综合管理信息系统的关系中都是易损的。内部来说，数据可能是不足的(无知类型 A)或相关性很差的(无知类型 B)。数据库通常不能使得状态退化速率与维护水平(见 4.4 节)相关联，也不能使状态分级与潜在灾害报告(见 10.3.3 节)相关联。

国家合作公路研究计划 483 号报告(2003，第 24 页)警告说：

> “合理利用桥梁生命周期费用分析和收集具体工程数据方面需要做大量的工作。精通软件的使用需要员工致力于处理生命周期周期成本的计算，并以此为他们的首要工作……事实上，所有州都认为，运行桥梁生命周期费用分析所需要的成本数据和其他信息的精确度不够而且难以获取……生命周期成本的有效利用，需要许多州调整实践以从初始成本的概念转而顺应整个生命周期成本的概念，同时要考虑用户成本和风险成本。这种改变可能会遇到阻力，除非清楚的确定出效益并得到上级管理部门的支持。”

桥梁管理和信息管理系统在处理信息方面是有关系的，正如工程师和管理人员在产生和应用这些信息方面有联系一样。所以，4.1.1 节发现的许多易损性与之相关。从结构上和功能上来说，信息系统既反映又影响其支持的业务。为了保持信息流和责任的一致性，米特拉(1988，第 8 页)推荐将维护业务和数据库系统从管理信息系统分开。作者认为在分析和设计阶段结合的自上而下和自下而上的方法(例如，提供什么样的功能，怎么满足需求)，在重新分开的过程中存在潜在的困难。他支持结构的方法，例如，在使用前，设计信息流。类似地，土木工程在建造之前进行设计，而不是与建造同时进行。不同的是，土木工程结构当施工得不到满足时，会通过失效强制表现出它们的需求。部分失效和性能失效在管理信息系统中较难发现。

桥梁管理系统的以下基本特性必须进行设计和测试：

- 与管理信息系统的界限和连接；
- 结构；
- 功能。

1988 年，米特拉确定了设计管理信息系统的五个阶段以及每个阶段的成果(见附录 24)。

在一个更加通用的管理信息系统能被考虑之前，许多桥梁管理系统已经设计并投入使用。在技术革新和经济需求的压力下，桥梁管理者既倾向于采用(或定制)一个现成的桥梁管理系统也愿意去自主研发桥梁管理系统。最终的选择结果由桥梁管理者(桥梁管理系统的使用和维护者)、预算管理人员(他们发现桥梁管理系统处于财务限制)和相关专家讨论而定。经过长时间的使用，过程和支持系统不可避免地混合起来；然而，它们应该保持一定的独立性。

桥梁管理系统/管理信息系统都对预算和人员缺乏特别敏感，因为它们依赖于连续的和高质量的数据流。因为数据库必须与管理方法和优先级随时间的变化相适应，所以数据库可以压缩、更新、改变优先级、重新设计等，特别是能适应政治和经济环境。在每次关键人员的选举或退休后，公共部门不应该重组他们的管理信息系统。

在 2005 年 1 月 14 日的纽约时报 A1 版面，利希特布劳报道说美国联邦调查局正准备用 1.7 亿美元彻底检查其虚拟案件档案系统，这个系统在技术和计划编制上有很多漏洞。例如

一些技术和经费使用不当,快速的人员更换,职员对新技术的抗拒,数据的可访问性和安全性低。这个过程被比作给正在以每小时 70 英里的速度行驶的汽车换轮胎。

花费 200 万美元用以确定可以挽回多少最初的努力。在 2006 年 3 月 14 日,纽约时报(第 A24 页,第 1 栏)引用了一个司法部的报告:完成联邦调查局陈旧计算机系统的彻底检修可能要再花费 500 万美元,并且费用可能还会进一步增加……成本控制中潜在的弱点是一个项目风险……如果信息共享不是作为系统的一部分,结果可能会导致更费钱、费时的调整。

根据美国检察长的说法,这个程序的管理已经破碎不堪,而且装备不良。76 个职位中有 25 个空缺,虚拟案件档案系统只是将档案简单的放置,没有进行有效的管理。

4.2 分析和设计

随着工程分析的成熟,它既可以确认也可以修订经验假定。波勒(1885,第 43 页)指出(斜体字是波勒的话):一个能获得满意结果的一般规则为,*忽略任何不能精确分析所有构件应变特性及其数值的桥梁方案。*

同步分析、数据获取和处理看上去提供了无限的建模能力。所以,保守主义不再被容忍。因此模型的误差以及曲解变得重要了。

规范中包括了标准分析、设计、建造过程和预测一般失效模式所必需的相关参考资料集。规范既定义了专业知识,同时也遵循已确立的专业知识。结果反映了其内在的矛盾:规范提倡安全的实践但是不能保证其安全。规范基于预期需求设定可接受的分析复杂程度和设计性能的下限(或上限)。

4.2.1 规范

范围

建筑设计规范实际上是由根据业主意愿采纳的建议。在卡特里娜飓风(2005 年 9 月)后,路易斯安那州正在考虑推出一个指定性的建筑规范,但是这个措施受到了反对,因为私人建筑成本会因此大约增加 8%。作为公共所有并由公共资金支持的设施,桥梁的设计和建造必须符合强制性设计和建造规范。美国州公路及运输协会桥梁设计和建造规范自 1931 年推出以后,已经更新到了 2002 年的第 17 版。新的荷载抗力系数设计法规范于 1994 年推出,到 2004 年已发行第三版。联邦公路管理局发行的指南、建议和手册非常多。这些文件对专业实践做了说明并提高了其可靠性,同时在许多情况下,具有法律约束力。

当代的桥梁设计教科书,例如桑萨科斯(1994)、泰利(1998)、巴克莱和普克特(1997,见 3.2 节)以及 Chen 和 Duan(1999),回顾了强制性设计规范。其实,这些书目充其量是学习桥梁设计方面的名作,例如比林顿(1983)和莱昂哈特(1990)做了铺垫。

规范尽管是必不可少的,但是它只适用于一个有限的领域。麦奈斯桥的设计遵照了当时的规范,但是在其螺栓和吊杆于 1983 年失效后,关于此方面的条文就停止应用了。奥克兰运输线路 I—880 上的塞浦路斯林荫高架桥(图 3.10)的设计也符合当时的规范。规范的更新反映了由每次新型的故障引起的改变,像美国土木工程师学会(1990)这类出版物也在独立地促进着规范专业质量的不断超越。

在数学逻辑领域,哥德尔的不完全理论指出任何正式的理论,即使包括了所有理论,都是不完整的(克莱恩,1980,第261页)。同样,将设计和施工实践编制成法规的规范也是不完整的。因为将一个荒谬的说法用正式的理论公式化是可能的,因此也可能在符合管理规范的情况下设计出不合适的结构。美国州公路及运输协会荷载抗力系数设计法承认这种局限性,如下(第1—1页):这些规范并不是试图取代设计者的专业实践和训练,只是声明了保证公共安全的最小需求。业主和设计者可能需要更完美的设计或者要求材料和建造的质量高于最低需求。

工程的科学和技术不会从规范中得到进步,规范只给工程提供信息。规范的范围不仅在量上而且在质上有局限性。荷载抗力系数设计法(1998,第37页)讨论了跨径小于200ft(60m)桥梁的荷载标准。跨径大于350ft(100m)相比于标准荷载更有其特殊性。而跨径大于500ft(180m)则完全超出了规范所能涉及的范围。

考虑安全性和标准化,规范,例如美国州公路及运输协会已经将结构模型和设计荷载做了简化。结构简化到等价的带状单元或线性单元来承受弯矩、剪力和轴力。荷载用放大的(集中、均布或线性分布)静力荷载来表示。因此扭转和动力荷载,尽管对桥梁服务状态有潜在的重要性,也通过间接的和说明性的方法来处理。安全性通过刻意保守的设计来保证。由于解析解答和强大的计算能力的出现,保守主义不再被认为是合理的而被批评为建模的缺陷。针对一些改变的情况,规范不断地在做改进。改变的情况包括以下方面:

- 需求:不同的车辆模式和交通状况。
- 供应:

新材料;

分析的进步;

计算能力;

结构性能数据库;

成本—收益再分析。

允许应力与极限状态,规定性与基于性能

在20世纪后期,设计规范从允许应力法发展到极限强度方法(见后续章节)。早期的允许应力设计规范的安全系数通常被认为是未知因素。未知是不确定性一直的存在形式,这些不确定性不一定是能力不足引起的。最近的规范采用基于概率分析得到的荷载和抗力系数来表示这种不确定性,见附录7。以下术语的变化反映出了当代设计规范的重要革新:

美国州公路及运输协会(2002)	荷载抗力系数设计法
规定性的	基于性能的
安全性	可靠性
荷载组合	极限状态

与设计标准基于性能方面一致的极限状态，与附录25中描述的荷载组合形成对比。基于性能是一个含糊的概念，它通过获得期望的性能模式和失效模式来控制设计。新规范的革新包括以下方面：

从允许应力法到极限荷载准则；

基于概率分布的可靠性系数，而不是假定的固定安全储备的安全系数；

极限状态，荷载组合和荷载（美国州公路及运输协会，1998年，荷载抗力系数设计法，见第3章）；

荷载和抗力系数（见第3章）；

影响系数（见第3章）；

活载分布系数（见第4章；也在美国州公路及运输协会第17版推荐）；

上部结构变形没有要求；

混凝土设计的拉—压杆法（见第5章）；

预应力混凝土设计（见第9章）；

桥面板和桥面板体系；

平行评论；

混凝土和钢材设计符合强度要求的检查表（见第5、6章）。

从允许应力法到极限强度设计法的转变是明确的，而从规定性要求到基于性能要求则是模糊的。允许应力方法的确定性规定是约定俗成的，也是相对容易应用的，但它不能反映真实的荷载与结构间的相互作用。极限强度方法也通过规定性的方式得到了应用，在不确定性被引入模型以后，它才被归于基于性能的方法。然而，它们依然可以作为规定性的方法。规定性的方法可能比较简单，但是这样意味着后验的立场，不符合规范的目的。1998年，美国州公路及运输协会（荷载抗力系数设计法，1998，第3-1页）规定：当设计提供多性能水平时，最终设计的性能水平的由业主选择。

产品的质量取决于注册工程师。业主享有更宽松的选择，因此也承担更大的责任。2000年，伯克警告说：荷载抗力系数设计法可能对你的桥梁健康状况是有危害的。

为了消除不安全的行为，规范只有被熟悉理论与实践背景的人来用才是安全的。2005年，普斯特写了规范忧虑。作者发现复杂性和模糊性给结构工程师带来压力，并总结说设计者害怕因为错误的解释或错误的计算而导致结构将来的坍塌，也许是合乎情理的。

4.2.2 模型

结构方案

桥梁结构是作为离散的构件来分析和设计的。构件、单元和组件等术语意味着组成部分的相对尺寸和重要性。典型的构件是主梁、加劲梁、横隔梁、支撑、板、柱、支座、基座、盖梁、弦杆、基础和墩柱。单元是指具有相同作用的构件组成系统，例如桥面板、主要构件、次要构件、墩柱和桥台。组件是将单元组合成起同一种作用的子系统。例如上部结构、下部结构、引道、基础、设施和防护系统。图4.12描述了一个典型的公路桥的上部结构。

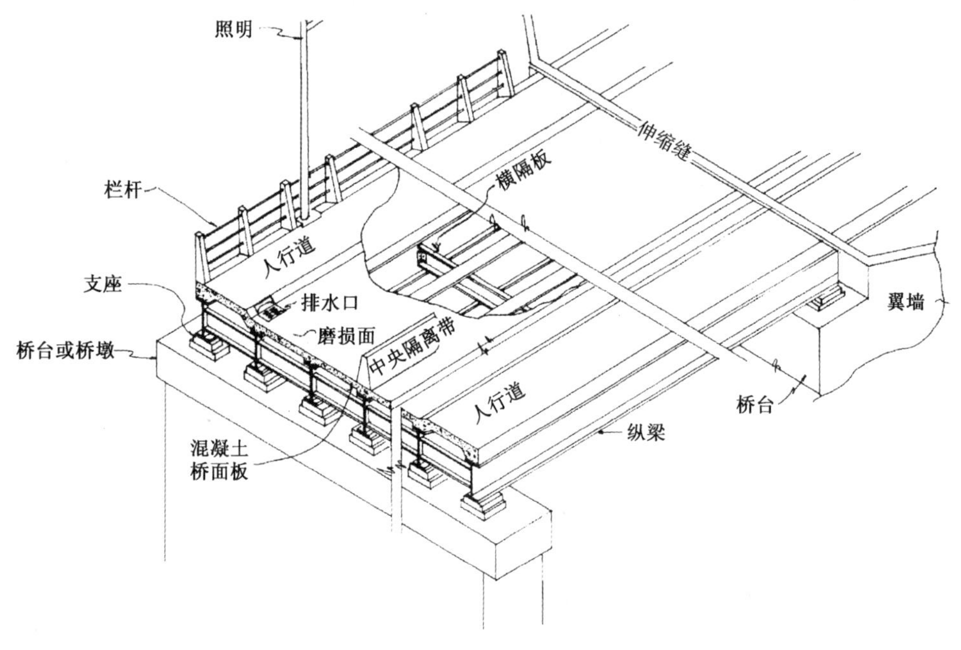

图 4.12　典型桥跨上部结构

强度

前两个世纪的桥梁设计者敏锐地意识到极限和有效强度以及弹性极限和相应的安全系数的区别。波勒(1885,第 11 页)认为,通过用使用荷载与极限荷载(例如引起倒塌)的比求得的安全系数是不可靠的。作者认为构件以及他们之间连接的弹性极限比实际强度更能说明问题。他提出对于重复荷载采用不同的安全系数来预测疲劳的影响。

在 20 世纪,设计强度理论从容许应力法,或称工作应力法发展到极限强度法,或称荷载系数,以及最终到荷载和抗力系数法。1998 年,美国州公路及运输协会[荷载抗力系数设计法,见式(1.3.2.1-1)]以供求关系定义结构的强度为

$$\sum \eta_i \gamma_i Q_i \leqslant \varphi R_n \tag{4.1}$$

式中:γ_i——基于统计学的荷载系数;

φ——基于统计学的抗力系数;

η_i——荷载修正系数;

Q_i——荷载效应;

R_n——名义抗力。

所有荷载需求($\sum Q_i$)都必须通过结构抗力(R_n)来满足,并留有足够的富余,通过 γ_i、φ、η_i 等系数来保证。不等式(4.1)的不等号的反向则意味着结构失效。其原因可能是高估了抗力或低估了荷载效应,这更易于发生在新型结构中,因为新型结构可能不能采用设计规范来

预测。

荷载和抗力系数法,极限强度法和容许应力法的不同主要在于对可靠的、可接受的抗力 R_n 超出 $\sum Q_i$ 的富余量的规定方式。根据容许应力法,材料是线弹性的和各向同性的,截面符合平截面假定。所有设计荷载引起的应力必须在材料弹性极限的安全限度(比如 50%)内,材料的弹性极限通常通过轴向拉伸试验得到。因此,没能完全模拟结构内部和总体的荷载分布以及荷载的变化。

容许应力法由于其主观的保守性而受到批评。然而,它成功地将各种各样的设计和建设实践标准化,并且在 20 世纪的大多数时间内建造了许多耐久的结构。线弹性应力应变关系以及统一的安全系数不可避免地过时了。

1998 年,美国州公路及运输协会引入了荷载和抗力系数,这些系数基于对经验数据的广泛调查、随机分析和专家判断。Ang 和 Tang(1975)提出了将概率分析应用到工程问题中来。索芙特・克里斯滕森和贝克(1982)将可靠度理论应用到结构中。

式(4.1)以力的形式量化了强度供应和强度需求,而力可以通过虎克定律和牛顿定律得到。这个式子经过修正,也用来反映材料行为的非线性和不确定性以及随机现象。然而,它依然是一个供应与需求的量化平衡,忽视了量变的表面不稳定。

稳定性

巴赞特和切多林(1991,第 xxi 页)指出,不稳定是一个设计陷阱,因为为了发现它,必须先预测它。不稳定不表示失去设计强度而表示引起结构形式发生变化。不仅是力学系统,所有形式化的体系都会以这种模式失效。叔本华(1942,第 11-104 页)写道:他是个谨慎的人,不仅不会被表面上的稳定性所欺骗,而且能够预测运动的轨迹。

一个不稳定系统的运动在理论上的确是不可预测的。在管理失效后,所有的操作会被重新组织,这不是一个巧合,正如在屈曲失效后,再设计的结构就不会采取原来的结构方案。当设计只考虑结构强度或者当管理坚持在过时的组织结构下提高性能时,潜在的稳定性丢失将会被忽视。

提供的强度可被看作是一个量的问题,而结构形式是一个质的问题。强度的计算因此是量化的,而稳定性分析是定性的。定量(强度)和定性(稳定性)的综合影响在分析上是详细解析的。不稳定的实际表现也是难以捉摸的。屈曲失效可以是瞬时的,然而,不稳定结构(和组织)可能在一个不可预测的较长的时间内正常工作。尽管对机械的稳定性已经有了深入探索,但在教学中的传授是不够的。没有学过这方面的课程也可以获得工程学学位,因此,进入市场后会具有明显的资质问题。附录 26 不能弥补这个缺陷,但突出了这个问题的目的是为了强调它的重要性。

应力—应变

如果材料被看作是一个三维连续的统一体,则它是内部冗余的。然而,工程上将所有模型简化到只包含几个最基本的主要参数。这些都是线性结构模型。结构单元都作为线性或最多作为二维来分析。结构材料采用理想弹塑性模型来模拟。除了总体上的合理性,假设材料和几何线性都是保守的。然而也有可能是激进的。完全弹性结构在地震中比能屈服的结构吸收更多的能量。三向应力可能造成预想不到的破坏,例如在欢桥中(国家合作公路研究计划综合 354 号报告,2005)。受约束的变形可能导致屈服的发生。

关于整个工程应用中极为重要的线性假设,1998 年,美国州公路及运输协会,荷载抗力系数设计法(1998 年,C1.3.1)警告说:构件和连接的抗力在很多情况下是基于非线性行为确定的,尽管力的影响通过线性分析来确定。由于对结构的非线性行为的认识不足,这种矛盾在许多现行桥梁规范中是常见的。

弯曲/剪切

即使对材料特性用线性材料模拟是合理的,仍然有可能忽视一些结构中产生的应力。在讨论复合应力时,1949 年,登・哈尔托赫指出,最大剪力最容易导致材料失效。

如式(A26.3)所示,剪力 V 是弯矩的一阶导数:

$$V = -EI\frac{\mathrm{d}^3 y}{\mathrm{d}x^3} \tag{4.2}$$

尽管弯矩和剪力有直接的关系,但是在设计中弯矩和剪力还是单独考虑的。也就是这个原因,结构构件设计时按一系列截面考虑,截面与构件中心线垂直并且承受与截面垂直的应力。因为 $V=0$ 的截面 $|M|$ = 最大,反之亦然,特定的截面,例如对于支点截面,剪力控制设计,而其他截面则是弯曲控制设计(例如,跨中截面)。主应力作用方向的变化在拉—压杆方法中得到了考虑,拉—压杆方法由美国州公路及运输协会于 1998 年在钢筋混凝土设计中提出。

图 4.13　桥面板的击穿破坏

类似的材料失效可以在桥梁结构范围内推广,特别是桥面板。桥面板失效主要是因为冲压而导致(图 4.13、图 4.14),形成格子状的开裂(图 4.15)。2003 年,国家合作公路研究计划 495 号报告提到了剪切疲劳失效。然而,在主要构件上方也已经观察到了桥面板的纵向开裂。引起开裂的原因可能是拉力、混凝土的收缩或钢筋的腐蚀。其一般不会造成灾难性的失效;但是,这将会造成安全隐患并且使结构过早地陷入维修中。

在轴力,弯矩和剪力共同作用下,钢筋混凝土柱核心发展成塑性铰。如果给予适当的约束,开裂截面最终将发生延性破坏。如果约束失效,则会钢筋屈曲,混凝土被压碎(图 4.16)。

图4.14　图4.13的细部

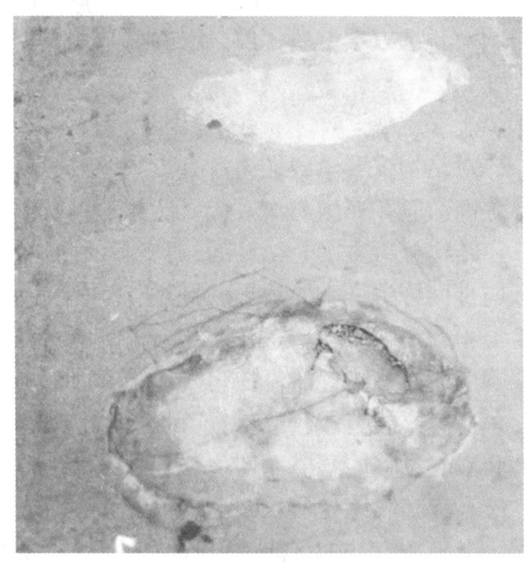

图4.15　典型的桥面板表面损坏

a)

b)

图4.16　柱钢筋约束不足:a)塞浦路斯街高架桥,奥克兰,1989年10月29日;b)阪神高速公路,神户,1995年1月17日

静力学和动力学

土木工程结构在动力作用下易于损伤,因为不同于航空的、机械的和舰船结构,土木工程结构主要是在静力荷载下设计的。动力效应通常用一个荷载放大系数来反映并用拟静力的方法来分析。偏心和冲击的综合影响是由用户来决定的。分析的复杂程度依赖于结构的重要性

和可预测的灾害水平；然而，这些参数都是由业主来定义的。为了选择合适的分析水平，业主必须对备选方案有所了解，比如，所采用模型的假设条件。附录26给出了一个简单的总结。

初效应和次效应

对结构主要承载能力没有影响的效应称为次效应。设计规范提供了温度、收缩和基础沉降等次效应。典型的次效应可能因为以下原因而被忽视：

结构分析方案是二维的，而实际的结构是三维的。案例13描述了一个桁架结构单独在其竖向平面分析产生的后果，设桁架在水平面内支撑道路系统。

不管是瞬时的还是长期的结构响应，其应力分布都与分析中的线弹性模型不同。结构短期响应通常是刚性的。在缓慢作用下（例如徐变和收缩），材料特性是非弹性和非线性的。

荷载释放装置（例如，铰）的性能，例如伸缩缝和活动支座，他们的性能随着荷载施加的速度和引起位移的幅值而变化。

温度和收缩变形从来没有得到监测。支承位移也只有非常明显时才被关注。

产生次应力的可能性随着结构冗余度的增加而增加（见5.2节）。增加铰可以用来避免这个问题；然而，会导致更加严重的连续性损失和潜在的细部构件失效（见案例13）。

设计提供温度和收缩应力并可以同样考虑其他超静定应力。相反，假设剩余应力在制作安装过程中最小化（见4.3.1节）。剩余应力一般因截面中不同部分处于不同的温度条件而产生的，尤其是在金属截面卷起、电镀或高温焊接时。残余应力可以用X射线衍射来检测（见第15章）。

哥伦比亚大学的耶尔斯维克教授指出，由于每天不均匀受热引起的应力已经在船舶中得到考虑，但在大型钢桥中一般会被忽视，而它们是同等重要的。

悬索桥中的平行拉索假设只承受轴向拉力，然而，它们也承受很高的弯曲应力，如案例13所示，因为在施工中，拉索的固有曲率被打破了。

案例13　初应力和次应力

（1）这个例子是由哥伦比亚大学的班奈克提议。考虑如图E13.1所示的一个理想简支钢桁架。与图E13.2所示的真实结构相类似。

假定了如下的尺寸：

$$L=110\text{m}(360\text{ft})$$

$$E=21.000\text{kg/mm}^2(29.000\text{ksi})$$

$$\sigma_{\text{Bot. ch}}^{\text{LL}}=7.24\text{kg/mm}^2(10\text{ksi})$$

（活载引起的下弦杆应力）

$$\Delta_{\text{Bot. ch}}^{\text{LL}}=\frac{\sigma_{\text{Bot. ch}}^{\text{LL}}L}{E}=37.5\text{mm}(1.5\text{in})$$

（活载引起的下弦杆伸长）

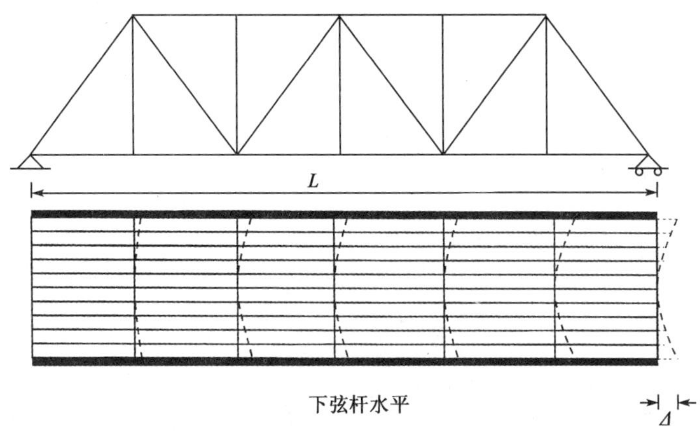

图 E13.1　带纵梁和板梁的简支桁架

桁架一端的伸缩缝和支座可能设计成较大位移。但是,如果纵梁和横梁在所有相交的节点固定,横梁将在它们的弱轴上承受一个渐进增加的弯曲,如图 E13.1 所示。可能的后果会出现与如图 4.22 所示的类似的裂缝。

桁架拉伸引起的面外弯曲是一个次效应,与横梁的主要功能不相关。它们是容易断裂的单元,以非冗余的形式支撑着纵梁(比如没有一个可选择的荷载路径)。问题似乎可以通过在每个节点处增加伸缩缝和支座来解决。然而,伸缩支座处的纵梁加速退化,如图 4.54、图 4.62 和图 14.12 所示。

图 E13.2　带纵梁和板梁的简支桁架

(2)悬索桥主缆的高强钢丝的直径一般是 5mm(0.198in)。它们通过挤压制造,在冷却期间形成一个曲率半径,远小于缆索的曲率半径。因此,在施工期间通过气纺法拉直。消除半径为 R 的曲率引起的弯矩 M 的计算式如下:

$$M = \frac{EI}{R} \tag{E13.1}$$

式中:E——弹性模量;

I——$\pi r^4/4$,为截面惯性矩。

相应的最大弯矩应力 σ 为:

$$\sigma = \frac{M}{S} = E \cdot \frac{r}{R} \tag{E13.2}$$

式中:$S = \frac{I}{r}$,为截面模量。

如果从一根缆索中抽取悬索桥钢丝,它们趋向于恢复一部分原始曲率,甚至在服役多年以后。在实验室测试中,在钢丝凹的一面发展出裂缝,比如拉直过程中产生伸长的地方。在锚固端的缆索钢丝也产生一个复杂的弯曲应力,在必须要绕过滑轮周围相对小直径的地方,如图 E13.3 所示。这也是导致设计师在设计最新的悬索桥时使用预制直钢绞线的原因,比如在日本,该技术最开始由一个美国专利技术发展过来(图 E13.4)。

图 E13.3 锚固端眼杆及气纺法制成的缆索钢绞线

图 E13.4 带预制直钢绞线的锚固端

桥梁上部结构

桥梁的使用寿命主要是由上部结构状况决定的。而上部结构状况决定于桥面板和主要构件的性能。记录显示,在 20 世纪的后 50 年,美国桥梁上部结构的平均寿命从 50 年下降到了 30 年。在新建结构中如果没有给予合适的分析和设计预防,结构寿命下降的趋势是不能扭转的。

桥面板和主要构件

典型的桥梁上部结构由桥面板和主要构件(梁)、次要构件(支撑)组成,如图 4.12 所示。模拟上部结构在活载作用下的响应是所有桥梁设计规范的中心任务。美国州公路及运输协会的早期目的是将经验的数据及分析融合到相对简单且保守的过程中来。等效条带法和等效梁法就迎合了这个目的。这种方法将连续的上部结构离散到具有分立重复式刚度的条带,每根条带通过弯曲承受部分设计活载。有以下两个必要因素:

- 对等效梁承受荷载有贡献的桥面板的有效宽度(如果没有组合作用则为 0);
- 由主要构件所分担的活载。

其中第一个参数依赖于剪力在板中的传递,后一个参数依赖于活载作用下桥面板对弯矩和剪力的响应。

等效梁可以作为首要构件,例如主梁,单独工作或与桥面板在特定的有效宽度上共同工作。组合构件的作用或有效宽度依赖于活载作用下混凝土桥面板与主要构件顶部纤维共同变形的能力。超过了一定的宽度,桥面板中的剪应力出现滞后,它不再随着弯曲发生明显的变形。附录27描述了美国州公路及运输协会推荐的在桥梁组合上部结构中,桥面板合适的有效宽度的选取方法。

活载在主要构件(组合的或其他形式的)间的分配是通过桥面板传递的,桥面板跨越在主要构件之间,承受弯矩和剪力。美国州公路及运输协会(见附录28)推荐的分布系数,可以确定作用于设计构件的车轮荷载的比例,分布系数依赖于构件的类型和空间布置以及桥面板厚度。三维或二维的体系都用一维的构件来设计。为纵向和横向分布的构件(例如底梁),外部和内部梁,考虑双向厚板效应的桥面板以及悬臂梁都提供了分布系数。公式都用美国州公路及运输协会的设计车辆荷载做了校准,在4.2.4节做了简要的讨论。1995年,托涅斯提供了有用的图表来解释美国州公路及运输协会活载分布系数。

桥面板通常是7in(17.75cm)9in(23cm)厚。车轮线间距为6ft(180cm)。美国州公路及运输协会的分布系数大致是从1.09~1.87,这样一片等效梁就会承受多于一列车辆荷载。这个假定被认为是保守的。1991年,佐凯恩等人发现只有在主要构件之间间距很大时才是保守的。另一个方法是,上部结构对活载的重分配在横向更为有效。有限的破坏性试验显示,等效条带方法为上部结构提供了一定的强度储备和荷载再分配能力。混凝土桥面板尽管经历了急剧的退化,但被发现在功能上还是安全的,如图4.14所示。

在弯矩作用下的等效带法不能如实地模拟现代桥面板体系。上部结构的扭转刚度被忽视了。不能可靠地进行疲劳寿命估计和动力荷载分析。尽管许多有用的上部结构是按等级系带法设计的,但是更精确的方法得到了发展。美国州公路及运输协会(1998)和荷载抗力系数设计法(2004)基于经验数据和有限元模型(佐凯恩等人,1991)提供了更详细的校准。

Chen等人(国家合作公路研究计划543号报告,2005)提出了计算组合钢桥构件有效板宽的新方法(附录27)。543号报告(2005)总结道,和三维有限元模型分析结果对比,当前的美国州公路及运输协会荷载抗力系数设计法规范(1998)采用了保守的有效板宽计算方法。

巴克和帕克特(1997年,第6章)定义了用于二维和三维上部结构分析的1.5维和2.5维分析。一个例子是梁线方法,这种方法通过二维分析获得分布系数并应用于等效一维梁,如下:

$$\text{分布系数} = \frac{\text{关键结构响应}^{2-D}}{\text{等效梁的响应}}$$

荷载抗力系数设计法(2004年)(附录28)中的分布系数都是基于佐凯恩等人(1991)的分析和以上定义。其应用只限于等截面的,构件平行和相似的,没有弯曲和悬挑部分的上部结构。

采用以下定义(美国州公路及运输协会,1998,第4-3页):

等效梁法——既可以承受弯曲又可承受扭转的直梁或曲梁。

等效带法——人造线性单元,出于分析的目的从桥面板中分离出来,其中极限荷载用一排车轮来计算,横向或者纵向,接近于桥面板的实际情况。

有限条带法——结构离散成平行条带的分析方法。条带变形形状是假设的,在单元表面保证了部分协调性。模型位移参数通过能量变分原理或平衡方法来得到。

桥面板作为主要构件

桥面板是箱梁的主要构件(图 4.17)。设计规范的早期版本将其设想为一个具有相对较小圣维南扭转常数 J 的开放式截面,如图 4.12 所示。箱型截面的分布系数明确地包含了扭转常数,为了更真实的反映主要扭转刚度。

施莱克和施夫(1982,第 3 页)将埃纳比克设计的复兴运动桥看作是第一个三铰拱箱形梁桥。在随后的几年,箱形梁因其在各个方向上都有较好的抗扭性能和抗弯性能而成为分布最广泛的桥梁形式(施莱克和施夫,1982,第 2 页)。由于需要刚度更大,重量更轻的正交异性桥面板(图 4.18)代替了传统结构中钢筋混凝土桥面板(图 4.19)和钢格填充混凝土桥面板(图 4.20)。开放式格栅因为其重量轻(图 4.21),用在了许多可移动桥梁中。它易于腐蚀和疲劳,并且这种缺陷容易扩散到整个上部结构。采用重量轻且具有连续表面的桥面板,其更换受到广泛关注。

图 4.17　后张法箱梁

图 4.18　正交异性桥面板

图 4.19　钢筋混凝土桥面板

格子法或二维有限元分析方法可以用来模拟平面构件,例如桥面板。褶皱板或三维有限元分析可用于箱梁分析,例如卡尔加罗和维洛格克斯(1988)以直接分析上部结构箱的扭转作为文章的开始。对简单的扭转、褶曲,褶皱板和有限元模型结果做了解释和对比。1976 年,复杂桥面板性能也是汉布利的研究内容。一些作者将折叠板定义为边界上采用铰接板的组装结构,即,通解的第一近似值。而其他作者,如施莱克和施夫(1982),在荷载—位移的一致中引入了约束弯矩。

新的上部结构类型和现有上部结构的改善模型大幅度增加了业主所考虑的方案,进而测试他们的功能。上部结构方案的选择必须考虑其建造、维护、检测和更换的能力。与其说是设

计者,不如说是管理者的工作,巴克和帕克特(1987,第275页)强调了桥梁的设计选择对于其服务性能的长期后果:长期的材料特性和变形是很难估计的,并且会导致计算值的离散性很大。

a)

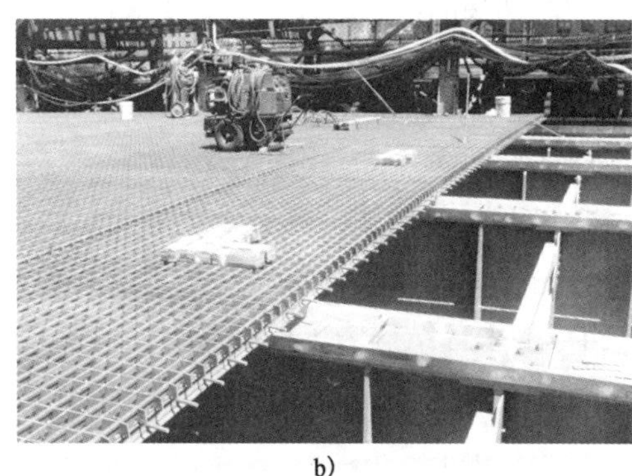

b)

图4.20　a)混凝土填充钢网格,没有溢出;b)新的钢网格,设计了溢出

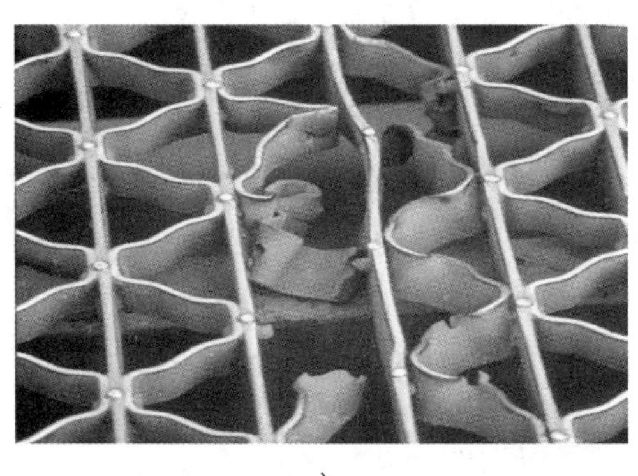

a)

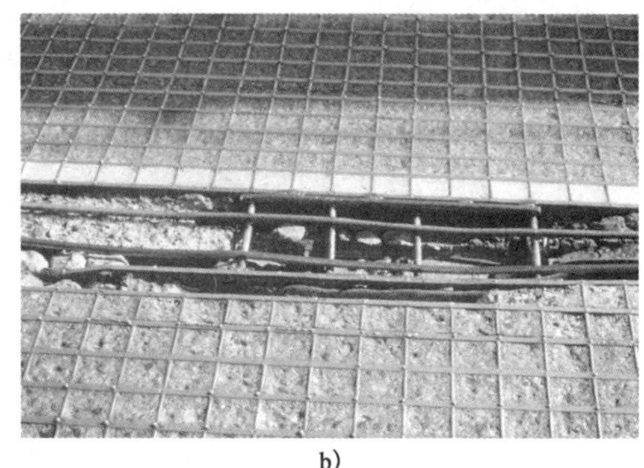

b)

图4.21　典型的钢网格断裂:a)填充前;b)填充后

国家合作公路研究计划495号报告(2003)总结说,桥面板性能对适用性是很重要的,并且评估比制定设计规范还难,这受到桥梁设计者极大关注,而管理者关注甚少。如图4.13和图4.14所示,桥面板在弯剪组合的重复作用下破坏,疲劳作用加剧了这种破坏(见4.3.1节)。

国家合作公路研究计划495号报告(2003)提供了桥面板疲劳寿命的估计,依赖于它们所承载的车辆类型。对于使用寿命的预测,这个关系必须与桥面板特性相关,例如跨径、厚度、磨损面、防水和防结冰。国家合作公路研究计划333号综合报告(2004)综合了整个国家(美国)的桥面板性能数据。荷载抗力系数设计法的第9节主要介绍了桥面板的设计和建造。

上部结构的挠度

附录29简单对比了美国州公路及运输协会(2002)与美国州公路及运输协会(1998)对挠度的处理。当把适用性作为一个特殊的极限状态时,在荷载抗力系数设计法中由三种荷载组合来表示,其中一种是用于疲劳计算(附录25),过去挠度的限制和厚宽比就仅作为建议了。这是由荷载抗力系数设计法试图避免规定性想法促成的。设计者和管理者不仅没有一起忽视挠度,反而是谨慎地设置了自己的限值,例如巴克和帕克特(1987,第275页)在美国州公路及运输协会(1998)中注释中所述。规范承认,挠度除了对桥梁用户产生心理影响,特别柔的桥梁,还要考虑信号、照明结构的疲劳设计。如果挠度计算成为设计文件中的一个强制的条目,业主将会从中受益,尽管益处有限。结构性能监测能力的提高允许现场检测来检测文件的真实性。

设计规范不能描述每一种适用性和极端事件的需求。鼓励桥梁业主在具体现场的极限状态下重新分析其结构。图4.22a)显示了一个钢横梁在整个结构扭转的作用下的开裂。如图4.22b)所示,在裂缝的两侧粘上钢板,是一个临时的解决方案。自从1908年对列车和汽车交通开放后,曼哈顿桥已经有了体系上的裂缝(图3.7)。图4.23显示了一个由桁架、底梁和加劲梁组成的上部结构为了抵抗扭矩而做的整体加强。

a)

b)

图4.22 a)横梁腹板开裂;b)腹板两侧粘贴钢板加固

计算机软件

针对任何一套设计规范,都有相应的用于结构分析的计算软件包。对软件包没有充分理解而去应用的风险一直存在。国家合作公路研究计划485号报告(2003)开发了软件验证指南和示例。

图4.23 减小整体结构扭转的加劲

4.2.3 连接

多数桥梁的坍塌都直接或间接与连接有关。1885年,波勒认为:节点是整个结构中最重要的构件,工作必须完全由它们来判断(第47页)……节点强度的设计有很大的压力,因为好的桥梁结构的本质在于它的良好设计。一个节点必须与它所连接的构件有同样的强度;作为一个链,最薄弱的环节决定了整个链的强度,所以在一个桥梁中,缺乏一个必要的铆钉可能就影响到它的强度(第8页)。

尽管对于能量耗散、部分能量释放、材料和几何非线性的模拟有了很大改善，离散构件间的传力点依然对分析和实践很敏感。

非铰接（例如，螺栓连接、铆接和焊接）的性能主要依赖于设计和施工。检测中将它们与其连接构件作为一个整体看待。然而图4.24和图4.25所示，这些连接点比其连接的构件更易腐蚀。

图4.24　铆钉头生锈，桥面板碱集料反应，钢筋破坏

图4.25　锚固螺栓破坏

铰接连接包括栓钉、眼杆、吊钩、键、马蹄钩和支座，其中许多被认为是易于断裂的关键元件（见14.2节）。伸缩缝是桥面板间的铰连接。检测记录表明伸缩缝显示节点是最先失效的构件，而结构其他部分随之失效（见14.2节）。图4.26例证了常见的由于伸缩缝失效而出现的泄漏。

大跨桥梁的支撑结构承受频繁的位移约为15in（375mm）。碎片会在传统的指形连接处自由积聚（图4.27）直到损坏高度敏感的支座。模组型伸缩缝是一个现代的选择。它们必须精确地放线、安装、维护，以免出现图4.28和图4.29所示的疲劳破坏。

图4.26　压接点失效导致的泄漏

图4.27　悬索桥中的指形接合处

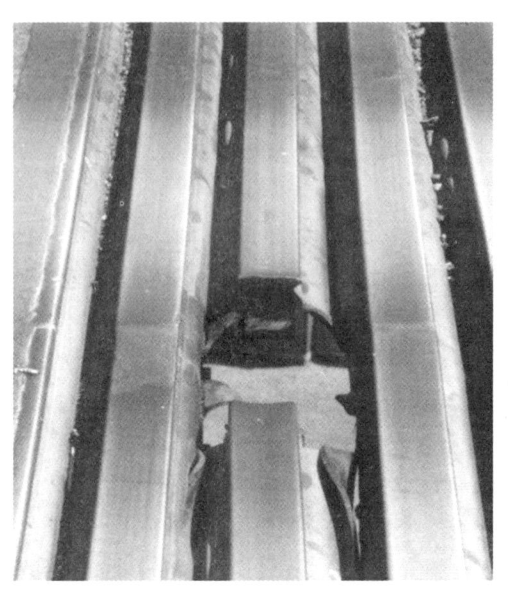

图 4.28　标准组件连接的疲劳破坏

a)　　b)

图 4.29　组件节点螺栓疲劳失效

限制大跨桥梁位移的活动支座的破坏也是不可避免的(图 4.30 ~ 图 4.34,见案例 7)。

图 4.30　悬索桥滑动支座的位移量为 4 ~ 6in(100 ~ 150mm)

图 4.31　滑动能力耗尽的悬索桥滑动支座

a)

b)

图 4.32　a)移位的固定支座;b)失效的滑动支座,旧金山—奥克兰东海湾大桥,1989 年 10 月 29 日

1973 年纽约西部高速公路的破坏就起始于横梁与纵梁的连接处。三番—奥克兰海湾桥于 1989 年洛马普里埃塔地震中失效就是因为坍塌跨一端的两个固定支座和另一端的活动支座失灵。活动支座如果能够移动 1ft 的距离(305mm)就可能阻止坍塌的发生。这次地震(豪斯纳,1990)证明塞浦路斯林荫大道高架桥的双层板中的第一层和第二层间的不连续是关键的,因为双层的三番铁路桥在该事件中幸存下来(图 3.9)。

1981 年 7 月 17 日堪萨斯市凯悦酒店的人行悬索桥的坍塌(在 4.3 节做了简要讨论),也是由于发生了在传力节点的破坏。

在 1995 年 1 月 17 日的神户地震之后,阪神高速道路失效节段附近的一个区域被指定作为一个支座和限制器墓地(图 4.34)。震后评估(Shinozuka,1995)发现支座、键和特殊约束装

图4.33 失效的活动支座,滑动量为6in(150mm),三番—奥克兰东海湾大桥,1989年10月29日

图4.34 失效的支座和支座盖板,神户,1995年1月

图4.35 刚性约束

置都在事件中首当其冲。约束装置主要作为临时改造构件,用以在极端事件中吸收能量。这些装置已经从刚性的或张紧的连接(图4.35)发展到松弛的连接(图4.36),用于与支座一起承受较大变形。

连接是结构中最薄弱的环节,这是管理的结果。在管理过程中,不连续性是主要的弱点(见4.1节)。因此,两者有许多共同特征,包括如下:

- 导致管理和连接失效的原因可在设计,施工,养护和运营中找到,例如在过程的所有阶段以及产品的所有方面。

银桥的眼杆链和跨越迈安娜斯河的1-95桥的吊杆都是例子。两者都是哈兰德等人(联邦公路管理局,1986)认定为临界—断裂的元件,而在设计中不再使用。

- 在连接处,如在管理中,失效经常是证明性能低下的唯一无可争议的证据。

直到现在,也很难监测连接处力的传递。案例7所示的故障也只是在结构整体形状发生扭曲之后才发现的。新的数据获取技术也扩展了能够监测的性能参数的范围(决策支持系统提高了桥梁管理系统)。类似地在管理中,真正主要的性能指标在不断地探索。

- 只要应用和组合合理,冗余和超安全设计就能够减小连接的缺陷。资金能够消除特定的管理缺陷,但是不能不加选择地过度消费。

案例7中的连接失效由于成功的荷载重分布,而没有导致结构整体失效。

- 一经察觉,连接和管理的失效将通过修改决策过程来消除。

早期的毁坏本该阻止银桥和塞浦路斯高架桥的灾难性破坏；然而，这肯定会给用户带来极大的不便。没有哪个桥梁管理者会让如此重要的结构在没有先例或明显的危难证据的情况下停止服务。在银桥坍塌之后，对潜在危险的认识不得不由国会立法来加强；洛马普里埃塔地震以后，一项总统法令又对此做了加强。

图4.36　张紧的和松弛的约束

连接的合理方案依赖于（就像在管理中）当地条件，包括经济性和建设实践到交通和环境状况。在迈安娜斯桥坍塌以后，销钉和吊杆组合构件在新设计中就被取消了。已使用的元件在一些区域得到了翻新，在另一些区域得到了严密检测，这取决于认为的重要程度。

图4.37　摇轴支座和加固后的桥墩

对于将来的桥梁，这些易损性都会在设计阶段有效加强。州和当地的工程指南都不允许不具有抗震性能的支座。新型支座已经发展到能够承受地震荷载的需求，如凯利（1993）、曼德等人（1996）和依姆柏森等人（1997）报道的一样。弹性支座、钟摆支座和盆式支座正在代替过去的摇轴支座和钢滑动支座，如图4.37和图4.38所示。地震安全规定在附录33中阐述。

- 专业技术存在于不断更新的最小技术水平回顾、建议和对当前规范的修改中。关于连接和管理的文献是非常丰富的。
- 连续性是希望的，但并不是完全可能的。尽管连续性的结构有诸多优点（物理上的和组织上的），不连续性和连接是不可避免的。
- 连接和管理是要不断地再设计的。

连接可能发生在价值工程、方案比选、施工、修复和加固（这刚好也是关键管理的挑战）等过程。如果可能的话，结构的不连续性可以通过加固的方式来消除，例如在伸缩缝处（见4.3.3节）。地震加固并不限于但是最主要在于连接点的加固。随着提高结构性能的可能性，同时也出现了由于监管、审查失职和未能将原始设计的所有改变列入清单而带来的管理上的风险。

4.2.4　荷载

超载和相应的欠安全设计都是定量的易损性。都是通过调整设计预估和规范服务来改正的。荷载量上的错误判断受人关注，因为它是由系统的漏洞造成的。分析将荷载定量地分为静力的和动力以及主要的和次要的荷载。具体的荷载状况是根据引起的原因来分辨的，包括恒载，活载（车辆、行人等），风，地震荷载等（附录25）。美国州公路及运输协会（2002）和荷载抗力系数设计法(第2版)将荷载分为恒定的和瞬时荷载。联邦公路管理局(2002,第1.7页)提供了一个次荷载表,包括由材料特性(收缩),使用(冲击,制动和离心力),环境(冰,水,风,地震,温度)等引起的次要荷载。

a)

b)

图4.38 a)地震易损的摇轴支座;b)用橡胶支座或支撑加固

恒载

没有地震、活载、瞬时荷载等动力激励,结构的自重和土的作用都是静态的。规范将其定义为恒载或重力荷载(美国州公路及运输协会中的DL,2000年;美国州公路及运输协会的DC,1998)。

当重力荷载在施工中增加会导致结构失效,由于此时它在不断增加,换句话说,这时荷载不再是恒定的。因此,施工顺序必须明确地设计。荷载抗力系数设计法(1998,见3.4.3.1节)为牵引力制定了一个(最小)1.3的系数。

式(4.1)通过荷载系数γ来预测恒载或者重力荷载的不确定范围:

美国州公路及运输协会(2000年,第31页)

$$\gamma_{DL} \times \beta_D = 1.3 \times 1.0$$

最小轴向荷载、最大弯矩或柱偏心设计中[见式(3.4)],采用

$$\gamma_{DL} \times \beta_D = 1.3 \times 0.75$$

美国州公路及运输协会(2000,第3—11页)

$$\gamma_{DL} = 0.9 - 1.25$$

除了荷载强度组合Ⅳ时采用

$$\gamma_{DC} = 1.5$$

在大跨公路桥梁中恒载可能占总荷载的90%(铁路桥中占80%)。这个比例在小跨径中明显减小,这并不严格适用于上部结构。不同结构构件的重量在结构生命周期中并不都是可预测的。巴克和帕克特(1997,第141页)指出,表面铺装的重量是有很大变异性的。预定要被移除的圆石铺装也可能上面加铺了沥青,如图4.39所示例子。路缘石的高度显

示每次重新铺装都使得沥青的厚度越来越厚。图4.40显示了重铺之后不够的与正常的路缘石外露情况。

薄的黏合层消除了磨耗层积聚带来的危害(但是它更加容易脆裂;见4.3.3节)。

公用设施重量的变化容易被忽视,因为公用设施通常是由不同的业主管理的。

图4.39 有60年历史的圆石铺装的钢筋混凝土桥面板的破坏

活载

活载是动态的,它的变化既具有随机性又具有系统性。传统上,设计中用放大系数来模拟随时间变化的荷载,这是另一个缺陷。伪静力方法不能适用于大跨桥梁的地震、风、爆破荷载分析;然而,它仍然适用于低敏感性结构和交通荷载的分析。桥梁设计规范规定的列车荷载的大小和放大系数明显比美国州公路及运输协会规定的车辆荷载大(附录30)。在20世纪早期许多桥梁中,铁路桥梁已改用于公路交通了。图E3.1描述了纽约东河桥的这个过程。因此,适用性由于活载的相对减小得到了提高,即使结构自身状况(例如强度)有所下降。公路车辆荷载比铁路车辆荷载小,但是前者在发生频率、几何状况以及大小上更加难以预测的。因此增加了对统计处理的需求。

图4.40 不足的(左侧,3in,75mm)和正常的(右侧,8in,200mm)路缘石外露高度

车辆荷载

泰利(1998,3.2.2.2节)在综合历史背景下,对车辆荷载的变化做了深入的阐述。巴克和帕克特(1997,4.2.2节)简明地总结了美国州公路及运输协会设计规范的最新情况。车辆荷载采用集中荷载来代表车轮或车轴,用均布荷载来代表车列。图4.41显示了一个每种桥梁必须设计的典型荷载配置。

集中荷载和分布荷载经过校准用来代表典型卡车的几何形状和重量。美国州公路及运输协会的设计卡车荷载包括HS15-44、HS20-44以及特殊荷载和军用的或超重的车辆。美国州公路及运输协会1998年(3.6.1.1节)参考了HL-93(附录30)。

车辆荷载的短期动力效应采用冲击系数I(或IM)来模拟,在附录31做了简要总结。模拟连续的交通流必须解决以下问题:

图 4.41　美国州公路及运输协会设计车道荷载模拟的典型活荷载

(1)设计车道荷载是否考虑动力放大系数;

(2)是否考虑有较多车轴的车辆产生较大的动力放大效应。

当前的设计规范对这两个问题的处理是矛盾的。较重的卡车被认为产生较小的动力放大效果。在确定放大系数时假定结构变形和荷载是线性相关的,而这并不是都适用的,比如在磨损层、节点处以及疲劳断裂处。

根据帕姆格伦—迈纳准则(费舍尔等人,1997,第 34 页),疲劳损伤采用期望等效应力循环来模拟。该准则对预期疲劳寿命做了概率估计,见 4.3.1 节。

短期和长期效应是不可分的。预估的疲劳寿命依赖于由活载冲击系数获得的应力幅度。活载对桥梁上部结构的影响对时常审查的荷载过程是非常重要的(美国州公路及运输协会,2000,国家合作公路研究计划 12-46 号报告,2000)。交通研究委员会 225 号专业报告(1990)追踪州际公路的最大毛重限制从 1956 年的 73280lb(33t)增加到 1974 年的 80000lb(36t),相应的最大速度限制下降到 55mile/h(90km/h)。

报告鼓励重量增加的卡车增加车轴对重量进行再分配。同时指出通过对交通控制来限制重量是无效的,因为卡车公司超载有利可图因而愿意支付罚金。欧洲委员会的 BRIME2002 报告表达了相似的观点。

贝利(1996)和摩西(Frangopol,1999,第 1-19 页)讨论了卡车荷载的概率模型。国家合作公路研究计划 505 号报告(2003)回顾了卡车的几何特征。所有概率模型必须根据交通数据的质量和数量进行设计和更新。国家合作公路研究计划 538 号报告(2005)致力于收集交通数据用于路面力学设计。

行人

1830 年,蒙特罗斯的布朗桥在拥挤的人群从一端涌向另一端的作用下坍塌了(霍普金斯,1970)。类似的人群行为没有再造成破坏(欧文,1986,第 29 页),却极大地刺激了现代悬索桥的发展。华盛顿罗布林发行了相关指南防止大队的人群以同样的步伐通过布鲁克林桥。塔克马桥的坍塌说明了竖向和扭转模态频率的接近是比较危险的。反过来,移动的人群激起一座著名人行桥的振动之后,横向运动频率也引起了注意。从英国伦敦的千禧桥和法国巴黎的索尔费里诺步行桥的调查显示,人群的步伐会根据桥梁摇摆的固有周期而调整,因此施加了一个同步的横向荷载,而不是随机的。在风致颤振的情况下,这种现象已经得到识别(Fujino 等人,1993)。

在静态的情况下,人群荷载也能够达到危险的量级。在金门大桥(图 4.42 和图 4.43)50 周年庆典时,超载的人群导致跨中大变形(伴随着一些非弹性变形)可用镜头捕捉得到。

美国州公路及运输协会规定的车道荷载是 64lb/ft^2(3.1kN/m^2),分布作用在 10ft(3m)宽的车道上,多车道时计入 35% 的折减。行人荷载通过施加 34.7lb/ft^2(1.7kN/m^2)的均布荷载到整个 12ft(3.5m)的车道,行人荷载可能超过车道荷载并不是一个不可能的预计。泰利(1998,第

181 页)认为美国第一个活载定义是惠普尔于 1846 年提出的。这个活载包括行人荷载,其值为 $100lb/ft^2$(4.8×10^{-3}MPa)。根据美国州公路及运输协会 1998 年的《荷载抗力系数设计法》(第 2 版),人行道设计荷载对于人行道取 $75lb/ft^2$(3.6×10^{-3}MPa),而对于人行桥采用 $85lb/ft^2$(4.1×10^{-3}MPa)。

图 4.42　金门大桥

图 4.43　金门大桥的抗震加固

典型的灾难是人群对察觉到的结构危险的反应。在 1883 年 5 月 30 日,布鲁克林大桥开放一周后,一个估计有 20 000 人的人群在没有特别原因的情况下恐慌地冲向桥的出口,结果有 12 人被踩踏致死。

极端事件

所有应对极端事件的应急措施基本都是有缺陷的,因为预想的措施都是根据假定的(因此是有争议的)灾害来准备的,而应对措施是根据造成损失的灾害制定的。(紧急响应在 4.1.3 节中进行讨论)采取防护性措施的成本效益分析被认为是事后诸葛或是杞人忧天。国家合作公路研究计划 489 号报告(2003)由戈恩、摩西和 Wang 提出了极端事件下高速公路桥梁的风险分析,这些极端事件包括地震、风、撞击和冲刷。美国土木工程师学会总结了泰勒和冯马克(2002)提到的与自然灾害有关的风险评估实践。

洪水和冲刷

洪水是世界范围内导致桥梁坍塌的主要原因。一个值得一提的例子是纽约州跨越斯科哈里湾的高速公路桥。它在 1987 年 4 月 3 日奔流的洪水中坍塌,这证实了桥梁易受冲刷的估计。一个初步的设计已建议将桥墩建于航道外的大跨桥梁。这个方案由于其造价较高而被否决。在 2005 年 9 月新奥尔良的防洪大提在卡特里娜飓风中坍塌后,类似的考虑也被提到。

冲刷相关的灾害评估和一些缓解方法在 TRR1351(1992)中进行了讨论。联邦公路管理局(1998)描述了一项关于冲刷监测及其测量设备的样板工程。纽约州交通局已经出台了一个水力易损性手册。

洪水可能由于地震导致的海浪(海啸)引起。发生在 1964 年北美西海岸,2004 年 9 月 27

日发生在南亚以及2005年9月的路易斯安娜的洪水的破坏能力超过了设计的预防标准。如果反应迅速，并且能够进行有效的疏散，那么预警系统是非常有价值的。

地震

美国交通部的地震安全委员会表达了如下的关注（奎德和道格拉斯，1993，第vii页）：负责各种交通运输企业的个人，无论他们属于公共部门，还是私有部门，无论是什么模式，其中很少有人对他们所面临的地面易损性有充分的认识。

在每次大的地震之后那种认识都会发生突然的变化，例如圣费尔南多（1971）地震，洛马普里埃（1989）地震，北岭（1994）地震和神户（1995）地震，这些地震都暴露了桥梁的易损性。

在洛马普里埃地震中，加利福尼亚奥克兰塞浦路斯的林荫大道的高架路I—880发生了超过大约2km的坍塌，造成4人死亡。同一事件，旧金山—奥克兰东海湾大桥（图4.33）50ft（16m）长的一跨坍塌，造成1名乘客死亡。在其他方面受到巨大影响的整个海湾地区，这些是仅有的死亡事件。

对现有结构震后维修和加固是利用有限的公共资金进行的桥梁管理任务，通常是在不中断交通情况下进行的。灾害等级是未知的，公众监督是严格的，潜在的损失可能是很高的。修复措施带来的收益无法计算。

作为对1971年的三番地震的响应，奥克兰的塞浦路斯高架桥在1977年采用纵向约束进行了加固。在1989年的洛马普里埃地震中，48排双层高架桥在横向为主的地震动激励下失效。豪斯纳等人（1990）和尼姆斯等人（1989）发现纵向限制对失效模式的结果影响很小。尼姆斯等人（1989）总结说，没有约束，结构可能还是沿着纵向倒塌。横向加固已经在考虑了，等着资金到位。

因此，美国20世纪最多灾多难的两座桥，塞浦路斯高架桥（41人死亡事故）和银桥（46人死亡事故），他们的坍塌有着不同却很广泛的原因。塞浦路斯高架桥的坍塌根据克里斯滕森和贝克的理论可归结为B类，因为它是根据规范设计的，而规范没有考虑地震荷载。整个结构的方案不恰当地采用不连续性设计，不管是在纵向还是横向。混凝土排架缺乏内部延性，柱的加固没有形成约束。基础位于海湾泥上面，其下由平均深度50ft（15.25m）的桩支撑。有限的资金只能允许渐进的加固。如在斯科哈里湾的银桥一样，如果缺少任何一种重要的缺陷，都可以阻止结构发生整体性坍塌。尽管对比不是严格的，在三番的恩巴卡德罗区域一个有连续柱的双层的结构（见图3.9，3.2节）在该地震中幸存下来，其破坏大多数位于梁柱连接点，后来这个结构被拆除。

确保性调查，包括豪斯纳等人（1990）导致了桥梁设计的几处更改。提出了在伸缩缝上保持纵向连续性（图4.35，图4.36）。柱纵向钢筋的约束需求得到了加强。避免采用混凝土双层高架桥。包括恩巴卡德罗区域内的许多多层高架桥被拆除了；其他的都进行了加固。滑动支座的设计位移得到了增加。

北岭地震证实了从费尔兰多（1971）地震就已为人所知刚性墩柱对剪切破坏（高尔兹，1994）的易损性。连续性和延性成为框架结构设计中的首要考虑因素。

主要构件之间的伸缩缝刚性约束的破坏在日本神户的阪神兵库县地震中（1995年1月17

日）特别常见。那次事件中，在阪神高速路上 18 个静定的倒梯形墩柱发生了破坏，钢筋在焊接处发生了破坏，管状的钢柱发生了屈曲，一些拉索发生了断裂。

自 1989 年，旧金山—奥克兰海湾重要桥梁就在临时加固和增加活动支座位移量下承载交通荷载。加固费用估计超过了新建一座桥梁。一个（图 1.44）满足该区域所有复杂需求的新结构正在审查中（见 1.5 节）。

塞浦路斯高架和银桥的失效模式和荷载是不同的，但是他们都引起了地震工程和桥梁管理巨大的发展。应急管理渗透到日常的运营当中（见 4.1.1 节）。一般情况下，极端事件成为控制设计的主要限制条件。

在 1990 年，第 12699 号总统令要求所有联邦部门制订一个实施计划，以确保用联邦资金建造的或租来供联邦使用的新建结构考虑抗震设计。

联邦公路管理局已经在三个国家地震工程研究中心（附录 33）资助了许多针对新建或已建高速公路在地震作用下的易损性研究。抗震桥梁设计、加固、状态评估和风险评估指南已经出版并在不断更新。联邦公路管理局跟随应用技术委员会（1983）。罗雅恩等人（1997）总结了世界范围的地震设计准则（附录 32）。针对复杂桥梁结构和子结构的指南是联邦公路管理局项目 DTFH61-98-C-00094 的一部分。反应谱和时程分析方法用于评估敏感和重要结构的弹性和非弹性特性。

2000 年，维尔纳等人开发了用于具体地理区域事后交通网络管理的软件并在当前得到了推广。在地震分析和设计领域，与日本和欧洲的合作十分频繁。

纽马克和罗森布卢斯（1971，第 14 章）系统提出了抗震设计在总体上影响了设计理念。由克拉夫和彭津（1975）编写的结构动力学方面的著作的进步与他们当时在加州大学伯克利分校地震工程研究中心的工作是分不开的。由普雷斯利提出的地震设计和加固建议同样具有了广泛的应用。国家合作公路研究计划 489 号报告（2003）将美国州公路及运输协会荷载抗力系数设计法（1998）提出的可靠度概念应用到极端事件下的高速公路桥梁设计中。

随机地震灾害下的概率风险分析最终在整个设计过程得到了普及（见第 5 章）。确定地震减灾优先顺序的算法（见附录 33，案例 14）可以修改成根据不同的易损性标准确定总体上改进的优先顺序。

案例 14　根据数据库优化桥梁地震易损性

附录 33 是用于评估地震灾害水平和可信地震引起的潜在损失的几个正式流程。范围可以局限于单个结构或者包括交通和混合使用网络。雅奈夫和特伦（1997）通过排查桥梁数据库识别了一个人口密集城市区域的潜在易损桥梁，主要状态如下：

中度地震灾害，美国州公路及运输协会 2 区，地面峰值加速度 0.19g；

750 座桥梁，4 500 跨；

在尺度为 1 ~ 7 的平均状态 4.5，包括大量退化结构，如案例 12 所示；

许多结构平均日交通量超过 100 000 辆车。

排查内容如下：

- 跨数；
- 方位；
- 最大跨长；
- 主跨材料；
- 主跨结构类型；
- 最大桥墩高度；
- 桥墩材料；
- 桥墩墩柱数；
- 桩长；
- 支座(固定/移动)；
- 年均日交通量。

假定每两跨设置伸缩接头。考虑墩柱、主要构件、支座和基座的状态,并与其他可比较的特征一起进行归类。

缺少如下的重要项目信息:

- 基座宽度；
- 桩长；
- 土体类型；
- 基础状态。

排查得出如下结论:

- 在占超过60%的桥梁中,钢是主要结构材料。
- 由钢纵梁和混凝土桥面板组成的桥梁占53%。
- 超过5跨的桥梁占15%,而占总跨数的65%。
- 年均日交通量超过50 000的桥梁占22%。
- 跨度超过60ft(18.3m)的桥梁占34%。
- 桥墩发生倾斜的桥梁占32%。
- 土体类型为S3的桥梁占12%(在同一路线上)。

被识别为最易损坏的结构已经列入修复计划,确定与中度地震区域的独立优化相一致。控制的设计规范(如果当地的需求更严格,可以代替常规的规范)规定可接受的详细的和建议的合适结构性能或构件,比如支座、基础和连接件。

这样的初步排查必须遵循对遭受可信地震(500年和2500年回归期)的重要和易损的结构的专门研究。交通通道和可选路线必须考虑。FHWA-MCEER 094项目(附录33)开发的软件允许用户在特定的事件下分析他们的资产库,考虑结构状态相互作用、交通需求和生命线性能。

尽管我们在抗震方面付出了很多努力并取得了一定的进步,豪斯纳仍然警告:地震不停地证明着我们的无知依然是正确的。即使在中等地震带,地震仍是一个隐患(见9.2节,附录33)。美国州公路及运输协会1998年(见4.7.4节)提醒桥梁业主,设计规范只给出了地震分析的最低要求,即使资源是足够的,管理同样有缺陷。

土壤液化

土壤液化是地震的结果,会明显地放大结构的位移。在液化土壤中进行设计是受严格限制的。在既有建筑基础下发现液化土壤,尤其是在地震活跃区域,需要制订紧急处理方案。2002 年,维克提出了针对这种类型灾害的详细风险分析方法。

风

悬索桥在其发展之初,就容易在动力荷载特别是风的作用下破坏。如 1826 年和 1836 年的梅奈海峡大桥以及 1854 年的威灵桥。罗布林为了保证他所设计的跨径破纪录的悬索桥在风中的安全性,聪明地采用了抑制系统。然而,他的解决方法是一个经验的方法,从专业角度依然不得不从分析上理解其动力稳定性。

1940 年,冯・卡门和毕奥定义颤振为飞机机翼的扭转和弯曲的固有频率接近时稳定性的丧失。颤振和悬索桥之间的关系是在 1940 年 11 月 7 日塔科马桥在风致倒塌后才被认识的,这次倒塌事件仍是一个值得讨论的话题,因为导致这次事故的原因很多。这些因素包括:大桥动力模态的固有频率彼此太接近,结构路面很窄,阻尼很小,而且非常的轻,加劲梁陷入了风的涡流之中等。如果缺少以上任何一个因素,桥都可能会幸存下来。结构类似,但桥面较宽的纽约白石大桥(1937),在高速风的作用下也很容易损坏,但仍在可管理的范围内。当它的设计者安曼自称很幸运时,他可能指的是塔科马和白石桥的相似性。工程师传统上立志不依靠运气,然而,管理者知道,这是完全不可能的。

大跨的空气动力稳定性始终是一个研究热点,正如拉尔森和伊萨尔(1998)讨论的一样。关于结构在非保守力作用下不稳定性的简明回顾可以在巴赞特和切多林(1991)的第二章找到。荒谬的是,桥梁动力学的进步只强调对通过结构现场监测和风洞试验获得的经验知识的需求。即使美国州公路及运输协会设计规范没有解决大跨度桥的动力学问题,美国州公路及运输协会 1998 年(见 4.8 节)推荐进行风洞试验。斯科特(2001)就这个问题基于历史的观点做了总结。

风致桥梁响应的主动和被动控制已经由 Fujino(Juhn 等人,2005)和其他研究者基于白鸟大桥、明石海峡大桥和日本其他大跨桥梁的数据做了研究。

撞击

船的撞击具有异常的破坏性,例如佛罗里达州阳光高架桥事件。图 4.44 显示了一个墩柱由于驳船撞击发生的破坏。交通流立即从相应的桥面板脆弱带移开。一个连续的带梁安装在破坏的支撑上方。此桥将会被一座通航高度更高、跨径更大的桥梁所取代。美国州公路及运输协会详细估计了冰和浮木压力。冰可能被船推向墩柱,而不偏离航道。

图 4.44 遭受撞击破坏的混凝土墩柱和盖梁

图 4.45 显示了火车撞击钢柱后的情形。在任何可能的时候,必须采用防撞栏杆保护桥

柱,以免火车撞击。将钢柱包在混凝土中以提高抗冲击能力。

卡车撞击桥墩和上部结构的情况是常见的。出于几何上的限值,及乘客的原因,采用与铁路桥梁一样的措施防止撞击可能不适用。图 4.46 所示的结构是一个地标性建筑,不容更改。

图 4.45　火车撞击过的钢柱

图 4.46　卡车与公路桥的撞击

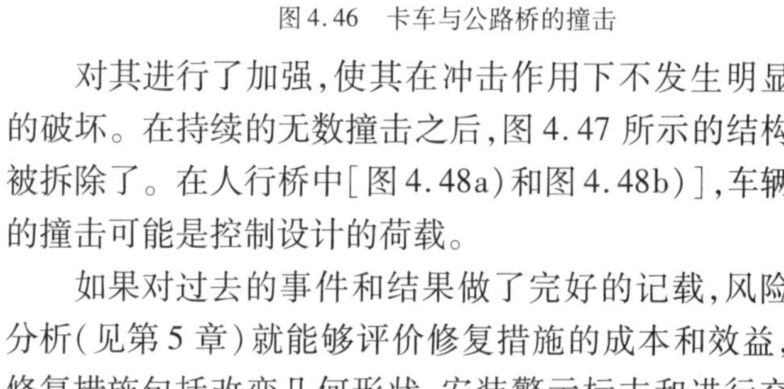

对其进行了加强,使其在冲击作用下不发生明显的破坏。在持续的无数撞击之后,图 4.47 所示的结构被拆除了。在人行桥中[图 4.48a)和图 4.48b)],车辆的撞击可能是控制设计的荷载。

如果对过去的事件和结果做了完好的记载,风险分析(见第 5 章)就能够评价修复措施的成本和效益,修复措施包括改变几何形状、安装警示标志和进行交通管制。

图 4.47　撞击对公路桥上部结构的损坏

美国州公路及运输协会 1998 年(见 3.14 节)特别详细地评估了船撞灾害。业主必须根据其重要性对桥梁进行分级。结构被撞击的后果、保护系统(例如,系船桩,防护栏)和船只必须共同评估。必须与管理航海的部门(例如美国海岸巡逻队)一起合作,将不利因素降到最低。

技术的进步提供了更多有效的预警系统;然而,在多数结构中没有足够的数据来对风险等级的降低做统计估计,从而进行生命周期成本分析。

a)

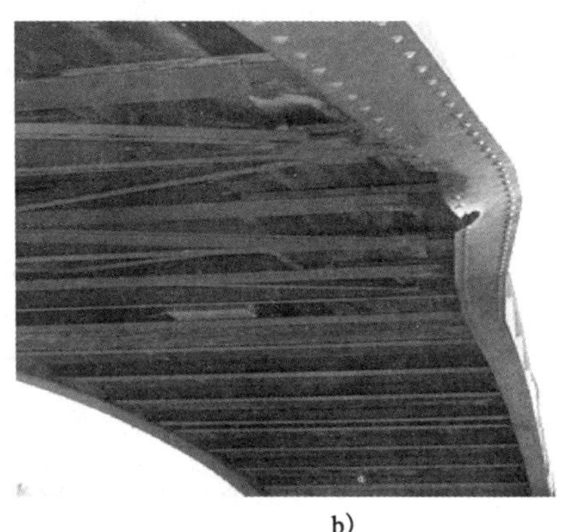
b)

图4.48　卡车撞击对人行桥的损坏

火灾

2001年9月11日世贸中心北塔的坍塌，让每个人记忆犹新，其中耐高温性能对于简支楼层的整体性来说是起决定性作用的（联邦紧急事务管理局403，2002）。更确切地说，世贸中心7h后的坍塌完全是因为火灾造成的。

火灾在桥上桥下发生都不罕见，然而桥上的防火措施却远远不如建筑中考虑得多。图4.49和图4.50显示了典型的火灾损伤。

弹性模量随着温度升高而降低。在持续的火灾作用下，受弯梁将产生很大的永久变形。活动支座不能适应极端的位移而失效，如图4.50所示。

当受热时，混凝土破碎，通常是爆炸性的。暴露出来的钢筋发生屈曲。钢构件在火灾作用下很容易屈曲（图4.51）。案例15对这种效应做了阐释。

图4.49　火灾造成的桁架结构损伤

图4.50　由火灾造成的热膨胀引起摇轴支座和底座的破坏

图 4.51　在热膨胀下屈曲的钢柱

案例 15　高温导致的极限应变

热膨胀系数为：

对于钢结构

$$\Delta\varepsilon_t^s = 11.7 \times 10^{-6} \text{mm/mm℃} (6.5 \times 10^{-6} \text{in/in/°F})$$

对于正常重量混凝土

$$\Delta\varepsilon_t^c = 10.8 \times 10^{-6}/℃ (6.0 \times 10^{-6}/°F)$$

$$E_{steel} = 200.000\text{MPa}(29.000\text{ksi})$$

$$E_{concrete} = 0.043\gamma_c^{3/2} f_c'^{1/2}(\text{SI}) = 33.000 w_c^{3/2} f_c'^{1/2}(\text{U.S.})$$

式中：γ_c——混凝土密度（kg/m^3）；

f_c'——混凝土特征强度（MPa 或 ksi）；

w_c——单位混凝土重量（kcf）。

假设一个无支撑简支梁的长度 $L = 15\text{ft}(4\ 572\text{mm})$，截面积 W36 × 256，$A = 75.4\text{in}^2$（48 645mm^2），$r_y = 2.65\text{in}(67.31\text{mm})$。

满足上述特性的结构的极限应变 ε_{cr} 为[式(4.3a)]：

$$\varepsilon_{cr} = \left(\frac{\pi r_y}{L}\right) = \left(\frac{3.14 \times 2.65}{15 \times 12}\right)^2 = \left(\frac{3.14 \times 67.31}{4\ 572}\right)^2 = 2.13 \times 10^{-3}$$

引起极限应变 ε_{cr} 的温差为：

$$\Delta^{\circ}t_{ct}=\frac{\varepsilon_{cr}}{\varepsilon_{t}}=\frac{2\,130}{11.7}=182(℃)\quad 或\quad \frac{2\,130}{6.5}=328(℉)$$

此处，施加的荷载很容易引起 $\varepsilon_{cr}/2$。因此，$\Delta^{\circ}t_{cr}/2=164$℉可能会导致有假定特性的受限结构发生屈曲。根据 SFPE(2000 年)，钢的弹性模量开始于接近线性，超过 200℃(392℉)是下降。在火灾时钢结构经常发生屈曲，如图 4.51 所示。

混凝土弹性模量(科铎和海莫斯，2002 年)下降得很快，开始于环境温度，在 200℃(392℉)时达到原始值的 70%。

图 4.52　利翁—安提利桥，希腊

在最近一次雷暴雨中，利翁—安提利翁的一座多跨斜拉桥(图 4.52)的一个拉索被闪电击中引起火灾。维洛热描述这个事件为从未想象过的场景(欧洲新闻记录，2005 年 2 月 17 日，第 12 页)。这个事件说明闪电对于桥梁是一个火灾来源，尤其是在用作腐蚀保护的材料是易燃的(这个事件中就是拉索)情况下。

人为破坏

区分人为破坏和其他极端事件的特征如下：

• 人为破坏不是纯粹随机的。从俄克拉荷马州 FBI 大楼的爆炸到纽约世贸中心遭到袭击再到华盛顿五角大楼遭袭击的期间安全措施的发展说明了这点。即使采用了概率分析，近期所采用的安全预警级别都是确定性的。

• 结构承受了不可能的荷载组合。世贸中心双子塔的倒塌是在冲击、爆炸和高温加上所有的恒载活载等综合作用下发生坍塌的(图 4.53)。结果是发生了连续的坍塌，而不是预期设计荷载作用下的破坏模式。为了描述在第二次世界大战期间爆炸损伤的难测行为(第 13 页)，贝克勋爵(1978)近似地创造了术语扩散式坍塌。

• 保护桥梁免受恶意破坏的设计和维护措施直接与采用最少花费来保证最大交通量的基本功能背道而驰。所以，加固与防止措施相辅相成。

在 911 事件之后，评估基础设施发生人为破坏的概率迅速增长。美国交通运输部门正投入使用一个国家事件管理系统，在国家合作公路研究计划 525 号报告(2005)中对该系统进行了描述。

荷载组合

许多失效事故是由于独立看起来并不重要的荷载的组合引起的。荷载组合因此成为预测失效的显著挑战，例如前述章节(图 4.3 和图 4.53)所引述的纽约世贸中心大楼的例子一样。

过去的失效历史在确定可能的荷载组合效应时是必要但不充分的，尤其是极端事件的后果。其可能性通过多种概率分析方法来确定，依靠置信度和统计数据(在可用范围内)来衡量，置信度最近由维克(2002)进行了讨论。索芙特・克里斯滕森和贝克(1982)用严密的公式表达了将荷载组合处理为随机变量的方法。

巴克和帕克特(1997,第四章)和泰利(1998,第三章)回顾了美国州公路及运输协会设计规范在其从容许应力法到荷载系数法到荷载抗力系数设计法的转变中的荷载组合理念。在许多情况下,桥梁结构只有在降低极端事件预期的情况下才是经济上可行的。尽管对单独的极端事件,如地震、撞击和洪水的期望有时会增加,但是规范中考虑到一种极端事件与超过50%的活载同时发生或极端事件同时发生是不太可能的。随着数据库的不断增长,荷载组合也在定期更新。桥梁的承载能力也会随着时间而改变。由摩西写的国家合作公路研究计划454号报告(2001)描述了校正既有桥梁荷载等级的组合因子的方法。戈恩等人的国家合作公路研究计划489号报告(2003)提出了极端事件的荷载组合。

图4.53 南塔,世贸中心,2001年9月11日

美国州公路及运输协会(2002)中的表3.22.1A在运营荷载和荷载系数设计中定义了10种荷载组合。荷载抗力系数设计法(1998,表3.4.1-1)里列出了四种极限状态的11种荷载组合。附录25引用了对荷载组合的总体性描述。通过对比应能说明需要更深入地预计美国州公路及运输协会1998年中所列的更多需求下的结构性能。分析的全部范围是由经常提到的业主来决定的。通常对上部结构设计有帮助的检查表会强调强度极限状态,这些表格由美国州公路及运输协会1998年第5章和第6章(分别关于混凝土和钢结构的设计)作为附录A-5和附录B-6提供。适用性、疲劳和极端事件依然由桥梁管理者判定。

4.3 设计和施工

4.3.1 材料

不良的材料性能可追溯到设计和施工。Navier把1826年巴黎荣军院(Pont des Invalides)大桥事故归因于施工和材料缺陷(Hopkins,1970,第203页),这至少是原因之一。然而,Karnakis(1997)指出,该大桥事故是由锚固装置在设计和分析上的缺陷造成的。

设计阶段在一定程度上根据已知的失效模式来选择合适的建筑材料。Boresi和Sidebottom(1985,第100页)区分了以下三种类型的材料失效模式:

- 大变形;
- 屈服;
- 断裂。

大变形与其说是材料的失效,不如说是结构整体的征兆。大变形是材料特性变化的结果,尤其是影响材料特性的弹性模量、弹性极限、材料连续性以及黏结性能(在混凝土中)。

在Thoft-Christensen和Baker(1982)针对结构提出的材料失效模式(本书3.4节)中,材料的失效可以分为级别A(材料的预期模式)和B(材料的非预期模式)。超应力属于级别A。

A级B型失效是设计为弹性—延性的结构发生了脆性断裂或者设计时没有考虑抵抗高温的结构遭遇到了火灾。

在建造或施工过程中，钢材的典型弱点是残余应力、细微裂缝、使其变脆的化学成分、电镀表面缺陷和环氧涂层缺陷。现场浇筑的混凝土多数由于拌和效果差、碱集料反应、不合适的水灰比和不当的养护，而达不到规范的要求。防水（例如：桥面板，预应力筋，悬索）对微小的缺陷特别敏感，因而非常重要，应该给予特殊的关注。

在表4.6中，常用材料的典型失效根据现象（例如，原因）和模式（例如，影响）做了分类。并不是所有现象和失效模式都是独立的，再一次显示了偶然性。如表4.1、表4.4和表4.5所示，表4.6中矩阵的目的是辨别产品（本例中，材料的失效）或过程中（例如破坏的现象）的易损性。在设计、分析和施工中，材料的易损性可根据表4.6中的各行内容来评价。易损性评价根据观察表中各列的结果并且从中寻求降低的原因。必须对每一种材料和结构类型进行调查研究（例如，钢材，钢筋混凝土，预应力混凝土，桥面板，主要构件，土层），并最终作为结构的一部分来考虑。很明显，结构的力学响应依赖于构件的整体性。结构材料化学性能之间的相互作用是不明显的。例如，重金属的出现，如青铜，能够加速钢的腐蚀，集料选择不当会引起混凝土中的碱集料反应。

失效类型和易受影响的材料 表4.6

类型	现象	失效类型					
		断裂	屈服/破裂	变形/扭曲	不连续	（预应力）和应力损失	其他
力学的	疲劳	S，HS			S，RC	PRC	
	应力集中	S，RC					
	残余应力	S					
	超应力（拉，弯，剪）	C，S	S，HS，RC，PRC	S，RC，PRC		S，HS，PRC	
	松弛			PRC	PRC	PRC	
	冻融	S，RC，SP			RC，PRC		
	温度	S，HS	S，HS	S，HS，RC	RC，PRC	PRC	
	爆炸		S，HS，RC，PRC	S，HS，RC，PRC	S，HS，RC，PRC		
	其他						
化学的	腐蚀		RC，PRC，S		S，RC，SP	PRC	
	收缩				RC，PRC	PRC	
化学的	脆化	HS					
	日晒				SP		
	碱集料反应				RC，PRC		
	化学侵蚀				RC，PRC		
	其他						

注：应力/应变和材料（例如，力学和化学）的变化不是独立的（荷载与环境也不是独立的）。在温度变化下，材料体积的变化导致荷载变化，其弹性模量也变化。疲劳导致材料中产生应力集中，降低了材料的均质性。缩写符号含义：RC-钢筋混凝土；S-钢；HS-高强钢；SP-钢涂层；PRC-预应力混凝土。

Farrar、Lieven 和 Bement 等(2005,第 1-12 页)区分了基于物理的和基于数据的损伤状态预测模型。在缺乏明确的物理模型时,对数据的统计处理起主导作用,反之亦然。两种方法正趋于一体化。用数据来修正模型,而模型决定监测类型,从而提供相关的数据。最终形成损伤诊断系统(也在本书 10.6 节中进行了讨论)。

疲劳

疲劳失效是典型的组合效应的例子(详见 3.5 节)。荷载循环次数和荷载变化幅值一起消耗材料的“延性”。微小的几何不规则、腐蚀、细部缺陷、残余应力会产生应力集中(因此得名“应力集中器”),从而加速结构刚度的降低。不稳定性改变了结构的形状,而疲劳影响了材料结构。

只有当疲劳断裂发生在对结构性能起关键作用的构件上时,才会导致灾难性的失效。发生疲劳失效后,检查者不可避免地会受到审查甚至责备(就像管理者在每次失效事故之后都受到审查一样),然而,他们很难阻止这样的事件发生或者给出一个令人满意的安全界限。让一个易发生疲劳的构件承担关键作用是一个设计上的错误,正如通过检测来发现疲劳隐患是一个管理上的错误一样。FHWA(1986)将识别临界—断裂构件作为一个网络层面的易损性,为了减少易损性,最有效的缓解方法是采用冗余设计。NCHRP Synthesis 354(2005)把该问题发展成现在的状况。

钢材

Fisher 等(1997, 第 1 页)指出:“初始裂缝在反复荷载作用下的扩展导致了金属疲劳断裂的发生。”

根据 Palmgren(1924)-Miner(1945)准则,对疲劳失效的可能性估计如下:

$$\frac{\sum n_i}{N_i} = 1 \tag{4.3}$$

式中:n_i——应力幅为 i 时的实际应力循环次数;

N_i——应力幅为 i 时发生疲劳失效的循环次数。

应力幅值一定时,损伤是应力以该幅值循环作用次数的线性函数。总的损伤是所有循环次数的和。这个规则简洁而且可以得到符合实际的结果;然而,Fisher 等(1997,第 34 页)指出它忽视了次序和循环中平均应力的影响。更重要的是,这个准则是对疲劳寿命的概率估计,不能排除过早断裂的可能性。

局部“应力集中”的累积效应和荷载循环(幅值或频率)的增加是重要的,但是很难估计。疲劳和腐蚀的综合影响就更加复杂。腐蚀通过对结构构件正常平滑的表面造成扰动而产生“应力集中”或者“应力提升”。

在微小开裂处的腐蚀加速了裂缝的开展,因此产生了“应力腐蚀”这个术语。这种现象被认为加剧了悬索桥(图 E3.4)中高强度钢丝和预应力索的开裂和断裂。

许多失效都是在对材料有延性需求的地方发生了脆性断裂而导致的(图 4.54)。例如 1876 年美国的阿什塔比拉溪(Ashtabula creek)铸铁铁路桥以及 1881 年的跨越 Tardes 的 d'

Vaux 高架桥失效事故。

疲劳断裂会因残余应力而进一步恶化。Rolfe和 Barsom(1987, 第 4 页)引用了 1962 年墨尔本(Melbourne)的国王大街(Kings)桥在环境温度华氏 40°F 下的脆性断裂如下:“在承受使用荷载以前,不当的细部设计和建造就已经造成了几乎穿透翼缘的裂缝。”

最常见的“应力集中器”是受拉翼缘盖板的末端。这些地方的细部设计能大大地降低疲劳失效的可能性(图 4.55)。

图 4.54　钢支撑的脆性断裂

a)

b)

c)

图 4.55　下翼缘盖板

低温对疲劳断裂有双重的促进作用:使金属变脆,同时收缩增加了应力。钢构件中,不均匀受热会导致明显的日应力循环,包括临界—断裂构件。

桥梁中偶尔会使用铝,最常用于信号结构中,但也用于一些桥面板中,例如,历史上著名的位于匹兹堡(Pittsburgh)的史密斯菲尔德(Smithfield)桥(图 1. 14)。铝与钢不同,它没有确定的延性极限,使用时需要特别小心。

银桥(案例 6)和其他的失效案例创造了术语“临界断裂”(FHWA,1986, 第 20 页),临界断裂构件是指对结构整体性重要并易于断裂的结构构件。比如许多大跨桥梁中的正交

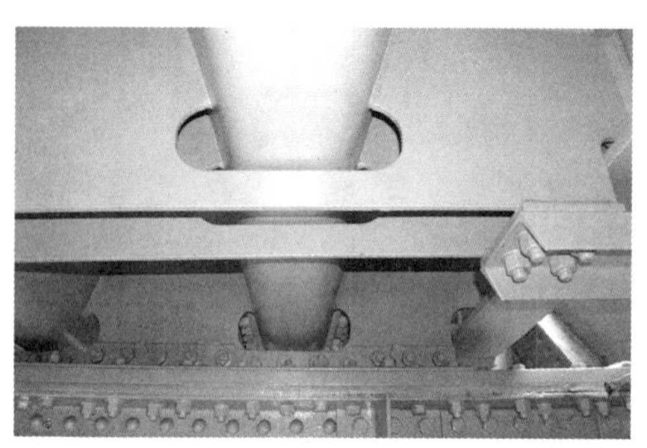

图4.56 减小正交异性桥面板板肋和横梁处的应力集中的切除设计

异性桥面板遭受到疲劳开裂的影响,尤其是在其纵向肋与横梁的交叉点处(图4.56)。然而结构整体的冗余度避免了发生灾难性断裂失效的可能性。虽然如此,如果业主想要可靠的预测桥面板的使用寿命,就必须对应力集中水平和荷载循环做详细的调查研究(见10.6.1节)。

混凝土疲劳

钢筋混凝土是一种非均匀材料,它会在正常使用条件下开裂。因此可将其作为先验疲劳来考虑。然而混凝土结构并不适合用疲劳来描述,即在循环荷载作用下以脆性断裂的模式破坏。图4.57描述了一个混凝土桥墩发生的破坏。在柱—横梁连接失效后,桥墩在没有感知到沉降的情况下继续运行。最可能造成损伤的原因是活载的循环特性,而不是其大小。混凝土超筋构件也会受到碱集料反应的影响,使其更加易受疲劳的影响。

尽管钢筋腐蚀时混凝土桥面板会发生剥离(底部和上部,如图4.14和图4.15所示),车辆荷载的反复冲击作用会明显地加重这种影响。在钢筋处于相对较好的状况下,也可能发生混凝土剥落,如图4.58所示。高密度和高强度的磨损面和整个桥面板铺装,例如乳胶改进混凝土(LMC)面层,都发生疲劳模式的断裂。

图4.57 混凝土桥墩的疲劳破坏

图4.58 暴露的桥面板顶部钢筋显示没有腐蚀现象

钢筋混凝土截面的内部冗余通常可阻止因局部疲劳失效而导致的结构坍塌;然而,疲劳能明显降低桥梁的使用寿命。

环境

所有环境都带有某种程度的侵蚀性。结构材料的选取是为了抵抗环境的影响。设计规范提供了关于温度变化、水土影响的规定。钢筋表面的最小混凝土保护层厚度具有重要的意义,然而却经常被忽视。AASHTO(2002)规定混凝土保护层厚度为1~3in(25~75mm)。AASHTO 1998a将暴露在盐水环境下的最小保护层厚度增加到4in(100mm)。混凝土保护层不足

常见于桥面板的底部。案例 16 描述了桥面板底部的剥落,那里的保护层看起来相对较薄。过厚的保护层由于其自重的影响也可能成为一种病害。

案例 16　桥面板底部剥落

1989 年 6 月 1 日,一个重约 300lb(135kg)的混凝土碎块从纽约东 19 街的 F. D. R. 快车道底部剥落,一名驾驶人被砸死。在接下来的紧急检查中发现,桥面板底部的一块碎片即将剥落,很快被移除了(图 E16.1 和 E16.2)。

图 E16.1　混凝土桥面板底部,濒临剥落

图 E16.2　已剥落的混凝土桥面板底部

这次事件的重要后果包括以下方面。

清单

立即对城市桥梁清单中那些位于交通上方,并且无保留模板的混凝土面板且等级小于 5 的桥梁进行检查。根据状态等级和交通状况,大约编排了 400 座桥梁的清单并确定了紧急检测的优先级。了解了工作量的大小,城市管理机构就可以迅速地分配资金并根据紧急合同聘请专家。检查和临时修复工作持续了大约 2 年,花费超过 5 000 万美元。补救措施包括更换混凝土(图 E16.2),安装木材防护(图 E16.3),钢筋网,以及扩大金属网(图 E16.4)。

图 E16.3　木材防护,冲击损伤

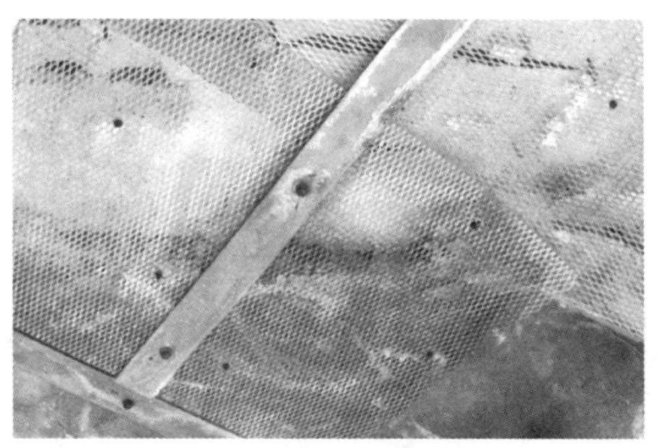

图 E16.4　扩展的金属网

检查

混凝土桥面板的底部被指定为“100% 需要近距离目测的部位”。因为整个桥梁下部

区域不能在两年一次的检查或监测中通过捶击检测,应为推荐的抽样尺寸编制指南。考虑的内容包括桥面板外观,例如碱集料反应的迹象(图4.59)、裂缝、空鼓的声音、已存在的剥落(图16.1和图16.2)、暴露出来的混凝土保护层厚度(过厚或太薄)、钢筋腐蚀以及上下交通类型。各种缺陷的发展需要进一步调查。这种调查被批判为劳动密集型的并且是不确定的检查方法;然而,还没有发现可替代的方法。

有必要对柱梁上大面积钢筋外露的构件进行更详细的整体性分析。图E16.5所示为一个在外露钢筋的盖梁上粘贴的应变片(见第15章),用以检测该结构是否还能承受活载。

图E16.5　粘贴在盖梁暴露的钢筋上的应变片

通告

潜在的剥落迹象被称作"安全标识",提示需要及时地采取临时措施(附录46)。潜在的危险区域必须加以限制直到采取补救措施为止。

预告

案例EA46指出,在桥面板底部剥落的事件中,最敏感的等级是4级和3级(按纽约州使用的7~1的等级标准划分,详见附录40描述)。当等级降到2或1时,许多松散的材料已经剥落或清除。

设计

剥落机理的简单描述如图E16.6所示。

推荐考虑几项设计措施,包括:

- 现场保留浇筑模板(图4.67);
- 桥面板防水;
- 钢筋防水,例如采用环氧树脂涂层(图4.67);
- 无腐蚀筋(碳纤维,不锈钢,镀锌钢材);
- 阴极保护,被动或主动;
- 腐蚀和碱集料反应抑制混合物;

- 根据气候和环境侵蚀设计混凝土保护层。

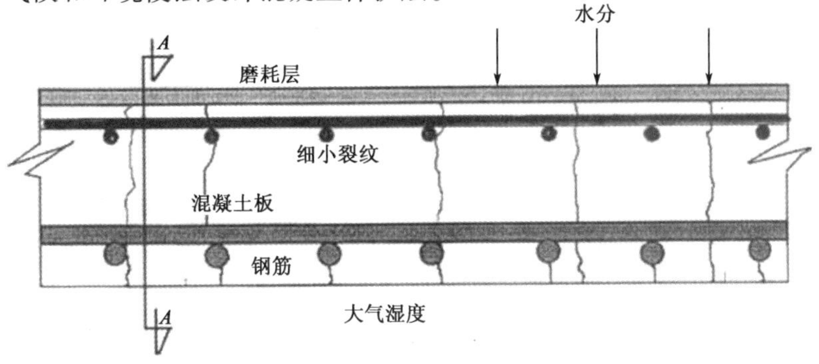

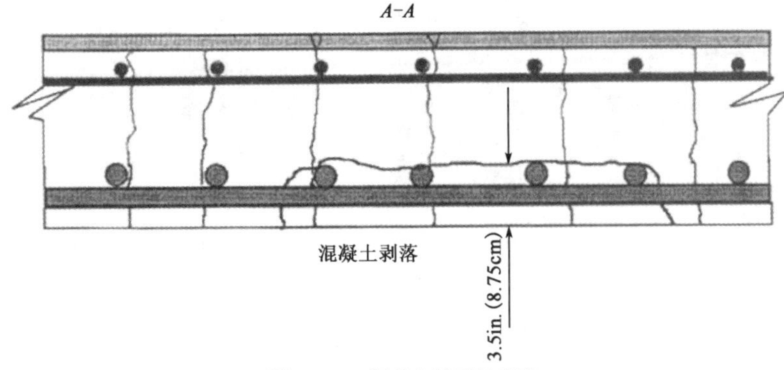

图 E16.6　混凝土桥面板碎裂

施工

适当情况下,以下特点作为强制的质量控制目标:

- 底部钢筋的混凝土保护层厚度,例如1.5in(381mm);
- 碱集料反应;
- 混凝土水灰比;
- 养护湿度;
- 防水完整性;
- 钢筋涂层的完整性。

非结构构件

非结构构件,例如装饰石头和砖饰面也有类似的威胁。当这些构件的锚固设施受到腐蚀时就会不稳定。采用调查来判别是无效的,因为它本身就有隐蔽的孔洞。桥面板应急的安全措施无效,因此就移除了可疑的石头以及砖砌维护(图 E16.7 和图 E16.8)。这指导了寻求其他装饰方式的设计。

图 E16.7　破坏的翼墙花岗岩涂层

偶尔,用作装饰目的的构件在没有验证其承载能力的情况下就承担结构功能。图E16.9所示为一个装饰用的石栏杆没有根据AASHTO的规定用作抵抗车辆撞击的锚固设施。

Breysse(Cremona,2003,第十章)提出了在材料建模中的确定性和可靠性课题,这一课题的提出与1999年10月发生在法国的一次事故有关。一个学生试图悬挂在混凝土挑棚上,结果由于挑棚破坏导致其死亡。于是政府立即发布命令,要求确定172所学校所有的阳台、露台和/或挑棚的安全性。

图E16.8 从翼墙拆除不牢固的砖饰面

图E16.9 装饰性的石栏杆

环境温度

尽管环境温度的变化与火灾当中高温的变化相比是非常小的,但是其反复的特性和极端的数值也是危险的。低温会造成钢材的脆性断裂。1967年12月15日,波因特普莱森特桥(Point Pleasant Bridge)的温度估计为-23°C左右,因此成为造成坍塌的影响因素之一(见3.4节)。1985年1月16日,苏利卢瓦河畔(Sully-sur-Loire)悬索桥的坍塌是由于温度造成的脆性断裂而引起的(Persy和Raharinaivo,1987;Gourmelon,1988)。

冻融循环是造成混凝土退化的一个首要原因。由于高湿度(例如较差的防水和积水)和混凝土中夹带空气,加剧了冻融退化。Cramer和Carpenter(TRR 1668,1999,第1-17页)讨论了集料级配对冻融耐久性的影响。

对热膨胀的预防不当已经造成了许多结构构件的失效,尤其是在大跨径桥梁中。图4.31显示了一个悬索桥上支撑机车轨道的滑动支座。在低温作用下,铁轨和梁的伸缩缝不能对正,支撑几乎完全丧失作用,不得不中断运营来进行大修。

化学反应

随着时间的变化,大气、土壤和水不可避免地引起结构材料发生化学变化。分析中考虑收缩和徐变、腐蚀和碱—硅反应(ASR),设计中根据材料在特定环境中的性能来进行选择。

混凝土集料和水泥之间的反应形成了高度吸湿的凝胶体。除冰盐能够起到催化剂的作用。没有明显的强度损失;但是,一旦水侵入结构,凝胶体就会膨胀并使混凝土开裂[图4.59a)]。碱—硅酸反应(ASR)的发生经常与期望相反。试验必须证实用于混凝土拌和的材料不会发生碱硅反应(ASR)。

NRC(1993a 和 b)研究了碱—硅反应(ASR)的机理,提出了快速检测和缓解碱—硅反应(ASR)的方法。Fournier、Berube 和 Rogers(TRR 1668, 1999,第 48-53 页)提出了在新混凝土结构中防止发生碱—硅反应(ASR)的指南。图 4.59b)所示为一个混凝土桥面板,其中的裂缝用环氧树脂进行了密封以防止发生碱—硅反应(ASR)。

a)

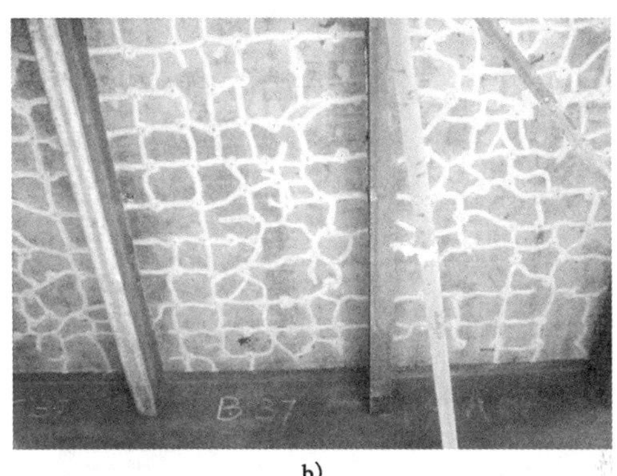

b)

图 4.59 a)风化,标志着碱集料反应;b)填缝阻止发生碱集料反应

腐蚀

金属

腐蚀是金属的电化学氧化。这个题目已经有文章做了深入探讨,例如 Jones(1992)。作者(第 3 页)引用了在美国由于腐蚀引起的损失估计,其范围在每年 80 亿 ~ 1 260 亿美元之间。根据 FHWA 的资料显示,腐蚀每年对美国交通系统造成的损失为 297 亿美元。大约 80% 要求汽车来承担,而船只承受其 10%。所引用的评估说明了很难估计由于腐蚀造成的损失。例如,还不清楚有多少损失要由基础设施来承担。供水、能源和通信网络的腐蚀可间接进行评估。暴露在外的钢和钢筋混凝土结构的腐蚀,例如桥梁结构,尽管是可看得到的,但是很难量测或将损失和花费建立联系。

纽约(1973)西部高速公路的一跨桥梁坍塌就是由于没有检查到腐蚀造成的。1981 年,布鲁克林桥的一个腐蚀对角撑的断裂,造成了一个行人死亡。在 1990 年 6 月 1 日,纽约市的 F. D. R. 快速道路的混凝土桥面板剥落,造成了桥下一名乘客死亡(案例 16)。钢筋的腐蚀是其中因素之一。1988 年对纽约市的威廉姆斯堡桥两年一次的检测结果是关闭了该桥,直到充分地估计出所观察到的腐蚀的后果为止(案例 3)。

在 20 世纪,腐蚀由于以下原因逐渐得到重视:

- 除冰盐的使用量随着交通量而增加。

由于除冰盐在一定程度上是气候的函数,所以除冰盐可以认为是一个环境灾害。大城市的卫生部门正在致力于一个“沥青”路面政策。平均每个冬天,纽约市(图 4.60)要在街道和桥梁上面用掉 300 000t 的盐。

同一年龄、同种结构类型的铁路桥和公路桥的比较,可以突显用盐除冰的影响。图 4.61 表明铁路桥遭受了疲劳的影响而没有发生明显的腐蚀。而在承受公路荷载的结构的同样部位

(图4.62),疲劳的影响成为次要的,主要为严重的腐蚀。

图4.60 储存用于冬季除冰的石盐

图4.61 一座约85年历史的桥梁中纵桁支撑的道轨下垫板的开裂

图4.62 如图4.61所示纵桁支撑的车行桥中导致开裂的腐蚀和疲劳

• 新型钢材,较高的应力水平和更多的性能需求(例如在预应力桥梁中)增加了结构对腐蚀的敏感程度。

各种现象,如应力腐蚀(见前述关于疲劳的章节)、凹坑腐蚀和脆化等正在逐渐被人们认识并写入规范中。

高强钢材在悬索桥拉索中的应用,为腐蚀对重要和易损结构构件的影响提供了重要的教训。

唐克维尔桥(Pont de Tancarville)上最初的拉索既没有做电镀也没有做包装防护(Virlogeux,1999)。这些拉索由螺旋状封闭的钢丝束缠绕,其中一个由于腐蚀而断裂。新索也没有外包防护——再一次引起了讨论,外包只能限制湿气,而湿气的渗透是不可避免的。每股索都进行了电镀,并且每一股都单独做了保护。

如果忽视涂装和清洁,那么腐蚀就是维护上的失败。11.4节认为涂装作为一个维修项目比长期维护能得到更好的管理。FHWA同时声称:桥梁的涂装花费正在成为联邦资金的首要开支。

清洁是花费列表上成本最高但最有效的维护工作。统计上如果缺乏关于桥面板、桥面板下方排水孔,墩顶等清洁和洗刷的有效数据,管理就不能严格地进行成本分析并确定维修花费。

由于环境的限制问题显得更加复杂。例如铅涂料的全面限制,从根本上改变了涂装经济学。纽约市钢桥涂装的花费从1990年的5美元/m^2逐步增长到2000年的200美元/m^2。水资源清洁行动限制了任何无限制使用水的工作,这对桥梁的维修和重建花费有类似的影响。这些管理的限制最终不仅改变了维护,并且改变了设计。

盐水的直接影响是极度严重的,尤其是在受潮汐影响的“湿地”区域。如果可能,在这些地方应该用防腐蚀的材料取代混凝土和钢材。木材是混凝土和钢材的常见替代品;然而,木材容易腐烂,而且容易受到水下凿船虫的侵害(图 4.63)。塑料和碳纤维桩以及碳纤维包裹已经得到了应用。

无论是在联邦层面还是地方层面,正在开发和试验多种盐的替代品和技术。

腐蚀有时会因为不同金属之间的电化学作用而加剧。曼哈顿桥包裹索鞍的青铜导致拉索中产生了腐蚀(图 4.64)。

图 4.63　潮湿地区的木柱

图 4.64　索鞍加固

能够抗腐蚀的耐候钢(图 4.65)并不是完全防腐的,尤其是处于潮湿环境中。

Kulicki 等的 NCHRP 报告 333(1990)提出了钢桥腐蚀评估指南。例如, Mallet(1994)讨论了缓解混凝土桥梁中的钢筋腐蚀的问题。Vesikari(1988)和 Clifton(1991)提出的评估混凝土剩余使用寿命的模型,将剩余使用寿命看作是不同退化因素的函数。

混凝土

即使初始裂缝及其导致的钢筋混凝土的渗透是由于冻融循环引起的,钢筋的腐蚀会导致结构最终失效。钢材的氧化会使其体积膨胀为最初的好几倍,周围的混凝土开裂,如图 4.66 所示。如案例 16 所述,混凝土桥面板底部剥落的危害尤其严重。

图 4.65　耐候钢桥梁

图 4.66　受冻融循环影响产生的腐蚀导致混凝土劈裂

设计必须通过考虑足够的防水和防止其他腐蚀介质的侵蚀来形成可维修的混凝土(4.3.3 节)。在 4.3.3 节中讨论了考虑防水的成本—效益分析问题。为了防止发生腐蚀,防水措施必须从本质上是坚不可摧的。图 4.66 显示,即使混凝土保护层足够厚、应力小到可以忽

图 4.67　现浇模板和环氧树脂涂层钢筋

略，只要水能够渗透，腐蚀就能导致混凝土的剥落。

保留在现场的浇筑模板已经被用来防止桥面板底部的剥落（图 4.67）。这也遭到了反对，他们认为这些模板储存了湿气并且隐藏了早期的退化。纽约市有限的检查记录没有显示出这种桥面板的退化加速了。

为了减缓混凝土的剥落，在桥面板的设计中已经采用不设顶部钢筋的方法。高性能混凝土和防腐添加剂在一些敏感结构中也有所采用。人们越来越多地认为碳纤维钢筋是一个切实可行方案，因为可以延长结构的寿命，增加费用也是合理的。

NRC（1993a）讨论了混凝土桥的腐蚀保护、维修和修复。

预应力混凝土

预应力（先张和后张）桥梁是 20 世纪设计和施工上的进步。预应力的潜能和局限性还在研究之中，它必须符合更高的施工技术、材料和性能标准。更小的变形和低等级的腐蚀可能是关键。Menn（1986）提出了关于这个主题的深入研究。预应力结构对管理者有特殊的要求，因为这种结构会在几乎没有预兆的情况下突然倒塌。预应力束既是断裂临界又是不可触及的。20 世纪 90 年代早期，英国临时禁止了预应力混凝土桥梁的施工，直到出现了可靠的预应力筋检查方法。撤销禁令的部分原因是因为无损检测和评估技术的进步（见第 13 章）。预应力混凝土桥梁的数量在不断增加，其跨径也在不断增大（NCHRP 报告 517，2004）。

首要关注的问题是由几何形状不精确、腐蚀、收缩、徐变、松弛和锚固失效带来的预应力损失。在图 4.68 中所示的高架桥中，认为节段的养护产生了一个预料之外的弯曲，导致了预应力损失的迹象（例如在两个节段的连接点产生碎片）。桥梁通过体外预应力筋进行再张拉（图 4.69）。后来发现这些预应力筋遭受到了腐蚀。

图 4.68　后张节段箱梁高架桥

图 4.69　图 4.68 所示高架桥中的体外预应力筋

2000 年 5 月 21 日,北卡罗来纳州康科德市(Concord,North Carolina)跨越国道 US29 的人行桥坍塌,在其中发现了预应力筋的腐蚀。

英国高速公路处/中央路桥学院实验室(Labortoire Central dews Ponts et Chaussee,LCPC,1999)的报告和 NCHRP 报告 496(2003)提供了典型的问题及解决方法的综述。所有预应力相关的结构工程师,包括设计人员、施工人员和检查人员、业主,他们的“易损性意识”提高了。

4.3.2　施工

AASHTO(2002)提供了相对独立的设计和施工规范。AASHTO 1998a 规定了施工荷载的允许值,但是参考了 LRFD 施工规范。

美国的劳工部门——职业安全与健康管理(OSHA),负责施工安全管理。

施工期间或施工完成后立即出现的事故,通常是由于不按规范设计或不按认可的工序施工造成的。由于混凝土浇筑延误,发生了混凝土拱和模板坍塌的事故。

拆除是高度敏感的事件,特别是在不中断交通的情况下拆除。图 4.70 所示为一个悬臂横梁在拆除时的坍塌,是由于拆除了与桥墩连接的受拉区域的铆钉而造成的。图 4.71 所示为一段混凝土桥面板在拆除过程中的坍塌。原来的结构是一个刚架;然而,为了保证部分被拆除结构上部和下部的交通运行,桥面板被打断成简支梁。

图 4.70　钢悬臂横梁,在拆除过程中坍塌

1981 年 7 月 17 日,堪萨斯市凯悦酒店(Hyatt Regency)的悬吊人行道的坍塌,主要是由于施工错误导致的:吊杆在每个横梁处截断了,而没有保持连续。然而设计方面也是可疑的:槽型钢组成的横梁中的力,是由尚未加劲翼缘传给吊杆的,而不是腹板。

施工决定了结构的寿命,但是尚未系统地传授这方面的知识。一些知识可以从臭名昭著的错误中获得,但是多数信息以流行的媒体形式出现。ENR(2004 年 5 月 24 日,第 12 页)报道了在靠近丹佛西部的 70 号州际公路上的一跨 153ft(47m)的桥梁在施工过程中坍塌。缺少临时支撑带来了结构的不稳定;然而,所有的评估都是推测性的。缺少临时的横向支撑导致了如图 4.72 所示的人行桥的坍塌。

巴黎戴高乐国际机场(Charles de Gaulle International Airport in Paris)30m 长的人行通道(图 3.11)在完工 30 个月之后发生坍塌(ENR,2004 年 9 月 27 日,第 16 页)。纽约时报(2004 年 5 月 25 日,第 A10 页)评论说:“建筑师和工程师质疑,是否日益革新的建筑形式超过了专业施工公司安全攻坚的极限。”

Clough(1986)报告了在施工承包商中“倒闭的企业多得不成比例”。由于施工延期而招致的直接损失和用户成本是可观的。他(1986,第 28 页)引用邓白氏国际信息咨询

有限公司(Dun & Bradstreet)总结的关于这些失效的原因如下(根据重要性程序从大到小排序):

图 4.71 混凝土桥面板,在裁切的拆除过程中坍塌

图 4.72 人行桥施工过程中发生失稳破坏,由 S. Summerville, Weidlinger Assoc 提供

(1)没有竞争力;

(2)缺乏营销,融资和采购方面的公司专家;

(3)缺乏管理经验;

(4)缺乏公司的行业经验;

(5)欺诈、疏忽、灾害或其他未知因素。

前四个原因代表了各种能力的不足,第五项包括控制力不足(例如,业主能力不足)和随机事件。Clough(1986,第五章)描述了对承包商的资格预审和资格后审,目的是确保其具有足够的能力。严格实施这些过程可能会比较烦琐,并可能会引起争端,就业主而言,需要对该过程彻底了解,并进行技术监督。

4.3.3 可维护性,可修复性和可检测性

术语可维护性、可修复性和可检测性是比较不合适的,至少部分上是这样,因为他们表达的概念还有待我们认可。更加传统的耐久性被认为是结构抵抗退化的能力。可维护性、可修复性和可检测性要么能增强结构的耐久性,要么能弥补结构的缺陷。相比于基础设施,工业上将可维护性看作是失效前不影响生产过程的可更换能力。例如在电子工业中,检测可能包括对失效数据的统计分析。因此,倾向于工业生产和装备的定义明显限制了其在桥梁中的应用。《维护性预计手册》(MIL-Hdbk-472,1984)定义可维护性为“在预定的时间采用适当的维护措施将一个项目保留或恢复到一个特定状态的能力”。

Raheja(1991,第 94 页)将定义扩展到“如果必须采取维护措施,将维护需求和停工时间降低到最小的科学。”他指出(第 93 页):“可维护性主要是个设计功能。”

借用在航空学上的经验, Kraus(in Ireson and Coombs,1988,第 15 章)将可维护性的起源追溯到 20 世纪 60 年代的可靠度研究中。作者强调了以下重要区别:

> 可维护性是一个设计特性,致力于在生命周期成本最低的前提下,快速简单地实施维护。“维护”一词经常错误地与“可维护性”混用。可维护性是与设计相关的,它必须将概念设计、定义、全寿命阶段合并到系统或设备的设计中。可维护性

的花费在这些阶段是最大的，一旦系统或设备生成，它就逐渐缩减成为一个可持续发展的工程。另一方面，维护是与运营相关的，因为它指的是当系统建成后为保持其运行或在其失效后将其恢复到运营状态的一系列活动。

当设计不依赖于将来的维护和检测时，设计就实现了可维护性。Boller(1885)建议把钢截面厚度增加0.25in(6.25mm)来弥补涂装的不足。更加一般地，Waddell(1916，第1546页)总结到“为了节约钢筋而降低桥梁的寿命是极差的行为”。

对敏感桥梁构件的维护可以由例行检查组成，例如清洁、加润滑油、螺栓上紧等，和/或定期更换(例如在磨损面，连接，排水孔和涂装等)。需要加强维护的构件通常独立于结构进行设计，且最终根据可获得性进行选择。4.2.3节从分析、设计到施工监测将铰接连接和设备造成的结构非连续性和他们存在特性的非连续性进行了对比。Waddell(1916)提醒应反对后一种不连续性：“一个咨询工程师不应该相信制造公司的桥梁细节设计，而应该在自己的办公室中准备好完整的图纸。”

此外，应该对安装质量进行检测，同时对需要的维护进行明确的说明。

可维护性和可检测性随着结构冗余水平和强度储备的降低而提高。1967年的银桥坍塌凸显了临界—断裂构件的易损性(两眼杆悬索链)和不能检测的特点。

美国康涅狄格州(Connecticut)的迈安娜斯河(Mianus River)桥的坍塌也是由于一个临界—断裂构件的失效造成的(FHWA，1986)。该构件就是一个销钉—吊杆装配起来简支一个歪斜的悬吊跨结构。然而它没有断裂。而是销钉盖帽后面的锈蚀和堆积物将其推出。由于没有限制，吊杆滑离了销钉。确定性的法庭辩论和诉讼揭示了维护和检测(见14.2节)的缺陷。即使因为按照标准进行施工而得到开脱，非冗余设计也是不足信的。

图4.73显示了一个钢柱腐蚀的失效事件。维护和检测显然是有缺陷的；然而，冗余设计防止了结构发生坍塌。

图4.73　失效的45ft(14m)钢柱

1973年纽约西部高速公路在西57街的一跨桥梁坍塌，该桥自1929年建成以来从未进行过系统的维护。腐蚀侵蚀了横梁和主梁的连接以及加劲梁与横梁的连接。然而安全调查结果显示在覆盖30个街区的所有桥梁的桥跨中，只有失效的这一跨有一个特别易损的支座构造。

桥梁的可维护性可看作与伸缩缝的数量(4.2.3节)成反比。结果，伸缩缝成为许多研究人员的研究对象，例如伯克(Burke)的NCHRP报告141(1989)和珀维斯(Purvis)的NCHRP综合319(2003)。NCHRP报告319把“缓冲”伸缩缝(图4.74)看作广泛应用的伸缩缝中性能最差的。标准化的伸缩缝(图4.28和图4.29)在NCHRP报告467(2002)中做了讨论。经过对伸缩缝工作性能的调查(图4.75)发现“最好的伸缩缝是没有伸缩缝”。因此，推荐尽可能建造没有伸缩缝的桥梁。米勒(Miller)等(2004)提出了消除预制混凝土简支梁之间的不连续性的指南。

对于较短的跨径，整体或半整体的桥台（Burke，1993，1994）提供了较好的抗震性能和可维护性。对于长达400m（1200ft）的桥梁，其连续性可通过合适的支座来维持。对于伸缩量最大为2in（50mm）的较短跨径，“插塞式”伸缩缝可提供一个易于维修的弹性连续表面。

图4.74 “缓冲”式伸缩缝和替换的插塞式伸缩缝

桥面板直接或者象征性地与“消费者”（例如，车辆）相接。桥面板，尤其是其磨损面，也是桥梁和道路网络之间的共同单元。当采用了清洁、除冰以及维修桥面板、伸缩缝、排水孔、防水设施以及磨损面等有效的养护方法后，含糊的养护变成了可以计量的。这些任务的重要性可以由桥面板和上部结构的检测记录（案例12）得出，也可以通过不进行这些任务时桥梁的性能来看出。开放式钢栅格看起来消除了道路磨损面以及和其相关的维护需求；但是，它寿命短并且难于更换，也加剧了主要结构的退化。

磨损面和防水

通过不同方法减缓桥面板钢筋的腐蚀和悬索桥拉索中的腐蚀。西欧的资料（以及佛罗里达州）表明钢筋保护涂层不能代替完善的桥面防水。根据同样的逻辑，威廉姆斯堡桥拉索设计者没有采用镀锌钢丝。然而，美国许多桥梁在没有独立的防水设施时，综合采用了树脂涂层钢筋与细集料桥面板。

图4.75 失效的带有钢板的受压伸缩缝

非镀锌高强钢丝已不再采用。同样地，非包裹钢绞线的使用也越来越少。因为环境、施工和运营条件不同，很难比较不同防腐蚀保护措施的桥面板的性能。此外，几十年来积累的重要数据也不能严格遵守着同一种标准。道路与公路桥梁中的磨损面的可维护性和寿命决定了这些桥梁的寿命。两种常用的磨损面是细集料覆盖层和带防水的沥青覆盖层。

纽约市的检测记录显示，当没有防水设施时，桥面板的平均使用寿命从50年下降到了25年。防水隔膜已经用在了美国的旧桥中，并在其他地方与沥青磨损面一起继续使用。重新铺设的路面通常能发现顶层沥青层下面的水分。沥青可以是多孔渗水的（“开放栅格”），允许水渗透到防水隔膜然后再蒸发而不是截留在表面。

只有当其沿着整个桥梁和人行道是连续的防水才有效。近期有另一种选择，那就是采用添加防水添加剂的细集料覆盖层的单桥面板。这种桥面板的钢筋采用环氧钢筋、镀锌钢筋甚至采用不锈钢筋。阴极保护是有效的，但是很少应用。必须避免任何涂层的缺陷,因为这将成为加速腐蚀的焦点。近期的单板失效主要是磨损面的疲劳破碎,如图4.76所示。

a)　　b)　　c)

图4.76　磨损面的疲劳破坏:a)发生在细集料覆盖层;b)发生在钢格栅覆盖层;c)发生在底层

自从公路桥梁出现以来,就对防水的效益进行了讨论。Waddell(1921)的第XLIII章,由纽约市的加德纳(J. B. W. Gardiner)完成,题为“防水经济学”。他没有明确的支持或者反对防水,但是强调了它的重要性以及对良好质量的高度敏感性。

FHWA投入了很大的努力来发展和使用细集料覆盖层,两种覆盖层的基本优缺点总结如下:

带防水的沥青磨损面	
优点	缺点
相对容易应用、移除和更换 防水良好的情况下,可以延长混凝土桥面板的寿命 沥青表层在活载的作用下起到增加阻尼减震的作用 通过添加剂可以增大摩擦	每次重铺路面都会使沥青累积,增大了恒载,路缘石逐渐被埋(图4.40和图4.41) 水在防水层下积聚 摩擦逐渐减小

开级配沥青磨耗层(OGFC)提供了多孔渗水表面,允许水渗入到防水层顶部,水分可以自由蒸发(NCHRP综合284,2000)。

<table>
<tr><th colspan="2">细集料覆盖层(单板)</th></tr>
<tr><th>优点</th><th>缺点</th></tr>
<tr><td>良好的行车质量
减轻桥面板重量
不需要重铺路面</td><td>疲劳失效(图 4.14 和图 4.15)
难于维修
可能需要频繁的更换桥面板</td></tr>
</table>

温度变化过大和除冰盐的使用会对细集料覆盖层产生明显的破坏。图 4.76 显示了混凝土覆盖层的疲劳破坏类型。图 4.77a)所示为沥青涂层的防水。图 4.77b)所示为正在应用的“开级配”沥青覆盖层。图 4.77c)所示为一个类似的即将开放交通的磨损面。

图 4.77　a)沥青覆盖层防水,新桥(Pont Neuf);b)正交异性桥面板上的开级配沥青覆盖层,青马大桥(Tsing Ma Bridge);c)大海带桥(Great Belt Bridge)的磨损面

微表面处理结合了细集料覆盖层和沥青层的特点,它应用于结构桥面板上面的薄(3.125mm)沥青层。

FHWA(2002b)提出了在混凝土路面中与材料相关问题的检测、分析和处理指南。从道路调查得到的大量有效数据,对于桥梁来说其效用是有限的,因为物理特性和成本考虑都不能直接应用。

4.4　维护(11.4节)

AASHTO(1999a,第15页)讨论了预防性维护,即所谓的"防微杜渐"。优于被动维护,也就是"如果没有坏就不要去修它"。预防性维护(PM)以延长现有状态的持续时间为目标,并不断寻求切实有效的措施,例如管理和设计。管理趋向于低估维护的价值,而设计却过分依赖于维护。延期维护和维护不当都会使"资产"出现缺陷,而且缺陷是不明确的,直到它难以正常工作为止。

在这些领域中,维护任务面临着如下典型的易损性:

- 执行一个维护任务没有达到预期的效果;
- 选择无效的维护任务;
- 未能明确记录维护的质量和数量;
- 未能(结合检测)模拟维护和结构状况之间的相关性。

由于没有最优化的或规定的退化速度,维护也是不确定的。Bieniek(1989)等和(Vaicaitis)(1999)等针对具体网络的维护手册(案例23),已经调查了现有的实践和过去执行的记录。然而,后者是高度不确定的。

NCHRP报告285(1986)做了如下观察(第28页):"公路部门桥梁铺装费用只占桥梁费用的3%~5%。结果,维护优化将桥梁统一处置成广泛的行动目录。从来没有对具体构件做具体处理的记录,并且从未建立起所需的因果数据库。"

尽管认为维护在延长桥梁寿命中是起决定性作用的,它还没有被量化到桥梁的清单当中,正如NCHRP报告285提到的。即使当年度维护花费已经成文,但是其延滞桥梁退化的效益还是未知的。因为维护没有跟踪记录。

多数新结构的维护历来就容易被忽视,因为经常假设其建设起来就比其先前的建筑对退化的抵抗能力更强。这个假设可能确实适合正在试验当中的零维护政策(FHWA,2005b),但并不是一般的情况。相比之下,对旧结构的修复计划通常包括建议未来定期维护。

4.5　检测(14.5节)

3.1节中对错误和经验的讨论,总结了现场调查的基本缺陷。但现场调查使得我们很难获得结论并且没有统一的解释。而如果没有真正的失效,往往会忽视危言耸听的评估。一旦灾害发生后,才发现缺乏预警。Murphy的怀疑一切的法则恰当地表达了其造成的挫折感。

作为一个过程,失败的检测是因为错误的诊断或者忽视了真实状态与竣工状态之间的偏差所造成的,尽管这个过程实际上是理想化的。失败可能由于不恰当的检测设计(例如,不真实的期望)或者错误的执行过程或者(常见的)两者兼有。在所有的现场操作中,检测人员的安全都可能受到威胁(4.6 节)。也有可能呈现或处理出不恰当的检测结果(例如,报告的信息)。所有这些弱点都会在一定程度上显现出来并且影响到最终的结果。案例 16 中讨论的事故发生时正处于检测中。后来的调查发现检测设备是不合适的,对潜在灾害的认识也是不充足的,从而延误了信息的处理过程。

检测通常在结构失效后才会得到资金支持。而一旦风险等级被认为是可以承受的,管理者又想要减小检测的花费。在 1980 年,两年一次的检测是全国性的硬性要求,但是到了 2003 年,对桥梁网络研究的进步可能将允许放宽这个硬性要求,使其成为建议性的。另一种观点坚持认为检测和维护一样,应该是定期的,就像气候变化和交通变化一样。两种意见都能通过日常的一定范围的检测来实现。这个范围根据结构的状况而不同,通常任务是识别潜在灾害。虽然如此,在缺乏维护的情况下,检测并不能保证结构安全,就如维护不能改善设计和施工一样。

虽然桥梁管理不能独立于其他社会活动而进行优化,但是可以调整检测的频率和范围,使其能够适应于更昂贵的桥梁相关任务的需要,例如设计、施工、维护、运营以及最终的管理。14 章所描述的许多检测类型,都被设计成能满足第 10 章中不同的状态评估的需要。而现在,这个过程可以倒转过来,如果结构评估不能满足桥梁管理的需求,那对维护、施工和设计的实践进行修订可能是合适的。这使得“对带来坏消息的人表示不满”,也成了检测者的职业危险之一。

由于检测人员会在现场换班,这会对不确定性的评估增加一些随机性。不幸的是,偏差无法剔除,因为旧方案逐渐会对新方案有影响(删除前面的报告是毫无价值的)。

结果的量化被重复强调但是难以强制实施。结果与测量的一致性促进了客观性,但是不能减小对主观判断的需求。可能出现错误的经验。无意义的测量可能解释不当。腐蚀造成的钢截面损失如果没有精确测量,通常在目测中被夸大。然而,即使精确地定量化了,也不能解释由于应力集中而造成的裂缝的风险(图 4.62)。混凝土空洞、钢筋腐蚀率和桥面板碎裂的相关性很难量化。所以,若还没有完善量化的标准,那么允许一定量的主观(定性)判断是安全的。

自古以来,对不确定情况下不可靠的检测数据进行演绎,尽管数据本身是可靠的,也和推理一样有着种种的困难(1.8 节)。塞涅卡(Seneca)关于“知识在与他人分享之前是不能证明是正当的”的警告,必定与笛卡尔对各种观点的不信任是一致的。检测不可避免地会提到结构物的退化。由于这一现象是普遍存在的,这个术语也是普遍的。本文用了 186 次。形容词“较小的”、“重要的”和“先进的”是定性的分级,而没有定量的区分,并且经常是相互交叉的。“建议修复”与“必要的修复”、“恢复如新”也都是一样的含糊不清。

FHWA(2001b)调查研究了目测是否能得出任何值得分享的意见与结果。10 个检测任务分别在 7 座“预先校准的”桥上,由来自 25 个州的 49 位检测人员完成。现场测试结果、文献综述以及一个现有调查的实践也一起呈现出来。结果包括以下内容:

95% 的状态分级是在例行检测中确定的,检测分布于 5 个临近状态等级上,每个状况分级有 68% 的偏差。

深入检测发现不太可能正确地识别主要的具体损伤,例如在钢结构主要构件中的焊接裂缝。使用期间建议,一个业主的例行检查可能是另一个业主的深入检查(14.3 节)。

常见的不能识别的结构的重要特性,例如支撑条件、桥梁倾斜、临界—断裂构件和疲劳敏感构件等。

造成缺陷的因素包括:

- 交通造成的担心;
- (缺乏)正规的桥梁检测培训;
- 报道中提及的结构维护水平;
- 易受影响性;
- 可见性;
- 时间限制;
- 风。

值得注意的是,已被认证的专业工程师不太可能会对桥梁状况做出误诊。所以结果显示我们既缺乏专家系统又缺乏专家。同时调查建议可以通过一个拓展使用无损检测和评估(NDT&E 15.1 节)的方法来获得更精确的结果。

4.5.1　结构诊断和健康监测(10.6 节和 15.1 节)

在工程实践中,NDT&E 方法(15.1 节)第一次实现了对结构响应实时的、高精度的量测。从而产生了状态评估的一个新的分支。由于以下原因,结构健康监测(SHM)对于桥梁管理过程(例如成本效益最优化)和产品(例如结构性能)来说是奢侈的又是有挑战性的:

- 结构的可检测性并不一定会随着获取新数据而得到提高。(数据可能是不可靠的和无意义的。)
- 一个可检测的结构不能保证一个较好的服务。(一个结构的选取不能仅仅看其性能是否能够被监测。)
- 数据获取导致了持续的维护和技术上的花费。(一个废弃的数据采集系统是一个明显的管理失败。)

根据 NDT&E 提供的数据,状态评估发展成为相对高级的诊断方法。诊断需要做系统的识别;例如,结构模型参数必须从量测到的结构行为中确定。模型和测量都是易损的。Bucher 和 Pham 写道:

> “系统识别需要解决反问题,而不幸的是反问题将会导致病态的数学方程,例如,线性方程。这个趋势随着需要识别的结构参数数量的增加而变得更加显著。病态方程的结果是任何测量中的微小误差都将被显著地放大,这将会导致识别到的参数出现很大的误差。当采用了优化方法时,可能最终找到局部的最小值,但这些值不能代表真实的系统参数。”

作者提出了在参数识别中克服数值定量困难的有效方法。

在定性方法中,模型可能不具有代表性。线弹性模型不能表示屈服,强度模型不能反映失稳,动力求解不会随着结构的变化而调整刚度(附录 26)。所以要使以知识和经验为基础的系统既能调节模型参数又能修改模型是一件非常困难的事。

4.6 运　营

术语“运营”包括了结构在现场的所有行为(例如,现场工作)。如此定义的运营,容易导致质量低下、不安全性的行为。

4.6.1 活动桥梁

活动桥梁,及其他依赖于人为操作的结构(如主动防撞系统和交通监测中心)都极易受到人为错误行为的影响。图 4.78 所示为图 4.79 中竖向活动桥梁的辅助平衡索断裂后的情况。事故就发生在人为操作过程中。

图 4.78　竖向开启桥断裂的辅助承重索

图 4.79　升降桥

操作的易损性主要是指人员的管理(4.1.4 节)。根据通航管理部门(如美国海岸防卫队)的需要,活动桥梁必须配备操作人员,可以进行日常和紧急的开启。在人员之间和责任部门之间必须维持紧急通讯。

除了结构上的复杂性(14.3 节图 4.80),活动桥梁还要求高度专业的机械维护与电子维护。复杂的需求增加了全生命周期内的成本。为了消除对航海导航的依赖,图 4.80b)所示的活动桥梁将会被一个通航高度更高、跨径更长的固定桥梁所取代。

4.6.2 现场操作的安全性

所有的现场操作,包括维护和检测,对人员来说都是有风险的。尽管有 OSHA 监管,施工事故还是会发生。维护和检测的管理是相似的。业主可能会传授更加严格的标准操作规程(SOP)。桥梁上日常出现的最明显的对人员的伤害都是与交通相关的;然而,结构状况也是一

a)　　　　b)

图4.80　a)活动桥梁;b)立转桥为一个通航高度更高、跨径更长的固定桥梁所取代

个原因(14.4 节)。在图 4.69 所示为一个预应力索断裂后(由于腐蚀),检查需要特殊的保护以防止进一步发生断裂。

4.7　易损性预测

桥梁相关的任务和产品中,可能的易损性综合表是一个非常有用的工具;然而,这个表格不能编辑。一个不完整的表格会包含由于忽视而带来的所有危险。准确地说,知识是不完整的,而且这就是为什么工程始终带有部分试验性质的原因。经验产生"常见疑问"的不完整表格,规范经历修改,预测,从而得到更新。大致估计分析假设,设计规定和施工操作。维护、检测和运营就更加不确定。

Leonardo da Vinci 在他的笔记本中推测到"不希望发生的总是发生"。墨菲(Murphy)法则(3.3 节)的信息也同样是没有结果的。

各种不确定性的易损性在结构的生命周期内互相作用。其累计效应造成了偶然的必然事故,而不是必然的偶然事故。为了预测其可能性和可能的结果,工程中运用了各种概率模型和确定性模型。

第5章 失效概率

“乐观主义者和悲观主义者所争论的唯一问题是这不是……”

P. Valéry(1941,第 105 页)

土木工程结构失效相对来说是比较少的,这给乐观主义者和悲观主义者打开了一个广阔的思考空间。这主要是由于严格遵守了以下两个原则:

• 建筑结构(特别是那些用于公共用途的建筑结构)的设计和建造要求都比预期高得多(4.2.2 节)。

• 导致结构失效(例如,第 4 章里面讨论的易损性)的真正的和潜在的因素都已从实践系统中识别出来,并将其消除了。

一个显著的例子就是2001 年9 月11 日纽约市世贸中心(WTCⅠ和 WTCⅡ)的倒塌(图4.3 和图4.53)。很明显,双子塔受到的袭击远远超过建设时期(1968—1974)设计规范所考虑的安全储备。工程界立即开始研究失效模式,以便提出相应措施来避免这种极端情况下出现的失效。

理论上,物理和运营中的不确定性(1.8 节和 1.9 节)的结果是导致土木结构安全性评估的不确定性。在工程起源的确定性领域中,不确定性本身就是一个失效。150 年后,它被归类为模糊性(例如,不确定性的一种形式)。

管理者在运营领域和设计者在物理范畴里所面对的不确定性问题是不同的,而且认知的方式也不同。有人认为这种不同已经制度化。关于“挑战者”号航天飞机的失效概率的估值,Feynman(1999)从设计师那里得到的是 0.01,而从管理者那里得到的是 0.000 01。Vick(2002)将这 1 000 倍的差异归因于设计者和管理者的态度不同。然而两个调查组都是由优秀的 NASA 工程师组成的,或许笛卡尔(1.8 节)会认为他们没有用同一种方法考虑同一种失效。

Feynman(1999,第 157 页)发现,用于计算“挑战者”号固体火箭助推器 O 形环腐蚀的数学模型“不是基于物理原理而是基于试验曲线拟合”而建立的。他通过对桥梁的类比(第 156 页)进一步批评了 NASA 的安全系数的概念。他认为如果一根梁在 1/3 的设计荷载作用下就开裂了,则“安全系数不是 2/3,而是 0。”管理可以将这种设计失效称之为“千钧一发”。

不能消除也不能充分预测的失效概率就是风险。由于风险分析具有必然的不确定性,有必要将相应的专业处理方法制定成规范。

5.1 风险评估

风险评估,是使相对明确的当前行为和未来的假设结果保持一种期望的平衡。因此,对风险评估有迫切的需求,同时对其又有激烈的争议。

Taylor 和 Van Marcke(2002)评估了生命线和自然灾害可接受的风险。Dowrick(1977)定义地震风险如下:

$$风险 = 灾害 \times 易损性(值) \tag{5.1}$$

Vick(2002, 第 123 页)采用了更常用的定义为:

$$风险 = 失效概率 \times 失效结果 \tag{5.2}$$

作者将风险分析描述为以下序列(第 126 页):

风险源⟶响应⟶结果

结果、影响或者损失能够被量化为花费;然而,社会约束和需求会对优先排序产生根本的影响。地震学家、气象学家、统计学家等确定开始事件或极端事件的可能性。工程师估计这种事件对结构造成的相应结果。这个任务处于尴尬的位置:任何可能的失效既不能被完全接受,也不能被完全避免。

FHWA(2005d,第 13 页)给出了英国交通运输资产管理公司采用的计算风险事件概率 L 的方法如下:

$$L(风险事件) = L(原因) \times L(缺陷) \times L(暴露条件) \times L(影响) \tag{5.2a}$$

不是所有的失效都是由于对失效概率的低估造成的。一个结构可能设计成最大能够承受 2 000 年一遇的地震而不倒塌。经过一个如此量级的设计之后,根据规范要求,这个结构可能需要拆除或者彻底修复。社会和媒体会质疑产生的任何损失,就像他们质问建设中的额外花费一样。最好的情况是,工程管理能够提供一个可能花费的范围和可信的方案。

式(5.2a)的构成概率可以分为必然的概率(1)、高概率(0.7 ~ 0.99)、中概率(0.3 ~ 0.69)和低概率(0.0 ~ 0.29)4 个等级。因此,基本概率风险指标是 4 个专家意见的乘积。例如,从一个公路部门的手册中由查表得到的数值为:

$$L(风险事件) = 0.85 \times 0.50 \times 0.15 \times 0.85 = 0.054 \tag{5.3}$$

因此,不主张无条件地接受"客观"可能性。De Finetti(1974,第 x 页)陈述了他关于这个主题的主张如下:"概率根本不存在"(De Finetti 的资产化)。

对于一个不存在的实体,可能性有许多定义。Vick(2002,第 2 页)列出了 5 种:古典的、主观的、逻辑的、个体的和频率的。他们都发源于对不确定性的主客观解释,分别在 1.8 节、1.9 节以及附录 2、附录 4 和附录 9 中讨论。作者强调任何采用的、假设的或计算的可能性在可信度方面的作用。主观的和客观的可能性组成了模糊理论。

在某些情况下错误会掩盖不确定性。对于经济分析,DeGramo(1979,第 146 页)等将风险和不确定性视为等同的。

5.2 结构可靠度

根据 Ang 和 Tang(1975,第 12 页)的观点,"最理想的解答是优化出成本的最小化和/或利益的最大化。"

第 2 章通过利益最大化、损失最小化讨论了在各种无约束优化和约束优化条件下,确定优先排序来寻求理想的交通方案。从类似非正式过程产生的任何结果都可以理解为折中方案，这与原来所认知的客观的严格优化背道而驰。这种优化可以通过假定的确定性程序、一系列方案或易损性来评估（第4章）。

对结构特性的优化不再局限于强度，而是包括通常所说的性能，例如，可靠度水平（4.2.1节）。可靠度水平能够通过概率的方法进行量化，也可以基于统计学、确定论和“可信度”的综合方法来评价。必须评价每种评估类型的可信度水平。在可靠度领域，失效指的是可靠度的降低。因此，可靠度是幸存的可能性。结构可靠度的统一可接受（附录7）水平是在生命周期内花费最小（1.5节、附录34）的条件下达到特定的“效用”或目标。

Cornell（Freudenthal，1972）描述了对一种“在适当考虑所有不确定性的前提下，实现初始和将来潜在收益和损失的平衡”的需求。作者详细阐述如下（第48页）：

> “收益和损失不仅是经济投资问题，也是专业问题和社会问题（例如，严重的倒塌事故会造成信誉和生命的损失）。不确定性不仅是概率问题（在相对频率意义上的），也是统计学上（例如，由于实践上的限制，缺乏用于确定参数的数据资料）和专业上（例如，关于基本模型的知识和信息的不完备）的问题。同时，应该提供一个从专业判断中获得信息整合的机制和方法。”

贝叶斯统计决策理论（附录2）已被应用于如下基于概率的设计中（第48页）：

> “如果从贝叶斯理论的角度看，将这些随机变量中的未知分布参数当作是随机变量是可接受的。当然，在传统的统计学框架下将分布参数处理为随机变量是不允许的。在同样的情况下，如果对设计有用，将所有不确定因素处理为随机变量也是不无道理的，例如近似应力分析中隐含的误差、荷载分布简化导致的误差或者未知施工分包商的资质。”

对于电子学中的典型系统，Barlow等人（1965）一共定义了5种类型的可靠度。Hudson等人（1997，第240页）提出了6种机械和电子设备生命周期可靠度的一般类型（附录7）。

然而，交通运输基础设施的可靠度水平受到不同条件的约束（4.1节）。对于民用结构，Thoft-Christensen和Baker（1982）认为极端事件比自然老化更加重要。作者基于随机模型，提出了适用于物理、统计学和模型不确定性的结构可靠度理论（附录7）。为了反映不同维护水平下的退化，Thoft-Christensen（Das等，1999，第15-25页）通过蒙特卡罗模拟估计了桥梁的可靠度分布。作者定义的结构可靠度如下：

结构在特定时期内实现其设计意图的能力。

数学意义上：在预期时间内，结构未达到各个指定的极限状态（承载力极限状态或正常使用极限状态）的概率。

根据结构安全联合协会（Joint Committee on Structural Safety）[由国际桥梁和结构工程协会（International Association for Bridge and Structural Engineering，IABSE）主办]的结构可靠度分析方法，RILEM（Reunion Internationale des Laboratoires et Experts des Materiaux，Systemes de Constructions et Ouvrages）和CIB（International Council for Research and Innovation in Building and Construction）都将可靠度分为以下三种水准：

水准1，安全检查。其中的设计方法通过采用许多与主要结构和荷载变量的预定特性或名义值相关的分项安全系数和分项抗力系数，为结构构件（有时是结构）提供适当的结构安全度。

水准2。这种方法通过特定的近似迭代计算,获得结构或结构体系的近似失效概率。这种方法一般需要将失效域理想化,并需要简化变量的联合概率分布表达式。

水准3。这种方法通过计算确定结构或其构件的"精确"失效概率,利用全概率方法描述影响结构响应的各种参数的联合发生概率,并且考虑失效域的真实性。

规范依据水准1或水准2提供的方法进行设计。设计新结构时考虑一系列可能的荷载范围。实际的结构响应和预测的荷载假定是强度、状态和运营模式的函数。因此,结构的失效概率依赖于对材料、单个构件、典型系统的失效模式及荷载的认识。

根据试验,材料显示出脆性或者延性的破坏模式(4.3.1节)。构件按照其轴力、弯矩、剪力和扭矩综合作用下的工作模式破坏。Thoft-Christensen和Baker(1982,第242页)区分了设计中的类型A(一致的)和类型B(不一致的),例如,预期的和非预期的失效模式。例如,强度损失是预期的,而可能会忽视稳定性的丧失(本书4.2节)。

独立性和相关性

在结构稳定性分析中,失效概率的估计容易只考虑预期的原因而忽视这些原因的综合。贝叶斯理论(附录4)假设各种失效原因都是相互独立的,并且具有一定的先验知识。如式(5.2a)反映了这些假设,即使没有条件能够完全满足。Melchers(1987,第52页)将它定义为"可能事件的可靠度分析"。Thoft-Christensen和Baker(1982,8.3节)、Ghosn和Frangopol(1999b,第4章)采用二阶窄界限理论模拟串联系统的失效概率。这个方法对单个构件的安全界限及其相关性的知识做了假设。

并不能预测所有荷载及其组合。机械损伤和持续高温作用组合是造成2001年世贸中心倒塌的主要原因(FEMA,2002)。设计中考虑了这两个方面的原因,但都是分开考虑的。相关性问题的随机方法由Thoft-Christensen和Baker提出(1982,第十章)。建议用Ferry Borges-Castanheta模型作为重复作用的独立荷载分析。这个方法应用于已知边界条件的情况。一定会出现难以预期和史无前例的设计边界条件,它依赖于专家的意见。

Barlow等(1965,第9页)警告说"伽马分布、韦伯分布以及对数正态分布的区别只有在尾部才显得明显,但是由于样本空间的限制,其尾部的观测值是很少的。"作者总结说:"不幸的是,考虑这些物理理论,失效分布的选择很大程度上还停留在艺术层面。"

最近,Z. Bažant已经提出将韦伯分布的尾部和高斯分布的中间相接,以此来模拟混凝土和其他准脆性结构的失效概率。可靠度分析探索性的方面在于数理统计逐渐代替直观选择;然而,关于极端事件(例如分布的尾部)的数据始终是稀少的。

案例17描述了联合应用确定性和随机性参数对结构状态等级进行评定。

案例17 状态等级的变化率

案例9和案例12描述了处于大型网络中的桥梁,表象的和主观的因素对桥龄和状态等级正态分布的影响是难以量化的,但却是非常显著的。退化历程反映了这种分布。用下面这个简单的例子来说明这样的结果。

表E17.1和图E17.1描述了750座桥梁的理想状态等级分布。

750 座桥梁从等级 7(新建的)到 1(失效的)的理想状态等级分布(NYS DOT)

表 E17.1

桥梁状态 $7 \geqslant R \geqslant 1$	桥龄(年)	桥梁数量
7→6	0～3	50
6→5	4～9	100
5→4	10～21	200
4→3	22～33	200
3→2	34～39	100
2→1	40～42	50
1→7	43～45	50

注:平均状态指数 $R_{av}=4$(图 E17.1)。

如果表 E17.1 的 7 个状态等级随着时间线性退化并且是基于桥龄均匀分布的,那么每年有 16.7 座桥梁的状态下降一个等级。如果到达寿命终点的桥梁在三年内重建使其状态等级恢复为 7,则可以维持一个稳定的状态。桥梁数量沿着纵坐标的累计分布呈双凹状或平缓的 S 状,如图 E17.1 所示。

主观和客观的原因可能延缓分级表中间等级的退化。有限的资金通常根据"优先排序法"(也在 4.1 节和 14.3 节针对灾后检测进行了讨论)分配到维护工作当中。在极端需求下,资源都配备给状态等级在平均值附近的桥梁,假设等级较低的桥梁维修已晚,等级较高的桥梁还没有这种紧急的需求。这种策略证明了图 E17.2 所示的双曲线式状态等级特性。

管理必须解决如将使用年限定为 42 年,相应有 50 座桥梁需要连续维修,每年必须修复 17 座桥梁,这样是否是最优的问题。由纽约市管理的 750 座桥的平均桥面板面积是 $15 \times 10^6 ft^2$($1.4 \times 10^6 m^2$)。平均每座桥梁的桥面板面积为 20 000ft^2(1 860m^2)。按照 450 美元/ft^2(4 840 美元/m^2)的维护费用标准,计算年度直接维修成本将达到 15 亿美元。案例 9 表明这种大概的估计是不可靠的。

图 E17.1 没有考虑桥梁的数目,因为状态等级的大小和每个等级的预期寿命都是确定的。过分简化了假定平衡中两个重要的假设:

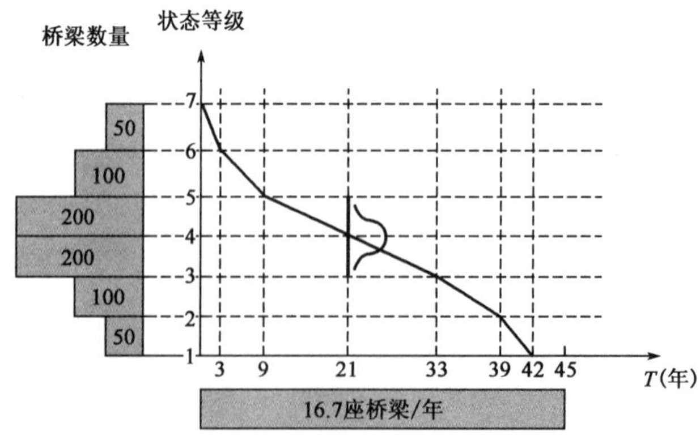

图 E17.1 相应于表 E17.1 的状态等级特征曲线

• 维修不能将桥梁恢复到竣工时或者说等级 7 的状态。

• 假设的退化过程是平均的。如果每个桥龄的状态等级都符合正态分布,那么最差的状态,而不是平均状态,将会决定维修需求。

表 E17.2 所列桥梁的状态等级是均匀分布的,桥龄是正态分布的。双凹的累计分布如图 E17.2 所示。

750 座桥梁从等级 7(新建的)**到 1**(失效的)**的理想状态等级分布**(NYS DOT) 表 E17.2

桥梁状态 $7 \geqslant R \geqslant 1$	桥龄(年)	桥梁数量
7→6	0 ~ 12	116.7
6→5	13 ~ 18	116.7
5→4	19 ~ 21	116.7
4→3	22 ~ 24	116.7
3→2	24 ~ 30	116.7
2→1	30 ~ 42	116.7
1→7	43 ~ 45	50

注:评价状态 $R_{av}=4$(图 E17.2)。

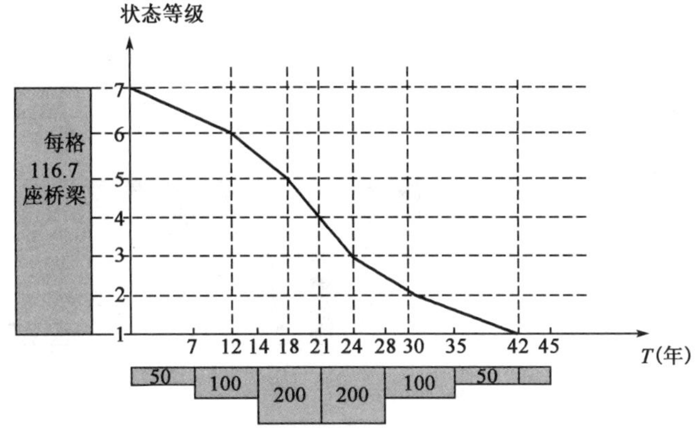

图 E17.2 相应于表 E17.2 的状态等级特征曲线

结合图 E17.1 所示的状态等级分布和图 E17.2 所示的桥龄分布,不可避免地得到图 E17.3 所示的直线形式。

这更加接近于实际情况,纽约市管理的 750 座桥梁的平均退化形式几乎就是线性的(图 E17.4),与图 E17.3 中类似(也参见图 E12.2 所示三个事例的第二个)。

结果是独立得到的。案例 9 指出纽约市不得不于 20 世纪 80 年代关闭许多桥梁。由于在 15 年里每年要支出 50 亿美元资金用于维护,到 2005 年整个城市从待维修的桥梁中删除了等级低于 3 的桥梁。平均桥梁状态从 1992 年的 4.5 上升到 2004 年的 5.0。维护对于退化曲线的影响,尤其是对高中等级范围的影响,在案例 23 和案例 24 中做了研究。

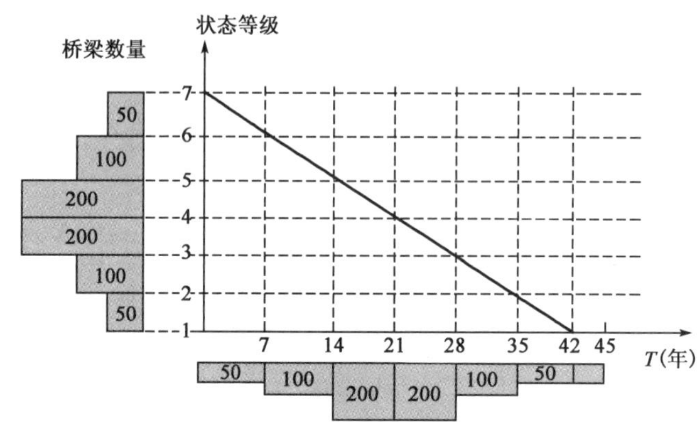

图 E17.3 标准状态等级和桥龄分布

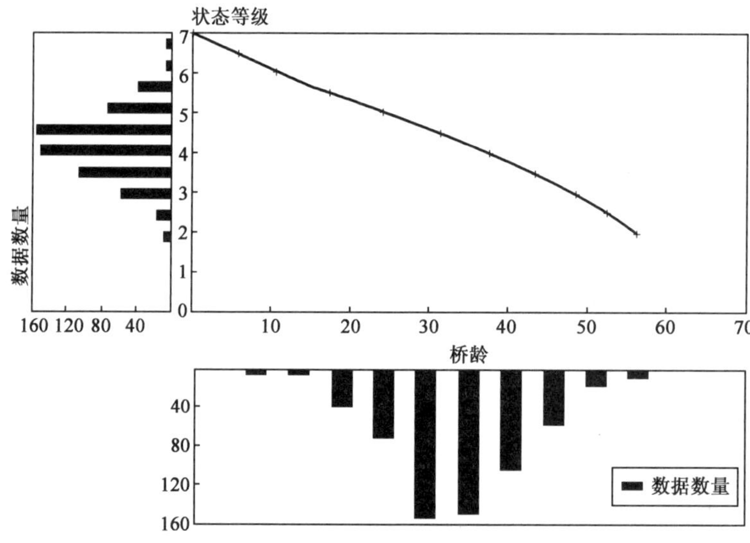

图 E17.4 平均桥梁状态及随桥龄和状态等级的分布(Yanev 和 Chen,TRR1389,1993)

系统和网络的建模也能用一点艺术(例如前述引用自 Barlow 等的内容,1965)。Cremona(2003)综合地介绍了当前的状况。结构被模拟为一系列并联和串联子系统和构件的组合。并联系统中,所有构件同时起作用。如果一个构件失效,荷载在其他构件之间进行重分配直到所有构件达到承载能力极限。串联系统作为一个链,在其最薄弱环节处失效(可以是其中任何一个)。静定结构是串联体系,而超静定结构是并联体系或两种体系的组合。连接也必须模拟为构件。系统(结构或过程)整体失效模式是一个串联系统。Ghosn 和 Frangopol(1999b,第 4 章)指出,大量随机变量的总和为一个正态分布,而它们的乘积为一个对数正态分布。附录 7 和附录 17 总结了一些用于估计具有串联、并联系统的可靠度设计规范。

Ghosn 和 Frangopol(1999b,第 4 章)认为,“无论是串联、并联或者串—并联组合的体系,只要所有失效模式能够确定,就有可能估计出结构体系的可靠度。”因此,当一个结构被定为可靠之前,设计必须是可预测的,或者,用 De Finetti 的话说,是可预见的。作者强调了不确定性、不可靠和分配给某一结果的概率的区别。当数据充足时,结构的失效概率和剩余使用寿命的评估可以采用随机分析的方法进行。当数据有限时,只有通过对已有信息和约束条件的最佳估计来确定方案。最优性只是针对特定的一组效益和约束而言的。那么什么是设计规范的目标可靠度?

Oliver Wendell Holmes(1985)的"副主祭的杰作(Deacon's Masterpiece)"是一个均匀强度设计的例子(附录1)。其唯一的失效模式是瞬间解体。在设计和施工中缺乏尽善尽美的情况下,规范(4.2.1节)必须推荐结构有所"储备"。储备量可用强度或近来常用的可靠度指标β进行量化。

Frangopol(1999a,b)回顾并扩展了美国和日本可靠度理论在桥梁设计和管理中的应用实践。Ghosn和Frangopol(1999b,第4章)描述了符合当前设计规范的确定桥梁可靠度的方法。他们都将桥梁模拟为串联体系组件和并联体系组件的组合。结合概率性和确定性的分析手段,采用增量法逼近引起结构破坏的荷载组合。

Moses(Frangopol,1999b,第5章)总结了设计和荷载评定中(10.5节)重要活载大小选择的概率过程。他预见(第133页),未来桥梁管理系统对于结构可靠性分析的主要贡献在于提供实际的活荷载及相应的结构响应数据。

部分失效和渐近失效(3.3节)明显要比突然失效和总体失效要好得多。近年来,在一些容易损坏的结构上用指示牌以及健康监测技术来预兆可能的失效。例如,航空器的疲劳保险丝就是设计用于运营条件下预兆破坏的非结构构件。

一旦从根本上考虑预期的灾害,风险评估则具有先天的局限性。它对失效模式已知、失效荷载组合可预测的结构来说更实际可行。AASHTO(1998a,C4.5.2.3)鼓励通过设计预测失效模式:"只要技术上可行,首选的失效机理应该基于这样一类结构响应,这种结构响应将引起大的结构变形,从而一般能被观测到,进而作为桥梁破坏的预警信号……一个不适当的构件强度超限可能导致在一个不适当的位置出现塑性铰。"

失效模式的优化依赖于荷载重分布,荷载重分布反过来又需要结构有延性和冗余度。

不定的和冗余的结构分析

结构分析

结构的冗余度与静不定(也称作超静定)是同义的;然而,两者通常意味着不同的内涵和看法。冗余用来表示结构的储备(与结构的安全、管理上的浪费相关)。静不定使得静力分析变得复杂,同时会引起温度应力和次应力。

收缩、徐变、温度变化和基础沉降都被考虑为次效应,在超静定结构中产生次应力(预应力构件是内部超静定的)。这些术语要比4.2.1节讨论的二次分析稍微有点模糊。例如,传统上,桁架结构的节点都作为铰接来分析,随后在节点处增加"二次"弯矩来考虑忽略的抗弯刚度。随着计算能力和软件的进步,可直接对桁架的实际冗余度进行建模。几何刚度能够根据轴向荷载来确定,弯矩可作为主要构件的外力来确定。

Heyman(附录35)认为:如果具有足够的延性和稳定性,复杂冗余结构的实际应力和变形最好通过塑性分析来近似确定。如果忽略施工给设计带来的限制,结构分析将变得毫无意义。

AASHTO(1998a)建议的几个分析和设计程序反映了Heyman的观点。一个是用于模拟钢筋混凝土二维应力分布的拉压杆(或应力域)分析;另一个是地震响应中的延性设计和塑性铰分析。Heyman(1998)所讨论的支承的不完整性(或不确定性),通过建立的荷载系数 γ_{SE} 来考虑,已经被收入在“具体项目依据”(AASHTO,1998a,第3-10页)中。创新伴随着设计规范从约定俗成(例如,唯一的但是假设的定义)到基于性能(例如,模糊的但是现实的)的设计相一致。

结构设计

由 Harland(FHWA,1986)等提出的第一部临界断裂构件的检测指南深受迈安娜斯河银桥(1983)倒塌事故的影响。识别和加固临界断裂构件成为管理的首要任务。设计和评估关注的是冗余度对结构性能以及最终对可靠度的影响。为了进一步证明荷载评定计算的合理性,高速公路桥状态评估手册(AASHTO, 2000b)参考了 Ghosn 和 Moses(NCHRP 报告 406, 1998)(附录7和附录17)的报告。Liu 等(NCHRP 报告 458,2001)定义了如下三种类型的冗余度:

内部的:一个构件的失效仅限于构件本身。

结构的:既提供超静定又提供足够的延性。

荷载路径的:多于两条荷载路径。

关于适用性,结构如果能够提供可替代的荷载路径,则认为是冗余的。例如,一个简支跨是静定的,因此是非冗余的。尽管详细的桥梁清单考虑了这种非冗余性,但来源于该跨主要构件数量的另一种冗余仍然存在。一个由两个主要构件组成的系统,即使它们是连续的,也是非冗余的。根据某些桥梁清单,有三个主要构件的系统是冗余的,也有其他的清单规定四个主要构件才算冗余。尽管如此,双梁桥能够通过各种横向支撑系统进行荷载重分布,所以可以对其冗余度水平进行评估(Daniels 等,1989)。

AASHTO 2004、1998a 利用如式(3.1)和本书附录17中的 η 系数来考虑冗余度,考虑到 η_i 的主观性,将其修正为 η_R。系数 η_i 的数值通过观测其对可靠度指标 β[这里的式(A7.7)]的影响来选择和确定。

用 η_D 来修正 η_R 是必要的。冗余度的大小应考虑荷载的重分布。只有结构屈服时,才有可能表现出延性。因此,为了提高可靠度,结构的整体和内部必须均有冗余度,如在系统层面和构件层面。

总体和内部冗余度

如果结构的构件或单元达到了其极限荷载后,有可能出现荷载重分布,则结构是整体(或作为一个系统,在功能的意义上)冗余的。因此,超静定是必要但不是充分的。因此,只要(Hambly)4条腿椅子(附录35)中的任意3条腿能承受设计极限荷载,它就是整体冗余的。如果不能,椅子就可能会发生连续倒塌。从可靠度的观点来看,整体冗余的结构应该达到如下的要求:

- 系统为并联系统,而不是串联系统。
- 当系统某些构件失效后,其功能会重新分布。

因此,整体可靠性表示一个总体冗余和内部冗余的结合。如果应力能够在构件横截面内重分布,则将结构的单元或构件视为是内部冗余的。这个区别可以通过眼杆链和平行钢丝索的对比来说明。两者总体上都不是冗余的,因为按照设计,它们是结构不可或缺的部分。然而从内部来说,一个眼杆的裂缝将会传播到整个构件。就内部无冗余的双链杆(例如在银桥中,案例6)来说,结构的安全是没有保障的。如果眼杆的数量足够多,如图5.1所示,而不是如图5.2所示的一个或两个,则可以获得内部冗余。

图5.1 内部冗余的多眼杆链

相比之下,一个悬索由上千根平行钢丝组成(7696在图E3.5所示例子中)。除非是有总体故障的征兆,几根钢丝中的一根或几根钢丝在某些部位发生断裂相对来说并不重要,并且与好的钢丝沿长度方向的摩擦也没有多大意义。不能忽视钢丝的断裂,但可以通过管理识别其原因,并将其消除(见案例3)。唐卡维尔大桥(Virlogeux,1999)的一根拉索中一股钢丝的断裂短期来说可将其认为是多余的,并且桥梁继续运营,但同时得准备更换拉索。这个局部损伤的情况在阿基坦桥(图5.3)中也安全地出现了,那里也进行了相似的拉索更换,但是采用了不同的方法。

图4.14a所示的是混凝土桥面板的脆性破坏模式;然而,其钢筋还是处于延性状态。更为重要的是,这个桥面板是一个具有一定重分配能力的双向连续厚板。

图5.2 内部非冗余的两眼杆链

图5.3 阿基坦桥(Pont d' Aquitaine),波尔多

在如图4.71所示的例子中,一个退化的钢筋混凝土桥面板能够重分配其重量,从而像厚板那样工作。当板被切割成平行的梁后,20根中的2根会在简单的弯矩下失效。

延性

冗余度是结构重分布荷载的能力,而延性将这种能力提升到结构关键截面的水平上。

总体上,荷载(例如结构构件之间)重分配;在内部,应力在单元的横截面上重分配。因此,延性可以看作是内部冗余的一种形式。相比之下,脆性是内部非冗余的。在极限荷载作用下,延性截面屈服(如钢材),出现裂缝(如混凝土),接着产生非线性变形;而脆性材料直接断裂。图 3.7、图 3.10、图 3.11、图 4.1、图 4.16、图 4.22、图 4.28、图 4.29 和图 4.44 描述了在钢材和钢筋混凝土中的脆性破坏,而图 3.3、图 4.14 和图 4.47 中所示的特性是延性的。

钢筋混凝土结构设计的极限强度方法假设荷载在正常使用条件下是按非线性重分布的。在极端荷载作用下,一个钢筋混凝土截面应该能够发生非弹性变形,并且能够承受永久的损伤而不失效。奥克兰塞浦路斯的林荫大道高架桥(图 3.10)在第二层的底部缺乏足够的连续性,因而在洛马·普里埃塔(Loma-Prieta)地震中坍塌。而在旧金山市(San Francisco,图 3.9)的一座连续桥则幸存下来,没有发生坍塌或伤害;然而,其延性很小并且发生了不可恢复的损伤。

失效中的延性需求说明了桥面板加固的作用,这在 3.1.1 节的应力应变讨论中进行了论证。后来,正如所论证的,桥面板主要功能是抗剪,其在剪力作用下也会破坏。桥面板在抵抗典型活载作用下是不必要进行加固的,但在抵御失效时却是必不可少的。图 4.14 所示的局部桥面板失效,如果没有钢加固,可能已经发生灾难性的事故。

同样值得注意的是,如果外露钢筋没有显著的腐蚀,则失效是由剪切和疲劳引起的,而不是由于钢筋的膨胀引起的。

AASHTO[1998a,式(C1.3.3-1)]建议业主采用如下最小延性系数 μ“来保证获得延性的失效模式”:

$$\mu = \frac{\Delta_u}{\Delta_y} \tag{5.4}$$

式中:Δ_u——极限状态变形;

Δ_y——弹性极限的变形;

μ——弹性分析的界限。

这里的 μ 与附录 8 中的不同。

在变形等于 Δ_u 时,必须检验结构的稳定性。

由 Ghosn 和 Moses(1998)提出的把结构可靠度作为冗余的函数的方法,在附录 17 中作了简要的介绍。

正如冗余结构主要依赖于几个关键构件一样,具有可能产生灾难性后果的局部损伤的非冗余结构和过程是可靠度分析的主要目标。上限和下限逼近不一定会收敛于同一种失效模式。研究“上限”时,例如,寻找失效模式,可以考虑除了超应力之外的原因,例如稳定性损失、疲劳断裂或者极端事件。

数据库管理系统(DBMS)冗余度

FHWA(2001e,第 15 页)定义 DBMS 冗余度如下:“同一数据的多个副本的存储。限制与冗余数据有关的多余复制,升级和传输费用的过程被称为‘冗余度控制’。数据库复制是冗余

度控制的一个战略，旨在提高系统的性能。冗余度也可指备份系统，这个系统在主系统瘫痪后，代替其进行数据处理和传输。”

如前段定义，冗余度可以看作是可靠和超支的来源。

5.3 网络可靠度

网络可靠度的设计和现有网络可靠度的评估在以下两个方向得到了发展：

网络和潜在灾害的模型变得更加详细且符合实际。

所考虑的网络包含的内容越来越多，越来越完整。

Cremona(2003；本书附录17)将网络定义为串联和并联的系统。桥梁是结构构件的串联和并联系统。车辆运输网络是道路的串联和并联系统，道路交叉的位置以及桥梁所处的位置为网络的节点。桥梁系统和车辆运输网络的相对复杂性可以粗略地比作运算(功能)与运算的变化(例如，功能的)之间的相对复杂性。例如，网络系统的可靠度分析在冯·诺埃曼和摩根斯坦(1964)工作中的应用，在很大程度上引领和刺激着土木工程结构的可靠度分析，因为确定的系统(例如，电子系统)都能够通过其构件的剩余使用寿命来充分地定义。合格/不合格是仅有的性能标准，而定时更换是唯一的需求。这种网络的可靠度由 Barlow 等(1965)和 Gertsbakh(2000)作了分析。

由于道路的网络相对统一和简单，可靠度和管理的发展在道路中的应用先于在桥梁中的应用。但是应该知道，作为通向桥梁的道路不连通模型和作为道路节点的桥梁不能分开进行优化。在短期的规划前景里，交通运输的需求主要关注路面的质量而忽视了结构生命周期需求。而忽视交通需求来提高结构状态的反向转变同样是不经济的，这种转变的概率极小。交通运输功能网络包括道路、桥梁、生命线和其他基础设施。Thoft-Christensen 和 Murotsut 提出了可靠度理论在结构系统中的应用方法。

交通运输网络在地震荷载作用下的可靠度已经受到广泛的关注。Thoft-Christensen 和 Baker(1982)分析了结构在随机事件下的可靠度，例如质量的下降和极端事件(5.3 节)。Werner 等(2000)提出了基于风险方法来评估高速公路系统在地震下的性能。对于资产清单明确的交通运输网络，在预先指定的地震荷载作用下的损伤水平，确定性和概率性的结果都得到了。Basoz 和 Kiremidjian(1996)在更普遍的自然灾害中评估高速公路运输系统的风险，这些灾害包括龙卷风、飓风、洪水和地震。风险分析结合了易损性和独立资产的重要性分级，进行了两种类型的网络分析：连通性和服务性。两种研究都预估损失和提出事前事后的计划。Chang 等(1996)估计了不同用途的网络由极端事件导致失效引起的损失，包括照明、煤气和供水网络。

Mohamed 等(RR 1490，1995，第 1-8 页)识别了正在使用的网络优先级或优化四类模型：

充足的等级；

服务水平短缺分级；

渐进成本分析；

数学程序(使用的，例如 Pontis 和北卡罗来纳的 DOT)。

作者对通过动力程序模型执行的时域优化和人工神经元网络的网络(ANN)域优化做了区分。

5.4 过程可靠度

在成本和其他约束条件下,结构可靠度需要对假设的失效模式进行优化。过程没有明确定义的失效模式。严格的优化(附录36、附录37)量化了“效用”。钱是唯一可以量化的管理上的资源,没有定性地选择钱的使用也不能得到优化。预算是唯一的专有的管理产物,而且管理的失效直接且仅仅与预算有关。从产品和/或服务的失败可以推出更广范围内的管理不足,例如,物理和逻辑结构(第4章)。因此,可靠性是设计的目标,但它可以看作是管理上的限制。桥梁管理在重大的安全失误之后成为定性范围的经验,而不是由于经济的原因(第3章)。

过程能够用并联和串联系统的结合来模拟,并且可以在简化的约束条件下进行优化,例如时间和金钱的限制。关键路径方法通过识别过程中非冗余的关键运行序列并保证其平滑过渡,从而使得建设项目的时间最短。同样的方法也将是非冗余的,因此对与安全相关的交通运输活动(4.1.3节)的中断很敏感。另一方面,组织的冗余意味着重复的工作。如果可以明确不能接受的工作模式,则可以根据目标可靠度和经济约束来设计一个过程。通过对预期的可用资金损失的分配,过程的冗余度水平可以用组织可靠度指标或者结构可靠度指标β(附录17)来表示,正如安全度的损失被量化了一样。

按表4.3所示的更一般的说法,功能的冗余度在一个任务到下一个任务的转换点至关重要,例如,从设计到施工,然后到维护和运营。负责基础设施网络的技术人员通常安排在完成分析、设计、施工监控、修理、维修、运营和检测的单位中,结果是一个总体无冗余的链。如果每个单位都发展其他领域的专家(例如,施工检查设计、维护检查设计和施工),就获得了一定的冗余度(与一些重复的工作在一起)。或者,工作人员能够胜任具有共同特性的岗位,例如特定类型的桥梁(例如,跨河、跨陆地、可移动、悬索、钢、混凝土)。相关队伍的管理结构将在表4.2所示生命周期的所有阶段给出,保证功能的连续性。整个组织结构应该是冗余的。而非冗余的过程将容易出现许多不连续模式,如任务之间转换时候的失效,冗余的过程将倾向于独特的“渐进倒塌”,例如,职员缺乏人力、技术知识或其他能力。表4.5推荐了多种的QC和监督方法来保证令人满意的结构性能和人员绩效。

5.5 再分析

可靠度分析评估包括两种不确定的状态,即与某些事件的发生相关的和与工程结构和服务可能受到的损失相关的。考虑第4章讨论的已知易损性,不确定性的范围可以变得窄一些。反过来,后者又建议为第3章列出灾难性的或部分的失效。这些理由是推测的、不完整的和容易被忽视的。应用于思考而不是事件,墨菲法则(也在3.3节讨论)或许可以陈述为“任何可能被忽视的都会被忽视。”

Santayana(1982,第45页)认为,历史总是“被写错,而又被不停地重写”。这个观点适用于对过去失效的不断再分析。考虑重写和修订的数量在不断增加,当前的工程文件都采取了笼统的、墨守成规的逃避性条款——“包括但是不仅限于”。同样,目前的文本在任何的枚举或列表前面都加上“部分的”,例如在表4.2和表4.3中。这种模糊在规划和分析中有一定的作用,但在实施过程和执行任务中是不可接受的。例如,表E26.1所示的列表不能是“部分的。”

为了减小不完整的影响,概率(可信度)和统计(频率)方法互相补足,正如上下限迭代或形式考虑与内容考虑互补一样。因此可靠度分析是一种受迭代启发的再分析,不停地在其自身范围内改善从而扩展到那个范围之外。

第二部分

评估:桥梁管理支持系统

第6章　系统和结构

当产品（例如，第4章提到的工程结构）的易损性越来越需要系统化管理的时候，产品的生产过程便会纳入一个结构化的系统中。那么，什么是"系统"（system）？什么是"结构"（structure）？韦氏新大学词典给出了10种系统的定义和5种结构的定义，其中包括如下释义：

"系统：

1. 系统是由一组相互关联、相互作用、相互独立的元素组成的复杂整体。

2. 系统是一组功能相关的元素的集合；

 d. 系统是由结构和线路组成的用于通信、交通或配送的网络（如铁路系统）。

9. 系统是一种方法：过程。

结构：

3. 结构是复杂整体中各部分间的相互关系。"

结构和系统的区别在哲学上似乎有些矛盾。Boudon（1968，第17页）曾经指出：经济学家、社会学家、心理学家所提出的"结构"的定义可帮助人们对其进行理解，但很难形成真正意义上的定义。在这里，笔者引用Flamant（第14页）对结构的定义："结构是相互关联的元素组成的整体，且任一元素本身或元素间关系的任何变动都会引起其他元素或关系发生改变。"

土木工程及韦氏词典（5）都将结构定义成"为实现某种功能（如承受荷载）而建造的物体"，从而避免了语义僵化。Heyman（1996）在其著述中也曾开门见山地指出："任何建造的物体都是结构（structure，源于拉丁文'struere'）。"

因此，系统界定了结构的组织或功能，例如二维或三维桁架结构、梁式结构、悬索结构等。宇宙形成之日起就有了结构，并且不断发展。千百年来，结构都是根据已知系统而设计的。无论自觉或不自觉，结构都因其要服从一定的约束（如重力）而存在。因而，Salvadori（《建筑物为什么屹立不倒》，1980）和Gordon（《物体为何屹立不倒》，1978）都揭示了结构屹立不倒的根本原因是其基本系统既精致又可重复使用。

根据同样的定义，一个有组织的结构可以是为用户提供服务的任何东西。组织受到社会规律而非物理规律的约束，其结构所能发挥作用的程度是有限的，且存在一定的争议。研究组织结构的目的，常常是为了改变它。尽管管理系统和结构系统的基本原理（1.1节）是永恒不变的，但前者的淘汰速度比后者快得多。在这两个领域内，系统的适用期限也是不同的（1.11节）。

在19世纪中期工程师们摒弃"传统建筑模式"的时候，"传统的思维方式"也备受质疑（见1.2节）。笛卡尔设计了一个原始的信息系统，用以组建亚里士多德传统理论中那些可靠的知识。笛卡尔的方法是先将信息分解至最小的单元，然后按从简单到复杂的顺序对信息单元进行处理，去伪存真，并以易于检索的方式进行存储，以便参考。

20世纪，数学方法和工具在质量和数量上都达到了笛卡尔方法的要求。基于计算机的操作算法和数据处理方法的决策最终凌驾于依靠“常识”的决策之上,这些“常识”曾因为是“人类最普遍的素质”(1.8 节)而受到笛卡尔的质疑。此时可以证明信息管理系统(IMS)是合乎情理的。所谓系统化的管理就是基于计算机系统的管理。J. Bailey(1996)认为平行推理比顺序推理更加适合于自动化的管理。但由于早期笛卡尔推理模型占据主流,所以 Bailey 的观点在当时并未得到广泛认同。直到后来 Hudson 等人(NCHRP Report 300,1987)以及联合国经济合作与发展组织(OECD,1992)提出的新模型宣告传统管理方式不再适用于桥梁管理。Hawk(NCHRP Report 483, 2003,第 63 页)把桥梁管理系统(BMS)定义为:“用来制订‘管理策略’的一系列规则、指南和程序;作为术语的‘桥梁管理系统’常用来指代诸如‘PONTIS’和‘BRIDGIT’之类的计算机程序,它们能有效地组织上述规则、指南和程序,并使其自动化;桥梁管理系统一般包括桥梁清单、检测信息的存储和组织、维护日程的安排以及工作计划的制订。”

对于工程系统的定义,Mittra(1988)采用了 Alexander(1974)提出的诸多定义中的一条:“工程系统是一系列物质元素或非物质元素构成的集合,元素之间相互联系、相互作用以达到一个或多个目标。构成系统的元素可以属于几种不同的类型……小的子系统嵌套于大的子系统中从而形成一定的层级,这是所有系统共有的特征。系统及其全部子系统均接受输入,产生输出。”

桥梁是交通运输网络中的子系统,用来承受恒载和活载。管理工程师是负责桥梁安全、经济运营的专家系统,而信息管理系统(IMS)则必须在两者之间存储并传递有关结构和社会的重要信息。Lucas(1985,第 4 页)将信息系统定义为:“为组织的决策和/或控制提供信息的一系列有组织的程序。”

任何基于桥梁状况及约束条件制订和跟踪桥梁相关活动的系统程序都可成为桥梁信息管理系统或桥梁管理系统。凡是负责任的业主都应该有这样一套系统。过去,业主的职责往往局限在竣工图保存、年度资产及开支预算、合同签订以及账目结算等工作上。1776 年,Perronet 报告了当时法国已知的 3135 条公路线路中的 2090 条道路的平面图和 757 座桥梁的设计图(Picon, 1992,第 47 页)。1903 年纽约市桥梁委员会报告了 45 座桥梁的运营状况,到 2005 年这一数目已增加到了 796 座。与此同时,纽约州交通局(NYS DOT)、州政府、高速公路、城市交通运输道路和港口管理部门也作为同一地区桥梁网络的主要管理者(案例 1)参与进来。这样,信息系统随着这一结构网络的扩大而不断发展。

1992 年,联合国经济合作与发展组织(OECD,1992,第 75 页)报道了法国国家公路系统(SNCF)曾在 20 世纪 70 年代初首次尝试对丹麦、比利时等国的桥梁数据信息进行自动储存和处理。本书附录 11 及附录 14 对美国国家桥梁档案数据库的发展演变作了综述。

施工技术是在复杂结构系统设计的反复尝试中得以不断发展的。而信息系统则是将其一般结构应用到具体需求上而发展起来的。Mittra(1988, 1.8 节)将这种方法描述为“自上而下”法——一种从全局出发进行考虑的方法——即进行结构功能分析和技术设计时先考虑一般的、高层次的要求,后考虑具体的、低层次的要求。作为一种在数量上的改进(只在程度上,而非性质上),作者提出如下结构化的方法:

“结构化的系统设计首先提出系统分析的最终结果——逻辑系统,然后将其转变为物理系统。它将数据流程图转变为实施系统流程图,然后先后编制出系统水平、程序水平的设计规范。因此,开发一个完整的逻辑系统是开发物理系统的先决条件。

逻辑系统和物理系统是完全分离的。"

上述定义与"先设计后施工"这一工程要求完全一致。在4.1.7节中已指出:过分强调这种先设计后施工的系统设计方法,往往会低估理论上的模糊性,而不会低估经验的决定性贡献。因此,在系统最终认可之前,有必要通过大量的"β-型"实验对系统进行修改补充以弥补上述缺陷。附录24详细描述了系统发展的5个一般阶段。系统的开发过程是循环进行的,系统的平均寿命由设计确定,该寿命总体上反映出桥梁管理的一般生命周期过程。

和2.2节的观点基本一致,美国联邦公路管理局(FHWA)将桥梁管理系统定义为(FHWA,2005a,第6页)"对桥梁检测、维护、修复、替换等维护措施的可用资源之间进行优化配置"。然而,桥梁管理系统既不能保证决策的最优化,也不能保证策略的实施。相比较而言,桥梁管理系统不仅要努力优化,而且要最大限度地使用桥梁的相关信息。灾后调查结果表明:决策是基于既有的管理知识而制定的。

尽管上述结论为BMS免除了一些责任,但却反映了其不足(4.1.1节)。因为一旦形成桥梁管理系统并提供决策支持,那么它就必须提供决策所需的信息,否则应视为系统的缺陷。土木工程结构的功能与桥梁管理系统中管理者的管理水平有很大的关系。表6.1表明了桥梁管理系统的逻辑结构与其管理对象的物质结构的基本要求是一致的。

桥梁结构与桥梁管理系统　　表6.1

要　求	桥梁结构	桥梁管理系统
可靠度(附录5～附录9、附录17)	过程:现行桥梁设计规范从可靠度角度规定了桥梁设计的基本标准和要求。 在可靠度分析中,系统是一系列具有失效概率评估的单元组成的整体。(附录17) 结果:具有一定可靠度储备的结构,如具有可接受的低失效概率	过程:如果桥梁管理系统被用在"桥梁生产线"上,那么所有建桥资源的合理配置将依赖于它。 结果:可利用数据管理系统进行如下评估: • 系统可靠度:如设计条件下的系统失效概率; • 设计条件; • 各种全寿命维护策略的结果
经济性(第2章和第10章)	桥梁必须在业主经济承受范围之内为社会提供服务(1.5节)。管理部门的决策正逐渐依据桥梁的全寿命分析而不是初期成本分析	桥梁管理系统和全寿命成本分析是相辅相成共同发展的。经《综合运输能力法案》(1991年)授权,BMS被《国家公路系统法规》(1995年,附录11)唯一推荐,这意味着桥梁管理系统必须证明其在成本有效性上的作用
服务质量	对桥梁的服务要求不仅仅包含结构的可靠性和经济性。不同桥梁设计方案的服务水平应可以加以比较(10.1节);无论如何,用户的满意度必须首先加以考虑。在桥梁设计过程中,桥梁与其用户相互作用,用户选择桥梁结构,同时结构也影响用户的选择	桥梁管理系统必须面向桥梁结构的具体要求,同时适合BMS的管理技术人员使用。这使得BMSs最终影响了结构的服务质量以及相关人员的资格

物理系统和逻辑系统都处理输入信息(如荷载是工程结构的输入)并执行一定的功能。附录18中总结的几种基本的系统配置在这两个领域中已经得到了广泛应用。

附录16中的桥梁管理系统流程图在不同程度上综合了附录18中的数据库管理方案。有些 BMS 流程图(如 OECD,1992)将输入和输出模块分离;而另外一些模块(如 NCHRP Report 300,1987)则既能储存输入,又能产生输出(比如维护)。

为了与更通用的管理信息系统兼容,桥梁管理系统必须考虑全局的管理需求,例如在 TRB 专门报告 234(TRB Special Report 234,1992)以及 NCHRP 综合报告 238(NCHRP Synthesis 238,1997)中提出的要求(附录 39)。

一个正常工作的桥梁管理系统就是一个以某种方式与所管理资产的全寿命周期相关的信息循环系统。无论属于哪种形式,桥梁管理系统的模块同表 4.2、表 4.3 所列举的结果和事件相对应,从而形成了如表 6.2 所示的循环过程。

桥梁管理循环 表 6.2

外部源	→	→	输入	→		数据库	→		输出	→
	← ↑									↓
	↑	结果				过程				↓
	↑ ↑ ↑ ↑ ↑ ↑ ↑ ↑ ↑ ↑ ↑ ↑ ↑ ↑	• 资产清单 • 结构状态 • 计算书、图纸 • 造价 • 预测/评估 • 标准/排序 • 工作记录 • 备选方案/替代方案 • 网络数据: • 地图、交通量 • 预算 • 操作程序 • 法律要求				• 发包 • 选择顾问公司 • 分析 • 设计 • 施工 • 维护/运行 • 检查 • 管理: 人员安排、质量控制及质量保证、审计、建议、排序、应急响应、桥梁管理系统的运行、管理			↓ ↓ ↓ ↓ ↓ ↓ ↓ ↓ ↓ ↓ ↓ ↓ ↓ ↓	
	←	←	←	行动	←	←	←	决策	←	←

作为一个过程,桥梁的生命周期由其相关活动确定(表 4.3),而桥梁管理正是通过对任务进行排序以减少不必要的行动。在图 4.4b 中,桥梁管理系统的数据库处于关键性、支持性的地位。OECD 以及 DANBRO 的桥梁管理系统流程图(图 A16.3 和图 A16.4)均通过追踪数据块之间的活动来强调处理过程。管理部门应该能够根据需求、缺陷及认知的变化来调整桥梁维护的优先顺序并重新配置数据库。

如表 4.2 所示,桥梁管理系统的结果(或输出)包括过去、现在以及预期的结构状态和需求。正因为如此,在图 4.4a 的流程图以及 PONTIS(图 A16.7)中,数据库均占主导地位。关于数据库在社会系统中的作用,Santayana(1928,第 44 页)曾这样阐述道:"直到有了档案和保存的记录,严格意义上的数据库才真正开始。"

De Tocqueville (2000,1.2 节)曾指出民主社会通常"不信任既有制度,任何事物坚持以事实为根据”。然而,De Tocqueville 警告道:“那些努力通过揭露事实真相来说明自然规律对人类命运有巨大影响的人容易犯下大错,因为没有比鉴别事实再难的了(第 214 页)。”“只有当人们渐渐变老,他们才会热爱分析。而当人们最终把思想转向从前,想分析过去的时候,却会发现在时光的层层雾霭之中,在无知和骄傲编织的谎言背后,真理一直被隐藏着。”

数据库对于桥梁管理系统就如同记忆之于思维一样,它既取决于信息的供应,又受分析评估需求的影响。

第7章　数据管理

美国联邦公路管理局(FHWA,2001e,第10页)把电子数据库及其管理系统定义为:

“电子数据库是一个对信息或数据进行有组织地储存,以便计算机能够快速选择所需数据的知识库……数据库管理系统(DBMS)用来从数据库中存取信息。

数据库管理系统是对数据库中的信息进行创建、修改和提取的综合程序。”

Hudson等人(1997)曾对“data base”和“database”进行了区分:“data base”即数据仓库,是指计算机化数据的简单集合;而“database”指数据库,是在软件管理系统的组织结构中保存的一个特殊数据组。数据库系统主要由操作系统、数据库管理软件和应用程序组成,数据库管理系统的结构概括于附录18中。

软件设计(Date,1973,1983)认为数据库是执行一系列“事件”的计算机化系统。每个事件都是一个工作单元。这样看来,桥梁管理系统就是应用于桥梁的数据库管理系统,其数据库结构(附录18)通常反映结构的物理网络属性(表6.1)。桥梁设计要符合结构规范,同理,其数据结构也必须满足数据定义、存储、访问方法、整合等方面的规范。

BMS的用户(负责管理桥梁)和BMS的设计者(负责管理数据),两个术语意义不同。前者的桥梁清单由后者在清单中的数据表现出来,而后者管理的清单对象则是前者的资源。桥梁设计者可能将桥梁管理系统看作描述实际桥梁结构和交通运输网络的现代化档案库;而数据库设计者会将桥梁管理系统看作传递信息的子结构网络。

数据库系统和结构管理尽管在发展速度上全然不同,但却一直互相合作。计算机软件和硬件功能总在不断升级,即便是较成熟的数据库,平均每3~6年就要更新一次。在全寿命成本分析中,通常基础设施的巨额财政预算要在10年、15年,甚至更长的计划内不断调整。经过30多年的发展,美国联邦桥梁管理数据库正融入资产管理的范畴(12.1节),而资产管理则一直是财政管理中的标准专业术语。美国国家桥梁档案数据库系统(NBIS)规范(FHWA,2005a)提出了以下几个定义:

“国土资源管理公路系统(LMHS):将国家和地方的主要公共道路交通系统纳入负责土地、资源和设施管理的国土资源管理局的系统。

线性参考系统(LRSs):一组用以确定和保留公路网中具体位置记录的程序。常用的方法有公里里程点(英里里程点)法、公里里程标(英里里程标)法、参考点法、连接点法。线性参考系统的数据需作为每年公路性能监测系统(HPMS)数据的一部分由各州提交给联邦公路管理局。”

为便于维护,桥梁数据库必须按结构化的方式分割成相互统一、相互独立的模块,它们能适应于不同的应用环境,并能纳入更大的信息系统之中。从定量分析的角度来讲,数据库的设计必须简洁而又详细;从定性分析的角度来讲,数据库的设计必须处理好简单和复杂之间的关

系。简与繁两种典型的原则都有坚定的拥护者和虔诚的追随者。关于这点,Gertsbakh(2000,第17页)引用爱因斯坦的话总结道:“任何事物都应力求简洁,但不可过于简洁”。

Barrow(1991,第1页)曾引述科幻作家及工程师保罗·安德森的一段话:“我还从未遇见过这样的问题——无论它有多么复杂,当你用正确的方式来看待它时,它没有变得更复杂。”

当权威的观点也像这里的“简与繁问题”那样分歧严重时,只要资源允许,就采用总阻力最小的方法。为了反映简单与复杂的矛盾,附录16中描述桥梁管理基本职能的流程图也从基本到详细一一列出。由于往往难以完全模拟复杂的自然现象,因此对其进行简化是必不可少的。尽管如此,有时那些被忽略掉的信息仍然会在日后显示出它们的重要性。甚至在桥梁结构状态达到定期检查状态之后,那些影响结构状态的因素(如维护条件、环境)的数据也仍然会出现缺失或者无法相互印证的情况。

在放松数据获取和存储限值(定量的和定性的)时,数据库设计方案变得更加难以优化:文本和图片容易处理,数字摄影技术比系统的评估模块提供更多的可视化信息,从而实现完全的开发。在线健康监测系统则能记录下直接的、实时的结构响应参数。

新近获得的大量数据表明非结构信息是无用的。

本州—四国桥梁管理局局长 H. Fujikawa 认为:“维护海量桥梁维护数据是相当困难的。因为高效维护桥梁的人力资源有限,所以采用合适的桥梁数据管理方法十分重要。”(《road and bridge》,2003年8月)。

同样,丹麦桥梁管理系统 DANBRO(附录16和附录40)的开发者也反对不必要的数据积累。他们认为获取并存储的数据必须满足以下几点要求:

- 对预期的评估类型而言是必需的、充分的。
- 能够可靠地获取、储存和检索。

为达到上述目的,必须建立相关的数据档案。如果旧桥的竣工图遗失、损毁或遗弃在各种早期的储藏室里(图7.1),那么许多有价值的信息就变得无用了。

随着数据的获取和处理变得越来越容易,它们所包含的信息也更加难以舍弃。决策的好坏最终需要根据本来可以利用而没有利用的资源作判定。Drucker(1973,第538页)曾认为信息“具有双重性质”,因为不论是最高经营管理部门,还是基础资源部门,都和信息保持直接联系。他总结道:“信息工作应该和其他种类的工作分离开。”

图7.1 桥梁相关数据的复印件储存

既有的决策方法(第12章)均强调桥梁管理系统中两个功能模块:

桥梁信息管理系统;

桥梁管理支持系统。

桥梁信息管理系统局限于数据管理,而桥梁管理支持系统隐含了优化功能。在桥梁管理系统的总体框架中,数据管理是一个模块,而决策支持的优化则是另一个模块(附录16)。Hudson 等人(1997,第330页)曾指出:“系统的模块要求分析工具必须独立于数据库。”

Patterson 和 Scullion (1990)区分了基础设施数据管理需求的 5 个功能等级:部门级别、网络级别、项目级别、运营级别以及研发级别。数据必须充分参考其输入时的相关条件。标准、成本、状态、约束和选项之间的前后对照(如连接)必须是“用户友好的”。而且,输入必须识别其来源,以便对其进行可靠性评估。成本只有在当前的经济指标下才具有意义。结构运营状态必须和评估类型、维护水平、交通量以及环境因素等联系起来考虑。Hudson 等人(1997,第 80 页)建议:“最好为相似信息组定义精确到单元的数据细节,因为这些组在许多应用中都拥有共同的特征,这可以成为在数据库中查找和存储的自然依据……各种用途所需的细节数量会因为规划、计划、设计、研究中的总体统计资料而不断增加。”

作者还提出了信息质量和数量的 4 个等级,并给出了相应的可靠度标准。

典型的桥梁数据模块如下:

资产清单

- 竣工阶段:结构、材料、服务
- 现阶段:状态

标准(过去、现在)

- 设计
- 施工
- 运营
- 维修
- 检查
- 环境
- 法规

成本

- 分析
- 设计
- 施工
- 重建
- 维修
- 检查
- 运营
- 突发事件/极端事件
- 用户(个人、团体)

服务(交通)

- 类型
- 交通量
- 事故
- 交通管制

运营

- 工作记录
- 程序
- 设计/维修备选方案
- 维护计划表
- 合同
- 公众延伸服务

网络

- 全球定位系统(GPS)
- 公路线路图
- 生命线
- 必备的服务,重要性
- 突发事件管理
- 已知风险

BMS 管理

许多数据模块在数据还未采集的时候就已经设计好了,需要在日后加以改善。随着使用期的延长,那些用于数据库管理、更新和升级的模块变得越来越有价值。

寻找完美的结构状态数据组不仅在理论上是徒劳的、在经济上是浪费的，而且在专业上也是不可行的。但另一方面，保存一份详细的桥梁资产清单却是切实可行的，而且不论近期需求如何，这都是一种合理的策略。亚拉巴马州、印第安纳州、北卡罗来纳州、宾夕法尼亚州以及纽约州结构单元的清单档案的详细程度已经超过了国家桥梁档案库(NBI)的详细档案，它们可提供相对先进的状态和需求评估。

第8章　清单档案

清单档案理所当然是数据库的第一个模块，已竣工的（或已设计的）交通网络的理想模型是相对稳定和“客观的”。竣工资产的性能，按照规范要求，体现在清单档案中，并提供了对交通网络“处于良好维修状况”下“服务性”的评估。“处于良好维修状况”的含义是模糊的，然而业主对清单档案条目的责任却具有法律强制性。那些由桥梁清单档案中错误条目导致的法律责任纠纷一次又一次地要求桥梁管理人员做好清晰、规范的清单记录。

美国国家桥梁档案局（NBI）的发展经验（附录11）表明，关于桥梁维护的部分结论可以很早得出，但还有一些结论则要在25年数据采集的基础上才能形成。到20世纪90年代末，随着记录在案的桥梁数量超过600 000（是原始数目的两倍多），FHWA开始酝酿新的清单档案指南。FHWA（2004a）对编码指南修订的建议规章（NPRM）进行了讨论，并形成了相关文档。建议的国家桥梁检测标准（National Bridge Inspection Standards，NBIS）的详细情况（FHWA，2005a）总结于附录14。

其他一些国家，例如欧盟成员国（BRIME 2002），也以相似步骤对桥梁进行登记。BRIME（2002）报道了一些欧盟成员国国家公路系统中的桥梁情况（第51页）：

	法国	德国	挪威	斯洛文尼亚	西班牙	英格兰
桥梁（座）	21 549	34 824	9 163	1 761	13 600	9 515
面积（1 000m^2）	7 878	24 349	2 300	660	5 526	5 708

据联合国经合组织（OECD，1992）报道，长度在2m以上的桥梁，法国共有209 300座，而日本有651 869座。

据Itoh和Liu（Frangopol，1999a，第137页）报道，从1956年到1975年，日本建造了约61 000座15m以上的公路桥。截至1996年，此类桥梁的总数达到了130 196座，总长度7 481km。

不同的业主、地区和国家间桥梁目录的集成水平差异很大。一些国家有多达75%的区域性桥梁建造于20世纪以前，它们在桥梁管理上的最初努力往往只局限在现代国家公路系统上。以下两项工作将是不可避免的：

把所有桥梁（和涵洞）都包括在清单档案里。

把桥梁和涵洞的清单档案整合进多模式联合的资产清单档案中，该档案包括道路、铁路和生命线工程。

美国国家合作公路研究计划（National Cooperative Highway Research Program，NCHRP）的NCHRP报告437（2000）讨论了使用GPS来为NBI收集、展示公路（含桥梁）清单数据的设想。

8.1 基本参数

基本的结构参数可以归纳成以下几类：

结构类型

- 上部结构主要材料
- 主要结构类型
- 桥面类型
- 跨数
- 连接、支座
- 桥台
- 引桥
- 桥墩类型
- 桥墩材料
- 基础/桩
- 人行道

几何性质

- 总长
- 最长/最短跨径
- 最高/最矮桥墩
- 最长/最短桩
- 斜度
- 平/竖曲率
- 纵坡
- 外边缘宽度和缘石间宽度（最小、最大宽度）
- 人行道宽度
- 栏杆、扶手
- 桥上净空（最小，最大值）
- 桥下净空（最小，最大值）
- 横向净空
- 航道水深，高水位，低水位

服务/状态

- 承载特征
- 交叉特征
- 车道数（宽度）
- 轨道数
- 日平均交通量（ADT）
- 设施
- 荷载等级
- 状态等级
- 易损等级
- 服务等级
- 潜在灾害

历史

- 竣工时间
- 重建/大修时间
- 维护记录
- 检测记录

网络数据

- GPS 参考资料

备选路线

- 最近的十字路口
- 重要性

先录入的数据必须便于查找。数字化的图纸、照片以及对 GPS 的相互参照都应该是标准化的。

8.2 桥梁种类

NBI（FHWA，1995b）根据材料（表 A14.1）、主要结构类型（表 14.2）、承载特征（表 A14.3）、跨线特征（表 A14.4）对桥梁进行归类。大多数桥梁教科书，例如 Barker 和 Puckett（1997）编的教材,Taly(1998)编的教材和 Xanthakos(1994)编的教材,都提供了所有桥梁结构类型的范例,见表 A14.2。

在美国,公铁两用桥(表 A14.3 中 4 号)由美国联邦公路管理局(FHWA)管理。特殊的公铁两用桥(表 A14.3 中 2 号)是 NBI 的一部分,但却由美国铁路工程和道路维修协会(American Railway Engineering and Maintenance of Way Association,AREMA)管理。

表 A14.3 中 0 号(其余类型)可用于一个渡槽或支撑其上部公用设施的结构。纽约市桥梁档案中最古老的桥梁是一个已拆除的渡槽,它是按照古罗马时期修建的法国尼姆附近的加尔桥(Pont du Gard)进行修建的。为了便于航运,该渡槽曾用一个三铰钢拱改装过。Harlem 河上的高桥(High Bridge,图 8.1)是一座人行桥,它可追溯到 1848 年,并在 1928 年进行了改造。这座桥将再次修复以便作为人行桥使用。

图 8.1 高桥,1848,1928,纽约市

在表 A14.4 的跨线特征中,5 号航道,对桥梁的设计和运营的意义最大。在桥下的铁路运营也很重要,因为这两种交通运输方式必须相互协调。

国家桥梁检测标准(NBIS)对桥梁细化的程度(如桥梁、跨径、部件和单元细节)并不总是十分确定的。恰当的决策支持需要路网中所有桥梁各跨的大部件、单元和小构件的数据。管理人员需要决定信息应该集中到哪一个层次上。

8.3 部件、单元和构件

在大多数教材里,单元是部件的子集,而一个桥梁单元又由一组构件组成。桥跨的主要构件可以由横梁和钢或混凝土的大梁组成,如图 4.12(4.2.2 节)所示。图 8.2 和图 8.3 举例说明了典型的钢和混凝土桥跨。表 8.1 根据纽约州桥梁清单数据库,描述了桥梁的部件和单元。

图 8.2 典型的钢桥上部结构:纵梁、横隔板、支撑、横梁和大梁

图 8.3 典型的混凝土桥上部结构:与桥面板复合的预制预应力混凝土大梁和横隔板

按 **NYS DOT**(1997)规定的桥梁部件和单元　　表 8.1

部　件	单　　元
桥台	伸缩缝、支座、锚固螺栓、承梁垫石、桥座和底座、后墙、桥台底部、侵蚀或冲刷、基础、桩
翼墙	墙体、基础、侵蚀或冲刷、桩
引道	排水系统、路堤、侵蚀、路面、导轨
河道	流线调整、侵蚀和冲刷、堤岸保护
桥面单元	磨耗层、缘石、人行道和封檐板、栏杆和扶手、排水口、格栅、中间带、单桥面板表面
上部结构	桥面结构、主要构件、次要构件、油漆、接缝
桥墩	支座、锚固螺栓、承梁垫石、底座、桥墩帽顶或梁、主干实体桥墩、帽梁、墩柱、基础、侵蚀或冲刷、桩
附属设施	灯柱和固定设施、信号设施、公共设施和支援设施

如表 A14.2 所示,FHWA 规范指南记录了桥跨数量并定义了部件的主要结构类型,但它并没有把评估目的细化到各跨和各单元。在 1997 年,这项工作加大了力度。PONTIS 参照了 AASHTO(1998b,2002 暂行)引进的公认(CoRe)结构单元。CoRe 指南更细致地考虑了部分部件,但仍然不是考虑桥跨层次的。NYS DOT 桥梁清单数据库记录每跨的单元,并评估其状态。附录 14 根据 NBIS 和 NYS DOT 的标准列举了典型的桥梁部件和单元。“侵蚀和冲刷”也被列为桥梁单元,这是为了保证定期对这些易损部位进行检测和评估(10.2 节)。

清单档案包含了对资产竣工状态的评估。必须周期性地评估或鉴定结构的当前状况、划分等级或对维护措施进行排序。目前,同时使用的关于桥梁状态的同义术语强调了评估使用方法、输出及其相对重要性的多样性。附录 40 描述了一些广泛使用的状态分级系统。结构的状态等级需要根据业主采用的检测标准而定(10.4 节)。而结构的荷载等级反映的是按主导设计规范得出的最薄弱构件的承载能力(10.5 节)。

第9章　评估:状态、需求和资源

笛卡尔曾总结道:人们观点各异是由于他们“思考的问题不同,思考方法不同,所以观点也不同”(1.8节)。为了综合考虑各种不同的重要观点,管理者必须给它们分配适当的权重。桥梁管理中评估结果的多样性是源自考虑因素的多样性,最主要有以下几个方面:

社会需求(如交通运输);

结构需求(如维护、修理、翻新、替换);

评估和响应能力(如专家意见);

资源(如资金)。

因此评估在不同程度上都是一个主观评价,其中结构状态评估较之各类需求评估似乎更具客观性。因为它对应实际结构,但是它对不确定现象的评价仍带有主观性。状态、需求和资源三者的平衡不可能达到绝对最优甚至无法量化,因为这三个基本变量不总是充分并且完全已知的。

Feynman(1999)说:“陈述每一条科学定律、每一个科学原理、每一项观察结果,都忽略了某种细节。因为任何事物都不能被精确地描述。”

因为所有正式的评估方式都专注于事物的某些特定方面,所以任何一项评估都有其局限性。尽管各种评估之间存在矛盾和抵触,可是从更高层次上看,它们可以组成一个提高累计可靠性的冗余系统。

在图A16.6(BRIME,2002)的BMS流程图中,项目层次的管理要向网络层次的管理传递费用和结构状态评估信息,而反方向没有信息传递。Small等人(TRC 498,2000,A-1)把维护费用决策定位在项目层次上,而把维护策略决策定位在网络层次上。

在图1.33a中的双边模型里,网络层次的管理者将服务效果最大化(如交通),而项目层次的管理者使结构性能最大化。可以通过第2章所讨论的各种不同方法获得决策的结果。最终得到的决策是一个综合的结果,它受权宜、先例、协商、个人的喜好、成本效益优化等因素的影响。管理是以货币的形式表现成本和收益的;而工程则要将结构状态定性与定量化,所以基础设施资产管理必须找到一种能联系这两种评估类型的“语言”。当所涉及的内容均用“双语”表达时,物理与金融领域间至关重要的信息双向传递就完全多余了。因此,实现连贯性(4.1.1节)是以多倍努力(或专家意见)为代价的。对于小型项目,工程师和管理者由同一人担当,需求评估和状态评估这对互相矛盾的需要就被整合在一起了,处理过程变得更有效,并且无冗余,不可预知。出于实用的目的,与仅仅采用成本相比,提出了更加细致的指标,例如描述服务等级的指标(见第11章)。

下列典型的评估跨越了经济学和力学的范畴:

资产的剩余使用年限评估;

修复到竣工或全新状态的投资评估。

公共资产管理机构需要每年汇报资产现状,并与全新时相比计算折旧费。此类评估通常存在下列不准确性(也可见4.1.5节):

从工程角度看结构状态评估是模糊的，而当它转化为货币时就更不精确了。

状态评估并不能定义修复工作的范围。实际工程包括状态良好的结构和部件以及后勤和施工能力所要求的很多费用。如果结构位于一条已经关闭的交通线上，则在它达到使用寿命之前可以进行修复。

结构和用户的需求是分开评估的，并且常常是独立评估的。在重建期间努力保持交通流的连续，会明显增加施工成本。表 E3.2 并没有明确指出用户成本或者业主为减少用户成本所面临的困难。

由于不确定性，估计资产更换与修复的费用会使社会公众意识到有缺陷的结构带来潜在赤字的风险，这就好比贸易逆差和国债一样。

Andy 和 Hajdin(2005)将结构需求/状态视作资产清单赤字，结构退化的 5 个级别表示为从资产清单中的借出。桥梁若为全新的，资产清单可以完全提供借出。这样桥梁状态可模拟为一个库存问题，例如，用马尔可夫链建模。这尤其适合于路网分布相对均匀、可及时实现状态改善要求的桥梁。

定性分级(如附录 33 和附录 40)可优化有限资源的配置(2.3 节)，并提供需求概算。Hearn(Frangopol,1999b)称其为“优先级排序”。作者把基于优先级排序函数(附录 41)的需求评估与基于成本优化得到的需求评估区分开来。NBIS 的完备性等级、NYS DOT 的桥梁状态等级以及宾夕法尼亚州的总缺陷等级(附录 44)都是典型的优先级排序函数。预防纠正措施成本效益分析基础上的优化评估方法可作为备选方案。这种方法反映了把将来桥梁看成是一组年支出需求来管理的观点。桥梁状态与决策不可避免地相互影响。假如每一个决策证实一个具体的评估，那么诸如合拢、荷载标定、翻新等具体行为都可以与某些等级相互关联起来。案例 18 解释了桥梁状态等级与桥梁业主资金花费需求的相互关系。Caltrans(附录 41)使用健康指标将检测等级转化为成本。

案例 18　基于状态等级的桥梁管理平衡

Yanev(2003)采用下列符号定义“桥梁管理稳定状态”：

A——区域现有桥梁桥面面积；

A_{Rec}——重建的桥面面积；

A_{Rep}——修补的桥面面积；

R——对应于面积 A 的桥梁平均状态等级；

ΔR_{Rec}——A_{Rec}的 R 的年平均变化量；

ΔR_{Rep}——A_{Rep}的 R 的年平均变化量；

r——由面积 A_{Rec}—A_{Rep}—A 引起的 R 值年下降率(如老化)；

C_c——桥梁重建费用[美元/(单位桥面面积·年)]；

C_R——桥梁修复费用[美元/(单位桥面面积·年)]；

C_M——桥梁维护费用[美元/(单位桥面面积·年)]；

L——桥梁使用年限(年)；

L_0——桥梁无维护条件下使用年限(年);

L_M——桥梁全程维护条件下的使用年限(年)。

如果区域内现有桥梁平均状态等级保持为常量,则必须满足以下条件:

$$(A - A_{Rec} - A_{Rep})r = A_{Rec}\Delta R_{Rec} + A_{Rep}\Delta R_{Rep} \tag{E18.1}$$

图 E18.1 说明了在文中假定条件下的桥梁管理平衡状态。图 E18.2 是保持平衡状态的实际工作活动流程图。

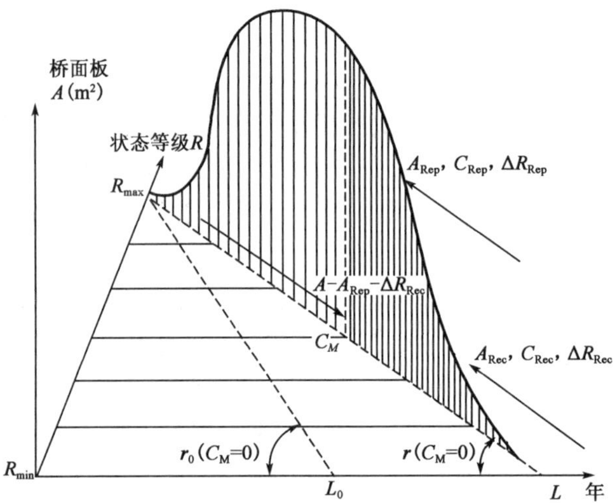

图 E18.1 桥梁管理平衡状态

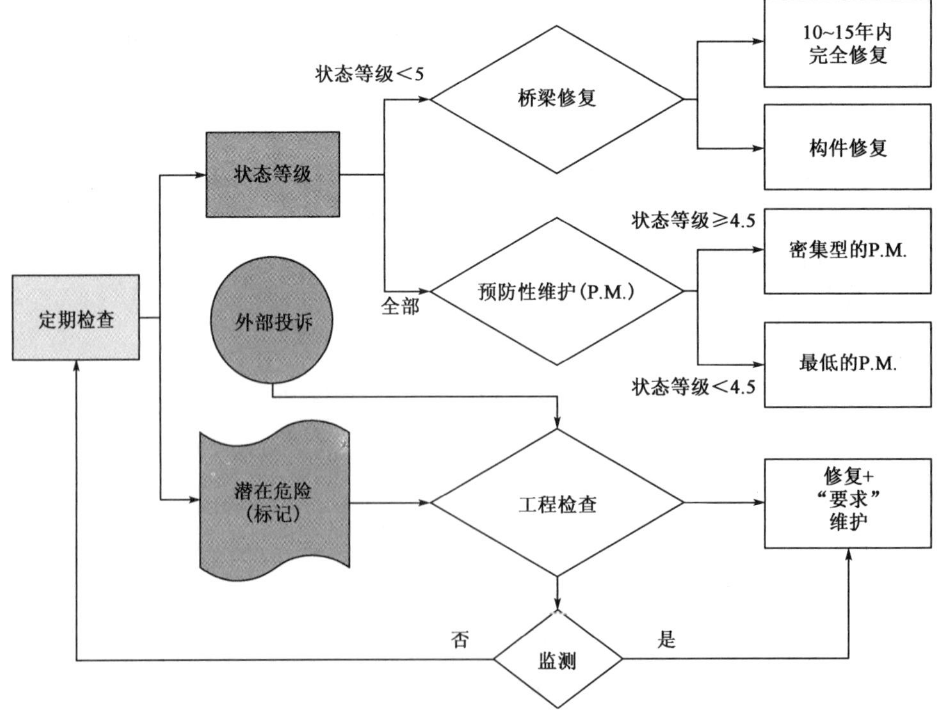

图 E18.2 保持图 E18.1 平衡的工作流程图

为了简化，维修和重建合并为广义修复活动，即

$$A_{\mathrm{Reh}} \approx A_{\mathrm{Rec}} + A_{\mathrm{Rep}}$$

式中：C_{Reh}——平均桥梁修复费用[美元/(单位桥面面积·年)]；

ΔR_{Reh}——A_{Reh}引起的 R 的年平均变化值；

方程(E18.1)简化为：

$$(A - A_{\mathrm{Reh}})r = A_{\mathrm{Reh}}\Delta R_{\mathrm{Reh}} \tag{E18.1a}$$

或

$$\frac{A_{\mathrm{Reh}}}{A} = \frac{1}{\Delta R_{\mathrm{Reh}}/r + 1} \tag{E18.1b}$$

$\Delta R_{\mathrm{Reh}}/r$ 表示状态改进与退化的比值：

$\Delta R_{\mathrm{Reh}}/r \to 0$ 意味着 $\Delta R_{\mathrm{Reh}} \to 0$(例如修复无效)或 $r \to \infty$(例如瞬时退化)。

无论哪一种情况都遵循 $A_{\mathrm{Reh}} = A$，也就是所有区域内桥梁必须不断修复。

式(E18.1)、式(E18.1a)和式(E18.1b)描述了一个平均桥梁状态保持常数的稳定状态。修复工作(包括重建和维修)与退化相互抵消，就像案例 17 中的简化例子一样。在维持平衡状态下，年直接费 C_{DA} 为：

$$C_{\mathrm{DA}} = (A - A_{\mathrm{Reh}})C_{\mathrm{M}} + A_{\mathrm{Reh}}C_{\mathrm{Reh}} \tag{E18.2}$$

将式(E18.1b)的 A_{Reh} 代入式(E18.2)得：

$$C_{\mathrm{DA}} = \frac{A(C_{\mathrm{M}}\Delta R_{\mathrm{Reh}} + rC_{\mathrm{Reh}})}{\Delta R_{\mathrm{Reh}} + r} \tag{E18.3}$$

令 $C_{\mathrm{M}} = 0$，则式(E18.2)和式(E18.3)中的 C_{DA} 可以简化为：

$$C_{\mathrm{DA}} = A_{\mathrm{Reh}}C_{\mathrm{Reh}} \tag{E18.2a}$$

$$C_{\mathrm{DA}} = \frac{AC_{\mathrm{Reh}}}{\Delta R_{\mathrm{Reh}}/r + 1} \tag{E18.3a}$$

式(E18.2a)和式(E18.2b)表明了“零维护”策略。忽略 C_{M} 对桥梁退化率 r 的影响简化了式(E18.3)和“零维护”策略。

在实际应用中，C_{DA} 可以通过下列方法达到最小：

降低 C_{Reh} 和提高 ΔR_{Reh}。降低修复费用和提高修复质量是桥梁管理优化中的公认目标。

减小 r。对于式(E18.3a)，老化率 r 具有较高的不确定性，且受精细化建模的制约(案例 9 和案例 17)。一般认为 r 依赖于维护水平。在图 E18.1 中，从 r_0 到 $r(C_{\mathrm{M}})$ 斜率的变化代表了这种依赖性的大小。这个暗含关系可宽泛地表述为：

$$r = f(C_{\mathrm{M}}) \tag{E18.4}$$

将式(E18.4)中的 r 代入式(E18.3)中,并使关于 C_M 的 C_{DA} 最小,得:

$$(C_{Reh}-C_M)\frac{\partial r}{\partial C_M}+f(C_M)+\Delta R_{Reh}=0 \qquad (E18.5)$$

在维护费用对退化抑制效果 $f(C_M)$ 已知的情况下,通过式(E18.5)可以对 C_M 和 C_{Reh} 进行优化。然而 C_M 和 r 之间存在许多不确定的对应关系,明显表现在以下方面:

维护费用并不能足够精确地模拟维护效果。

维护对结构单元的寿命和状态等级的影响效果并不知道,而且并不相同。

桥梁状态等级 R 由部件和单元的状态等级通过预先规定的公式(附录41)计算得到,这反过来又反映了主观目测评估的影响。

案例23和案例24说明了在同样的年费用 C_M 下,如何实现各种不同的维护策略。

平衡模型假设退化率 $r(C_M)$、维护费用 C_M 和其他变量(例如交通量和时间)之间的关系是已知的。

就像在所有建模练习中一样,$f(C_M)$ 可以由纯形式上的函数来表示,也可以从现象学上来描述,当然还可以是两者的结合。案例20~案例24举例说明了一些可能的情况。

9.1 专业技术对信息的提供与需求

图4.4a、表4.5和表9.1汇总的结构评估方法随着专业技术对信息的需求和提供的发展而不断发展。它们可以分为现场检测、清单审查(例如查找数据)和推理分析三类。结果反映了平均状态(一般网络层次的评估)或最坏的情况(即时行动的评估)。它们可以强调专业观点(或"建议")或通过最接近公式和说明寻求最优化。关键是做出需要采取即时补救措施的决定。不同的评估要求不同类别和不同层次的专业技术。越是关键的评估对专业技术的要求越高,这也说明相应的管理比较薄弱。

桥梁状态、来源、评估类型和响应 表9.1

状　态	来　源	评估	典型响应(不加维护除外)
适用性(10.1节)	检测、分析、清单档案	评价	修补、修复、替换、重新配置交通量
易损性(10.2节)		划分等级	检查、加固、翻新、修复、替换、关闭
潜在危害(10.3节)	检测、分析、无损检测与评估(NDT&E)、诊断	插旗标识法	关闭、检查、修补、监测
状态评估(10.4节)		状态分级、优先级排序	审查、修补、修复、替换、紧急修补、荷载核定、维护
荷载等级(10.5节)		清单档案和运行等级	荷载记录、加固、关闭

在缺乏生命周期管理的情况下，结构状态主要根据它们的风险水平进行评定。新上任的既有设施管理者的首要工作除了重点解决潜在危险外别无选择（10.3 节）。一旦潜在危险得到缓和，结构状态就可根据更长周期（如生命周期）的期望需求进行评估。

9.2　需求/反应方案

“前摄”评估必须与可用方案相对应，方案的选择反过来又取决于评估结果。Cornell（Freudenthal，1972，第 47 页）在他将贝叶斯统计决策理论应用于结构可靠度分析的建议中指出：“一个直接但经常被忽略的结论是，与应力分析一样，可靠性分析的精确度和详细度只有对最终设计结果具有重大经济影响时才是合理的。”

此原理对实际研究很重要。Beale（1988）挑选出保持模型接近基本实际情况的需要（附录 8）。简洁指导着系统的识别，提出了一个改善“最少成本”的迭代法（或试探法）（例如重要细节数量最少）模型，其基本流程图如下所示。

桥梁可一直依据一个选定的评价体系进行评估，直至累积的数据要求修正该评估体系为止。结构状态在所采用等级尺度上的变化要与相应状态的管理能力相适应（案例 17 ~ 案例 20）。如果结构辨识无误且修复措施及时，那么对估计潜在危险状态（10.3 节）而言，“二极”评估尺度（例如，安全或不安全）就足够了。表 9.1 汇总了一系列典型的状态评估方法，每一个都满足具体管理需要并与工程能力相适应。

表 9.1 汇总了典型的结构评估及反应措施，它对管理者而言有利于发展“反应”模式。作为选择，与桥梁有关的需求汇总于表 9.2。

桥梁相关需求　　表 9.2

需　　求	用　　户	结　　构	工程管理
定量的（可测量的、客观的）	速度、功能、几何、行驶性能、污染控制	修补、替换、修复：加固、加宽、清除等	资金、人员、设备、工期和材料、数据库支持（授权的、管理的）
定性的（感觉的、主观的）	舒适性、可达性、安全性、美学、环境协调性	维护、修复、升级改造、减轻危险	支持、职业技术（技术、决策——BMS、流行的、政治的）
费用（$）			

表 9.2 虽不具体，但更适于有前瞻性的长期规划。这提醒我们定性需求（诸如结构的维护和检查或用户的安全）是不可缺少的，并且不能仅仅满足具体定量需求（例如状态）的反应，而应该成为常规的管理实践。

就成本而言，可以量化定性需求的某些方面，然而其总体影响仍是无法量化的。在民主的大环境下，定性方案常常有更多的公众参与，就像在图 1.43 ~ 图 1.45 中所示例子一样。需求将在第 11 章中讨论。

9.3 数量/质量和确定性/不确定性

结构状态评估试图建立以下不确定性关系：

真实结构	⟷	结构模型
结构模型	⟷	等级制度
结构行为参数	⟷	评估方法
评估专家	⟷	评估报告

社会经济、环境和交通条件的不确定性影响着评估结果。

工程与管理评估中固有不确定性的类型及其适当的处理方法在附录5～附录9和附录36～附录39中进行讨论。由于都对状态评估有不同程度的影响，统计性方法和确定性方法在评估过程中互为补充。像结构和运营一样，冗余可以提高可靠性，所以众多的(冗余的)评估形式将在第10章中讨论。附录2引用了Cornell(Freudenthal,1972)把统计决策理论应用于结构设计的观点。

数量可提高工程评估的可靠性，但它不易转化成性质。4.1节和5.3节提醒我们任务的重复和冗余并非“保守系统”，尤其是当一个评估用于推翻另一个的限制时更是如此。管理者必须制订措施排除此类过程。例如，NTS DOT已经根据清单档案查明了一系列结构的弱点(10.2节)，并根据现场检测结果确定了潜在的危险，同时根据分析结果确定了加载的等级。其中任何一个方面都可以要求及时的修复措施。

在前面章节中讨论并在附录40中图示说明的评估等级数目，必须与期望状态的范围、识别结构状态的能力和可能采取的措施相一致。相对较少的等级数(如在AASHTO CoRe和DANBRO中的4～5个分级)反映了评估和预测中更高的置信度；而等级数的增加(NYS DOT中的7级，NBIS中的10级)方便了数据的统计处理，但减少了输出结果的决断力。

9.4 随时间的变化

一个合理的桥梁管理的服务寿命并不是随着桥梁的崩塌而终结，而是随着一个替换工程或者更糟的情形——关闭交通而结束。在这种情况下，评估工作必须评定桥梁适合的最低服务能力，如承受恒载的能力。(此问题在11.3节作进一步讨论)

为了估计未来的状态，管理者依赖于状态等级的预测，而状态等级可能来源于将来的检查结果。因此，只有随时间可预测的速率而改变，状态等级才是有用的。

时间是所有预测中的自变量(10.4.5节)，它在一定程度上与桥梁退化一致。罗马时期的渡槽好像不受时间的影响，这是因为它们已经不承担任何服务荷载了。Golabi等(1992)权衡了把退化模拟为结构“年龄”函数的正反两方面观点，尽管有保留意见，但他发现这么做是有道理的。最终，时间尺度上的重要数据是那些标记着服务类型的改变、纠正干预和极端事件(每个由其各自属性区分)。

大多数网络层次BMS算法通过马尔可夫链模拟未来结构状态改变的可能性(附录44)。由于忽略了结构的过往状态，人们对马尔可夫链模型一直褒贬不一。它在不变的服务与环境

条件下更具适用性。

状态等级的改变通常假定为连续的或突变的。NBIS 要求每两年进行一次检查，这表明结构状态在两年内不会有很大的下降。为进行桥梁退化前状态的描述，推荐方案是每年进行一次检测（如 NYS DOT 的建议）。

检测时刻表可以作为结构状态的函数进行优化，但是应该根据交通事故等随机事件作适当地调整。对于有很多不确定因素和离散条件的更大网络，定期检查能平衡成本和可靠性之间的矛盾。案例 9 和案例 17 ~ 案例 20 描述了 NYS DOT 的状态等级、其随时间的变化、结构当前状态与将来需求估计之间的基本关系。

状态评定支持着包括大量国有和地方预算的长期管理决策。因此，一旦定义后，它们就应尽可能保持一致。尽管如此，对等级体系的反复调整似乎不可避免。该试探性过程的本质反映出人们对结构普遍状态和桥梁管理优先级问题的认识是一个逐步积累的渐进过程。

9.5　尺寸、复杂性和重要性

尺寸、复杂性和重要性的概念是完全相对的，因此要针对特定的网络而言。一个运输网络可能包括既常规又独有的特征，例如简支板和梁、多跨连续预应力梁、悬索桥、斜拉桥以及可移动桥梁。结构的重要性和复杂性通常是相关的，所以独特的桥梁往往提供关键的服务。相同的管理程序不适用于所有结构，如纽约市的案例（案例 1 ~ 案例 3），四个组织机构管理 2 200 座桥梁。其中一个 NYC DOT 管理其中的 800 座，它们的平均跨数为 5，同时也包含着高度复杂与独特的东河上的桥梁、25 座可移动桥梁和有 431 跨的桥梁，它们都需要特殊管理。为同时满足网络层次和项目层次管理的需要，状态评估必须达到如下要求：

• 必须足够详细地对独特、复杂的桥梁状态进行量化。针对独特桥梁，在常规检测的基础上可以补充特殊检测，它们可以集中关注结构的关键细节（第 14 章）和基本维护任务的执行情况。

• 分级制度应把大而繁多的清单档案中现有的状态分成可管理大小的子集。在整理大量的条目时，优先级排序公式（附录 39 ~ 附录 41）是不可或缺的。在一个特定结构类型的层面上，状态分级仅指向一个需求——更明确的评价，例如荷载等级（10.5 节）和诊断（10.6 节）。

BRIME（2002，第 4 章）举例说明了（而非规定）在 5（或 6）个状态评估层次与荷载等级评估需求之间的一种可能的函数关系（附录 45）。Itoh 和 Liu（Frangopol，1999a，第 136-151 页）描述了一个类似的 5 级等级体系，该体系被日本建设部用来评估总长度达 7 481km 的 130 192 座桥的混凝土桥面板。结构或线路可以被赋予一个重要性因子，它依赖于交通量、网络冗余水平、安全性、环境以及其他考虑因素而定。这个因子可以对已独立获得的结构等级进行修改，以反映出管理的优先级。由于重要性和复杂性（也有风险承担）指标具有主观性并且是来自网络层次的概念，所以在不同的项目层次中对它们的认识也有很大差异。基于这些指标的决策也是公众、专业人士和政治管理层争论的焦点。

第10章 结构状况

工程评估不可能完全独立于需求,尤其是那些比较紧急的需求。不过,结构状况并不是可以协商确定的,它应该通过尽可能客观的工程方法来确定。因此,状态评估工作必须将以客观性为主的状态评估转变成以主观性为主的需求估计,从而为工程和管理的共同目标服务。为了能满足这些可能冲突的要求,结构状况评估就像所有语言一样,是模糊的。因而无论是工程上还是管理上,都不可能使用一个唯一定义的状态评估系统。

这里所讲的评估方法是在风险和花费最小、服务性能和满意度最大的条件下,为管理决策提供支持。

10.1 适用性

通过竣工时的结构性能和结构现有性能的对比,使管理者独立地测算结构的破损情况和退化情况。根据 NBIS(FHWA,1995b),结构状态通过等级评定来确定,而其适用性通过评价来确定。如附录 40 所示,这两者的数字尺度是相似的,只不过评价更适合于定性评估必要的主观服务性,而等级评定适用于量化评估结构强度。

竣工结构的适用性通过交通类型、交通量和平均行驶速度进行量化。服务质量可以根据设计参数估算,例如行车道数目、宽度、曲线半径、通达性和拥挤度。如无法直接获得,行车速度可以根据交通量推断。

如果结构状态保持不变,交通要求的提高会导致结构适用性下降。不良结构状况会减小平均日交通量 ADT,同时增加安全隐患。这种情况可通过一组等级来考虑(例如 11.1 节和附录 41 所讨论的 NBIS 的完备性)。不良结构状况也会对桥下的通航服务造成影响,只是影响的程度不同而已。

NBIS 的评估尺度分成 9 个等级,包括“略高于最低要求”一级,该尺度精细到了所谓“半音阶”点。如此细小划分的主要优点如下:

易于控制需要立即采取措施的最不利状况的数值;

不同评价等级的差异越来越大,且这种趋势也越来越明显。

NBIS 的结构适用性评价支持网络层次的评估。需要复杂的评估来适应整体的交通网络,比如在附录 15 中讨论的一样。环境要求,例如有毒物质也可以与适用性联系在一起。

10.1.1 适用性的预测

满足交通网络标准的适用性及标准本身都在不断进步。因此,必须分别做好结构物理退化和交通需求的预测工作。对适用性的预报而言,社会经济评估(10.3 节)是非常必要的。

NCHRP 报告 538(NCHRP Report 538,2005)讨论了机械式预测的交通数据收集问题。在 NBI 中,有缺陷的桥梁和即将废弃的桥梁是同等重要的(附录 14)。

桥梁是为满足预期的交通需求而建造的,当然在某种程度上,也期望它们主动吸引一定的交通量。Brooklyn 桥不仅承担了该桥本身的交通任务,而且还吸引了后来建造的跨越东河的三座桥梁的交通量(案例 3)以及整个纽约市的交通需求。20 世纪中叶,行车路线需求的不断增加支持了扩张性的交通量预测。乔治・华盛顿桥(案例 2)在 1931 年通车时是四车道,但到 1943 年时,另外的 4 个车道就准备开放了。1962 年,在预先做好的下层桥面上又增加了 6 个车道。如果公路交通需求不这样迅速增加,那么下层桥面将会设计成铁路轨道。

最近的大型工程结构,像日本的明石海峡大桥[Akashi-Kaiyo Bridge,图 1.40a)]、大贝尔特桥(Great Belt Bridge)、丹麦和瑞典之间的厄勒大桥(Öresund Bridge)以及计划中的墨西拿海峡大桥(Messina Straits Bridge)都必须考虑轮渡服务及相应的收费功能。因此,这些大桥的基本目标是在两种交通方式上使人数达到平衡,而非两种方式进行竞争。

到了 20 世纪末,对环境质量的要求开始超过对交通量的要求,城市居住区试图通过控制桥梁和道路等基础设施的扩建来限制汽车交通量。修建隧道将车辆引离交通密集区域,公共轨道交通运输再次变得流行起来。

图 10.1 表示了适用性(以荷载等级代表)和结构状态随时间的不同而变化。前者必须在结构整个寿命期内保持不变,而且必须在极端(极限)情况下能满足某些限制性的要求。而后者可能沿着不同的退化轨迹退化。以道路表面为例,根据 1962 年的 AASHTO 道路检测规范(NCHRP Synthesis 330,2004,第 10 页),现有路面适用性指标(PSI)综合了路面的一些定量化的特征。PSI 跟用户的判断有关,产生了随时间下降的适用性标准模型。该结果与图 10.1 所示的凸曲线相类似。采用纠正性干预的方法,在结构使用后期的服务能力可能以凹曲线(或分段凹曲线)形式延伸并处于低的服务等级。

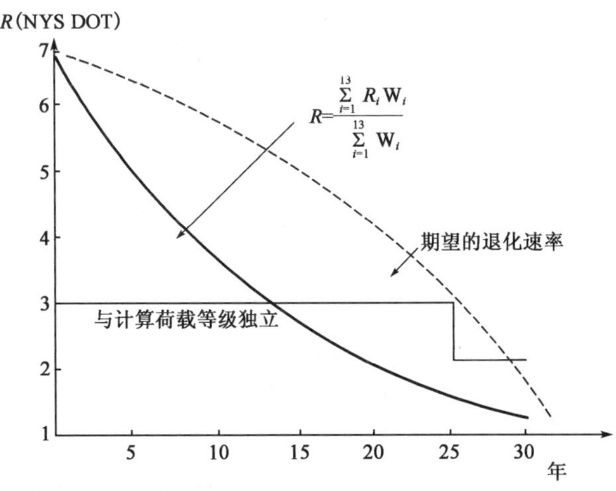

图 10.1 状态退化的凸、凹曲线模型和荷载等级估计值

图 E9.3 表明了结构适用性等级(如 FHWA 完备性评估中的定义)和结构状态(如 NYS DOT 的定义)之间的关系可以通过一个凹曲线或一个凸曲线来表示,至于采用哪种曲线,取决

于坐标系的方向。结构状态随着时间不断下降(图 10.1),并且逐渐趋向于适用性(结构状态是适用性的原因,而不是结果)。随着结构状态的退化,其适用性加速下降,并首先达到不可接受的水平。

FHWA 的记录与规范指南(FHWA,1988)的 1 ~3B 节把结构适用性评定等级与 ADT 的水平以及桥梁几何形状联系来。因此,适用性等级必须定期更新(ADT 的清单数据总是值得核实的)。

10.2 结构的易损性

BMSs 把结构易损性的识别和排序作为一种状态评估(例如,一种系统识别方式)。清单档案应该能揭示结构和运营特性的综合易损性。数据挖掘技术可以使用遗传算法或按照局部状态要求提出相关标准。

评估竣工的结构可以根据清单档案(例如美国的 NBI)、荷载的估计、极端事件的预测和其他一些资料得出,其中部分内容超出了桥梁管理的直接范畴。与之相反,结构即时的和潜在的危险只能通过直接检查的方法得到。根据 NBIS,NBI 每年都在更新。对某些桥梁类型,计算机程序(例如美国的 Vitris)通过考虑截面损失和结构构件的局部损伤来获得荷载等级。

在第 4 章讨论的结构易损性中,经常被识别为关键因素的有以下几项:活载超限、结构无冗余、临界断裂或低性能的细节构造、净空不足、位于地震和强风频发地区、基础位于可液化土质上以及水下桩基础。在加利福尼亚州和新马德里地区,地震易损性占主导地位;在纽约州,水力易损性(冲刷)是关键因素;在佛罗里达州和缅因州,船撞(已有详细讨论,例如 Gluver 和 Olsen,1998)是重点问题;在路易斯安那州、佛罗里达州、德克萨斯州,洪水和飓风问题最为突出。2001 年"9·11"事件以后,安全保卫问题在事件的优先顺序中突然被提升了(只是不同的地区重视程度不同)。

NBI 的详细说明(FHWA,2005a)建议把地震和水流冲刷的易损性分成从 1 级(临界或失效)到 8 级(安全)共八个等级。

纽约州的桥梁安全保障程序识别以下 7 类易损性(也列在第 4 章中)

水力(NYS DOT,1991);

地震(NYS DOT,1995);

超载(NYS DOT,1993);

碰撞(NYS DOT,1995);

钢结构细部;

混凝土细部;

安全。

以上所列易损性包括了我们熟悉的结构缺陷和极端事件,一直就是结构的易损性问题,这在某种程度上是由于结构状态、交通和极端事件的期望在不断发生变化。地区性的地震预报经常变化。飓风、预应力混凝土、悬吊以及斜拉索细部的易损性不包括在内,但在不同的地区环境下这些问题有可能是最重要的。

10.2.1 易损性预测

易损性,即式(5.1)定义的风险分析的“发生概率”部分,其后果需要预测。各种“惩罚”将在10.4节讨论。认为地震、洪水、船只碰撞等极端事件是随机的。这些随机事件可能的(或可信的)幅值以及重现期,一般通过综合应用概率方法和确定性方法来选取。一些类型的灾害(如地震)能比其他类型的灾害(如恐怖袭击)提供更多的统计数据。例如,地震震级的可信度是基于500年一遇和2 500年一遇地震的双层次方法来确定的。

Babaei 和 Hawkins(1993)根据结构的缺陷数量和预计的剩余寿命来确定结构震后修复需求的优先顺序。附录33中既描述了被 NYS DOT(1995)采用的地震易损性确定性优化方法,也介绍了由 Basöz、Kiremidjian 两人提出的概率模型。

当地震灾害和桥梁结构状况的平均水平都比较低时,正如纽约州在20世纪80年代和90年代所出现的情况一样,地震易损性程序就会定期在桥梁的修复工作中要求更换所有低于标准的细部构件。图4.38、图10.2和图10.3就是例证。

图10.2 不中断交通的桥梁支座修复

图10.3 翻新的销钉—悬轴断裂临界装置的修复

美国联邦公路局 FHWA 正资助其所辖的三个国家研究中心开发一套关于桥梁地震前与地震后安全评估的综合程序。发布的许多出版物适用于联邦(地震工程研究多学科中心;FHWA,1995,2002a;AASHTO,1999b)和各个州的桥梁抗震设计和修复。目前 FHWA 项目 DT-FH61-98-C-00094 将更新地震桥梁加固手册,并针对现有的公路基础设施发布新的易损性指南。LRFD AASHTO(1998a)规范采用不同方式识别易损性,例如,通过指定极端事件的极限状态方法、通过处罚无冗余情况的方法等。

10.3 潜在危险

清单档案可以识别出结构的缺陷(10.2节),而潜在的风险则必须通过现场检测来识别。这两者不是相互独立的,两者间的数据库可以相互参考。

只要存在潜在的危险,它们就不受优化条件的限制(4.1.2节)。NYS DOT 已经用“插旗”的方式给潜在的危险作了标识(NYS DOT,1997),附录46描述了“插旗标识”的程序。第4章讨论了许多典型的危险,案例 EA46 描述了纽约市插旗标识的历史。

NBIS 23 CFR 650 中的子部分 C 详细说明了"重要发现之后的行动",如下文:

"§10.3.13 检测机制

(h)要建立一套在各州或联邦部门范围内的机制,以确保重要发现能及时报告。要定期向美国联邦公路总署 FHWA 报告解决或监测的重大发现。"

10.3.1 预测潜在危险

如果很好地记录与交通有关的危险,那么只要控制条件保持不变,它们便可以采用随机性的方法进行建模。这些潜在的危险并不完全独立于结构和运营状态,因此我们必须尽可能地选取相同特征的样本(例如,类似的结构、表面条件、交通类型和交通量、天气)来对结构的潜在危险进行预测。

由结构状态好坏造成的风险既不是随机性的,又不完全是确定性的。如果桥梁数量足以提供每一个状态等级上的充足样本,那么桥梁风险将可以和桥梁状态等级联系起来。模型可以是概率性的(如果数据充分多),也可以是确定性的(如果只有很少的信息),或者是两者的结合(为了利用两种方法的优点)。

案例 EA46 所描述的"插旗标识"预测法是确定性的。该方法于 20 世纪 90 年代初被 NYC DOT 成功使用过,当时关于潜在危险的报告已经达到每年 3 000 份。在美国,交通管理部门首先考虑的是减轻对公众旅行造成的潜在危险,每次修补的平均花费为 10 000 美金到 15 000 美金。以上所提到的预测方法依赖于结构单元状态等级与单元标识之间相对一致的关系。根据预测结果,期望的状态将根据状态鉴别分类制度(4.1.2 节和 14.3 节)来确定。在下次常规检测前,可以选择永久修复、临时修复或监测。

必须独立地考虑"实际"风险与潜在风险报告的相互关系。许多因素(事故、工作条件、资质等)都对潜在风险识别与报告这一高度主观的过程有很大影响。

损伤评估

损伤一词被赋予了如下两个完全不同的意思:

一个具体事件的后果。按这种观点,退化是离散损伤组成的连续过程;

来自竣工状态与之后的资产管理之间的任何偏离都称为退化。

Yao 和 Furuta(1986)定义了三种类型的损伤评估:数值的、货币的以及描述性的损伤评估。Adeli(1988,第 163 页)把损伤评估结果分成定性的损伤描述和定量的损伤等级。后者根据以下三个准则确定:

1. 结构的整体性;
2. 功能性;
3. 可修复性。

根据不同的定义,损伤可能需要立即纠正措施,或进行更详细的定性定量状态评估。

按最一般的说法,损伤也表示经济的损失,因此损伤的最小化意味着在给定计划范围内成本最低。然而,这个最小化问题需要一个在结构质量和货币数量之间的双向转化。这是结构状态评估所要研究的内容。

10.4 结构状态评估

结构在设计阶段、竣工阶段和现有阶段的状态评估是不同的。结构状态评估是最复杂最模糊的工程评估。评估的对象可以是桥梁的某一个单元,或者是桥梁某一跨或全部跨的一组类似单元(表8.1)、部件,最终是整个桥梁。评估的主要方法是目测。通过评估,我们可以确定当前和将来的需求、适当的维护以及对交通和环境的影响。评估结果可以定性和定量地使用(图4.4a)。

项目管理人员对场地条件比较熟悉(亲自上手),并试图对它们进行定性评估;网络管理人员通过定量的方法来弥补亲自检测经验的不足。为了同时适应自上而下和自下而上(例如,中心化和分散化)的管养需求,结构状态评估结果必须是描述性的和规定性的,而且评估中必须采用类比和分析的方法。结构状态评估必要的先决条件包括以下几点:

合格的员工(例如,注册职业工程师);

可靠的清单档案;

既定的检测与分级程序;

反应能力。

检测主要包括以下几点任务:

核实清单档案资料(第8章);

识别潜在风险并据此确定修复计划(10.3节);

根据结构现状与假定竣工状态偏离的程度来评定结构单元或部件的状态等级,并相应于其重要性给以详细的描述;

评价结构的承载能力;

建议修复方案。

附录40所示的结构状况评估体系,试图根据其服务网络的需求将上述任务综合在一起。该体系可以粗略地分成两个组,即评定/描述组和缺陷/对策组。

10.4.1 评定/描述

过程如下:确定状态评估尺度→检查→评估/评定→描述评价的结果→建议即时措施→分析→建议短期和长期措施→更新数据库。

高水平的现场专业知识对这种接近自下而上的评估方式是至关重要的。由此产生的针对结构及其单元的独立专家评价意见会成为下一次检查前的参考(表4.5)。为了独立分析的需要,例如评估和公布荷载等级或者设计紧急修复措施,数据需要做量化处理。后续行动假定在网络层次上进行。

被FHWA(1995b)和NYS DOT(1997)采用的等级尺度就符合这种评估类型。由FHWA(2002c,4.2.4节)引进的维护等级尺度似乎设计成与FHWA的状态等级尺度相一致(附录40)。

尽管高强度钢丝腐蚀的四个等级是从视觉角度描述的,但是腐蚀造成的强度损失和即将发生的失效可以由此推断出来。因此,目测结果等同于诊断性的评估(10.6节)。

10.4.2 缺陷/对策

工作任务如下:确定几种可行的修复方案→检查→与已编目状态比较→推荐即时修复措施→分析→推荐措施→更新数据库。

检查定位并量化预先编目好的桥梁缺陷,推荐修复措施(某些情况下也可以从数据库中选择),以便简化定性评估工作。通常可选择的方案为三到四种,从不采取任何措施到立即采取措施等(就像在 DANBRO 中的一样)。

评定/描述法根据观察到的结构状态确定需求,而缺陷/对策法根据预先确定的应对措施来评估检查结果。把结构状态评估与决策综合考虑是有效的,但把结果限制在某个事先确定的范围内则很可能造成偏差。

值得注意的是,缺陷/对策法不强调在发现情况后立即关闭桥梁,而评定/描述法则要求无条件地关闭桥梁。缺陷/对策评估系统适合于相对可预测、耐用的状态。丹麦的 DANBRO 系统、日本的本州—四国连线的管理部门和阪神高速公路管理局以及 AREMA(附录 40)都选择了该评估体系。在 PONTIS(AASHTO,1998b)中使用的状态描述以及由 Hearn(Frangopol,1999b,第 8 章)提出的状态描述也属于这一类型。CoRe 手册就将一跨内的每个单元评为 1 至 4 或 5 个等级,对缺陷进行量化并提出恰当的修复措施。Hearn 提出的状态(例如,受保护、无保护、易损的、受攻击的、损伤的)其实已经隐含了推荐的修复措施。

实践中,评定/描述与缺陷/对策两种评估方法存在不同程度的互相结合。风险最初是严格按照缺陷/对策的方法进行报告的(10.3 节)。鉴定后,以便立即修复。当潜在的、可能立即发生的风险陡然增加时(案例 EA46),风险不得不进行排序,因此我们需要根据越来越详细的尺度来评估风险。

对一个大型桥梁网络(因此状态的类别更加繁多),评定/描述方法具有一定的优势。一套精细的评定/描述尺度使得排序更加灵活。但是如果使用不当,这种方法也会因为检查造成时间上的拖延。为了减少紧急情况下(4.1.1 节)结构产生风险的可能性(10.3 节),评定/描述法和缺陷/对策法常与应急团队的专业知识结合起来使用。

计算机化的专家系统试图填补上述两种评估体系的空白,其结果是再一次依赖专家做适当地更新和应用。桥梁管理和专家系统以及其他在人工智能方面的发展(附录 42、附录 43 和附录 47)都遵循相似的发展轨迹。评定/描述评估系统使用宣告性的表达法,而缺陷/对策系统使用程序性的表达法。利用历史经验进行评估的探索能力是现代状态评估和预测模型的必备条件(附录 47)。

10.4.3 单元

桥梁管理者与数据库设计人员必须确定状态评定的详细程度。NBIS 管理着大约 650 000 座桥梁,它最初选择了一种针对具体桥梁的重要单元评估方法。

NYS DOT 对 12 000 座桥梁的具体桥跨进行检测评估。案例 17 试图表明具体桥跨信息对估计大型网络的需求是不可缺少的。对于大跨度桥梁,例如悬索桥,加劲桁架节点间的距离或吊杆间距可以按等效跨径进行编目和评估。

附录 41 介绍了 NYS DOT 提出的评定/描述性桥跨状态等级。在每一桥跨中,桥梁单元分

为1到7级。如果桥跨的主要部件多于3种(例如,它们存在冗余),那么评定等级反映了主要部件的“平均状态等级”。对于部件少于3种的桥跨,则评估其最差部件。该跨内最差的支承也要评估。由此产生的定性状态数据库支持网络层次级别的修复需求估计,但对于项目层次的估计而言,这还显得过于宽泛。正如案例EA46所描述的一样,结构存在的危险与结构单元的状态等级是相互联系的。

案例19描述了一张由NYS DOT提出的伸缩缝检查表。它把缺陷/对策法应用于一个单元上,该单元通过评定/描述法将其确定为结构网络上最薄弱的环节。

案例19　伸缩缝检查表

图E19.1中的伸缩缝检查表反映了初步的检测结果(例如,状态等级)。它在20世纪90年代中期由NYS DOT引入,当时通过10多年的检测,人们已经认识到伸缩缝是整个桥梁系统中主要的薄弱环节(图4.26~图4.29,图4.75~图4.76)。一旦将伸缩缝确定为更换的目标,那么报告表格就变得非常明确具体。

纽约市运输部桥梁处

桥梁检查/研发单位表　　表____共____

伸缩缝清单和组件状态报告

桥梁编号:________　交通特点:________　道路交叉特点:________　日　期:________

检查员:________　职　位:________　环境温度:________　天气状况:________

(多云/晴朗/有雨)

位置:桥台/桥跨编号	桥面以上接缝状态												桥面以下接缝状态										排水系统		照片(有/无)	做标记/未做标记(是/否)	建议(有/无)
																		支座									
																		伸缩缝接缝之前		间隙(in)	伸缩缝接缝之后						
	伸缩缝类型	步行路面类型	步行路面/桥面状况(Y/N)	伸缩缝暴露尺寸(in)	竖向位移(in)	密封状态(Y/N)	不牢固或缺失平板(Y/N)	缺失或松动螺栓(Y/N)	破损焊点(Y/N)	碎屑(Y/N)	用手指触摸接缝未对齐(Y/N)	伸缩缝填缝剩余物(Y/N)	伸缩缝边缘桥面板状态(Y/N)	主要构件/横隔板状态(Y/N)	密封状态(Y/N)	伸缩缝倾角/支承状态(Y/N)	下部结构污染状况(Y/N)	支座类型	支座/锚栓状态(Y/N)		支座类型	支座/锚栓状态(Y/N)	排水系统类型	排水系统状态(Y/N)			
1	2	3	4	5	6	7	8	9	10	11	12	13	14	15	16	17	18	19	20	21	22	23	24	25	26	27	28

注:N-无建议(状态良好);Y-有建议;N/A-不适用;g=不可及。

图E19.1　接缝检查表

10.4.4 从单元到桥梁状态评定

桥梁是由一系列并联和串联系统组成的复杂体系，其总体状态无法唯一确定。详细程度（桥梁、桥跨、单元）随着各地区优先顺序的不同而不同，但所有的 BMS 都把构件或部件的评估值作为如式（A40.1）和式（A41.1）那样的优先级排序函数的输入。

所有桥梁状态评定都综合了确定性方法与不确定性方法，以及自上而下和自下而上的方法。尽管在调查结果量化（14.5 节）上做了很大的努力，但单元状态评定主要还是主观的。工程结构的整体状态评定既可以通过主观来评估，也可以通过一系列加权处理的单元来评估，通过对其变化趋势进行随机分析后，可以设计（和调查）这些加权处理的单元。半确定性优先级排序方法通过桥跨和部件的状态来计算桥梁状态等级，相关内容可参考附录 A41。最常引用的 NBI 完备性等级用来对桥梁的整体性进行评估。

NYS DOT 也计算桥梁状态等级[式（A41.3），表 E23.2]，但同时需要检测工程师独立地给出一个一般性的建议值（为 1 到 7 之间的整数），作为在检测过程中形成的专家意见。这两种并存的评估方法就算不具有确定性状态评定和概率性状态评估两者的全部优点，至少也可以具有两个确定性状态评估上的优点。

Yanev 与 Chen（TRR 1389，1993，第 17-24 页）曾指出 NYS DOT 的一般建议值和状态评估值的相关性比较好。然而，这两个评估值并不是真正相互独立的。方程（A41.3）是非常保守的，因此为了使评估更加实用，引入了式（A41.4）。最终这两个方程所得到的排序没有多大差异。

Frangopol 和 Furuta（2001）提出了基于可靠度的状态等级，把结构状态分成从 1（不可接受）到 5（很好）共 5 个等级。这 5 个等级相应于可靠度指标 $4.6<\beta<9.1$（附录 41）。像其他基于可靠度的方法一样，该方法依赖于标定，因此也依赖于事先的评估。和其他桥梁可靠度指标 β 类似，状态评定方法基于强度损失来评估结构部件的失效概率。Estes 和 Frangopol（Ratay，2005，第 42 页）认为该方法仍处在“初期”阶段。为了方便，该方法也可将连接看作单元进行考虑。因为连接的可靠度对结构而言是关键的（4.2.3 节）。方程（5.2a）引用了风险概率评定，其将原因、缺陷、承受风险和效应的可能性制成表格。

修复工作的范围必须通过现场深入评估来确定，而不是直接估计其范围，现场深入评估反过来又影响 9.1 节所述的预期评估结果。法国的道路、高速公路技术研究所（SETRA）原本打算根据现有的检测报告对所有的修复需求进行评估。一旦现有的数据不足，就要对一组桥梁样本进行检测，并按照为修复需求评估而设定的数字尺度进行分级。为了使调查结果和实际可行的措施相一致（附录 40），我们需要增加利用数字字母混合编制表示的中间和极端的等级值。在 1988 年和 1995 年的联邦规范指南中，在良好和失效两级之间也出现了较差、临界和即将失效 3 个等级，但 2005 年的规范指南设法减少等级值的数量。

随着数值的或者其他类型的优先级排序系统所划分等级数量的增加，区分主观因素和客观因素对评估结果影响的难度也加大了。紧急状况组变小了，但是准备加入的组却更多了，而且各组之间的差异也不明显了。评定尺度有的分为奇数个等级，有的则是偶数个，通过比较这两类尺度所得到的状态等级值，我们可以找到一些线索。

AASHTO（1998b）CoRe 指南使用 4 ~ 5 个量化了的“状态等级”（与 NBI 的 10 个“等级水

平”相对应),并且建议了与各个等级相对应的措施。Hearn 和 Frangopol(TRC 423,1994,第122-129 页)把 AASHTO 中面向响应措施的量化等级转换成了 NBI 中定性的优先级序号。因为 AASHTO CoRe 的评定方法暗含了反应措施,因而其目标是优先级排序。这两种推荐方法(附录 41)并没有使 PONTIS 中的条件状态和 NBI 的状态等级一一对应起来。

另外一种方法是调整 NBI 的状态等级。原有的公路桥梁状况计算公式是用来估计退化的,相对于未知网络的应急修复和更好的需求。随着结构状况和人们认识的提高,结构检测也越来越侧重于识别结构长期的维护需求。NBIS 规范(FHWA,2005a,附录 40)把结构状态等级从 10 个降为 8 个。但是,随之而来的是评估值是否需要调整或者极端状况是否不予考虑等一系列问题。

10.4.5 结构状态预测

R. Feynman 在 1963 年发表演讲时说:“如果知识只能告诉我们昨天发生了什么,那么它并没有实际意义。有必要告诉我们明天会发生什么……除非你愿意冒险。”

像所有工程产物一样,我们总是想用状态评估的方法产生在预期范围内的结果。评估及其预测针对的是结构整体状态的具体特性,例如材料性能的衰减、结构单元以及整体结构性能的退化。结构状态预测主要包括选择和更新反映某些特性变化的结构模型。所有的桥梁状态评估(10.4.3 节)都暗含着结构退化率的预测。就像在 SETRA/LCPC(IABSE,1995,第 407-412 页)、DANBRO(附录 40)和芝加哥铁路部门的桥梁评估系统中都会遇到的一样,当状态评估结果建议在预定时间内对结构进行维修时,其中便已经包括了对衰退率的预测。NBIS 规定的两年的检测间隔本身也提示我们具有服务能力的桥梁在两年内不会有显著的退化。对于处在“较差状态”的桥梁,当它的检测时间间隔减小到一年时,它所处状态的维护优先顺序就已经排好了。

第 11 章讨论了各种形式的结构升级改造,由此带来的状态改善与结构衰退率一样充满了不确定性,然而前者受到的关注相对于后者要少得多。一旦 BMS 的数据库容量增长到足够大,就会逐渐增加对数据库行为的预测而不是结构的物理状态。反过来,数据库的更新也主要根据退化检测报告而不是由评估施工、维护和修理来决定。

退化模型

本段以及附录 44 中所讨论的特性一般用于表征结构状态及其等级随时间的变化情况。案例 17 采用经验的方法处理该问题,而案例 22 则试图寻找严谨的解答。鉴于对退化模型的依赖,桥梁管理工程师们已经基于统计学、材料特性以及工程经验提出了许多退化模型。不太确定的数据促使 Veshosky(1992)断言“全寿命分析在桥梁上不起作用”,至少在当时是这样的。

统计学和物理学上的考虑

退化模型可以基于对数据的统计学(随机性)或者物理学(现象学)上的解释来建立。就像 Miyamoto(Frangopol,1998)和 Ellingwood(Frangopol,1998)所说的,统计学和物理学是经常综合考虑的。Ng 和 Moses(Frangopol,1998)把确定性的退化模型称为静态决策模型,该模型由 Kulkarni(1984)为了路面管理而提出。

Frangopol(1998,1999a)、Frangopol 和 Furuta(2001),Miyamoto 和 Frangopol(2001)以及 Frangopol 和 Liu(Miyamoto 等,2005)(附录 44)等讨论了针对桥梁退化和预测方法所固有的不

确定性的概率性建模问题。

只要数据库中仅仅包含工程判断,那么结构预测就应该由专家意见或者基于各种意见的统计调查组成。Thompson(TRC 423,1994,第39页)思考了在实施PONTIS与BRIDGIT系统的早期阶段对专家判断的需求。这两个系统都随着数据的积累而不断更新。

BMS确定性地选择Markov链模型作为结构状态预测的工具。物理特性不再给以确定性的数值,而改由概率分布来模拟。这些物理参数的概率分布反过来又或多或少地根据现有数据的最优拟合以及便利性(附录9)来确定。

Ng、Moses(Frangopol,1998)和Hearn(TRC 498,2000,C-1)通过引进了一个"占用时间"参数,提出了半Markov模型,该参数经试验标定后反映了实际状态(附录44)。

关于Markov链以及Monte Carlo模拟的详细论述刊登在Bremauld(1998)的文章上。Bruhwiler等人(Miyamoto和Frangopol,2001)发现上述方法更适合于大量的总体而非具体的结构。Frangopol与Das(Das等,1999,第46-58页)提出了Markov链方法在预测中存在着以下几个局限:

结构未来状态预测不受单元历史状态限制;

假定退化是单步函数;

转换跟时间无关;

转换概率每年都不会变。

对于桥梁业主来说,每年的预算要精确地分摊到各个项目上。精确的网络退化概率模型很可能不如项目等级上简单的确定性模型受欢迎。

确定性与概率性建模

BRIME的报告(2002,第29页)对结构退化建模的任务范围作了如下定义:"退化模型描述材料强度的缓慢衰退和变化,并且可以用来预测由于累积荷载、环境条件和维护工作等因素所造成的结构参数以及功能参数的改变。"

Morcous等(2002)把损伤模型分成以下三类,这三类模型并不互斥。它们分别是:

确定性的;

随机性的;

人工智能的。

Adams与Sianipar(1995)注意到"许多项目等级的退化模型采用的是确定性的方法,而许多网络层次的退化模型采用是随机性的方法",以实现网络层次的维护、修理和修复(MR&R)时对有限资源的优化配置。

人工智能模型(附录42和附录43)把随机方法应用于确定性(基于知识的)方法中,从统计的角度获得信息。Miyamoto等(Miyamoto和Frangopol,2001,第143-170页)就通过分层决策支持算法和直觉的确定性推理方法获得了类似的结果。

退化曲线

由于所有模型都是确定性与统计性的结合,因而有必要追踪这两个组成要素的情况。确定性与概率性考虑的各种不同因素组合,几乎能产生所有类型的退化模式,包括直线、多边形、阶梯曲线、凹曲线、凸曲线、凸凹曲线以及凹凸曲线(平坦S曲线)(案例9、案例17、案例20~

案例22)。

案例20 桥梁线性平均退化

作为对桥梁网络供需平衡的初步近似,作如下几点假定:

- 桥梁退化是线性的;
- 状态等级最高值 $R_{max}=7$[(如同 NYS DOT(1997),附录40)];
- 状态等级最低值 $R_{min}=1$(见 NYS DOT);
- $\Delta R_{Reh}=0.833(R_{max}-R_{min})/3=5/3$,也就是说,修复工作在3年内完成,使结构状态等级值提高了5个等级;
- $\Delta R_{Rep}=1$,也就是说维修措施在1年内完成,使结构状态等级提高了1个等级点数;
- R = 常数,即平均桥梁状况等级保持常数:

$$r=\frac{R_{max}-R_{min}}{L}=\frac{6}{L} \tag{E20.1}$$

如果平均使用寿命 L 在状态等级为 $R_{min}+1$ 时终止,或者经过修补以后等级至多达到 $R_{max}-1$ 时终止,那么:

$$r=\frac{R_{max}-R_{min}-1}{L}=\frac{5}{L} \tag{E20.1a}$$

把式(E20.1)与式(18.1b)结合,并假定 $\Delta R_{Reh}=5/3$,则辖区桥梁的平均使用寿命 L 可以表示为比值 A/A_{Reh} 的函数:

$$L=3\left(\frac{A}{A_{Reh}}-1\right) \tag{E20.2}$$

或

$$A_{Reh}=\frac{A}{L/3+1} \tag{E20.2a}$$

在许多桥梁管理的简化方法中,唯一与式(E20.2a)相关的状态等级是平均使用寿命 L,该值意味着桥梁失效的时间跨度。AASHTO 建议的 L 的缺省值是75年。在20世纪70年代与80年代之间,纽约市的桥梁使用寿命下降到30年左右,相应的线性衰退率 r 约是每年0.2(Yanev,1997)。

Chase 等(TRC 498,2000)根据 NBI 报告的桥梁平均使用寿命是42年。与年修复需求 A_{Reh} 对应的生命周期,如表 E20.1 所示。

NYC DOT 始终管辖着750~850座桥梁,总的桥面面积大约有 $15\times10^6\text{ft}^2$($1.5\times10^6\text{m}^2$)。其中的9%大约对应着70座桥梁,或者 $1.35\times10^6\text{ft}^2$($0.13\times10^6\text{m}^2$)的桥面面积。

下面是纽约市在20世纪90年代提出或建议的桥梁维护成本:

C_{Reh} = 450 美元/ft^2 = 4840 美元/m^2(3年期)

C_M = 6 美元/ft^2 = 65 美元/m^2(每年)

C_{Rep} = 150 美元/ft^2 = 1612 美元/m^2(每年)

如果以修复成本 450 美元/ft^2(4 840 美元/m^2)计算,每年所需的维护成本将达到 6.08 亿美元。在 20 世纪 90 年代中期,NYC DOT 的重建合同额超过了 5 亿美金。同时,案例 9 表明仍然有相当多的桥梁不得不完全或部分关闭。

每年修复的桥面面积占总面积的比例 表 E20.1

使用寿命	L	A_{Reh}
建议值(AASHTO)	75	0.04A
平均值(NBI)	42	0.07A
纽约市(1990)	30	0.09A

每年的修复需求量不仅取决于结构使用寿命 L,还取决于状态等级的范围,即 $R_{max}-R_{min}$ 值。状态等级是 $R_{min}+1$ 的桥梁通常必须部分关闭或修复,以免状态落到 R_{min}。如果桥面面积 A 在评定尺度上均匀分布,则在每一个等级组中的桥梁所占比例为 $A/(R_{max}-R_{min}$。)任一组中平均状态等级下降一个等级所经历时间为:

$$\frac{1}{r}=\frac{L}{R_{max}-R_{min}}\text{年} \tag{E20.3}$$

数量 $A/(R_{max}-R_{min})$ 的值小一些或范围 $R_{max}-R_{min}$ 的值大一些,会方便工程任务的实施;时间周期 $L/(R_{max}-R_{min})$ 的值大一些或范围 $R_{max}-R_{min}$ 的值小一些,会使工程规划更令人满意。对于近几十年来数十亿美元的修复工作(案例 3 和案例 EA46),NYC DOT 发现两种类型的等级都是有用的。直到 1989 年,纽约市依然沿用 4 个等级的评定系统(表 A40.4)。在 1989 年,该方法与 NYS DOT 的 7 级检测系统关联了起来。具体关系如下:

纽约市	纽约州(评估分值)
差的	1.0~3.0
一般	3.01~4.5(在 1996 年调整到 5.0)
好的	4.51~6.0
非常好	6.01~7.0

从工程的角度看,等级 3.0 是结构状态差与一般的逻辑临界点。因为该值意味着结构不能像设计那样起作用。交通管理部门在 1989 年的报告中曾指出要在 2000 年以前消除所有结构状况差的桥梁。但该任务的真正完成是在 2004 年。

结构状况好与一般的临界值存在着较大的争议(因为该值决定着结构是进行保养还是修理)。从纯技术的角度考虑,该临界值应该是 5.0。但在 1990 年的时候,如果把状态等级在 3.01~5.0 之间的桥梁都当作状况一般的桥梁,那这类桥梁的数目将多到无法管理了。所以当时将两种状况等级的临界值设为 4.5。到了 1996 年,随着结构状态得到很好的控制,该临界值从 4.5 提高到了 5.0。到了 2004 年,桥梁状态等级的平均值已从 4.5 变成了 5.0。

案例 21 根据线性退化模型,比较了两种简单的全寿命周期维护策略。

Frangopol(1996b)提出了关于桥梁性能水平的不确定性扩散图。它们是双线性的,这是案例21中简单生命周期的确定性模型。然而,性能水平曲线上的每一点都有一个相关的概率密度函数。由此产生的全寿命可靠度曲线是平坦的S形。作为对比,图E17.2中的线性化平坦S形曲线是由实际结构状态评定结果经回归处理得到的。该曲线的每一点都代表了被分散到假定的概率密度函数中的数据量的减少值。案例22仅从形式上模拟了凸曲线、凹曲线以及双曲线退化模型的简单表达。

案例21　基于线性退化模型的全寿命周期策略对比

在案例17、18、20中,结构状态退化率 r 对建模过程至关重要。如案例20所示,在大型系统中,线性退化率 r 和平均状态分布对需求的总体估计有一定的作用。如图E21.1所示,两种基本相反的全寿命周期策略的粗略对比是基于以下讨论的简化模型。Yanev(Vincentsen和Jensen,1998,第11-22页)也给出了类似的例子。作为例子,A(例如,最小+需求维护)和 B(例如,预防+需求维护)两种不同策略的解释见图E21.1,总结见表E21.1。

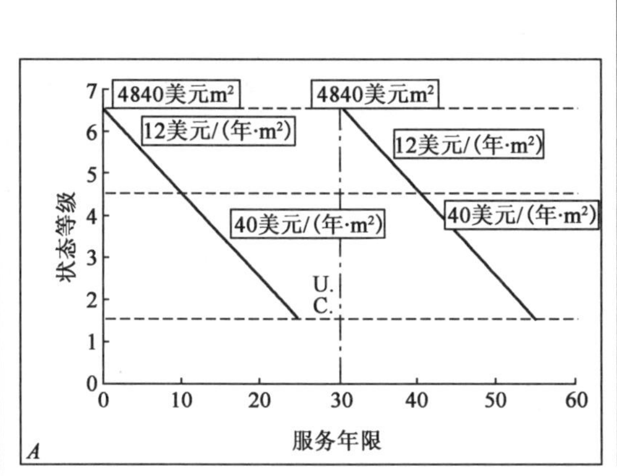

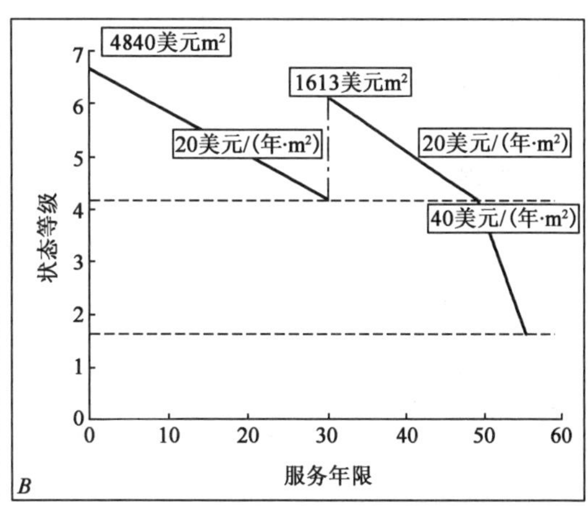

图E21.1　两种生命周期策略

通过 A 和 B 两种策略的比较,我们可以发现:在60年的跨度中,策略 B 一直对成本有效(例如,$A/B>1$);然而成本的有效程度还取决于折现率以及结构的初始成本。如果不考虑初期成本,那么折现率将突出维护费用增加(策略 B)的好处。如果考虑初期成本和折现率,那么 B 方案在直接成本上的优越性就降低了。折现率在用户成本上起相反的作用,也就是说,由维护获得的好处将随着折现率的增加而增加。

在不同折现率i时全寿命周期策略 A 和 B 的比较　　表E21.1

任务/开支	单位成本[美元(年·m²)]	持续期(年)	折现率 i 时的总成本(美元/m²)		
			0	4%	8%
情　况　A					
最小维护	12	12	144	117	98
需求维护	40	15	600	290	147

续上表

任务/开支	单位成本［美元(年·m^2)］	持续期(年)	折现率 i 时的总成本(美元/m^2)		
			0	4%	8%
完全修复	4 840/3	3	4 840	1 493	481
用户成本	UC		3UC	1.04UC	0.38UC
第一维护周期		30	3UC + 5 584	1.04UC + 1 900	0.38UC + 726
第二维护周期		30	3UC + 5 584	586	72
		60	6UC + 11 168	1.36UC + 2 486	0.41UC + 798
包括初期成本	4 840		6UC + 16 008	1.36UC + 7 326	0.41UC + 5 638
情　况　*B*					
预防性维护	20	50	1 000	447	265
需求维护	40	7	280	35	5
部件修复	1 612		1 612	497	160
修复	4 840/3	3	4 840	460	48
用户成本	UC		3UC	0.3UC	0.03UC
总计		60	3UC + 7 732	0.3UC + 1 439	0.03UC + 478
包括初期成本			3UC + 12 572	0.3UC + 6 279	0.03UC + 5 318
A/B					
直接总成本 *A/B*			1.44	1.73	1.67
排除初期成本					
包括初期成本			1.27	1.17	1.06
用户成本 UC_A/UC_B			2.00	4.50	13.70

注：UC = 用户成本。

案例 22　典型的退化路径

状态等级 R 随时间 t 的线性变化历程(图 E22.1 中的直线)可用下式表示：

$$R = R_{max}\left(1 - \frac{t}{T}\right) = R_{max}(1 - a) \tag{E22.1}$$

式中，R_{max} 为 $T = 0$ 时的最高等级，在 $T = t$ 时刻 $R = 0$，即 T 为结构生命期；$0 \leqslant t \leqslant T$ 为时间；$0 \leqslant a \leqslant 1 = t/T$。

退化率为常数：

$$\frac{\partial R}{\partial a} = -R_{max} \tag{E22.1a}$$

凸曲线形式的 R 值时间历程可以用下式表达：

$$R = R_{max}(1 - a^n) \tag{E22.2}$$

在 $n = 2$ 的最简单情况下(图 E22.1)，负的退化率从 0 到 $-2R_{max}$ 线性增加，因为：

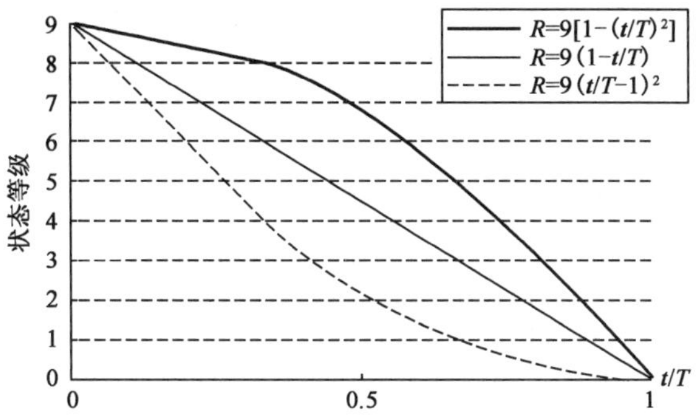

图 E22.1　凸曲线和凹曲线退化模式的例子

$$\frac{\partial R}{\partial a}=-2R_{\max}a \tag{E22.2a}$$

图 E22.1 中相应的凹曲线轨迹与凸曲线关于式(E22.1)定义的直线对称,并有如下表达式:

$$R=R_{\max}(a-1)^2 \tag{E22.3}$$

如预期的一样,在 $a=0(t=0)$ 时的斜率为 $-2R_1$,并在 $a=1(t=T)$ 时增加到 0:

$$\frac{\partial R}{\partial a}=2R_1(a-1) \tag{E22.3a}$$

一个由凸曲线变为凹曲线的轨迹可以用下式模拟:

$$R=R_{\max}[1-a^{\beta(1-a)}] \tag{E22.4}$$

其中 β 是形状因子。

就像在式(E22.4a)和图 E22.2($\beta=2$)中所示的一样,负斜率在 $a=0$ 时为 0,开始增加,再减少,直到在 $a=1$ 时减少到 0:

$$\frac{\partial R}{\partial a}=-R_{\max}\beta a^{\beta(1-a)}(a^{-1}-1+\ln a) \tag{E22.4a}$$

凸凹曲线也可以用下式建模:

$$R=\frac{R_{\max}}{1+\beta a^2} \tag{E22.5}$$

曲线的斜率,又称阿涅西箕舌线,在 $a=0(t=0)$ 时是 0,且当 $a\to\infty$ 时再次趋向于 0,并通过一个拐点。这可从下式看出:

$$\frac{\partial R}{\partial a}=\frac{-R_{\max}\beta a}{(1+\beta a^2)^2} \tag{E22.5a}$$

沿着横坐标的累积正态分布曲线有一个相似的凸凹曲线的形状(图 E17.2)。这条退化曲线曾作为路面生命周期曲线被 NCHRP 综合报告 153(NCHRP Synthesis 153,1989)和报告 285(NCHRP Report 285,1986)报道过。它与预期是一致的。即新旧结构单元的状态等级都缓慢下降。前者是因为良好状态的耐久性好,后者是因为修补工作和主观注意的因素影响。

相反,从纽约市桥梁状态等级最急剧的下降曲线(图 E17.1)中可以发现(Yanev,1997),它是对称于图 E22.3 中满足式(E22.4)的曲线,其方程为:

$$R = R_{\max}[1 - 2a + a^{\beta(1-a)}] \tag{E22.6}$$

曲线斜率为:

$$\frac{\partial R}{\partial a} = R_{\max}[\beta a^{\beta(1-a)}(a^{-1} - 1 - \ln a) - 2] \tag{E22.6a}$$

在 $a=0$ 时斜率为 $-2R_{\max}$,通过调整形状因子 β,可以使斜率在 $a=1$ 时变为一个合适的正值。Abed-Al-Rahim 和 Johnston(TRR 1490,1995,第 9-18 页)通过半概率的方法获得了一条类似的平坦 S 形退化曲线。案例 17 展示了该形状如何与桥梁沿着等级尺度的正态分布形式联系起来。后者在统计上能应用于更大的网络,并且已经在纽约市进行观测了。

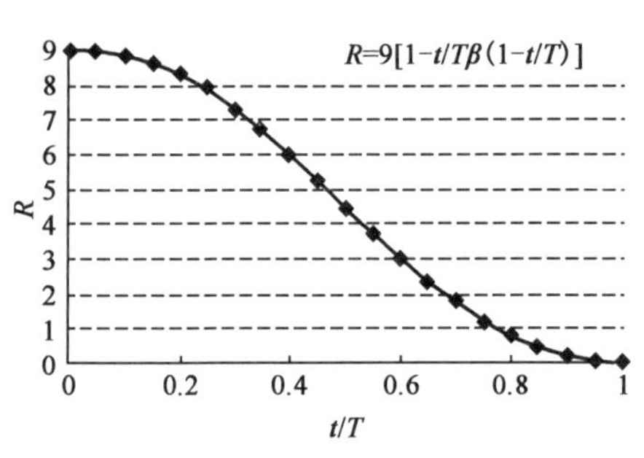

图 E22.2 凸—凹曲线退化模式的例子

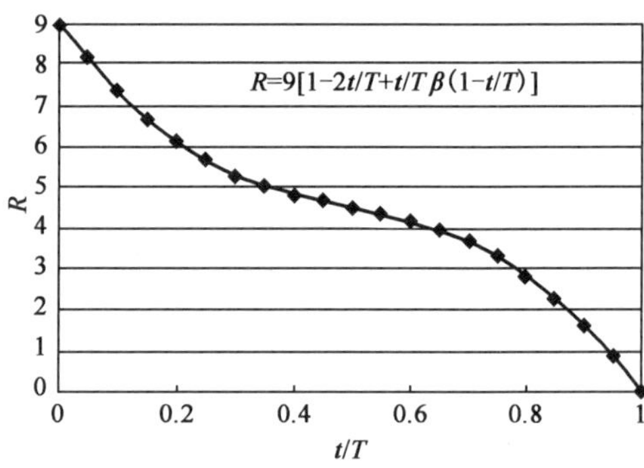

图 E22.3 凹—凸曲线退化模式的例子(平 S 曲线)

直观上,新结构的退化是缓慢的,随着失效的临近其退化也加快,如图 10.1 中的凸曲线和 PennDOT 模型(FHWA,1987)所示。相反地,平均状态等级的时间历程表现出图 10.1 中的凹曲线形式(Yanev 和 Chen,TRR 1389,1993;Yanev,1997;本书案例 12)。O' Connor 和 Hyman(1989)总结道:“到目前为止,在桥梁退化方面所有的研究都表明,退化率在大约 15 年后有明显减小的趋势。事实上,许多研究数据(从数据表面看)都表明桥梁的平均状态在其生命周期的某些点得到改善或复原。”

已确定有两个因素对状态等级历程的凹曲线形状有影响:

检查者很容易给新桥定一个较低的状态等级,而不愿意宣布一个处于低等级状态的桥梁已经不再适用(Veshosky 等,1994);

无法记录的维修工作,例如风险移除工作,虽不能改善状态但是却延缓了桥梁的退化进程。图 E12.1 表明维修工作和整座桥梁的修复工作都对衰退形式有着显著的影响(这就解释了为什么一座 80 年老桥仍处于非常好状态的现象)。

前一个因素影响状态评估,后一个因素影响实际状态。很少将新桥评定为“完美”状态,因为那样会导致一个不合理的初始退化形式。更重要的是,联邦等级尺度中的最高级为“极好的”,而纽约州中的最高级为“新的”,这两者并不完全一样。一旦建立了状态等级系统,状态等级和对策的预测并不是基于实际状态。

紧急维修通常在桥梁关闭前能缓和潜在的危险(10.3 节)。因此,可以在技术上延长失效结构的使用时间,给人以减缓退化的感觉。由于状态等级和实际状态在一定程度上反映各自的影响,所以两者应该分开预测。

状态等级预测

状态等级的预测决定了退化模型的预期形状。退化在凹曲线模型中减速,在凸曲线模型中加速。因此,按凸曲线模型评定的结构生命期中点要比平均值高,而按凹曲线评定则会比平均值低。疲劳失效适合凸曲线模型。混凝土桥面(在公路桥梁的生命期中处于主要地位)很可能以凹曲线模式退化;然而,路面性能的标准模型(NCHRP Synthesis 333,2004)是凸曲线形状的。

凹曲线的一大特点是按加权平均公式得到的状态等级历程。若桥梁退化率按照纽约州桥梁状态公式(A41.3)定义如下:

$$r = \frac{\partial R}{\partial t} = \frac{\sum_{i=1}^{n}\left(\frac{\partial R_i}{\partial t}\right)W_i}{\sum_{i=1}^{n}W_i} = \sum_{i=1}^{n}\left(\frac{\partial R_i}{\partial t}\right)k_i \tag{10.1}$$

式中,R_i是单元 i 的状态等级;W_i是单元 i 的权重;r 是桥梁退化率(分值/年);t 是时间(年)。

状态等级历程 R_i对桥梁整体等级有影响,R_i如图 E12.4 所示。按照式(10.1),当有着最短使用期限的桥梁单元,例如伸缩缝失效了,它们将使 r 消失,同时退化率减小。如果所有的单元 i 遵从最急剧的线性衰退路径,r_i(就像表 E23.1 中一样),由此产生的桥梁退化历程将呈现图 10.1 所示的凹曲线形状。桥梁状态等级将以寿命最长单元(也就是主要部件和桥面)的衰退率达到最低值。失效的桥梁(例如,$R=1$ 或 $R=0$,取决于评定尺度)不会退化($r=0$)。这符合"改善连接处的状态等级不会显著减小桥梁总体状态退化的速率"的规律。当桥面和主要单元的使用寿命延长时,这种效应变得更加明显。

在最早的 BMS 之一的 PennDOT 系统(FHWA,1987)中,桥梁使用寿命根据 NBIS 的桥梁状态等级(附录 40)用下式模拟:

$$\text{CNR} = \left(1 - \frac{\text{EQA}}{\text{ESI}}\right)^{0.7} \tag{10.2}$$

式中,EQA 是桥梁单元的等效年龄(年);ESL 是桥梁单元的等效寿命(年);CNR 是在等效年龄下的状态等级。

该模型假定已知桥梁单元的预期寿命。它建立了与承载力的关系(见 10.5 节)。

一般认为双曲率模型比单曲率模型更符合实际。道路表面的退化、防渗材料的退化(NCHRP Report 285,1986)以及一些桥梁构件的退化都用案例 17 和案例 22 中的曲线来模拟,即以凸曲线开始,以凹曲线结束,中间存在一个拐点。因此最快的退化发生在使用生命期的中间。

Abed-Al Rahim 和 Johnston(TRR 1490,1995)认为在结构寿命期末,人们对这种情况是无法记录修复过程的。为排除这种影响,作者构造了服从镜像(例如平坦 S 形曲线)轨迹的模型。OECD(1992,第 63 页)采用一条平坦 S 形曲线模拟混凝土桥面的退化,并将它用于FHWA

示范项目 71(FHWA Demonstration Project 71, 1989)中。Yanev(1997)报告了相似的最差状态桥梁和构件状态退化率,即在曲线上半段为凹曲线,下半段为凸曲线(图 E12.2)。

平坦 S 形退化曲线和先凸后凹退化曲线与沿纵横坐标的累积正态分布曲线相似,此时的纵坐标表示桥龄,横坐标表示等级尺度。图 10.4、案例 12 和案例 17 都说明这并非纯属巧合。如果分布沿两个轴都是正态的,相应的分布形式是两者结合的产物(如直线)。因为(近似)正态分布很大程度上可以表示大量桥梁的年龄和状态分布,所以用直线模拟密集网络的退化可能简单而且实际。

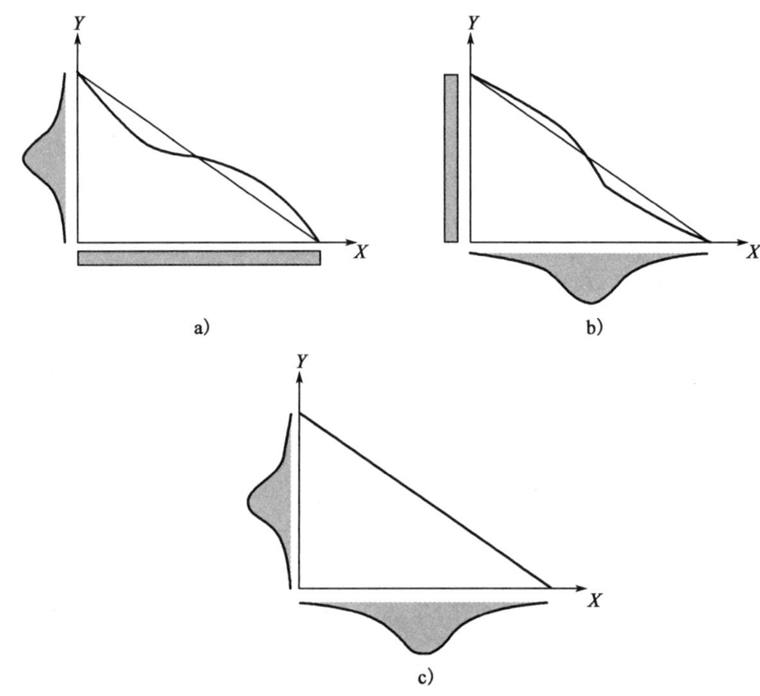

图 10.4 根据沿纵横坐标的各种分布类型导出的退化模式

当状态退化的控制因素已知时,它的退化速率变得很有意义。尽管结构状态表示成桥龄的函数,但是它们都依赖于交通量和维护工作。退化模型并不反映这些变量。只通过车辆行驶公里数衡量车辆的服务寿命,同样忽略了行驶条件和维护条件。给定结构类型和交通类型的单位维护成本下,确定单位桥面积的退化率不只需要目测获得的等级信息。

案例 12 和案例 17 ~ 案例 20 反映了纽约市在 1990 年和 2004 年桥梁的状态等级和需求估计之间的关系。差与一般的临界点(案例 18)决定了修复需求(例如,资金重建预算),一般与好的临界点对于维护(例如,花费)需求至关重要。在 1990 年的状态等级标准中,强调修复和消除风险。分布形式接近正态分布,在 NYS DOT 提出的七等级尺度中均值为 4。可以证明四等级的尺度对于优化排序需求而言过于粗略。到了 2004 年,在 15 年的修复、修理和“要求”维护之后,在七等级尺度下的状态平均值提高到了 5。

由于修复工作改善了结构的状态,人们的注意力也由消除风险转移到用有效成本来延长生命周期上来。最初对状态等级尺度低端的细化,也许会转变为对尺度中部和顶部的细化。在缺少实际数据的情况下,失效预测变得更加模糊,但可以获得结构的质量。

如果状态等级不可避免地隐含了忽视和模糊，在表达它们状态的真实随机性时，管理部门不应该在建模过程的精确性上投入过多的资源，并对模型给以充分的信任。Yanev(1997)将一个大型桥梁网络(例如，纽约市)的资金花费与基于最差状态等级的确定性的简单模型建立了联系(案例20)。

在状态等级尺度的低端，直线模型包含着突然关闭桥梁，这一点在任何通用模型中都是不允许的。Ang 和 Tang(1975，第 12 页)提醒到：假定一直处于更差状态会使成本过高，这是综合保守主义的结果。总的说来，Kierkegaard(1849)发现"宿命论者和决定论者"易于绝望(1.8节)。管理人员注意到了这一点。他们通过更加细致的检查和采取紧急措施，延长了结构的服务寿命。因此，在客观上发生了结构状态渐近线式的退化，但是它的代价仍然未知。

状态预测

状态等级反映了认知和物理变化不确定性的结合。结果它们同时按连续式和阶梯式发生改变。即使状态等级和状态都来源于目测结果，但两者仍然不同：等级可以是描述性的(例如，没有措施被推荐)，而状态是指定的(例如，有推荐的措施)。条件描述预想使用 Markov 链模型，它们的更新能力是确定的，如在 PONTIS 系统中(Thompson，TRC 423，1994，第 39 页)。Frangopol 和 Das(Das 等，1999，第46-58 页)建议了与可靠指标β相关的5 个可靠度状态(附录41)，考虑了近似线性的或者双线性的退化曲线。

无论哪种模型(凸曲线、凹曲线、双线性、线性)、状态等级、状态以及它们的预测都一定比荷载等级(图 10.1)更加保守。因为检查员周期性的评估过程，最终会重新评价适用性(10.1.1节)。如果假定施工开始时结构状态等级为3(不能像设计那样工作)(在 20 世纪 90 年代早期有效)，那么业主可能在桥梁等级达到"设计性能"(例如，按 NYS DOT 标准为 5，见图 E18.2)时就开始进行修复工作。当优先级变化或状态偏离预测值时，维护计划可以在未来的 10 ~ 15 年间进行调整。

对于统计和物理因素相互作用的大型网络，状态等级或状态的预测是不可缺少的。对于单个结构而言，诊断和荷载评定比确定性的状态等级评定或者概率性的状态预测都要合适。

状态等级比适用性更具体，但比荷载评定或诊断评估更模糊。与静力荷载评定(例如，不随时间变化)相比，它们是先验的动力荷载评定(因为它们随时间变化，同时也因为它们能用关于确定时间点的时间间隔来表示)。图 10.1 表示在荷载等级降低之前，结构状态等级的下降幅度超过了其范围的 50%。

10.5 荷载评定

与前述基于目测信息的状态等级不同，荷载等级来源于分析。它们根据主要设计规范确定桥梁单元在竣工或现状下的承载能力。荷载评定具有法律约束力，例如，桥梁业主有责任使结构在相应等级内服务。因此，用词必须前后一致。附录45 描述了美国公路桥梁荷载等级确定的程序，依据是 NCHRP 报告 12-46(NCHRP Report 12-46，2000)和 NBI 说明(FHWA，2005a)。NBIS 要求荷载等级必须由具有美国执业资格的工程师确定。

对于铁路桥，AREMA(2001)定义了"正常"和"最大"荷载等级。BRIME(2002)给出了适用于欧盟国家的荷载评估(即评定)的推荐程序(附录40)。

10.5.1 限载

限载是对桥梁业主确定的荷载等级的一种极端且有法律约束力的解释。它指明了最大容许交通荷载。允许的荷载种类在附录45中有详细的说明。应该关闭无法承受最低值3t活荷载的桥梁。如果无法可靠地实施更有限制性的荷载,那么业主可以在超过该承载等级时,例如5t的最低值,关闭桥梁。限载应该在AASHTO的荷载类型3、3S2和3-3下基于荷载等级计算值得到。如果法定荷载等级因子RF>1,则桥梁不必限载。对于RF<1的情况,桥梁评估手册(NCHRP Report 12-46,2000)建议了如下的线性准则:

$$\text{安全限制荷载} = \frac{(\text{RF}-0.3)W}{0.7} \tag{10.3}$$

式中,W是核定车辆的质量,以吨为单位,当荷载等级因子又组合了车辆荷载的车道荷载时,$W=40t$。式(10.3)表明,如果对所有的W有RF≤0.3,则桥梁应该是关闭的。

10.5.2 荷载等级预测

最好的情况是结合桥梁清单数据的状态等级来估计当前和未来荷载的等级。实践中,它们通常指明何时需要对荷载等级进行重新评估。不断地重新定义荷载和状态等级之间的联系,反映了检查和分析之间的相互动态作用。被标定为"无法按设计发挥作用"状态等级的桥梁并不一定需要减小荷载等级。因为:

它是未经计算直接指定的;

原始结构往往设计成可承担比当前活载和恒载高的荷载,并有安全系数。

许多原先的铁路桥梁已经转化为公路桥,混凝土桥面板也用正交异性板代替,还有其他的一些转换。

状态等级和荷载等级之间的间接关系可用图10.1说明。

状态等级通过φ和φ_c两项影响荷载等级(附录45)。《状态评估指南手册》(AASHTO,2003)对φ和φ_c给出了建议值,如表10.1所示。

NBI状态等级在荷载等级上的效果(AASHTO,2003)　　表10.1

部件状态等级	第59项(FHWA,1995a)	φ_c
好或满意	≥6	1.00
一般	5	0.95
差	≤4	0.85

PennDOT桥梁管理系统(FHWA,1987)对承载能力LC、设计荷载能力LC_D、EQA和ESL[式(10.2)]假定了如下关系,产生了一条凸型标准化曲线:

$$\frac{\text{LC}}{\text{LC}_\text{D}} = 1 - \left(\frac{\text{EQA}}{1.1\text{ESL}}\right)^5 \tag{10.4}$$

式中,LC是承载能力;LC_D是设计承载能力。

桥梁单元的等效年龄EQA是从状态等级的角度定义的,而其估计寿命ESL是假定的。也有把$\text{LC}/\text{LC}_\text{D}$与状态等级阈值直接联系起来的选择性表格,它产生了阶梯状的凸曲线关系。

即使各个单元的状态等级是0,桥梁部件的荷载等级也并不自动等于0。PennDOT在一张表格中做了规定,对于状态等级为0的情况设置LC为0。即使状态等级不是0,荷载等级也可能是0,反之亦然。

对于北卡罗来纳州的桥梁,Johnston(TRC 423,1994)提出了NBI中状态等级和荷载等级的关系,见表10.2。

估计的承载能力退化率(Johnston,TRC 423,1994,第144页) 表10.2

上部和下部结构中较低的状态等级(NBI)	承载能力退化率(t/年)		
	木	混凝土	钢
6~9	0.00	0.00	0.00
5	0.30	0.20	0.20
4	0.60	0.30	0.30
≤3	1.00	0.50	0.50

如果实施得当,这两个等级应当形成一个"保守系统"。一座桥梁可能通过计算荷载等级发现无法承担设计的恒、活载,或者通过检查将其标定为不安全。在每一个冗余中,重复的评估并不能自动保证安全。当状态等级不可接受时,可以通过荷载等级的计算来预先阻止桥梁的关闭;当荷载等级不符合标准时,可以通过频繁的检查来阻止桥梁的关闭。通过严格的质量控制,检查和分析可以同样可靠地阻止后续过程的发生。管理人员有从安全角度做出决定的重大责任。

当前和将来的荷载等级对估计网络的适用性是至关重要的,因此很多人希望改变它们的可靠性。如果具体结构的荷载等级预测能够充分利用目前可及的诊断方法,如在AASHTO(2003)的第8节中建议的方法,那么它们将特别有意义。

10.6 诊　　断

诊断是对结构单元物理特性的直接测试以及对它们具体性能情况的预测。通常的诊断以很大的可靠度确定结构的承载力,按照传统的状态、荷载评估方法,这些结构无法满足要求。随着无损检测和评估技术(第15章)的应用,诊断工作的范围和可靠性得以快速发展。

NCHRP报告292(NCHRP Report 292,1987)、304(NCHRP Report 304,1988)、312(NCHRP Report 312,1988)和Vesikari(1988)、Clifton(1991)、Wadia-Fascetti等(2002)已经报道过钢筋混凝土桥面、部件和路面的调研情况。采用先进技术和大型结构系统组织(ATSLL,1995)调查了Williamsburg桥的正交异性桥面板(案例3)。调查结果与现场短期应力测量值进行了对比,并进行了预期使用寿命预测。

Lichtenstein(NCHRP,Research Digest,1993)对比了诊断结果和荷载验收测试结果,作为荷载评定的基础(附录45)。

10.4.1节引用高强钢丝的四阶段腐蚀过程作为一个隐式诊断评估的例子(附录40)。这是可以实现的,因为检查的范围局限在腐蚀上,钢丝的功能局限于受拉上。然而,悬索桥主缆的诊断就无法轻易地从单根钢丝的诊断中得到结果。Betti和Yanev(TRR 1654,1999,第105-

112 页)参考哥伦比亚大学 M. Bieniek 提出的钢丝损伤指标(WDI),根据腐蚀钢丝的数量,对悬索桥主缆维护状态的优先级进行排序,WDI 的定义为:

WDI = 破损钢丝百分数 +0.5 × 等级为 4 的钢丝百分数 +0.2 × 等级为 3 和 2 的钢丝百分数

单座悬索桥的管理者不必给主缆的需求进行排序。然而,2004 年的表 A14.2 列出了美国当年的 97 座悬索结构,数量比 1992 年的 110 座有所减少。在这些所列的桥中,存在结构性缺陷的有 33 座,废弃的有 39 座。在网络层次上,排序是不可避免的。

WDI 并不能评估强度。为此目的,NCHRP 报告 534(NCHRP Report 534,2004)基于现场测试和试验室得到的钢丝延性和其他特性建立了许多诊断模型。这份报告建议开发检查悬索桥平行钢丝缆的诊断方法,这也是当前 FHWA 项目的一个目标。

10.6.1 从诊断到预测

状态等级预测用来优化排序。荷载等级(9.5 节)量化了结构强度;然而,只要桥梁处在完全服务状态,它们就应该保持为常数。因此,它们是精确而静态的(例如,只在确定时间有效)。未来的适用性(9.1 节)依赖于物理状态和交通需求。物理状态在影响服务水平之前可以有明显的退化。另一方面,服务质量可以仅仅由于在风险和服务要求上的变化而在物理状态没有明显变化时确定为不可接受。因此,状态的预测需要综合考虑随机性模型和现象学模型。

基于现象学的诊断把材料、结构的退化模拟成荷载和环境影响的函数。Vesikari(1998)建立了由钢筋腐蚀引起的混凝土退化模型,相继建立了碱骨料反应、氯离子效应、腐蚀、重复冲击荷载效应的模型。例如,在 Frangopol(1998)文中提到的 Ellingwood(第 88-97 页)和 Thoft-Christensen(第 181-193 页)的工作,还有 Roelfstra 等人的工作(见 TRC 498,2000,第 C2/1-13 页)。

Fisher 等(1977)、Fisher(1984)、Rolfe 与 Barsom(1987)把钢结构单元的疲劳寿命作为应力循环和几何形状的函数来估计。ATLSS(1995)则估计 Williamsburg 桥(案例 3)上新的正交异性桥面板的期望寿命为 68 年。

Walther 和 Koob(2002)结合现场检测结果和实验室材料试验为芝加哥铁路系统预测了一座 100 年桥龄的铆接钢桥细部的疲劳寿命。为此目的,他们提出了一个具有五级状态的评估系统,包括临界、糟糕、基本合格、一般、好。与 AREMA 的检查方法一致,用维修工作的紧迫性来定义这里的每一个状态等级,即立即维修、一年内维修、三年内维修、有待于进一步调查、不维修。等级决定了所需修复工作的范围。维修方案根据现场和实验室测试结果来设计。

Hearn(TRC 498,2000,C-1)得出了 PONTIS 定义的单元状态和无损评估(NDE)能力间的关系,得出了:"来自测试的数据可用于状态评定"的结论。FHWA(2001b)也推荐 NDEs(第 14 章)作为提高基于目测(第 13 章)的评定可靠性的有效方法。

现象学的模型可以用随机方法处理数据。Farrar、Lieven、Bement(Inman 等,2005,第 1-12 页)概述了一种介于物理和数据库行为的周期性损伤预测方案。整个过程从原始模型出发,收集、分析数据,更新物理模型,并决定未来数据的需求。表 10.3 按照数据来源引述了典型的结构模型。在全寿命分析中提出了用于 BMS 的模型。建模过程需要一个它自己的决策支持系统,即一套数据采集系统(DAS)。

结构模型和数据来源 表 10.3

全寿命周期的阶段	模型	数据源							
		竣工清单	材料特性(设计说明、测试)	恒、活载(说明、分析)	施工质量保证 & 质量控制	活载(动态重量、平均日交通量)	检查/诊断	极端事件	其他
提议/项目	理论性的(分析和设计)		Y	Y				Y	
资产/可靠度	服务能力	Y		Y		Y		Y	Y
	易损性		Y[a]	Y	Y[a]	Y	Y	Y[b]	Y
	风险						Y	Y	Y
	状态等级						Y	Y	Y
	荷载等级	Y		Y		Y	Y		
	完备性	Y	Y	Y	Y	Y	Y	Y	

注:[a] QC&QA 可以决定施工中的材料或施工过程没有满足设计要求。

[b]极端事件预测随着结构生命周期的改变而改变。

10.7 小 结

10.1 节到 10.6 节描述的是评估系统的一部分。这些评估方法是相互促进、取长补短的。检查报告必须与荷载等级互相关联。风险报告必须与状态等级互相联系。通过各种形式的评估获得的结果,在网络层次数据库和具体结构间的信息传递大致如图 10.5 所示。由此产生的对结构和网络的了解必定超过各项评估的总和。

前面描述的数据流适用于数据管理系统(14.5 节)和专家系统(15.3 节)的组合系统。

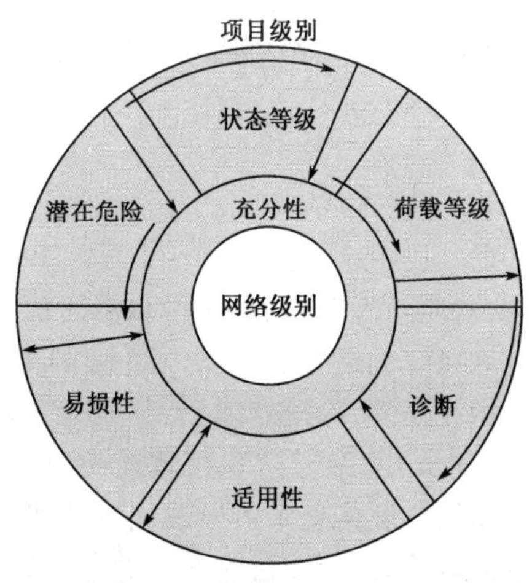

图 10.5 项目层次和网络层次状态评估间的信息流

第11章 需 求

OECD(1992,第58页)认为“桥梁的功能寿命小于其结构寿命”。例如,在交通增速最快的地区,桥梁的功能寿命为20~50年,而结构寿命则为50~100年(灾害除外)。在这种情况下,尽管桥梁的适用性(10.1节)比桥梁的结构强度更加模糊,但它却是交通基础设施需求的主要指标。案例9表明仅仅基于结构状态(例如,状态等级,10.4节)的评估和那些强调适用性(如在附录41中所讲的功效等级)的评估表达的意义是不同的。以服务为取向的管理一般过多地依赖于性能指标和传统观念,往往脱离工程实际,便产生了“结构不坏便不维修”的观点。结构状态评估能给出结构早期退化的信号,因此可以用作预警。与资金投入限额相关的两种极端观点如下:

1. 最小资金投入。首先对结构进行分类,关闭不安全且无法有效维修的结构。其他结构按照“最差最先”的策略予以维修。

2. 足额资金投入。不允许任何可见的退化。

根据Das(Frangopol,1999a,第29页)的文章:

> “目前的BMS遵循下面两个原则:
>
> (1)维护需求直接与结构的状态相关。
>
> (2)执行日后成本比当前成本更高的工作才是合理的。
>
> 然而,与第一种假设不同的是,桥梁修复、更换,甚至预防工作的范围在很大程度上取决于结构承载能力(或者结构胜任性),而不单单是它们的状态。”

这里所说的维护即为纠正措施。与维护任务相比,修理工作更容易与阈值状态联系起来。因为修理将产生正面的变化,而维护是阻止负面的变化。

Furuta等人(2003)把研究桥梁管理评估视为一个多目标优化问题。考虑以下目标函数:

LCC最小化;

使用寿命最大化;

目标安全等级最大化。

作者考虑了5种破坏状态,对应于5个模糊集合:非常严重、严重、中等、轻微、非常轻微。结构被模拟为一系列串联和并联系统的组合,并提出了主要的失效机理。正如先前观点,维护工作包括如下改善措施:涂漆、截面修复、除盐处理。

Cho(Juhn等,2005,第95-113页)总结道:“包括数理规划在内的许多传统优化算法都是依赖于具体问题的。它们通常使用梯度信息来引导最优解的搜索过程,并常常假定设计变量连续取值。当设计变量只能取离散值时,例如目前维护优化问题中的变量,这种优化方法会产生很大的困难。”

Cho认为遗传算法(Gas,见附录43)是“研究目前维护计划问题非常有效的方法。不同维

护措施的维护计划问题只能在不同的年份上作计划。”

在预算短缺的情况下，只要不影响服务能力，结构退化是可以允许的。图 E16.6 说明了某混凝土桥面和主梁的下底面，采用应变计监测外露钢筋。所示结构各部分的状态等级无疑是很低的。然而，发现起控制性作用的抗剪能力却是足够的。经过 15 年以后，结构所承受的交通荷载被限制在 5t 以下。媒体热衷于质疑公众的安全而没有讨论维护成本，早就应该排除这种权宜之计了。

9.1 节和 9.2 节阐述了在主观上状态与需求相关的重要性。结构状态是实际的，而它的模型却是主观的；需求是主观的，但会产生现实的结果。从资源的角度来量化需求，从紧迫性和优先级的角度来量化需求（例如，绝对地和相对地）。表 9.2 描述了与桥梁相关的需求和在图 1.33a 所示双边性关系中满足的目标。表 11.1 将这些需求的评估划分为如图 1.33b 所示的感兴趣的组。对比表 9.2 和表 11.1，评定/描述和缺陷/对策的状态评估（10.4.1 节和 10.4.2 节）都不能完全包括对结构性能感兴趣的各方面的需求。

桥梁管理过程涉及领域和标准　　表 11.1

	结构工程	工程管理	资产管理	资产用户
领域	结构	交通运输网络	交通/经济	经济/交通
标准	状态/性能	性能/服务	服务/功能	功能/满意度
定量的（可测量的、客观的）	几何、材料、承载能力、冗余度、寿命期、防灾减灾、成本	资源（预算、人员、设备、时间和材料、数据库）；服务（荷载、交通量、性能指标）；支持（法律的、行政的、立法的）	经济增长、货币费用、可持续性	速度、承载能力、几何特性、行驶性能
定性的（认知的、主观的）	状态等级、风险、可靠度、收益	支持（大众的、政治的、技术的、决策——BMS 的），安全	环境兼容性、使用性、美观	美观、舒适、感知利益

网络或者资产管理水平的观点（12.1 节）可以将结构和用户的需求很好地联系起来。基础设施的管理是 Hudson 等（1997）一文的主题。

尽管结构的需求不可避免地呈现周期性，但网络需求随时间的分布是相对均匀的。从长时间来看，大量资产的状态和需求沿着评定尺度呈现离散分布的形式，服从正态或者 Weibull 分布（附录 9）。Das（Frangopol 和 Furuta，2003，第 3 页）认为：“（状态）分布的性质是这样的，如果在第 0 年只有“不可接受的”构件被维修或者更换，那么在经过一段时间后，如在第 N 年，需要维修或加固的单元将会大大增加……由于这个原因，只对那些不满足功能要求的单元进行维修、加固或更换是不够的。”

图 E9-3 和图 10-1 说明适用性独立于上面所述的平均“结构”状态是具有欺骗性。如果允许结构进一步的退化，则完备性和荷载等级会快速下降，最终会导致桥梁关闭。

然而，所有假定的分布，都只是模拟主观发现的结果而不是模拟可以量化的变量。维护、修理、修复和更换的需求可以由状态等级(表4.2)推算得到。这些需求表达成工程任务(表4.3)和管理方案的形式。风险评估(第5章)给这些需求排定优先顺序。

为了预防而非处理事故,管理需要经济上和结构上的预测。一直关注交通投资和经济效益之间的关系,最近的结论如附录23所示。建模过程包括很多不确定因素,并且理解也各不相同。研究结果表明,经济对交通发展的影响很大,同时交通发展也对经济有影响,只是影响相对小一些。

表10.4和图10.4表明结构状态在项目层次上的评估(确定性地)最为频繁,而需求则在网络层次上基于更大的数据仓库和随机分析方法进行估计和排列优先顺序。因此,尽管第10章所讨论的桥梁状态和第11章综述的桥梁需求相关,但是它们之间没有直接的对应关系。

11.1 服务的质量和数量

从交通运输角度来看,必须确定桥梁所提供的服务和桥梁以维护、修复、修理、更换和操作的形式而获得的服务的质量和数量。对于桥梁管理人员来说,桥梁所提供服务的需求(10.1节)和从中获得的收益超过原来的范围是非常重要的。

NBI的适用性等级(10.1节)是在结构竣工时评估得到的。由此产生的完备性等级支持网络层次的评估,例如:“美国超过40%的桥梁存在结构性缺陷或者功能性退化”(Chase等,TRC 498,2000,第C-6页)。

升级美国国家桥梁网络的年需求费用估计超过70亿美元(直接成本)。

NBI的完备性等级(附录41)反映了服务需求是结构完备性和安全性、功能(例如,几何形状)衰退、公用必要性三个因素的结合。预先指定的三者相对权重(55%:30%:15%)不是为了评估个别结构,特别是那些独特的、必不可少的结构。从整个国家层次来说,目前和将来的桥梁基础设施需求可以从Small等人(TRC 498,2000, A-1)所阐述的完备性评定中估算出来。

完备性等级(SR)	联邦资助方案
SR≤50	更换
50<SR 80≤80	修复

NCHRP综合报告238(NCHRP Synthesis 238,1997)综述了各州公路机构(SHAs)的性能测试结果。FHWA(2001b)调查了用于结构状态评估(14.5节)的检查过程的可靠性。为了在联邦的层次上排列资助顺序,FHWA于2003年审计了各地桥梁业主提供的采用NBI标准的评估结果(13.2节)。

11.1.1 方案及其定义

案例17和案例18描述了与纽约市桥梁有关活动之间的平衡(ca.,1990)。桥梁管理的主要工作是平衡优化。在一个连续的桥梁管理活动中,维护、修理和修复方案的评估不仅仅取决于它们各自的成本效益分析,而且取决于它们的资金来源(例如资金或花费)和首选的实施方法(例如内部施工或外包施工)。在选择和执行管理策略或政策上的困难集中反映在相关用词的含糊不清。依据 NCHRP 综合报告 330(NCHRP Synthesis 330,2004):"关于各种维护行为的定义和区别,无论是从业者还是研究者都很少有一致的看法。而且,各种收益分析也无须具有可比性。"

NCHRP 综合报告 327(NCHRP Synthesis 327,2004)参考 AASHTO 维护手册(1999a),列出了以下定义:

维护——桥梁保养方面的技术,本质上是预防性的工作。维护是保持桥梁现状,控制未来潜在退化的工作。

修复——使桥梁恢复到初始服务水平的过程。

修理——修复工作的技术方面;整改结构、单元损伤或退化以使之恢复到初始状态的行为。

这些定义有如下重要的含义:

维护不提高状态等级;

修复和修理并不与结构"原始状态"完全相同。

目前这些定义代表了管理的种类。具体的工作可以按照它们对结构产生的影响做进一步的定义:

强化。可以提高现有结构服务性能,减少不完备性服务(过大的挠度、过宽的裂缝和不可接受的振动)的任何技术。图 4.23 所示的支撑安装就是为了该目的。

加固。通过提供高于初始状态的服务水平(有时也称作"升级")来提高现有结构承载能力。如图 11.1a)所示为瑞士一座用碳纤维层压板加固的具有历史意义的木桥(原为桁架和层板拱的组合)。

维护。NCHRP 综合报告 330(NCHRP Synthesis 330,2004, 第 8 页)引用维护工作的分类:日常性维护、纠正性维护、预防性维护、主动性维护和被动性维护(Hudson 等,1997)。该报告采用了以下由 AASHTO(1999a,第 5 页)提出的定义:

> "预防性维护(PM)——经济有效的计划策略……它保持系统现状,延迟结构未来的退化,维持或者提高系统的功能状态(没有很大程度地提高结构的承载能力)。
>
> 维持——经济有效的计划策略……用来延长结构的寿命或者提高结构的服务性;用来维持功能或者结构状态的计划策略。预防性维护(PM)通常假定为在没有改善结构的条件下预先阻止结构的退化。
>
> 对于路面,NCHRP 综合报告 153(NCHRP Synthesis 153,1989,第 7 页)定义'日常维护'如下:'它是一个通过修理结构的破坏部位,来保持路面、结构、排水系统、安全设施和交通控制设施处于良好状态的计划……日常维护通常是被动的。'"

预防性维护是一个周期性的计划行为,它的定义(NCHRP Synthesis 153, 1989)是:"它是用来捕捉结构的微小退化,延迟渐进式破坏,减少日常维护和服务行为需求的计划策略。"

整改维护与修理意义相当,尽管管理者可能给两者指定了不同的适用范围。

需求性维护指与安全性相关的紧急修理,如排除结构潜在的危险(9.3 节),它完全是被动的行为。Das(Frangopol,1998)把这种维护称为必要的维护。AASHTO(1999a, 第1-5 页)提到的被动维护也有相似的意思。

Mobley(1990)建议的预测性维护是用于工业生产中的一种方法。它试图通过提高机械的预计使用寿命来减少维护浪费。

Hudson 等人(1997,第 240 页)在同样的意义上定义了基于可靠度的维护。4.1 节和 4.5 节说明了这种策略能够更好地应用于机械式构件中,因为在这种维护中能够很准确地预测更换构件的使用寿命。到目前为止,大多数桥梁是维护不够而不是过度维护。然而,当应用于复杂结构时,预测性的维护更加经济有效,例如,与结构健康监测(SHM, 15.1 节)相结合的预防性维护。

前面的定义通过把维护区分为可选的和必需的(例如,要求的)两种来缩小投资的规模。这种区分可以减少不必要的支出。

修理和修复的范围是不同的,这一点依赖于它们的定义解释。修理通常被认为是预算支出项目,而修复则是基本建设费用,可申请联邦资助。如果超过成本和提高预期使用寿命的阈值(例如,多于 500 万美元和提高 5 年的使用寿命),那么结构性能改善工作可以取得基本建设工程的资格。在 20 世纪 90 年代初,纽约桥梁管理局把这种修理定名为构件修复。管理和预算局(OMB)批准了对它们的经济资助。

NBI 的桥梁修复通常包括桥面更换(图 11.1b)。基本上等同于重建。

翻新、补强和加固,能改善结构的响应,通常针对极端事件的细部构造。翻新意味着更换细部构造,由于各种原因将不再充分考虑这些细节。目标是临界破坏的细节,比如销钉悬轴组合件(图 10.3)、滑动钢和摇轴支座、限位器(图 4.30 ~ 图 4.38)和纤细的柱子(图 3.9 和图 3.10)。从管理角度来说,翻新可能比修复具有更高的优先级,按照退化的正常过程进行规划。

重建可以涉及现有的基础或者全新的平面布置。图 11.1c)所示的回旋桥利用了原来结构的基础和部分保护装置。

上文所描述的 NBI 分类标准把更换和修复与完备性等级小于 50、介于 50 和 80 之间分别

a)

b)

图 11.1

联系了起来。

c)

图 11.1 a)用碳纤维层压板加固的具有历史意义的木桥;b)桥梁修复:更换和加固已腐蚀的钢桥上部结构,重铺桥面;c)更换了第三大街平转桥的支座,背景中是 Willis 大街桥

11.2 防灾减灾

风险来源于竣工结构(10.2 节)易损性及其损伤(10.3 节)的综合效应。大多数的全寿命周期评估把风险考虑为随机的。Ang 等人(Frangopol,1998)对在结构生命期(附录 38)内由灾难性的失效引起的损失和维修费用作了最小估计。这种估计方法局限于在地震作用下的混凝土房屋建筑,但稍加修改便可应用于其他灾害的情况。这个例子强调了对灾害可能性和与人员伤亡有关的损失进行估计的必要性。应用这种估计方法必须把桥梁分为不能发生灾难性毁坏和在不危及用户生命条件下可以发生功能性破坏两大类。修复工作的范围和优先级也据此而定,并通过重要性系数反映出来。

桥梁全寿命周期成本分析(BLCCA; NCHRP Report 483, 2003)估算了由自然灾害、超载、周期荷载、碰撞及意外事故引起的易损性成本。所有的估计均假定各种事故发生的概率及相应的损失,如方程(5.2)所示。平均日交通量是一个量化得比较好的重要参数。结构状态和维修成本则不够明确。目前已提出了很多种半概率方法(9.2.1 节)。仅依据成本花费,很难确定合理的维护优先排序方案。

结构状态和潜在风险之间的稳定关系(假定为因果关系)表明,随着结构状态的恶化,风险快速增长,同时在承载能力耗尽以前结构就不得不停止使用了。管理部门最终必须确定一个状态等级下限,低于此阈值时结构将不能被安全和经济有效地使用。这个结果与 OECD (1992)给出的、与本书第 10 章第一段阐述的趋势相吻合,即大多数情况下结构使用期的终结是因为适用性的终结而不是强度的终结。管理部门应该消除因结构退化带来的灾害,而不是研究灾害的预测。然而,即便是状态相对比较好的网络,也可能会发生极端事件和系统性的退化。因此,结构的定期检查和防灾减灾准备工作仍是必不可少的。

11.3 修复和重建

重建和修复标志着结构使用寿命的终止。随着结构使用寿命终点的临近,状态评估变得越来越不可靠,因为(a)这方面现有的经验不足;(b)它们的不确定性会引起更大的损失。在缺乏足够的数据进行充分概率性分析的情况下,相对稀少的结构关闭事件为结构使用寿命的确定性估计提供了一定的依据。

OECD(1992)把桥梁使用寿命估算称为"后验估计",因为它们最终依赖于已知的结构关闭事件。Yanev 和 Chen(TRR 1398, 1993,第 17-30 页)认为在无维护或可忽略维护的条件下,桥梁的使用期限大致为 30 年。依据 OECD(1992),桥梁停止使用的原因中 40% 是结构性原因,包括如下方面:

设计/施工;

不可修复;

许多单元需要更换;

环境(盐、霜);

灾难性失效(倒塌);

河水逆流;

交通荷载;

下部撞击;

维护失效;

其他。

剩下 60% 的原因是功能,包括新的标准、增长或衰退的交通需求(几何上的和重量上的)、道路和河道的拓宽。

Itoh 和 Liu(Frangopol,1999a)报告了日本桥梁拆除的主要原因,如下:

改进:45%;

功能性缺陷:21%;

单元损伤:19%;

承载力:7%;

抗震加固:2%;

灾害:2%;

其他:4%。

由于桥梁结构的重要性及影响巨大,其主要的改善工作在时间和资金上受到了严格的限制。在一个工程开始前,设计方案需要按照工程计划和预算选定,以满足初期成本和当时的需求(4.13 节)。因此,常常是施工而不是维护决定了结构的生命周期。NCHRP 综合报告 153(NCHRP Synthesis 153,1989)建议 FHWA 的报告 TS-78-216 应该重新启动"将维护需求整合到施工的前期阶段"(与道路有关)。对桥梁来说,单一的综合性指南是不太可能的。

地方桥梁业主经济有效的实践包括规划设计、施工中引入的可维修措施。NCHRP 综合报

告 327(NCHRP Synthesis 327,2004)总结道:“从调查结果来看,很明显,在修建新桥时需要考虑维护需求这点上,桥梁工程师从现有结构的问题中学到了很多东西。解释了桥梁设计应该强调耐久性这一观点。这些反馈意见指出,通过材料选择和设计理念来促进免维护结构的发展。”

附录 48 引用了 NCHRP 综合报告 327(NCHRP Synthesis 327,2004)确定的典型的可维修或耐久性措施。许多报告推荐了成本效益好的工程实例,包括 NCHRP 综合报告 327(2004)、345(2005)、346(2005)。

新材料

据说冶金术是现代工程和管理的开端(1.2 节)。这种行业依然致力于设计和使用新材料。金属桥梁从铁桥发展到钢桥。高强度、高性能(Günther,2005)、耐候钢和其他特种钢材使得新的结构形式成为可能。铝也被应用于桥梁。混凝土从素混凝土发展到钢筋混凝土(各种各样防腐措施)、高强度预应力混凝土(先张和后张)、纤维加筋混凝土(碳、玻璃等)。已经出现了钢、混凝土、木材和塑料的混合结构。

新材料的引入和传统材料的新应用必须克服因经验不足而产生的保守主义。不难理解,桥梁业主更愿意投资于生命期性能明显改善的结构。国家交通网络管理部门,例如 FHWA,以及工业界通过资助使用新材料、新应用项目,同时监管、推广它们的成果。

创新型设计往往展示出令人信服的初期成本优势。对维护、修理和重建的实用设计可以使这些创新更有吸引力。最终采纳有成本竞争力的方案。

11.4 维护和修理

对维护需求的估计是最基本的,同时也是很复杂的,因为它们必须符合许多相当严格,且可能相互冲突的约束条件,包括下面的几点:

可用资金(例如,费用预算);

长期资金(例如,基本建设投资预算);

全寿命性能;

业主运营能力;

社会需求;

安全性;

紧急响应。

在 4.1.5 节、4.3.3 节和 4.4 节讨论的桥梁维护的众多弱点,似乎建议少建一些维护强度高的桥梁。作为公路桥需求来源的汽车工业,已经再三地减少整车维护了,而采取预定构件或部件定期更换的办法保证车辆的使用。车辆寿命可能不会总是增加的,但成本-效益分析必定已经考虑了其他方面的好处。在桥梁方面也已经出现了类似的趋势。然而,现有桥梁已被按照不同的需求进行设计和施工,这些需求会一直持续到将来的十几年。

预防性维护,是一种不能提高结构状态却能增加耐久性的过程。按照定义,该过程是有弱点的,因为它带来的好处不能形成改进。更精确地说,这样的改进无法反映在定期结构检测报告中。正如考虑桥梁安全时产生了能够识别风险的结构检查一样,维护管理需要定期的工作绩效评估。这种评估应该同时反映结果和过程。

桥梁维护似乎在设计之前率先采用了基于性能的方法。维护手册、建议、会议论文集,例如 AASHTO 编的桥梁维护手册(AASHTO Manual for Bridge Maintenance,1987)、路桥的维护和管理(Maintenance and Management of Roadways and Bridges,1999a)以及 TRB 编的维护管理(TRB's Maintenance Management,2001),有以下几个突出特点:

更多地描述维护而不是定义;

不在细节上讨论维护工作,其重点是结构单元及其共同的缺陷和需求;

一般把修理和修复作为维护的替代措施。

这些明显以结构性能为目标的特征反映了设计者对产品(product)的兴趣。从经济观点上考虑维护过程时,能得到更加规范的关于维护的观点。TRR 1877(2004)指出了维护管理中普遍存在(内部和外部)的缺陷(见 4.1 节)。Llanos(1992)对法国国家公路网的桥梁管理提出了一种经济学的方法。基于性能的方法和规范中的方法都有局限性(4.2.1 节)。后者是僵硬的,不能随着变化的条件和约束而优化。前者依赖于高度敏感的优化方法,很容易陷入最小化的怪圈。其结果完全依赖于输入数据的质量,到目前为止,仍然缺乏高质量的输入数据。

过去,人们希望早期的钢桥能像石拱桥一样永久性服役。当时就充分注意到了隐含于这个目标中的维护工作,例如 Boller(1885,第 79-81 页)就提到:

> "因为是铁桥,所以并不意味着竣工之后就不用进一步管理维护了…… 一直以来就有一个观点,那就是在任何情况下,工程上都不能用厚度小于 0.25in 的板或构件,而 5/16in 作为最小厚度可能是更合理的……每个县的管理部门都应该在每年春天系统地检查他们辖区内桥梁的锈蚀情况,一旦发现锈蚀,应尽快加以处理。这样,它们的桥梁(最初良好的桥梁)才能够永久服役。"

2.1 节引用 Waddell(1921)一文,也说明了同样的问题。如果资金充足,就简化成了降低维护的设计问题,以使结构状态和/或服务性能最大。例如,东京—大阪的新干线"子弹头"列车的管理部门报道 2004 年年度列车平均延迟了 6s。通过维修所有可见的缺陷,更换即将达到疲劳寿命终点的构件,40 年的结构仍能保持着竣工时的状态。悉尼海港公铁两用桥[图 11.2a)]自 1931 年开放交通以来还没有更换过一个铆钉。金门大桥(图 4.42 和图 4.43)的重漆工作在一侧刚结束,另一侧马上就开始。悬索桥主缆必须根据维护诊断和检查结果(见 14.3 节)定期重新包裹[图 11.2b)]。

然而,在大多数情况下,"永久服役"的目标常被在有限预算下寻找最佳维护水平和成本的目标所取代。NCHRP 综合报告 153(NCHRP Synthesis 153,1989,第 31 页)对该观点做了如下解释:

> "预防性维护、纠正性维护、修复和重建间的权衡取舍只能通过全寿命成本分析来评价。全寿命成本分析需要考虑的因素包括:
>
> 工程和经济问题,它们能够在执行或推迟的预防性维护中接受检验;
>
> 重建或修复的当前成本;
>
> 年度维护成本;

由结构退化产生的未来维护成本的增加；

未来修复成本；

分析周期；

利息率。

利息率可能是影响因素中的主要因素。”

a)

b)

c)

图 11.2 a)悉尼海港大桥，一直不停地重漆；b)重新包裹金门大桥主缆；c)不中断交通情况下重漆城市主要桥梁

利息率的影响在附录 23 和案例 10 中讨论。NCHRP 综合报告 153(NCHRP Synthesis 153，1989，第 33 页)指出：

“收益难以用金钱来估算，一些标准类型的收益是：

安全性；

节约通过时间；

减少侵权责任索赔；

减少车辆运行和维护费用；

减少对附近商业行为的干扰；

减少不舒适度；

通过推迟或减少与“不作为”的预防性维护政策相关的高昂的未来重建费用，从而保持投资的延续。”

15 年后，NCHRP 综合报告 330(NCHRP Synthesis 330，2004)总结道(第 26 页)：“尽管许

多州公路管理处所用的路桥管理软件中融入了维护的理论优点,但是大多数情况下,这种管理工具只用在联邦规范要求的场合……因此只有三分之一的管理处报告使用了全寿命周期成本方法或其他成本效益方法来估算维护的优先排序;三分之二的管理处仅在重要工程中使用这种方法。”除了列出相似的潜在维护收益以外,NCHRP 综合报告 330 强烈推荐应用分析工具量化这些收益,以及应用先进的媒体工具向公众宣传维护的需求。

服务水平

由于“维护服务水平随时间不断发生变化,难以准确定义,NCHRP 报告 285(NCHRP Report 285,1998,第 6 页)推荐用服务水平指南来估量基础设施的维护,能够准确定义的是维护单元在不同时间点的状态。”

与此相反,10.4 节认为单元的状态不是可以唯一确定的。可定义性完全是相对的。

根据 Das(Frangopol,1998)的观点“估计维护需求应当基于结构的完备性或安全性,而不是结构的状态等级。”作者认为可以在项目等级管理中,通过直接的结构评估去很好地实现。Frangopol(1999b,第 9 章)指出:“桥梁可靠度必须明确地量化单元(结构)的状态等级。”

因此状态等级和可靠度必须从大量可测的材料中,根据计算的抗力推导出来。Hudson 等(1997,第 240 页)把这种维护称为以可靠度为中心的维护理论。对于电子和工业设备,预防性维护(Mobley,1990)通过预测有效寿命来优化维护措施的功效。迄今为止,无论是这种概念还是其基本特点,都不能直接应用于桥梁维护。

在 PONTIS 和 BRIDGIT 采用的马尔可夫链中,当前的预防性维护减少了结构在其使用周期内下降到低状态等级的概率。马尔可夫链模型不考虑结构以前的性能,因此不能用来评估以前维护对结构的贡献。

服务水平维护有两种方案,可以表达为“零维护法”和“规定维护法”(zero maintenance and prescribed maintenance)。

零维护(zero maintenance)

FHWA(2005c)讨论了瑞士联邦运输部关于零维护成本—效益的研究,并建议 FHWA 能关注该项目以便进一步研究。如前文引用的 NCHRP 综合报告 327(NCHRP Synthesis 327,2004)中的内容,零维护策略与延迟维护(4.1.5 节)相反,通过改善耐久性和/或更换易换构件,将新结构设计成最小维护需求的结构,节省下来的维护费抵消增加的设计和施工成本。

这种方法不能消除交通维护。相反,这种方法似乎假定在无结构性维护的情况下,由设计来确保其服务水平。

规定维护(prescribed maintenance)

一般认为,与维护有关的数据对于充分的管理来说是不足的。然而,Hudson 等(1997,第 243 页)调查发现(公路)维护管理系统积累了 10 年的数据从未用过。这个例子和类似经验表明,在财政损失已经最小的基础上,仅仅通过物理损伤最小化来优化维护策略在逻辑上是零维护策略的极限状况。备选的方案就是“零优化”方案。维护可以通过一系列定期安排的任务管理策略来描述，直到出现需要修复的原因（例如，对资产、使用、资金、信息、管理人员改变做出的响应）。

案例23和案例24表明预防性维护是周期性和季节性的。涂漆是例外，下一节会对此进行讨论。通过放弃管理上优化成本的特权来指定维护，能够避免陷入基于结构性能的预防性维护的陷阱。相反，这是结构保健的一种形式，有助于结构的健康。这种策略在结构上的合理性是显而易见的；然而，这依赖于超出大多数业主财力平均值的合理财力。

维护需求的一个宽泛但最终有效的常用指标是年度维护费用与桥梁重建估算成本之比，见表11.2。

维护费用与桥梁重建估算成本之比（%） 表11.2

	OECD（1992），Bieniek 等（1989）	BRIME（2002）
比利时	—	0.3
芬兰	—	1.0
法国	0.3	0.5/0.6
意大利	1.5	—
德国	1.5	1.0
英国	0.5	1.0
爱尔兰	—	0.6
挪威	—	0.6
西班牙	—	0.3
瑞典	—	1.7
日本	2.5	—
纽约市		
1989年之前	0.05	—
推荐值（1989）	0.50	—

Bieniek 等（1989）、Vaicaitis 等（1999）和 BRIME（2002）估计桥梁年度维护费用为0.5%～1.5%的桥梁重建成本。Yanev（TRC 423，1994，第130-138页）报告说，纽约和新泽西州港务局在乔治·华盛顿大桥的年度维护（不同于运作费用）花费大约为重建费用的1%。因此，经验表明重建费用的1%左右是一个极限，年度维护费用低于这个极限值时，结构的退化就会加剧。既然输出是无量纲的，所以报告的比率相对独立于成本的调整。结果会在不同业主的维护策略之间产生对比，同时也显示了可以独立确定的趋势。然而，这种对比总是不完全的，原因如下：

维护的定义很多。许多业主把修理也包含在维护成本中；

维护需求取决于结构的类型和年限、交通量以及环境。

因此维护程序必须是根据具体位置而定。案例 23 介绍了一个预防性维护的日程表。案例 24 用一个基于确定性知识的模型，评估了案例 23 建议的维护任务在结构状态等级上的影响。由于这些工作没有得到严格的优化或资助，因此它们大部分条件都是假定的。一些典型的维护工作（表 E23.1），例如清扫、锈斑上漆、清理排水沟、清洗、上油和除冰，很容易处理不当或处理不足。NCHRP 正在进行的项目 14～15 就是为桥梁维护行为及其成本编制详细清单。

案例 23　NYC DOT 推荐的预防性维护（PM）

哥伦比亚大学的一个大学社团为 NYC DOT 管理的桥梁设计了一套预防性维护程序（Bieniek 等，1989；Vaicaitis 等，1999）。研究人员基于对全球范围内大量实例的调查，推荐一种包括 15 项工作的全维护（100%）方案。每年规定的维护频率以及各自所需的费用在表 E23.1 的 1～4 栏中列出。1999 年，把刷漆的周期从 1989 年的 8 年（0.125 次/年）更新到了 12 年（0.083 次/year）。

表 E23.1 第 3 列维护工作频率 f_j 是确定性的。它被看作是最佳的，并可据此计算出表 E23.2 中第 4 栏，结构服务寿命 L_{il}。由于找不到强有力的证据来证实服务寿命 L_{il}，预算管理人员只能把它看作是最大寿命，只给予部分资助。如第 2 章讨论的，对预算削减的优化转变成了结构退化和风险的最小化。维护机械和电子设备对可开合桥梁来说是很重要的，应该排除在预算削减之外。一部分资金应成比例地分配到所有的工作中去。随之发生的“部分资助”维护风险是无效的，因为桥梁退化不会线性地依赖于所有维护工作的频率。案例 24 中试图就桥梁退化建立维护工作的成本效益模型。

年度维护措施及其成本参数　　表 E23.1

维护任务 (1)	单位成本 c_j（美元/m²）(2)	推荐的年频率 f_i (3)	年成本（美元，1999）(4)	k_i (5)	$k_i/c_jf_j\times$ 10－2 (6)	成本效益频率 f_i^{ce} (7)	年成本（美元，1999）(8)	$k_i/c_jf_j^{ce}\times10^{-2}$ (9)
碎屑移除	0.13	12(52[a])	2 319 653	0.068	4.4	34.708	6 709 153	15
清扫	0.02	26	613 071	0.060	11.5	248.194	5 852 319	12
清理排水系统	0.33	2	863 804	0.118	17.9	24.852	10 733 443	14
清理墩台	1.94	1	2 776 013	0.089	4.6	3.139	8 712 665	15
清洁格栅	0.40	1	55 490	0.078	19.5	13.437	745 600	14
清理伸缩缝	0.75	3(26[a])	3 262 730	0.101	4.5	9.191	9 995 427	15
清洗桥面	1.01	1	1 455 198	0.057	5.64	3.878	5 643 897	14
油漆	301.45	0.083	36 041 997	0.050	0.2	0.011	4 982 679	15
锈斑上漆	66.44	0.25	23 743 128	0.044	0.26	0.045	4 275 512	15
人行道/路缘维修	3.72	0.25	1 328 182	0.029	3.12	0.528	2 806 598	15

续上表

维护任务 (1)	单位成本 c_j (美元/m²) (2)	推荐的年频率 f_i (3)	年成本 (美元,1999) (4)	k_i (5)	$k_i/c_jf_j \times$ 10 − 2 (6)	成本效益频率 f_i^{ce} (7)	年成本 (美元,1999) (8)	$k_i/c_jf_j^{ce} \times 10^{-2}$ (9)
道路/路缘密封	3.22	0.5	2 334 466	0.110	6.83	2.356	11 000 178	14
电气维护	0.03	12	1 107 143	0	—	12	1 107 143	—
机械维护	0.03	12	1 010 502	0.073	20.3	80.273	6 759 670	3
磨耗层维护	4.85	0.2	1 390 305	0.040	4.12	0.568	3 949 428	14
底面清洗	9.24	1	13 189 518	0.084	0.91	0.623	8 217 488	14
总计	—	—	91 491 200	1	—	—	91 491 200	—

注:以每单位桥面面积、单位处理面积或应用数量对应的美元计算。

[a]东河桥。

单元和桥梁的状态等级[NYC DOT 在 NYS DOT 之后,式(A41.3)]　　表 E23.2

		使用寿命		等级		权重		退化	
i(1)	单元(2)	L_{i0}^{a}(3)	L_{i1}^{b}(4)	全新(5)	失效(6)	W_i(7)	k_i(8)	r_{i0}(9)	r_{i1}(10)
1	支座,锚栓,垫板	20	120	7	1	6	0.083	0.30	0.05
2	后墙	35	120	7	1	5	0.069	0.17	0.05
3	桥台	35	120	7	2	8	0.111	0.17	0.05
4	翼墙	50	120	7	1	5	0.069	0.12	0.05
5	桥座	20	120	7	1	6	0.083	0.30	0.05
6	主要构件	30/35[c]	120	7	2	10	0.139	0.2/0.17	0.05
7	次要构件	35	120	7	1	5	0.069	0.17	0.05
8	路缘	15	60	7	1	1	0.014	0.4	0.10
9	人行道	15	60	7	1	2	0.028	0.4	0.10
10	桥面	20/35[c]	60	7	2	8	0.111	0.3/0.17	0.10
11	磨耗层								
	分离层	10/15[c]	20	7	1	4	0.056	0.6/0.4	0.3
	黏合单层	10/15[c]	30	7	1				
12	桥墩	30	120	7	2	8	0.111	0.2	0.05
13	接缝	10	30	7	1	4	0.056	0.6	0.2
						$\Sigma = 72$	1.00	$r_0 = 0.24$	$r_1 = 0.075$

注:未包括基础,主要是因为它们不可触及进行目测。在钢构件上油漆的相关内容(也缺少)将在案例 24 中讨论。

[a]在没有维护的条件下观察。

[b]假定在完全维护的条件下(表 E23.1)。

[c]有/无接缝。

案例 24　作为维护函数的桥梁退化率

全面维护的概念由 15 种维护任务的频次向量(表 E23.1,第 3 栏)f_j 定义,如在案例 23 中所讨论的。

桥梁状态 R 可由 NYS DOT 的公式定义:

$$R = \sum_{i=1}^{13} k_i R_i \tag{E24.1}$$

式中:k_i——标准化的权重系数 W_i 值,W_i 如表 E23.2 第 7 列所示;

R_i——表 E23.2 中 13 种构件的最低等级,从已分级桥梁中观测得到,不必在同一跨内。

根据式(E24.1),桥梁退化率 r 可以表示成:

$$r = \sum_{i=1}^{13} k_i r_i \tag{E24.2}$$

式中:$r_i = \partial R_i / \partial t \approx \Delta R_i$/年——桥梁构件 i 的年退化率;

ΔR_i——构件 i 的状态等级年改变量。

假定这 13 个构件中最快的退化率 r_{i0}(表 E23.2 第 9 列)通过检测记录获得,并且产生这种情况的维护水平 $m_j = 0$。

在全面维护中(例如 $m_j = 1$),必须假定构件的退化率 r_{i1}(表 E23.2 第 10 列)。表 E23.2 的第 9 和第 10 列允许根据式(E24.2)来计算 r_0 和 r_1。

构件的维护处于这两种极端的维护策略之间时,其退化率 r_i 取决于表 24.1 所列的 15 种维护任务 j,可由下式给出:

$$r_i = r_{i0} - (r_{i0 - r_{i1}}) \sum_{i=1}^{15} k_{ji} m_j \tag{E24.3}$$

式中:$0 \leqslant m_j \leqslant 1$——第 j 项维护任务工作的维护性能水平,表示为推荐的全面维护水平的分数;

k_{ji}——重要性系数 $0 < I_{ji} < 100\%$ 时的标准化数值,表示第 j 项维护工作对第 i 项构件的重要程度。

因此这种程序依赖于重要性系数 I_{ji} 构成的矩阵。表 E24.1 中赋给 I_{ji} 的值是主观选择的第一个近似值。极端情况是相对明显的。油漆的重要程度对于钢结构设为 100%,对混凝土为 0。很难把清扫和冲洗的重要性联系在一起。需要研究各系数的敏感度,同时要相互参考检测和维护的记录。

把式(E24.3)代入到式(E24.2)中,可以得到桥梁退化率 r 和维护工作性能水平 m_j 之间的关系:

$$r = \sum_{i=1}^{13} k_i r_{i0} - \sum_{i=1}^{13} k_i (r_{i0} - r_{i1}) \sum_{i=1}^{13} k_{ji} m_j \tag{E24.4}$$

式(E24.4)对 m_j 求微分,可得退化率 r 对第 j 项工作的性能水平 m_j 的灵敏度 k_j(表 E23.1 第 5、6 列):

$$k_j = \frac{\partial r}{\partial m_j} = \sum_{i=1}^{13} k_i (r_{i0} - r_{i1}) k_{ji} \tag{E24.5}$$

假定性能水平与频数f_j或年度成本成比例。第j项工作的成本效益CE_j可以表示为：

$$\mathrm{CE}_j = \frac{k_j}{c_j f_j} \tag{E24.6}$$

式中：c_j——第j项工作的单位花费；

f_j——当$m_j = 1$时，第j项工作的推荐频数(表E23.1第3列)。

到现在为止，推荐的维护频数f_j向量和重要性系数I_{ji}矩阵都是互不相关的专家意见。如果这些确实都是最优的，在表E23.1第3列中列出的f_i值应该能得出相等的或可比较的成本效益CE_j。相反，第6列中列出的CE_j值从油漆时的0.2到清扫栏杆时的19.5，跨度很大(不计强制机械和电气维护)。这意味着，如果把油漆、栏杆清洁以及其他清洁工作看作有相似的重要性(例如$I_{ji} = 100\%$)，则花费少的清理工作一定具有较高的成本效益。该结果可以从下面两种途径来研究。

A. I_{ji}(表E24.1)控制

如果I_{ji}控制维护的优化，则CE_j必须要设成常量，从而导出下面的成本效益维护向量f_j^{ce}(表E23.1第7列)：

$$f_j^{\mathrm{ce}} = \frac{\mathrm{const.}\ k_j}{c_j} \tag{E24.7}$$

年度维护费用C_{M}(在案例19和案例23中引用)可以表示为：

$$C_{\mathrm{M}} = \sum_{i=1}^{15} c_j f_j^{\mathrm{ce}} = \mathrm{const.} \sum_{i=1}^{15} k_j \tag{E24.8}$$

因此根据式(E24.8)，总的年度维护费用C_{M}应再分配到15项维护工作中。由此产生的频数f_j^{ce}在表E23.1第7列中列出。像预期的一样，它们的成本效益(表E23.1第9列)是相对均匀的。

第j项维护措施对第i项桥梁构件的重要性系数，未校准(100%) 表E24.1

	桥梁单元i	1	2	3	4	5	6	7	8	9	10	11	12	13
	维护任务j	支座	背墙	桥台	翼墙	桥座	主要构件	次要构件	路缘石	人行道	桥面板	磨耗层	桥墩	接缝
1	碎片清理	70	50	20	20	80	50	50	80	80	80	90	10	80
2	清扫	20	10	10	0	50	50	50	100	80	90	100	10	100
3	清洁排水系统	90	90	90	80	100	100	100	100	100	100	100	50	100
4	清洁墩、台	100	100	100	90	100	80	80	0	0	50	50	100	50
5	清洁栏杆	100	50	70	100	100	100	100	10	10	80	100	100	90
6	清洁伸缩缝	100	80	100	50	100	100	80	50	50	90	90	90	100
7	清洗桥面	50	30	20	0	60	40	40	100	0	100	100	40	100
8	油漆[a]	100/0	50	0	0	100/0	100/0	100/0	0	0	40	0	100/10	50
9	锈斑上漆[a]	100/0	50	0	0	100/0	100/0	100/0	0	0	0	0	100/10	0

续上表

	桥梁单元 i	1	2	3	4	5	6	7	8	9	10	11	12	13
	维护任务 j	支座	背墙	桥台	翼墙	桥座	主要构件	次要构件	路缘石	人行道	桥面板	磨耗层	桥墩	接缝
10	修补走道	0	0	0	0	0	0	0	100	100	10	10	0	50
11	付款和延期付款	100	100	100	50	100	100	100	100	100	100	100	50	50
12	电气维护	0	0	0	0	0	0	0	0	0	0	0	0	0
13	机械上油	100	50	50	20	100	100	100	100	0	50	0	100	100
14	重铺路面	0	10	0	0	10	10	10	50	50	100	100	10	100
15	底面清洗	100	100	100	50	100	100	100	0	0	80	0	100	90

注：[a] 可选值分别适用于钢和混凝土结构。

B. f_j(表 E23.1 第 3 列)控制

如果 f_j 居于主导地位，则必须调整 I_{ji} 使其与 f_j 一致。唯一确定的解决方案就是，假定原始矩阵 I_{ji} 的行代表正确的相对重要性，而只调整列。这个假定意味着，已正确评定每项工作对于 13 种单元的重要性，但各项工作之间的相对关系存在错误。修改式(E24.7)可得校准的敏感度 k_j^C 如下：

$$f_j = \frac{k_j^C}{\text{const. } c_j} \tag{E24.7a}$$

校准的重要性系数矩阵 I_{ji}^C 可以由下式获得：

$$I_{ji}^C = \frac{I_{ji} k_j^C}{k_j} = \frac{\text{const. } I_{ji} f_j c_j}{\sum_{i=1}^{13} k_i (r_{i0} - r_{i1}) k_{ji}} \tag{E24.9}$$

作为结果的矩阵 I_{ji}^C 在表 E24.2 中列出。

方案 A 和 B 的结果总结如下：表 E23.1 第 7 列基于成本效益的维护策略，不受实际考虑因素的限制，因此可以忽略。建议每天都要进行清扫(平均每年 248.194 次)，然而事实上取消了刷漆工作(每年 0.011 次，即每 90.90 年一次)。在规定的预算内努力使退化程度最小化，揭示了管理维护的最大弱点。这 15 种维护工作在工作量、成本和物理意义上是截然不同的。推荐的刷漆工作占用了年度维护费用的 40%(表 E23.1 第 4 列)。锈斑涂漆占 26%，两者一共占用年度维护费用的 66%。从成本—效益的观点来看，如果就像在矩阵 I_{ji}^C(表 E24.2)中反映的那样，刷漆比清洗栏杆重要 100 倍，比清扫重要 250 倍，则上面所说的支出才是合理的。

Yanev 和 Testa(2001)提出了一个算法，可以将维护效益(如方案 B)与规定频数、维修成本、构件更换以至全桥重建结合起来。用户成本和业主成本(例如，由较差的交通导致的持久业务损失)都包含在内。支出的例子如图 E24.1 所示。

校准的重要性系数 I_{ji}^{c}(100%)　　　　表 E24.2

桥梁单元 i		1	2	3	4	5	6	7	8	9	10	11	12	13
维护任务 j		支座	背墙	桥台	翼墙	桥座	主要构件	次要构件	路缘石	人行道	桥面板	磨耗层	桥墩	接缝
1	碎片移除	4	3	1	0.6	5	3	3	5	5	5	5	0.6	5
2	清扫	0.4	0.2	0.2	0	1	1	1	2	2	2	2	0.2	2
3	清洁排水系统	1.5	1.5	1.5	1	2	2	2	2	2	2	2	0.8	2
4	清洁墩、台	6	6	6	6	6	5	5	0	0	3	3	6	3
5	清洁栏杆	1	0.5	0.8	0.1	1	1	1	0.1	0.1	0.9	1	1	1
6	清洁接缝	6	5	6	3	6	6	6	3	3	5	5	5	6
7	清洗桥面	2	1	0.8	0	2	1.5	1.5	4	0	4	4	1.5	4
8	油漆	100	50	2.4	1.8	100	100	100	0	0	40	0	100	50
9	锈斑上漆	80	40	0	0	80	80	80	0	0	0	0	80	0
10	修补走道	0	0	0	0	0	0	0	15	15	1.5	1.5	0	7
11	付款和抑制	4	4	4	2	4	4	4	4	4	4	4	2	2
12	电学维护	0	0	0	0	0	0	0	0	0	0	0	0	0
13	上油	2	1	1	0.5	2	2	2	2	0	1	0	2	2
14	重铺路面	0	0.5	0	0	0.5	0.5	0.5	3	3	5	5	0.5	5
15	底面清洗	28	28	28	14	28	30	30	0	0	20	0	30	25

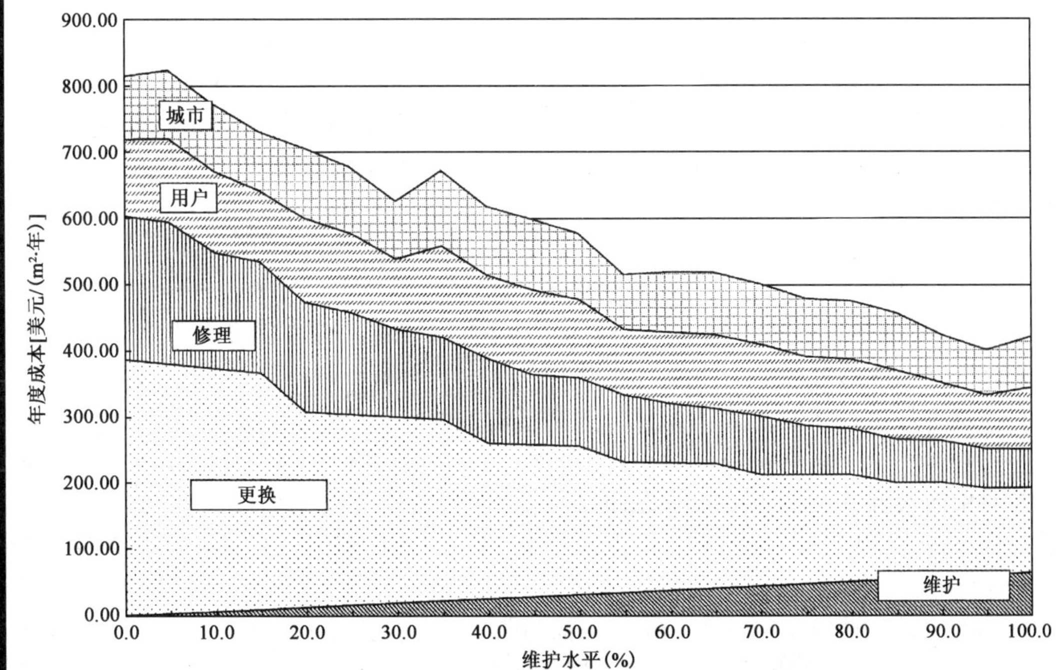

图 E24.1　更换、修理、用户和业主的年度成本[美元/(m^2·年)]与维护花费的关系图

C. *A* 和 *B* 的综合特性

从管理的角度讲，*A* 中所述的方法可以认为是“自下而上”式的管理，因为重要性系数 I_{ji}表示项目层次上具体现场的情况。*B* 中的方法为“自上而下”式的管理，因为 I_{ji}^{C}与表 E23.1 第 3 列中的 15 种网络层次上的建议性维护措施相一致。两种方法都受桥梁状态公式(E24.1)的约束，而表 E23.2 中第 7 列的权重只适用于网络等级。

从逻辑上考虑，下一步应是将 *A* 和 *B* 的预期特性进行综合。由于基本假定和变量太多，同时，有关这些数值的数据太少，或者根本没有，进行严格意义的优化是无法实现的。然而，无论是定量优化还是定性优化都可以应用于半确定的迭代过程中。

1. 该方法的定性调整

适当的模型通常由一个确定的“自上而下”的管理决策来选择。该决策虽是基于项目层次的输入，但最终将影响整个网络层次。至今为止，所提出的模型可从以下两个方面进行调整：

a) 维护措施

油漆更适合于申请拨款，而可能的现场喷漆则更适于维护及大修管理，二者都不可以作为周期性的维护措施。年总成本应保持相同，但我们认为 60% 的维护成本将是资本支出。为了进一步限制预算开支，很容易优化剩余的维护成本。联邦高速公路管理局现已同意将油漆工作划为联邦拨款范围内。图 11.2c)所示的昆斯伯勒大桥(皇后区大桥)的维修工作进行了 5 年，总维护成本接近 2 亿美元。

新的维护也越来越多。例如，纽约市交通局在其所辖的东河上的四座桥梁(如案例 1 所示)上已采用乙酸钾预防结冰，替代了传统采用石盐除冰的方法。虽然在短期内很难量化其收益，但预期的腐蚀率将会大幅度下降。同时，钢构件的使用寿命会延长，甚至钢构件对重新油漆和现场喷漆的需求也会减少。这种新的除冰维护措施已得到联邦高速公路管理局的认可，并被列入联邦拨款范围内。

b) 状态评定公式

20 世纪 70 年代，纽约州交通局采用了状态评定公式(E24.1)，那时，桥梁正处于相对较差的状态。在这种情况下，首要任务是采用应急维修和结构性大修方案来降低潜在灾害造成桥梁失效的可能性。因此，权重(W_i)表示每个参与结构整体失效的构件对失效的相对贡献率。图 E12.4 所示为一些桥梁构件的最短结构寿命及其引起的结构整体退化曲线。对于退化比较快的构件，例如伸缩缝和磨损面，是允许失效的，而退化较慢的桥面板和主要构件的失效速度应当降低。这导致退化曲线呈凹形。相比之下，只基于失效可能性的概率估计的退化曲线呈凸形，这加速了状态退化。综合两种退化曲线将会产生一种呈直线形式的退化，这必然忽略两种情况的具体贡献。在某种最不利情况下，确定性的凹曲线将对高等级有影响，而凸曲线则可能适用于较低的等级，最终形成 S 形退化曲线。根据纽约市桥梁“最不利状况”的观察所得到的曲线与此类似，如图 E12.2 所示。

下述事例研究了公式(E24.1)对参与构件权重的敏感性。表E24.3中的13×13矩阵被人为地赋予了从0到1的值,分别代表每个构件对其他构件的影响程度。表中每行的和表示这些构件产生的影响,而每列的和则表示为其敏感性。通过这种估计,伸缩缝具有较高的影响,其次是结构桥面板和主要结构构件。

估计桥梁状态公式(E24.1)中13个退化构件之间的相关性因子 表E24.3

		1	2	3	4	5	6	7	8	9	10	11	12	13	影响指数
		支座	背墙	桥台	翼墙	桥座	主要构件	次要构件	路缘石	人行道	桥面板	磨耗层	桥墩	接缝	
1	支座	1	0.5	0.5	0.2	1	1	0.3	0	0	0.3	0.1	1	0.8	6.7
2	背墙	0.7	1	0.3	0.3	0.4	0.4	0	0	0	0	0	0	0	3.1
3	桥台	0.7	1	1	1	0.8	0.4	0.2	0	0.4	0.1	0.2	0	0.2	6
4	翼墙	0	0	1	1	0	0	0	0	0.3	0	0	0	0	2.3
5	桥座	1	0.3	0.4	0.1	1	1	0.2	0	0	0.3	0	1	1	6.3
6	主要构件	1	0.5	0.5	0	1	1	1	0	0	0.9	0	0.8	0.8	7.5
7	次要构件	0.2	0	0	0	0.2	0.8	1	0	0	0	0	0.2	0	2.4
8	路缘石	0	0	0	0	0	0.2	0	1	1	0.8	0.9	0	0.2	4.1
9	人行道	0	0	0	0	0	0.2	0.1	1	1	0.8	0.5	0.2	0.1	3.9
10	桥面板	0.8	0.2	0.2	0	0.3	0.9	0.5	1	1	1	1	0.7	1	8.6
11	磨耗层	0.7	0.2	0.4	0	0.7	0.8	0.4	1	0.4	1	1	0	1	7.6
12	桥墩	1	0	0	0	1	1	0	0	0	1	0	1	0.7	5.7
13	接缝	1	0.5	0.5	0	0.8	1	1	0.6	0	1	1	0.7	1	9.1
敏感性		8.1	4.2	4.8	2.6	7.2	8.7	4.7	4.6	4.1	7.2	4.7	5.6	6.8	73.3

表E24.2为原来的特性与采用表E24.3中"影响"列中的权重所得特性的对比。因为重视了"寿命较短"的构件,如伸缩缝,凹形影响更加明显,这表明忽略了这些构件会加速早期的退化。这也表明桥梁处于较好状况时,进行维护和预防失效不仅在优先级上有差异,

而且在有限资金的情况下,他们可能是对立的。前者的策略是从结构上对非关键构件进行维护,以免其状态对关键构件产生影响。而后者的策略是由于非关键性构件的失效使交通或主要构件可能会受到灾害影响时,将其更换。

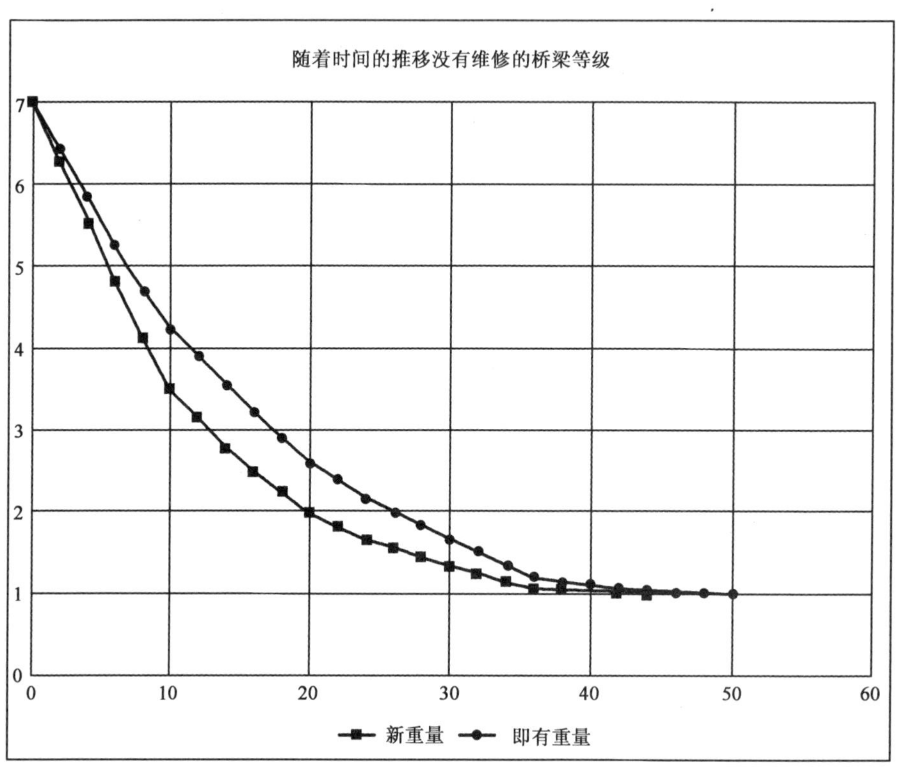

图 E24.2　采用表 E23.2 中的原权重得到的退化曲线和采用表 E24.3 中的影响权重得到的退化曲线

在实际应用中,是否维护或构件更换不是基于严格的优化进行的,而是根据可用的劳动力、技术、资金限制、特殊结构形式、规模和重要性,尤其是既有状况的积累而进行的。例如,为了实施更紧急的项目,跨越纽约市哈莱姆河的威利斯活动桥在其估计寿命期结束后约 10 年内仍在服役。每年用于应急维修的费用高达 2 千万美元。该桥梁最终以 6 亿美元的造价进行了重建(图 E24.3)。旧结构已没有残值。该策略虽然没有达到生命周期成本的最低化,但在网络层次上满足了服务的应急需求,而导致许多资产失效。

相比而言,在过去的 20 年里,用于布鲁克林桥(图 E24.3)的累积开支达到 10 亿美元之多,而这些花费在很早之前就已分配到外包工程中,且实施工作没对桥梁的正常运营造成影响。这种做法得到了广泛的理解,因为重建费用会更高,同时会影响其国家的地标特性。

图 E24.3 在布鲁克林桥下面重建的新威利斯斯桥正在运往哈利姆河上其最终的位置中,2010 年 6 月 26 日

总而言之,对于那些由于其规模和地标特性注定不能重建的桥梁来说,加强其预防性维护是最佳的选择。大跨桥梁上的某些构件,如伸缩缝,可以设计成便于更换的形式。而小跨桥梁,则基于维护成本最低,且便于更换进行设计。

2. 参数的定量优化

a) 维护措施的投资分配

参数优化是个量化的过程,基于所选模型的限制,其必然是"自下而上"式的管理。通过定性决策将油漆从预防性维护策略中剔除后,剩余的维护工作可根据重要性因子 I_{ij} 进行资金分配。假设表 E24.1 中的数值是确定性的。可以采用喜好的方法对其进行调整,作为项目层次的输入数据。表 E23.3 第七列表明所得到的"经济有效"的维护频率是不完全可行的。因此,该过程必须重复进行,即需要连续调整。基于 I_{ij} 所选值的部分优化是按以下步骤实施的:

提高维护投资的减少量(例如 5%)。减少的投资将按比例分配到所有预防性维护工作中。这种"自上而下"的管理,将所需减少的资金在所有预防性维护工作中进行分配的方法将导致生命周期成本近似于线性地增加,如图 E24.4 所示。与图 E24.1 类似,该线性特性会受到修复效应的影响。

每种维护费用将不断增加,进而导致生命周期成本增加。将剩余成本分配给对这些成本影响最大的维护工作。该过程持续进行,直至预防性维护水平的生命周期成本达到了一个相对较低的值为止。所谓的最低值并不是绝对的最低。预防性维护工作将按照表 E23.2的假定对部件的寿命产生影响。图 E24.4 表明预防性维护投资对生命周期总成本的影响从 100% 降到 0。维修投资按建议分配。

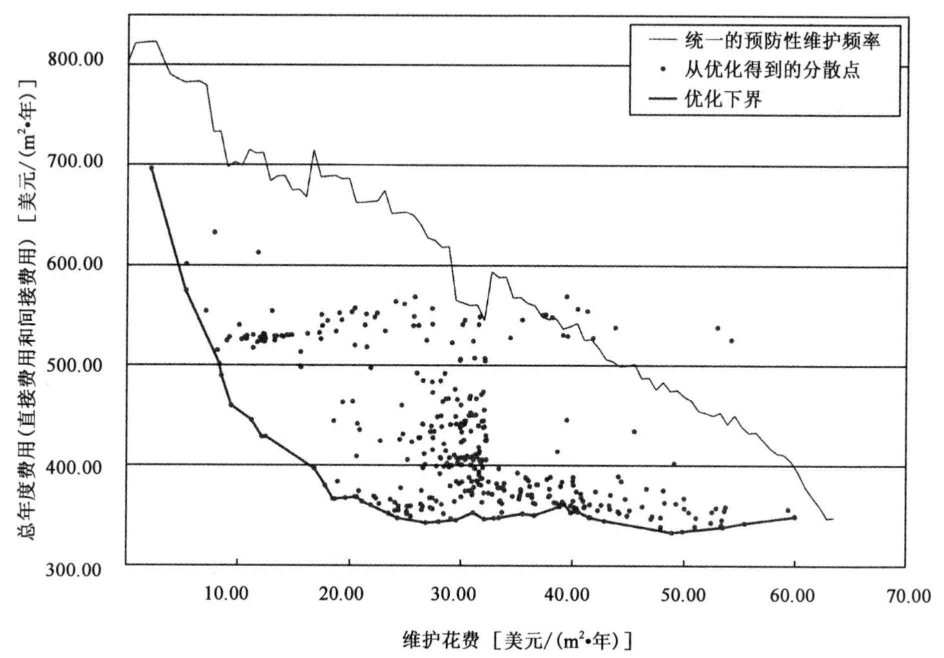

图 E24.4　桥梁生命周期成本的年值是预防性维护工作资金成比例分配和优化的函数

如图 E24.4 所示的解决方案的下包络线表明预防性维护工作的支出在其对生命周期成本的年值产生影响前将可能下降近乎 50%。因为该值只是根据重要性因子 I_{ji} 获得的，所以，除非进行进一步的调查，否则该结论无法令人信服。然而，该结果还表明，预防性维护和维修的平衡并没有严格的定义，可以通过许多预防性维护措施和修复间隔来获得。图 24.5 表明，维护任务的组合可获得预防性维护投资 50% 的最低生命周期总成本。

b)　维护水平与构件状态等级的关系

根据定义，维护应避免状态的降低。然而，在正常服务要求下，只能拖延退化，而不会避免。大家都很熟悉的图 E12.2 表明，对于处于良好状态的资产，维护是经济有效的，而对于整体退化中的结构来说，修理和重建具有优势。至今为止，采用预防性维护措施时都没有考虑结构的状态。所有构件都假设为线性退化，并且其寿命期是只受维护水平的影响。相比之下，许多业主比较关心处于良好状态的桥梁构件的预防性维护。如图 18.2 所示，为预防灾害，为接近于使用寿命期的构件而设计的措施，称为“必要维护”。该策略将产生一个双线性影响，如图 E21.1 所示。例如，就纽约州交通管理局的等级尺度，已知年维护预算，预防性维护可以对状态等级超过 4 的构件增加投资，而对于低于 4 的构件进行削弱投资。在确定维护措施时，同时考虑重要性因子 I_{ji}，和表 E24.3 中的影响因子。桥梁的退化曲线将受到如图 E24.5 所示的影响。与本案例中第 1 节的 b) 中所讨论的“最不利状态”典型的凹—凸形退化曲线不同，此处所获得的曲线为凸—凹形的。它是对优化维护的预测而不是预测“最不利状态”的结果。

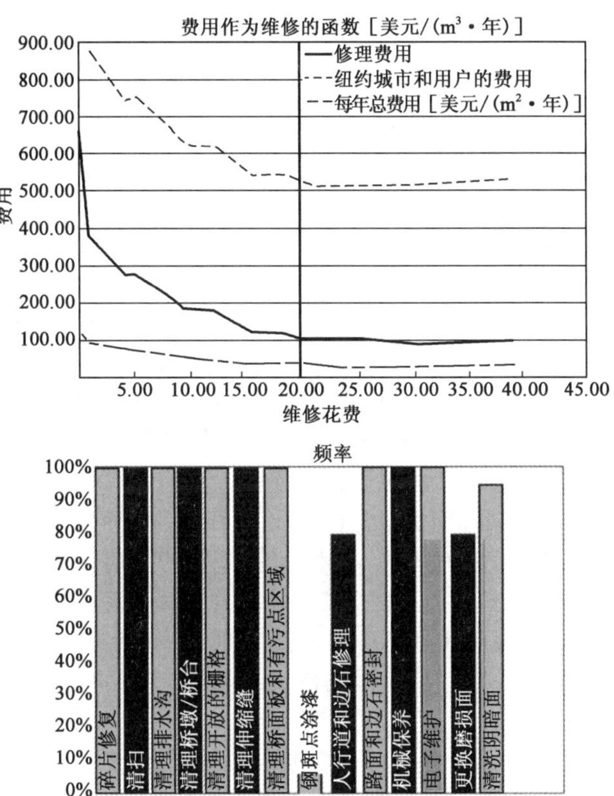

图 E24.5　预防性维护的部分投资技巧相应的生命周期总成本

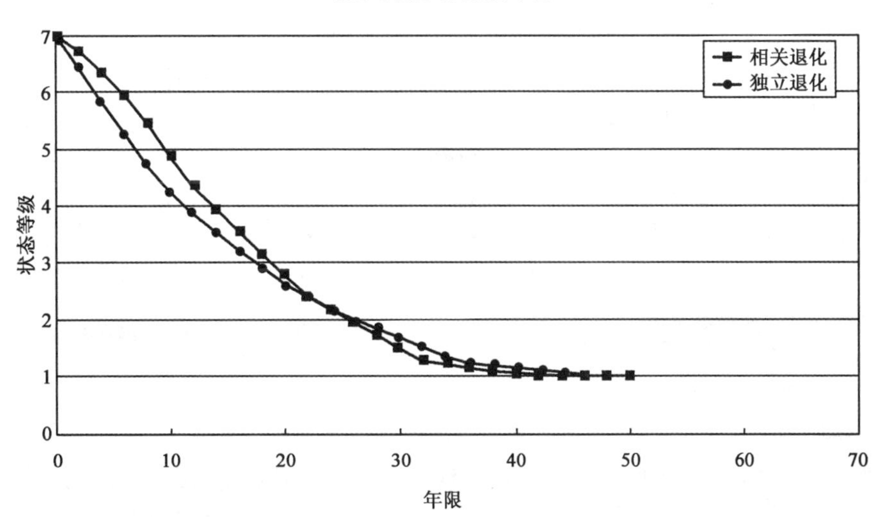

图 E24.6　桥梁随着时间均匀分布的维护和等级 $R>4$ 的强化维护的退化过程

NCHRP 综合报告 153（NCHRP Synthesis 153，1989）参考 NCHRP 报告 273（NCHRP Report 273，1984），综合研究了最优（公路）维护策略。

最后，指定维护和基于性能的维护管理方法构成了需进行周期性更新的动态平衡。需要重复审查和调整维护工作以适应社会需求、结构状态以及交通需求的变化。最近设计和施工方面的建议通常包括了 30 年的维护计划，因此，这意味着修复工作在结构服役 30 年的时候就要开始实施了，尽管 AASHTO 建议的名义结构寿命为 75 年。新的桥梁设计已开始考虑结构构件更换的方法。

油漆和刷漆

刷漆的工作周期和成本，与季节性维护工作相比，更接近于构件更换和修复。作为一项维护工作，对钢（早期是铁）构件刷漆很容易延误，而且质量得不到保证。Boller（1885，第 79-80 页）注意到："作为结构许多年中唯一的保护措施，刷漆通常是不充分的，这种现象太常见了……一旦忽视了铁（作者把它印成斜体），最终的破坏只是时间问题……应该这样设计铁桥，就是所有的部位都可以进行检测，并可以进行刷漆。"

案例 24 表明，刷漆工作（去除旧漆、磨光表面、刷漆过程）的成本和预期的桥梁油漆可用寿命都远远超过了其他常规的维护工作。在推荐的 12 年的周期中，全面和锈斑刷漆的费用占了年度维护费用的 66%，见表 E23.1。相关成本效益的大幅下降是由于金属表面处理和密封成本在增加，包括油漆除铅成本（纽约在 1990 年到 2000 年间，钢表面的处理费用从 5 美元/m^2 上涨到 301 美元/m^2）。例如图 11.2c）所示的桥，在不中断交通的条件下进行为期 5 年的重漆工程，合同价为 1.67 亿美元。

FHWA 现在认为刷漆工作符合联邦基金资助的条件，因此重点支持作为修复形式的刷漆工作，使其得到更好的管理、资助和计划。结构维修也包括在内。

如果把刷漆工作看作钢结构建设的重要环节，其质量等级关系到全桥的状态等级，则刷漆工作的需求会更好地反映在桥梁清单中。

修理

很多文献（例如 AASHTO，1999a）把修理作为一种维护方案（或处理方法）进行讨论。也有一些专业出版物专注于钢结构和混凝土结构的修理设计和合理应用，例如 Fisher（1984）、Pritchard（1992）、Emmons（1993）和 Mallett（1994）。NCHRP 报告 222（NCHRP Report 222，1980）和 243（NCHRP Report 243，1981）认为修理是更换的一种替代方案。

为了补充有资助的预防性维护程序（案例 23），NYC DOT 开发了一种资金资助的纠正性修理程序（Yanev，Vincentsen 和 Jensen，1998，第 11-22 页）。纠正性修理工作必须满足下面的标准：

使用寿命 >5 年；

成本 >500 万美元；

状态等级提高 >1 级（NYS DOT 等级系统）；

维修工作持时间 <1 年。

在构件修复的条件下，该程序作为资本改良的一种方式（因此资助）而得到批准。

典型的修理工作比维护工作需要更多的劳动力，而在范围上又比修复工作小。修理工作包括接缝处理（图 11.3）、排水口和更换个别支座、路面的重新铺装以及防水处理。溅水区锈斑重漆也可以包含在这个范畴内。这种修理工作可以视为更密集的清洗和表面清洁工作的一种替代方案。

a)

b)

图 11.3 a) Armor 承压伸缩缝;b) 承压伸缩缝密封条的安装

成本效益的对比应该考虑结构在交通和环境影响下的细节问题(例如,清洗工作中是否必须包含水)。

从更大范围上看,修理可以归类为工程项目,与修复相当。其优点包括综合投标过程、更清晰的资助情况,以及改善交通调节能力。一些计划中的结构构件翻新,例如抗震支座的翻新,在交通封闭最小化的条件下沿着交通廊道进行(图 4.38、图 10.2 和图 10.3)。

修理必须与重建相提并论。Waddell(1921,第 408 页)早在 20 世纪初就指出:"如果桥梁的修理过于频繁,那么从经济学的角度看,这样的桥梁应该废弃。"

1988 年建议重建纽约市 Williamsburg 大桥(案例 3)的设计师们都持有这种观点。

伸缩缝

在 4.2.3 节和 4.3.3 节中,在桥梁全寿命周期的各个阶段,伸缩缝是易损的。最常见的承压伸缩缝[图 11.3a)、b)]应定期清扫,其密封条应定期更换。

不必要更换"相同的形式"。图 11.4 所示为用插头式伸缩缝[图 4.74b)]替换垫式伸缩缝[图 4.74a)]。尽管插头式伸缩缝并不完美,但修理时需要的表面重铺工作相对简单。

NCHRP 报告 467(NCHRP Report 467,2002)描述了标准化桥梁伸缩缝系统(MBJS)的性能。它们的功能更加复杂,经常用于承载重载交通的大跨度结构上。

4.2.3 节说明了标准化伸缩缝的失效模式(图 4.28 和图 4.29)。失效的迹象,例如过大的噪声、主梁的竖向位移或者填充材料破裂,必须关注和报告这些事件,因为断裂可能随时发生。

图 11.5 所示的标准化伸缩缝比图 4.28 所示伸缩缝具有更小的中间梁和更紧密的间隔。设计更小和更多的杆件是为了增加组件的疲劳寿命。

图 11.4 封闭交通条件下用插头式伸缩缝替换垫式伸缩缝

图 11.6 是东京彩虹悬索桥上伸缩缝的例子。该伸缩缝可以承受悬索桥中常见的大位移，同时提供了连续的磨耗层。

要定期检查和清理大位移伸缩缝下面的排水槽。同时，应根据可动部分专门的维护计划对其进行润滑、上油。

图 11.5　悬索桥的标准化伸缩缝

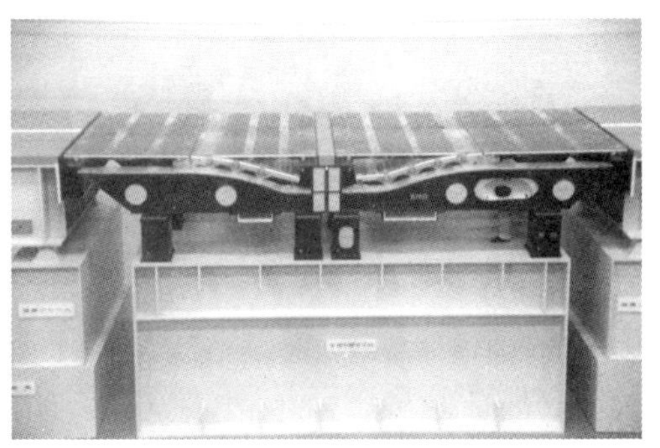

图 11.6　东京彩虹悬索桥上大位移接缝模型

紧急/临时修理

紧急修理能减少 10.3 节所述的潜在灾害。必须在交通干扰最小的情况下进行紧急修理工作，并且常常设计成只持续到下次修理工作。NBIS 明确指出，荷载等级的计算不能考虑临时修理的任何贡献。类似地，评定结构的状态等级也要忽略临时修理工作，即使已经恢复交通服务。典型的临时修理对象包括钢桥面板（图 11.7）和支撑系统。被支撑结构的高度和临时修理设施的预期服务时间决定了支撑是采用木支柱（图 11.8）、钢立柱[图 11.9a）]还是一个塔架[图 11.9b）]。强力背板[图 11.10a）、b）]用于无法在结构正下方支撑的情形，如跨越沟渠或繁忙的交通线。它们会在相邻的主要构件间重分布荷载，但会关闭受影响区域上方的车道。

图 11.7　桥面钢板的螺栓松动

图 11.8　木支撑

a)

b)

图 11.9 a)钢支撑,失效的支座支架;b)在图 4.73 中高 45ft 的支撑塔架

a)

b)

图 11.10 焊接用定位板:a)桥面顶部;b)桥面底部

图 4.44 为混凝土桥墩的撞击破坏。主要部件的间距为 8ft(2.4m)。桥梁上部结构的荷载重新分布,从而限制在被撞部件上。在受损构件上方车道关闭交通之后,重新架设了一个跨

越受损构件的新梁(图 11.11)。更大的跨度以及更宽的主要部件间距要求桥墩防撞的保护工作做得更好。

图 11.11　紧急修补碰撞损伤

可维护性/可维修性

4.3.3 节认为可维护性和可维修性通常是设计的缺陷,尤其是对静定结构的设计而言。这一点在新结构的设计和结构大修中表现突出。应该避免临界断裂、地震失效和不可检测的结构细节。Williamsburg 大桥和法国的唐卡维尔大桥的例子已经阻止了未镀锌高强钢丝的应用。当代悬索桥的主缆处于过度保护的状态。阿基坦大桥(图 5.3)最初的主索由未镀锌、未包裹的螺旋钢绞线组成,后来替换的钢绞线则是镀锌、包裹并且是在空气干燥的条件下(Kretz 等,2006)。

本州—四国桥梁管理局开发了一套可以将干燥空气引入主缆包裹层的系统,该系统已应用于明石海峡大桥、来岛海峡大桥以及其他悬索桥中,参见图 11.12 和图 11.13(NYSBA/HSBA,2002)。

图 1.40a)所示为明石海峡大桥主跨下面的一个检测通道。该桥在交通车道下面也有一条通道(图 11.14)。

图 11.12　带有能将热空气引入索保护层内装置的缆索卡箍,日本的来岛桥

图 11.13　主缆检查和维护平台,来岛桥

相比之下,旧桥必须升级以适应目前的维护性和检测性的标准。图 11.15 所示东河上桥梁的检查通道是在桥梁竣工后经多次更新后才增加的。图 11.16 所示为装在 Brooklyn 大桥上面的一个实验性的喷雾除冰系统。

可检查性也是一个相关的要求,将在第 14 章讨论。

图 11.14　检查通道,明石海峡大桥,日本

图 11.15　在布鲁克林和曼哈顿大桥上的检查通道

图 11.16　除冰喷雾系统,布鲁克林桥。Courtesy B. Ward 摄

11.5　经济评估

与会计学相比,工程经济需要考虑非货币上的因素。尽管如此,货币是精确量化直接成本,模糊量化未来效益,部分地、不确定地衡量需求和状态的唯一工具。将过去以及现在结构和交通状态评估转化为直接成本和未来成本的做法很容易受到工程和会计模型差异的影响(第 4 章),不过它特别适合于概率分析(第 5 章)。早已有人提出土木工程结构的经济分析,例如 De Gramo 等 (1973)、Park 和 Jackson(1984)、Hudson 等(1997)和 Chang(2005)。案例 10 强调了这里提出的某些基本概念。NCHRP 报告 285(NCHRP Report 285,1986)和报告 438(NCHRP Report 483,2003)综述了桥梁管理中典型的经济分析方法和术语。

按照 GASB(FHWA,2000)的定义,资产管理需要每年对基础设施恢复到全新状态的需求进行评估。从力学角度来说,全新状态的描述比较模糊,但是从金融角度来说,显然是很有意义的。第 9 章指出:对桥梁剩余使用寿命的估计,和对结构恢复到全新状态或者良好维修状态所投入成本的估计,从工程目的来看往往是很不精确的。

4.1 节讨论了一些表面上看来可以接受的维护程序,其实按照这些程序可能会低估结构的初期和全寿命需求。附录 12 引用了一个 20 世纪早期关于全寿命成本比较方法(Wadell,1916)的观点。

桥梁数据库对有意义的生命周期成本决策的支持能力,同时受到质疑(Veshosky,1992)和鼓励(Veshosky 等,1994;Frangopol 和 Furuta,2001;Miyamoto 和 Frangopol,2001)。Veshosky(1992)认为“全寿命成本分析对于桥梁无效”(后来加了一个很有意义的“仍”字),因为并不能足够精确地预测它们期望的寿命。Leeming(Harding 等,1993,第 574-583 页)认为下面关于全寿命成本的批判,在一定程度上是正确的,但称其为“待解决的问题”更合适:

“对有很长使用寿命的土木工程结构来说,这个问题就更加重要了。当首先发生在经济上的、功能上的、技术上的或社会影响上的衰退时,有许多值得怀疑的地方。预测长期的成本和经济状况是很困难的事情,而资金成本趋向于主导地位。据说结果可以误导粗心的人,或者可以调整结果以获得想要的答案。常常认为未来的维护成本是不实际的,而资金成本总是现实的。”

NCHRP 报告 483(NCHRP Report 483,2003,第 11 部分,第 4 页)认为:

“全寿命成本分析(LCCA)是一个通过分析初始成本和折现的未来成本,例如维护成本、重建成本、修复成本、翻修成本和重做表面成本,来评估可用工程项目段在整个生命期中总经济价值的过程。”

LCCA 推荐的是选择投资一个备选设备,而不是一个有问题的设备(或部分)。避免这种缺陷的方法是考虑提供某种永久服务。

NCHRP 报告 285(NCHRP Report 285,1986)(附录 49)提出了桥梁和公路的全寿命成本分析方法。FHWA(1994)反复强调这个建议。Hawk(NCHRP Report 483,2003)开发了一个可与 BMS 软件包 PONTIS 和 BRIDGIT 兼容的 BLCCA 软件包。LCCA 被称为一项用来评估支出的经济效益技术。报告考虑了所有相关的资源,包括公众效益—成本分析模块(BCA),且超出了现金流分析的范畴。附录 34 给出了简短的描述。

11.5.1 效益-成本分析

De Gramo 等(1973,第 375 页)(在 4.1.3 节中也讨论过)定义传统的效益—成本比(*B/C*)为:

$$B/C=\frac{\text{AW(使用者的净收益)}}{\text{AW(总的净成本)}}=\frac{B}{\text{CR}+(\text{O\&M})} \tag{11.1}$$

式中:*AW*——每年的价值;

B——每年给用户带来的净收益值(总收益减去成本);

CR——资金回收成本或者等价的每年初始投资成本,包括任何残值;

O&M——每年支付给供应商的操作和维护的等值支出。

改进的 *B/C* 只考虑扣除操作和维护成本的净收益:

$$\frac{B-(\text{O\&M})}{\text{CR}} \tag{11.1a}$$

收益和成本价值

Yao 和 Furuta(1986)区别了数值的、货币的、描述性损伤的评估方法(10.3 节)。其中,单货币评估就可以(近似地)用数值表达成本和收益。式(11.1)的方法在桥梁上的应用效果有限,这主要是因为,如图 1.33b)所示,公共基础设施的管理者和用户对于收益的理解不同。

直接减少维护成本可以转变为税收的减少，这也表明用户成本和资金花费随时间增加。表11.1试图汇总不同的优先排序，相互协调一般桥梁的各种相关能力。

额外的交通收益，如广告，也被一些桥梁业主开发出来（见下段）。

作为一种选择，Hawk（NCHRP Report 483，2003）推荐“净现值”，包括所有的成本，无论正负。该方法通过折现来获取现值（见下面的段落）。

残值

修复后无法使用的结构残值很可能是负的（见1.5节）。桥梁，特别是城市桥梁，为了满足环境要求，拆除时所需的技术和成本很高。很少有例外，这就更能说明该结论具有一般性。图4.79中的升降桥取代了一座平转桥，后者被航运到临近的一个位置又服役了几十年。Chan在纽约时报中报道（2006.1.14，B3.栏目1），位于曼哈顿和布朗克斯之间的Willis大道桥［图11.1c）］将以1美元的价格出售给任何想收藏它的买家。业主（NYC DOT）将会承担在15mile（22km）范围内航运该结构的费用。

1901年通车的Willis大道桥的初始建造成本为240万美元，它是一座平转桥。比起Macombs Dam桥（图1.10），它并不是一个地标性结构。由于它的状况比较差（主要是其非隐蔽的车道格栅导致的；图4.21），据报道每年的维护费用大约是110万美元（2005）。而重新建造的费用估计在3亿美元左右（ca.，2012）。主动保护该桥的动机是考虑其历史价值。

在1973年的一个桥跨倒塌事故发生后，曼哈顿南部西57号大街的West Side公路就已经不再使用了，直至1990年被拆除。它最终被其业主（纽约市）拆除，并倾倒入大西洋，以作为海洋生物潜在的栖息地。

图11.17 联铁高架，35年未用

从20世纪70年代以来，作为联合铁路公司高架线而为人所知的一座铁路桥梁（图11.17）只承担了恒载、风荷载和广告牌。在激烈的公众讨论后，该结构在2005年被无偿转移到纽约市，修复后将用作公园。

Brũhwiler和Adey（2005）列出了下面一些成本—收益方法，用于比较管理策略：

现值。现值方法（PWM）把折现率应用于生命周期成本、收益或者两者中。贴现的局限性在4.1.3节和案例10中进行了讨论。

成本等效年值（Hudson等，1997，第296页）。该方法将所有初始投资成本和未来经常出现的花费，在分析期内转换成等年值支付费用。作者提醒，该方法并不包括评估中的收益。

递增的回报率（Hudson等，1997，第300页）。根据基本策略计算出成本、收益和回报率。

递增的收益—成本率（Hudson等，1997，第301页）。该方法比较各个策略收益—成本率的现值。

成本有效性方法（Hudson等，1997，第301页）。该方法的成本有效性是传统方法的倒数；即它是效益和所有生命周期成本的现值的比。推荐该方法用于评估道路，一种策略的效益可以通过计算性能曲线下方的面积（即以服务能力、时间为坐标轴），再乘以交通量和一般路段的长度而得到。

用户成本

用户成本(参考4.1.3节)对于管理决策是间接的,但又是关键的。没有其他罚函数能用同样的方式将服务能力的定量方面和主观方面有机地结合起来。

BLCCA(NCHRP Report 483,2003)模拟了由于交通延误和事故引起的用户成本。Thompson等(TRR 1697,2000,第6-13页)对PONTIS和BRIDGIT使用的模型进行了调整,以更加准确地反映道路拓宽的影响。NCHRP综合报告330(NCHRP Synthesis 330,2004)将国际道路粗糙指数(IRI)和交通运行成本关联了起来。在决定用户成本上,Johnston(TRC 423,1994,第139-149页)给出了如下提示:“我们应该记住很重要的一点,虽然我们的工程师可以计算出很多意义不大的应力数据,但是我们只知道真正的荷载,因而应力,只是一个或者有时候是两个有重要意义的数字。一个目标是在成本估计上达到同样水平的精度,它是很可能实现的。”

目前,用户成本大约在千万美元以内。用户成本模型中的一些典型假定总结在附录49中。

交通延误和车辆运行成本是可以量化的,但是还没有办法获得全部交通量减少引起的损失。Bruhwiler和Adey(2005)认为用户成本在供求系统(SDS)中是未实现的效益。供应方面由结构和网络性能组成。需求方面包含用户费用的全部影响。生命损失可以通过其他罚函数单独建模。应区分开由交通管制引起的损失与由交通禁止引起的损失。在后一种情况下,费用按照国内生产总值(GDP)的一个比例来确定,因而(不可避免地)在国家的层面上将桥梁管理与经济发展联系起来。国家经济超出了桥梁管理的范畴;但是,如果忽视两者的依赖性,将会很快成为一个重要的缺陷(4.1.6节)。

公共、私有和私有化的服务和设施

附录23中讨论了交通基础设施和经济发展的关系。模拟出的关系对于当地状态、数据质量和假设非常敏感。在公共的、私有和私有化的交通工具的性能和管理方面的比较是特别令人感兴趣的话题。在最近的十几年里,私有化特别受高水平管理的欢迎(见附录19和案例4)。

收费设施,除了产生专用的资金外,还产生了与用户的相互作用关系(Yanev,TRC 423,1994,第130-138页)。通行费收入量化了所提供的服务,提出了结构的需求。这种类型的平衡在有税收支持的公共设施中是很欠缺的。虽然如此,在公共设施中收取通行费也不是受欢迎的做法。纽约市长在1911年8月命令取消东河桥的通行费(案例1和案例3)。从那时起,就一直反复考虑重新征收通行费的问题,以作为资金的来源(为了桥,也为了很多的公共活动)。Llanos(1992,第72页)援引经济研究的结果,建议当交通需求超过供应时会引起交通拥堵,此时收取通行费有利于用户。这个结果似乎假定还有其他备选的交通线路。最终,在主要设施上的通行费与整个多方式的交通网络关联了起来。在案例2中简要地讨论了乔治·华盛顿桥征收通行费的历史。

物理上的隔离(通常在城市区域的外围)和行政自治(以机构的形式)已经帮助收费桥梁的管理部门实现真正的全寿命周期的优化(案例2)。一旦收费设施纳入更大的交通网络(例如纽约市的城市运输当局),将会在更广阔的背景下优化排序它们的需求,而不是优化它们的直接收入。

交通工程的间接影响

由 Louis Berger 小组完成的 NCHRP 报告 466(NCHRP Report 466,2002)接着早期的 NCHRP 报告 403(NCHRP Report 403,1998),为估计交通工程的间接效应提供了参考平台。它们的主要目标是实现与国家环境政策法案(NEPA)相互一致。NCHRP 报告 466(NCHRP Report 466,2002,第 12 页)指出 1988 年的 21 世纪交通公平法案(TEA-21),与 ISTEA(1991)相比,取消了分开的主要投资研究(MIS)要先于任何实质性的交通项目的规定(附录 11)。对间接效应的研究是作为州政府机构和城市规划组织的一般交通规划过程的一部分来进行的。

环境质量委员会(CEQ)对工程行为的效应给出了如下定义:

“直接效应。由行为引起,并在同一时间和地点发生的效应。例子包括:交通量和速度的增加,入口的改善,当地商业的变动,排水系统格局的改造。

间接效应。由行动引起并在时间上有滞后、地点上有偏移,但滞后、偏移量都可以接受的效应。由环境质量委员会划定的三大类间接效应为:

1. 由工程对环境的侵蚀(物理、化学、生物)作用造成的结构行为和机能的改变。

2. 受工程影响的发展效应(也就是土地使用效果)。

3. 受工程影响的发展效应的相关影响(即土地用途的改变对人类和自然环境的影响)。

累积影响。由过去、当前和合理可预见行为产生的不断增加的环境影响。实际上,对累积效应的分析已经和间接效应的评估结合起来了。因为很多间接效应,包括诱发的发展效应,都在累积效应的定义范围内。

次要效应。某些作者通过把次要效应和诱发发展联系起来,从而区分了次要效应和间接效应。

诱发的增长。土地投入使用强度的改变是由行为/工程引起的。对于交通工程,诱发的增长可以归功于工程引起的通达性的改变。这样的改变会影响未来发展的区域。”

第12章　制定决策

“桥梁管理系统是决策支持的工具,不是管理者!”

Shirole 等(TRC 423,1994,第 34 页)

桥梁管理系统最终的目标是有效的管理,而不是可靠的决策支持。管理是一个制定和实施决策的过程,它只在一定的范围内是正式的。历史上严密推论和常识之间的冲突(1.7 节、1.8 节)在现代仍不可避免,当代的管理面临着使决策尽可能正式,并且具有独特的创新性的问题。Kline(1953,第 232 页)注意到:“几乎是可以预料到,重大思想的创立者在考虑上是不周全的。”Leibnitz 把解析几何学归功于笛卡尔的天赋,而不是他的思考方法。因此,即使是拥有天赋的管理者也可能考虑不全面。他们常常配备决策支持工具,可这些工具缺乏天赋及周密性,特别是在如下方面:

无法准确地描述或评估所管理的资产;

只能在简化的约束条件下对决策做形式上的优化。

就像一些行为是基于反射,而另一些本身就是反射一样,制定决策可以不同程度地考虑一些可获得信息(I. Asimov 所期望的,附录 3)。桥梁管理系统的决策制定反映了思想和专业的发展中所观察到的一般特性(1.2 节)。图 12.1 中的图表表示按图 A16.3 所建议思路建立适用的 BMS 信息流程。

图 12.1 的目标是确定短期和长期投资和支出计划。投资计划反过来又导致了项目的选择以及资金的分配。预算开支为持续性的任务提供资金,比如维护工作。这些活动可以组织成如图 E18.2 所示的图表。从开支和资本预算中获得资助,将会对管理策略产生深远的影响(见第 11 章)。

Hudson 等(1997,第 320 页)区别了以下几种制订基础设施预算支出的方法:

1. 外推法。对体制的增长和通货膨胀进行调整,以便从过去的时间来外推将来的预算。

2. 基于状态-响应预算的需求法。工作是对预期的性能指标和状态的反应。这种方法只涉及必要的支出,而需求是随着时间的推移而决定的。

3. 基于期望的性能水平或者是服务水平的预算方法,例如,基于综合服务指数的方法。

4. 寻求能为资产网络或系统提供最优服务的预算方法。但正如在所有情况下一样,最佳方案可能是不可接受的。

5. 可承担预算方法,由管理者以及选举出的机构来决定。

这 5 种可选方法涵盖了从花费尽量少的优化方法到有点像启发式的优化方法等一系列方法。决策对 BMS 的需求因方法而异。Hudson 等(NCHRP Report 300,1987)和(1997)把避免任何优化标准的实践称为“通常事务”。行政管理不太可能使用桥梁管理系统来支持它打算忽略的决策。一些极端的可能性如下:

• 桥梁管理系统仅用于桥梁清单。这可能是因为其他的模块无法得出结论,也可能是因为考虑到重建及应用数据库过于昂贵的因素。

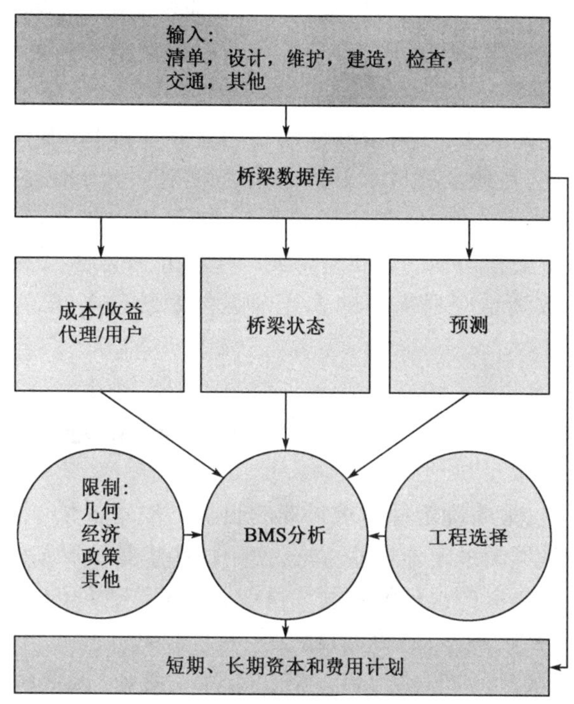

图 12.1 在桥梁管理中的信息流

只要桥梁管理系统功能上仍然有局限性、不可靠,并且依赖于专家意见,那么综合上述策略及态度的方法仍然处于主导地位。最终,桥梁管理系统(就像在其之前的计算机)将会变得强健、精炼,并且能够以方便用户的形式运行。它们的价值不再引起争议。当美国联邦公路管理局 FHWA 放松了发展桥梁管理系统的强制要求时(附录 11),桥梁管理者并没有停止使用桥梁管理系统,相反试图升级改进它们。

• 桥梁管理系统用于最大限度地支持决策。

当网络中的固定资产很少时,可能会发生这一状况。如此,就同时发生了项目层次和网络层次的优先排序。那么在已有政策或者可获得预算的条件下,桥梁管理系统可以估计(相对准确地)各个结构的需求和结果。在项目层次上,桥梁管理系统能够获得相关数据,用于接下来在网络层次上的决策。在网络层次上,BMSs 可以考虑投资水平、资金配置和实施情况的不同,比较各方案、策略和情况的结果。附录 15 中描述了用于此类分析的一些工具。

• 桥梁管理系统可以通过数据和分析,使预算的要求具体化。实际的预算最终根据可用资金情况给项目排定优先级。

后一种情况是介于极度依赖和完全忽视桥梁管理系统这两种选择之间的折中。无论是桥梁管理系统决策算法的设计还是应用都无法避免主观性。第 2 章指出,决策支持常常局限于有限方案的排序和风险最小化。现实的响应方案(也在表 9.1 中列举)一般分为无须处理、监测、维护、维修以及重建 5 类。

每种选项(或者方案)的结果必须在生命周期内可定量比较。无须处理的方案,远不是微不足道的。它表明了可以量化目前节约的成本,增加将来的风险和花费。其他的选项,也意味着各种各样现在的成本和将来的收益。桥梁管理系统应该能够在多种计划水平上比较备选方案。专家系统不仅会考虑退化模型,而且会考虑在已有约束条件下主观选择的历史。这样就能够模拟结果。

努力形成和优化制定的决策,使得策略性规划(12.1 节和 12.2 节)在交通运输网络水平上相对一致和透明。然而,在各个项目水平上,决策的实施引入了比实际程序化的算法模型更多的变量、约束和不确定因素。而且,在地区水平上,网络有重叠。在纽约市地区(案例 1),美国州际公路网的 600 座桥梁和当地的 800 座桥梁一起服务于交通。一些主要的收费站由公共机构管理。对一个能大致满足交通需求的多冗余强健系统的要求,常常会取代零散的优化任务。

12.1 策略规划/资产管理

在一般的规划层次上,策略确定并追求长期的目标。战术提供了更直接的将来实施策略的方法或工具。运营就是不断地实施这些方法,使用这些工具。对基础设施策略性的规划,看成是一个综合的系统。它是资产管理的主题。目前关于资产管理的一些定义和描述如下:

美国公路管理局 FHWA(1999,第 7 页):

"资产管理是对实际资产进行经济有效地维护、更新、运行的系统过程,它综合了工程原理、合理商务实践、经济理论,并为更有组织、更有逻辑性的决策提供工具。因此,资产管理为短期和长期的规划提供了一个框架。"

FHWA(2001a,第 7 页):

"资产管理是进行经济有效地资源配置、计划和管理决策的框架。"

英国桥梁理事会(2005,第 80 页):

"资产管理是一种战略方法,为了满足当前和将来用户的需求,它为公路基础设施的管理、运营、维护和提高确定最优的资源配置方案。

资产管理是系统性的、协调的(一组)行为和实践。通过它,一个组织可以最佳地管理它的资产及其生命期中相关的性能、风险、花费,以实现有组织的规划策略。"

在更广的资产环境中,桥梁管理系统是策略性的、运营性的工具。然而,网络层次的策略可能是项目层次的战略。大多数关于预防性维护的教科书都提到了策略。NCHRP 报告 483(NCHRP Report 483,2003,第 66 页)把管理策略定义为:"一组用来对桥梁或其他主要资产进行开发、部署、运营或者处置的活动及其时间安排。这组活动一般是在某种基于经验的规则或者专业实践的标准范围内进行的。"

桥梁管理者倾向于把战略性的网络层次规划看作是被经济和政治因素强加的外部约束。Von Neumann 和 Morgenstern(1964,第 2 页)认为经济学的普遍理论甚至比历代物理学家寻求的统一场理论(21 世纪仍在寻求)更难找。因此,作者采用有限合理性,而不是用清晰的模型(1.9 节)将复杂的社会现象简化为一些具体的问题(游戏)。运营的研究(Beale,1988)和结构的可靠性(Cornell,见 Freudenthal,1972)都采用了那种方法(附录2和附录8)。

Hudson 等(1997)描述了以下几类用于基础设施管理措施的优先级排序分析方法(表15.1,第316页):

基于判断的项目简单主观排序;

基于参数的排序,如服务水平和状态;

基于与经济状况有关参数的排序;

通过逐年数学规划模型的优化;

通过边际成本效益方法的近似优化;

通过考虑对象、程度,以及时间效应的数学规划模型的综合优化。

通过优化不同(或多或少)整体方案的结果,路网的管理或者自上而下的管理仍会具有忽视项目或自下而上的优先排序风险(4.1.3节)。Banks(2002,第43页)列举了美国为克服运输服务和政府当局脱节的缺陷而做出的努力。具体如下:

"在20世纪60~70年代,为克服政府政策、计划以及财政之间形式上脱节的需要,在联邦层次以及很多州层次上,产生了交通运输综合部门。

在20世纪60~70年代期间,为在局部地区克服运输规划模式和管辖权方面的脱节,都市规划组织(MPOs)以及联邦运输规划条例(FTPR)应运而生。

20世纪70年代开始,许多私有公共运输公司逐渐被政府机构接管。这样,为了克服在运输线路、时刻表以及费用上管辖权脱节,产生了一些具有特殊功能的地方机构。这些机构在某些都市区域进行交通规划和协调,而在另一些区域交通规范协调由MPOs进行。

在20世纪80年代,作为联邦撤销货物运输管制规定的一部分,克服模式脱节的需求导致了禁止货运公司联合运输行为规定的废止。

最终,当前制度上的一个挑战,就是克服在交通控制、数据管理、信息服务以及其他被智能交通系统主观影响的领域里管辖权的脱节问题。在一些特殊的领域,也预测到了协调的要求。这些领域包括跨越管辖边界的干线信号控制系统、突发事件管理、交通和交通堵塞监测以及面向公众的实时交通信息发布。"

以上举措都依赖于信息的整合。Adams 等(2005)报道了一种能把所有桥梁相关数据合并到单独的公路结构信息系统(HSIS)中,从而形成一个统一的数据库(见附录18)的方法,在威斯康星州的交通局已经得到了实施。D'Ignazio 和 Hunkins(TRR 1904,2005,第75-83页)提出了一个在美国北卡罗来纳州整合大范围规划和项目规划的框架。在他们的综合交通规划(CTP)方案中,一些关键步骤如下:

空气质量合格;

财政限制;

国土使用整合;

股东参与;

多模式的一体化;

建模;

环境的考虑;

文件资料。

美国公路管理局 FHWA(2001e,第 16 页)把数据整合(附录 18)描述成一个工作流程的管理过程。工作流程的管理认为业务流程是一系列按指定执行次序的任务。它合并且规定了各种来源和参与者之间的信息流,例如表 11.1 和表 12.1 所示。

资产管理输出、指标、约束和缺陷　　表 12.1

		结构工程　工程管理　资产管理　用户
专业知识		结构　运营　信息　管理　通信(产品/过程)资源　资产　运输　经济
结果		分析　建造　评估　决策支持　文化建设　设计　维护　服务　数据库　工业产品
指标	数量	荷载等级　结构事故　生产率　支出　交通事故　表面粗糙度　几何　交通　使用期　污染
	质量	状态等级　生产力　多方式协调　生活质量　(优先级排序)创新　美学　满意度
标准	指南	规范　指南　预算　管理　政策 法律
	约束	安全性　质量评价和质量控制　建议　解释性　责任
易损性(故障)		结构的　管理的　经济的　政治的　运营的　财政的 立法的 大众的

一个最近定义的目标是通过用户(如利益相关者)参与规划过程,且使其满意(或者至少是理解)(附录 39)。管理集中在敏感方案上(CSS)。在 TRR 1904(2005)中,Crossett 和 Oldham(第 84-92 页)和 Rauch(第 93-102 页)报告了在纽约州和亚利桑那州 CSSs 的发展情况。Rauch 在项目和组织水平上区别了侧重过程和侧重结果两个情况。每一种情况下的结果都强烈依赖于局部条件和各个实施阶段过程的质量控制水平。

FHWA(2004b)报道了澳大利亚、加拿大、日本和新西兰在综合资产管理方面的显著转变。在日本,经济活力、生活质量、安全、环境以及道路管理都按 17 个资产性能指标进行评定。

12.2　优　　化

优化包含了对幸福的追求(2.2 节),就像找出使机械系统势能最小化的数学方法(5.2 节)一样。基于性能的半概率结构设计规范(4.2 节),把前者的定性评估和后者的严格量化结合起来。制定决策在一定程度上依赖于直觉和严格的优化,因而需要不断地讨论和修改。

通过博弈论方法优化的有用性能够代表初始成本、成本效益或者可靠性。Von Neumann 和 Morgenstern(1964)认为,经济学需要统计学,因为经济学缺少力学中那样的经验数据(1.9 节);然而,即使力学本身也不能完全避免统计学。统计学最终提高了在工程设计中使用的经验数据的价值(附录 8)。在不确定条件下对形式化决策的优化成了一般可应用的运营研究的主题。

运营研究

虽然管理中的明确目标是优化资源配置,但它却是桥梁管理系统功能中实现最少的一项。相反,通过不断细化桥梁管理系统的数据库,并且尝试新方法以使数据库的效用最大化。一项不断改进的工作是确定并量化待优化模型的重要参数。然而可以确定一个范围,在这个范围内可以考虑一些可及的选项。基于知识的或者启发式的系统尝试着通过将不完整的信息用模糊集描述的方法,将其信息的工程价值最大化(Zadeh 和 Kacprzyk,1992;McNeill 和 Freiberger,

1994;Miyamoto 和 Frangopol,2001)。因此,数据库要从用户那里一直不断地学习,而用户相对的无知也随着他们对数据库的依赖而增长。

一个合格的桥梁管理系统用户所需的专业技术水平,也就是,在桥梁管理系统支持下制定桥梁管理决策所必需的能力,以及由基础设施需求所激发的桥梁管理系统相关的决策,都不能被狭隘地定义。美国许多组织机构对管理人员有专业执照和桥梁设计相关经验的年限要求。桥梁相关数据管理的标准是不太严格的,或者是尚不存在的。Beale(1998,第 3 页)认为:

> “对于建模者来说,即使他们能够运用现有的计算机程序实现优化,知道一定数量的优化技术仍是非常重要的。这是因为,需要在模型的准确性和简便性两方面之间寻求平衡。在实施过程中,常常需要通过模型的数值解来帮助我们认识到这些数据并不完整或者并不正确。这就使得计算求解技术很重要:为了解决一个实际问题,我们可能需要计算许多可选的数学模型的结果,在这种情况下我们没有太多时间来求解任何一个模型。”

Thompson(2005)注意到,如果生命周期成本基于综合分析,那么实际的状态也被类似地最小化,它平均了整个基础设施库的状态。Yanev(1997)基于最坏而不是平均状态确定性地预测了需求。桥梁退化和预防性维护效益的线性或双线性确定性模型(案例 18 ~ 案例 20)相对容易建立、实施、验证和调整。

Frangopol 和 Liu(Miyamoto 等,2005,第 57-70 页)把桥梁维护生命周期成本(LCC)和桥梁性能测算出的相关寿命期当作两个独立的目标,对它们同时进行优化。

> “不是只提出一个有最小期望 LCC 的单一最优维护计划,相反要制订一组可供选择的维护方案,它们权衡了所有矛盾的目标优化。可以帮助桥梁管理者获得特定的维护资金优化方案,可能成为最终方案,尤其是在财力与只按 LCC 最小确定的最优维护方案所需投入相比不足的时候。”

推荐的算法假定了一个基本均匀的资产网络。

12.3 实 施

执行能力显著地影响着管理层的决策。在实施过程中,优化趋向于转换为优先级排序(开支的)或者最小化(风险或“损伤”的)。NCHRP 开发了许多指南和工具,以在项目和网络层次上管理多方式联合运输资产,其中不同程度地采用了各种优化技术。附录 34 中阐述了生命周期成本评估的顺序以及 Hawk 在 BLCCA 中采用的重要参数组(NCHRP Report 483,2003)。必须校核程序对于参数变化的敏感性。建议比选备选方案。附录 36、附录 37 和附录 43 总结了最常用的优化技术和算法。就像结构稳定性一样,目的不是介绍主题,而是为了说明问题的复杂性。一个桥梁管理系统用户可能没有完全理解建模中的假定以及优化模块中的数值运算过程。Thompson(TRR 1866,2004,第 51-58 页)建议促进自动化 LCCA 的应用,如下:

> “许多管理机构在实施资产管理系统的过程中遇到的一些困难是,这些系统的终端用户需要对生命周期成本分析有相对娴熟的了解,才能理解输出的结果。让管理者能够对几种不相容的分析系统有同等的熟悉程度,这样的要求可能过高了。把生命周期成本分析分成独立的经营过程,能够为上层管理提供友好的说明和技术支持。”

因此,作者建议把制定决策从决策支持中分离出来,正如 Mittra(1988)和 Drucker(1973)所做的那样。一个最高管理层的责任(因此具有的弱点)是对自动化决策支持和个人能力的依赖,正如 4.1.3 节所讨论的那样。

NCHRP 报告 545(NCHRP Report 545,2005,第 12 页)提到了同样的问题,或者说独立地证实了它们:“现有的管理系统一般不适合支持高级管理者在资源配置,以及计划权衡分析中应用。如果 GASB-34(2000)的资产管理要求有了新的创新性,那么对这种能力的需求很可能会增长。”

图 12.2 表明了一个被普遍接受的观点:在结构使用期内维护成本不断增长,而重建的成本下降。这就暗示重建存在一个最佳时间。应用这个模型会遇到如下困难:

维护成本包含了不断增加的维修费用;

可以建立年度的维护成本,却不能建立年度的建设成本;

可以估算建设的利润,却不能估算维护的利润(案例 19 ~ 案例 24 说明了为解决这一问题所做的尝试);

一个单独结构的最佳重建时间不能在一个交通网络中居于控制地位。

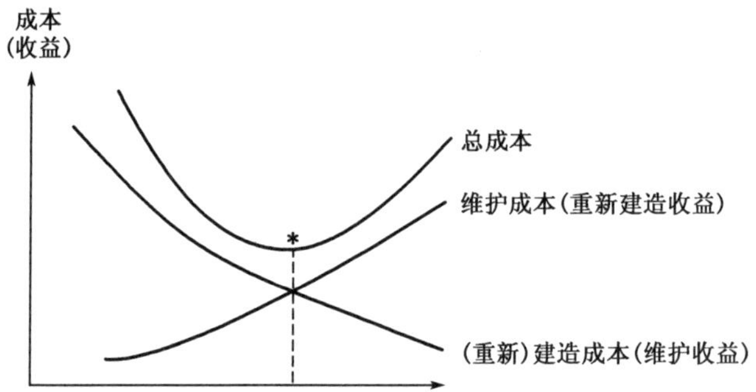

图 12.2　假设的施工和维护最优成本(或收益)与结构年龄间的关系

在项目水平或者单个设施水平上,这个模型是可行的,并且能够应用。对于桥梁和与之相连的道路构成的网络,一种可接受的平衡可以通过权宜之计(案例 18)或多或少地达到,然后通过调整使年度成本最小。

项目的重要性和考虑交通要道的地区因素很容易影响只基于状态和易损性等级的成本效益优化。NCHRP 报告 545(NCHRP Report 545,2005)提到了(在其他报告中)在资产管理中的普遍趋势。它可归因于使用分析决策支持工具,或者说与之相关。这种趋势如下:

> 公路“分层设置”或者通道指定系统正在替代以工程为中心的观点。性能监测和投资策略的发展超出了功能性分类。
>
> 投资类别(例如,在科罗拉多州)按照政策目标来组织,这与通过反应性方法或者“最差最先”组织方法的目标相反。投资类别,如桥梁、隧道、人行道、服务区以及路旁的维护行为,都按政策目标组织。这些目标包括灵活性、系统质量、安全性、战略性项目以及项目实施。
>
> 华盛顿州和密歇根州的交通局所做的分析研究被用来决策政治上的难题(尽管技术上和经济上被证明是正确的),即优先考虑状态良好的资产,而推迟在状态较差

结构上的工作。

资产管理系统的升级是很普遍的。数据仓库正在整理资产目录清单，并使用GIS平台系统来获取信息。

这篇报告开发了用于网络层次(NT)和项目层次(PT)资产管理的工具。正如附录15中所述，可以调整工具的功能以便在任何地区内实施。作者提供了用户指南。这种方法，关联了维护水平以及桥梁状态等级，是另外一种既可以用于项目层次又可以用于网络层次的工具，在案例24中做了说明。

整合资产管理的焦点已经从单个性能指标转向了网络性能指标(第13章)。美国公路管理局FHWA(2004b，第23页)引用了一位澳大利亚交通管理者的话："文化的转变(面向性能的)意味着把收集数据看作是有意识地改善性能计划的一部分，(而不是)审计材料。"

Hudson等(1997)已经简明地介绍了基础设施物理状态和它们所提供服务的性能指标。

第三部分

实施：从系统到结构

“实施”有许多不同的含义，其中韦伯斯特词典里的解释是“有效行为”。所谓有效行为是指制定决策、执行计划以及完成任务等一系列活动的总和。Drucker（1973，第 128 页）将其概括为：“形成工程的所有活动”。

第 13 章　任务和运营

管理工作由一系列任务构成。为了将这些任务组织成一定的实施流程,需要设计相应任务的组织形式。Halpin 和 Riggs(1992)提出了以下组织层次:

组织;

项目;

运营(及过程);

任务(目标)。

桥梁管理过程是由表 4.3 中所列任务组成的一个周而复始的过程。这些任务可组织成连续的流程,也可组织成离散的项目。必须密切地监测这些过程及其结果,并反复进行定量和定性的评估(如表 11.1 和表 12.1 所示)。

必须根据表 9.1 和第 10 章所讨论的内容对结构(如工程结构)的状态和性能进行评估。通过这样的评估,还可以发现有关过去管理执行状况的蛛丝马迹。但是,正如 4.1 节和 5.4 节所述,建立实施流程的直接指标是非常困难的。

13.1　管　　理

在网络层次,通过行政手段分配资源。而在项目层次,资源管理是用来维持服务和运营的手段。公共设施的工作是由竞争上岗的正式员工进行的。

个人绩效是通过设计、施工、维护、管理和财务等指标来进行评价的,这有利于进一步提高生产能力、质量、安全和责任等标准。质量控制主要着眼于材料和产品。美国《职业安全与卫生条例》(OSHA)对安全进行了明确规范。强制性法律和国家安全机构负责管理交通安全以及其他一般性安全问题。必须定期更新所有指标。

网络层次的管理容易脱离施工现场(见 4.1.3 节)。而项目层次的技术虽然适用于现场施工,但又对行政管理有明显的不足。项目管理系统更加容易处理各级任务的信息。附录 16 中的 PennDOT 和 NYS DOT BMSs 都强调了该需求。

与设计咨询公司和施工承包商签订的合同在很大程度上改善了土木工程的成本。合同管理和项目管理在很大程度上决定了基础设施的质量水平。国家和地方政府都规范自由市场竞争机制下的合同招投标行为。附录 20 和附录 21 描述了美国联邦政府和各州政府对合同招投标的规范情况。国家合作公路研究综合计划[NCHRP Synthesis 311(2004)]指出,桥梁业主应当根据各自的具体情况建立或采用某种适合的招投标方式。

业主必须对已验收桥梁的运营状况负全责。为了盈利,而不是为了尽义务[图 4.4b)],他们必须采用各种有效措施对合同中规定任务的施工过程及其产品质量进行控制,这些措施包括:

准备阶段：

工程范围；

合同规范；

投标邀请函；

选择招标方式、资格预审、评标、开标和授标。

项目实施阶段：

方案论证、价值工程；

合同审查、进度审查；

激励与处罚；

质量保证和质量控制；

中止付款、延期付款/合同终止。

竣工/运营：

最终验收、性能评估；

汇总设计、施工、维护和运营合同。

为了管理和监督合同，公共机构必须具备一定的技术能力。对于专业技术人员而言，一般性重复工作，例如维护，非常适合在“机构内部”执行。业主必须认识到，除非拥有有效的合同管理手段，否则这种方式的工作效率非常低。

13.2 质量保证、质量控制和方案论证

鉴于基于性能的设计规范相对较新，所以，工作和服务性能必须具有各种形式的安全保障措施，包括直接监督、质量控制和质量保证。施工产品及施工过程的质量必须采用合同协议所规定的流程来保证。Hassab（1997，第 419 页）对设计质量和与之相关的一致性进行了区分。美国技术研究中心 TRC E-C037（2002）提供了与质量保证相关的术语（附录 50）。国家合作公路研究综合计划［NCHRP Synthesis 346（2005）］将这些术语运用于国家高速公路的建设实践中。

以设计规范为例，质量控制和质量保证标准是由政府机构（美国职业安全与卫生管理局 OSHA、美国国家公路与运输协会 AASHTO、美国联邦公路局 FHWA）、专业组织（美国测试和材料协会 ASTM、美国土木工程师学会 ASCE）以及业主合作编制的。质量保证和质量控制会增加项目的初始费用，因此必须在项目生命周期内使费用、安全性和质量等方面获得明显的效益。在施工阶段很难预计到今后几十年里能否产生这些预期的效益，因此，人们一直在质量保证和质量控制方面进行积极的协商，有时甚至是争论。国家合作公路研究综合计划［NCHRP Synthesis 346（2005，第 4 页）］提到“从 20 世纪 80 年代开始……人们逐渐认识到双重检验的重要性：一重是由承包人进行的质量控制检验，另一重是由专业机构进行的验收检验”。

4.1 节和 5.3 节指出尽管这种双重检测并不是常规的方法，但也可以提高可靠性。由承包人进行的“自我验证”是非常有效的，但必须避免“利益冲突”。因此，质量控制和质量保证方法与成本最优化之间是一个典型的具有利益冲突的管理问题。质量控制和质量保证必须避

免表4.5所示的产品和过程的缺点。系统管理比较倾向与结构的基本效益相关(附录18)。这就使得每个专业都可以(如果必要的话)评价其他所有专业领域的产品。既有的检查、控制和保证方法如表4.5所示,当然也可以引进新的方法。

按照附录50的定义,“质量保证”适用于材料和产品,而“质量控制”则适合于任务的实施(如实施过程)。公路合作研究计划(NCHRP)最新出版物也对“最优方法”和“最佳值”进行了同样的区分。质量保证包括施工期间采购材料和产品的样品测试、论证和分析设计方案的直接效果。现场活动,例如与合同及财务管理相关的施工、维护及其管理,都应按照质量控制手册进行监督。国家合作公路研究计划[NCHRP Synthesis 346(2005,第7页)]引用美国国家公路与运输协会[AASHTO(1996)]和其他政府文件中基于性能的规范,这些规范依据统计方法进行质量保证和质量控制(根据附录50中的定义)。质量保证和方案论证都必须在项目完成前对采购产品进行评估。具体施工操作,如焊接、混凝土浇筑和涂漆等,必须经专门设计和规范的质量控制。公路合作研究计划[NCHRP Synthesis346(2005)]指出承包商、业主和专业咨询公司之间进行质量控制和质量保证责任的分配方法越来越多。该计划[NCHRP Synthesis(第12页)]强调在质量保证过程中建立验收限制是非常重要的:

“设定的限制太严苛会使承包人很难达到规范要求,设定的太宽松又会使质量控制失效……限制的选择关系到风险的确定。常见的两类风险是卖方(承包方)的风险α和买方(机构)的风险β。

α——拒绝达到验收质量标准的材料的概率;

β——接受没有达到验收质量标准的材料的概率。

一个精心编写的质量保证验收方案,应以对承包方和代理机构公平的方式来考虑这些风险。”

为了便于确定可接受风险的水平,国家合作公路研究计划(NCHRP Synthesis 346)参考美国联邦公路局[FHWA-RD-02-095(1995)]Burati等报告制订了操作特征曲线。

国家合作公路研究计划[NCHRP Report 451(2001)]制订了对于保证、多参数和最优价值合同的指南,作为质量保证和质量控制的综合方法(附录21)。

13.3 职责、责任和义务

业主应当为他们所管理资产的性能负责,同样,也必须为管理这些资产时其自身行为(特别是公共资产)负责。通过审计可以较好地定义和控制财政程序。与实物资产所提供服务水平相关的指南往往不够具体,进而导致缺陷(4.1.4节)。

美国专利委员会[NPC,1995,第24页]指出:

“描述和衡量基础设施的性能,是为了评价基础设施或其构件完成社会(包括建设单位、施工单位、运营单位和相邻建筑物)设定任务的好坏程度。由于基础设施一般都是公共财产,所以这种评价应是公众评价。由于涉及人数众多,因此很难达成共识。即使个人明确了对基础设施的某些单元投资和实施决策的责任,他也要准备接受公众审查其假定和结论。有时这种公众审查是很严格的。”

侵权行为的赔偿责任是一个容易出现漏洞的问题,参见4.1.1节内容。Lewis[见NCHRP

Synthesis 106, 1983]提出了将侵权行为的赔偿责任最小化的行为指南。国家合作公路研究计划[NCHRP Report 285(1986,第5-6页)]提示:服务水平定义不清晰时,不可避免地会导致侵权行为的赔偿责任:

"在侵权行为赔偿责任的案件中,高速公路管理部门不愿将维护服务水平量化,因为他们认识到这种指南所指定的行为标准在使用时会对他们不利。受到豁免责任的影响,侵权行为赔偿责任的诉讼在稳步增长,高速公路管理部门并不想通过建立说明管理部门渎职的明确标准来协助诉讼……当高速公路代理方不能定义自己的维护服务水平时,法院将进行定义……这就意味着管理部门不能忽视这个问题,但应该在能力范围内逐步定义服务水平,一旦建立了服务水平标准,他们必须严格执行。"

为限制出现侵权赔偿责任问题,Banks(2002,第30页)描述的风险管理流程如下:

"这些流程可能包括如下步骤:制定减少事故的流程并形成文件,就侵权赔偿责任问题的事故响应和法律处理程序对人员进行培训,制定信息和文件发布的政策和流程,制定有关风险转移的附加赔偿条款。

从成本或其他数值的角度来看,通过严格实施明确定义的任务来减少诉讼事件要比任何事后的合法辩护高效得多。"

按照这种说法就能够减轻结构风险(10.3.1节)。

当指定的所有程序都会对国家财政预算造成巨大影响时,结构需求(也就是约束条件)评估就是审计。这种审计不是审查检查结果的可靠性和质量(14.5节),而主要是审查所建立程序的执行情况。在2003~2004年期间,美国联邦公路局(FHWA)就对桥梁检查实施了这样的一个审计。

13.4 设计/施工

业主通过竞标或备用的程序授予设计和施工合同。许多项目最初是由业主通过投标邀请函将其授予给报价最低的合格投标人,通常最少需要有三个投标人,按照规定进行资格预审。在为数众多的投标人中,通过特定系统从所考虑的投标人中删除报价最高和最低的投标人。合同条款还规定了选择过程的公平性和公开性。项目合同条款通常是根据通用法律条款编制的。相反,合同中的技术规范必须清楚而明确地说明业主对产品及其生产过程的要求。在寻找最佳技术和实施方法时,业主必须遵从以下两种截然相反的限制条件(见12.2节)。

在大型工程初步设计时,很难将所有细节都考虑到。通过采用让步词语来考虑灵活处理,使其通俗易懂,例如"或者等效的""包含但不限于"和"如果需要"等。如果合同文件中不详尽地定义工程范围,变更指令最终会使工程费用和工期发生巨大变化。

过度详细地定义任务可能会对竞争者和技术创新有限制。对于"单一资源"的极端状况,需要特殊判断。定义产品的性能,而不是获得这种性能的方法,可以降低管理陷入僵局的风险。

为了调解灵活性和可控制性之间的矛盾,对专业性质、工程变更和增加工程量的审查和认可必须定义清晰,并严格执行。案例8中介绍了一个负责协调多个不同资金来源大型项目的当地桥梁业主所采用的标准流程。履行流程是具有法律约束力的。流程的复杂性就解释了图

E18.2 所示的流程中从大修计划开始到现场开工中间经历了 15 年的原因。国家合作公路研究计划[NCHRP Report 451(2001)]阐述了近乎强制地选择报价最低的投标人和最高质量要求之间存在着内在矛盾(附录 21)。

设计方案的选择

可行的结构解决方案是多种多样的。附录 14 列举了目前 NBI 中所有的结构类型。评估备选方案通常是缺乏数据支持的。一般包括维护密集型和低维护型的结构、设计标准、常规的质量控制,和要求特殊质量保证/方案论证的创新方案。备受关注的或者标志性建筑(见 1.5 节)可能需要公开招标和招标邀请。

在 10.4.5 节中的状态退化模型,需要的数据是不断增加的。相反,从许多备选方案中得到的状态改善是假设的(创新设计的假设更多)。技术可能更倾向于那些新的解决方法和全寿命周期服务的方案。Olsson(1993,第 57-59 页)推测(案例 3):"20 世纪 90 年代及以后将会是桥梁设计的供方市场时代……市场是否需要采用最佳方案重建危桥,要根据使用状况而定"。

作者指出,二战以后欧洲鼓励引进国外的基础设施建设技术,从而促进了其桥梁技术的发展。

与此相关的是在某些国家桥梁竣工后的 10 年内,业主对桥梁进行检查,并将责任转移给承包商。这种方式鼓励了创新。附录 21 描述了国家合作公路研究计划(NCHRP)的发现,在各州高速公路管理机构中采用了 SHAs 担保和最优价值的合同内容。

国家合作公路研究计划[NCHRP Synthesis 316 (2003)]对设计期望(依据美国联邦公路局 FHWA 定义的援助政策导引)做了定义和总结,见附录 51。合同中可以选择的方法将在后面的章节以及附录 20 和附录 21 中讨论。这些参考报告最初适用于高速公路的建设,但其中部分推荐报告可以应用于桥梁。遵守政府规范和坚持推荐的设施方案关系到资金的合理使用。

方案论证

前述段落中将方案论证定义为质量控制的一种形式,它独立地对结果进行确认,例如分析和设计计算。对设计质量来说,这种独立性是必要的。在从失败中总结教训的章节中,Waddell(1916,第 1546 页)强调"在每一个重要的桥梁项目中,实施方案必须由具有一定能力,且与本工程或承包商没有任何关系的工程师进行全面审查"。

Feynman(1996,第 166 页)对应用于美国国家航空航天管理局(NASA)计算机软件编程的方法大加赞赏:

> "该软件采用自下而上的方式进行仔细的检查……范围逐渐扩大,直到整个系统需要进行全盘改变及检查。完成的输出被认为是新发布的最终产品。但对于产品的用户来说,他们对软件持有完全相反的态度。模拟中采用新的软件是一个附加的验证……总而言之,计算机软件检查系统和观点是具有最高质量的。"

并不是所有的桥梁运营都接受或者需要这种监督程序。

一个桥梁业主能够有很多途径来平衡内部和外包设计。但至少内部专家必须具备方案论证的咨询和监管能力。在合同的灵活性下保持咨询,例如,咨询支持服务(CSSs),在工程服务协议(EASs)下保持咨询,能够非常有效地控制项目不超出预计成本和工期。

施工

施工早于标准化设计有千年之久,这使得项目管理比其他资产管理的发展更具有先机。Cooke 和 Williams(2004)从 Henri Fayol 20 世纪之交制定的管理原则(见 1.11 节)出发,给出了施工方案编制、施工策划和施工控制的最佳实施方案。尽管有其广泛的背景,就像其他所有的管理一样,施工管理也可不断地对其进行重新定义。Clough(1986,第 16 页)是这样描述:

> "施工管理没有一个大家普遍接受的定义,且不幸的是,对于不同人其含义不同。在传统的安排中,业主和建筑工程师就设计服务签订合同,同施工经理签订专业服务合同。依据两个合同条款,产生了一个彼此对抗的建设队伍,这个建设队伍包括业主、建筑工程师和施工经理。这种方式的目的在于,在施工中将项目规划、设计和施工作为一个整体任务来对待。这个团队,通过从项目策划到项目竣工的紧密合作,以最优的方式为业主的利益服务。通过寻求施工成本、质量和工期的平衡,该团队在最经济的时间框架内努力为业主提供一个最优的项目。项目经理的主要任务是遵守所建立的工期和成本预算。"

上述的项目经理是独立于业主的。当业主是一个公共机构且项目涉及公共交通时,这并不是唯一的选择。鉴于所有公共投资的项目都是通过竞标的方式授予的,必须通过一系列的机制来对其监督。可以考虑设置一个独立的投标、咨询支持服务机构。该合同中的任务包括由设计师以外的具备一定资质的咨询师进行施工监理。

工作范围的变更必须得到项目所有投资者的认可。案例 3 列出一座由美国联邦、各州和地方资源多方投资,并参与决策的桥梁重建合同和任务。

业主通过总工程师监督现场所有的施工。任命一个造价师和一个合格的质量员分别监督成本和质量,因为这是与施工过程相关的最容易出现问题的内容。软件包可用于传输、存取与项目相关的交流信息。

如果能够认识和避免下面的创新施工管理方法的潜在弱点,则能够节省时间和资源。

设计-施工

设计咨询公司或者建筑公司被指定为总包商,它与分包商签订分包合同。对业主来说,不必进行设计后的施工招投标工作。设计和施工的早期合作是另一个优点。作为代价,业主也就失去了由独立于承包商的咨询师进行方案评审的优势,反之亦然。

设计-施工-维护也需要签订合同。中标人一般要收取合同期间的过桥费。对业主来说,最重要的是确定合同的最佳有效期限及在此期间的质量监督和质量控制方法。例如,最近法国的德米洛高架桥,签订了一份有效期为 75 年的桥梁收费合同。

价值工程

美国管理和预算办公室的 No. A-131(1993,5 月 21 日)通知,定义价值工程为"在满足性能、可靠性和功能要求的前提下,为使生命周期内费用最低而进行的系统、设备、设施、服务分析等工作”。

《联邦公报》第61卷31号(1997年2月14日,627部分,第6868页)对价值工程的定义更新如下:“由多专业相互协作的团体,采用公认的技术方法,系统地识别产品或服务的功能,并计算出一个价值,采用不断创新的方法,在确保安全、必要质量和环境保护的前提下以最低的寿命成本,可靠地实现必要的功能,进而实现项目的原始目标”。

美国国会的国家高速公路设计法令(1995)规定,运输部长对耗资超过2 500万美元的国家高速公路系统项目必须采用价值工程方法进行分析。

国家合作公路研究计划[NCHRP Synthesis 325 (2005)]在总结了背景及目前方法的前提下,推荐使用价值方法论。该计划强调了对价值方法论管理进行充足培训的重要性。

Clough(1986,第186页)将这个过程的优点归因于承包人的专业知识,但以前的参考文献表明这些工作也可以由业主实施。对合同文件的修改需要得到业主的认可。这种变化是否会降低项目的前期成本,同时降低全寿命周期成本,要由业主确定。

激励和处罚

在承包人和业主达成合理的竣工日期后,也将确定延期的罚款和提前竣工的奖励(通常采用相同定额)。施工期间,由于交通延误和绕行所造成的用户成本增加由经验公式计算。在人口密集的市区,激励/处罚可达65 000美元/d(激励时间限制为三个月)。在加利福尼亚的Northridge地震以后和在纽约的东河桥,这种方法体现了较高的效率。这种方法成功的关键在于选择施工工期。对于长工期项目来说,该选择变得越来越不确定。对于设计-施工项目来说,由于设计单位和施工单位是相互依存的,这种困难就更严重了。为了更好地控制大型长工期项目,将其分为若干个连续的标段(如案例3)。在这种情况下,竞标方式也许会鼓励将连续的合同授予不同的投标人。

国家合作公路研究计划[NCHRP Synthesis 331 (2004)]总结了美国DOTs(附录20)承包实例。美国联邦公路局[FHWA(2005c)]比较了美国、加拿大和欧洲的实例。研究者的推荐如下:

列出业主和承包队的目标;

提出(项目)风险评估和分配技术;

战略地应用不同的发包方式(如设计-投标-施工、设计-施工、设计-施工-运营、设计-投标-融资-运营、公私合作方式等);

改善资质排序流程。在项目采购过程中使用资质。这不同于低价中标的方法,包括最佳值、不含标价的限制、承包商排序系统等;

引导承包人早期介入。具有一定能力的设计、施工专家和业主共同开发一个公开招标的标底制作系统;

在预设项目里程碑事件时,单价合同中可以采用总价付款的方式进行激励。

除将项目管理引入长期网络管理中外,工作中也考虑担保和全寿命周期责任。

13.5 维护和维修

4.1.4节将维护看作具有高度缺陷的管理责任。11.4.1节讨论了维护工作的优化和排序。交通安全相关的维护任务(例如路面清除或照明)是容易被安排在前面的。不能单独地定义与结构状态有关的任务。国家合作公路研究计划[NCHRP Synthesis 110(1984)和148(1989)]回顾了已有的和推荐的衡量维护质量的指标。由于它们强调的基本问题和引入的定义相同,所以这些报告是密切相关的。维护可以依据以下三种标准进行评估。

1. 定性标准:描述要获得的结果。

2. 定量标准:确定满足定性标准或者预定服务水平的工作和资源的总量。

3. 性能标准:对一项工作的实施及所需资源、时间的描述。

公路合作研究计划[NCHRP Synthesis 148(1989)]描述了Caltrans服务水平指南,确定了如下三种维护方式:

1. 做出需求处理响应,一般响应的速度代表服务水平。

2. 时间安排,服务水平能够通过每年维护的次数来定(如案例23、案例24)。

3. 编制计划,例如桥梁主要维护或者油漆工程计划。

只要维护水平定义在结构服务期内,实施管理评估就有一定的回旋余地。国家合作公路研究计划[NCHRP Report 285 (1986,第7页)]指出"延期维护是一个相对的概念,在进行延期时间长短的评估之前,必须有一个参考标准"。如果维护任务是劳务合同的一部分,就避免了这种模糊性,这样它们的延迟就不再属于国家合作公路研究计划[NCHRP Report 285(1986)]的内容了。没有完成任务应该从人员上寻找原因,而不是在结构上。

美国公路与运输协会[AASHTO(1999a,第1-4页)]引用国家合作公路研究计划[NCHRP Report 363(1994)]推荐的轴—辐放射性管理方案。国家合作公路研究计划[NCHRP Report 511(2004)]介绍了顾客至上的维护行为标准模型,详见附录52。这两种方法通过互补方式,实现了维护效益最大化。

美国公路与运输协会[AASHTO(1999a,第1-5页)]推荐了预防性维护,而不是被动的维护。

国家合作公路研究计划[NCHRP Report 511(2004)]寻找建立一个在已知各种不同结果和将来资源成本之间的连续的调整过程。

11.4.1节和案例23、案例24讨论了具体桥梁和具体维护计划。没有可以执行的维护管理系统(MMS)和桥梁管理系统(BMS)就是空谈。维护管理系统所关注的是上岗证和性能指标。几十年来,DANBRO(附录16)一直在这方面处于领先地位。

运营

所有维护行为都要求具有实施能力。特别是与交通控制相关的需求,如路面修复和除冰。收费桥梁的运营必须进行交通控制。收费与其他维护功能无关。近年来,电子收费系统已取得长足的发展。将来面临的一个挑战是根据牌照号码进行收费及其他更先进的收费方式。

活动桥梁的运营由通航法案和规章来确定(例如,由美国海岸警卫队编制)。遵守这些规章具有法律强制性,同时必须达到所有监督机构的标准。员工必须经适当机构培训和认可,必须遵守安全和应急的规定,后备人员也必须随时待命。

第 14 章　结构检测和评估

现场测试(一种或几种)是为了评估资产的易损性、状态和需求(分别参见第 4 章、10 章和第 11 章)。“可检测性”逐渐包含在设计要求范围内。对既有桥梁的检测必须按结构要求和 10.4.1 节及 10.4.2 节所描述的各种方案的图纸进行调整。业主依据其资产网络的具体情况来设计检测的范围。美国联邦公路局[FHWA(2005b,第 xx 页)]报道了在欧洲和南美地区现场检测的频率和范围。粗略检查,如日检、半年检、监测、表面检查、例行检查、常规检查、一般检查和年检,实施间隔最长为一年。详细检查、专项检查、重点检查、一般检查(再次)、两年检查和状态评估,其时间间隔为 2 ~ 6 年,甚至 9 年。相应采用的检测技术与评估的范围相符。

在美国,由于联邦公路局(FHWA)所管理的桥梁网络的覆盖面广、类型众多,所以应用了一套灵活但可靠的桥梁检测标准(NBIS)。这套标准的细节在本章讨论。

14.1　美国桥梁检测标准(NBIS)

美国桥梁检测标准(FHWA,1995a)中对桥梁检测要求的最低要求如下:“§650.305(a)依据《美国公路与运输协会手册》(AASHTO Manual)中 2.3 节规定:桥梁检测时间间隔一般不超过两年。”

检查报告必须满足国家桥梁检测标准(NBIS)的如下要求:“§650.309 桥梁检测的结果应记录在标准表格中。填入表格的数据及必要的数据汇编方法参见《美国公路与运输协会手册》(AASHTO Manual) 3.1 节。”

上述定义中的规范指南(FHWA,1988)是指美国公路与运输协会[AASHTO(1983)]的《桥梁维护检测手册》及其修订版本,还包括 FHWA 的相关手册[FHWA(1978,1991)]。对于在检测中易于断裂及其他需要特殊检查的构件相关的规定参见后续的手册和相关出版物,例如联邦公路局[FHWA(1986)]、美国公路与运输协会[AASHTO(2000b,2003)]和公路合作研究计划报告[NCHRP Report 299(1987)]。美国桥梁检测标准 23 CFR 650 (NBIS 23 CFR 650)是指对《美国公路与运输协会(AASHTO)桥梁状态评估手册》(2003)的中期修订。

从对这些手册的不断修订和替换中,使用者应该获得警示:手册规定的确定内容并非盖棺定论性的。检测人员和业主的解读起到最终的决定作用。例如,美国公路与运输协会[AASHTO(2000b)]对水下检测范围的描述为:“水下人员必须检测到必要的程度,以便能确定结构安全性。”

术语如“必要的程度”将安全运营的责任交给了业主,而业主反过来希望检测人员能够给出确定的桥梁状态评估结果。检测工作一般在多种官方指南及其修订文件的指导下进行。州高速公路部门、道路公司和其他桥梁业主都制定有他们自己的检测标准和手册。其中比较突出的是新泽西州运输部的专业手册(1980)、运输部的桥梁检测手册(1997)、桥梁检测和修复实施指南(Silano,1993)、White 等人编写的桥梁管理检测和评估手册(1992)等。目前,AREMA 第十委员会正在编制铁路桥梁检测手册,补充非强制性铁路安全标准 49 CFR 213,见附录 C 对铁路桥梁检测的规定。

14.2 需要重点关注的细节

需要重点关注的细节意味着其具有很高的易损性。检测的首要任务是排除隐患,所以易于失效的局部需要重点关注。检测手册和标准通过研究结构的易损性和局部条件确定这些关键细节(第 4 章和第 9.2 节)。在考虑结构潜在失效根源时,必须计入由于这种或那种的“不可检测性”导致的遗漏重要失效症状的可能性的增加。

《美国桥梁检测标准》(NBIS)对专门和特别的方面在如下的章节做了宽泛的注解:“§650.303(3)……要求在检查中要特别关注这些包含特别或专门特点的桥梁以确保其安全性,同时也要特别关注检测频率和对每个特点进行检测的流程。”

按照 650.303(e)(FHWA,1971,1988,1995b),检测人员必须识别“特别或专门的特点”,同时记录其状况。《美国桥梁检测标准》和其他的桥梁管理指南中运用了多种确定需要重点关注的结构特征的方法,其中用得最多的是“断裂临界”原则。这种原则保留了高速公路和铁路桥梁检测程序的起源。

临界断裂构件(*FCMs*)

《美国桥梁检测标准》[NBIS 23 CFR 650 (FHWA,2005a)]C 部分规定:

“在检查记录中,明确临界断裂构件的位置并描述该构件的检测频率和程序。依据这些程序来检测临界断裂构件。

临界断裂构件的检测:实际检测中的临界断裂构件或部件可能含有其他的无损评估。”

临界断裂桥梁构件在美国桥梁检测标准(NBIS)中定义如下:

“§650.303(e)桥梁检测、报告和清单编制单位的负责人应当决定和指定某人负责检查、数据记录,同时编制以下的主要清单:(1)包含有临界断裂构件的桥梁,这些构件在桥梁上的位置及其描述,以及对这些构件进行检测的频率和程序。临界断裂构件是指那些一旦失效将可能引起桥梁部分或整体倒塌的受拉构件……”

以上的定义明显与 Silver 桥和 Mianus 桥的失效相一致。Harland 等(FHWA,1986)指出在桥梁的临界断裂构件检测中,列为第一位的是临界断裂单编制和检测。这是对高速公路桥一般检测和易于损伤、疲劳构件检测手册的补充。这些建议中包括桥梁检测人员的轮换,监测报告审查的质量控制、检测质量高于数量的原则。同时,包括对由于焊接、侵蚀、不合理荷载分布等造成的应力集中的描述,以及基于敏感性的分类。临界破损构件的检测实例参见 TRR 1184 (1988)。

国家合作公路研究计划综合报告 354[NCHRP Synthesis 354 (2005)]中,根据最新的研究

进展修订了以往的报告的结论,包括对断裂危急程度、非冗余性、有效维护和翻新的定义等。同时,对非疲劳破损进行了描述(如在 Mileaukee 的 Hoad 桥和在 Sacramento 的 Bryte Bend 桥),对最近发展的以临界断裂和非冗余度为功能函数的结构可靠度分析模型进行了简短的讨论。同时引述了业主报告中的关于临界断裂检测的频率,包含频繁的视觉监测到五年一轮的深入检测和无损检测。调查表可应用于扩展相关的数据库。

疲劳

4.3.1 节认为疲劳是导致金属破损的主要(但不是唯一的)缺陷。在许多桥梁设计和检测资料中,其中著名的有 FHWA(1986)、NCHRP Report 299(1987)和 Fisher(1997)将易于疲劳的钢构件进行了分类(分为 A ~ E 类)。Drdacky(1999)和 Forde(1999)专门研究了疲劳的细节问题,给出了一些建议。

桥梁检测的一个出发点就是要在竣工清单中识别出“应力增长”(例如应力集中点)。因此必须对这些清单进行编辑和定期更新,例如,可参照 NBI 或者当地的规定。当应力增长构件较多时,就采用统计采样的方法进行定期检测。“统计采样”是一个含糊的词组,它依靠于样本空间的大小和状态。样本的百分比大小需要根据每次测试时获得的信息而调整。

锈蚀会引起应力集中,进而加剧疲劳。“锈蚀疲劳”对预应力镀锌钢丝(图 4.69)、吊杆(图 14.1)、吊索(图 4.55)的损害尤为显著,对普遍的钢结构也有影响,如图 4.54 所示。无损检测及评估(NDT&E)技术(第 15 章)用来检测疲劳裂缝的发展情况,或者更有效的是用于检测疲劳引起的断裂。目前的研究主要集中在预测疲劳裂缝的产生上。

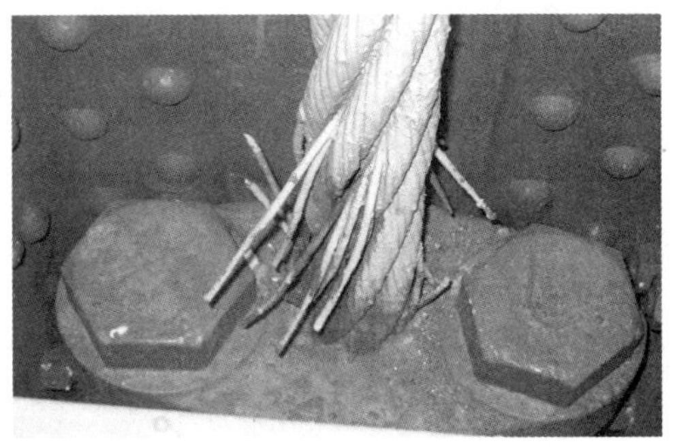

图 14.1 吊杆中断裂的钢丝

100% 实地检测

断裂并不是检测中唯一的特性。桥梁业主,例如 NYS DOT(1997)将临界特性定义为“需要重点关注的细节”。检测工程师必须通过提供职业工程师许可证及签名来证明对所有需重点关注构件的实地检查。

《美国桥梁检测标准》(NBIS 23 CFR 650)C 部分(FNWA,2005a)定义实地检测为:“对手臂能触及的距离内的构件进行检测,通常采用目测并可辅以无损检测技术。”

必须指明,不能将近距离目测的范围局限于“伸手可及”的字面意义上。它主要是警告检查人员不要忘记隐含的责任。实地检测要求检查人员能结合思想、目力、听力综合全面地检测。例如在案例 7 中所描述,实地检测中的获取只有在进行了足够深入的分析、将其内涵进行评估和报告后才产生价值。对图 14.2a)、b)所示的斜拉索套管的实地检测则需要完全不同的能力。但是,基于检测最重要的决策在于确定是否有必要进行无损检测。

交通情况会限制检测人员的实地检测,另一方面又能使检测人员观察到结构在对活载作用下的响应。实地观测的最低要求是保证所检测构件在下一次预定的检测之前能安全工作。当需要重点关注构件的数量过多时,不可避免地需要进行抽样检测。底部边缘盖板的转角要求采用近距离目测。检测人员必须选择严重破损或应力较大的部位根据统计抽样方法进行检测,且做好记录。如出现混凝土板下侧分层(案例16)等这类问题,需要增加样本。

a)

b)

图 14.2　a)斜拉索套管;b)带有橡胶阻尼器和护筒的套管,Tatara 桥,日本

在网络上,还可以找到更多技术顾问和工程指导指出的新的需要重点关注的细节,以及进行相关检测的合理方法。那么,关键就在于针对一项实际检测工作,如何从众多的规范、指导、要求、建议、指南和推荐中筛选出适用的。有两条标准可以帮助判定潜在的需要实地检测的关键构件(无论是否破损):冗余度和稳定性。前者(见前面的讨论)在最近的手册中得到更多的关注。在 AASHTO 评估手册中(AASHTO 2000b,NCHRP,Project 12-46,2000)提到的稳定性定义比较宽泛:包含所有的位移不规则性。结构的稳定性,包括局部和整体稳定,严格定义为结构承受的压力、几何形状和材料特性的函数,这些必须在每座桥梁检测之前考虑到(附录26)。在其他任务中,这种区分拉力和压力构件的能力并不总是非常清楚,例如,对于超静定桁架结构。

稳定性

"不稳定构件总是表现出较大的位移"的错误假定容易导致检测中忽视潜在的不稳定性。为了帮助理解这一点,不妨回顾这样一种现象,即结构初始的几何形状(常为笔直形状)随着轴向压力的增大会维持一种平衡,直到分叉点的出现。例如,在图 14.3 中的柱子,由于柱脚的暴露其计算长度大约增加了 25%。这从理论上导致其屈曲荷载要除以系数 $1.25^2 = 1.5625$。

如果柱子原来是上端铰接下端在柱脚固定,一旦基础暴露出来柱脚位置就可能发生旋转,则其理论屈曲荷载需要再除以系数 $(1/0.7)^2 = 2.04$。

两个折减系数的乘积(3.1875)是非常保守的。例如,忽略了柱脚石的刚性,尽管如此,考虑柱子的稳定性是一个比较现实的问题,特别是考虑较长的时间内土质及荷载条件的变化。

图 14.3　暴露的柱脚

接近柱脚的区域容易加速侵蚀(图 3.8)，从而在柱脚形成铰接，那么柱子的临界屈曲荷载需要除以一个高达 2.04 的系数(如前例)。在冗余结构中，这种影响可能被由于截面损失而导致轴向荷载降低而抵消。柱子可以看做是由板吊着的，而不是板的支撑，这种易损性便传递给了上部结构。

斜撑(图 E7.1 和图 E7.6)是确保钢墩柱稳定的主要构件，不能考虑为次要构件，因而要求 100% 的实地检测。

由车辆荷载撞击导致的构件弯曲常被误认为是“屈曲”(图 14.4)，而发生屈曲的构件却被诊断为“冲击”破坏(图 14.5)。在图 4.73 中，倒塌的柱子显示出它已经屈曲，而实际上它是由于顶部偏心支座造成的弯曲。

图 14.4　桁架斜杆，冲击引起的弯曲

图 14.5　屈曲的桁架斜杆

钢实肋、箱形拱[图 14.6a)、b)]及立柱(图 14.7)的稳定性非常关键，但是难于接近以检测。设计应该对需要检测而难于检测的情况提供额外的冗余度。

石拱桥不存在屈服问题(图 14.8)，但如多个实例所示，它可能压垮或瞬间倒塌。在法国，75% 的桥梁都是建于 1900 年前的，石拱桥极小的几何变形都被认为是具有很大危害性的，需要依据特别的规定(LCPC，LCPC/SETRA，1979)进行监测。

连接

4.2.3 节已提出，连接是很容易损坏的构件。设计假定连接能够胜任单元之间传递力的

a)

b)

图 14.6 a)冗余度高的钢肋拱和立柱，纽约，1888；b)世界上最长的钢箱系杆拱，上海，2002

图 14.7 非冗余的钢拱肋、立柱和横梁

角色，或者释放单元之间相互作用。许多桥梁故障表明这种假定是错误的。在最近建造的结构中，连接最有可能受到施工或者设计缺陷的影响。延长桥梁的使用时间也会增加引起连接失效的可能性。要对非性能连接进行连续检测。

在钢结构和木结构中连接是离散的，但在混凝土结构中连接可以视为是整体的。钢筋的拼接和重叠都可以视为是钢筋混凝土的等效连接。例如，在 1995 年的 Hyogo-Ken 地震中，Hanshin Epressway 桥墩的钢筋在焊接连接处发生了断裂。

在检测中，连接被分为刚性连接和铰接。除非特别指明，刚性连接与结构构件一起评价，而铰接则作为单独的构件评价。

正常荷载下表现为刚性的连接，可能设计为在极限状态下发生屈服。可以随温度变化进行自由调整的支座，在地震时可能表现为自由支座，也可能是约束支座。1989 年 Loma-Prieta 地震中 San Francisco-oakland 海湾大桥的一个固定支座的失效，后来证明是滑动支座的位移能力不足导致的(图 4.32 和图 4.33)。作为临时措施，紧急修复采用了一个 3ft(915mm)的托架替换了原本 5in(127mm)的衬垫。

图 14.8 石拱桥

周期性的目测可能不能观察到长周期的

(热)或是瞬态(地震)的运动。因而,必须推测或是预测大位移运动。如果位移受到了预期之外的约束,例如由于设计细部的不合理或者侵蚀而导致的,这些状况应该考虑为结构灾害。连接(与所有结构一样)必须依据以下程序检测:

识别所有的荷载和位移;

将荷载和位移分解成六个三轴分量;

确认荷载和位移能够足够地传递或者释放。

图 14.9　剪力铰装置

理解设计假定是充分评估的必要前提。为了识别早期的失效症状,检测人员必须熟悉连接的预定功能,如案例 7 所述。

剪力铰装置(图 14.9)在所有的支座中是最容易发生断裂的关键部位(FHWA,1986,2002c)。滚轴支座和滑动金属板支座在地震和正常情况下性能都较差,在修复中将被剔除(图 14.10、图 14.11、图 A33.2 和图 A33.3)。检测必须对支座在温度及其他环境下的移动和倾斜进行量化。为了评估潜在的病害,检测工程师必须确定可以接受的位移范围。

检测螺栓连接和焊接连接要求对施工规范有一定的了解(如是工厂还是现场焊接,螺栓是否是摩擦型,或螺栓是否镀过锌)。检测一般假定结构是按照设计进行施工的,确认这种假定的责任落在项目完工检测或是最终竣工验收上,这将在接下来的章节中进行讨论。

伸缩缝

如 4.3.3 节所讨论,伸缩缝在设计和施工中都是一个易损部位。11.4 节将他们确定为需大力维护的构件。检测需要对伸缩缝进行专业的评价,因为它们的失效往往导致支座、桥面板、墩帽甚至是桥梁整体的急剧退化。在案例 19 中的伸缩缝检测表明确提供了伸缩缝需要更换或者修护的信息。

图 14.10　失效的钢板、滑动支座

图 14.11　破坏的钢板、固定支座

14.3 检测类型

通过对比发现,相同一种检测范围对于一个桥梁业主来说可能是日常检测,对另一个业主来说可能就是深入检测了。检测的范围和频率对不同的桥梁类型和状况也应有所不同。桥梁检测执行之前需要明确一系列目标、文件格式标准、数据存储和反应能力。NBI 每两年一次的检测就是一个很好的例子。另外一种比较普遍的方法是每年的相对粗略检测和每 5 ~6 年的细致检测相结合。可调整的方案也在持续探索中。将桥梁检测频率和桥梁状况联系起来是一个非常有吸引力且符合逻辑的挑战,但对桥梁管理来说意义并不大。不检测相对较新的桥节省的预算,会被由于执行任务和输入数据不规律引起的损失所抵消。

在接下来的章节中讨论的检测类型基本囊括了所有的检测需求。对于每种方法都有各自的手册、指南、建议和说明。

定期检测(每两年一次)

NBIS §650.305 将这种检测定义为标准的桥梁检测。它有三个必要的功能:识别潜在的灾害、状态评定和更新桥梁清单。桥梁定期检测按照地方(Park,1980;NYS DOT 1997)和联邦的(FHWA,1971,1988,1995;AASHTO,2003)桥梁管理手册执行,并按照要求格式提供检测报告。每年遵循 NBIS 要求的格式向 FHWA 提交报告的数值结果。纽约州同样要求铁路每两年提供一次检测报告。AREMA 也要求年度的例行检测。对于在欧洲和南非进行的各种定期检测参见 BRIME(2002)和 FHWA(2005b)。

定期安排的检查通常被称为例行检测,尽管它们的执行根本不是一种例行程序。术语“例行”意味着高度组织化的或者是一般性的。工程和管理必须坚持避免从前者退化为后者。可以通过将重复任务划分为离散的项目来检查以提高例行检测的质量。非连续性本身往往会导致疏忽,而疏忽又往往是创新不可避免的副产品。

桥梁检测报告是具有技术确定性和法律效力的文件,需要责任工程师和具有相应资质的质量控制审查人员的签名并附上职业工程师证书编号。近几年来,检测报告制作和传送开始电子化,这导致了与文件法律状态相关的新程序。

除了检测结果,日常检测必须清楚地注明它们的局限范围。在无法准确预测两次检测间结构变化的情况下,必须推荐进一步的措施。一般情况下,对不能接近但又非常关键的结构构件,必须指明并安排专门检测,其中包括基础、通道、植筋、锚箱、悬缆钢丝、石拱等。

中间检测

为满足两年一次的检测期间的检测需求,NBIS(FHWA,1971,1988,1995)规定:“650.305(b)一些类别的桥梁或是一系列的桥梁需要不到两年检测一次,这些桥梁的检测的深度和频率将依据年限、交通现状、维护状况和已知的缺陷等因素而定。这些因素的评估由检测工程的责任人完成。”

按一般的计划,中间检测相比每两年一次的检测而言是具有局限性的,但如果需要也可进行“深入”检测。

监测

监测针对特殊的状态和位置。相关文档限于描述局部状态的变化以及推荐修复措施。在20世纪90年代早期,这种检测在纽约市已是必不可少的。Yanev(ENPC,1994,第501-516页)报道,在总数约为5 000跨的800座桥梁中,每年重大事件达到了3 000次(案例EA46)。图E18.2中的组织结构图说明了对非关键状态的监测是如何在不损害使用性的前提下,减少应急修复的需求。

临时修理

临时修理可在不改善结构状态的前提下减轻潜在的病害。对那些交通需求量大,以前不太重视的桥梁业主来说,要优先考虑为临时维护而进行的监测。典型的临时修理包括木立柱和钢立柱支撑、钢桥面板(图11.7~图11.11)和在疲劳裂缝尖端钻孔(图14.12)。采用螺栓连接的板包夹钢梁的腹板来阻止裂缝的扩展,最终也只是一种临时措施,因为它改变了构件的刚度,从而可能在结构的其他部位产生不利的应力集中。这种修理时常具有临场决定性,因而强烈依赖于检测工程师的专业判断。

临时修理必须指定生命周期并预定监测频率。生命周期和预计监测频率需要根据现场情况来验证调整。如果预计的监测频率不满足需求,则相应的修理是无效的。木柱会收缩、徐变、腐蚀和开裂。典型的14in×14in(35cm×35cm)的木支撑在中部沿长度方向开裂后的屈曲荷载要除以系数8。钢支撑(图11.9)也是临时的,因为它们的基础和支座不满足设计规程。临时的立柱需要检测其在荷载传递点的楔子和其他细部后,方能确认为有效。必须构成一个从被支撑构件到基础的连续的荷载传递路径来替代失效柱。

图14.12　冲击孔周围超过1in(25mm)的疲劳扩展裂缝

在交通作用下,路面钢板的反弹和移动,与混凝土板相撞击。在典型的城市交通下,锚栓或锚带的疲劳寿命在一个月内消耗殆尽。在疲劳裂缝的尖端钻孔,孔有时会造成多条裂缝开展路径(图14.12)。临时修理也意味着迫切需要进行永久性更换。

专项检测

由于环境和结构的原因,可能需要专项检测,检测的范围随着其目的不同而变化。依据各自优先等级,检测可被称为中期检测或专项检测。如图E21.1所示对伸缩缝的检测为专项检测,因为检测的目标窄而明确且时间安排不规律。其检测报告也许不能完全“满足或超出”NBI的要求。但检测报告的制定和存储必须与标准的数据库记录相一致。

深入检测

NBIS 23 CFR 650 C 部分(FHWA,2005a)给出了如下定义:“深入检测:对构件在伸手可及的距离范围内进行检测。检测采用目测并辅以无损检测技术。”

对预期结果的描述能够帮助我们定义深入检测。常规的两年一次检测的本质表明,这种检测可以服务于修复项目的优先排序,但不能用于决定修复工作的范围。这就是深入检测的任务。该种检测包括竣工图的现场验证。有损检测,例如混凝土板的钻芯取样,是深入检测标准形式,这在许多检测中都是应该避免的。对重点的检测部位进行视频录像也已成为现实。NYS DOT 已经出版了深入检测的指南。对芝加哥铁路运输桥梁的评估就是一个深入检测的例子(Walther 和 Coob,2002)。

基本竣工检查

基本竣工检查有两个目的。第一,确认与桥梁有关的工作是否基本按照合同完成。如果是的话,应制作剩余工作要点表,并经以后的检测来完成校核。因为变更指令而增加的一些重要工作使得桥梁很难保持其初始状态,所以修复工作的范围很难估计。

第二,现场竣工图是桥梁资料的组成部分。相应地,应该更新(或者是编写新桥的)桥梁清单,这为将来的检测提供了参考依据。

周期性检测假定新结构的竣工状况和设计完全相符,尽管并非总是这样。必要的竣工检测应该认识到施工有时是偏离设计的并且设计并不总是完美无缺的。有时焊接连接和螺栓连接在施工中相互做了替换,却没有完整的记录。广为人知的 1980 年在堪萨斯州的 Hyatt Regency 宾馆(Levy and Salvadori,1992)的人行道失效,是由于未经许可而采用不连续的吊杆;1990 年,纽约市 Citicorp building 由于在施工中将焊接改为螺栓连接,所以进行专门加固。

相反,由于活载减小,桥梁强度也许不能在修复中得到完全恢复。在这种状况下,检测不应该将结构和原始设计相对比。

由于许多原因,修复后的桥梁状况等级很难达到最高等级。一个竣工项目将由许多诉讼纠纷所组成。施工项目专业技术施工质量手册(ASCE,1990)可作为业主、设计者和施工者的行动指南,但目前仍处于建议阶段。由于缺乏统一的标准,更需要加强施工监督。在西欧,大型桥梁竣工 10 年后,代表承包商、业主和政府审计师的委员会要对其进行检测,以便追究任何失职的责任。

复杂桥梁的检测

依据 FHWA(2005a),活动桥、悬索桥、斜拉桥及其他具有非常规特点的桥梁都是复杂桥梁。

从管理的角度看,一座被认定为复杂或者需要特别关注的桥梁,一方面可能是由于常规检查不能得到其工作状态,或者由于其有特殊功能且“不能按设计运行”的评级是不可接受的。大跨度桥、悬索桥等都属于特殊桥;但长度和特殊性都是模糊的定义。一些指南默认 AASHTO 设计规范采用的 500ft(152.5m)的限度。

采用桥跨的数量而不是桥梁的数量能很好地量化常规检测的范围。由许多小跨径桥跨组成的结构通常建于市区,人们有时不认为它们是桥梁。多跨桥梁通常有其特殊部件,但规模仍是其最大的挑战,这些桥梁都由 NBIS 和州政府对其检测。

大跨度桥梁既有关键的结构构件,同时又需要对大量数据进行快速评估。在清单中,如果按照其平均跨度来处理,结果就是不利的。将长桁架离散成为节点间的虚拟跨,有利于数据管理。引桥也是典型的多跨结构,其自身具有重要的特点。

1988 年,纽约的威廉斯堡桥不得不扩大每两年检测的范围(案例 3)。包括部分悬缆和悬挑人行路面在内的损坏严重的关键构件,以至于检测人员限制了除人行交通外的所有交通,直到详细评估结果表明可以重新开放桥梁。接下来的深入检测的结论是需要修复,该项工作持续了 17 年。桥梁专业维护手册是竣工资料(在这个案例中,为更精确的修复竣工资料)的一部分。

眼杆链

Silver 桥的倒塌(案例 6)证明没有内部冗余度的双眼杆链悬吊系统是不可靠的;但是,许多铁路和公路桁架桥、悬索桥中都使用了多眼杆链(图 E6.1)。

当在两个节点间有多个平行的眼杆时,单个眼杆就不是关键了;然而,分析中必须考虑如果其中的一个失效,那么其他的也可能因为类似的原因失效,而且他们还要承受超设计应力。因此,图 3.6 所示桁架需要一个新的支承系统,部分原因是眼杆可能出现超应力,但更大程度上是由于连接铆钉的状况。眼杆偏移和截面损失都可能会使铆钉的受力模式从剪切型变成受弯型,进而增加疲劳破坏的易损性。一般地,锈蚀将整个连接点融合成为一个刚体(图 E6.3),因此使眼杆失去了旋转自由从而要承受弯曲力。

眼杆及其转轴连接需要使用无损检测和评估,尤其是运用超声波方法(图 E6.3)。一个由大型铆钉连接桁架的无损评估流程需要占用大量的时间、仪器、专业知识和交通限制。如果不能对所有连接进行测试,必须采用抽样测试进行初始状态评估。基于初始评估,进一步确定全面测试需要的统计样本的数量。同时,必须将扩展测试程序和提供紧急加固考虑在内。

悬索桥和斜拉桥

NBI(表 A14.2)参考了 98 座悬索桥,其中有 33 座被认为有结构上的缺陷,41 座被认定需要废弃。依据 NCHRP Report 534(2004,第 1-11 页),到 2000 年,在美国,已有 29 座采用空间平行钢丝纺线方法建造的悬索桥;2 座采用预制平行钢绞线,21 座采用螺栓钢绞线。它们大多数跨径是超过 700ft(213m)。同时,斜拉桥的数量正在急剧增长。NBI 包含的 35 座有“索支承梁”的桥,其中一座有缺陷,两座废弃。辛辛那提—科文顿桥(图 1.37)和布鲁克林桥(图 E1.1 和图 3.5)是 John Roebling 的标志性悬索桥和斜拉桥混合桥的例子。在制作清单时,他们都被划分为悬索桥。

FHWA(1986)和 AASHTO(2000)认为,索支撑系统的特殊细节是关键,包括悬索桥中的主缆和吊杆以及斜拉桥的拉索、鞍座和锚碇(图 14.13)。

索支承桥梁的高强钢丝可以归类为平行的或者螺旋的钢绞线。它们通常是镀锌的,尽管也

图 14.13 悬索锚锭中被腐蚀的眼杆

有例外,例如在纽约市的威廉斯堡桥(平行钢丝)和在法国的 Pont de Tancarville 桥(螺旋钢绞线)。吊杆(图 14.1)和斜拉索一般采用螺旋钢绞线或者钢丝绳。最新的悬索桥跨度纪录保持者日本的明石海峡大桥和斜拉桥跨度纪录保持者多多罗桥[图 1.40a)、b)]的主缆和拉索都采用了平行钢绞线[图 14.14a)]。

悬索桥和斜拉桥的关键部件都是难以进行目测的(图 14.2 和图 E3.5)。如图 14.1 和图 E3.4 所示的外观表明,索的老化是极其严重的。为对悬索桥进行充分评估,必须考虑材料老化机理、结构失效机理以及检测失效的技术。还必须掌握索支撑结构。Steinman(1949)回顾 20 世纪中叶以前一系列桥梁设计技术现状。Irvine(1981)和 Gimsing(1983)是在一般悬索结构方面的经典著作,尤其是桥梁结构。另外还有很多资料,包括 Troitsky(1988)、Chen 和 Duan(1999),描述了索支撑桥梁的状态和性能评估。

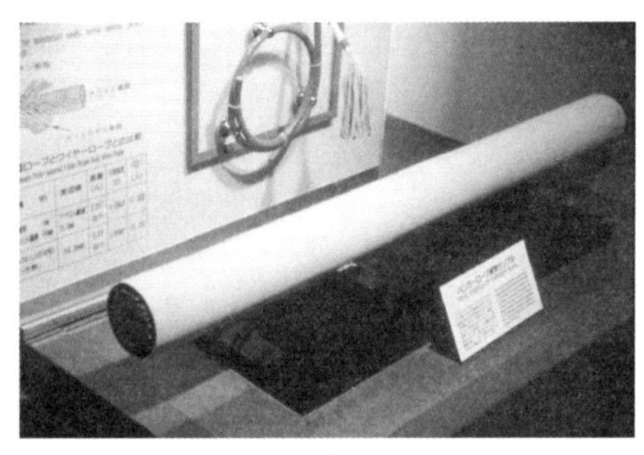

a)

b)

c)

图 14.14 a)平行钢绞线的吊杆模型(85 × ϕ7),明石海峡桥,日本;b)Glebe Island 桥,悉尼;c)在建设中的 Extrados 桥,名古屋

法国建设协会(AFPC,1994)和国际桥梁与结构工程学会(IABSE,1995,1999,2001)详细阐述了斜拉桥和索支撑结构的设计、施工和维护的发展。Gabriel Schlaich(IABSE,1995,第

897-902 页）在他们关于悬索桥的钢绞线拉索的文章中得出如下结论：

“非专业人员很难对延长使用的拉索进行评估。不存在说，对整个结构非常熟悉且经常在现场的由业主雇佣的桥梁检测人员，或是索检测专业技术人员特别重要。只有两者相结合才能有效服务于索结构的安全性和耐久性，这要比任何先进的自动检测方法都有效得多。”

许多详细的调查报告，例如在 TRR 1654（1999）、Stahl 和 Gagnon（1996），对高强度、高应力、镀锌（或者没有）钢的侵蚀机理进行了专门描述。对于平行钢丝悬索，NCHRP Report 534（2004）推荐：

（a）定期打开主缆的护套［类似图 11.2b）］。

（b）改善高强钢丝和索失效模型的随机和现象学的建模方法。

（c）发展悬索的无损检测方法。

在 2005 年，FHWA 启动了一项工程。到目前为止，最常用的就是钢丝断裂的声发射监测（见第 15 章）。这种方法可以粗略估计索中的强度损失，但不能识别其原因或预测具体断裂时间。

点侵蚀和应力侵蚀的积累会导致方形钢丝的断裂。如果发现或者怀疑索出现了这样的情况，则必须解开护套，削成楔状（图 E3.5），以便决定沿索全长和截面的老化程度。钢丝断裂的声发射监测是一种无损检测方法，已经逐渐成为悬索主缆、斜拉索以及预应力筋监测的标准方法。寻求另一种独立的方法验证基于声发射获得检测结果会非常有价值（见第 15 章）。

如果通过深入检测确认，由于悬缆的老化需要对桥梁承载力和预期寿命进行详细估计，则包括钢丝样本的试验室测试、竣工结构及结构现状的分析和经济效益评估（案例 3）。1981 年，布鲁克林桥（图 3.5）的一根拉杆因侵蚀发生破坏，造成一行人死亡，后来所有的吊杆和拉杆都进行了更换。Virlogux（TRR，1654，1999，第 113-120 页）报告了 Pont de Tancarville 主缆的更换情况。原来的主缆是由没有护套、没有镀锌、锁盘、螺栓钢绞线组成的，其中的一根被侵蚀而失效。新的钢绞线进行了镀锌。波尔多的 Pont d’Aquitaine（图 5.3）对类似的拉索采用不同的方法更换（Kretz 等，IABSE，2006）。

每隔 20～30 年的时间，悬索桥的业主需要对样本索进行破坏性试验。

检测应该报告索和拉杆的侵蚀保护系统的状况。在过去许多年，主缆防侵蚀使用的是亚麻油、复合防腐剂、红铅油漆、聚酯、平行钢丝护套和注入干燥空气（图 11.12 和图 11.13）。

NCHRP Synthesis 353（2005）报告了拉索侵蚀保护系统的性能，包括对单根钢丝的防腐涂层和环氧涂层处理。作者强调侵蚀可能是外部引起的也可能是内部引起的，侵蚀保护可能会引起内在侵蚀的问题。化学填充物和封堵物如下：

波特兰水泥浆；

合成聚丁二烯树脂；

金属碳氢油脂；

固化石蜡；

轻质液体油。

Synthesis 353 将检测和监测技术划分为短期和长期的。简单回顾如下：

基于振动的索力测试技术；

声、超声、激光超声；

脉冲雷达；

红外成像；

磁感技术(磁漏、磁扰动)；

磁力控制技术；

放射成像技术；

摄影测量；

其他(也可见第15章)。

对斜拉桥业主的调查报告表明他们顾虑的是难以接近检测部位缺乏可靠的检测和预测方法。专门的桥梁检测手册正在制订中。

悬索和拉杆系统的独特之处是需要进行风荷载响应监测。在日本,如在Hokkaido的明石海峡桥和Hakkucho桥,都在新桥设计时一起设计了实时健康监测系统。

有关钢筋腐蚀和应力损失的相关技术和关注点也适用于预应力结构。

预应力桥梁

尽管斜拉桥从整体上看最接近悬索桥,但是它们的功能和预应力混凝土结构有许多共同之处。Extrados桥[图14.14c)]代表了介于两者之间的一种过渡。

许多专业手册专门针对预应力桥梁的状态评估(AASHTO,1999a;Anglo-French Liaison报告,1999),最新的是NCHRP Report 496(2003),“在先张高强混凝土桥梁梁体中的预应力会损失。”预应力筋的损失对于预应力混凝土结构的整体性是非常致命的。预应力损失的原因有收缩、徐变、松弛、施工缺陷、侵蚀或几种因素的综合作用。高强钢筋和钢杆非常重要,却不能接近(4.3.1节),这一弱点已得到广泛认识,如Anglo-French Liaison报告(1999)和Buderkin等(1991)所讨论的。预应力原理及其在桥梁上的应用是由Menn全面发展起来的(1986)。

检测应当了解桥梁的施工顺序(先张还是后张),也要了解预应力筋的保护系统(是否采用灌浆)。接触性检测几乎不可能。例如,对于具有斜墩柱且其墩柱采用预应力筋固定在桥台上的三跨连续梁桥,如果没有有效的方法检查预应力筋的状况及性能,对该桥梁的检测就是毫无意义的。

在预应力混凝土结构中,对整个结构的几何尺寸的高精确监测,及对任何局部损坏,例如混凝土的裂缝和着色等进行监测(图14.15)显得格外重要。如图4.69所示,混凝土构件在连接处的混凝土压碎促使了深入检测,最终采取了一系列的预应力重张措施,以便修复估计的预应力损失(图4.69)。像索支承桥梁中的索一样,钢丝的断裂也采用声发射检测。

活动桥

Koglin(2003,第467-8页)写道：

“桥梁评估的分析方法是有所限制的,从某些方面讲甚至是空想的……相比固定桥梁,活动桥梁的管理更是困难重重,因为几乎每一个活动桥都是独特的个体……”

Konglin 提供了美国运营于不同时代的活动桥清单,一共有 3 780 座。NBI(表 A14.2)包含有 874 座可升降桥、活动桥和回旋桥。

图 14.15 预应力箱梁中的裂缝

NBIS 认定活动桥为复杂结构。在美国,它们的运营必须得到美国海岸警卫队的授权。业主必须定期验证其功能有效性。机械的、水力的、电力的、咬合装置、控制的和其他特殊组件必须经过具有适当资质的机械和电力工程师检测。检测必须在 AASHTO 手册(1998d)(目前是其第二版)和 AASHTO 的设计规范(1988)的指导下进行。升降桥中由索支承的平衡物必须得到厂家的验证并依据 ANSI 进行检测。AASHTO(1998d)讨论了可垂直升降桥(图 4.78)、活动桥(图 4.79)和可转动桥(图 1.10、图 11.1 和图 1.16),完整起见,还可加上更加稀少的可伸缩桥梁(图 14.16)。如图 14.16 中的高压警告标示,提醒着电力和机械检测的重要性。Konglin(2003,第 31 页)报告称这座桥“不再适合运营”,但直到 2006 年,该桥仍在运营。

许多活动桥的构件非常独特,有特定的失效模式,需要对这些特点加以认识和预测(见第 4.6.1 节)。桥道板为典型的开口式钢格板(图 4.21),对侵蚀疲劳和破损较敏感。结构维修,特别是临时维修,明显地改变了活动部件的重量。

图 14.16 板梁上有触电安全警告的可伸缩式桥

水下(潜水)检测

NBIS(FHWA,1971,1988,1995)指出水下检测的频率如下:“§650.303(2)有水下构件的桥梁,当这些构件由于水太深或者水太浑浊,在低水位时不能通过目测评估或者采用触摸检查获得结构的状态、完整性和安全承载能力……应当对其进行说明,同时制定其检测频率(但不能超过 5 年)及检测方法。”

根据检测范围的不同,状态评估手册(AASHTO,2000b)将水下检测分为三个等级。上面提到的 NBIS 强制条款是指等级Ⅲ的检测,要求具有相应资质的潜水员对所有水下结构进行人工验证。州运输部为潜水检测出版了专门的规范(例如 NYS DOT,1993 年 9 月 1 日)。

NBIS 23 CFR 650 子部分 C(FHWA,2005a)容许更短或者更长(不超过 72 个月)的潜水检测时间间隔。冲刷控制的桥梁(在接下来的段落中讨论)可能需要持续的或者频繁的监测。“涉水”不能和“潜水”相混淆。“湿水线”处的构件极易受损,但周期性明显。图4.63展示了腐烂50% ~100%的木桩,在高潮水位下完全被水浸没,但在6个小时以后就又完全暴露出来。

从专业技术来讲,接近水下桥梁构件本身就非常难,后续还必须辅以有效的数据采集和对数据正确的解读。冲刷是很难识别的,即使是对能直接接触到的易于受冲刷的墩脚。尽管通过红外照相成像技术,可实现冲刷的可视化检测,仍然有可能未检测到。木桩受海钻孔虫袭击的早期阶段,仅能通过取样测试才能发现。

在许多地区,具备从事水下检测资格的咨询人员不足,业主在为过往结果寻找独立审查时的选择也很有限。因此,水下结构的状况及其检测都要求有更高的安全储备。

极端事件/紧急情况检测

必需的评估有两种类型:事前评估和事后评估。事前评估考虑的是采用何种组合及相应准备来应对极端情况(第4.2.4节)。因此这是一个属于设计范畴的功能。事后评估确定了损失及推荐修复措施。不管设计中如何考虑,极端事件都要求应急响应。极端事件在一定程度上是随机事件,从容地应对需要由长期员工组成一个核心团队,并根据需要配以合同人员。根据主管部门和法律的要求,负责应急检测的人员必须就安全和交流等方面接受联邦(FEMA)和地方紧急事件管理部门(如紧急管理办公室)的专门培训。

不管是否有预先准备,必须有明确的应急方案来分配现场工作。检测人员的安全保障需要具体落实。必须使检测人员详细了解其责任及修复方法,例如开放还是关闭交通和要求紧急修复。紧急程序必须文件化,与相关机构协调,并进行演练。必须提供所有责任人的联系方式和到任何部位的通道。

分级

极端事件的事后评估必须按要求进行分级。紧急响应取决于劳动力、时间和材料的限制。为了方便,桥梁业主有时会将检测和修复工作相结合,这主要通过选择合适的维修方案,安排有能力进行“损伤”评估并监督完成维修工作的工程师来实现。紧急维修工作的寿命期需要由独立检测人员来确定。相应地,桥梁清单和状况的等级也要进行更新。

除在结构评估外,所有与应急检测相关的因素,如参与工作的各方、事故可能的原因、天气状况、涉及的车辆种类和许可证等,都必须记录在案。维修方案或建议中应包括控制事故起因的措施。接下来,简单讨论应急检测的诱因。

交通事故

车辆对桥梁下部的冲击可能破坏柱子和主体结构(图4.44~图4.48)。破坏的种类和位置经常会重复出现。钢标示立柱或限高梁可能承受多次的撞击而只发生较小变形,但最终还是会裂断。自满,一直是桥梁检测的一个威胁,它特别容易影响对由交通事故引起的发生在同一部位的损伤的调查,使人们对这一损伤习以为常。

火车冲击(图4.45)比汽车冲击力更大,需要更有效的预防。船舶碰撞的毁坏力更大(图4.44),这在许多报告中已经讨论过了,如Gluver和Olsen(1998)。保护系统,如防撞墙、防护板和护墩桩，也要作为桥梁的一部分进行检测。这些系统如果不能可靠地工作，交通必定是不安全的。如图4.44和图4.45所示的碰撞发生以后，交通一直中断到完成紧急维修。

桥面上的事故通常会破坏栏杆（图14.17）、交通标志和照明系统（图14.18）。在这种情况下，交通是不安全的，直到清除不稳定构件和复原栏杆。

当地交通部门应保留维护事故多发地段和发生频率的信息。对这些地段的检测应该推荐合适的控制事故措施，甚至可能包括对桥梁几何形状的改变。例如，图4.47中的结构在经历多次碰撞以后，桥梁检测建议将其拆除。NYS DOT碰撞易损性手册（NYS DOT，1995a）尝试系统地描述这种危害。

图14.17　碰撞后的栏杆破坏

地震

ATC提供了结构地震后现场安全评估手册（ATC 20-1，1989）及实施过程。CalTrans已经出版了震后结构检测手册和紧急处理程序，此程序已经在Loma-Prieta（Housner，1990）和Northridge（1994年2月）地震中得到验证。日本的经验，特别是在1995年2月，Kobe的Hyogo-Ken Nanbu地震中获得的经验，为震后反应提供了另一个重要信息源。许多支座和约束在那次地震中失效。海湾桥跨的落梁是由于固定和滑动支座失效（图4.32和图4.33）而导致的。碰撞支座和滑动钢板支座必须列入清单，以便震区的桥梁在修复中予以更换。图14.10和图14.11的支座在地震中没有失效，但其性能已很差。这些考虑为预测事故的易损性评估（参见第4.2.4节）提供信息。

图14.18　碰撞后的照明基座破坏

震前检测能识别易损构件并确定进行更换或者加固的紧迫性(附录33)。如图4.37、图4.38、图4.43和图10.2所示,支座的修复包括在中等震区桥梁修复的范围内;如图4.35和图4.36所示,张紧或是松弛的限位器的维护则包括在地震频发区域的桥梁修复范围内。

在美国,有三个国家地震工程中心正持续地发展和完善新建和在役桥梁的灾害评估和设计手册。其中成果之一就是在网络层次上的事故前后评估及管理程序包(Werner 等,2000)。

一个详细的清单便于对其中易受地震影响的部分进行快速的预先评估。清单信息可以根据不同的标准进行分类,例如由 Basoz 和 Kiremidjian(1996)开发的考虑局部优先权和预估的病害水平(附录33)标准。

业主依据项目的重要性和易损等级(如加权乘积)来综合决定其优先顺序。地震灾害可以通过地质调查来决定。应该考虑到交通数量、是否存在替代的交通路线和其他的方面(如具有历史意义的标志雕塑),这些并不一定都包含在一些成型的算法中。结构的动力特性则是通过理论分析和"动力特性"测试获得的。案例25描述了布鲁克林桥的动力特性试验。

案例25　布鲁克林桥在环境激励和人工激励下的动力响应监测

Fanjiang Ye 和 Yanev(在 Ansari,2005,第65-77页)概述了布鲁克林桥在强迫激励下的响应监测。桥梁主跨的传感器布置位置如图E25.1所示。依次将一个2t的激振器放置于桥梁的几个位置(图E25.2)进行激励,得到的桥梁一阶振型如图E25.3所示。

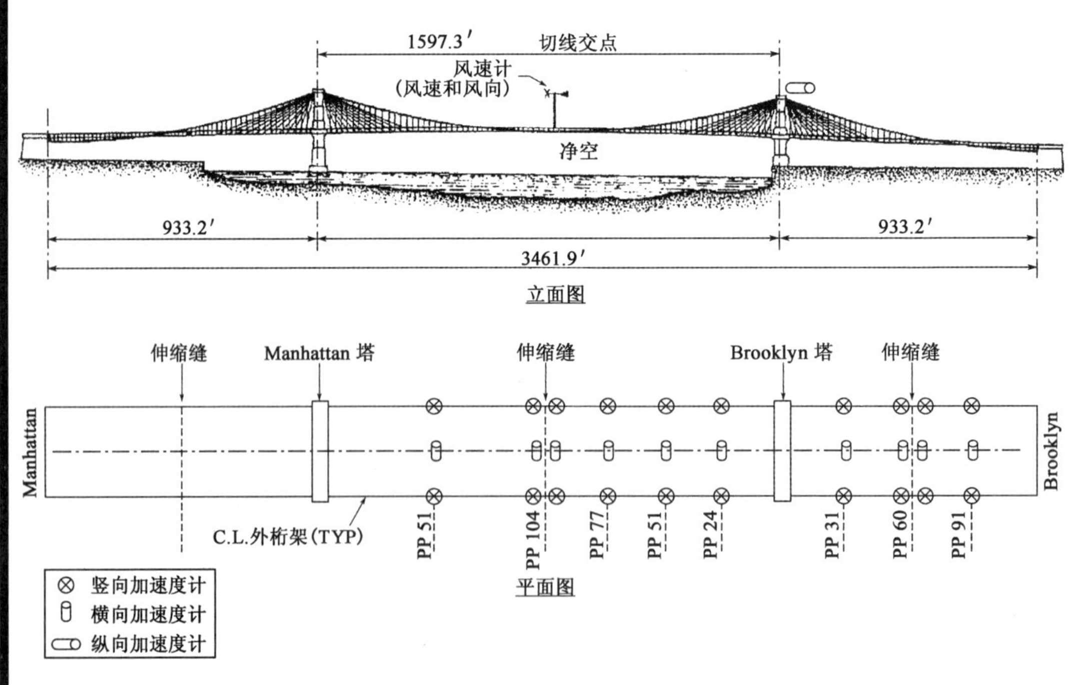

图E25.1　环境激励和人工激励下监测布鲁克林桥的传感器布置

图 E25.2　布鲁克林桥采用的 2t 的质量激励器

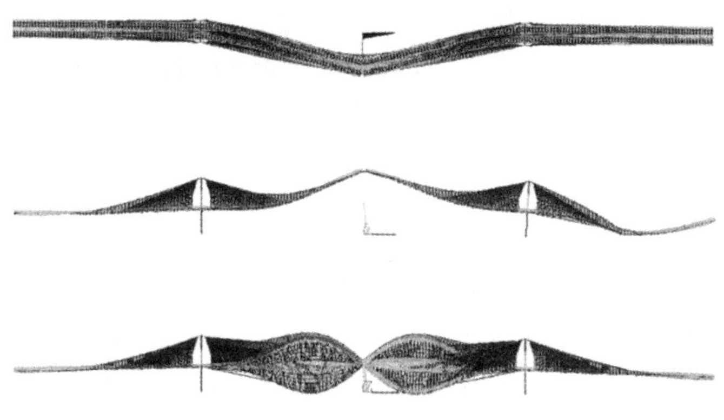

图 E25.3　一阶固有振型

洪水/飓风

最近在美国东南部的事件表明:飓风和洪水的作用必须同时考虑。历史表明,洪水是引起桥梁失效的主要因素。NYS DOT 水力易损性手册(1991)就是一个减轻冲刷相关病害的系统管理方法的例子。在 1994 年的特拉华郡、纽约、纽约市的洪水中,桥梁检测团队配备了直升机对受影响的地区进行检测。尽管紧急目测对于重新开通、关闭桥梁是有帮助的,但只有水下检测才能证明冲刷区域内基础是否完整。强大的水流能快速地对基础造成破坏,而没有任何先兆。冲刷可以采用声呐技术监测。

NHCRP Report 489(2003,第 19 页)提到三种冲刷构件。长期沉积和退化是由于材料的腐蚀和沉积而导致河床海拔和河道发生变化。渐缩冲刷是由于水道河床和岸上材料的移动造成的。局部冲刷是桥墩和桥台周围水流流速加大所引起的。局部和渐缩冲刷是流动的河水(例如永久的)或活动的河床(如周期性的)造成的。由于破坏的周期性和动态性,潜水检测对长期可能病害的预测并不是非常可靠的。

FHWA(1998)总结了针对冲刷严重的桥梁的行动计划和冲刷监测技术。对固定和便携式的仪器,包括声棒、埋入的设备、声呐设备(电子发声音响器)和定位系统进行了描述。Briaud

等(NCHRP Report 516,2004)提出了一种预测收缩水道内复杂桥墩的冲刷深度随时间变化的方法,并基于已有的水道测试技术、数值模拟和现场测量验证提供了一个水位图。一些冲刷症状可以用声波来监测。

在洪水和风暴中进行的检测,首先能够通过封闭对交通有威胁的结构来减少损失。

风

多数桥梁是按照100mile/h(160km/h)的风荷载设计的。但并没有将超过56英里/小时(90km/h)的风荷载和活载进行组合。相应的力是采用静力的形式进行分析的。塔科马桥的倒塌恰好展示了风荷载破坏的动力本质。经过多次修复,Whitestone桥的风响应得到了很好的调整(图E1.8)。在本书撰写期间,最新的一次调整仍在进行中。

索支承结构的风响应是通过理论分析和风洞模型试验进行评估的。在日本的许多桥梁上,对环境振动进行了连续监测,例如明石海峡大桥和Hakucho大桥,对这些系统的描述可以从东京大学的藤野阳三教授和Honshu-Shikoku桥梁管理部门的一些出版物中找到。长吊杆和斜拉杆的动力行为仍然是一个备受关注的问题(Dallard等,2001),随着加速度传感器的逐渐推广,使得对它们的连续监测成为现实。

人群

本书第4.2.4节指出人群是一种潜在的会对桥梁造成损坏的活荷载。藤野阳三等(1993)已经指出人致激励不是随机的。因此,推荐进行现场测试。尽管人群和地震激励存在显著差异,但对他们引起的结构响应研究需要类似的专业知识、仪器设备和理论分析。

在一次人群密集监测测试中,人群激励起了伦敦千禧桥的横向振动(Dallard等,2001)。2003年8月14日的黄昏,大量人群涌向布鲁克林桥曼哈顿一侧的交通通道,有传闻称桥梁在晚上7点钟发生了横向运动。30min后本书的作者及其同事来到现场,却未能观测到这样的振动。虽然如此,基于千禧桥(图3.1)、Passerlle de Solferino桥[图3.2a)、b)]上观察到的现象,许多分析专家和NYS DOT研究了桥梁在模拟横向和竖向激励下的动力响应(案例25)。

结构的响应可以通过刚度和阻尼来调整。另一方面,也可以采用警示标志告知公众那些对结构不利但是会激起结构振动的运动。因为人群对运动非常敏感,检测人员应报告人群所经历的结构在交通和风致作用下的结构响应及相应的环境状况。对桥梁上灯柱和信号结构的细致观察可能就有启发性。尽管这些观测很有价值,但是它们并不能反映结构在极端人群激励下的性能。

火灾

火灾是容易导致桥梁损坏的主要因素之一(4.2.4节)。易燃材料,包括其残片(图14.19),必须作为病害处理,并立即从桥梁附近移除。

易燃材料的运输则要符合当地的安全规范。火灾后的检测(图14.20和图14.21)必须遵守由消防部门确认的安全规范。

图 14.19　违章堆积的垃圾，火灾严重危及桥梁安全

图 14.20　油罐车交通事故引起的火灾后的桥梁施工现场检测

人为破坏

破坏桥梁是战争的一种手段，但是2001年的9月11日发生在纽约市（图4.53）的恐怖事件证明了在和平时期也要关心人为破坏的出现。在该事件和其他例子中，具有相应资质的桥梁检测人员提供了满足紧急结构评估需求的关键培训和设备。

在突发紧急事件暴露出它们的弱点时，联邦和地方指南也会随之更新。第一要务是和负责机构，如联邦和地方紧急管理办公室和警察、消防和交通部门交流合作。第一步需要指定一个机构作为负责实施的协调单位（图14.22）。

图 14.21　火灾引起混凝土碎裂、油漆剥落和支撑屈曲

图 14.22　警察、消防员和应急协调机构的响应

非结构构件

活动桥由于电信和机械失灵和偶尔的误操作，会发生花费昂贵的故障。由于桥梁服务的要求，在这种情况下桥梁的状况评态总是一个紧急事件。

桥梁的非结构性附属物，如圬工覆盖层（案例16），对公众是非常有危害的。由于它们不对结构功能起决定作用，常常容易被忽视，结果造成更大的危害。将覆盖层完全剔除是一个典型的紧急措施。在设计中,就必须将纯装饰构件的维护需求包括在成本效益分析中。

关闭桥梁

对被判定为“失效”的桥梁采取关闭交通的措施能解决结构的紧急问题(却引起了公路网中的交通问题)。但是,一座桥梁的关闭并不代表该问题的终止,因为正如在第13.3节中所述,桥梁物理意义上的退化超出了其评级范围。

一般来说,(超过某一长度的)公路桥的恒载(尽管是静载)可以占到其设计荷载的90%,而对铁路桥梁恒载大约占80%。恒载和导致桥梁关闭的糟糕状态的组合可能会引发灾难性的后果。如图4.73所示为一根14m的钢柱,其腹板已经完全腐蚀。在注意到这种情形并将其列为紧急状况之前,该结构已关闭了12年之久。后面,采取了安装临时支撑杆[图11.9b)]和定位板[如11.10a)、b)]的措施。

关闭后的桥梁常常会变成垃圾堆积场,因此比正常状态时存在更大的火灾隐患。

维护检测

对于独特的桥梁,检测可以纳入持续的维护之中。重复的(日常的)维护任务,包括有油漆、堵缝和排水沟的清扫,已和状态评定和检测所需记录融合在一起,且同时进行。某些部件,如活动桥的可移动部件、悬索桥的移动起重机和电气设备等,也要求频繁的检测(包括有电气和机械工程师);而其他的,例如悬缆中有包裹的钢丝,检测的时间间隔可以超过两年。近年来,特殊和复杂桥梁的设计中包括了为桥梁定制的维护手册。如果将来的检测能够将现场检测结果和维护记录进行比较,维护对桥梁状态的效果就能体现出来。

收费设施的业主比较支持维护检测,这些检测中结构的需求和人员的资质都具有高度的规范化。桥梁的相关费用与状况的对比结果表明,道路收费最大化所要求的维护强度超过了交通安全的需求。一个副作用是,维护水平的提升会减小检测的需求,并替代检测的功能。

检测的目的是为了获得信息,因此应该具有一定的独立性,正如所有的信息管理推荐的一样(见第12章信息的双重本质)。从实施维护的人员中分离出评估人员,可以避免潜在的利益冲突。

14.4 人员

NBIS对检测人员所具备的基本要求见附录53。

土木工程执照并不都是强制要求具备的,反映了第10.4节中所讨论的两种评估方法。评定/描述的评估要求专家(如有执照的工程师)能够对常规的和意料不到的检测结果进行定性和定量分析。在明确和完备的指导下(如由专家系统提供),缺陷/整改报告也可以由专业的技术人员完成。这两种方法都受限于其核心技术资源的缺乏,对于前者来说是专家,后者则是专家系统。

如同灾害识别(第10.3节)和减灾(第11.2节)中所述一样,当预防已经失效后,检测人

员识别关键状况的能力就成为最后的防线。

专家系统(附录42)将桥梁数据库和已有的经验、服务要求和修复方案整合在一起。信息可以作为一个模糊集合进行处理,并采用神经网络进行建模。便携式电脑的发展促进了现场数据的访问和处理。“启发式”指南能够促使检测人员去寻找和识别在编目录中所列的缺陷。只要实施时不放松对人员职业素养的要求,这些新的进展必将提高检测的质量。

案例7中的部分失效、图4.31中的支座缺失、图3.7中的桁架弦杆开裂或图4.44中的桥墩破损,必须由合格的工程师及时进行评估,这些工程师必须能够承担对交通和人员部署的决策责任。如果不能结合工程知识和技术,周期性检测将失去意义。如果机械地获得数据,得到的数据库即使与结构统一也难以理解并加以利用。

安全和设备

所有桥梁检测手册都要求检测人员遵守“所要求的”安全规则和规章。这不可避免会出现含糊不清,因为安全规则是由一系列权限交叉的负责机构修订的。

职业安全和健康管理机构(OSHA),美国劳工部,是制定建设工作标准的联邦权威机构。制定的标准会定期更新。在需要安全预防的结构部位,桥梁检测与桥梁施工所投入的资源和时间是不同的。尽管这种差异的程度难以明确界定,但是其非常重要,因为有人因此怀疑检测并不在OSHA所考虑的预期劳动力投入范围内。举个例子,OSHA要求在高于地面6ft(1.835m)从事任何工作的人员应佩戴安全带或者采取其他保护措施(OSHA,1995,第3页)。这种强制性要求事实上禁止了传统的用梯子进行的桥墩检测。现有的这些矛盾,要求对所有检测行为的安全准则及实施检测的相关责任进行明确定义。

在一项检测任务开始之时,无论过去的经验如何,都要重新审视安全准则。这在处理紧急事件时尤其重要。所有的检测必须由一个专职的、有责任心并拥有相应资格的(针对特定的目的)专业人员监督。

案例26介绍了一个交通机构内部桥梁检测单位的标准安全装置和检测设备的详细清单。

案例26 标准检测设备

在整个检测行业内对使用的设备进行标准化是不可行的。特殊工作的实施必须制定、维护并更新其设备选择。表E26.1提供了一个可能的标准检测设备表。

在工作中设备的合理使用必须经过严格的监督。不能确保处于良好状况是安全程序的一个缺陷。为了便于更换,必须监测安全设备的有效期。其中有些项目必须进行仔细讨论和调查。例如,耳塞是钢铁工人的标准装备,但是发现对检测人员来说却是潜在的危险,因为检测人员在工作中必须知道所有的警告信号。如图E26.1所示,绝缘橡胶垫的作用是为了便于在通电的第三条轨道附件工作。但并没有培训检测人员去安装它,因而认为它不应是检测设备的一部分。更恰当的是,检测人员应当能够处理第三条轨道,当其通电时,能够在上面安全行走。另外,如果预计会在输电轨附近工作的话,应该要求提供铁路信号旗手和安装铺垫。

标准桥梁检测设备 表 E26.1

检测人员设备	检测组仪器	检测车仪器
靴子,膝盖高	手提电脑	工具箱
防尘面具(一次性)	便携电话/无线电	记录板夹
工作服	电话本	手电筒(3 D 电池)
带衬垫的安全帽	笔记本	灭火器
雨帽和夹克	照相机,数字的,35mm,红外的	急救工具包
工作手套,长袖	光学孔径仪	旗帜(3)
工作手套,无衬垫	手提罗盘	梯凳,6ft 或 8ft
工作手套,有衬垫	光学测距仪	交通锥(10)
尖锤	远距观察棒,25ft	扫帚
带子(2 落锻 D 环)	染色渗透工具包	
减速系索	提灯	**在卡车上:**
手电筒(2 D 电池)	D 米测试块	发电机
安全反光背心	标记油漆喷雾	发电机的汽油
9 级(磁力)工具包(24 英寸)	螺丝刀套件	伸缩梯,32ft
Ⅲ级安全带	大锤(8 磅)	伸缩梯,24ft
桥梁检测手册	温度计	伸缩梯,16ft
检测手册的技术指导	喷雾染色油	铁铲
应急操作步骤说明、联系方式	双眼望远镜	推式路帚
呼吸器和过滤器(OSHA)	游标卡尺	簸箕和扫帚
记录板夹	扳手,12in	探照灯
安全护目镜	工具冲击钻	认可的汽油罐
	木制蜡笔	交通锥
	喷雾油漆	变化的信息标志(可选的)
	锥子	箭头板
	卡钳	
	画草图设备	
	钢锯	
	钢锯条(备用的)	
	油漆刮刀	
	检查镜	
	水准器,24in	
	钳子,8in	
	铅锤	
	小折刀	
	尺子,25 或 30ft(金属)	
	尺子,100ft(玻璃纤维)	
	刮土铲(特制的)	
	剪刀	
	钢丝刷	
	折叠尺,8ft	
	1/2in 的绳子,100ft 尺卷	
	地图	

图 E26.1　检测时用于第三条轨道的绝缘橡胶垫,Courtesy of A. Leyco

交通管理

许多检测事故都和交通有关。交通状况、规则和需求随着社会和地区的不同而不同。检测经常需要临时封闭交通。交通部门通常有施工(或者实施)协调中心、批准通道封闭和发行许可。封闭交通繁忙区域的通道(图 14.23)可能还需要专业人员的批准。检测人员必须参加由当地法律实施或者交通部门提供的交通管理课程。

图 14.23　因铲斗车检测而中断交通

夜间作业

一些检测工作白天难以进行,需要夜间作业,例如铁轨的检测,或者紧急情况下也需要夜间检测。执行任务时必须有良好的光线条件,必须有发电机供电的灯光。也可以获得红外视觉的辅助。反光安全装置是强制性的。检测的负责人必须判断检测结果是否满足要求,或者说是否还需要白天检测。

铁路轨道工作

这里的"轨道工作"包括检测跨过铁路线的桥梁。这些工作必须遵守 OSHA 和相应铁路公司的安全标准。所有在轨道上工作的人员必须完成由铁路公司每年提供的培训课程且获得证书。没有铁路人员（"旗手"）的监督，不允许在火车轨道上进行检测。在进行检测之前，主管工程师必须从主管铁路机构代表处清楚地了解其员工的安全责任。

铁路桥梁业主通过自营工程协议确保铁路员工的服务，或者也可依据机构之间的长期协议分担与安全相关的责任和费用。

具有混合功能的桥梁，其协调工作包括多任务之间、各责任业主之间。如图 4.30、图 4.31、图 4.61 和图 14.11 所示的支座，支承着结构上铺设的铁轨和公路交通，归属于公路交通部门管理。每一个业主都必须检测主体结构，然而他们各自的设计、维护和实施标准，以及程序却不同。当这种少见的情况发生时，如图 4.5 和图 4.6 所示，在修复中，应将所有权分解，以简化责任链。

通道设备

所有的通道设备，如铲斗车、侦察车、剪式起重机和梯子，需要进行适当验证，看是否满足要进行的工作。铲斗车可能适用于检测而不适用于维修。铝梯在接近输电线时不适合使用。30ft（10m）的支臂车需要由接受指导课程的合格桥梁检测人员操作。其他设备，如 80ft（25m）支臂车（图 14.23）和探查车（图 14.24），要求有执照的人员操作。在驳船上操作的铲斗车容易随波浪摇摆（图 14.25）。船必须与其保持一定的安全距离。借助通航河道的船只进行检测时，必须遵守美国海岸警卫队规章。

a)

b)

图 14.24 探查车检测

现在的设计要求为桥梁检测中所有需要人工干预和关键的位置提供检测通道。新桥建设时必须考虑移动或固定检测平台，旧桥上也应增加相应的移动或固定检测平台。这些非结构性的附属结构，称为"设施"更恰当，必须与其他桥梁构件一同检测和评定。它们的安全操作必须经过合格的机械和电气工程师鉴定。

由于维护和检测平台的横截面相对较小，所以在发生侵蚀时，它们会首先丧失结构的整体性。不安全的检测平台引起过重大的检测事故。对桥面板下用于收集杂物的"平板"设计时也许没有考虑任何活载而专门去设计，通常是不安全的。在缺乏通道平台和足够的设备时，承包方应该搭建合格的脚手架。

人员安全装备

所有的人员安全装备(案例 26),包括头盔、反光夹克、安全带、系绳、带子、护目镜、救生衣和呼吸器,必须经过鉴定、定期检测和根据规范更换。如果安全设施不完备或者欠缺,则有理由取消工作。作为团队的领导和监管人,有责任确保合理地使用所有的安全设备。无论何时,只要检测人员在高于地面 6ft(1.83m)的地方工作都必须采取保护措施,如图 14.26 所示。如图 E7.3 所示的检测有多处不符合安全要求。

在一些仅能选择脚手架的桥梁上,攀爬技术是非常有效的。在桥梁检测中成功地使用攀爬技术已经有所报道,例如在西弗吉尼亚的新河峡谷拱中。

冻伤是冬季检测的一种常见病害。在低温和大风的时候,手套、衣服和鞋等必须充足以提供保护。

图 14.25 在驳船上铲斗车检测

对于许多桥梁检测来说,必须标准配置便携式电脑。管理者除了需要确保检测人员的相应计算机技能外,还必须确保在现场条件下操作这种仪器而不引起新的危害。随着便携电话的普及,必须建立意外事故下的快速通信程序。许多检测报告是通过电子技术生成和传输的。数据建档及其管理必须适应新的、简单的技术。

环境危害

检测人员也许会接触到有毒的材料,特别是违章抛弃在桥下的废弃物。检测人员要定期接受处于潜在的有毒环境下进行操作的指导。当怀疑该地区存在危害时,必须立即离开该地区,并宣布该地区不安全。同时必须通知卫生部门。在有鸟粪的地方,常大量存在于桥下和格形桥墩结构处,必须使用呼吸器。厚底鞋可以避免锋利物体刺入(运动鞋是不合适的)。

检测可能产生有毒废物,如桥下的铅漆碎片。近距离目测时产生的碎片可能不会污染环境,但在特定的地区一般都有相应的铅处理草案,必须在检测中遵守。

图 14.26 在配有安全防护设施的主缆上工作

14.5 检测的可靠性和质量(QC&QA)

第 4.5 节认为检测具有很高的易损性,因为它们的任务要求有先进的分析能力和足够的体能。检测工程师必须在移动和观测的同时正确而可靠地思考。在对强制的每两年一次的以目测为主的桥梁检测进行评估后，FHWA(2001b)对这种能力的评估相对较低。报告的结论认为“单单通过所规定的目测是不可能检测或识别到各类缺陷的。”相比之下，深度检测可以有更好的结果。观测到的检测不足属于质量和可靠性的范畴。

检测必须保证其结果(如……评估)可靠、过程合格。检测可靠性主要从以下几个方面衡量其结果是否符合设计要求：

指定的方法能够评估目标状况的程度

目标状态的重要性

质量衡量了实施的水平或检测获得预期可靠性的程度。

在受 PennDOT 委托的一项研究中，Purvis 和 Koretzky(在 TRR 1184，1998，第 10-21 页中)对质量控制和质量保证做了如下区分：

> “质量控制是一种由监督人执行的强制程序，以确保产品或者服务质量达到或者接近指定的可以接受的水平。PennDOT 管理下的桥梁检测的质量控制是每个区指定员工的日常职责，在区工程师的监督下履行。
>
> 质量保证通常是由第三方机构对抽样产品或者服务质量水平进行验证和衡量。抽样必须能够充分代表整体的统计相关性。通过将结果与可接受的水平进行比较，确定是否符合指定的程序……全州范围内的桥梁检测质量保证行为都是桥梁和道路技术局 BMS 部门的责任。”

管理的任务是确保质量控制和质量保证。执行人员的安全是过程中关键性的易损点(第 4.6 节)，需要进行独立的质量控制(第 14.4 节)。这对评估(如产品)的质量有显著影响。

质量：管理和资质

详细定义任务和人员培训可大大提高结果的可靠性。在任何情况下，“常规”这个词都太模糊，而不能作为专业参考。

NYC DOT 采用的检测过程(案例 27)，遵从纽约州的政策，要求以下两个关键工作的实施者需具有有效的职业工程师证书，以确保所有检测项目(如每两年一次的、间隔的、监测)的质量控制和质量保证：

在检测中负责的并常驻现场的团队领导(TL)

审查质量报告的质量控制工程师

团队领导和质量控制工程师必须在最后的报告中联合署名并附上他们的职业工程执照编号。

案例 27　桥梁检测过程

桥梁检测主要是进行评估、评定和描述结构状况及潜在的危害。案例 18 和 EA46 指出这些是桥梁管理的主要信息来源。在图 E27.1 和图 E27.2 中关系流程图表明桥梁检测及其产生数据信息的管理流程。表 E27.1 和表 E27.2 给出了能够用于验证流程执行情况的检查表。图 E27.3 描述了检测部门和维护维修单位之间的信息流。

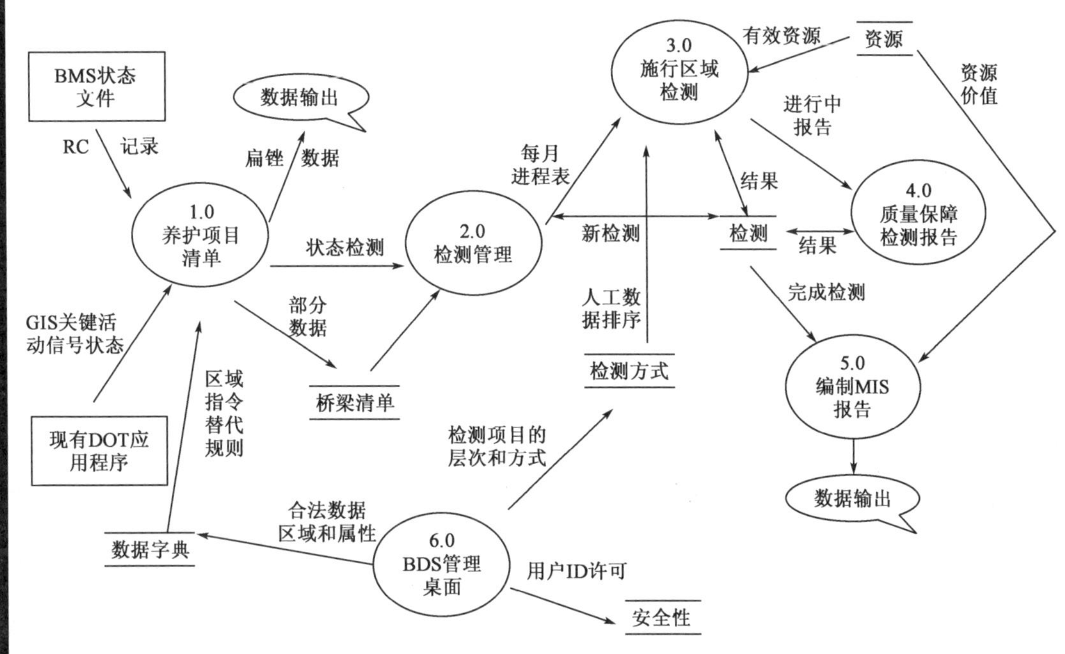

图 E27.1　桥梁数据管理系统关系图(BDS)

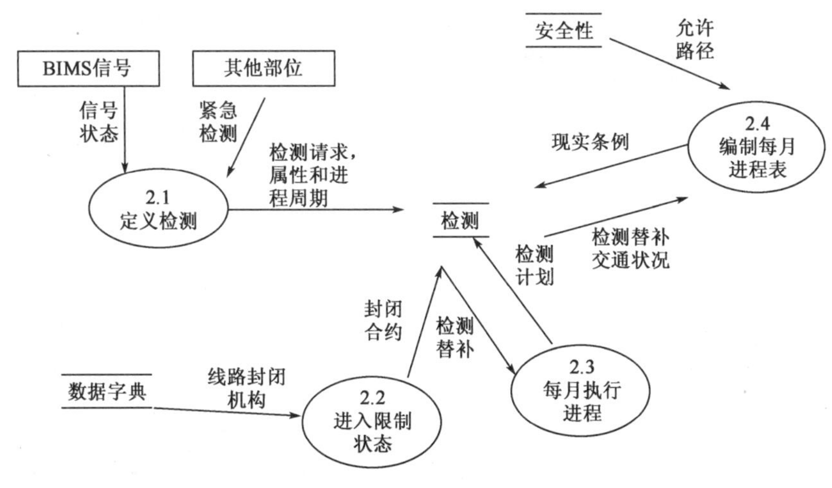

图 E27.2　桥梁检测管理系统

桥梁数据管理系统(BDS)流程图 E27.1 相应的清单 表 E27.1

结果(数据) \ 过程(检查)		输入	维护	管理	执行/产生	质量控制/质量保证	输出	安全
州桥梁管理系统	数据记录	是						是
	检测	是						是
	标记	是						是
详细目录	详细目录	是	是	是	是	是	是	是
	构件数据	是	是	是	是	是	是	是
	数据字典	是	是	是	是		是	是
	标志	是	是	是	是	是	是	是
	GIS	是	是	是	是		是	是
	运用	是	是	是	是	是	是	是
检测	时间表		是	是	是			
	形式	是	是				是	是
	报告			是	是	是	是	是
	资源	是	是	是		是		是
	设备	是	是	是		是		是
	BDS 表格	是	是	是	是	是	是	是
数据管理	MIS 报告		是	是	是	是	是	是
	软件	是	是	是		是		是
	硬件	是	是	是		是		是

依据图 E27.2 流程图的桥梁检测 表 E27.2

结果(数据) \ 过程(检查)		检测/监测	评估	报告	保证质量控制	文件	输入/输出	管理/培训
资源/设备	现场				是		是	是
	办公室				是		是	是
结构桥梁管理系统	检测/监测报告	是	是	是	是	是	是	
	标志	是	是	是	是	是	是	是
	修补	是	是	是	是	是		
	记录		是			是		
	预报/时间表		是	是	是	是	是	是
	详细目录					是	是	是
员工	现场	是	是	是		是	是	是
	办公室		是		是	是	是	是

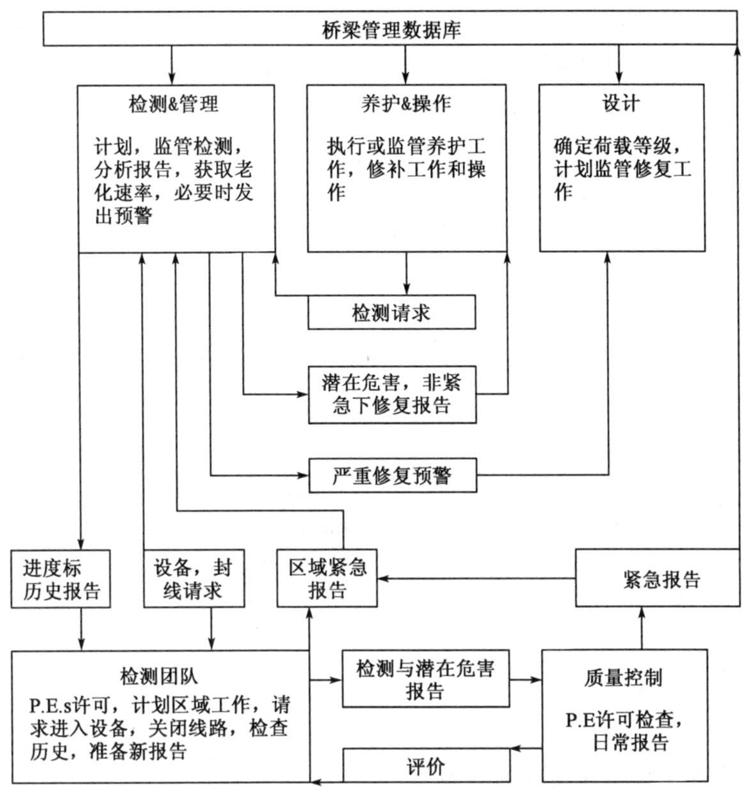

图 E27.3 检测和管理，养护和操作，设计和施工间的信息流

NBIS 23 CFR 650 子部分 C 规定了以下质量控制和质量保证措施：

"确保系统性的质量控制和质量保证程序，从而保持检测工程的高精度与一致性。

增加对检测组的定期现场考核，对项目经理和团队领导就桥梁检测方面进行周期性的进修培训，检测报告和计算的独立审核。"

在检测过程中，上述标准要求团队负责人总是亲临现场，但并不要求具有职业工程师执照（附录 53）。

实施现场安全监督（如质量保证）是不可缺少的。桥梁业主定期去现场考核检测是否按照检测表中所采用的操作标准流程实施。

效率/生产率

检测的生产率在数量和质量需求的矛盾作用下不断提高。检测比其他的任务更会制造一种误导，那就是数量可以弥补质量。管理者必须决定和保持在不牺牲结果可靠性的前提下的最高平均生产率。

生产率通常是用检测人员/跨数/天数来衡量的。这取决于结构的类型和状况、气候、通道、资质、经验和其他因素。典型的检测团队一般由负责人、一个或更多的助手（土木工程师）和相应的设备操作人员组成。

评估结构状况的效率不应与制作检测报告的速度相混淆。充分利用图 4.4a 和表 9.1 中所示方法进行更精细(可能更慢的)的现场调查,可能更准确地并最终更快地进行结构状态评估。

检测人员越来越多地使用便携式电脑(第 15 章)。目的是在现场完成报告并将紧急结果发出(根据需要)。在数量显示任何效果之前,输出的质量可能获益于操作的必然提升。检测结果的记录方式从纸结合摄影技术到基于计算机的数字化的转变需要大力的行政管理和物质更新。检测人员的经验越丰富,适应新技术的时间会越长。便携设备的一些未曾预料到的缺点,例如屏幕的眩光、重量、电池寿命、保护肩部的衬垫和手写识别,可能会毁坏一套在其他方面已经完成精心准备和调试的系统的功能。对拟使用的硬件的最终选择需要进行现场检测,以便发现潜在的产品缺陷。

员工必须定期参加检测和安全进修课程。桥上人员的换班也许会轻微地降低生产率,但却有利于方案的评审。

桥梁的检测可以由业主完成,也可以由咨询公司完成,大部分交通部门都采用的是后一种方式。主管收费桥梁(通常是复杂的、独特的和必要的结构)的责任机构发现:NBIS 规定的每两年一次的检测不够具体,于是他们设计了针对具体桥梁的维护检测手册。这样避免了前面章节中所述的重复劳动,然而缺乏检测任务和方案评审的独立性。尽管检测和维护需要紧密合作,但是他们所需的专业知识是不同的并且互补的。

可靠性和技术增强

无损检测和评估(第 15 章)、数据采集和传输(通过电话、无线电、人造卫星)技术的发展,从以下两个方面推动了结构状态评估的进步:

通过提供关于结构状态的新信息

通过更快和更可靠的处理信息

桥梁管理必须升级标准的硬件,软件和专业知识以完全利用新出现的状态评估技术。这个任务要求最优化。并不是所有的创新都可以直接运用;还有一些需要根据用户的具体需求进行设计。一些在以前由于费用和复杂程度高而被认为是高端的工具,目前已经变成了一个正常的“现实”产品。它们中的一些将在下一章中讨论。

第15章　新技术和桥梁管理系统

无损检测和评估(NDT&E)及结构健康监测(SHM)中出现的新的和更加成熟的技术正在促使着结构评估领域的转型。然而,伴随数据采集能力的提高产生了对数据的错误解读和不当管理。因此,结构工程师面临着经济有效地采集数据及对其进行正确解释的挑战。同时,在基础设施管理中,对于那些相对无须测试的智能材料和仪器系统,必须尽可能地在其服务周期内获得收益(Yun 和 Spencer,2005)。

15.1　无损检测和评估

目前,无损检测与评估常常被排除在常规检测之外;然而,无损技术的先进性和工程对定量评估不断增长的需求正在改变这一现状。在国家(美国)层面上,FHWA 无损评估验证中心(NDEVC)负责为相关的可用技术及其实践效果提供官方信息。在世界范围内,每年都有相当数量的国际会议旨在讨论该领域的最新进展。同时,与之相关的信息也会在多个专业网站上发布。

AASHTO(2003)状态评估手册的第8节讨论了以下几种类型的无损荷载测试:

> "诊断测试,包括荷载对桥梁构件的影响评定,主要是为了校准分析模型。
>
> 证明测试,在特殊荷载作用下测试桥梁响应。区别能够进行荷载评定的桥梁和不能进行荷载评定的桥梁。
>
> 动力测试。包含动态称重系统、动力响应测试(主要为应力水平和疲劳评估)和振动测试(如动力特征)。"

这些测试是为了完成以下的评估:

荷载分布,包括荷载的非设计的复合作用,连续性/不变性,及次要、非结构构件和桥面板的参与度;

未知的和低评级的组件;

退化或者损伤构件;

疲劳;

动力容许值。

FHWA(2002c)桥梁检测手册在最后一章(第13章),介绍了用于辅助目测评估和检测其他不可触及构件检测的"先进检测技术"。Hearn(TRC 498,2000,C-1)建议在 BMS 中使用无损评估作为一种确定状态的方法,例如 PONIT(附录44)。

Halmshaw(1987)和 Collacott(1985)分别阐述了无损评估用于材料质量控制的理论基础。Hull 和 John(1988)描述了如何运用无损评估方法检测金属缺陷。

Agbabian 和 Masri(1988)给出了如下无损检测的一般分类:

目测；
放射；
超声波；
磁；
电；
渗透探伤；
声发射；
其他。

Collacott(1985)依据所寻求参数和结构的主要功能、与导致结构失效或者出现失效症状的缺陷之间的相关性，将无损评估分为主要的、次要的和第三位的。

美国无损测试协会(ASNDT)已经发行了大量的重要出版物。美国材料试验协会 ASTM(Bush 和 Baladi,1989)和科学研究协作委员会出版社(Malhorta 和 Carino,1991)也详细阐述了许多无损方法。针对桥梁，FHWA 也已经开展了许多战略性的高速公路研究项目(SHRPs)来发展和评估无损测试评估技术。FHWA 的 84 号示范项目“侵蚀检测设备”就是众多例子中的一个。新近出版的手册，包括 Hellier 等(2001)、Shull(2002)和 Gonkang Fu(2005)，总结了无损评估理论和应用。

依据波的传播类型，无损评估方法分为力学的、声学的、电磁学的、光学的、X-射线、核测试及热学方法。具体应用包括应变测量、半电池电势的侵蚀调查、焊接的磁性粒子评估、钢的超声波评估、疲劳裂纹开展的声发射及其他评估方法、混凝土道板的红外成像、新拌混凝土中水灰比的核测试、混凝土冲击—回声厚度和缺陷评估、光纤传感器、路面平整度的雷达测量、动力特征方法、使用电子倾斜仪的长期远距监测和超声波检测。桩和基础测试也受到了关注。

加拿大卓越网络中心已经在这个网址 www. isiscanada. com 开设了 Bisby 和 Briglio 关于结构健康监测的课程。

为了充分理解每种方法的应用范围，需要更广泛的信息。下面将简单介绍最常用的无损技术及其应用。

增强观测方法

增强观测方法，例如已经普遍使用的染色渗透测试和厚度尺等，但是桥梁检测人员发现这些设备非常敏感或使用不便。例如钢厚度尺，尽管它能提供重要的信息，但是却没有广泛使用。这主要是由于它们需要重复校准，并且其对测试表面准备工作的要求也不切实际。又如染色渗透检测，这一技术能够在发现疲劳裂缝位置的情况下，确定疲劳裂缝的尺寸。但是，染色渗透的运用要求一些专业知识，特别是对所检测裂缝端部的定位技术(图 15.1)。

电子内窥镜的性能不断地在提升，因此以前不可触及的地方能够通过它进行观察和摄像。为了能够在现场有效地使用这些贵重仪器，之前必须进行训练。高分辨率的数字摄像与先进软件技术结合形成快速虚拟现实(QTVR)全景图像设备，用于现场观测记录。这能显著提高数据库的质量，但不能成为专业工程师近距离目测结果的替代方法。

测量

图 15.1 钢板梁染色渗透测试的裂缝

激光技术提高了测量的精度，优化了现场的实施情况。在距离测量中，激光束已经代替了远视杆，这简化了桥梁净空这一重要检测内容（该项目之前检测不足）。使用这些设备去监测桥梁几何线形的变化也是非常有效的。重要的是恰当地选择监测位置和观测频率及确保足够的记录（包括随机温度等）。典型的应用包括对活动桥的长期监测来确定引桥的沉降和温度的作用。

地理信息和全球定位系统

在 FHWA（2001e，第 13 页）中，地理信息系统被定义为："一个基于计算机的用于收集、转换、处理、分析和产生地球表面相关信息的工具。"

在现代地理信息技术中，地球表面相关信息是由卫星和全球定位系统共同提供的。目前的全球定位系统在检测结构位移时能够保证在水平方向 5mm 以内的精度，竖向测量也在提高以达到该精度，测试结果可以通过电话线传输给任何计算机工作站。

从全球定位系统获得的"空间数据"不仅应用于结构层面的位移监测，而且也可以应用于网络层次（或者地理信息系统）上的交通流管理、替代路线的识别、最佳路线和应急管理。在 TRR 1889（2004）中，Huang 等（第 54-62 页）和 Tsai 等（第 21-34 页）都报道了基于地理信息系统来收集铺装事故数据和制定铺装修复计划。

加载变形测试

用标定车辆进行的荷载测试逐渐被认为是桥梁荷载等级评定的一种方法（NCHRP Report，第 12-46 页，2000）。在许多情况下，例如采用液压千斤顶（图 15.2）或标定卡车等对桥梁进行控制加载，采用伸长计和应变仪（图 15.3 和图 15.4）测试其响应。在悬索桥换缆中使用测压元件。评估纽约市的布鲁克林桥引桥的弗兰克林方形桁架工字杆的活载响应时采用了应变计，而评估总荷载时采用了 X 射线衍射技术。在钢构件上的总荷载也可以采用电磁法进行评估（Schwesinger 和 Wittmann，2000）。

随着无损检测方法精度的提高和应用的普及，加载试验逐渐作为荷载评定的一种方法来使用。Fu（在 Frangopol，1999b）将荷载测试分为三类：

验证加载测试：结构承受大于预期服务荷载的预定荷载（有一定的储备）。必须证明弹性响应满足要求。

诊断加载测试：结构逐步增加荷载，且不超过运行荷载值时对其进行测试，以模拟其特性。最后也许可以达到验证荷载。

动态称重测试：Moses 和 Ghosn（1985）阐明了测量、校准和分析结构的过程，以便在多个车辆荷载和重复交通荷载作用下测试他们的弹性响应。动静交通荷载都可以连续检测。

图 15.2　施工中采用液压千斤顶进行荷载测试

图 15.3　预应力锚杆

a)

b)

图 15.4　a)声学应变计;b)检测锚锭裂缝的位移计

所有荷载测试方法都要求结构现场测试仪器和材料性能的检验必须处于受控状态。

应变计和位移计

对在役结构,应变计主要测试瞬变荷载作用下的响应,如交通流和温度变化引起的响应。在疲劳寿命评估中,需要了解循环活荷载的幅值和频率,在许多支承汽车和火车交通(Walther 和 Koob,2002;ATLSS,1995)的钢结构的深入检测和专项检测中,都使用了应变计和位移计。在特殊情况下,应变计也可测出总荷载作用下的结构响应数据。这种方法在纽约市的 Manhattan 桥和 Williamsburg 桥的悬缆钢绞线的重新锚固中得到了应用。在荷载传递到新锚杆(图 15.3)之前测量其应变,并且对整个荷载传递过程进行了监测。

最普遍的应变计是基于电阻测量的。对如图 E16.6 所示的外露钢筋进行了应变测量，观测到其在桥梁活载作用下仍然在工作。这一测量结果允许该桥梁继续开放使用，尽管基于目测的评估结果，其已经处于较低的等级了。

将电阻应变计贴在测试表面是一项困难的工作，这促使了一个新方法的发展。声学测量计可以通过磁力[图 15.4a)]、夹具和螺栓附着在钢构件上，这避免了敏感的胶合过程。

不可避免的是这些测量计有更大尺寸，测量结果为一定测量范围内的均值。因此，与其说它们是“应变计”不如说是“位移计”。图 15.4b)所示为采用 6in(150mm)基底的计量仪监测一个带有裂缝的锚锭位置。

倾斜仪

倾斜仪既便宜又可靠，并且能够提供重要的信息。图 15.5 中的倾斜仪为图 4.23 中整体加劲施工过程提供了桥梁扭曲的在线数据。

图 15.5　倾斜仪监测桥梁扭转运动

光纤传感器

光纤传感器可以可靠地测量位移、温度和压力。由于它在测试长度和耐久性方面的独特优势，光纤传感器经常被埋入预应力钢筋或钢绞线中(尽管也有报道其在其他方面的应用)。现场数据采集设备还能够方便地将测试结果通过移动或固定电话线发送出去，便于远程计算机监测。

图 15.6　X 射线衍射测试悬索桥工字形锚杆

X 射线衍射

采用 X 射线衍射可以测定钢结构中的残余应力。当结构构件横截面的应力分布相对均匀或者已知时，这种方法能够估计结构承受荷载时的应力。这一技术在纽约市威廉姆斯桥工字形锚杆(图 15.6)和布鲁克林桥弗兰克林方桁架(图 3-5)中获得了可靠的结果。该方法同样应用于由纽约和新泽西州的港务局所管辖的 La Guardia 机场跑道的后张钢筋应力测试(Carfago 等，美国土木工程师协会，第 201-206 页)。

这种方法可以用于比较承受相同荷载的结构构件之间应力水平，如一个桥墩塔的两个脚。如果能在现场采用无应力的样本进行可靠校准，然后再把该样本与现场测试材料进行对比，那得到的结果将会更为精准(但是这种条件很难满足)。为了更好地运用这项技术，还需要了解钢材中的弹塑性应力—应变关系方面的知识。

声发射(AE)

声波发射(AE)可以用于监测钢桥构件的疲劳或者侵蚀—疲劳裂缝。维吉尼亚州的交通顾问委员会报道了钢桥构件声波发射监测的结果(Lozev 等,1997)。一旦知道裂缝的位置,声发射方法就可以监测裂缝的开展趋势。其应用上的主要困难来自于以下两个方面:

公路交通不能从结构中产生可靠且有意义的响应。这在铁路交通中更加有效。

难以从显著的声发射响应中过滤掉噪声。

钢丝断裂的监测广泛应用于预应力和索支承结构。监测过程可在线持续进行也可以是触发式的。

另外,人们还尝试利用声发射对不可触及的高强钢丝的腐蚀进行探测。

超声测试

超声波能够探测金属的不均匀性,例如有暴露表面的镍合金钢销钉(直径0.4m,长度大约2.0m)。该方法的挑战在于从粗糙的表面中找到裂缝。加利福尼亚 DOT 报道了对结果修正的自补偿技术。在 20 世纪 90 年代中期,这种方法应用于威廉斯堡桥结构修复中使用的镍合金钢销钉的状态评估。在该项目的铆钉测试中,还采用视像验证的方法对超声扫描图进行了校准,取得了令人满意的结果。此外,超声测试结合快速扫描技术还应用在对纽约市的 Queensboro 桥(图 E1.2 和图 E6.2)的销钉和带环拉杆的统计样本进行的检测当中。

侵蚀传感器

由里海大学(Lehigh University)的 ATLSS 中心开发的早期侵蚀传感器,包含一个植入结构通常不可接触部位的采样探测器,例如预植入悬索桥主索的护套下方(此处的侵蚀程度是要特别关注的)。通过测量探测器的直流电阻值,可以估计周围环境的腐蚀程度。这种或者其他类型的植入式侵蚀传感器是预埋入索支承高强钢张拉构件的护套或者水泥灌浆中的最佳传感器。FHWA 正在进行与此相关的研究。

半电池电位

电位读数已用于多座桥梁爆破前桥面板—钢筋的侵蚀评估中。如果运用合理,这种方法所得的结果是十分准确的。当前类似的技术也用于评估桥面板—防水膜的效果。运用该方法的一个前提是埋入混凝土板的螺纹钢筋的锈蚀通常仅出现在某一确定区域,而其他地方没有出现锈蚀。结果的不稳定性容易使人对该方法产生怀疑(有时是没来由的)。

动力特性测试

动力特征研究主要测试结构的固有频率,并和理论值或者早期的测量值比较。测量值和理论值之间的差异能够识别模型误差或者结构损伤。该方法已成功应用于低阶振型比较明显的构件中,例如,在 20 世纪 80 年代,由纽约和新泽西航务局和哥伦比亚大学对乔治华盛顿桥梁竖向吊索的测试就采用了该方法。

在地震性能分析中,桥梁的固有振动频率备受关注。环境激励响应由安置于结构的多个传感器和同步卫星记录下来。固有振型和固有频率用于地震、风荷载和行人荷载的动力响应分析中(案例25)。值得注意的是,使用计算机建立的结构模型,大型桁架结构的刚度估计偏低。一个可能的解释是:被调查结构在相对较小的交通激励下,许多旋转和平移的释放装置均表现为刚性连接。

Wenzel 和 Pichler(2005)介绍了处理环境振动检测的最新方法。

用于混凝土中的碱硅胶探测的紫外线方法

Guthroe 和 Carey(TRR 1668,1999,第 68-71 页)描述了一个识别碱硅胶的地球化学的方法。

混凝土中的碱硅反应能够通过对样本涂 5% 的醋酸盐溶剂进行快速的探测。碱硅胶在紫外线光下呈黄色。这种方法不是定量的,但能够帮助确定混凝土(例如混凝土道板或桥墩)的破碎是否是由于碱硅胶引起的。

红外热成像

热学方法能够用于测量材料的特性和缺陷。温度可以通过温度计进行测量。热散发可以通过红外辐射探测仪测量。通过测量温度随时间的变化可以确定热流。根据大量的热辐射或者温度读数能够组成一张热量图。热成像系统安装在车辆上,用于对路面分层的检测。

Duke 和 Warfield(在 TRR 1347,1992 中)评估了红外成像技术在钢筋混凝土桥梁结构构件的分层现象监测中的应用。他们指出对图像的解读是该方法的关键。

磁通量泄漏

磁通量泄漏方法测量感应磁场的变化,例如测量一根难以接触的预应力钢筋附近感应磁场的变化。FHWA 的费尔班克斯中心试验室对这种方法进行了评估。现场测试认为该方法在研究受冲击变形的涂漆钢构件中大有潜力。Honshu-Shikoku 桥梁中心(HSBA,2002)用这种方法成功地检测了 Inoshima Bridge 的悬索。

将不同方法结合起来应用拥有很好的前景。例如磁弹性和声波发射一起使用,全球定位系统和应变计、光纤传感器结合使用。

15.2　结构健康监测

随着无损评估技术的进步,现有的承载能力测量结果在几个月时间内就过时了。环境和结构状况的在线间歇式监测发展成为结构健康监测(Aktan 等,2001),这改变了结构设计和评估之间的关系。从 2001 年 7 月开始发行的季刊《国际健康监测杂志》和《结构基础设施工程》(发行于 2005 年 3 月)是有关该主题的众多信息专刊之一。除此之外的信息交流机会还包括大量会议,代表性的有 SPIE 主办的年会和结构健康监测和智能基础设施国际会议(第一届在日本东京,2003 年 11 月;第二届在中国上海,2005 年)。

正如 Mobley(1990)提出,健康监测所用的工具与机电设备的预防性维护所用工具一致。

在预防性维护中,如果没有结构响应的量化模型,其并不是一种经济的方案。预防性维护策略在桥梁结构及其交通网中的应用也受到限制,因为桥梁结构的构件不便更换。

到目前为止,无损检测和评估方法已成功地应用于保证桥梁正常运营和避免发生潜在重大事故上,前者对公共交通和当地经济带来不可估计的好处,后者是通过识别不安全构件来实现的(另一个无法计算的价值)。这种应用模式适用于结构生命期的“负债”阶段。这一阶段,无损检测和评估用于决定潜在危害程度。这种目的可能能够真正实现,但是必须十分谨慎地达成。有时,无损检测和评估显示并没有显著的结构失效,但是现有的规范和安全规定无视无损检测结果,支持应急修复工作(如图 3.5 所示的支撑拱)。例如,单独的调查不能保证一座退化的砖石拱的安全。声发射信号的缺失并不是悬索中钢丝没有断裂的结论性证据。

在“资产形成”阶段[图 4.4b)],无损检测和评估能够通过推荐最优维护方法延长桥梁生命期。对结构参数的监测也更倾向于保证桥梁的服务能力而不是桥梁是否“健康”,这能使桥梁服役期内的成本效益最大化。在日本的许多桥梁中(Aktan 等,2001)、香港的青马大桥(图 E2.4)和将来的华盛顿州的 Woodrow Wilson 桥(Aktan 等,2001),健康监测系统是和结构一起设计的。监测系统的维护效果也越来越受到关注。一部分维护任务被先进的传感器系统所分担。除冰系统也可以配备基于天气观测的控制器。

无损检测和评估也会在“项目”实施阶段参与进来,此时,桥梁正在设计和施工。一种备用设计方案可能就因为其健康监测能力卓越而变得可行,当然还应该评估其生命周期内的成本/效益。无损检测和评估之前一定要先进行分析,确定预期的结果和适当的应对行动。除非所获得数据是系统的结构评估计划的一部分,否则数据总是会被废弃。不同结构响应参数的独立监测,如应变和声波发射,应变和位移、加速度和速度,增加了有益的冗余度。对任何被 ASTM、ASCE 和 AASHTO 推荐的技术进行验证亦是必不可少的。

在此描述的检测和它们所采用无损检测和评估技术,主要针对于钢桥和混凝土桥。随着碳、玻璃和其他材料在桥梁中的应用,相应的管理也将逐渐适应它们的需要。

在设计规范允许的范围内,采用无损检测和评估技术进行确认和校准,是当前桥梁管理者无损评估专家最感兴趣的课题。在 2004 年(Ansari,2005)和 2005 年(John,2005)召开的国际健康监测和智能基础设施会议(ISHMII)上,FHWA 的确认中心,国家科学基金(NSF),SPIE 和亚太智能结构技术研究网络中心等改善了无损检测和评估能力和项目级别使用者要求的关系。

智能材料、结构和系统

S. C. Liu(Yun 和 Spencer,2005,第 3-11 页)定义了如下的术语:

“智能材料拥有多项模仿人类或者其他生物体的传感神经系统或者激励系统的功能。

智能结构和系统应当能够适应功能要求的变化和外部环境的变化,能够完成自我确认、自我诊断、自我控制和自我修复,且最终获得最小生命期费用。”

预期的智能材料、结构和系统对管理专业知识提出了新的要求。Kong 等(Liu 和 Spencer,2005,第 837-848 页)确认了智能桥梁管理系统以下的熟知关键元素:

多健康指标系统,能够考量不同分辨度的独立健康指标的整合评估;

材料和结构各种性能老化的量化,包括维护;

费用—维护的相互作用;

基于检测和监测的,持续更新的健康状态校准。

案例28阐明了当前就无损检测评估方案的需求及实用性之间相互联系所作的努力。

案例28　无损检测和评估的需要和功能

Yanev(Juhn等,2005,第29-43页)报告了国际健康监测和智能基础设施协会(ISHMII),FHWA和国家科学基金(NSF)在建立桥梁管理者的需求和无损检测评估功能之间的联系所做的努力。其目的在于建立重要事件、测试效果和适当技术之间的对应关系,如图E28.1所示。

该任务的目的是希望编制一个可不断扩充的无损检测和评估数据库。通过不同的方法或者技术,获得冗余的监测是最理想的情况。例如在表E28.1~表E28.3中表总结了监测技术的能力和工程需求。此表代表了工程的进展。"*Y*"指潜在满足。

技术研发者、科研人员和无损检测和评估的潜在用户各自的需求能够互相匹配。采用同样的方法还可以将图E28.1中三个轴相关的条目进行分类和处理。例如,在某种程度上,加速度和速度是和地震、碰撞、爆炸、风、洪水和冲刷相关的。

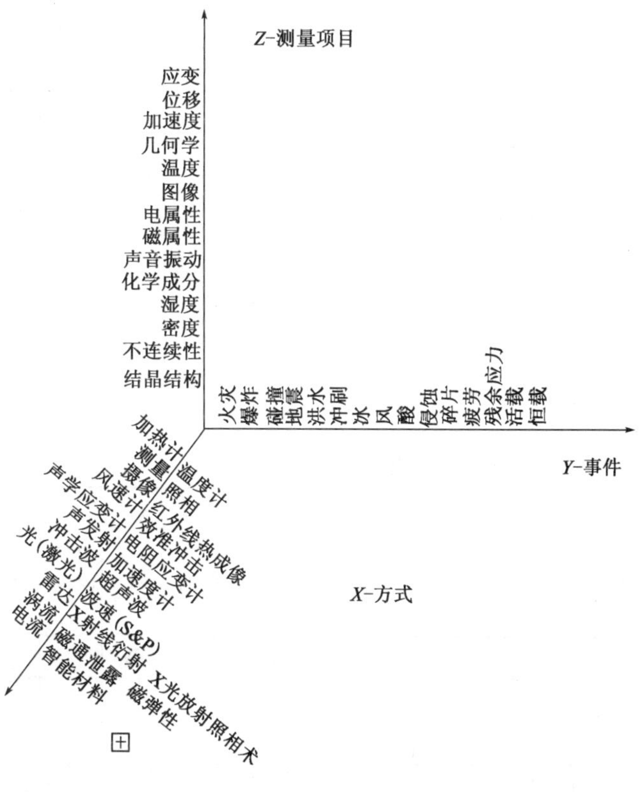

图E28.1　监测方法(技术),测量效果和相关事件

无损检测和评估方法和可测量的物理或化学项目 表 E28.1

方法/技术	测试项目													
	应变	变形	速度	加速度	温度	几何学	图像	电属性	声音/振动	化学含量/湿度	磁属性	密度	不连续性	结晶结构
温度计					是									
热传感器					是							是	是	
摄像		是				是	是							
调查		是				是								
红外热成像	是	是		是			是							
热成像	是				是	是						是		
校准冲击	是	是		是	是	是								
风速仪			是		是				是					
电阻应变计	是	是												
声学应变计	是	是												
加速度计	是			是										
声发射	是			是	是				是					
超声						是	是						是	
波速(S&P)													是	
冲击波										是		是		
光(激光)						是	是							
雷达														
X 射线衍射	是													是
X 光放射线照相术													是	
磁通泄露、磁弹性											是		是	
涡流											是		是	
智能涂料		是											是	

桥梁相关事件和测量项目 表 E28.2

事件	测试项目													
	应变	变形	速度	加速度	温度	几何学	图像	电属性	声音/振动	化学内容/湿度	磁属性	密度	不连续性	结晶结构
火灾	是	是		是	是		是		是					
爆炸			是	是			是							
碰撞	是	是				是								
地震	是	是		是			是							
酸	是	是	是			是	是		是			是		
活载	是	是		是	是	是	是							是

续上表

事件	测试项目													
	应变	变形	速度	加速度	温度	几何学	图像	电属性	声音/振动	化学内容/湿度	磁属性	密度	不连续性	结晶结构
风	是	是		是	是									
侵蚀								是	是	是	是			
疲劳	是			是							是			是
恒载	是			是										是
残余应力														是
空隙和裂缝												是		是
碎片		是			是	是	是					是		
冰					是					是				
化学袭击								是		是	是	是		是

无损检测和评估方法和桥梁相关事件 表 E28.3

方法/技术	事件															
	火灾	爆炸	碰撞	地震	洪水	酸	活载	风	侵蚀	疲劳	恒载	残余应力	空隙和裂缝	碎片	冰	化学袭击
温度计	是	是													是	是
热传感器	是	是						是							是	是
摄像	是	是				是	是							是		
调查			是			是										
红外热成像										是			是			
热成像													是			
校准冲击													是			
风速仪								是								
电阻应变计			是	是		是	是	是		是						
声学应变计			是	是		是	是	是								
加速度计		是	是	是				是		是						
声发射									是	是			是			
超声						是							是			
波速(S&P)													是			
冲击波													是			
光(激光)																
雷达																
X 射线衍射												是				

续上表

方法/技术	事件															
	火灾	爆炸	碰撞	地震	洪水	酸	活载	风	侵蚀	疲劳	恒载	残余应力	空隙和裂缝	碎片	冰	化学袭击
X 光放射线照相术													是			
磁通泄露、磁弹性										是			是			
涡流										是			是			
智能涂料							是			是			是			

15.3 专家系统

专家系统旨在“缩小了检测方案的范围,并对他们进行排序”,从而“提高桥梁检测的可靠性和效率”(Mizuno 等,第 112 页,在 Miyamoto 和 Frangopol,2001),参见第 9 章和附录 47。专家系统也被称为知识系统,对先验的半确定性的老化模型不断更新,最终成为动态模型。该领域的最新发展总是跟随着计算机结构分析技术的领先步伐。尽管现在一般的技术人员只需要输入几何数据就可以进行传统的基于弹性结构的“刚度分析”,但如何设计模型本身以及如何解读结果仍需要高度的专业知识和灵敏的工程师嗅觉。

专家系统旨在解决反问题,即定量确定已知模型的参数。重新设计模型,相比优化其参数,关注系统识别方法的功能。桥梁管理专家系统仍然需要专家决定采用的模型是否合适。一般来说,专家系统超出了结构状态评估范围,可以归类于广义的桥梁管理范畴。附录 42 和附录 43 列出了起源于人工智能的专家系统的一般特点。

15.4 智能交通系统

类似于健康监测系统(第 15.2 节),智能交通系统是信息获取和处理技术进步的结果。1996 年在纽约市的一个国际会议上,柏林、波士顿、布鲁塞尔、芝加哥、休斯敦、伦敦、洛杉矶、马德里、纽约、巴黎、费城、罗马和多伦多的交通管理者介绍了这个项目。美国国家智能交通程序遵循以下的目标:

提高路面交通系统的安全性;

增加路面交通系统的运营效果和功能;

降低交通密集带来的能源和环境成本;

增强现在和将来的生产力;

增强人员的流动、方便和路面交通系统的舒适性。

交通基础设施网络的运营状况有助于应用任何智能交通系统。随之而来的是,智能交通系统和桥梁管理系统必须结合起来。

15.5 桥梁管理系统的管理

桥梁管理系统首先需要决定的是,开发一个应用于局部的系统,还是"定制"一个可用的(现货)系统。一个用户定制的桥梁管理系统,可以是内部或者是委托开发。数十年的经验已经教会了桥梁管理者去探索这两种方式及其组合。

开发定制的桥梁管理系统是一个长期委托过程,它涉及初始投资、生命期维护费用和先进的专业知识。信息管理系统要求定期升级。Mittra(1988)建议每隔 3 年进行一次(和设计规范更新的一致)。大型系统的检修会带来第 4.1.7 节中所述的危害。

在普遍兼容的软件基础上进行模块化设计使业主能够用新软件包来提升他们的运营系统。Shepard(2005)报告了加利福尼亚 DOT 成功利用该方式使用 PONTIS。软件和硬件系统的相对独立性对彼此都有利。(类似地,本文在独立章节对相关的主题进行回顾,因此他们可以按照各自的步伐进行更新。)

引入便携式计算机进行桥梁和道路的检测经历了艰辛的发展历程。在 20 世纪 90 年代早期,许多交通机构开发了程序并购买了便携式电脑。其主要动机是方便检测报告的编写和传输。在这种情况下,设计出了复制已有检测表格的软件。硬件主要根据耐久性和便捷性进行选择。在确保实施方面,检测人员发现掌上电脑的屏幕类型难以使用和模糊不清,特别是在耀眼的阳光下。这种进程难以在一夜之间改变。实践证明手写识别是不可靠的,所以,现场还不能丢掉键盘。除了硬件、软件外,开发和应用成本是不可避免的。

在接下来的 10 年,软件和硬件不断升级。纸质表格和胶片处理逐渐过时。在本书写作时,检测报告就已采用膝上型计算机(通常配置在检测人员的车中)生成并通过电子邮件或者光盘传输了。紧急报告能够通过电话线传输。便携式(掌上)电脑和数字摄像、声音识别(一个仍然未充分使用的技术)结合起来,变得"坚固耐用"。定制软件越来越容易取得,并容易上手。

膝上笔记本(图 15.7)和便携式电脑(图 15.8)在现场数据收集和报告的生成上的竞争,导致了它们的互补使用。刚开始可能认为这是一种重复,但随着设备变得越来越容易获得,这便形成了标准的冗余。

是否开发一个定制的管理系统可能取决于桥梁规模和特性。对于小型网络而言,最佳选择可能是对现有系统作一些调整。也存在许多中间的选择。案例 27 所示的是一个针对当地业主的桥梁检测数据管理系统,其是对州管理联邦投资的两年一次检测的补充。

业主要指派一名咨询人员去开发系统并就将来的维护培训内部员工。也可以在合同中约定维护责任到预期更新为止。最后,大型桥梁的业主可以拥有一个内部的、人员配备完整的计算机中心。在这种情况下,最薄弱和维护最密集的不是软件或者硬件,而是技术支持人员。

同所有其他的操作一样,重复性操作能够提高可靠性但花费更高。拥有专项资金的交通收费设施的业主偶尔也会重复任务。咨询人员所做的工作可以和内部获得的结果进行比较。咨询师在业主的桥梁管理部门的配合下可以有效地开发并维护桥梁管理系统,咨询师和业主的桥梁管理部门都可独立地完成项目(如 Feynman 在 NASA 观测到的,见第 13.4 节)。另一方面,财务管理的主要责任是避免重复劳动(第4.1节)。因此,桥梁管理系统的维护和开发预算必须由详细、正确、具体的生命周期经济分析来验证。

a)

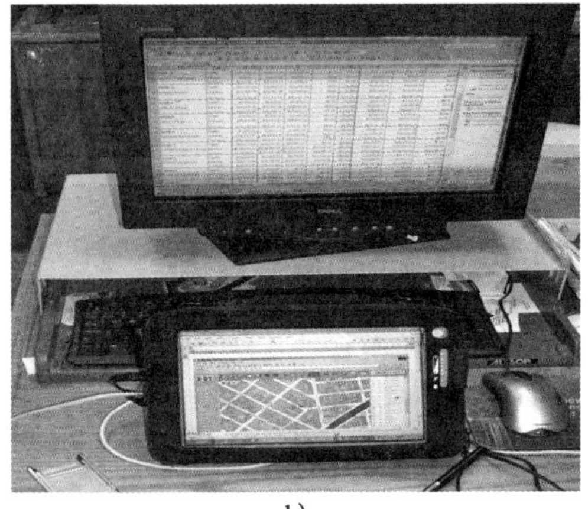

b)

图15.7 带有监测报告软件的笔记本、触摸屏和台式电脑

图15.8 数字数据输入、声音和图像显示功能的手持设备

第16章　结　　论

一段精心组织的文字可能会有一个恰当的结论，但是别妄图对其讨论的主题下合适的结论。Pascal 建议作家在下笔之前就想好一本书的结语。本文作者冒险地忽略了这一建议，这导致本文在完成了绪论中规划的逻辑和目标之后就戛然而止了。对于这些已经经历了超过2 500年发展的论题，从基本理论、历史背景到最新的应用和尚待解决的问题的开放式讨论，而不做任何预见性的或是期盼式的声明，可能是最为合适的。以现在这种形式呈现的材料可能对多样性的用户提供有用的信息，而避免可能错误的确定性论调。

工程文章简明地证明预定的结论。而最好的文学作品却能让读者和作者一样感到惊奇。因此，这两种写作风格是相互排斥的，尽管也有极少数作品能游走在两者的边界上。土木基础设施的管理包含有类似的悖论。已经建立的实践准则依赖于正规的方法、系统的程序和精确的解决方法，这所有的既有知识又都是最优秀的专业人员的超越目标。工程师和管理人员既不能被严格的定义所限制，也不能被无限纵容。就如工程同时借助理论和经验一样，管理综合了集中最优和分散迭代调整两种截然相反的方法。理论仍然凌驾于冲突之上，因为其提供仅有的决策支持。然而实践总是在挑战这一支持的价值。

本书中回顾的方法和实践可能具有参考价值，部分原因在于它们都已经被提及并不断被修改。最终，本文的参考文献列表包含有516 篇文档，其中许多在53 个附录和30 个例子中进行了讨论。然而不经过验证和评估，它们都是不能直接利用的。尽可能多地考虑相关的先例，工程师和管理者，特别是那些涉及两个领域的人，必须像他们的前辈一样自己描述和解决他们的问题。他们所期望的决策支持的质量取决于他们拟解决的问题的性质。

Aristotle 和 Descartes 对理性推论的追寻使他们成了最优决策的奠基人。Descartes 描述他的动机（1976，第 174 页）如下："我确信：如果我在幼年时就学到了我用实证研究的真理，并且很容易就学会的话，我可能学不到多少东西，更不用说我所获得的那些在研究中发现新问题时所用到的习惯和灵活性。"

对于有类似雄心的人们，Descartes 从基础设施管理中给出了例子（1976，第 102-103 页）：

> "由杰出建筑师设计和建造的建筑通常要比那些许多建筑师采用旧建筑进行调整的建筑物更美观，组织得更好。因此远古时期的城镇，最初只是仅仅作为居住区，随着时间的推移成为大都市，相比于那些由工程师依据其想象设计的一般城堡来说组织非常拙劣。人们通常会发现，与基于灵感，而非理性的设计，导致这里有一个大建筑，那里有个小建筑，且与街道参差不齐的布置相比，在一个单独的大厦内能够发现相同的，有时甚至更多的艺术点。如果一个人认为官员在任何时候都比较关心特殊建筑，那么他就会发现在别人的结构上进行调整很难获得杰出的成就。"

从本书写作开始，许多已有的设计和方法经过了改进，形成了新的方法，摒弃了旧的方法。

依据想象建造的城市的生命只有在事态自然发展下才能幸存下来。例如那些“被偶尔设计的”。建筑大师的设计扫除了古旧房屋的痕迹，而历史性标志建造的美名却给了其他设计。大多数人都反对扩大设计。

Parkinso(1957，第60页)，非常严肃地写道：“现在大家都认为，规划方案的完美性只有在倒塌原址上重建后才能得到验证”。

在2005年11月27的纽约时代杂志28页，C. Caldwell问道：“法国的暴乱(2005年11月)是由当代的建筑所产生的么?”

Pascal[1962，第619节(394)]警告到：“怀疑论者、禁欲者、无神论者等的所有理论都是真理，但他们的结论是错的，因为与他们相反的理论也是真理。”

Descartes承认(1976，第105页)：“我们没有想象过推倒城市的所有房子，只是为了采用不同的方式重建它，使它更漂亮。”

回顾往事，Leibnitz的观点更有启迪意义，他认为分析几何学比笛卡尔的方法更应归功于天才。随着近来计算机技术的发展，提供了有趣的选择排序推理方法。J. Bailey(1996，第220页)认为：“……笛卡尔认为，除了错误的表现形式外，事物什么也没有留下……每一件事包括想法自身都应为重新考虑做准备。”

在天才决策和程式化决策之间进行操作时，管理者必须依据他们的设想设定目标，寻找和创造符合他们推论的工具。本文就是许多可能的这样实施的一个例子。《华尔街日报》(1991年11月6日，第1页)的采访中，作者比较了东河悬索桥下降的拉索通过骑入城市并且支撑结构(图16.1)。获得和运用那些将桥梁及其用户带入一个设计的但仍然有不确定性未来的资源，是更令人愉快的(图16.2)。

图16.1 期待桥梁能通向城市……

图16.2 ……也能通向未来

参 考 文 献

AASHTO (1983). *Manual for Maintenance Inspection of Bridges,* including revisions from *Interim Specifications for Bridges,* 1984, 1985, 1986, 1987–1988, 1989, 1990, American Association of State Highway and Transportation Officials , Washington, DC.

AASHTO (1987). *Manual for Bridge Maintenance,* American Association of State Highway and Transportation Officials, Washington, DC.

AASHTO (1988). *Standard Specifications for Movable Bridges,* American Association of State Highway and Transportation Officials, Washington, DC.

AASHTO (1989). *Guide Specifications for Strength Evaluation of Existing Steel and Concrete Bridges,* American Association of State Highway and Transportation Officials, Washington, DC.

AASHTO (1996). *Quality Assurance Guide Specification,* AASHTO Quality Assurance Task Force, American Association of State Highway and Transportation Officials, Washington, DC.

AASHTO (1998a). *Load and Resistance Factor Bridge Construction Specifications* (LRFD), 2nd ed., American Association of State Highway and Transportation Officials, Washington, DC.

AASHTO (1998b, Interim 2002). *Guide for Commonly Recognized* (*CoRe*) *Structural Elements,* American Association of State Highway and Transportation Officials, Washington, DC.

AASHTO (1998c). *Maintenance Manual—1998,* American Association of State Highway and Transportation Officials, Washington, DC.

AASHTO (1998d). *Movable Bridge Inspection, Evaluation and Maintenance Manual,* American Association of State Highway and Transportation Officials, Washington, DC.

AASHTO (1999a). *The Maintenance and Management of Roadways and Bridges,* American Association of State Highway and Transportation Officials, Washington, DC.

AASHTO (1999b, 2000a). *Interim Guide Specifications for Seismic Isolation Design,* 2nd ed., American Association of State Highway and Transportation Officials, Washington, DC.

AASHTO (2000b). *Manual for Condition Evaluation of Highway Bridges,* 2nd ed., American Association of State Highway and Transportation Officials, Washington, DC.

AASHTO (2001). *Pavement Preventive Maintenance Guidelines,* American Association of State Highway and Transportation Officials, Washington, DC.

AASHTO (2002). *Standard Specifications for Highway Bridges,* 17th ed., American Association of State Highway and Transportation Officials, Washington, DC.

AASHTO (2003). *Guide Manual for Condition Evaluation and Load and Resistance Factor Rating of Highway Bridges,* 3rd ed., American Association of State Highway and Transportation Officials, Washington, DC.

AASHTO (2004). *Load and Resistance Factor Bridge Design Specifications* (*LRFD*), 3rd ed., American Association of State Highway and Transportation Officials, Washington, DC.

ACI, American Concrete Institute (1992). *Manual of Concrete Inspection,* Publication SP-2(92), ACI.

Adams, T. M., and P. R. M. Sianipar (1995). *Project and Network Level Bridge Management, Proceedings of the Transportation Congress,* San Diego, CA, October 22–26, 1995, pp. 1667–1681.

Adams, L. H., F. D. Harrison, and A. Vandervalk (2005). Issues and Challenges in Using Existing Data and Tools for Performance Measurement, *TRB Conference Proceedings 36: Performance Measures to Improve Transportation Systems,* Transportation Research Board, Washington, D.C.

Adeli, H., Ed. (1988). *Expert Systems in Construction and Structural Engineering,* Chapman & Hall, London and New York.

Adey, B. T., and R. Hajdan (2005). Potential Use of Inventory Theory to Bundle Interventions in Bridge Management Systems, Paper 05-0185, 84th Annual Meeting, Transportation Research Board, Washington, D.C.

AFPC (1994). *Cable-Stayed and Suspension Bridges,* Proceedings Vol. I and II, Association Française pour la Construction, Bagneux, France.

Agbabian, M. S. and Masri, S. F., Eds. (1988). *Nondestructive Evaluations for Performance of Civil Structures,* University of Southern California, Los Angeles, CA.

Aktan, E., et al. (2001). Health Monitoring of Long Span Bridges, National Science Foundation Workshop, University of California, Irvine.

Alexander, M. J. (1974). *Information System Analysis,* Science Research Associates, Chicago.

Ang, A. H.-S., and D. De Leon (2005). Modeling and Analysis of Uncertainties for Risk-Informed Decisions in Infrastructure Engineering, *Structure and Infrastructure Engineering,* Vol. 1, No. 1, pp. 19–31.

Ang, A. H.-S., and W. H. Tang (1975, 1984). *Probability Concepts in Engineering Planning and Design,* Vols. I and II, Wiley, New York.

Anglo–French Liaison Report (1999). *Post-Tensioned Concrete Bridges,* Thomas Telford, London.

Ansari, F., Ed. (2005). *Sensing Issues in Civil Structural Health Monitoring,* Springer, Dordrecht, The Netherlands.

AREMA, American Railroad Engineering and Maintenance Association (2001). *Manual for Railway Engineering,* AREMA, Washington, DC.

Aristotle (1941). *The Basic Works,* Random House, New York.

Aristotle (1943). *On Man in the Universe,* L. R. Loomis, Ed., Walter J. Black, Roslyn, NY.

Armytage, W. H. G. (1976). *A Social History of Engineering,* Westview, Boulder, CO.

ASCE, American Society of Civil Engineers, New York (1990). *Quality in the Constructed Project,* Manuals and Reports on Engineering Practice 73.

ASCE (1993). J. L. Gifford, D. R. Uzarski, and S. McNeil, Eds., *Infrastructure Planning and Management, Proceedings,* June 21–23, 1993, Denver, CO.

ASCE (1997). Saito M., Ed., *Infrastructure Condition Assessment: Art, Science and Practice, Proceedings,* Boston, MA., August 25–27.

Asimov, I. (1990). *The Complete Short Stories,* Vol. 1, Doubleday, New York.

ATC (1983). Seismic Retroftting Guidelines for Highway Bridges, Report No. FHWA/RD-83/007, FHWA Applied Technology Council, U.S. Department of Transportation, Washington, DC.

ATC (1989). *Field Manual: Postearthquake Safety Evaluation of Buildings,* Applied Technology Council, Redwood City, California.

ATLSS, Advanced Technology and Large Structural Systems (1995). *Williamsburg Bridge Orthotropic Deck Prototype,* Lehigh University Center for ATLSS, Bethlehem, PA.

Babaei, K., and N. Hawkins (1993). Bridge Retrofit Planning Program, Report No. WA-RD 217.1, Washington State DOT, Olympia, WA.

Bailey, J. (1996). *After Thought, the Computer Challenge to Human Intelligence,* Basic Books, Harper Collins Publishers, New York.

Bailey, S. F. (1996). *Basic Principles and Load Models for the Structural Safety Evaluation of Existing Bridges,* École Polytechnique Fédérale de Lausanne, Lausanne, Switzerland.

Lord Baker (1978). *Enterprise versus Bureaucracy,* Pergamon Press, Oxford.

Baker, M., et al. (2003). Bridge Software—Validation Guidelines and Examples, NCHRP Report 485, National Research Council, Transportation Research Board, Washington, DC.

Banks, J. H. (2002). *Introduction to Transportation Engineering,* McGraw-Hill, New York.

Barker, R. M., and J. A. Puckett (1997). *Highway Bridges,* Wiley, New York.

Barlow, R. E., F. Proschan, and L. C. Hunter (1965). *Mathematical Theory of Reliability,* Wiley, New York.

Barrow, J. D. (1991). *Theories of Everything,* Clarendon, Oxford.

Barzun, J. (1959). *The House of Intellect,* Harper & Brothers, New York.

Basöz, N., and A. S. Kiremidjian (1996). Risk Assessment for Highway Transportation Systems, Report No. 118, The John A. Bloom Earthquake Engineering Center, Department of Engineering, Stanford University, Stanford, CA.

Bažant, Z. P., and L. Cedolin (1991). *Stability of Structures,* Oxford University Press, New York.

Beale, E. M. L. (1988). *Introduction to Optimization,* Wiley, New York.

Bell, D. (1973). *The Coming of Post-Industrial Society,* A Venture in Social Forecasting, Basic Books, New York.

Berlin, I. (1996). *The Sense of Reality, Studies in Ideas and their History,* Farrar, Straus and Giroux, New York.

Bieniek, M., et al. (1989). Preventive Maintenance Management System for the New York City Bridges, Report of a Consortium of Civil Engineering Departments of New York City Colleges and Universities, the Center of Infrastructure Studies, Columbia University, New York.

Billington, D. P. (1983). *The Tower and the Bridge,* Basic Books, New York.

Bisby, L. A., and M. B. Briglio (contributor) (2004). An Introduction to Structural Health Monitoring, Canadian Network of Centres of Excellence, *ISIS Education Module Journal,* available at www.isiscanda.com.

Bjerrum, J., et al. (2006). Internet-Based Management of Major Bridges and Tunnels Using DANBRO+, *Proceedings, Conference on Operation, Maintenance and Rehabilitation of Large Infrastructure Projects, Bridges and Tunnels,* Copenhagen, May 15–17, IABSE, Zurich.

Boller, A. P. (1885). *Construction of Iron Highway Bridges,* for the use of town committees, Wiley, New York.

Boresi, A. P. and O. M. Sidebottom (1985). *Advanced Mechanics of Materials,* Wiley, New York.

Born, M. (1968). *My Life and My Views,* Charles Scribner's Sons, New York.

Boudon, R. (1968). *A Quoi Sert la Notion d• "Structure"?* Gallimard, Paris.

Bremauld, P. (1998). *Markov Chains,* Springer-Verlag, New York, Berlin and Heidelberg.

BRIME (2002). *Bridge Management in Europe,* B. Godart, Ed., Laboratoire Central des Ponts et Chaussées, Paris.

Brock, D. S., S. M. Levy, and L. L. Sutcliffe, Jr., Eds. (1986). *Field Inspection Handbook,* McGraw-Hill, New York.

Brown, S., Ed. (1995). *Forensic Engineering,* ISI Publications, Humble, TX.

Brűhwiler, E., and B. Adey (2005). Improving the Consideration of Life-Cycle Costs in Bridge Decision-Making in Switzerland, *Structure and Infrastructure Engineering,* Vol. 1, No. 2, pp. 145–157.

Bucher, C. and H. A. Pham (2005). On Model Updating of Existing Structures Utilizing Measured Dynamic Responses, *Structure and Infrastructure Engineering,* Vol. 1, No. 2, pp. 135–143.

Burati, J. L., W. C. Bridges, and S. A. Ackerman (1995). Evaluation of Quality Assurance Programs for Bituminous Paving Mixtures, Final Project Report, FHWA-SC-95-02, Clemson University, Clemson, SC.

Burdekin, F. M., et al. (1991). Non-Destructive Methods for Field Inspection of Embedded or Encased High Strength Steel Rods and Cables, CAPCIS, NCHRP 10-30 (3), University of Manchester, United Kingdom.

Burke, M. P. (1993). Integral Bridges: Attributes and Limitations, Paper No. 930104, 72nd Annual Meeting, Transportation Research Board, Washington, DC.

Burke, M. P. (1994). Semi-Integral Bridges: Movements and Forces, Paper No. 940051, 73rd Annual Meeting, Transportation Research Board, Washington, DC.

Burke, M. P. (2000). Warning! LRFD May Be Hazardous to Your Bridge's Health, 17th Annual International Bridge Conference, Engineers' Society of Western Pennsylvania, Pittsburgh, PA.

Busa, G. D., et al. (1985). A National Bridge Deterioration Model, Report No. SS-42-U5-26, U.S. Department of Transportation Research and Special Programs Administration, Transportation Systems Center, Cambridge, MA.

Bush, J. and G. Y. Baladi (1989). *Nondestructive Testing of Pavements and Backcalculation of Moduli,* ASTM 89-38726, American Society for Testing and Materials, New York.

Button, M. R., J. C. Colman, and R. L. Mayes (1999). Effect of Vertical Ground Motions on the Structural Response of Highway Bridges, Technical Report MCEER-99-0007, Multidisciplinary Center for Earthquake Engineering Research, State University of New York, Buffalo, NY.

Cady, P. D. and R. E. Weyers (1984). Deterioration Rates of Concrete Bridge Decks, *Journal of Transportation Engineering,* Vol. 110, No. 1, pp. 34–44.

Calgaro, J. A. (2004). L'Ingenieur et le Gestionnaire, editorial, *Le Pont,* No. 18, December 2004, Toulouse, France.

Calgaro, J. A., and R. Lacroix, Eds. (1997). *Maintenance et Reparation des Ponts,* Presses de l'Ecole National des Ponts et Chaussées, Paris.

Calgaro, J. A., and M. Virlogeux (1988). *Analyse Sructurale des Tabliers de Ponts,* Presses Ponts et Chaussées, Paris.

Camo, S. (2004, January). The Evolution of a Design, *Structural Engineer,* Vol. 4, No. 1, pp. 32–37.

Caro, R. A. (1974). *The Power Broker,* Alfred A. Knopf, New York.

Casti, J. L. (1990). *Searching for Certainty,* William Morrow and Co., New York.

CBO, Congressional Budget Of ce (1991).*How Federal Spending for Infrastructure and Other Public Investments Affects the Economy,* U.S. Government Printing Office , Washington, DC.

Chang, C. M. (2005). *Engineering Management,* Challenges in the New Millennium, Prentice-Hall, Upper Saddle River, NJ.

Chang, S. E., et al. (1996). Estimation of the Economic Impact of Multiple Lifeline Disruption, Technical Report NCEER-96-0011, NCEER, State University of New York, Buffalo, NY.

Charnes, A., and W. W. Cooper (1959). Chance-Constrained Programming, *Management Science,* Vol. 5, p. 73.

Chen, W. F., and L. Duan, Eds. (1999). *Bridge Engineering Handbook,* CRC Press, Boca Raton, FL.

Chen, W. F., and E. M. Lui (1987). *Structural Stability,* Prentice-Hall, Englewood Cliffs, NJ.

Chopra, A. (1995). *Dynamics of Structures,* Prentice-Hall, Englewood Cliffs, NJ.

Cleland, D. I., and D. F. Kocaoglu (1981). *Engineering Management,* McGraw-Hill, New York.

Clifton, J. R. (1991). Predicting the Remaining Life of Concrete, NISTRIP 4712, National Institute of Standards and Technology, U.S. Department of Commerce, Washington, DC.

Clough, R. W., and J. Penzien (1993). *Dynamics of Structures,* 2nd ed., McGraw-Hill, New York.

Clough, R. H. (1986). *Construction Contracting,* Wiley, New York.

Clough, R. H., et al. (2000). *Construction Project Management,* Wiley, New York.

Collacott, R. A. (1985). *Structural Integrity Monitoring,* Chapman & Hall, London.

Commission for the Investigation of the Schoharie Bridge Collapse (1987). Final Report, New York State Department of Transportation, Albany.

Considere, A. (1903). *Experimental Researches on Reinforced Concrete,* McGraw Publishing, New York.

Cooke, B., and P. Williams (2004). *Construction Planning, Programming & Control,* Blackwell Publishing, Oxford.

Cremona, C., Ed. (2003). *Application des Notions de Fiabilité à la Gestion des Ouvrages Existants,* Presses de l'École Nationale de Ponts et Chaussées, Paris.

Dallard, P., et al. (2001). London Millennium Bridge: Pedestrian-Induced Lateral Vibration, *ASCE Journal of Bridge Engineering,* Vol. 6, No. 6, pp. 412–417.

Daniels, H., W. Kim, and J. L. Wilson (1989). Recommended Guidelines for Redundancy Design and Rating of Two-Girder Steel Bridges, Report No. 319, National Research Council, Transportation Research Board, Washington, DC.

Das, P., D. M. Frangopol, and A. S. Nowak (1999). *Current and Future Trends in Bridge Design, Construction and Maintenance,* Thomas Telford, London.

Date, C. J. (1973, 1983). *An Introduction to Database Systems,* Vols. I and II, Addison-Wesley, Reading, MA.

De Finetti, B. (1974). *Theory of Probability,* Vol. 1., Wiley, New York.

De Gramo, E. P., J. R. Canada, and W. G. Sullivan (1979). *Engineering Economy,* Macmillan, New York.

Den Hartog, J. P. (1949). *Strength of Materials,* McGraw-Hill, New York.

Descartes, R. (1976). *Discours de la Methode,* Livres de Poche, Paris.

Dewey, J. (1929). *The Quest for Certainty, a Study of the Relation of Knowledge and Action,* Minton, Balch & Co., New York.

Diwekar, U. (2003). *Introduction to Applied Optimization,* Kluwer Academic, Norwell, MA.

Dowrick, D. J. (1977). *Earthquake Resistant Design,* Wiley, New York.

Drdácký, M. (1992). editor, Lessons from Structural Failures, Aristocrat, Telč.

Drucker, P. F. (1954). *The Practice of Management,* Harper & Row, New York.

Drucker, P. F. (1968). *The Age of Discontinuity,* Harper & Row, New York.

Drucker, D. (1973). *Management,* Harper & Row, New York.

Drucker, P. F. (1995). *Managing in a Time of Great Change,* Truman Talley/Dutton, New York.

Duke, J. C., and S. C. Warfield (1992). Evaluation of Infrared Thermography as a Means of Detecting Delaminations in Reinforced Concrete Bridge Substructure Elements, Transportation Research Record No. 1347. National Academy Press, Washington, D.C.

Eary, D. F., and G. E. Johnson (1962). *Process Engineering for Manufacturing,* Prentice-Hall, Englewood Cliffs, NJ.

Einstein, A. (1921). *Geometry and Experience,* lecture before the Prussian Academy of Science, January 27, 1921, Springer, Berlin.

Einstein, A. (1941). The Common Language of Science, *Advancement of Science,* Vol. 2, No. 5.

Einstein, A. (1950). "On the General Theory of Gravitation," *Scientific American,* Vol. 182, No. 4.

Einstein, A., and L. Infeld (1942). *The Evolution of Physics,* Simon & Schuster, New York.

Emmons, P. H. (1993). *Concrete Repairs and Maintenance Illustrated,* R. S. Means, Kingston, MA.

ENPC Presses de l'École National des Ponts et Chaussées (1994). *Maintenance of Bridges and Civil Structures,* ENPC, Paris.

ENR (May 24, 2004). Team Looking at Temporary Bracing for Cause of Collapse, *Engineering News Record,* Vol. 252, No. 21, McGraw-Hill Construction, New York.

ENR (May 31, 2004). Focus on Construction of Columns at Airport, *Engineering News Record,* Vol. 252, No. 22, McGraw-Hill Construction, New York.

ENR (July 12, 2004). Questions Raised over Steel Roof Structures, *Engineering News Record,* Vol. 253, No. 2, p. 10, McGraw-Hill Construction, New York.

ENR (Sept. 27, 2004). Planned, Collapsed Terminals Featured at Peer Review, *Engineering News Record,* Vol. 253, No. 12, p. 16, McGraw-Hill Construction, New York.

Federal Infrastructure Safety Program (1994). Infrastructure in the 21st Century Economy, Interim Report Vol. 2, Institute for Water Resources, U.S. Army Corps of Engineers, Alexandria, VA.

Feld, J. (1968). *Construction Failure,* John Wiley & Sons, Inc., New York.

FEMA (Federal Emergency Management Agency) 403 (2002). *World Trade Center Building Performance Study,* ASCE, Reston, VA.

Feynman, R. (1998). *The Meaning of It All,* Perseus Books, Reading, MA.

Feynman, R. (1999). *The Pleasure of Finding Things Out,* Perseus Books, Cambridge.

FHWA (1979). *Bridge Inspector's Training Manual 70,* Federal Highway Administration, U.S. Department of Transportation, Washington, DC.

FHWA (1986). *Inspection of Fracture Critical Bridge Members,* FHWA-IP-86-26, Federal Highway Administration, U.S. Department of Transportation, Washington, DC.

FHWA (1987). *The Pennsylvania Bridge Management System,* FHWA-PA-86-036-84-28A, February, 1987, Harrisburg, PA, Federal Highway Administration, U.S. Department of Transportation, Washington, DC.

FHWA (1991). *Bridge Inspector's Training Manual/90,* R. A. Hartle et al., FHWA-PD-91-015, Federal Highway Administration, U.S. Department of Transportation, Washington, DC.

FHWA (1994). *Life Cycle Cost Analysis,* A Policy Discussion Series, No. 12, Nov. 1994, Federal Highway Administration, U.S. Department of Transportation, Washington, DC.

FHWA (1995a). *Seismic Retrofitting Manual for Highway Bridges,* I. G. Buckle and I. M. Friedland, Eds., FHWA-RD-94-052, NCEER, CUNY, Buffalo, Federal Highway Administration, U.S. Department of Transportation, Washington, DC.

FHWA (1971, 1988, 1995b) *Recording and Coding Guide for the Structure Inventory and Appraisal of the Nation's Bridges,* FHWA-PD-96-001, Federal Highway Administration, U.S. Department of Transportation, Washington, DC.

FHWA (1997). *Federal-Aid Policy Guide, Part 625—Design Standards for Highways,* Federal Highway Administration, U.S. Department of Transportation, Washington, DC.

FHWA (1998). *Scour Monitoring and Instrumentation,* FHWA-SA-96-036, Federal Highway Administration, U.S. Department of Transportation, Washington, DC.

FHWA (1999). *Asset Management Primer,* Federal Highway Administration, U.S. Department of Transportation, Washington, DC.

FHWA (2000). *Primer: GASB 34,* Government Accounting Standards Board's Statement 34, Office of Asset Management, Federal Highway Administration, U.S. Department of Transportation, Washington, DC.

FHWA (2001a, August). *Data Integration Primer,* Office of Asset Management, Federal Highway Administration, U.S. Department of Transportation, Washington, DC.

FHWA (2001b). *Reliability of Visual Inspection for Highway Bridges,* Vols. I and II, FHWA-RD-01-020 and FHWA-RD-01-021, Federal Highway Administration, U.S. Department of Transportation, Washington, DC.

FHWA (2001c). *Performance of Concrete Segmental and Cable-Stayed Bridges in Europe,* FHWA-PL-01-019, American Trade Initiatives, Alexandria, VA, Federal Highway Administration, U.S. Department of Transportation, Washington, DC.

FHWA (2001d). *Data Integration Glossary,* U.S. Department of Transportation, FHWA-IF-01-017, Federal Highway Administration, U.S. Department of Transportation, Washington, DC.

FHWA (2002a). *Seismic Retrofitting Manual for Highway Structures,* MCEER, Buffalo, NY, Federal Highway Administration, U.S. Department of Transportation, Washington, DC.

FHWA (2002b). *Guidelines for Detection, Analysis, and Treatment of Materials-Related Distress in Concrete Pavements,* Vol. 2: *Guidelines Description and Use,* FHWA-RD-01-164, Federal Highway Administration, U.S. Department of Transportation, Washington, DC.

FHWA (2002c). *Bridge Inspector's Reference Manual (BIRM),* Vols. I and II, FHWA-NHI-03-001, Federal Highway Administration, U.S. Department of Transportation, Washington, DC.

FHWA (2004a). *National Bridge Inspection Standards,* 23 CFR Part 650, Docket No. FHWA-2001-8954, pp. 74419–74439, *Federal Register,* Vol. 69, No. 239, Dec. 14, 2004, Federal Highway Administration, U.S. Department of Transportation, Washington, DC.

FHWA (2004b). *Transportation Performance Measures in Australia, Canada, Japan, and New Zealand,* International Technology Exchange Program, FHWA-PL-05-001, Federal Highway Administration, U.S. Department of Transportation, Washington, DC.

FHWA (2005a). *Specifications for the National Bridge Inventory,* Draft, May 16, 2005, Federal Highway Administration, U.S. Department of Transportation, Washington, DC.

FHWA (2005b). *Bridge Preservation and Maintenance in Europe and South Africa,* International Technology Exchange Program, FHWA-PL-04-007, Federal Highway Administration, U.S. Department of Transportation, Washington, DC.

FHWA (2005c). *Construction Management Practices in Canada and Europe,* International Technology Exchange Program, FHWA-PL-05-010, Federal Highway Administration, U.S. Department of Transportation, Washington, DC.

FHWA (2005d). *Transportation Asset Management in Australia, Canada, England, and New Zealand,* International Technology Exchange Program, FHWA-PL-05-019.

Fisher, J. W. (1984). *Fatigue and Fracture in Steel Bridges,* Case Studies, Wiley, New York.

Fisher, J. W., G. L. Kulak, and I. F. C. Smith (1977). A Fatigue Primer for Structural Engineers, ATLSS Report No.97-11, Lehigh University, Bethlehem.

Fisk, E. R., and R. R. Rapp (2004). *Introduction to Engineering Construction and Inspection,* Wiley, New York.

Florman, S. C. (1987). *The Civilized Engineer,* St. Martin's Press, New York.

Forde, M., Ed. (1999). *Structural Faults + Repair, Proceedings, International Conferences,* Engineering Technics Press, Edinburgh.

Frangopol, D., Ed. (1998). *Optimal Performance of Civil Infrastructure Systems,* American Society of Civil Engineers, Structural Engineering Institute, Reston, VA.

Frangopol, D., Ed. (1999a). *Case Studies in Optimal Design and Maintenance Planning of Civil Infrastructure Systems,* American Society of Civil Engineers, Structural Engineering Institute, Reston, VA.

Frangopol, D., Ed. (1999b). *Bridge Safety and Reliability,* American Society of Civil Engineers, Structural Engineering Institute, Reston, VA.

Frangopol, D. M., and H. Furuta, Eds. (2001). *First International Workshop on Life-Cycle Cost Analysis and Design of Civil Infrastructure Systems,* American Society of Civil Engineers, Structural Engineering Institute, Reston, VA.

Frank, T. (2005). The President's Man, *N.Y. Times Book Review,* February 27, p. 18.

Freudenthal, A. M. (1972). *International Conference on Structural Safety and Reliability, Proceedings,* Pergamon, Oxford, United Kingdom.

Freyssinet, E. (1993). *Un Amour Sans Limite,* Editions du Linteau, Paris.

Fujino, Y., et al. (1993). Synchronisation of Human Walking Observed During Lateral Vibration of a Congested Pedestrian Bridge, *Earthquake Engineering and Structural Dynamics,* Vol. 22, pp. 741–758.

Fukuyama, F. (1992). *The End of History and the Last Man,* Avon Books, New York.

Fukuyama, F. (1999). *The Great Disruption,* Simon & Schuster, New York.

Furuta, H., et al. (2003). Performance Measures for Bridge Management, *Proceedings of the International Workshop on Structural Health Monitoring of Bridges,* September 1–2, 2003, Kitami Institute of Technology, Japan Society of Civil Engineering, Kitami, Japan, pp. 181–186.

Galbraith, J. K. (1967). *The New Industrial State,* Houghton Mifflin, Boston.

Galbraith, J. K. (1973). *Economics & the Public Purpose,* Houghton Mifflin, Boston.

Galbraith, J. K. (1977). *The Age of Uncertainty, A History of Economic Ideas and Their Consequences,* Houghton Mifflin, Boston.

Gans, D., Ed. (1991). *Bridging the Gap,* Van Nostrand Reinhold, New York.

GASB 34 (2000). Office of Asset Management, U.S. Department of Transportation, Washington, DC.

George, C. S. (1968). *The History of Management Thought,* Prentice-Hall, Englewood Cliffs, NJ.

Gertsbakh, I. (2000). *Reliability Theory,* with Application to Preventive Maintenance, Springer-Verlag, Berlin.

Gibble, K., Ed. (1986). *Management Lessons From Engineering Failures,* American Society of Civil Engineers, Reston, VA.

Gies, J. (1963). *Bridges and Men,* Grosset & Dunlap, New York.

Gimsing, N. J. (1983). *Cable Supported Bridges,* Wiley, New York.

Gluver, H., and D. Olsen, Eds. (1998). *Ship Collision Analysis,* A. A. Balkema, Rotterdam.

Godfrain, J. (2003). *Les Ponts, le Diable et le Viaduc,* Le Jardin des Livres, Paris.

Golabi, K., P. Thompson, and W. A. Hyman (1992). *Pontis Technical Manual,* Optima, Cambridge Systematics, Cambridge.

Goltz, J. D., Ed. (1994). The Northridge, California Earthquake of January 17, 1994: General Reconnaissance Report, Technical Report No. 94-0005, Buffalo, NY.

Gómez-Ibáñez, J. A., and J. R. Meyer, Eds. (1993). *Going Private,* Brookings Institution, Washington, DC.

Gongkang, F. Ed. (2005). *Inspection and Monitoring Techniques for Bridges and Civil Structures,* Woodhead Publishing, Cambridge, England.

Gordon, J. E. (1978). *Structures or Why Things Don't Fall Down,* Da Capo Press, New York.

Gourmelon, J.-P. (1988). Matiere a Réflexion pour Une Politique de Gestion des Ponts Suspendus par Temps froid, *Bulletin Liaison Laboratoire Central des Ponts et Chaussées,* Jul.–Aug., No. 158, pp. 105–107, Paris.

Gramet, C. (1966). *Highways over Waterways,* Abelard-Schuman, London.

Graves, R. (1992). *The Greek Myths,* Penguin Books, London.

Günther, H. P., Ed. (2005). *Use and Application of High-Performance Steels for Steel Structures,* International Association for Bridge and Structural Engineering, Zürich.

Halmshaw, R. (1987). *Non-Destructive Testing,* Edward Arnold, London.

Halpin, D. W. and L. S. Riggs (1992). *Planning and Analysis of Construction Operations,* Wiley, New York.

Hambly, E. C. (1976). *Bridge Deck Behavior,* Wiley, New York.

Harding, J. E., G. A. R. Parke and M. J. Ryall (1990, 1993, 1997, 2000, 2005). *Bridge Management 1, 2, 3, 4, 5,* Thomas Telford, London.

Harriss, J. (1975). *The Tallest Tower,* Houghton Mifflin, Boston.

Hartle, R. A., et al. (1991). *Bridge Inspector's Training Manual/90,* FHWA-PD-91-015, Federal Highway Administration, Washington, DC.

Hassab, J. C. (1997). *Systems Management,* CRC Press, Boca Raton, FL.

Hays, W. L. (1994). *Statistics,* 5th ed., Harcourt Brace College Publishers, Fort Worth, TX.

Hegel, G. F. (1989). *Science of Logic,* Humanities Press International, Inc., Atlantic Highlands, N.J.

Heisenberg, W. (1958). *Physics and Philosophy, the Revolution in Modern Science,* Harper & Row, New York.

Hellier, C. J., et al. (2001). *Handbook of NDE,* McGraw-Hill, New York.

Hersey, P. (1985). *Situational Selling,* Center for Leadership Studies, Escondido, CA.

Heyman, J. (1996). *Elements of the Theory of Structures,* Cambridge University Press, Cambridge.

Heyman, J. (1998). *Structural Analysis: A Historical Approach,* Cambridge University Press, Cambridge.

Hodge, Ph. G. (1981). *Plastic Analysis of Structures,* Robert E. Krieger Publishing, Malabar, FL.

Holmes, O. W. (1895). *The Complete Poetical Works,* Houghton Mifflin Riverside Press, Boston.

Hopkins, H. J. (1970). *A Span of Bridges,* Praeger, New York.

Horne, M. Z., and Merchant, W. (1965). *The Stability of Frames,* Pergamon, London.

Housner, G. W., Chairman (1990). Competing Against Time, The Governor's Board of Inquiry on the 1989 Loma-Prieta Earthquake, Office of Planning and Research, State of California.

HSBA, Honshu-Shikoku Bridge Authority (2002). Nondestructive Testing of Hanger Rope, *Newsletter on Long-Span Bridges,* No. 11, p. 1, March.

Hudson, R., R. Haas, and W. Uddin (1997). *Infrastructure Management,* McGraw-Hill, New York.

Hull, B., and V. John (1988). *Non-Destructive Testing,* Macmillan Education, Macmillan, London.

IABSE (1995). *Extending the Lifespan of Bridges,* Symposium, San Francisco, International Association for Bridge and Structural Engineering, Zurich, Switzerland.

IABSE (1999). *Cable Stayed Bridges—Past, Present and Future,* Malmö, International Association for Bridge and Structural Engineering, Zurich, Switzerland.

IABSE, (2000). International Association for Bridge and Structural Engineering (2000). *Structural Engineering for Meeting Urban Transportation Challenges, 16th Congress,* Lucerne, IABSE, Zurich, Switzerland.

IABSE (2001). *Cable-Supported Bridges—Challenging Technical Limits,* Conference, Seoul, International Association for Bridge and Structural Engineering, Zurich, Switzerland.

IABSE (2006). *Operation, Maintenance and Rehabilitation of Large Infrastructure Projects, Bridges and Tunnels,* May 15–17, 2006, Copenhagen, Denmark.

Imbsen, R. A., et al. (1997). Structural Details to Accommodate Seismic Movements of Highway Bridges and Retaining Walls, Technical Report NCEER-97-0007, National Center for Earthquake Engineering Research, State University at Buffalo, NY.

Inman, D. J., et al., Eds. (2005). *Damage Prognosis for Aerospace, Civil and Mechanical Systems,* Wiley, Chichester, West Sussex, England.

Ireson, W. G., and C. F. Coombs, Jr., Eds. (1988). *Handbook of Reliability Engineering and Management,* McGraw-Hill, New York.

Irvine, H. M. (1986). *Structural Dynamics,* Unwin Hyman, London.

Irvine, M. (1981). *Cable Structures,* Dover Publications, New York.

ISO (1995). *Guide to the Expression of Uncertainty in Measurement,* 2nd Ed., International Organization of Standardization, Geneva.

Jay, A. (1994). *Management and Machiavelli,* Pfeiffer & Company, San Diego.

Jones, D. A. (1992). *Principles and Prevention of Corrosion,* Macmillan Publishing Company, New York.

Juhn G.-H., C.-B. Yun, and B. F. Spencer, Jr., Eds. (2005). *Smart Infrastructure Technology for Maintenance of Infrastructure,* Proceedings, Korea Infrastructure Safety & Technology Corporation (KISTEC), Smart Infrastructure Technology Center (SISTeC), Korea Advanced Institute of Science and Technology (KAIST), and the Asian-Paci c Network of Centers for Research in Smart Structures Technology (ANCRiSST), Gyengju, Korea.

Kant, I. (1965). *Critique of Pure Reason,* St. Martin's Press, New York.

Karnakis, E. (1997). *Constructing a Bridge,* MIT Press, Cambridge, MA.

Kelly, J. M. (1993). *Earthquake-Resistant Design with Rubber,* Springer-Verlag, London.

Kierkegaard, S. (1849, 1980). *The Sickness unto Death,* Princeton University Press, Princeton, NJ.

Kline, M. (1953). *Mathematics in Western Culture,* Oxford University Press, New York.

Kline, M. (1980). *Mathematics, the Loss of Certainty,* Oxford University Press, New York.

Kodur, V. K. R., and T. Z. Harmathy (2002). Properties of Building Materials, *FPE Handbook of Fire Protection Engineering,* 3rd Ed., National Fire Protection Association.

Koglin, T. L. (2003). *Moveable Bridge Engineering,* John Wiley & Sons, Inc., Hoboken, NJ.

Kretz, T., et al. (2006). "Haute surveillance et evaluation de l'aptitude au service du pont suspendu d'Aquitaine," pp. 13–32, *Bulletin des Laboratoires des Ponts et Chaussées,* Vol. 260, Paris.

Kulkami, R. B. (1984). *Dynamic Decision Model for Pavement Management System,* TRR No. 997, Transportation Research Record, National Research Council, Washington DC, pp. 11–18.

Larsen, A. and S. Esdahl, Eds. (1998). *Bridge Aerodynamics,* A. A. Balkema, Rotterdam.

LCPC, Laboratoire Central des Ponts et Chaussées (1979). Ausculation, Surveillance Renforcee, Haute Surveillance, Mesures de Securite immediate ou de Sauvegarde, Instruction Technique du 19 Octobre 1979, Paris.

LCPC/SETRA (1979). *Instruction Technique pour la Surveillance et l'Entretien des Ouvrages d'Art,* Laboratoire Central des Ponts et Chaussées/Service d'Etudes Techniques des Routes et Autoroutes, Direction des Routes, Paris.

Leonardo da Vinci (1935). *Notebooks,* E. McCurdy, Ed., Empire State Book Co., New York.

Leonhardt, F. (1980). *Bridges,* MIT Press, Cambridge, MA.

Levy, M., and M. Salvadori (1992). *Why Buildings Fall Down,* W. W. Norton & Company, New York.

Livesley, R. K., and D. B. Chandler (1956). *Stability Functions for Structural Frameworks,* Manchester University Press, Manchester.

Llanos, J. (1992). *La Maintenance des Ponts Routiers,* Approche économique, Presses de l'École Nationale de Ponts et Chaussées, Paris.

Llanos, J., and B. Yanev (1991). Models of Deck Deterioration and Optimal Repair Strategies for the New York City Bridges, Proceedings, 2nd Civil Engineering Automation Conference, pp. 1–28, New York.

Lucas, Jr., H. C. (1985). *The Analysis, Design and Implementation of Information Systems,* McGraw-Hill, New York.

Mach, E. (1956). The Economy of Science, in *The World of Mathematics,* Vol. 3, Simon and Schuster, New York, pp. 1787–1795.

Mahorta, V. M., and N. J. Carino (1991). *CRC Handbook on Nondestructive Testing of Concrete,* CRC Press, Boca Raton, Fla.

Mallet, G. P. (1994). *Repair of Concrete Bridges,* State of the Art Review, Thomas Telford, London.

Mander, J. B., et al. (1996). Response of Steel Bearings to Reversed Cyclic Loadings, Technical Report NCEER-96-0014, NCEER, University of Buffalo.

McCullough, D. (1972). *The Great Bridge,* Avon Books, New York.

McCullough, D. (1977). *The Path Between the Seas,* Simon & Schuster, New York.

McNeill, D. and P. Freiberger (1994). *Fuzzy Logic,* Simon & Schuster, New York.

Melchers, R. E. (1987). *Structural Reliability Analysis and Prediction,* Wiley, New York.

Menn, C. (1986). *Prestressed Concrete Bridges,* Birkhauser Verlag, Wien.

MIL-Hdbk-472 (1984). *Maintainability Prediction,* Naval Forms and Publications Center, Philadelphia, PA.

Minor, J., K. R. White, and R. S. Busch (1988). *Condition Surveys of Concrete Bridge Components, User Manual,* Report 312, National Research Council, Transportation Research Board, Washington, DC.

Mintzberg, H. (1979). *The Structuring of Organizations,* Prentice-Hall, Englewood Cliffs, NJ.

Mittra, S. S. (1988). *Structured Techniques of System Analysis, Design, and Implementation,* Wiley, New York

Miyamoto, A. and D. Frangopol, Eds. (2001), Second International Workshop on Life-Cycle Cost Analysis and Design of Civil Infrastructure Systems, Proceedings, University of Yamaguchi, Ube, Japan.

Miyamoto, A., A. Sarja, and T. Rissanen, Eds. (2005). *Lifetime Engineering of Civil Infrastructure,* Yamaguchi University, Ube, Japan.

Mladjov, R. (2004). The Most Expensive Bridge in the World, *Modern Steel Construction,* Vol. 44, No. 9, pp. 53–56.

Mobley, R. K. (1990). *An Introduction to Predictive Maintenance,* Van Nostrand Reinhold, New York.

Morcous, G. H., et al. (2002). Modeling Bridge Deterioration Using Case-Based Reasoning, *Journal of Infrastructure Systems,* Vol. 8, No. 3, pp. 86–95.

Moses, F. and M. Ghosn (1985). A Comprehensive Study of Bridge Loads and Reliability, Report FHWA/OH-85/005, Department of Civil Engineering, Case Western Reserve University, Cleveland, OH.

Mullen, C. L. and A. S. Cakmak (1997). Seismic Fragility of Existing Conventional Reinforced Concrete Highway Bridges, Technical Report NCEER-97-0017, SUNY, Buffalo.

National Commission Final Report on the Terrorist Attacks upon the U.S. (2004), *The 9/11 Report,* W. W. Norton & Company, New York and London.

NCHRP Digest 232, National Cooperative Highway Research Program Report, National Research Council, Transportation Research Board, Washington, DC.

NCHRP Digest 234 (1993). Bridge Rating Though Nondestructive Load Testing, Project 12-28(13)A, National Research Council, Transportation Research Board, Washington, DC.

NCHRP Project 2-17 (3) (1994). Macroeconomic Analysis of the Linkages Between Transportation Investments and Economic Performance (M. E. Bell and T. J. McGuire), National Research Council, Transportation Research Board, Washington, DC.

NCHRP Project 12-46 (2000). Manual for Condition Evaluation and Load Resistance Factor Rating of Highway Bridges, Final Draft, National Research Council, Transportation Research Board, Washington, DC.

NCHRP Report 141 (1989). Bridge Deck Joints (M. Burke), National Research Council, Transportation Research Board, Washington, DC.

NCHRP Report 222 (1980). Bridges on Secondary Highways and Local Roads: Evaluation and Replacement, National Research Council, Transportation Research Board, Washington, DC.

NCHRP Report 243 (1981). Rehabilitation and Replacement of Bridges on Secondary Highways and Local, Roads, National Research Council, Transportation Research Board, Washington, DC.

NCHRP Report 273 (1984). Manual for the Selection of Optimal Maintenance Levels of Service, National Research Council, Transportation Research Board, Washington, DC.

NCHRP Report 285 (1986). Evaluating Alternative Maintenance Strategies, National Research Council, Transportation Research Board, Washington, DC.

NCHRP Report 292 (1987). Strength Evaluation of Existing Reinforced Concrete Bridges, National Research Council, Transportation Research Board, Washington, DC.

NCHRP Report 293 (1987). Methods of Strengthening existing Highway Bridges, National Research Council, Transportation Research Board, Washington, DC.

NCHRP Report 299 (1987). Fatigue Evaluation Procedures for Steel Bridges, National Research Council, Transportation Research Board, Washington, DC.

NCHRP Report 300 (1987). Bridge Management Systems, National Research Council, Transportation Research Board, Washington, DC.

NCHRP Report 304 (1988). Determining Deteriorated Areas in Portland Cement Concrete Pavements Using Radar and Video Imaging, National Research Council, Transportation Research Board, Washington, DC.

NCHRP Report 312 (1988). Condition Surveys of Concrete Bridge Components—User's Manual, National Research Council, Transportation Research Board, Washington, DC.

NCHRP Report 319 (1989). Recommended Guidelines for Redundancy Design and Rating of Two-Girder Steel Bridges, National Research Council, Transportation Research Board, Washington, DC.

NCHRP Report 333 (1990). Guidelines for Evaluating Corrosion Effects in Existing Steel Bridges, National Research Council, Transportation Research Board, Washington, DC.

NCHRP Report 377 (1994). Life-Cycle Cost Analysis for Protection and Rehabilitation of Concrete Bridges Relative to Reinforcement Corrosion, National Research Council, Transportation Research Board, Washington, DC.

NCHRP Report 363 (1994). Role of Highway Maintenance in Integrated Management Systems, National Research Council, Transportation Research Board, Washington, DC.

NCHRP Report 403 (1998). Guidance for Estimating the Indirect Effects of Proposed Transportation Projects, National Research Council, Transportation Research Board, Washington, DC.

NCHRP Report 406 (1998). Redundancy in Highway Bridge Superstructures, National Research Council, Transportation Research Board, Washington, DC.

NCHRP Report 437 (2000). Collection and Presentation of Roadway Inventory Data, National Research Council, Transportation Research Board, Washington, DC.

NCHRP Report 447 (2001). Testing and Inspection Levels for Hot-Mix Asphaltic Concrete Overlays, National Research Council, Transportation Research Board, Washington, DC.

NCHRP Report 451 (2001). Guidelines for Warranty, Multi-Parameter, and Best Value Contracting, National Research Council, Transportation Research Board, Washington, DC.

NCHRP Report 454 (2001). Calibration of Load Factors for LRFD Bridge Evaluation, National Research Council, Transportation Research Board, Washington, DC.

NCHRP Report 458 (2001). Redundancy in Highway Bridge Substructures, National Research Council, Transportation Research Board, Washington, DC.

NCHRP Report 466 (2002). Desk Reference for Estimating the Indirect Effects of Proposed Transportation Projects, National Research Council, Transportation Research Board, Washington, DC.

NCHRP Report 467 (2002). Performance Testing for Modular Bridge Joint Systems, National Research Council, Transportation Research Board, Washington, DC.

NCHRP Report 483 (2003). Bridge Life-Cycle Cost Analysis (BLCCA), National Research Council, Transportation Research Board, Washington, DC.

NCHRP Report 485 (2003). Bridge Software—Validation Guidelines and Examples, National Research Council, Transportation Research Board, Washington, DC.

NCHRP Report 489 (2003). Design of Highway Bridges for Extreme Events, National Research Council, Transportation Research Board, Washington, DC.

NCHRP Report 495 (2003). Effect of Truck Weight on Bridge Network Costs, National Research Council, Transportation Research Board, Washington, DC.

NCHRP Report 496 (2003). Prestress Losses in Pretensioned High-Strength Concrete Bridge Girders, National Research Council, Transportation Research Board, Washington, DC.

NCHRP Report 505 (2003). Review of Truck Characteristics as Factors in Roadway Design, National Research Council, Transportation Research Board, Washington, DC.

NCHRP Report 511 (2004). Guide for Customer-Driven Benchmarking of Maintenance Activities, National Research Council, Transportation Research Board, Washington, DC.

NCHRP Report 516 (2004). Pier and Contraction Scour in Cohesive Soils, National Research Council, Transportation Research Board, Washington, DC.

NCHRP Report 517 (2004). Extending Span Ranges of Precast Prestressed Concrete Girders, National Research Council, Transportation Research Board, Washington, DC.

NCHRP Report 519 (2004). Connection of Simple-Span Precast Concrete Girders for Continuity, National Research Council, Transportation Research Board, Washington, DC.

NCHRP Report 525 (2004–2005), Guide for Emergency Transportation Operations, National Research Council, Transportation Research Board, Washington, DC.

NCHRP Report 534 (2004). Guidelines for Inspection and Strength Evaluation of Suspension Bridge Parallel-Wire Cables, National Research Council, Transportation Research Board, Washington, DC.

NCHRP Report 538 (2005). Traffic Data Collection, Analysis, and Forecasting for Mechanistic Pavement Design, National Research Council, Transportation Research Board, Washington, DC.

NCHRP Report 543 (2005). Effective Slab Width for Composite Steel Bridge Members, National Research Council, Transportation Research Board, Washington, DC.

NCHRP Report 545 (2005). Analytical Tools for Asset Management, National Research Council, Transportation Research Board, Washington, DC.

NCHRP Synthesis 106 (1983). Practical Guidelines for Minimizing Tort Liability, National Research Council, Transportation Research Board, Washington, DC.

NCHRP Synthesis 110 (1984). Maintenance Management Systems, National Research Council, Transportation Research Board, Washington, DC.

NCHRP Synthesis 148 (1989). Indicators of Quality in Maintenance, National Research Council, Transportation Research Board, Washington, DC.

NCHRP Synthesis 153 (1989). Evolution and Benefits of Preventive Maintenance Strategies, National Research Council, Transportation Research Board, Washington, DC.

NCHRP Synthesis 238 (1997). Performance Measurement in State Departments of Transportation, National Research Council, Transportation Research Board, Washington, DC.

NCHRP Synthesis 284 (2000). Performance Survey on Open-Graded Friction Course Mixes, National Research Council, Transportation Research Board, Washington, DC.

NCHRP Synthesis 319 (2003). Bridge Deck Joint Performance, National Research Council, Transportation Research Board, Washington, DC.

NCHRP Synthesis 327 (2004). Cost-Effective Practices for Off-System and Local Interest Bridges, National Research Council, Transportation Research Board, Washington, DC.

NCHRP Synthesis 316 (2003). Design Exception Practices, National Research Council, Transportation Research Board, Washington, DC.

NCHRP Synthesis 330 (2004). Public Benefits of Highway System Preservation and Maintenance, National Research Council, Transportation Research Board, Washington, DC.

NCHRP Synthesis 331 (2004). State Highway Letting Program Management, National Research Council, Transportation Research Board, Washington, DC.

NCHRP Synthesis 333 (2004). Concrete Bridge Deck Performance, National Research Council, Transportation Research Board, Washington, DC.

NCHRP Synthesis 345 (2005). Steel Bridge Erection Practices, National Research Council, Transportation Research Board, Washington, DC.

NCHRP Synthesis 346 (2005). State Construction Quality Assurance Programs, National Research Council, Transportation Research Board, Washington, DC.

NCHRP Synthesis 352 (2005). Value Engineering Applications in Transportation, National Research Council, Transportation Research Board, Washington, DC.

NCHRP Synthesis 353 (2005). Inspection and Maintenance of Bridge Stay Cable Systems, National Research Council, Transportation Research Board, Washington, DC.

NCHRP Synthesis 354 (2005). Inspection and Management of Bridges with Fracture Critical Details, National Research Council, Transportation Research Board, Washington, DC.

NCHRP Synthesis of Highway Practice, National Research Council, Transportation Research Board, Washington, DC.

Neal, B. G. (1956, 1981). *The Plastic Methods of Structural Analysis,* Chapman & Hall, London and New York.

Neale, B. S., Ed. (2001). *Forensic Engineering,* Thomas Telford, London.

Newman, W. H. and C. E. Summer, Jr. (1961). *The Process of Management,* Prentice-Hall, Englewood Cliffs, NJ.

Newmark, N. M. and E. Rosenblueth (1971). *Fundamentals of Earthquake Engineering,* Prentice-Hall, New York.

Nims, D. K., et al. (1989). Collapse of the Cypress Street Viaduct as a Result of the Loma Prieta Earthquake, Earthquake Engineering Research Center, University of California, Berkeley.

Northouse, P. G. (1997). *Leadership, Theory and Practice,* SAGE Publications, Thousand Oaks, London and New Delhi.

Noyan, C., and J. B. Cohen (1987). *Residual Stress,* Springer-Verlag, Berlin.

NRC, National Research Council (1990). Truck Weight Limit, Issues and Options, Special Report 225, Transportation Research Board (TRB), Washington, D.C.

NRC (1993a). Concrete Bridge Protection, Repair, and Rehabilitation Relative to Reinforcement Corrosion: A Method Application Manual, Strategic Highway Research Program, SHRP-S-360, TRB, Washington, DC.

NRC (1993b). Eliminating or Minimizing Alkali-Silika Reactivity, SHRP-C-343, TRB, Washington, DC.

NRC (1995). Measuring and Improving Infrastructure Performance, Board on Infrastructure and the Constructed Environment, National Academy Press, Washington, DC.

NYC DOT (1992). Bridges and Tunnel, Annual Condition Report, Department of Transportation, New York City.

NYS DOT (1991). Hydraulic Vulnerability Manual, Department of Transportation, New York State, Albany, NY.

NYS DOT (1993a). Mini-Decision Support System, Bridge Management System, New York State Department of Transportation, Albany, NY.

NYS DOT (1993b). Overload Vulnerability Manual, Department of Transportation, New York State, Albany, NY.

NYS DOT (1993c). Steel Details Vulnerability Manual, Structures Design and Construction Division, Department of Transportation, New York State, Albany, NY.

NYS DOT (1995a). Collision Vulnerability Manual, Structures Design and Construction Division, Department of Transportation, New York State, Albany, NY.

NYS DOT (1995b). Seismic Vulnerability Manual, Structures Design and Construction Division, Department of Transportation, New York State, Albany, NY.

NYSBA/HSBA New York State Bridge Authority/Honshu-Shikoku Bridge Authority (2002), Third International Bridge Operator's Conference, Awaji Island, Japan, May 16–17, 2002.

NYS DOT, New York State Department of Transportation (1997), *Bridge Inspection Manual,* NYS DOT, Albany, NY.

O'Connor, C. (1971). *Design of Bridge Superstructures,* Wiley, New York.

O'Connor, D. S. and W. A. Hyman (1989). Bridge Management Systems, Report FHWA-DP-71-0R, U.S. Department of Transportation, Washington, DC.

OECD (1981). *Bridge Maintenance,* Organization for Economic Cooperation and Development, Paris.

OECD (1992). *Bridge Management,* Organization for Economic Cooperation and Development, Paris.

OHBDC (1983, 1993). *Ontario Highway Bridge Design Code,* 2nd and 3rd eds., Ontario Ministry of Transportation and Communications, Toronto, Ontario.

Olsson, N. (1993). Supply-Side Solutions, *Civil Engineering,* April 1993, pp. 57–59.

OSHA (1995). Fall Protection in Construction, Occupational Safety and Health Administration, U.S. Department of Labor, Washington, D.C.

Paine, T. (1945). *Selected Works,* Duell, Sloan and Pearce, New York.

Park, S. H. (1980). *Bridge Inspection and Structural Analysis,* NJDOT, Trenton, NJ.

Park, W. R., and D. E. Jackson (1984). *Cost Engineering Analysis,* Wiley, New York.

Parkinson, C. N. (1957). *Parkinson's Law and Other Studies in Administration,* Houghton **Mifflin**, Boston.

Pascal, B. (1962). *Pensées,* Editions du Seuil, Paris.

Patterson, W. D. O., and T. Scullion (1990). Information Systems for Road Management: Draft Guidelines on System Design and Data Issues, Technical Paper INU77, Infrastructure and Urban Development, The World Bank, Washington, DC.

PBQ&D, Parsons Brinkerhoff Quade & Douglas Inc. (1993). *Seismic Awareness: Transportation Facilities, A Primer for Transportation Managers,* U.S. Department of Transportation, Washington, DC.

Pearl, J. (1990). Bayesian and Belief-Function Formalisms for Evidential Reasoning: A Conceptual Analysis, in G. Shafer, and J. Pearl, Eds., *Readings in Uncertain Reasoning,* Morgan Kaufmann, San Mateo, CA, pp. 540–574.

Persy, J.-P., and A. Raharinaivo (1987). Etude de la Rupture par Temps Froid d'Éléments en Acier Provenant d'Un Pont Suspendu, *Bulletin Liaison Laboratoire Central des Ponts et Chaussées,* Nov.–Dec., No. 152, pp. 49–53, Paris.

Petroski, H. (1992). *To Engineer Is Human,* Vintage Books, Random House, New York.

Petroski, H. (1993). Predicting Disaster, *American Scientist,* Vol. 81, Mar.–Apr., pp. 110–113.

Petroski, H. (1994). Success Syndrome: The Collapse of the Dee Bridge, *Civil Engineering,* Vol. 64, No. 4, pp. 52–55.

Petroski, H. (1995). *Engineers of Dreams,* Alfred A. Knopf, New York.

Phillips, K. (2004). *American Dynasty,* Viking, Penguin Group, New York.

PIARC (1996). International Seminar on Bridge Engineering and Management in Asian Countries, World Road Association, Jakarta, Indonesia.

Picon, A. (1992). *L'Invention de l'Ingenieur Moderne,* Presses de l'École des Ponts et Chaussées, Paris.

Plato (1942). *The Works of Plato,* translator, B. Jowett, Dial Press, New York.

Plato (1956). *The Great Dialogues,* translator W. H. D. Rouse, New American Library, New York.

Plutarch. *The Lives of the Noble Grecians and Romans,* translator J. Dreyden, Random House, New York.

Post, N. M. (2005). Mysteries of Building Codes, *Engineering News Record,* July 18, 2005, pp. 26–29, McGraw Hill Construction, New York.

Priestley, M. J. N., F. Seible, and G. M. Calvi (1996). *Seismic Design and Retrofit of Bridges,* Wiley, New York.

Pritchard, B. (1992). *Bridge Design for Economy and Durability,* Thomas Telford, London.

Raheja, D. G. (1991). *Assurance Technologies,* McGraw-Hill, New York.

Rahman, S., and M. Grigoriu (1994). A Markov Model for Local and Global Damage Indices in Seismic Analysis, Technical Report NCEER-94-0003 (NSF), NCEER, CUNY, Buffalo.

Raiffa, H., and R. Schlaifer (1961). *Applied Statistical Decision Theory,* Harvard University Press, Boston, MA.

Ramberg, G. (2002). *Structural Bearings and Expansion Joints,* International Association for Bridge and Structural Engineering, Zurich, Switzerland.

Ratay, R., Ed. (2005). *Structural Condition Assessment,* Wiley, Hoboken, NJ.

Ratay, R. T., Ed. (2000). *Forensic Structural Engineering Handbook,* McGraw-Hill, New York.

Reier, S. (1977). *The Bridges of New York,* Quadrant Press, New York.

Roads & Bridges (Aug. 2003). Vol. 41, No. 8.

Roads & Bridges (Dec. 2003). Vol. 41, No. 12.

Roberts, J. (1991). Recent Advances in Seismic Design and Retrofit of California Bridges,*Proceedings, Third U.S. National Conference on Lifeline Earhquake Engineering,* Los Angeles, pp. 52–64.

Robison, R. (1988). The Williamsburg: Rehab After All, *Civil Engineering,* Sept. 1988, ASCE, New York.

Rojahn, C., et al. (1997). Seismic Design Criteria for Bridges and Other Highway Structures, Technical Report NCEER-97-0002 (FHWA), NCEER, CUNY, Buffalo.

Rolfe, S. T., and J. M. Barsom (1987). *Fracture and Fatigue Control of Structures,* 2nd ed., Prentice-Hall, Englewood Cliffs, NJ.

Romains, J. (1940). *Sept Mysteres du Destin de l'Europe,* Editions de la Maison Francaise, New York.

Ross, S. S. (1984). *Construction Disasters,* McGraw-Hill Book Company, New York.

Rossi, P. H., H. E. Freeman, and S. R. Wright (1979). *Evaluation, a Systematic Approach,* Sage Publications, Beverly Hills and London.

Russell, B. (1985). *The Philosophy of Logical Atomism,* Open Court, La Salle, IL.

Ryall, M. J. (2001). *Bridge Management,* Butterworth Heinemann, Oxford.

Salvadori, M. (1980). *Why Buildings Stand Up,* W. W. Norton, New York and London.

Salvadori, M. With R. Heller (1963). *Structure in Architecture, the Building of Buildings,* Prentice-Hall, Englewood Cliffs, NJ.

Santayana, G. (1928). *The Life of Reason,* Charles Scribner's, New York.

Saul, J. R. (2004). *On Equilibrium,* Four Walls Eight Windows, New York.

Schlaich, J., and H. Scheef (1982). *Concrete Box-Girder Bridges,* International Association for Bridge and Structural Engineering, Zurich.

Schneider, J. (1997). *Introduction to Safety and Reliability of Structures,* International Association for Bridge and Structural Engineering, Zurich.

Schopenhauer, A. (1942). *Complete Essays,* Wiley, New York.

Schwesinger, P., and F. H. Wittmann, Eds. (2000). *Present and Future of Health Monitoring,* Publishers, Freiburg, Germany.

Scott, R. (2001). *In The Wake of Tacoma,* ASCE Press, Reston, VA.

Servan-Schreiber, J.-J. (1967). *Le Defi Americain,* Denoël, Paris.

Servan-Schreiber, J.-J. (1991). *Passions,* Diffusion Hachette, Rungis, France.

SETRA/LCPC (1975). Defauts Apparents des Ouvrages d'Art en Beton, Service d'Etudes Techniques des Routes et Autoroutes/Laboratoire Central des Ponts et Chaussées, Ministere de l'Equipment, Paris.

SETRA/LCPC (1981). Defauts Apparents des Ouvrages d'Art Metalliques, Service d'Etudes Techniques des Routes et Autoroutes, Ministere de l'Equipmen/Laboratoire Central des Ponts et Chaussées, Paris.

SETRA/LCPC (1982). Defauts Apparents des Ouvrages d'Art en Maçonnerie, Service d'Etudes Techniques des Routes et Autoroutes/Laboratoire Central des Ponts et Chaussées, Ministere de l'Equipment, Paris.

SFPE (2000). *Engineering Guide to Performance Based Fire Protection Analysis and Design of Buildings,* Society of Fire Protection Engineers, Bethesda, MD.

Shanley, F. R. (1957). *Strength of Materials,* McGraw-Hill, New York.

Shanley, F. R. (1960). *Weight-Strength Analysis of Aircraft Structures,* 2nd ed., Dover Publications, New York.

Shenk, D. (1997). *Data Smog,* Harper Collins, New York.

Shepard, R. W. (2005). Bridge Management Issues in a Large Agency, *Structure and Infrastructure Engineering,* Vol. 1, No. 2, June, pp. 159–164.

Shepard, R. W., and M. B. Johnson (2001). Health Index: A Diagnostic Tool to Maximize Bridge Longevity, Investment, *TR News,* Vol. 215, July–Aug., pp. 6–11, Washington, DC.

Shepherd, R., and D. Frost, Eds. (1995). *Failures in Civil Engineering: Structural, Foundation and Geoenvironmental Studies,* American Society of Civil Engineers, Reston, VA.

Shinozuka, M., Ed. (1995). The Hanshin-Awaji Earthquake of January 17, 1995: Performance of Lifelines, Technical Report NCEER-95-0015, Buffalo, NY.

Shull, P. J., Ed. (2002). *NDE, Theory, Techniques and Applications,* Marcel Dekker, Weston, CT.

Sibly, P., and A. S. Walker (1977). Structural Accidents and Their Causes, *Proceedings of the Institution of Civil Engineers,* Vol. 62, Part 1, pp. 191–208, London.

Stahl, F. L., and C. P. Gagnon (1996). Cable Corrosion in Bridges and Other Structures, American Society of Civil Engineers, New York.

Silano, L. G., Ed. (1993). *Bridge Inspection and Rehabilitation,* Wiley, New York.

Sinha, K., and T. F. Fwa (1987). *On the Concept of Total Highway Management,* TRR 1229, Transportation Research Board, National Research Council, Washington, DC.

Stark, R. (2005). *The Victory of Reason,* Random House, New York.

Steiner, G. A., et al., Eds. (1982). *Management Policy and Strategy,* Macmillan Publishing, New York.

Steinman, D. B. (1909). The Hudson Memorial Bridge, Thesis for Engineering Degree, Columbia University, New York.

Steinman, D. B. (1945). *The Builders of the Bridge,* Harcourt, Brace, New York.

Steinman, D. B. (1949). *A Practical Treatise Suspension Bridges,* Wiley, New York.

Stidger, R. W. (2004). How Agencies Manage Their Tight Budgets, *Better Roads,* Vol. 74, No. 3, pp. 26–28, Des Plaines, IL.

Sun-Tzu (1994). *The Art of War,* Barnes & Noble, New York.

Talese, G. (1970). *Fame and Obscurity,* World Publishing, New York.

Taly, N. (1998). *Design of Modern Highway Bridges,* McGraw-Hill, New York.

Taylor, C., and E. Van Marcke, Eds. (2002). *Acceptable Risk Processes,* Lifelines and Natural Hazards, ASCE Press, Reston, VA.

Thoft-Christensen, P., and M. J. Baker (1982). *Structural Reliability Theory and Its Applications,* Springer-Verlag, Berlin.

Thoft-Christensen, P. D., and Y. Murotsu (1986). *Application of Structural Systems to Reliability Theory,* Springer-Verlag, Berlin.

Thompson, P. D. (2005). Markovian Bridge Deterioration: Developing Momdels from Historical Data, *Structure and Infrastructure Engineering,* Vol. 1, No. 1, pp. 95–91.

Timoshenko, S. (1936). *Theory of Elastic Stability,* McGraw-Hill, New York.

Tocqueville, Alexis de (2000). *Democracy in America,* Harper Collins, New York.

Tobin, J. (2001). *Great Projects,* Free Press, New York.

Toffler, A. (1980).*The Third Wave,* William Morrow and Company, New York.

Tonias, D. E. (1995). *Bridge Engineering,* McGraw-Hill, New York.

TRB, Transportation Research Board (1990). *Truck Weight Limits,* Special Report 225, National Research Council, Washington, DC.

TRB (1992). *Data for Decisions: Requirements for National Transportation Policy Making,* Special Report 234, National Research Council, Washington, DC.

TRB (2001). *Maintenance Management,* Conference Proceedings 23, National Academy Press, Washington, DC.

TRC No. 1350 (1992). *Hydrology and Bridge Scour,* National Research Council, Transportation Research Board, Washington, DC.

TRC No. 423 (1994). *Characteristics of Bridge Management Systems,* National Research Council, Transportation Research Board, Washington, D.C.

TRC No. 498 (2000). *Eighth International Bridge Management Conference,* Vols. I and II, National Research Council, Transportation Research Board, Washington, DC.

TRC No. E-C037 (2002). *Glossary of Quality Assurance Terms,* National Research Council, Transportation Research Board, Washington, DC.

TRC No. E-C049 (2003). *Ninth International Bridge Management Conference,* National Research Council, Transportation Research Board, Washington, DC.

Troitsky, M. S. (1988). *Cable-Stayed Bridges,* Van Nostrand, New York.

Troitsky, M. S. (1994). *Planning and Design of Bridges,* Wiley, New York.

TRR, Transportation Research Record, National Research Council, Transportation Research Board, National Academy Press, Washington, DC. TRR No. 1083 (1986). *Pavement and Bridge Maintenance.*

TRR No. 1113 (1987). *Bridge Maintenance, Corrosion, Joint Seals, and Polymer Mortar Materials.*

TRR No. 1124 (1987). *Transportation Needs, Priorities, and Financing.*

TRR No. 1183 (1988). *Systematic Approach to Maintenance.*

TRR No. 1184 (1988). *Structures Maintenance.*

TRR No. 1351 (1992). *Construction Quality and Construction Management.*

TRR No. 1389 (1993). *Innovations in Construction.*

TRR No. 1490 (1995). *Management and Maintenance of Bridge Structures.*

TRR No. 1654 (1999). *Construction: Pavement, Bridge, Quality Control/Quality Assurance, and Management*

TRR No. 1668 (1999). *Concrete in Pavements and Structures.*

TRR No. 1697 (2000). *Maintenance and Management of Bridges and Pavements.*

TRR No. 1866 (2004). *Maintenance and Management of Pavement and Structures.*

TRR No. 1877 (2004). *Maintenance Management and Services.*

TRR No. 1889 (2004). *Pavement Management, Monitoring, Evaluation, and Data Storage.*

TRR No. 1901 (2005). *Bituminous Binders.*

TRR No. 1904 (2005). *Highway Facility Design.*

U.K. Bridges Board (2005). *Management of Highway Structures, Code of Practice,* Department of Transport TSO, London.

U.K. Highway Agency/LCPC (1999). *Post-tensioned Concrete Bridges,* Thomas Telford, London.

Vaicaitis, R., et. al (1999). Preventive Maintenance Management System for the New York City Bridges, Report of a Consortium of Civil Engineering Departments of New York City Colleges and Universities, the Center of Infrastructure Studies, Columbia University, New York.

Valéry, P. (1941). *Tel Quel,* Gallimard, Paris.

Valéry, P. (1945). *Regards sur le Monde Actuel,* Gallimard, Paris.

Van Der Zee, J. (1986). *The Gate,* Simon and Schuster, New York.

Veshosky, D. (1992). Life-Cycle Cost Analysis Doesn't Work for Bridges, *Civil Engineering,* Vol. 62, No. 6, p. 6.

Veshosky, D., et al. (1994). Comparative Analysis of Bridge Superstructure Deterioration, *Journal of Structural Engineering,* Vol. 120, No. 7, pp. 1223–2136.

Vesikari, E. (1988). *Service Life of Concrete Structures with Regard to Corrosion of Reinforcement,* Technical Research Centre of Finland, Espoo.

Vick, S. G. (2002). *Degrees of Belief,* ASCE Press, Reston, VA.

Vincentsen, L. J. and J. S. Jensen, Eds. (1998). *Operation and Maintenance of Large Infrastructure Projects,* A. A. Balkema, Rotterdam.

Virlogeux, M. (1999). *Replacement of the Suspension System on the Tancarville Bridge,* Paper No. 99-0604, TRR No. 1654, Transportation Research Board, National Research Council, National Academy Press, Washington, DC, pp. 113–120.

Von Karman, T., and M. A. Biot (1940). *Mathematical Methods in Engineering,* McGraw-Hill, New York.

Von Neumann, J., and O. Morgenstern (1964). *Theory of Games and Economic Behavior,* Princeton University Press, Wiley, New York.

Waddell, J. A. L. (1916). *Bridge Engineering,* Wiley, New York.

Waddell, J. A. L. (1921). *Economics of Bridgework,* Wiley, New York.

Wadia-Fascetti, S., et al. (2002). *Subsurface Sensing for Highway Infrastructure Condition Diagnostics,* Transportation Research Board, Washington, DC.

Walther, R. A., and M. J. Koob (2002). Condition Assessment of Chicago's 100 Year-Old Elevated Mass Transit System, Stahlbau, #71, No. 2, Feb., 2002, Berlin, pp. 117–124.

Wearne, P. (1999). *Collapse, When Buildings Fall Down,* TV Books, New York.

Wenzel, H., and D. Pichler (2005). *Ambient Vibration Monitoring,* Wiley, New York.

Werner, S. D., et al. (2000). A Risk-Based Methodology for Assessing the Seismic Performance of Highway Systems, Technical Report MCEER-00-0014, MCEER, State University of New York, Buffalo.

White, K. R., J. Minor, and K. N. Derucher (1992). *Bridge Maintenance, Inspection and Evaluation,* Marcel Dekker, New York.

Williamsburg Bridge Technical Advisory Committee (1988). Technical Report to the Commissioners of Transportation of the City and State of New York, Howard Needles Tammen & Bergendorf, June 30.

Xanthakos, P. P. (1994). *Theory and Design of Bridges,* Wiley, New York.

Xanthakos, P. P. (1996). *Bridge Strengthening and Rehabilitation,* Prentice-Hall, Englewood Cliffs, NJ.

Yanev, B. (1989). The Elusive Engineering Style, *Journal of Professional Issues,* Vol. 115, No. 4, pp. 418–421.

Yanev, B. (1994). Emergency Repair Needs Assessment for the New York City Bridges, in *Maintenance of Bridges and Civil Engineering Structures,* Presses de l'École Nationale des Ponts et Chaussées, Paris, pp. 501–513.

Yanev, B. (1997). Life-Cycle Performance of Bridge Components in New York City, *Recent Advances in Bridge Engineering,* Proceedings of the US–Canada–Europe Workshop on Bridge Engineering, EMPA Switzerland and Columbia University, New York, pp. 385–392.

Yanev, B. (1998). The Management of Bridges in New York City, *Engineering Structures,* Vol. 20, No 11, pp. 1020–1026.

Yanev, B. (2003). Management for the Bridges of New York City, *International Journal of Steel Structures,* Vol. 3, No. 2, pp. 127–135. The Korean Society of Steel Construction, Seoul.

Yanev, B., and R. B. Testa, (2001). Maintenance Level Assessment for New York City Bridges, *Second International Workshop on Life-cycle Cost Analysis and Design of Civil Infrastructure Systems,* Yamaguchi, Japan, pp. 83–92.

Yanev, B., and D. Tran (1997). Prioritizing New York City Bridges According to Earthquake Hazard Criteria, *Economic Consequences of Earthquakes: Preparing for the Unexpected, Proceedings,* NCEER-SP-0001, University of Buffalo, Buffalo, NY, pp. 155–166.

Yao, J. T. P., and H. Furuta (1986). Probabilistic Treatment of Fuzzy Events in Civil Engineering, *Journal of Probabilistic Mechanics,* Vol. 1, No. 1, pp. 58–64.

Yao, J. T. P., and J. M. Roesset (2001). Suggested Topics for a Curriculum in Infrastructure Management, *Public Works Management & Policy,* Vol 5, No. 4, pp. 308–317.

Yun, C.-B., and B. F. Spencer, Jr., Eds. (2005). Advanced Smart Materials and Smart Structures Technology, Proceedings of the Second International Workshop, Gyengju, July 21–24, 2005, Technopress, Daejeon, Korea.

Zadeh, L., and J. Kacprzyk, Eds. (1992). *Fuzzy Logic for the Management of Uncertainty,* Wiley, New York.

Zokaie, T., T. A. Osterkamp, and R. A. Imbsen (1991). Distribution of Wheel Loads on Highway Bridges, NCHRP Report 12-26, Transportation Research Board, Washington, DC.

附　　录

附录1 《副主祭的杰作或奇妙的单马车》—Oliver Wendell holmes(1895,第158页)

图 A1.1　Oliver Wendell Holmes (1809—1894)塑像,布朗克斯名人纪念馆

这首诗发表于1858年,正如Petroski(1992,第29页)的注释所说,它在总体上完美地描述了结构优化及设计中的概念问题。对于既是诗人,又是大学解剖学教授,同时又是将来的大法官之父的O. W. Holmes(图A1.1)来说,这种半开玩笑的语气是再合适不过了。他对他的说法"无论用于解决什么样的问题,都是能够很容易理解的概念"的解释是:"观察表明,任何结构都存在某些容易出问题的薄弱环节。例如,对于一辆马车而言,薄弱环节在于车轴插入轮毂的地方。我认为,如果马车出现了问题,75%发生在该处,工作人员需特别留意该处,以免出现问题;然后再寻找下一个易损点,如此类推,直到逻辑上得到像副主祭的马车一样的完美结果。"

对于他的单马车,副主祭在如下的诗句中提出了等效可靠性和基于性能的规范:

"Now in building of chaises, I tell you what,
There is always somewhere a weakest spot, —
In hub, tire, felloe, in spring or thill,
In panel, or crossbar, or floor, or sill,
In screw, bolt, thoroughbrace, —lurking still,
Find it somewhere you must and will, —
Above or below, or within or without, —
And that's the reason, beyond a doubt,
That a chaise breaks down, but doesn't wear out.

———————————————————————————

Fur…'t's mighty plain
Thut the weakes' place mus' stan' the strain;

'N' the way t' fix it, uz I maintain,
Is only jest
T' make that place uz strong uz the rest."

一个世纪后的某一天:

"There are traces of age in the one-hoss shay,
A general flavor of mild decay,
But nothing local, as one may say."

然后,单马车瞬间变成了灰烬。

"You see, of course, if you're not a dunce,
How it went to pieces all at once, —
All at once, and nothing first, —
Just as bubbles do when they burst."

这个类比是精准的,因为气泡是均匀应力的最佳形状。作为优化和失效分析的预警,这首诗仍然合理。诗的第四章中引入了"易损性"的专业术语,所提到的轴向支承使人联想起桥梁的细部构造。略显轻率的结尾会让人对整个推理方法提出质疑:"逻辑就是逻辑。这就是我想说的全部。"

图 A1.2 Oliver Wendell Homes. Jr. (1841—1935)

也许是出于对父亲的尊重,Oliver Wendell Homes. Jr.(图 A1.2)总结道:"法律的生命不在于逻辑而在于实践。"(图 A1.3)。

与法律相反,工程结构是基于逻辑的,并不断被实践所检验。经验认为预期的使用寿命为 100 年,那么设计寿命应该是多少呢?什么时候单马车会变得不安全,其判断准则又是什么呢?

图 A1.3 图 A1.2 纪念碑下的铭文

如果整个工程过程被视为是一系列不相关的任务,例如,建设、运营、维护等所组成,而每项任务有 10% 的失效概率,那么累积可靠性可能低得无法接受(参考后续附录)。对于这个过程,需要增加检测措施,由于失效模式未知,因此其可靠性不会超过 50%。

这种观点导致等强度单马车无法实现,这也解释了为什么没有建造这种马车的足够动力。不完美但是可预测的结构显然更有竞争力,并会被基于生命周期的管理优先考虑。

附录2　Bayesian的统计决策理论和基于可靠性的设计

Cornel(在 Freudenthal,1972,第47-66页)提出Bayesian统计理论在结构可靠性中的应用如下:

"不确定性分析

参数的统计不确定性分析不是通过确定性的理论来处理的,而是以一种类似于物理结构随机模型的固有概率不确定性的方式来处理的。已有技术方法被用来提取或评估结构各层面的性能的判断概率,及这些方法的相对优点或效用。统计决策理论引入了两个在一定程度上可以分别讨论的新概念。一个是统计学的概念,它与参数的不确定性相关;另一个是决策分析,用于量化决策结果的收益或预期收益。

在决策理论中,任何不确定的因素都可作为随机变量。除了一般的随机变量,即物理过程随机模型的输出,我们还可以把确定性模型或随机性模型的参数,甚至模型本身都当作随机变量。除了固有的、物理的或者模型化的随机性以外,工程师通常所采用的模型参数数值也不确定。这可以称为统计(与概率论相反)不确定性,对过程进行更多的观测使得所提供参数的估计更可靠,可以减小这种不确定性。另外,模型本身总是存在不确定性的。实际上材料并不以精确的线性方式工作;疲劳寿命也许会服从Weibull或者gamma分布(或者,有些更可能服从未命名的分布)。此处所讨论的是一致地、同时地对待这些不确定性源,使得在设计中能够对其适当考虑。

Bayesian统计决策理论的主要贡献是把专业信息和统计数据中的信息一并处理,其媒介就是Bayes理论。换句话说,这个理论提出,事件A出现的前提下,事件H_i出现的后验概率$P[H_i|A]$,与先验概率$P[H_i]$和事件H_i出现的前提下事件A出现的概率$P[A|H_i]$的乘积成比例关系:

$$P[H_i|A] \propto P[A|H_i]P[H_i] \tag{A2.1}$$

决策分析需要对每个作用-输出对$u(a_i,\theta_j)$赋予优先级、相对值或效用。效用分配的数值可以仅仅是一个经济效益值,但总的来说,效用分配必须以一种特定的方式进行以确保预先规定的决策标准是有效的。这个标准就是所选择的实施和设计方案可以达到预期的最大效益。

准确来说,Bayesian决策理论指决策者从可选操作$a_1,a_2,\cdots,a_m$中选择a_0,以使期望效用$E[u|a_i]$取得最大值。输出值分别为$\theta_1,\theta_2,\cdots,\theta_n$,则对于已知操作$a_i$的可能事件的期望值为:

$$E[u \mid a_i] = \sum_{j=1}^{n} u(a_i,\theta_j)P[\theta_j \mid a_i] \tag{A2.2}$$

如果决策代表一系列连续小决策中的一个,则期望值最大是一个明显的标准。其在大型、特定决策中的应用,例如结构设计中通常会遇到的情形,还需要进一步的讨论。在所有案例中,预期经济价值并不总是最合理的决策准则,即使有人能采用经济指标来衡量那些难以量化评价的事件，比如信誉损失或者生命损失等（正如 Dr. E. Rosenblueth 在一次私人会谈中所说的：行业界或社会会愿意付出更多的经济代价来避免这种事情的发生的）。由于这些潜在的性能指标，认为大部分公司会为经济利益而冒险是不合理的。

许多作者都提到过决策理论在结构设计中的应用。但这些作者并非都是基于 Bayesian 理论建立可靠性概率，或用期望值标准作为客观判定标准，或应用于经济以外的领域。这也不代表他们的期望准则仅仅是建立在直觉基础上的，或是这些期望值的应用仅仅是出于经济的考虑。长期以来，最初的高投入与性能差的高风险之间的平衡一直是将概率方法应用到结构设计中最显著的优点。但作为一个现实、可行的方法，他们一直由于没有能够包含所有不确定源以及缺少期望经济价值准则而备受批评。正规的 Bayesian 决策理论克服了这些缺陷。”

附录 3 “机器赢了这场战争。” I. ASIMOV（1990）

在人们到处都在为巨型计算机最终击败其对手而庆贺时，私下里，年轻的首席程序员、中年的首席数据库主管（例如，Oracle），以及资深首席执行官都表达了一些质疑。首席程序员提出了现在熟知的“垃圾进—垃圾出”原理。他提倡通过预处理将从世界各个角落搜集到的大量无意义的信息加工成有意义和逻辑性的数据输入。Oracle 公司抱怨说，他们必须要做出解释的输出是毫无价值的。他坦言要用过时的硬件但是高超的管理智能对其进行修正，以便为首席执行官提供宝贵的建议。他透露，他的关键性决策都是基于“最早的计算机”而做出的。正如一枚硬币，如果抛向空中，就会随机产生正面和反面两种结果。

附录 4 条件概率

Ang 和 Tang（1975）提出了如下问题：

A. 条件概率（第 43 页）。已知事件 E_2 发生的概率的情况下，E_1 事件发生的条件概率 $P[E_1|E_2]$ 可表示为：

$$P[E_1|E_2]=\frac{P[E_1E_2]}{P[E_2]} \tag{A4.1}$$

B. 联合事件的概率乘法法则（第 47 页）。联合事件 E_1E_2 发生的概率 $P(E_1E_2)$ 为：

$$P[E_1E_2]=P(E_1|E_2)P(E_2)$$

或者：

$$P[E_1E_2]=P(E_2|E_1)P(E_1)$$

统计独立事件是相互独立的；一个事件发生而另一个事件不发生的概率表达式如下：

$$P[E_1|E_2]=P(E_1) \tag{A4.2}$$

以及：

$$P[E_2|E_1]=P(E_2)$$

联合事件 $E_1E_2\cdots E_n$发生的概率 $P[E_1E_2\cdots E_n]$为：

$$P[E_1E_2\cdots E_n]=P(E_1)P(E_2)\cdots P(E_n) \tag{A4.3}$$

式中，E_1、E_2、$\cdots E_n$为统计独立事件。

C. 全概率理论（第 52 页）。n 个相互独立事件 E_1、E_2、$\cdots$、E_n完全概率 $P(A)$为：

$$P(A)=P(AE_1)+P(AE_2)+\cdots+P(AE_n) \tag{A4.4}$$

式中

$$E_1\cup E_2\cup\cdots\cup E_n=S \tag{A4.5}$$

由式（A4.2）可得：

$$P(A)=P(A|E_1)P(E_1)+P(A|E_2)P(E_2)+\cdots+P(A|E_n)P(E_n) \tag{A4.6}$$

Ang 和 Tang（1975）将 A 的概率描述为 E_i概率加权平均概率。

D. 贝叶斯理论（1764）。该理论由 Thomas Bayes（1701—1761）提出，由 Ang、Tang（1975，第 56 页）以及 Thoft—Christensen 和 Baker（1982，第 17 页）确立，表述如下：

$$P(E_i\mid A)=\frac{P(A\mid E_i)P(E_i)}{\sum_{j=1}^{n}P(A\mid E_j)P(E_j)} \tag{A4.7}$$

式中，E_1、E_2、$\cdots$、E_n是一个采样空间中 n 个互斥事件，A 是该采样空间中的一个事件。

根据 Ang 和 Tang 的表述，贝叶斯理论确立了“反概率”概念，即如果 A 发生了，那么 E_i发生的概率是多少？

（Vick，2002，第 37 页）对该理论的解释如下：

$$p[\text{failure}|\text{indicator}]=\frac{p[\text{indicator}|\text{failure}]\times p[\text{failiure}]}{\{p[\text{indicator}|\text{failure}]\times p[\text{failure}]\}+\{p[\text{indicator}|\text{nofailure}]\times p[\text{nofailure}]}$$

式中：p[cause]——原因发生的概率；

p[effect]——结果发生的概率；

p[effect| cause]——原因已知时，结果发生的条件概率；

p[cause |effect]——结果已知时，原因发生的条件概率。

Pearl（1990，第 54 页）提出“贝叶斯概率的以下三个特征”：

1. 它从已知到假设反推理。

2. 它可以接受主观评价。

3. 它建立了完整情形的模型，创建了一个所有概率相加和为 100% 的体系结构，而不是孤立地评估单独的频率。

Ang 和 Tang（1975）用式（A4.5）定义了最后一条。

Hays（1994，第 47 页）解释道：

> “就其本身而言，贝叶斯理论是毫无争议的。但是在过去的数年中，该理论的适当应用成了那些喜爱用严格的相对频率解释概率和承认主观解释的人争论的焦点。当使用贝叶斯理论描述一些与自然状态或不可重复事件有关的概率时，这个问题就突显出来了。对某些情况或一次性事件给出有意义且相对频繁的解释是很困难的。”

附录5　不确定性

Wadia-Fascetti（2002）等人，与 ISO（1995）一致，提出了以下三种与工程产品和过程有关的不确定性：

不可知性。用于定义建筑物竣工状态和现状无法认知的重要参数，包括定量地衡量结构、材料性能、剩余使用寿命、易损性、潜在危险、材料特性（例如疲劳寿命）、维修次数及结果和维护工作等。对于不可知性，例如，缺乏量化衡量手段的不可知，可以通过定性的（其实是模糊的）专家判断或专家意见进行确定性分析予以弥补。

随机性。事件可能是不稳定的，并会产生不确定的结果。材料特性，如屈服强度、极限强度、断裂韧度和化学抗力等都会发生变化。随机现象可用于随机分析。桥梁结构退化和事故发生原因所包含的随机性，可基于已知数据建立统计模型。

模糊性。根据 B. Russell（第 1.4 节），模糊性会对任何试图做出精确定义的尝试造成影响，尤其容易受影响的是定性评估，如状态评定、荷载评定、剩余使用寿命估计、超静定性、安全性、可靠性、易损性、潜在危险以及社会经济条件等。模糊定义的桥梁或构件状态可以通过模糊集来表述（Frangopol 和 Furuta，2000）。遗传算法和神经网络模型（Miyamoto 和 Frangopol，2001）可以依据数据和模型考虑模糊性，计算出可以认知的可能性的概率范围。

McNeill 和 Freiberger（1994，第 187-188 页）列出了模糊和其他导致模糊性的不确定的组合：

非具体性。模棱两可或缺少信息。某种描述和可能意思之间的一种一对多的关系，这可以通过脆集合论来说明。这个定义和不可知性有些类似。

不一致性，完全的冲突。可以认为是一种将其更正为与其相反的贝叶斯概率。

混乱性。完全并潜在的冲突。有冲突，并且数据的意义不明确，可以认为是“可能性”理论。

模糊性。例如对于某条件可以应用到什么程度含糊的表达。可作为模糊集理论处理，贝叶斯概率（例如随机）为其一个子集。

出于贝叶斯概率的目的，Thoft-Cristensen 和 Baker 对物理的、统计的和模型的不确定性进行了区分。Melchers（1987）在前人的基础上将不确定性分为现象的、结论的、模型的、预测的、物理的、统计的和人为的（误差和调整）不确定性。后七类都包含了前三种不确定性的不同组合。

Ang 和 De Leon（2005）确定了下列两种类型的不确定性：

偶然的不确定性。就是根据随机变量建立的自然随机性模型所具有的不确定特性。

认知的不确定性。即对于一个可能确定性的事实不能给出正确的表述，尤其基于风险的重点决策。

偶然的不确定性与前面随机性的分类对应，而认知的不确定性与不可知性相关。

附录 6　定量管理技术

George（1968，第 157 页）根据主要特点和应用领域描述了定量管理技术（以字母先后排序）。

决策论，包括绩效组织，学习理论，控制论和次优化	目标确定，计划，矛盾的解决，作业评估
试验设计	所有预测模型
博弈论	在竞争性市场以及军事部署中时间和经济效益

续上表

信息论	数据处理系统设计，组织分析，市场调查
库存控制	最佳生产批量和库存控制
线性规划	设施和人员的部署以及输入和输出的分析，交通安排、最大产出量以及分配过程
概率理论	所有领域（作者可能会考虑贝叶斯概率）
排队论	库存和交通控制、电话线路系统、服务安排以及无线电通信系统等
替代理论	失效或退化设备的更换
抽样理论	质量控制、简化记账和审计和市场调查
仿真理论（Monte Carlo 方法）	系统可靠性评价，利润规划，逻辑系统学习，库存和人员需求
统计决策理论	用概率方法估计模型参数
数理逻辑	电路设计，法律论断、合同的一致性

上面提出的都是较为重要的量化管理技术，其重点在于应用。因此，基础理论是随着派生技术的发展而发展的，主要的目的在于量化先前的直觉管理。

附录7　结构可靠性

土木工程结构的可靠性分析是系统可靠性分析的一个特例。Hudson 等人（1997，第 240 页）指出："破坏概率对时间的关系通常是基础设施构件可靠性预测的基础……Moubary 曾提出电子和机械设备使用中六种与时间相关的破坏概率的一般规律。"

这六种规律表明了在各自生命周期的开始、中间和最终阶段对时间的不同依赖性。初始破坏的迅速减速（例如，调整阶段），紧接着是一个很长的平稳阶段，最终又以一种快速增加的破坏率破坏，也就是著名的"浴缸曲线"。

针对一般性目的（通常用于电气系统），Barlow 等人（1965，第 5 页）根据有效性、间隔有效性、效率和效果提出了如下的概率可靠性："不幸的是，用文字给出的定义有时是不清楚、不确切的，不同的作者给出的定义也会有差别……我们应该定义一种在数学上唯一的概括量，经适当说明，可以得到大部分可靠性理论的基本量。"

前面引用的广义量就是期望值 $G(t)$。它与系统在时间 t 的状态有关，可由随机变量 $X(t)$ 的向量值表示。

在时间间隔 $a \leqslant t \leqslant b$ 内，期望值 $G(t)$ 关于权重函数 $W(t)$ 具有平均值 $H(a,b)$，即

$$H(a,b) = \int_a^b G(t)W(t)\mathrm{d}t \tag{A7.1}$$

根据期望值 $G(t)$ 和平均期望值 $H(a,b)$，作者定义或者指出了以下五种"可靠性理论中的基本量"：

1. 可靠度 $= G(t)$。设备在预期使用时间内正常使用时（不需要维修）实现其功能的概率。

2. 逐点可应用度。系统在预期时间内能够在容许误差范围内（允许维修）工作的概率。

3. 间隔可应用度。在预期短时间间隔内，系统能够在容许误差范围内工作（允许维修）。一般作者将此量化为效率。

4. 限制性间隔可应用度。系统在预期的一段时间内长期稳定运行。

5. 间隔可靠度。系统在运行了一段时间后还能在一定时间内继续运行的概率，即在无需更换的条件下 x 的概率。

Thoft-Christensen 和 Baker（1982，第 4 章）提出了工程结构物抵抗随机事件的荷载系数（极限强度）设计的可靠性。

安全系数表明，如果条件没有超出该系数，结构将是“安全”的。作者们（第 1 页）基于以下原因反对这种方法：“现在已经普遍认为一些不可接受的结构性能风险应该是可以容许的。”

为了估计上述风险，可靠度被定义为（第 8 页）“预期时间内，结构不会达到其给定极限状态（承载能力极限或正常使用极限）的概率。”

可靠度函数 $R_T(t)$ 是系统在时间 t 仍然可以工作的概率：

$$R_T(t) = 1 - F_T(t) \tag{A7.2}$$

式中，失效分布 $F_T(t)$ 是结构破坏时的随机时间 T 的函数。

如果从时间 t 到失效时的密度函数 f_T 已知，则：

$$R_T(t) = 1 - \int_0^t f_T(\tau)\mathrm{d}\tau = \int_t^{\infty} f_T(\tau)\mathrm{d}\tau \tag{A7.3}$$

如果 $\lim\limits_{t\to\infty}[tR_{\mathrm{T}}(t)] \to 0$，那么系统的期望寿命是：

$$E[T] = \int_0^{\infty} R_T(t)\mathrm{d}t \tag{A7.4}$$

假设设计荷载（需求）和结构承载能力（供给）各自的分布 F_S 和 F_R，结构可靠度 $\check{R}$ 是结构在以下荷载作用下可以正常工作的概率，表达如下：

$$\check{R} = 1 - P_f = 1 - \int_{-\infty}^{+\infty} F_R(x) f_S(x)\mathrm{d}x \tag{A7.5}$$

或

$$\check{R} = 1 - P_f = 1 - \int_{-\infty}^{\infty} [1 - F_S(x)] f_R(x)\mathrm{d}x \tag{A7.5a}$$

式中：P_f——失效概率；

f_S——对应于 F_S 的密度函数；

f_R——对应于 F_R 的密度函数。

Thoft-Christensen 和 Baker（1982，第 73 页）强调道，尽管式（A7.5）和式（A7.5a）在数值上相同，他们却代表两个不同的假设，在失效结构中前者属于强度分布，而后者为荷载分布。失效概率可以利用抗力 R 分布式（A7.6）或者荷载 S（或 Q）分布式（A7.6a）来建模。此处，P_f 不等于两个分布区域的重叠面积：

$$P_f = \int_{-\infty}^{\infty} F_R(x) f_Q(x)\mathrm{d}x \tag{A7.6}$$

$$P_f = \int_{-\infty}^{\infty} [1 - F_Q(x)] f_R(x)\mathrm{d}x \tag{A7.6a}$$

图 A7.1 描述了可靠性模型。近年来 LRFD 原文用 Q 而不是 S 来表示荷载效应需求。

对于线性的安全区域和正态分布的独立变量，可靠度指标 β（Thoft-Christen 和 Baker，1982，第 89 页）是标准差 σ_M除平均值 μ_M（除 0 以外），或：

$$\beta = \frac{\mu_M}{\sigma_M} = \frac{\mu_R - \mu_S}{(\sigma_R + \sigma_S)^{1/2}} \tag{A7.7}$$

式中：μ_M、μ_R、μ_S——通常为分布函数 R、S、M 各自的平均值；

σ_R、σ_S、σ_M——分布函数 R、S、M 各自的标准差；

R——抗力，符合正态分布函数 F_R的随机变量；

S——荷载效应，符合正态分布函数 F_S的随机变量；

M——$M = R - S$，失效或极限状态函数。

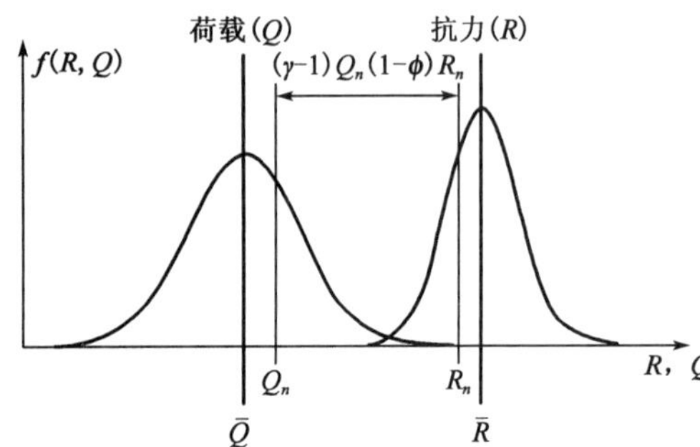

图 A7.1　根据荷载系数法设计的结构供给 R 和需求 Q 服从正态分布

定义$\frac{\mu_R}{\mu_S}$为安全系数，但并不意味着 R、S（或 Q）为常量。

Baker 和 Puckett（1997，第 3.46 节）针对正态和对数正态分布，提出了一种类似的安全指标 β。

当失效函数不是线性的时候，Ang 和 Tang（1984）指出，可靠度指标 β 可用 Monte Carlo 仿真（MCS）或利用线性迭代过程，即 FORM（一阶可靠度方法）或者 SORM（二阶可靠度方法）来估计。

目标可靠度指标 $\beta = 3.5$ 已被用于校核 LRFD AASHTO（1998），这意味着对于新修建结构而言，其失效概率为 0.0233%。对于已建成的结构，β 的估计值在 2.5 左右，其破坏概率约为 0.621%。这两个值都基于一个假设：独立结构构件的失效概率处于非超静定系统中。正如 Nowak（Frangopol，1999b，第七章）和 NCHPR Report 454（2001）所描述的那样，β 值的校准考虑了满足现行规范的设计荷载，其结果对抗力和荷载系数的取值起到一定建议作用（第 4.2.2 节）。考虑到经费问题，有人试图优化 β，导致生命周期的费用估计更不确定。Ghosn 和 Moses 在 NCHPR Report 406（1998）提出了超静定结构的计算过程（附录 17）。Ghosn、Moses 和 Wang（NCHRP Report 489，2003）中针对极端事件校核了 β 的值。

附录 8　优　　化

从 1967 年到 1985 年，Beale（1988）在伦敦皇家学院的讲座中定义了“优化”如下：

“1.1　优化引论

优化就是寻求得到某问题的最佳解答。在数学上，这意味着找到含有 n 个自变量的函数 $f(x_1, \cdots, x_n)$ 的最小值或者最大值，n 为大于 0 的任意整数。函数可能是无约束条件的，也可能其自变量有一定约束，即要满足 $g(x_1, \cdots, x_n) = b_i, i = 1, \cdots, m, \cdots$。函数 $f(x)$ 和 $g(x)$ 往往具有一定的实际物理意义（例如，总投入和利润或者生产量和需求的限制）。

尽管优化在数学和统计学的许多领域有广泛的应用，但它与运筹学的关系尤其密切。在讨论运筹学之前，我们需要花点时间把它与统计学区别开来。

可以这么说，在一个具有明显随机现象的不确定环境中，统计学试图使我们理解什么正在发生(或可能发生)；而运筹学关心的是决策做什么……

因此运筹学关心的是决策。这是一个本能的，或者至少应该是直觉的过程，却并不总是令人满意的决策方式，尤其当它代表其他人的利益时，例如，政府部门或者商业组织机构等。因此我们需要更加系统地研究问题，并列出可供选择的决策以及它们各自的优缺点。那么我们才会走得更远，并量化决策，便于我们对众所周知需求状况的"数学模型"做出决策。

数学模型是运筹学的核心。这意味着当进行代表决策者面临问题本质的逻辑结构分析时，应使其尽可能地简单。

典型的运筹学模型具有三类特征。第一，不要试图使模型尽可能地与实际相同。因为建立模型是为了在相互矛盾的目标中找到最好的折衷方案。因此，模型建立本身就是一门艺术，就是要在实际情况与能够较为容易地搜集数据并能从中得到结论的模型之间寻找最好的折衷方法。

第二个需要注意的是模型使用中涉及的优化……(这些)问题包含了定量的变量……这些问题中求最大值和最小值可能需要用到数值技术，建立模型时也要用到……

第三个需要指出的是很多模型得出的数值并不是针对这一问题的最优解……当然，这也可以说明模型只是在一定程度上正确的……模型更可以为针对某问题的建设性想法提供一个方便的框架……这也引导我们：如果对简化的模型提供的可选方案不满意，可以寻求更复杂的模型。"

附录9　概　　率

概率通常定义为不确定输出的可能性。对于特定不确定性的类型应采用合适的概率评估方法。

随机分析是根据与已有数据最佳拟合的假设概率分布估计随机结果的。Ant 和 Tang(1975，第3章)列出了很多适用于需求的随机变量分布，包括正态分布(Gaussian 分布)、标准正态分布、对数正态分布、二项式分布、几何分布、泊松分布、Gumbel 分布和指数分布。作者推导了概率分布，讨论了它们的有效性，并将其运用到参数估计中去。本书第3章引用了一些技术术语。

如果 X 是一个随机变量，它的概率分布总是可以用它的累积分布函数(CFD)来描述，即

$$F_X(x) \equiv P(X \leqslant x) \tag{A9.1}$$

式中，x 取 X 的所有值。

对于离散随机变量 X，概率质量分布函数(PMF)为 $P(X=x)$，对所有的 x 值均成立。如果 PMF 是 $p_X(x_i) \equiv P(X=x_i)$，则 X 的分布函数是：

$$F_X(x) = P(X \leqslant x) = \sum_{\text{all } x_i \leqslant x} P(X = x_i) = \sum_{\text{all } x_i \leqslant x} p_X(x_i) \tag{A9.2}$$

对于连续随机变量 X，用概率密度函数(PDF)$f_X(x)$定义在区间$(a,b]$上的概率 P 为：

$$P(a < X \leqslant b) = \int_a^b f_X(x)\,\mathrm{d}x \tag{A9.3}$$

相应的分布函数是:

$$F_X(x) = P(X \leqslant x) = \int_{-\infty}^b f_X(\xi)\,\mathrm{d}\xi \tag{A9.4}$$

因此

$$f_X(x) = \frac{\mathrm{d}F_X(x)}{\mathrm{d}x} \tag{A9.5}$$

中心极限理论表述如下:如果全域内具有有限方差 σ^2 和有限平均值 μ,随着 N 值的增加,从 N 个独立观测值中得到的样本平均值方差为 σ^2/N,平均值为 μ 的正态分布。当 N 很大时,$\bar{x}$ 的样本分布也近似呈正态分布。

样本 x_i的平均值 μ 或者说期望值 $E(x_i)$定义为:

$$\mu = E(x_i) = \frac{\sum_{i=1}^{N} x_i}{N} \tag{A9.6}$$

式中,x_i为样本。

方差 σ^2 定义为:

$$\sigma^2 = \sum_{i=1}^{N} \frac{(x_i - \mu_x)^2}{N} \tag{A9.7}$$

式中,σ 为标准差。

在中心极限理论中涉及的正态或高斯分布,是对称的,可作为最广范围的现象样本(参见案例 12 和案例 18)。正如 Thoft-Christensen 和 Baker(1982,第 9.3 节)指出的,它对由另外一个高斯过程而得到的高斯过程的线性操作尤其有用。Weibull 在 1933 年提出的,被认为“具有恰当形式的最简单的数学表达”的 Weibull 分布,已证明用于建立退化中的结构模型时尤其合适。这些常用分布的密度函数 f_X 如下所示:

正态分布(高斯分布):

$$f_X(x) = \frac{1}{\sigma\,(2\pi)^{1/2}} \exp\left[-\frac{1}{2}\left(\frac{x-\mu}{\sigma}\right)^2\right] \qquad (-\infty < x < \infty) \tag{A9.8}$$

式中:μ——变量的均值;

σ——变量的标准方差。

标准正态分布:

$$f_s(s) = \frac{1}{(2\pi)^{1/2}} \exp\left[-\frac{1}{2}s^2\right] \qquad (-\infty < s < \infty) \tag{A9.9}$$

式中:$\mu = 0$,$\sigma = 1.0$。

Weibull 分布:

$$f(t;\lambda,\alpha) = \lambda\alpha t^{\alpha-1} \exp[-(\lambda t)^{\alpha}] \tag{A9.10}$$

式中,$t \geqslant 0$, $\lambda > 0$ 是比例参数,$\alpha > 0$ 是形状参数。

泊松分布:

$$P(X_t = x) = \frac{\nu t^x}{x!} \mathrm{e}^{-\nu t} \qquad (x = 0,1,2,\cdots) \tag{A9.11}$$

式中：X_t——空间或时间间隔为 t 时出现的数目；

ν——平均发生率。

平均值（期望值）和变量为：

$$\mu(X_t)=\sigma^2(X_t)=\nu t \tag{A9.11a}$$

指数分布。如果事件发生服从泊松过程，那么从时间 T_1 直到第一次发生服从指数分布。根据式（A9.11）可知：

$$P(T_1>t)=P(X_t-0)=\mathrm{e}^{-\nu t} \tag{A9.12}$$

式中：$(T_1>t)$——在时间 t 没有事件发生；

T_1——第一次出现和重现的时间（因为在无重迭时间间隔内，服从泊松过程的事件的发生在统计意义上是独立的）。

$$F_{T_1}(t)=P(T_1\leqslant t)=1-\mathrm{e}^{-\nu t} \tag{A9.12a}$$

式中，$F_{T_1}(t)$ 为 T_1 的密度函数。

$$f_{T_1}(t)=\frac{\mathrm{d}F}{\mathrm{d}t}=\nu\mathrm{e}^{-\nu t} \tag{A9.12b}$$

式中，$f_{T_1}(t)$ 是密度函数。

如果 ν 为常量，那么对于一个简单泊松过程的平均重现时间为：

$$\mu(T_1)=\frac{1}{\nu} \tag{A9.12c}$$

伯努利序列和二项式概率密度函数（PMF）必须满足下列条件：

1. 每次试验只有两个可能的结果，例如，发生和不发生。（这就是双面相关性，与模糊集的多方面相关性相反。）

2. 每次试验中事件发生的概率是常数。

3. 试验在统计意义上是独立的。

Ang 和 Tang（1975，第 107 页）指出，如果一组设备的运行条件在统计意义上是独立的，并且发生故障的概率一样的话，那个系列的条件就构成了一个伯努利序列。事件在统计意义上是独立的，并且超出一个给定限值的年概率是常量。如果每次试验中一个事件发生的概率为 p，不发生的概率为 $1-p$，那么伯努利序列中，在 n 次试验中刚好发生 x 次的概率可以由二项式 PMF 得到，如下：

$$P(X=x)=\frac{p^x\,(1-p)^{n-x}n!}{x!\,(n-x)!}\qquad(x=0,1,2,\cdots,n) \tag{A9.13}$$

式中，p 为一个参数。

附录 10　塑性框架分析的上下边界理论

根据 Neal（1956，1981）所述，塑性破坏理论是由 Gvzdev 在 1936 年，Horne 在 1950 年和 Greenberg 以及 Prager 在 1952 年逐步提出的。他的表述如下（第 48-49 页）：

静力学理论：如果整个框架结构在一组荷载 λ 作用下的弯矩分布是安全的和静力可容许的，那么 λ 的值必须小于等于破坏荷载系数 λ_c。

动力学理论:对于一个给定的框架结构,承受一组荷载 λ,在任何假设的条件下,λ 的值必定大于等于破坏荷载系数 λ_c。

唯一性理论:对于给定的框架结构和一组荷载 λ,如果至少存在一个安全、静力可容许弯矩分布,在足够的截面上产生了塑性弯矩并形成了一个可变机构,那么相应的荷载系数就是破坏系数 λ_c。

总的来说:

静力条件下:$\lambda \leqslant \lambda_c$

动力条件下:$\lambda \geqslant \lambda_c$

破坏:$\lambda = \lambda_c$

因为在静力学和动力学的解分别从上限和下限接近 λ_c,它们也被称为下边界法和上边界法(如 Hodge,1970,第20页所提出的)。上边界预见的是破坏机理(例如破坏形式),下边界考虑了强度的需求(例如内容)。通常出于安全性考虑,上下边界分析给出了以下信息:

破坏发生在最小临界需求的组合。

在役结构的强度储备(或者"超安全标准设计")取决于破坏模式。

加强某个薄弱点的强度并不能增加整个系统的安全性。

薄弱点的临界组合达到或超过结构需求时,结构仍可以保持安全。(因此,Murphy 法则是公式的下界。)

附录11 美国桥梁清单的发展历程(NBI)

1968 《联邦资助的公路法案》被引入了全国的桥梁清单。

1971 国家桥梁检测标准(NBIS)要求每两年进行一次检查。第一本《规范指南》《桥梁监测者培训手册70》和《桥梁养护与监测的 AASHTO 手册》发行。

1973 274 000 座桥梁被列入联邦资助公路系统。

1978 《表面交通资助法案》把 NBIS 扩展到所有跨度大于 20ft(6.1m)的公共交通桥梁。目录包括了 577 000 座桥梁,估计超过总数的97%。

1988 《统一重分布资助法案》引进了关键破损和水下检查过程(清单中的 592 000 座桥中的86%是位于水面上的)。第二版的《规范指南》发表。

1991 "联合运输交通效率法案"规定,与路面、安全、交通堵塞、公共交通和联合运输管理系统均使用 BMSs。

FHWA 赞助开发了 PONTIS——一种 BMS,能够满足任何管理桥梁网络的需求。

TRB(交通研究协会)的 NCHRP(国家联合公路研究计划)开发了 BRIDGEIT——一种为小型网络或局部系统服务的 BMS。

1994 AASHTO 修订了《桥梁状态评估手册》。FHWA 修订了《规范指南》(主要为了符合公制的变化)。FHWA(1994年11月)推荐考虑生命周期成本和收益。

1995 《国家公路系统法案》(NHS)将 BMS 从强制降格为推荐。该法案要求各州对州财政支持的费用大于2 500 万美元的项目执行生命周期费用分析(LCCA)。

NCHRP 赞助软件的开发,例如,BLCCA(NCHRP Report 483,2003),与 PONTIS 和

BRIDGEIT 要求相一致。

1998　21 世纪交通平等法案(TEA-21)废除了 NHS(1995)强制要求的 LCCA,但提出了集成资产管理标准(FHWA,2001c)。TEA-21 要求在 U. S. DOT 的资产管理部门负责把全国范围内分散的基础设施数据库整合起来。信息系统基础设施成了高级管理和设计的目标。

2003　FHWA 发布了《桥梁监测参考手册》。AASHTO 发布了《桥梁状态评估手册》。

2004　FHWA 为准备新的清单指南(2005)进行了一个调查,得到了 AASHTO 的认可。

附录 12　初 始 成 本

在第 53 章中,"真正的经济在于设计",Waddel(1916,第 1182 页)作了如下说明:

"绝大多数桥梁设计者认为最经济的结构是那些初始成本最小的结构;基于从承包商的片面看法,这是正确的,因为,通常他们的兴趣在于满足承包合同即可,除自身的利润,不必再有其他任何的考虑。但是从业主的观点来看,其生命周期内运营、维护和维修费用最少,并且为实现该目标其初始费用最少,这才是最经济的结构。

对任何拟建结构的两个或两个以上的方案进行经济对比分析时,有两种方法,并且随便哪一个都是正确的或令人满意的。

第一种方法就是按照利率,计算出一笔费用,其收入正好足够支付由于运营、养护、维修以及其他所有正常开销所需的年平均成本,让该费用加到初始成本中去。这个数字就是"等效初始总成本"。如果所有的设计都满足要求,而且方案中结构使用寿命期相同,则结构的"等效初始总成本"最小的结构就是最经济的。

第二种方法,假设几个将来的日期,特别是需要大笔费用对易损部位进行修复和维护的日期。假设这些结构在维修过后都完好如初,考虑初始成本和年支出采用标准复利,将所有花费汇总到上述每个日期。比较这些所选取的一定时期的费用汇总值,就可以清楚地看出哪一个是最经济的结构。"

附录 13　网络层次和项目层次桥梁管理

NCHPR Report 300(1987,第 6 页)区分了网络层次和项目层次的不同功能范围如下:项目层次把每座桥的监测、维护、维修或者重建当作单独的个体处理。而一旦网络层次决策决定了优先顺序和投资力度 ,对每座桥梁进行详细评估必须在项目层次上进行。包括:

详细的结构工程分析。

关键构件破坏类型及破坏程度。

估计剩余寿命。

退化率。

次要构件状况。

采用可选的 MR&R 法估计的设计寿命成本。

可获得的资金。

桥梁对公众的必要程度。

维修对交通流的影响。

附近相关桥梁和公路工程。

桥梁的类型和规模。

桥梁的承载能力。

桥梁预期的工程使用。

桥梁的重要性。

与网络等级的计划和规划相关的活动包括：

自动数据采集、编辑、存储和管理。

总结全部网络结构和功能条件。

建立候选项目列表。

对系统内所有候选桥梁的不同的 MR&R 反应中，按优先次序排列并作出选择，确定所需资源。

建立生命周期成本估计。

优化各种备选方案。

评估各种资金和资源分配方案。

输出开发，特别是桥梁位置，车辆路线相关的信息。

建立 MR&R 活动表和费用数据。

确保遵循最优安全维护标准。

确保有统一的清单报告和监测信息。

报告不同类型工作的支出历史（包括资金、人力、材料）。

报告设备和库存的变化历史，以及总体维护策略效率的预测。

附录 14　美国国家桥梁清单(NBI)及提出的 NBI 规范

《规范指南》(FHWA，1995b，第 viii 页）对美国国家桥梁清单（NBI）定义如下："为满足国家桥梁监测标准要求（NBIS）而搜集的桥梁结构清单和评估数据的总称；每个州都应为 NBIS 准备并保留一份所有桥梁清单。"

该《规范》(FHWA，2005a，第 6-9 页）提出了 33 个新的或者修订的定义，其中有如下定义："由联邦公路管理局（FHWA）保存的州和联邦桥梁和道路的记录。NBIS 要求每个州（和联邦有关部门）准备一份符合该规范要求的桥梁清单，当需要的时候（通常每年一次），必须交给 FHWA。"

原始定义区分了"清单"和"评价"，或者说区分了"竣工结构"，这可以从文件资料中获得（如果有的话）和"结构现状"——这需要定期评估。

NBIS 23《联邦法规汇编》(CFR)650，子部 C，指定了下列结构清单和评价（SI&A）要求：

"650.315(a)每个州和联邦公路部门都必须准备并保留一份符合 NBIS 要求的所有桥梁的清单。必须收集特定的 SI&A 数据并由州或联邦公路部门保管，当需要时，以便 FHWA 收集之用。由 FHWA 分配的 SI&A 表中，包括这些数据的表格，他们都是《国家桥梁结构目录和评估的记录》与《规范指南》，以及后续的中间更改或者最新版本的一部分（1995 年 9 月）。报告这些数据时采用 FHWA 建立的程序进行，该

程序在记录与规范指南中有概述。

(b)一般地,对于深入、关键处开裂、水下、损伤和专门的检查,如果是州或联邦公路部门桥梁,要在检测完成后 90 天内将 SI&A 数据输入州或联邦公路部门清单中,对于其他所有桥梁要在 180 天内完成输入。

(c)对既有桥梁的维修以及新建桥梁,需要修改以前的记录资料。对于州或联邦公路部门的桥梁,在工作完成后 90 天内,将 SI&A 数据输入到州或者联邦公路部门清单中,而对其他所有桥梁要在 180 天内完成输入。

(d)对于荷载限制或关闭等情况,对于州或联邦公路部门桥梁,要在结构状态发生变化后 90 天内将 SI&A 数据输入州或联邦公路部门清单中,对于其他所有桥梁要在 180 天内完成输入。"

NBI 包含以下"记录":"根据指南要求记录承受公路交通荷载的每一个结构或某一个结构下每个目录路径的数据。这些数据搜集好后,以简洁的文字、数字的形式存储在磁带或磁盘上,这样适合于电子数据加工处理。"

该定义要适当考虑国家基础设施的技术升级。FHWA(2005)强调了桥梁和道路记录的区别。

根据 AASHTO 交通术语表和 23 CFR 第 650.301 节,桥梁的定义如下:

"一种结构,它包括建设在低洼地或障碍物上,例如,水、公路、铁路的支撑结构,其上有通道,以便于交通车辆或其他移动荷载通过,并且沿着道路中线、桥台距离或拱轴线长度,或多空箱端部距离不小于 20ft(610cm),也可包括多孔管两端空的静距离不大于较小相邻孔的一半。"

FHWA(2005a)对公路桥梁定义如下:"承担公共交通的桥梁是指在公众当局管辖和维护,并对公众开放的任何公路和街道。只承担行人、铁路轨道、管线或其他非公路通道的桥梁不是公路桥梁。"

大约有 150 000 座铁路桥和相同数量的人行桥由各自的业主管理。从 1992 年到 2004 年,根据材料和类型分类的公路桥梁(包括涵洞)见表 A14.1 和表 A14.2。

根据材料分类的桥梁(NBI)　　　表 A14.1

根据材料分类的桥梁	1992 年			2004 年		
	总计	有损伤	破坏	总计	有损伤	破坏
混凝土	170 711	18 256	22 790	168 346	14 389	20 505
混凝土连续	58 331	4 348	4 348	77 040	5 009	8 128
钢桥	165 430	62 927	62 927	143 682	37 887	26 708
钢连续	43 151	5 411	5 411	48 612	4 377	8 791
预应力混凝土	76 238	3 139	3 139	104 313	3 973	10 574
预应力混凝土连续	9 386	22	226	18 636	300	1 211
木	44 673	23 107	23 107	29 660	11 122	4 013
石材	1 959	520	520	1 857	432	521
铝、铁	944	287	287	1 295	219	96
其他	1 701	506	506	461	51	73
合计	572 524	118 736	80 436	593 902	77 759	80 548

根据主要结构类型分类的桥梁　　表 A14.2

年份	1992 年			2005 年		
结构类型	总计	有损伤	破坏	总计	有损伤	破坏
板	73 974	8 628	10 120	78 677	6 792	9 545
纵梁或多梁	261 648	71 774	40 934	248 970	42 478	40 370
主梁和横梁体系	11 342	5 153	2 242	7 922	2 754	1 878
T 梁	37 816	5 141	8 909	36 657	4 795	7 902
多箱箱梁	34 273	347	4 567	46 337	2 448	5 445
单箱箱梁	4 662	261	430	525	289	910
框架(除涵洞)	4 557	1 055	1 200	5 010	329	1 310
正交结构	263	15	18	446	90	155
面层式桁架	1 082	575	184	772	288	171
下承式桁架	23 383	16 458	3 353	13 105	7 708	2 449
拱板	8 197	2 356	2 548	7 106	1 650	2 243
下承式拱	435	146	119	387	82	106
悬索结构	110	47	41	98	33	41
拉索主梁	15	1	1	36	2	2
活动提升结构	143	56	42	170	44	73
活动平衡结构	525	196	139	475	132	154
活动摆	251	121	66	229	102	65
隧道	89	8	59	68	5	40
涵洞	101 066	3 426	4 241	123 376	2 863	5 523
组合类型	331	87	57	1 322	295	163
节段箱梁	43	0	3	169	7	9
大型槽梁	3 817	468	393	13 724	2 167	1 113
其他	4 506	1 416	772	2 649	556	695
合计	572 528	118 735	80 438	595 230	75 909	80 362

FHWA(2005a)对涵洞提出了如下定义:“出于水力考虑而设计的水下结构物,用来提高水力能力。涵洞与桥梁结构的不同在于,它们往往被路基所覆盖,且全长均由结构材料组成,尽管也有一些涵洞是以河床为扩大基础。符合 NBIS 桥梁定义的涵洞可以被认为桥梁。”

FHWA(2005a)为清单路径下的定义为:“有用的清单数据的记录路径。清单路径可以在结构上,也可以在结构下。通常,目录记录是以从西到东、从南到北的方向行进。”

FHWA(2005a)提出:“公路有用的清单数据记录在 NBI 中。一座公路桥在该桥上总会有一个清单路径;可能有零、一或者多个清单路径经过。非公路桥的记录(例如位于铁路之上的铁路桥)在桥上不会有清单路径,但会有一个或者多个清单路径经过它。”

因此,尽管 NBI 记录的是公路桥和道路的信息,非公路桥也涉及其中。

对防护设施和公共道路也有定义。FHWA(2005a)定义的“战略公路网”是:“公共公路系统是美国战略政策中的关键威慑力量。无论在和平时期还是战争时期,它都可以提供防御途径,具有连续性和人员、物资紧急运输的能力。”

20ft(6.10m)的下限排除了涵洞。它们需要不同的专业技术,同时也属于其他业主管辖。例如,环境保护组织。表 A14.3 和表 A14.4 显示了桥梁 NBI 设计的执行特征和交叉特征。

桥梁类型:执行特征(FHWA,1998) 表 A14.3

类型	执行特征	类型	执行特征
1	公路	6	互通的高架结构或者多层互通的第二层
2	铁路	7	第三层(互通)
3	人行专用	8	第四层(互通)
4	公路,铁路	9	建筑或者广场
5	公路,人行	0	其他

桥梁类型:交叉特征(FHWA,1988) 表 A14.4

类型	交叉特征	类型	交叉特征
1	公路,有或者没有人行道	6	公路,水路
2	铁路	7	铁路,水路
3	人行专用	8	公路,水路,铁路
4	公路,铁路	9	水路减流
5	水路桥	0	其他

附录 15 资产管理的分析工具

由 Cambridge Systematics, PB Consult 和 System Metrics Group 发表的报告 NCHRP 545(2005),回顾了在加州、佛罗里达州、马萨诸塞州、马里兰州、密歇根州、蒙大拿州、纽约、俄亥俄州、南卡罗来纳和威斯康星州的资产管理的实施情况。结果表明,如果能够提供以下四个方面的视图,适于假设分析的友好用户界面可为桥梁管理者和地方主管部门提供便捷:

预算视图:用户可以查阅各时间段的投资水平和所选资产或网络部件的每个行为的价值之间的关系。

目标视图:允许用户在一定的时间框架内确定满足某一目标行为措施价值的年投入值。

显示视图:允许用户一次考察不同的表现指标,并看到它们对整个预算水平、资产预算分配、地理位置以及网络部分的敏感性。

分配视图:允许用户制定不同的资源分配方案,并可看到各方案随时间变化的性能影响的对比图表。

已经开发出了两种可以在不同层次上提供这些视图的工具。

A. 网络工具(NT),分析不同类型公路的投资和对应的性能表现,并满足以下功能要求:

1. 可从资产管理系统中接收投资和性能数据。

2. 提供交互的假设分析、权衡分析。

3. 以图表视图的形式显示结果。

4. 产生标准的报告。

B. 项目权衡工具(PT):限于功能性、电子数据表格式、概念验证系统,并满足下列功能需求:

1. 允许用户定义工作指标和分析种类。

2. 接收项目信息。

3. 接收系统级信息。

4. 计算每组项目对系统工作指标和经费的影响。

5. 提供在规划中调整项目的交互式接口。

6. 提供规划性能影响的总结报告和图表。

PT 的输出包括以下内容:

• 对于一个预算方案,根据预算种类划分的经费支出,允许根据地理或者网络类型筛选。

• 对于某一单项经费方案的前后工作指标值(如果建立了目标值,可与目标值做比较)或不同经费方案的比较(以表格的形式)。

• 对于一个预算方案,根据工程类型划分的经费支出,允许根据地理位置和网络类型筛选。

• 对于一个预算方案,根据类型划分的工作量与已建立的工作目标的对比或经费方案的对比(以表格的形式)。

• 对于给定的根据工程类型组织的预算方案所选择的项目列表。

PT 还提供了详细的次要要求和定义。将来的功能性提高包括以下方面:

• 项目列表子集的分析。

• 基线测量和指示标识的自动聚集。

• 对年预算约束的调节。

• 对“新增”方案的调整。

• 对预算种类多样的调节。

建议资产管理分析工具在以下方面加以提高:

• 保留策略的定义。

• 对可选投资方案的成本和收益的全面评估。

• 资源分配策略。

• 其他资产管理。

• 监测和反馈支持。

该报告附有软件的使用指南。

附录 16　桥梁管理系统(BMS)

图 A16.1 ~ 图 A16.7 为几个典型的 BMS 流程图实例。

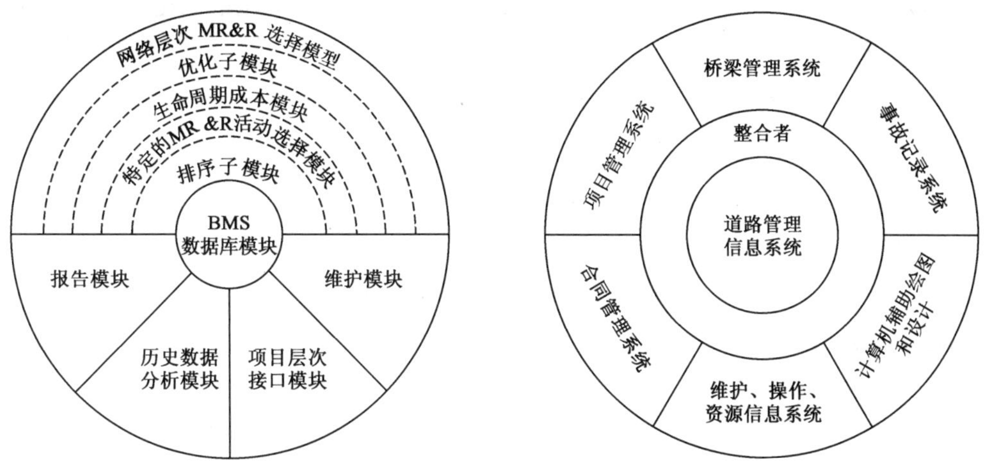

图 A16.1　BMS 基本模块(FHWA)　　　　图 A16.2　PennDOT BMS

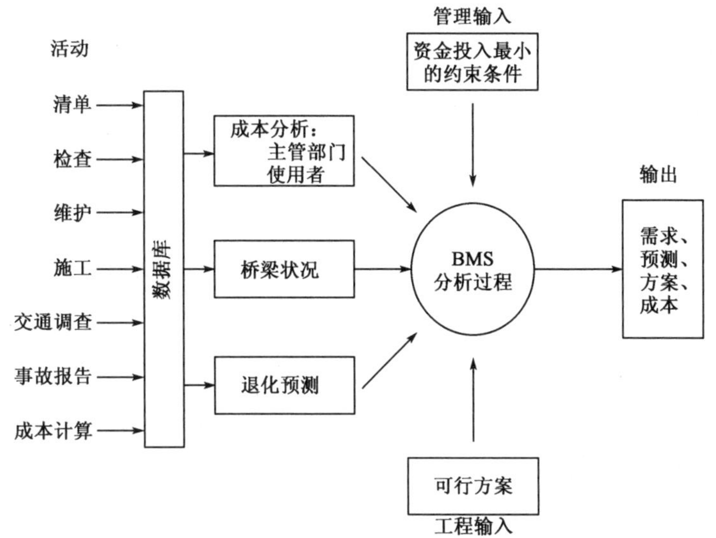

图 A16.3　OECD(1992)BMS

NCHPR Report 300 (1987)提出了 BMS 的以下“最小基本模块”(第 9 页)：

- 数据库
- 网络初次维护、修复和重建(MR&R)方案

排序

专门的 MR&R 方案

生命周期成本

优化

- 维护

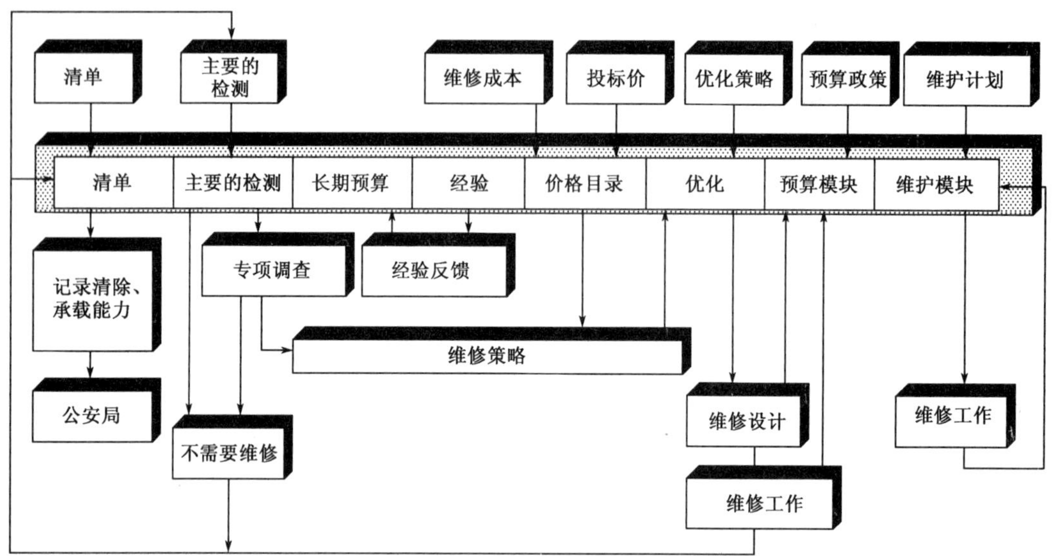

图 A16.4 DANBRO BMS

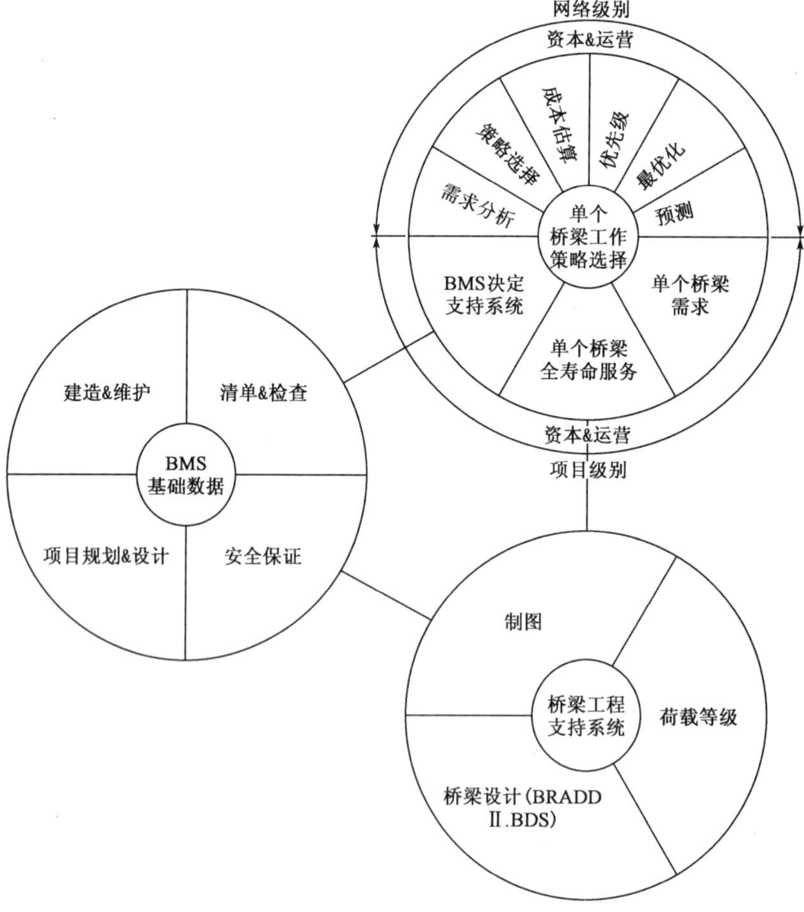

图 A16.5 NYS DOT BMS

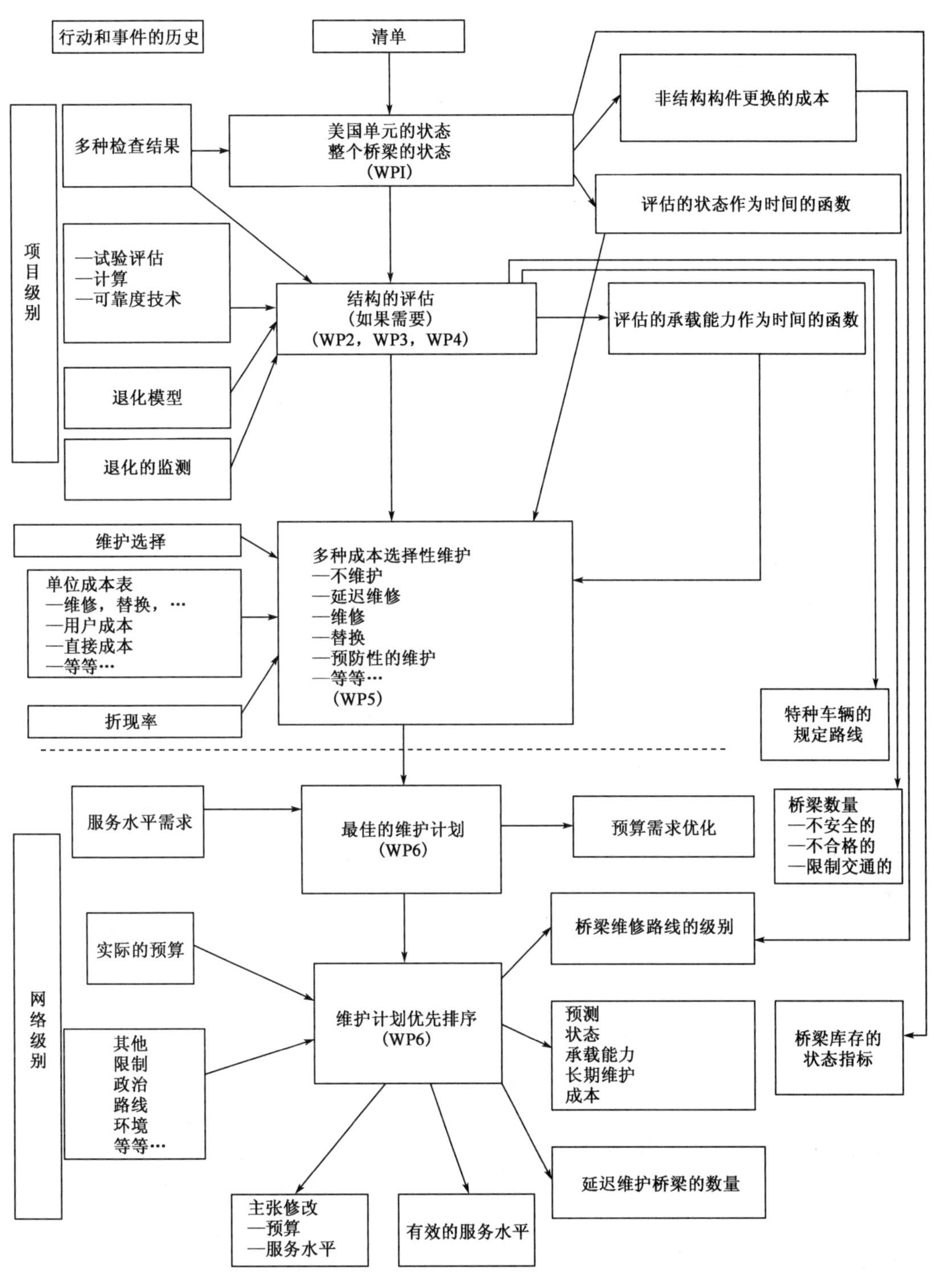

图 A16.6　BRIME(2002)BMS

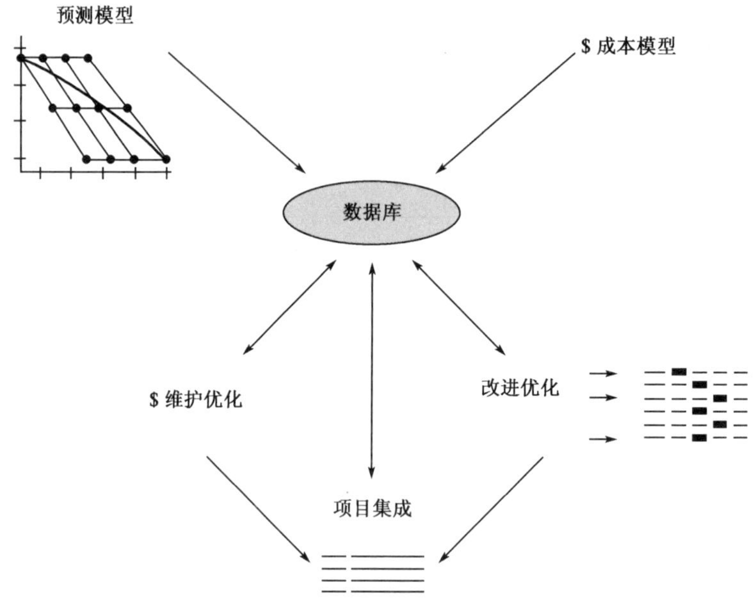

图 A16.7 PONTIS 功能数据流

- 历史数据分析
- 项目层次界面
- 报告

Bjerrum 等人(2006)认为,Danish Road Directorate 的桥梁管理系统(DANBRO;图 16.4)正在升级为一个新的基于互联网的客户-主机的工作系统(DANBRO +),它具有以下模块:

- 介绍
- 管理
- 清单
- 管理工具
- 交通管理
- 维护和维修/修复/大修
- 设备和材料

附录 17 考虑冗余的桥梁可靠性

Barlow 等人(1965,第六章)考虑了两种类型的网络层次冗余:

并联(冗余部件同时平行运行)

备用(冗余部件作为备件后备,用于以后的更换)

冗余是在考虑一个或多个约束条件(例如,成本,体积,重量等)下进行的最佳布置。相比于桥梁层次,这种方法更适用于网络层次。

Cremona(2003,第 12.5 节)定义了并联和串联系统可靠度如下:由一系列失效单元构成的系统。如果一个结构单元不是破坏构件,则该结构不属于该定义的范畴。

失效结构是由结构单元组成的子结构,它的失效会导致整个系统失效。因此,系统的失效是由于结构中的全部单元的失效引起的。

在一个串联系统里,整个结构的失效是由于其中一个单元的失效而导致的。而并联系统只有一种失效机理(所有的单元均失效)。

Ghson 和 Moses(在 NCHPR Report 406,1998 中)就以下极限状态,将结构冗余度与可靠度联系起来,这与 LRFD(AASHTO,2004)(本书中附录 25)是不同的:

构件破坏	由弹性分析确定
极限状态	极限承载能力和破坏机理的类型
适用性	最大变形为跨径的 1%
破坏条件	去除一个主要承载构件的极限承载力

上面每个极限状态的承载能力分别是:LF_1、LF_u、LF_f、和 LF_d。在每一个极限状态,目标系统可靠度指标 $\Delta\beta$ 规定如下:

$$\Delta\beta_u=\beta_{ult}-\beta_{\text{member}}\qquad \Delta\beta_f=\beta_{\text{funct}}-\beta_{\text{member}}\qquad \Delta\beta_d=\beta_{\text{damaged}}-\beta_{\text{member}}$$

式中,β 由式(A7.6)定义。

基于经验考虑,假设结构性能呈对数正态分布。对一些随机变量,Gumbel(或者其他)分布函数可能更具有代表性,但必须在最可能发生破坏的部位,通过"二级水平可靠度"程序将其转换为等价的正态分布(NCHRP Report 406,1998,第 12 页)。"二级水平"是由上文引用的 Thoft Christensen 和 Baker(1982)提出的。

去除一个主要构件,系统在极限、功能和破坏状态下的储备比率 R_u、R_f和 R_d为:

$$R_u=\frac{LF_u}{LF_1}\qquad R_f=\frac{LF_f}{LF_1}\qquad R_d=\frac{LF_d}{LF_1}$$

在主报告的附录中,计算了典型结构在每一种极限状态下承载力的确定值。在 NCHRP Report 406(1998)中的表 2 中,提出了基于所需荷载比例因子的直接冗余度检查法。

非冗余构件($R-D$)的储备应该乘以一个系数 $\varphi_{\text{red}}^{-1}$。冗余系数 φ_{red}的定义如下:

$$\varphi_{\text{red}}=\min(r_1r_u,r_1r_f,r_1r_d)\tag{A17.1}$$

式中:r_1——$\dfrac{LF_u}{LF_{1,\text{req}}}=\dfrac{R_{\text{provided}}-D}{R_{\text{req}}-D}$;

r_u——$\dfrac{R_u}{R_{u,\text{req}}}=\dfrac{R_u}{(LF_u/LF_1)_{\text{req}}}=\dfrac{R_u}{1.30}$;

r_f——$\dfrac{R_f}{R_{f,\text{req}}}=\dfrac{R_f}{(LF_f/LF_1)_{\text{req}}}=\dfrac{R_f}{1.10}$;

r_d——$\dfrac{R_d}{R_{d,\text{req}}}=\dfrac{R_d}{(LF_d/LF_1)_{\text{req}}}=\dfrac{R_d}{0.50}$;

$LF_{1,\text{req}}$——$(R_{\text{req}}-D)/L_{\text{HS-20}}$(AASHTO HS-20 活荷载);

R_{provided}——构件承载力;

R_{req}——所需构件承载力;

D——恒载。

这个过程可以应用于所有结构构件或关键构件上。桥梁上部结构的冗余度可以通过分步的非线性结构分析来评价，并允许关键构件破坏。引入系统冗余系数 φ_s：

$$\gamma_d D_n + \gamma_l L_n (1 + l) = \varphi_s \varphi R' \quad (A17.2)$$

式中，φ_s^{-1} 代替了 LRFD 基本公式[本书中式(4.1)]中的 η_i。基于目标平均可靠度指标提出了不同桥梁的系统参数 φ_s 的表格。

Liu 等人(在 NCHRP Report 458,2001 中)把相同的方法应用到了桥墩上。

上述步骤清晰地定义了随机性和确定性分析对最终结果的影响。关键构件是由设计人员和管理人员进行选择决定的。绩效状态下的绩效荷载条件可以加到式(A17.2)的左边。但须对式(A17.1)中的构件储备率 r_1 和可靠性指标 β 做相应的调整。

AASHTO(2004)对公式(3.1)中的参数 η 考虑了冗余度如下：

使得 γ_i 值最大的荷载：

$$\eta_i = \eta_D \eta_R \eta_I \geqslant 0.95 \quad (A17.3a)$$

使得 γ_i 值最小的荷载：

$$\eta_i = \frac{1}{\eta_D \eta_R \eta_I} \leqslant 1.0 \quad (A17.3b)$$

式中：γ_i——荷载系数，基于统计的荷载效应乘子；

η_i——荷载修正系数，与延性、冗余度、运行重要性有关；

η_D——与延性有关的系数；具体取值如下：

=1.05，在强度极限状态下，无延性构件和连接部位；

=1.00，满足规范的常规设计和细节；

≥0.95，增加延性要求超出规范的构件和连接部位；

=1.00，对于所有其他极限状态；

η_R——与冗余度有关的系数；具体取值如下：

≥1.05，在强度极限状态下的非冗余构件；

=1.00，在强度极限状态下，具有常规水平的冗余度；

≥0.95，在强度极限状态下，具有突出水平的冗余度；

=1.00，对于所有其他极限状态；

η_I——与重要性有关的系数；具体取值如下：

≥1.05，强度极限状态下的重要桥梁；

=1.00，强度极限状态下的典型桥梁；

≥0.95，强度极限状态下的相对不太重要的桥梁；

=1.00，所有其他极限状态。

附录18 数据整合

数据整合是把从不同来源的大量数据，例如把桥梁、公路、铁路和生命线管理系统等数据，联合或联系起来的过程。数据整合入门(FHWA,2001c)定义了如下两种数据库结构：

“融合式数据库(例如,数据仓库,图 A18.1)对不同来源的数据进行选择、筛选,然后输出到中央数据库,并在其他位置复制数据。根据特定的数据融合规范,对所有构成数据库的相关子集采用相同的数据界面。

交互式数据库(例如,联合式或分布式系统)。这是一个由分散的并可能具有不同意义的数据库系统组成的集合,这些数据库系统分布在不同地点,通过计算机通信网络联系起来。典型的特点是数据整合标准(例如,各种数据整合标准)和分散处理的能力。”

FHWA(2001c,第 17、18 页)对比了融合式和交互式的数据库系统,如表 A18.1 和表 A18.2 所示。

数据整合的两种方法　　表 A18.1

交互式(融合式或分布式的)数据库	融合式数据(数据仓库)
路面数据库、道路清单、结构数据库、其他数据库	路面条件、位置清单、涵洞结构、维护历史、路面数据库、道路清单、结构数据库、其他数据库
多个独立的数据服务器	单独的数据服务器

融合数据库和交互数据库的比较,入门书(FHWA,2001c,第 18 页)　　表 A18.2

特点	融合式数据库(数据仓库)	交互式数据库
数据服务器	一个(中央的)	多个(分散的)
数据是否可复制	是	否
优点	容易管理和控制数据库;最大的数据处理能力(快速存取); 数据处理安全; 处理能力强; 安全	可以将数据保存在独立的地点和文件服务器中(地点独立); 对可能成为破坏点的(比如,冗余度)没有依赖性; 统一的数据描述(即,无须知道数据模型); 可以获得计算机网络上的资源
缺点	缓慢、昂贵的执行过程; 只读数据,没有在线更新; 存储需求	高要求的、昂贵的整体数据模型维护; 数据输出手册发生变化需重新编制; 要求管理数据库系统过程(存取和升级)

比较表明了集中的(上—下)非冗余系统和分布的(下—上)冗余结构的典型不同之处。

在整体数据库环境(融合式的或交互式的)下,数据由系统进行处理,例如,数据库管理系统(DBMS)。FHWA(2001e)定义 DBMS 为“能够在数据库中存储、修改和提取信息的程序集合”。DBMS 可以根据下列模型之一进行构建:

平面式文件。数据记录没有结构化的内在关系。计算机空间最小化,但熟悉了该结构才能便于使用。

分级式文件。数据记录形成系谱图,每个记录都有独立的父级文件。第一代数据库管理系统框架是很典型的,这个模型与实际结构不相关。

相关式文件。数据形成一系列相互关联的表格,可以被访问、提取或重组,而不需要重新组织原始布置。每个表格(关系)的每列都包含了一个或者更多的数据种类。每行只包含所在列定义类型的一个数据。

面向对象的文件。数据是根据目标码(计算机指令的顺序)进行处理的信息单元。这个模型把数据和代码合并为一个对象。

案例26中的桥梁监测流程图和表格描述类似于分级关系模型。

除了数据模型，FHWA(2001c)讨论了标准、参考系统、元数据、数据字典、计算机通信需求、软件、硬件、人员和数据管理需求。

FHWA(2001e)是一个简明的术语录，定义了100种数据综合术语，包括下列：

应用。应用程序的简称，是直接为用户或其他软件程序执行某个特定功能而编写的软件程序。

资产管理(AM)。AM是管理交通基础设施的策略性方案，需要综合数据和信息来做出全面的决策。

基本数据。基本数据是最低级别的数据，与集合数据相反，后者由原始数据组合而成。

计算机网络。为了通信或各自应用，将两台或多台计算机系统连接在一起。在局域网(LANs)内，计算机在位置上是相近的。而在广域网(WANs)内，计算机相距很远，是由电话线或电波连接在一起的。

数据。

提取：读取一个或多个数据源，并创造新的数据描述的过程。

映射：给目标数据单元分配源数据单元的过程。

转换：把数据从一种形式转换成另一种形式的过程。当某种新的计算或数据管理系统不适应于当前的形势时，需将其进行转换。

提取：从大量数据库中提取以前不知道的、有效的并且可操作的信息或关系。

建模：用于支持某种组织的业务过程或定义分析数据的需求。

分割：物理上或逻辑上把数据分成段落，使得维护和存取变得容易(如在相关数据管理系统中)。

加工：对源数据进行过滤、整合、解码以及转化，为仓储式数据库形成有效数据。

存储：为支持管理决策而设计的数据库集合。

信息系统结构：一种信息系统框架，描述了以下内容：

1. 业务规则：业务执行及其信息使用功能。

2. 系统结构：应用和产品之间的定义和相互关系。

3. 技术规范：产品和应用所使用的接口、参数和手册。

4. 产品规范：符合技术规范的标准以及在开发和应用中满足卖方所需的工具和服务等要素的应用。

Hassab(1997，第26页)列出了下列组织和数据库的基本结构：

> "分级的。在有下级节点，并作为工作中心的每个节点都与其上级节点联系在一起；同时各节点之间都是预设的非循环模式的树形描述。循环是指一系列起始并终止于同一节点的过程。它不依赖于其他的连续。节点到节点的联系依据连接路径表现出组织功能。联系可以是物理的，也可以是逻辑的。
>
> 网络。在任一节点上或其多个上级节点上增加循环的树形描述。
>
> 相关的。由一张表格来描述，列出其各部分的属性，没预设指标。每个部分至少有一个多重属性作为它的指标。各部分的联系通过动态连接属性在线完成，以便于功能的实现。"

尽管作者强调，"没有一个最好的方式来组织结构"，但相关的结构可以对特定的和可能的动态需求提供最高水平的适应。FHWA(2001c)提出了一个对数据管理系统结构的类似总结。本文中所有用来描述二维关系,例如管理和工程、加工和产品等,都是相关结构的变形。

附录19　私　有　化

Gomez-Ibanez 和 Meyer(1993)总结了很多国家,包括英国、法国、西班牙、墨西哥、智利和美国在私有化交通设施和服务方面的重要经验。作者指出了三种基本类型的私有化(第1页):

- 出售现存的州立企业。

这些出售行为在很大程度上是受了"私人部门总是比公立部门效率高的一种普遍认识"的鼓励。

- 新基础设施的开发都使用私人资金和管理,而不使用公有的。

> "基础设施的私有化经常是受到为获取新的资金来源以弥补公共部门资源短缺的刺激。效率也是一个宣称的优点,与公共部门相比,私人部门通常认为可以更经济或更迅速地建设基础设施。与很多其他政府服务设施不同,基础设施可以征收用户使用费来维持。私有化提供了为基础设施提供资金而不会明显增加税收的可能。在很大程度上,私有化可以使基础设施建设免于政治议程。"

- 外包公共基础设施(承包给私人企业),从前是由政府雇员提供的。

将现存的州立企业或基础设施承包给私人企业,可以得到"政府立刻获得经济资助的前景",条件是"即将私有化的公司能够产生的运营收入超出运营支出和预期的新投资所需的资金。"

作者警示道(第4-5页):"私有化将会产生赢家和失败者……批评家指出,如果一个新的私有化州立企业处于一个垄断或没有竞争的市场中,它将没有多少动力提高效率或受市场导向。批评家还说,私人承包商可能会降低他们的服务数量或者质量,除非他们的行为受到监督,而这些监督的费用将抵消所有效率上的节约。"

A. M. Howitt(Gomez-hIbanez 和 Meyer,1993,第254页)定义了两种类型的效率如下:

> "技术效率,关注的是:一个公司或工厂利用资源的效率。如果一个公司的生产输出采用的是最小成本技术和投入的组合,那么称该公司是技术效率型的。
>
> 分配效率,关注的是:对于给定的社会对其他产品和服务的迫切需求,某个公司或工厂生产的是否是合适的产品。分配效率暗含了在新的生产能力上的收益和投资的规则。"

根据 Howitt(Gomez-hIbanez 和 Meyer,1993,第264-265页)所述:"当生产能力扩张时,私有化可能导致对资产的重新估价。使用者可能会感觉到重新估价以前的投资是不公平的……因此,这并不奇怪,绝大部分情况下是将全部新的交通基础设施私有化,而不是已建的设施私有化。事实上,所有的美国、欧洲和发展中国家的公路私有化规划都是新的基础设施。"

作者总结道:"当私有化导致损失的时候,必须有人来弥补这些损失。关键问题是谁。一般有两个基本选择:其他私有企业或公共部门。经常两种资源是联合使用的,尤其在预测的收益率很低的情况下,但每一种方案都有其优缺点。"

Gomez-Ibanez 和 Meyer(1993,第8页)总结了成功私有化的必要条件,如下:

- 私有化企业的买卖在市场中具有竞争力是很重要的。
- 条件相同,当私有化的收益相当大,也就是说,当私有部门由于某种或其他固有的原因比公共部门效率高时,私有化容易取得效果。
- 当没有太多的重新分配或转换的时候,私有化更容易执行。
- 在有很少争议的情况下,例如环境问题或整体反对经济发展的增长等问题(引用的美国的收费公路经验就是一个例子),私有化工作得最好。
- 当其功能或服务大致上能支付其成本时,即不需要大量的政府补助,同时也不产生显著盈余的时候,私有化比较容易。如果收益远小于预期值时,那么主管单位将不得不依靠政府的补贴,反之,如果补贴过分高了,那么政府将试图将他们和其他的目的联系起来。同样,经验来自于美国的收费经验。

该书出版以后,英国的铁路服务私有化了,其结果是复杂的,而且依然存在激烈的争议。

C. Saint-Etinne 教授,法国策略主席,在2005年9月29的 Le Monde 的封面上就“高速公路(法国的)应该私有化吗?”问题回答道:

> “这个行为不能独立于法国迫切需求的交通政策来分析,创建强大的法国特许建设集团,能够融入欧洲25国,而且,高速公路建设项目对整体经济的促进也是国家迫切需要的。
>
> 除非法国政府愿意,否则出售国家基础设施股份没有任何意义,通过这种方法,建立主要的特许建设组织来设计这项雄伟的规划,建设能够提高整个国家运输系统质量的现代基础设施,创造就业机会,增强显著提升经济增长的潜力。”

这个促进因素看起来与美国的鼓励公共但却自治的交通当局类似。George Washington 大桥由纽约和新泽西港务局建设和管理,在案例2中已重点介绍了。

Banks(2002)写道:

> “[美国]收费制度的受欢迎程度随着燃料税收入波动。几乎在所有的情况下,会在特别昂贵,而且预计会非常吸引用户的设施中采用收费制度,这样来弥补它们高昂的成本。[第39页]
>
> 最近的法规已经允许公众参与由私人公司特许运营的收费项目中去。这与更多的传统安排不同,传统上,收费设施由公共部门或者特殊指定的地方政府建设和运营。
>
> 在一些职能私有化的例子中,比如工程和维护,从没有统一的政策,如哪些职能由公共部门在内部完成,哪些承包出去……在当前倾向于私有化环境下,一些以前内部完成其职能的部门已经开始增加使用外部的承包商了。[第43页]”

附录20　州际公路招标程序管理

在 NCHRP 综合报告331(2004)中,S. D. Anderson 和 B. C. Blaschke 以及一些州际公路管理官员,回顾了州际公路部门的招标实践(SHA)和他们必须应对的作为州际交通提高项目(STIP)必要组成部分的要求。报告提出了下列关键术语:

项目开发。把公路交通需求转化为完整的满足要求的设施的一系列过程,例如,计划、程序、设计和建设。

可行的项目。具有明确限制的工作范围和概念,能够满足交通需求并与长期计划相符。

项目招标过程。根据项目规划和程序作为项目开发各阶段校核和管理的基础,建立相应招标时间表的一系列步骤。这个过程还包括该项目从最初通过招标授权开发的项目流程的时间表的管理。

招标时间表。列出了项目和项目将要施工招标的特殊日期(年,月,日),通常包括在一年内或更短的时间内将被承包的项目。

招标。应该包括对拟建项目的宣传、接收投标书及开标等功能。

项目发展由规划、计划安排、进一步规划、初步设计、最终设计、招标、决标和建设等关键阶段构成(根据各自的 SHAs 的改变而变化)。每个阶段的组成部分都有详细说明。

招标程序的过程开始于项目开发的完成,并由一系列项目组成。NCHRP 331 推荐了一种类似于管线的模式。可行项目进入了筛选授权、预算控制以及由“开/关”阀门来控制的项目流程的系统。影响项目招标计划的主要因素是设计执行情况、资金和限制条件。导致招标程序变化的因素可分为下列两组:

A. 资金和/或成本,环境/净空,筑路权,工程范围。

B. 效用,设计执行情况,进度限制,项目优先权,协调,设计精度/项目情况。

SHA 招标实践,尤其是与低标价和高标价相关的部分进行了描述。各 SHA 之间招标程序信息共享的实践是值得推荐的。

附录 21　担保、多参数投标和最大效益承包

S. D. Anderson 和 J. S. Russell 在 NCHRP Report 451(2001)中提出了确保承包的指南,作为州际公路部门间在竞争激烈的投标中减少规模、增加外包,在满足要求的基础上提高效率和质量的普遍趋势的响应。对于公路工程,六项关键问题的表述如下:

选择准则;

投标系统;

机构资源;

风险分配;

合同要求;

质量方面。

广泛的承包过程确定了下列三种可选择的签合同方法:

1. 担保承包。担保事项基于产品的性能,并强调产品的质量。担保是对产品完整性的承诺和生产者对产品缺陷进行维修或替换的责任。对担保人而言,担保合同是绝对的责任,只有严格地遵照合同执行,合同才是有效的。

担保合同把一些施工完成后的性能风险转嫁到了承包人身上。这适合于一些小型的或中型的项目,而不适合过分复杂的项目。质量需要提高,项目的完成时间可能会增长。

2. 多参数投标与承包。多参数投标由下列公式定义:

$$A+B+\frac{I}{D}(\ +Q) \tag{A21.1}$$

式中：A——总的投标价；

B——承包人投标天数×道路使用者成本；

I/D——奖励/遏制；

Q——易于控制的质量参数。

该方法适用于低标价系统。可以应用在市内交通量大、使用成本很高的重建、修复和修缮工作上。竣工时间大大缩短。

3. 最大效益承包。该方法基于价格、技术优点、管理能力、业绩、个人能力和其他因素等来评价合同。选择相对较贵的建议是出于技术和管理优点的考虑。部分过程可能适合采用低标价系统，其他的则取决于当地政府采用的法律。在评估阶段，承包人通常会被要求提交整个项目的计划和进度表。

附录22 紧急情况管理

作为面上交通安全项目的第六卷的 NCHRP Report 525（2005）是由 S. Lockwood（PB Consult）、J. O'Laughlin（PB. Farradyne）、D. Keever 和 K. Weiss（国际科学应用公司）所准备的，该项目设计是用于辅助交通部门采用国际事故管理系统（NIMS）的。在定义州 DOT 和他们的公共安全伙伴在面对潜在的紧急事件和事故需求时，该报告提出了下列七个关键方面：

1. 公路事故和与交通相关的紧急事件是导致延误和安全问题的主要原因。

2. 直接或者间接涉及公路广泛的并且正在增长的危险对响应有不同的要求。

3. 州 DOT 和当地政府交通部门没有明确地把重点放在紧急交通处理（ETO）上。

4. 没有被广泛接受的明晰的“最好的实践”的概念。

5. 新的技术可以支持改进紧急交通处理。

6. 只有有限的责任机构处理交通事故和部分 ETO 的相关紧急事件。

7. 正在错失重要的公路性能提升机会。

报告提出了下列5种一般的 ETO 事件种类和相应的与交通有关的紧急事件特点以及 ETO 范围含义。

1. 计划中的事件

- 特别事件；
- 工作区域；
- 黄色警告；
- 犯罪控制；
- 民事动乱。

2. 交通事故

- 故障；
- 撞击（主要/次要）；
- 有毒物质释放。

3. 气候因素

- 雾；

• 冰雪；
• 野地起火；
• 设施起火；
• 山崩/泥石流/雪崩。

4. 自然灾害

• 地震；
• 飓风；
• 龙卷风；
• 洪水。

5. 恐怖袭击/大量毁灭性武器(WMD)

上面指出了典型的弱点。以下四个策略以及其详细的策略执行过程是值得推荐的：

1. 做好特殊危险/事前准备。
2. 开发并贯彻协作手册、程序和训练。
3. 部署先进的技术/装备。
4. 对照最佳实践，测试/评估性能。

必须说明该报告外的推荐实施方法，并指出一些其他关键的弱点。

附录23　交通投资和经济效益之间的联系

美国政府已通过国会预算办公室、劳动局、经济分析局以及商业与交通部赞助的出版物提到过。Bell 和 McGuire[NCHRP 项目 2-17(3)，1994，第3页]总结了该领域目前的状况和未来研究的需求，如下所述：

> "该回顾的主要结论是：基础设施投资对国家私有经济活动有一定的积极效果。(假设不考虑基础设施的效益，则基于这些目光短浅的研究，交通系统对国家的价值可能只表现出交通投资对经济影响的较低估计。)……基础设施是一种生产型投入的结论表明很多人相信：道路、机场、水路和其他核心基础服务设施是现代、生产型经济社会的重要组成部分。但是，基础设施是生产型投入的结论并不意味在基础设施(包括交通)上进行进一步的投资是增加国家产值的必需的最好方式。在做这些决策时，必需考虑公共基础设施的投入成本。还必须考虑其他的可选方案来确定扩大经济的最佳方式，例如考虑在人力资本或私人资本上进一步投资。"

Dalenberg 和 Ebert(也是在 NCHRP 项目 2-17 中)确立了两种在任何集合水平下测量公共基础设施基本方法：

• 永续盘存法(PIM)：用 PIM 法计算的资本是经过贬值和报废调整后的过去购买资本价值的总和。

• 物理测量法：反映了所有相关的结构和设施的数量和质量。

前一个方法依赖于经济指标，后者依赖于工程评估。作者、经济专家表述 PIM 方法的优点如下(第85页)：

> "PIM 的优势是双重的。经济分析局(BEA)在国家层次上使用该技术估计了公

共资本和私人资本。这套方法论提供了建立可以用于国家层次的贬值和报废评估的基准和标准。另外,由于大部分公共基础设施对经济行为影响效果的分析都是基于新古典主义的生产函数,当前的输入资本应该作为可测量资本的最大的潜在服务流来估计。永久盘存法建立了这样一种计算方法:利用折旧函数来反映与最初购买时的生产输出量相比于资产生产能力的下降。"

PIM 法基于以下两个假设:

• 用来计算每一项资产价值的单位资产的进货价格,反映了它现在和将来边际产品的折价。在高度竞争的市场中这项假设是满足的(因此,可能要排除一些州和地方政府执行的一些项目)。

• 在每一个阶段,一定比例的投资都会被用来替换旧的资本(折旧)。这个假设暗示要使用准确估计的资产平均使用寿命、废弃率和折旧函数,即由工程评估获得的数据。

Aschauer(联邦基础设施策略计划,1994)得到公共资本的输出弹性 Θ_{KG},如下:

$$\Theta_{KG} = \frac{K^G}{Y}\frac{\partial Y(\cdot)}{\partial K^G} \tag{A23.1}$$

经济 Y 的扩大输出由下列扩大生产函数建模:

$$Y = Af(LKK^G) \tag{A23.2}$$

式中:A——总系数或多系数生产力,反映了现在的技术状态;

L——劳动力;

K——私人部门资产力量(通常受营业设备和结构的限制);

K^G——公共基础设施资金投入量。

为寻求公共资产和生产力之间的因果关系,作者讨论了下列几种途径:

• 将公共资产按功能种类分解;

• 同时等效模拟;

• 低下的技术;

• 价值函数估计。

NCHPR 项目 2-17(3)(1994)的第Ⅲ-3 章模拟了特别的多数认可的功能函数 u_i,如下:

$$u_i = u_i(x_i, q_i) \tag{A23.3}$$

式中,u_i 取限制条件下的最大值。

$$Y_i = px_i + t_iqG \tag{A23.4}$$

式中:G——公共财产和服务的总量;

Y_i——多数人的收入;

t_i——每单位 G 的纳税值;

q——公共财产的单位成本;

p——私有财产价格×假设的价格标准。

由一个市民消费的公共财产 g_i 的数量模拟为:

$$g_i = N^{\alpha}G \tag{A23.5}$$

式中:N——享受公共财产的人数;

α——"公共"或私有参数,因此 $0 \leqslant \alpha \leqslant 1$,$\alpha = 0$ 表示纯粹的公共财产(即,没有私有);

$\alpha=1$ 表示私人财产。

基于功能的最大化,作者得到一个标准需求函数,进而得到了公共交通需求函数。他们总结道:"一旦对同时出现方程偏差和缺失变量的情况做出调整时,交通投资的需求对个人收入的敏感性要比通常所想的更加强烈……结果表明:人口统计趋势(都市化和老龄化)通常超出了州政府或地方政府的控制,这将以不同的,但却重要的方式在特有的交通模式上影响投资需求"。

附录24　系统开发

Mittra(1988,第2.2章)提出了下列结构系统开发的阶段,及其最终产品:

1. 问题定义和可行性研究,包括研究范围、研究目标、拟建系统的描述、高水平数据流程图和可行性问题等。

2. 系统分析,包括既有系统的缺陷,拟建系统的功能,详细的数据流程图,要处理的数据字典,数据流,数据存储以及成本-效益分析。

3. 初步系统设计,包括拟建系统流程图,拟建系统的输入和输出,屏幕格式,备选方案和推荐方案。

4. 详细系统设计,包括记录和文件的格式,辅助存储估计,方案设计(如果可行),资料通信网络和交通量(如果可行),结构图,程序流程图或输入处理、输出表格,设备说明书,人员挑选,详细的成本估计和执行计划。

5. 系统实施、维护和评估,包括结构化的编码;程序测试方案;用户培训;资料手册;备份,恢复,跟踪审核程序,计算机操作人员的维护过程和评价计划。

附录25　荷载组合和极限状态

从AASHTO(2002),表3.22.1A,公式(3-10)可知:

$$\text{Group}(N)=\gamma[\beta_D D+\beta_L(L+I)+\beta_C \text{CF}+\beta_E E+\beta_B B\beta_S \text{SF}+\beta_W W+\beta_{WL}\text{WL}+\beta_L \text{LF}+\beta_R(R+S+T)+\beta_{\text{EQ}}\text{EQ}+\beta_{\text{ICE}}\text{ICE}] \tag{A25.1}$$

式中:N——组数;

γ——荷载系数,等于1或者工作应力(ASD);

β——系数;

D——恒载;

L——活载;

I——活载冲击力;

E——土压力;

B——浮力;

W——结构上的风荷载;

WL——风载的活载效应,100psf(4.8×10^{-3}MPa);

LF——活载的纵向力;

CF——离心力；

R——肋缩短引起的作用力；

S——收缩力；

T——温度作用力；

EQ——地震作用力；

SF——水流压力；

ICE——冰压力。

在 LRFD 第三版表 3.4.1-1 中，极限状态的定义为，桥梁或构件在超出该状态后就不能满足其设计要求。描述了下列极限状态：

正常使用极限状态，提供了一些与经验相关的要求，这些要求不总是单独从强度或统计方法中获得。

疲劳极限状态，用于限制桥梁在设计寿命内重复荷载下裂缝的开展。

强度极限状态，可能会出现各种问题或结构破坏，但可以保持结构总的整体性。

非常事件极限状态，安装出现得非常少的情况来考虑，而且重现期比桥梁的设计寿命长得多的情况。

极限状态可以通过下列荷载组合来获得：

强度极限状态Ⅰ　基本荷载组合，桥梁承受常规交通作用，不考虑风荷载。

强度极限状态Ⅱ　业主指定的特殊设计车辆荷载下的荷载、评估允许的交通荷载，或者都不含风的荷载两者的组合。

强度极限状态Ⅲ　涉及桥梁处于风速大于 90km/h 的风荷载作用下的荷载组合。

强度极限状态Ⅳ　涉及恒载-活载比例很高的荷载组合。

强度极限状态Ⅴ　涉及桥梁在常规交通和风速大于 90km/h(55mph)的风荷载作用下的荷载组合。

极端事件Ⅰ　包括地震的荷载组合。

极端事件Ⅱ　涉及冰荷载、车辆和船舶撞击力与除了是车辆撞击荷载的一部分外减小了的活载所产生的一定水力作用的荷载组合。

正常使用极限状态Ⅰ　包含桥梁正常使用情况下 90km/h(55mph)风荷载和取名义值的所有荷载的组合，还包括预埋金属结构、隧道垫板和热塑管的变形控制和预应力混凝土结构的裂缝控制。该荷载组合还可应用在边坡稳定性的研究中。

正常使用极限状态Ⅱ　用于车辆活载作用下控制钢结构屈曲和关键连接构件滑动的荷载组合。

正常使用极限状态Ⅲ　只用于以预应力混凝土结构受拉所产生的裂缝控制为目标的荷载组合。

疲劳极限状态　与重复重力车辆活载和特殊设计卡车活载作用下的动态响应有关疲劳和破坏荷载组合。卡车轴距分布在条款 3.6.1.4.1 中有规定，轴距为 9 000mm(30.0ft)，轴重 145.0kN(32.0kip)。

上述荷载组合的荷载效应由式(3.4.1-1)(第 3-6 页)确定，如下：

$$Q = \sum \eta_i \gamma_i Q_i \tag{A25.2}$$

式中：η_i——荷载修正系数；

γ_i——荷载系数；

Q_i——下列荷载的荷载效应。

永久荷载：

DD——下拉荷载；

DC——结构构件和非结构附件的恒载；

DW——桥面和设施的恒载；

EH——水平土压力；

EL——施工过程引起的累积锁定效应，包括后张法引起的二次应力；

ES——超高土压力；

EV——填土恒载引起的竖向压力。

瞬时荷载：

BR——车辆制动力；

CE——车辆离心力；

CR——徐变作用力；

CT——车辆撞击力；

CV——船舶撞击力；

EQ——地震作用力；

FR——摩擦力；

IC——冰荷载；

IM——车辆动力荷载允许值；

LL——车辆活载；

LS——超载活载；

PL——行人活载；

SE——沉降作用力；

SH——收缩作用力；

TG——温度梯度作用力；

TU——恒温作用力；

WA——水荷载和水压力；

WL——作用在活载上的风荷载；

WS——作用在结构上的风荷载。

附录 26　结构稳定性

弹性响应可以维持到材料产生屈服应力和应变。根据胡克定律，达到屈服点时，两者之间的关系可表示如下：

$$\sigma = E\varepsilon \tag{A26.1}$$

式中：σ——应力（力/面积）；

E——杨氏弹性模量（力/面积）；

ε——应变。

可以根据牛顿第二定律用力的形式来表达：

$$F = ma \tag{A26.2}$$

式中：F——力；

m——质量（密度×体积）；

a——加速度。

力（或者应力）可以被看做式（A26.1）的原因和式（A26.2）的结果；两个关系都是线性比例的。考虑到系统的弯曲内能，Leonard Euler（1707—1783）提出系统可能（定性地）改变它的形状，而不是继续沿着荷载作用的方向变形。

受压引起的弯曲

Euler 在 1744 年得出线弹性体的变形形状。1826 年，Navier 将这种关系扩展为广义"小变形弯曲理论……导出了基本的弹性方程"（Heyman，1988，第 97 页）：

$$M = -EI\frac{\mathrm{d}y^2}{\mathrm{d}x^2} \tag{A26.3}$$

式中，弹性构件的弯矩 M（力×长度）与垂直于 x 轴坐标的 y 方向的挠度成正比。

1757 年，Euler 利用他的这种方法确定了极限轴向压力 P_{cr}（或 P_e），在该力的作用下，初始笔直的简支柱会产生如下的弯曲：

$$P_{cr} = \left(\frac{\pi}{KL}\right)^2 EI_y \tag{A26.4}$$

式中：L——柱的长度；

I_y——截面转动惯量（长度^4），$I_y < I_z$；

E——杨氏弹性模量；

K——有效长度系数（=1，对于简支柱）。

当 $P \geqslant P_{cr}$时，初始值的形状已不再是唯一的平衡外形了。Salavadori（1963，第 90 页）提出了著名的解说：当超过极限荷载后，柱子发生弯曲比发生进一步缩短容易。极限缩短长度可由式（A26.4）获得：

$$\Delta_{cr} = \frac{(\pi r_y)^2}{L} \tag{A26.4a}$$

式中：Δ_{cr}——柱子轴向极限变形（长度）；

r_y——截面回转半径（长度），$r_y = (I_y/A)^2$；

A——截面面积（长度^2）。

根据式（A26.4a）可知，对于所有给定初始尺寸的弹性直柱，无论其材料强度和外荷载如何,都具有相同的变形值 Δ_{cr}。由于力的平衡是所有工程分析的核心,因此值得提出的是,无论强度如何,结构的初始形状不能够容许超出临界极限的变形。相比于应力分析的假定,不稳定畸变的假设通常采用具有更高阶的形状表达式。轴向受压的柱子受弯或受扭发生屈服。弯曲梁扭转屈服。扭转使薄壁截面翘曲,并产生局部屈服,如板一样。Othmar Ammann 把 Quebec 桥的倒塌归结于缺乏对扭转屈服的认识。Gies(1963)对早期的 Tey 和 Ashtabula 的倒塌做出了类似的结论。

式(A26.3)和式(A26.4)建立了对于大多数弹性结构的工程分析的简洁且足够准确的假设:结构变形为小变形,暗示了下式:

$$\left[1+\left(\frac{\mathrm{d}y}{\mathrm{d}x}\right)^2\right]^{3/2}\approx 1$$

Shanley(1957,第 254 页)总结到:考虑到上式近似值的可接受精度,"学术兴趣主要在于大变形。"

在实践中,上面表述的理论的有效性和大变形的定义必须给出明确的界定。在索缆支撑结构中,大变形是常有的。在一定的条件下,任何结构的小变形都可能放大成为大变形。对于承受轴压的结构,相对小的变形或扭曲对轴线变形影响就可能很显著。类似地,小的扭曲对结构受弯起到一定的作用。结构小变形弹性响应对于圬工拱桥可能既不是弹性的,也不是可以接受的。当比较变形率显著不同的结构时,经常(很奇怪)用刚性来代替弹性,例如在刚性框架中。

材料只是在理论模型中近似为线弹性的,并且仅在一定的范围内。假设力的分布和实际结构不完全符合,并与随时间变化的变形联系起来。与所施加荷载产生的弹性(小)反应一致的和不一致的变形必须分别对待。对概率分析中所涉及的不同的不确定性之间的定性区分是类似的。

受压引起的扭转

式(A26.4)中假设直柱由于弯曲失稳。另外一种可能性就是扭曲。式(A26.5)(Bazant 和 Cedolin,1991,第六章)描述了扭曲,而式(A26.3)描述了弯曲:

$$M_t = T_{sv} + T_w = GJ\frac{\mathrm{d}\theta}{\mathrm{d}x} - EI_w\frac{\mathrm{d}^3\theta}{\mathrm{d}x^3} \tag{A26.5}$$

式中:M_t——施加的扭矩(力×长度);

I_w——扭曲惯性矩(或扭曲常数)(长度^6);

G——弹性剪切模量(力/长度^2);

J——截面扭转常数(长度^4);

θ——扭转角(rad)。

构件在简单或圣维南力 T_{sv} 和畸变力 T_w 模式的组合下抵抗扭转,根据横截面的形状,每种模式的贡献分别由 J 和 I_w 定义。简支直柱在下列临界荷载 $P_{\theta,cr}$ 作用下发生扭转屈服:

$$P_{\theta,cr} = \frac{A(GJ + EI_w\pi^2/L^2)}{I_y + I_z} \tag{A26.6}$$

式中：I_y、I_z——截面弯曲惯性矩；

A——$\int_A \mathrm{d}A$。

当 $P_{\theta,\mathrm{cr}} > P_{\mathrm{cr}}$时，立柱会发生受弯屈服，而不是受扭屈服。在式（A26.4）和式（A26.6）中的条件可以表达为：

$$\frac{GJ}{EI} > \left(\frac{\pi}{L}\right)^2 \left(\frac{I_y + I_z}{A} - \frac{I_w}{I_y}\right) \tag{A26.7}$$

对于设计用以抵抗弯矩的典型截面，式（A26.7）可能是适合的。因此，大多数发生受弯屈曲的柱子，尤其是有一些缺陷的，这两种屈服模式可能相互作用。

受弯引起的扭转

承受弯矩的梁可能发生扭转屈服。两端作用弯矩 M^0的简支梁的临界弯矩 M^0_{cr1}（Bazant 和 Cedolin，1987，第 387 页）为：

$$M^0_{\mathrm{cr1}} = \frac{\pi}{L}\left\{EI_y\left[GJ + EI_w\left(\frac{\pi}{L}\right)^2\right]\right\}^{1/2} \tag{A26.8}$$

弯矩并不会在所有截面中都引起屈服。Chen 和 Lui（1987，第 325 页）引用 Kirby 和 Nethercott 的下列近似解答：

$$M^0_{\mathrm{cr1}} = \frac{\pi}{L}\left\{\frac{EI_y\left[GJ + EI_w\left(\frac{\pi}{L}\right)^2\right]}{1 - I_y/I_x}\right\}^{1/2} \tag{A26.9}$$

只有当 $I_y < I_z$ 时，M^0_{cr1}才是实数。对于可变荷载和截面可使用近似公式。

薄板

对于边长 $a \geqslant b$，厚度为 h 的简支长方形薄板，沿边 b 均匀分布的极限面内荷载 N_{cr}为（Bazant 和 Cedolin，1991，第 433 页）：

$$N_{\mathrm{cr}} = \left(\frac{\pi}{b}\right)^2 \left(\frac{mb}{a} + \frac{a}{mb}\right)^2 \frac{Eh^3}{12(1-\nu^2)} \tag{A26.10}$$

式中：ν——泊松比；

m——对于最小的 N_{cr}，$m = a/b$。

在所有板分析和设计书中，在其他边界条件下的临界荷载都是可用的。对于自由边 a，表达式 $1-\nu^2 \approx 0.91$（对于金属）是式（A26.10）和式（A26.4）的唯一不同。值得注意的是，决定 N_{cr}的是宽度 b，而不是高度 a。为获得在更大面积上分布常荷载 N，增加板的宽度 b 并非解决方案。

Bazant 和 Cedolin（1991，第 436 页；图 A26.1）推导出了沿简支边 a 和 b 的临界剪力 $N_{xy,\mathrm{cr}}$的近似值，表达式如下：

$$N_{xy,\mathrm{cr}} = \pm\frac{9}{32}\pi^4 ab\left(\frac{1}{a^2}+\frac{1}{b^2}\right)^2\frac{Eh^3}{12(1-\nu^2)} \tag{A26.11}$$

如果超出了式(A26.11)中的N_{cr}值，靠近简支边a的窄边$c<b/2$近似地保持为平面，并继续抵抗荷载直至屈服。Von Karman 通过使屈服应力f_y与临界荷载相等，得到了宽度c的值，如下：

$$N_{\mathrm{cr}} = \frac{(\pi/c)^2 Eh^3}{12(1-\nu^2)} = hf_y \tag{A26.12}$$

在这个假设之下，由简支板支承的极限集中荷载P_{ult}将依赖于板厚h。将$f_y=36\mathrm{ksi}(250\mathrm{MPa})$，$E=29\ 000\mathrm{ksi}(200\ 000\mathrm{MPa})$和$\nu=0.3$代入，得到$P_{\mathrm{ult}}$为：

图 A26.1　剪力作用下屈服的板梁(Laboratoire Central des Ponts et Chaussees, Paris)

$$P_{\mathrm{ult}} = 2chf_y = \pi h^2\left[\frac{Efy}{3(1-\nu^2)}\right]^{1/2} = 1\ 942h^2\mathrm{kips} \qquad (4\ 280h^2\ \mathrm{kN}) \tag{A26.13}$$

图 A26.2　典型的桁架构件开孔

Bazant 和 Cedolin(1991，第 448 页)指出，矩形板具有相当大的剪切后屈曲强度，因为在一个对角线拉力作用下，它表现为矩形桁架。对角线的屈曲波在拖车移动的侧墙上可以观察到，因为它们经常变换方向。

与一维的柱和梁不同的是：板具有不可忽视的后屈曲储备。这个现象可这样解释：板在压力或剪力作用下发生屈曲后，其中的一部分保持了原来的直线形状，并继续承担荷载直到达到材料的极限，然而承载机理发生了改变。

在设计中广泛使用板的后屈曲强度储备的概念。桁架杆件的腹板开口就是例证(图 A26.2)。同时人们也认识到，板的屈曲，即使不是关键，也可能导致其他的破坏模式。基于上面的模型，很多 AISC 设计公式规定了腹板和翼缘的厚-高比。板屈曲控制设计的梁截面是不可压缩的。必须指定加劲和加强的需求。LFRD(第三版)中第 6.9 节和第 6.10 节讨论了钢结构的稳定性要求。

这样截面的设计可以得到平衡，局部和整体的屈曲将同时发生。在一个超静定结构中，屈曲的细长构件可避免在临界荷载下发生破坏，除了一些挠曲外，不会显示出太大的危险。

叠加和放大

大部分破坏都是能够承受的独立效应叠加的结果。LFRD(AASHTO，2004，C4.6.1.1 节)表明："同时发生的扭转、弯矩、剪力和反力以及随之引起的应力可以适当叠加。在钢结构中，等效梁的理想模型不能够降低检查翘曲效应的需要。在所有等效梁的理想化模型中，应当考虑相对于等效梁中心线的荷载偏心距。”

在规范中常常用到“适当的”这样的术语，用以调动使用者的责任和能力。这里想要说明的是：多种多样的荷载和几何不利组合很容易超出线弹性结构分析的界限，从而，直接的叠加导致了失效。

扭转和压力

扭矩 M_t 和轴向荷载 P 的组合效应超出线性结构分析的范畴。Bazant 和 Cedolin（1991，1.10 节）得到了下列简支柱的解答，如下：

$$\frac{P}{P_{cr}}+\left(\frac{M_t}{M_{cr}^0}\right)^2=1 \tag{A26.14}$$

式中：M_t——施加在柱上的扭矩；

M_{cr}^0——$2\pi\frac{EI}{L}$。

式（A26.14）中令人惊奇地缺少了抗扭刚度，作者解释到“这个问题并不像看起来那么简单。”在一定的条件下，扭矩是依赖于路径的，因此是非保守的。“静力解答是不合理的，需要进行动力分析。”很巧合，在特定的例子中，解答将是一样的。依赖于时间的压力、具有近似频率振动的激励弯矩和扭转将导致非保守的“拍”现象，导致飞行器翼和悬索桥的破坏。

弯矩和压力

梁柱同时承受弯矩和轴向荷载。线弹性应力-应变分析允许效应叠加，而稳定性分析则不允许。

在轴向荷载 P 作用下，具有初始挠度 a（或者偏心距 Δ）的柱的挠度 y_1 被放大为（Timoshenko，1936，第 31 页）：

$$y_1=\frac{a}{1-P/P_{cr}} \tag{A26.15}$$

如果承受轴向荷载的柱的初始挠度 a 是由于弯矩引起的，该关系式仍然成立（Timoshenko，1936，第 33 页）。受轴向荷载 P 作用的直柱中，系数 $1/(1-P/P_{cr})$ 放大了初始偏心距 Δ，或减少了抗弯刚度 k（Shanley，1957，第 565 页）。案例 EA26 证明了在轴向荷载作用下横向刚度的减少。

Bazant 和 Cedolin（1991）回顾了从正割公式到上面的放大系数的 P-Δ 效应设计规定。变形放大可以通过迭代的二阶结构分析计算（Bazant 和 Cedolin，1991，第 27 页）。在一定范围内，同时承受轴向荷载和弯曲荷载的梁柱是使用放大弯矩，并运用一阶分析方法进行设计的。

Bazant 和 Cedolin（1991，第 388 页）把式（A26.8）中的 M_{cr1}^0 与偏心轴向荷载 P 组合，得到了下面的放大效应：

$$M_{cr1}^P=M_{cr1}^0\left[\left(1-\frac{P}{P_{y,cr}}\right)\left(1-\frac{P}{P_{\theta,cr}}\right)\right]^{1/2} \tag{A26.16}$$

LRFD（AASHTO，2004，第 C4.5.3.2.1 节）指出大变形理论是“在轴向压力和偏心压力之间的迭代协作效应……导致了构件明显的软化，也就是刚度的损失。”作为初步的估计，LFRD（第 4.5.3.2.2b 节）推荐在梁柱中采用单步弯矩放大，如下：

$$M_c = \delta_b M_{2b} + \delta_s M_{2s} \tag{A26.17a}$$

$$f_c = \delta_b f_{2b} + \delta_s f_{2s} \tag{A26.17b}$$

式中：δ_b——$C_m/(1 - P_u/\varphi P_e) \geq 1.0$；

δ_s——$1/(1 - \sum P_u/\sum \varphi P_e)$；

P_u——计算轴向荷载；

P_e——考虑有效长度系数 K 后的式（A26.4）中的 P_{cr}（根据 4.6.2.5 节）；

φ——式（4.1）中抵抗轴向压力的系数；

M_{1b}、M_{2b}——由于计算重力荷载作用，并没有导致可察觉的侧向摆动时，受压构件较小和较大的端部弯矩，可由常规一阶弹性结构分析计算，大于 0；

M_{2s}——由于计算侧向或重力荷载作用，并导致了侧向摆动 Δ 大于 $I_u/1\,500$ 时，作用于受压构件上的弯矩，由常规的一阶弹性结构分析，大于 0；

C_m——当 $\Delta = 0$ 时，$C_m = 0.6 + 0.4M_{1b}/M_{2b}$；当 $\Delta \neq 0$ 时，$C_m = 1.0$；

f_{2b}——对应于 M_{2b} 的应力；

f_{2s}——对应于 M_{2s} 的应力。

“如果结构的变形导致了力效应的明显变化，则平衡方程中应该考虑变形的影响。变形和偏心影响应该包括在稳定性分析和大变形分析中。

在过去传统的小变形理论和大变形理论之间的界限已经不那么明显，因为由于材料技术的进步、由强制到可选的变形限制的改变以及更加精确的优化设计的趋势，使得桥梁和桥梁构件变得更加柔性。（AASHTO，1998a）”

设计者定义“重要”，管理者选择“最优化的设计”。规范则只能提示其责任所在。式（A26.17a）与 AASHTO（2002）和 LRFD（第三版）是类似的，但后者增加了式（A26.17b）和注释。

框架

关于常轴向力对结构刚度的影响，Clough 和 Penzien（1993，第 171 页）引入了几何刚度系数，并给出了很多可以在有限元分析中使用的方法。

桥墩是典型的简单形式的框架；然而，它们的性能对于结构的完整性是至关重要的，而且在极限荷载作用下是非线弹性的。Bazant 和 Cedion（1991，第 53 页）指出，轴向荷载不仅会显著影响框架中的受力构件的稳定性，而且也会对相邻构件的稳定性造成影响。框架分析通过采用柔度矩阵——刚度矩阵的逆矩阵，来考虑这种效应，也被称为稳定性功能，Horne 和 Merchant（1965）对此进行了详细的讨论。屈曲和振动的组合可能是非常显著，正如在本书下面章节将要讨论的。已经考虑了那个问题，例如 Livesley 和 Chandler（1956）。

LRFD（AASHTO，2004，第 4.6.3.5 节）提出需要精确的平面或空间桁架的框架分析，包括：

桥面系统的组合作用。

构件之间的连续性。

由于构件重力以及由于变形和节点轴向偏位引起的几何形状的改变,所导致力的效应,在上述效应作用下的面内、面外屈曲。

对于不在规范条款考虑之列的大跨度拱桥和悬索桥,推荐采用大变形分析。

静力和动力

结构动力学的基本模型是简谐激振下无阻尼振动器。这种振动器的动力和静力位移之比最近由 Chopra(1995,第 65 页)定义为位移响应因子 R_d,如下:

$$R_d = \frac{u_0}{(u_{st})_0} = \left[1 - \left(\frac{\omega}{\omega_n}\right)^2\right]^{-1} \tag{A26.18}$$

式中:u_0——动力位移;

$(u_{st})_0$——静力位移;

ω——强迫振动频率;

ω_n——振动系统固有频率。

Karman 和 Biot(1940)提到了相同的概念,称为共振因子。放大程度决定于强迫力的频率和振子固有频率之比,并且(无阻尼的情况下)在比值接近于 1 时,趋向于无穷大。更加实际的动力放大系数 D(Clough 和 Penzien,1993)考虑了黏滞阻尼系数 ξ,如下所示(第 38 页):

$$D = [(1-\beta^2)^2 + (2\xi\beta)^2]^{-1/2} \tag{A26.19}$$

式中:β——$\beta = \omega/\omega_n$;

ξ——黏滞阻尼系数。

式(A26.18)与式(A26.15)相似。两式的激励和变形都是谐振模拟的。实际的动力荷载是随机的并且经常是突然的。Chopra(1995)提醒我们,突然的冲击会被放大两倍,将导致在伸缩装置处的刚性限制器系统性破坏。LRFD(AASHTO,2004)对放大效应了解比较透彻,所以对桥面连接处考虑的放大系数为 75%,而这些部位肯定会有重复冲击作用。

对于等效的单自由度分析,LRFD(AASHTO,2004,第 4.7.4 节)定义了结构周期及其限值。第 4.7.4.3.3 节中写道:“对于在每阶振动模态中三个坐标方向中有两个及以上方向发生耦合的桥梁,应进行多模态谱分析。”

当非弹性行为可能发生时,应进行时间历程分析。Clough 和 Penzien(1993,第 191 页)警告:具有常数项的几何刚度矩阵不能够考虑轴向荷载的动力振动。在与时间相关的轴向荷载 $P(t)$ 作用下,单自由度无阻尼振动器的固有频率 ω_n 决定于其刚度 $K(t)$,它也是与时间相关的,而且必须根据下式修正:

$$\omega_n(t) = \left[\frac{k(t)}{m}\right]^{1/2} = \omega_n\left[1 - \frac{P(t)}{P_{cr}}\right]^{1/2} \tag{A26.20}$$

在案例 EA26 中有简单的说明。

在侧向和竖向激励同时作用下,式(A26.18)中的动力放大系数 R_d 成了以刚度为自变量的函数。相应的竖向和侧向固有频率(只可能存在于很长的跨径中)可能成为不稳定的根源。可以应用 Mathieu 函数得到动态响应。典型的弹性框架分析程序没有考虑该函数。AASHTO 标准采用准静态地震荷载来模拟横向和纵向的地运动。Button 等人(1999)讨论了公路桥梁在竖直方向上发生移动时的效应。

案例 EA26　轴向荷载作用下的侧向刚度

结构由长度为 L 的具有无穷刚度的柱和两个刚度为 $c/2$ 的线弹簧组成，并同时受到轴向荷载 P 和横向荷载 F 的作用，如图 EA26.1 所示：

1. $P\neq0;F=0$：$\sum M_O=0\rightarrow P_{cr}\sin\alpha=cD^2\sin\alpha\rightarrow P_{cr}=cD^2/L$，这里 $c/2$ 为轴向弹簧刚度（力/位移）。

2. $P=0;F\neq0$：$\sum M_O=0\rightarrow FL\cos\alpha=cD^2\cos\alpha\sin\alpha\rightarrow F=c(D/L^2)L\sin\alpha=k\Delta H$

式中：k——结构的横向刚度，$k=c\,(D/L)^2=P_{cr}/L$；

ΔH——结构的横向变形（长度），$\Delta H=L\sin\alpha$。

3. $P\neq0$；$F\neq0$：$\sum M_O=0\rightarrow FL\cos\alpha+PL\sin\alpha=cD^2\cos\alpha\sin\alpha\rightarrow$

$F=P_{cr}\sin\alpha[1-P/(P_{cr}\cos\alpha)]\rightarrow F\approx k(1-P/P_{cr})\Delta H$

式中：　$\cos\alpha$——对于小变形，$\cos\alpha\approx1$；

$k(1-P/P_{cr})$——轴向荷载作用下修正了的横向刚度，如式（A26.15）所示；

$k(1-P/P_{cr})\rightarrow0$，当 $P\rightarrow P_{cr}$时。

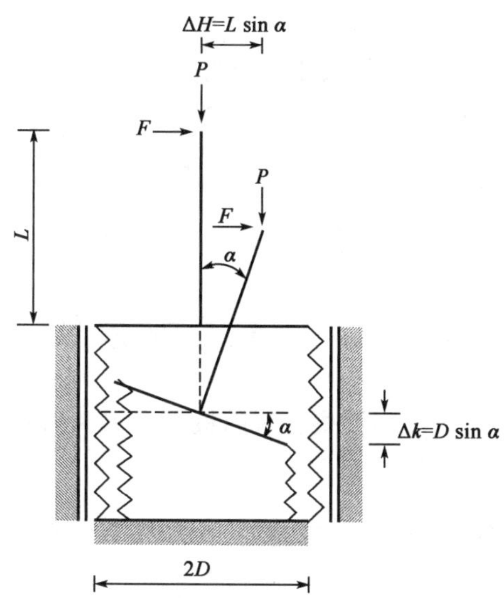

图 EA26.1　轴向荷载作用下侧向刚度的折减

附录 27　组合作用下的有效板宽

对于内梁翼缘承受压力的钢筋混凝土桥面板的宽度，传统的 AASHTO 推荐采用基于桥面板剪力滞效应的经验估计。LRFD（AASHTO，2004）修正了公式（由星号标注的）。除了正交各向异性板和节段混凝土结构，所有类型的组合桥梁上部结构内梁的有效板宽度取以下最小值：

1. 有效跨径的 1/4。

2. 板的平均高度 ×12 + 最大值（腹板厚度，上翼缘宽度/2）。

3. 相邻梁的平均距离。

为了使由有限元方法(FEM)得出的应力分析结果和等效梁分析得出的弯矩相一致，NCHRP Report 543(2005)提出了新的有效宽度的定义，如下：

$$b_{ef}=\frac{C_{slab}}{A}=\frac{C_{slab}}{0.5t_{slab}(\sigma_{max}+\sigma_{min})} \tag{A27.1}$$

式中：A——简支梁理论中的等效受压块的面积；

t_{slab}——整个结构板厚度；

σ_{max}——板内纤维极限受压时的最大压应力，由 FEM 获得；

σ_{min}——板底部的最小压应力，由此必然产生的压力 C_{slab} 可通过梁的理论和 FEM 同样的方法得到；

C_{slab}——板的全部或者合成压应力，由式(A27.2)得到：

$$C_{slab}=\sum_{i=1}^{n}\sigma_i A_{rea_i} \tag{A27.2}$$

A_{rea_i}——单元截面面积；

i——单元号；

σ_i——单元 i 的纵向应力。

根据梁理论，在极限压缩纤维中的最大压应力为：

$$\sigma_{max,Beam\ theory}=\frac{M_{FEM}}{S_{top,Beam\ theory}} \tag{A27.3}$$

式中：M_{FEM}——指定截面上的弯矩，由 FEM 得出；

$S_{top,Beam\ theory}$——极限压缩纤维的截面弹性模量。

附录 28　活载分布系数

- AASHTO(2002,3.23.2.3.1.5)：混凝土桥面板，4 片及 4 片以上的钢或混凝土梁(内)，2 条及 2 条以上设计车道：

$$\begin{aligned}\text{分布系数}&=\frac{S}{4.0+0.25S}\qquad(6.0\leqslant S\leqslant 14.0\text{ft})\\&=\frac{S}{5.5}\qquad(S\leqslant 6.0)\end{aligned} \tag{A28.1}$$

用 SI 单位表示：

$$\begin{aligned}\text{分布系数}&=\frac{S}{1.2+0.25S}\qquad(1.8\leqslant S\leqslant 4.3\text{m})\\&=\frac{S}{1.7}\qquad(S\leqslant 1.8\text{m})\end{aligned}$$

(有多因素同时出现)

- AASHTO(2004，表 4.6.2.2.2b-1)：对内部梁弯矩计算的每条车道的活载分布(考虑了多存在系数)：

$$\text{分布系数}=0.075+\left(\frac{S}{9.5}\right)^{0.6}\left(\frac{S}{L}\right)^{0.2}\left(\frac{K}{12.0Lt_s^3}\right)^{0.1}$$

$$SI\text{ 单位}=0.075+\left(\frac{S}{2\ 900}\right)^{0.6}\left(\frac{S}{L}\right)^{0.2}\left(\frac{K_g}{Lt_S^3}\right)^{0.1} \quad (A28.2)$$

式中：S——主要构件间距，3.5ft≤S≤16.0ft 或者 1 100mm≤S≤4 900mm；

L——跨径，20ft≤L≤240ft 或者 6 000mm≤L≤7 300mm；

t_S——混凝土板厚度，4/5in≤t_S≤12in 或者 110mm≤t_S≤300mm；

K_g——纵向刚度参数（in^4/mm^4），$K_g=n(I+A\ e_g^2)$；

A——横截面面积（in^4/mm^4）；

e_g——主要的梁和桥面板重心之间的距离（in 或 mm）；

I——梁的转动惯量（in^4/mm^4）。

附录 29　上部结构变形

AASHTO（第 17 版，2002）中第 8.9.3 节（混凝土）和第 10.6.2 节（钢）："简支或连续支撑构件应优先设计，以便使运营荷载加上冲击荷载（HS20）影响后的变形不超过跨径的 1/800，在市区的某种程度上只供行人通过的桥可以允许其比例不超过跨径的 1/1 000。对于悬臂梁，该比例分别不应超过 1/300 和 1/375。"

LRFD（AASHTO，2004）：

第 2.5.2.6 节："桥梁设计应避免因其变形而导致令人不快的结构或心理的影响。除了正交异性板以外，变形和高度的限制都是可变的，任何与以往的成功实践有较大偏离的设计都需要重新审查，以确保其能正常发挥效能。"

第 2.52.6.2 节：提供了一种挠度的计算方法，在缺乏其他条件的情况下，将数值恢复为上面的 AASHTO（2002）的值。

附录 30　AASHTO 活载设计

NBI（FHWA，2005a）的规范提出了下列设计活载（L-1 项）：

编码	公　制	英　制
00	未知	未知
01	M 9	H 10
02	M 13.5　1 轴×110kN+1 轴×26kN 在 4.3m 处	H 15　1 轴×24.0kips+1 轴×6.0kips（在 14ft 处）
03	MS 13.5　2 轴×110kN（在 4.3～9.0m 处）+1 轴×26kN（在 4.3m 处）	HS15　2 轴×24.0kips（在 14～30ft 处）+1 轴×6.0kips（在 14ft 处）
04	M 18　1 轴×145kN+1 轴×35kN 在 4.3m 处	H 20　1 轴×32.0kips+1 轴×8.0kips（在 14ft 处）
05	MS 18　2 轴×145kN 在 4.3～9.0m 处+1 轴×35kN 在 4.3m 处	HS 20　2 轴×32.0kips（在 14～30ft 处）+1 轴×8.0kips（在 14ft 处）
06	MS 18+Mod	HS 20+Mod
07	行人荷载	行人荷载

续上表

编码	公　制	英　制
08	铁路荷载	铁路荷载
09	MS 22.5　2 轴 × 182 kN(在 4.3 ~ 9.0m 处) + 1 轴 × 44kN(在 4.3m 处)	HS 25　2 轴 × 40.0kips(在 14 ~ 30ft 处) + 1 轴 × 10.0kips(在 14ft 处)
10	HL 93	HL 93
11	> MS 22.5/HS 25(仅对于 AASHTO 卡车)	

AASHTO 设计卡车(AASHTO,2004,第 3-21 页)是 MS 18/HS 20。

另外,AASHTO 规定了一对轴距为 4ft(1200mm)轴重为 25kips(110kN)双排荷载纵列。模拟连续交通的车道平均分布荷载为 0.64KLF(9.3kN/m),横向分布的宽度为 10ft(3m)。

各州还规定了地方"允许设计车辆"。

附录 31　冲 击 系 数

冲击系数(IM)是经验确定的放大系数,用以增大由经验选择的设计荷载所产生的最大静力挠度,表述如下:

$$IM = \frac{D_{dyn}}{D_{sta}} \tag{A31.1}$$

这里的经验很大程度上依赖于统计。Barker 和 Puckett(1977,第 157 页)强调:结构变形的动力放大系数(而不是冲击)会根据设计荷载的位置而有很大变化。动力荷载容许值(DLA)是基于极限变形的,并非一定要基于式(A31.1)所得到的最大 IM 值。

目前规范推荐下列规定:

- AASHTO,2002,第 21 页:

$$I = \frac{50}{L + 125}(\%) \leqslant 30\%$$

式中:L——产生最大弯曲应力的加载跨的跨长(ft)。

- AASHTO,1998a,第 3-27 页:

$$I = 33\%$$

除了:

$$I = 15\% \quad \text{对于疲劳和破坏极限状态}$$

$$I = 75\% \quad \text{对于桥面板接缝处所有的极限状态}$$

因此这种补充,即活载 LL + I 或 LL + IM 进一步通过反映它们静力放大不确定性的系数来放大,如下:

AASHTO,2002,第 31 页

$$\gamma \times \beta_{LL} = 1.3 \times 1.67 \quad (\text{荷载系数组合 } I)$$

$$\gamma \times \beta_{LL} = 1.3 \times 2.20 \quad (\text{荷载系数组合 IA})$$

AASHTO,1998a,第 3-11 页

$$\gamma_{LL,IM} = 0.50 \sim 1.75$$

除了：

$\gamma_{EQ} \leqslant 1.0(=0.50)$　对于作用在活载上的地震效应，后者没有解决（第3-12页）

在多车道情况下活载需要折减；然而，需要指出的是：*LRFD*（第二版）的分布系数包括了多种情况的影响。

NCHPR Report 12-46（2000）列出了设计、合法（第三类，3S2，3-3，车道，州）和允许的荷载。NCHPR Report 495（2003）发展了一种新的针对由日益增长的卡车重量所造成的桥梁"重大破坏"的评估算法。报告［第20页，式（2.3.3.1）］涉及由NCHRP Report 12-46提出的基于现场资料数据统计评估的活载系数公式，如下：

$$\gamma_L = \frac{1.8(2W^* + 1.4t^{ADTT}\sigma^*)}{240} \tag{A31.2}$$

式中：γ_L——活载系数；

W^*——卡车重量直方图的前20%的卡车平均重量（TWH）；

$\sigma*$——前20%的TWH的标准差；

t^{ADTT}——取2～4.5，取决于年平均日卡车交通量的系数。

对于期望寿命超过75年的桥梁的卡车重量限值规定的改变，NCHPR Report 495（2003，PP.22）调整了t^{ADTT}，活载系数γ_L修正为：

$$\gamma_L = \frac{1.75(2W^* + 6.9\sigma^*)}{265} \tag{A31.2a}$$

对于集中荷载，Ontario公路桥梁设计规范（OHBDC，1983）推荐了一个介于0.20～0.40之间的冲击系数（对于一阶固有频率在1～6Hz之间的结构），对于高频（>6Hz）取为0.3，对于低频（<1Hz）取为0.2。Taly（1998，第3.3.1节）指出，OHBDC（1993）恢复了分别对应于一轴、二轴、三轴的DLA值0.4、0.3和0.25。

对于铁路桥梁，其抗疲劳特性比较低而动力效应较大，AREMA推荐下列柴油和电动机头火车采用冲击系数I，如下：

跨度	冲击系数（%）	SI
<80ft（25m）	$100/S+40-3L^2/1600$	$30.5/S+12.2-3L^2/150$
≥80ft（25m）	$100/S+16-600/(L-30)$	$30.5/S+5-180/(L-9)$

注：表中，S=梁、桁架或横梁的间距，单位ft（m）；L=跨径，单位ft（m）。

I的最大推荐值为60%。对于混凝土结构，AREMA推荐$I=100/(1+恒载/活载)$。

附录32　桥梁和其他公路结构的地震设计准则

FHWA主持了一项调查，由国家地震工程研究中心（NCEER）和应用技术协会（ATC）执行。作为其部分成果，Rojahn等人（1977）列出了一些表格（表4-6，第78-96页）来对比桥梁地震设计规范，包括下列规范：

- AASHTO，2002，I-A部；
- LRFD AASHTO（1998a）；

- 加州交通部；
- ATC-32；
- Transportation Corridor Agencies(TCA)；
- 新西兰规范；
- 欧洲规范 8；
- 日本规范。

审查条款包括：

1. 通用条款：性能标准，设计原理，设计方法。
2. 地震荷载：重现期，地理变异，重要性考虑，副作用，阻尼，持续时间。
3. 分析：标准的选择，等效静力，弹性动力，非弹性静力，非弹性动力，直接不确定度，荷载组合。
4. 地震效应：设计作用力，延性构件，非延性部件，位移，最小支座宽度。
5. 混凝土设计：柱-弯曲，剪切，螺旋筋(加固)，锚固；上部结构和柱的连接，承台，桥墩，基础，上部结构，剪力键。
6. 柱接头。
7. 钢结构设计。
8. 基础设计：扩展式基础，桩基础，液化效应。
9. 其他设计：限位器，基础隔震，主动、被动控制。

这个对比强调了那些被所有桥梁设计者认为对地震区结构安全非常重要的问题。重点强调了防止灾难性破坏的发生、超静定、延性、弹性和非弹性设计以及动力分析，设计细节，土壤特性，一阶段和两阶段设计方法的使用和对重现期的估计。

附录 33　地震易损性的排序

加州运输局

加州运输局根据第一级风险分析对桥梁修复进行了优先排序，步骤如下(Roberts，1991)：

1. 确定高事故概率的主要缺陷(一级缺陷)。
2. 对第一步识别的缺陷建立衰减关系。
3. 确定导致桥梁结构严重损坏的最小地面加速度。
4. 采用第二步的衰减模型和第三步的临界加速度限值来识别高风险区域内的所有桥梁。
5. 根据桥梁结构权重和交通特性分值进行风险综合分析，对所有桥梁进行优先排序。

长期风险系数是基于以下宏观和微观因素进行计算的：

宏观因素	微观因素
荷载系数(地震)	震级，加速度，持续时间(长，中等，短)，地质情况(高风险，低风险)
结构系数(易损性)	铰的数目，每榀排架柱的数目，建设年代，斜撑等

社会系数(重要性)	生命线、多水平、ADT、线路类型、迂回长度等

通常认为,结构易损性主要与下列因素有关:

部件/单元	相关因素
支座	支撑斜度,支座类型,支撑长度
柱,桥墩,基础	抗弯、抗剪能力是效柱长度、柱弯曲类型、配筋率、横向和纵向配筋率、斜度的函数
桥台	桥台类型,桥台填土沉降,斜度
基础	土壤条件,加速度,上部结构的不连续性,斜度,超静定

该程序主要用于地震高发、人员密集、交通频繁的区域。因此,地质和相关清单数据占主要地位,而结构退化则无关紧要。

Basoz 和 Kiremidjian (1996)

作者回顾了必要的排序过程,例如 ATC-6-2(1983,加利福尼亚州和华盛顿),并结合地震危险性和结构易损性分析结果提出了易损性评估,如图 A33.1 所示。

该流程图是大多数地震排序程序所用工具的典型事例。易损性分析是概率分析过程,通常并不能说明结构的退化(Mullen 和 Cakmak,1997)。

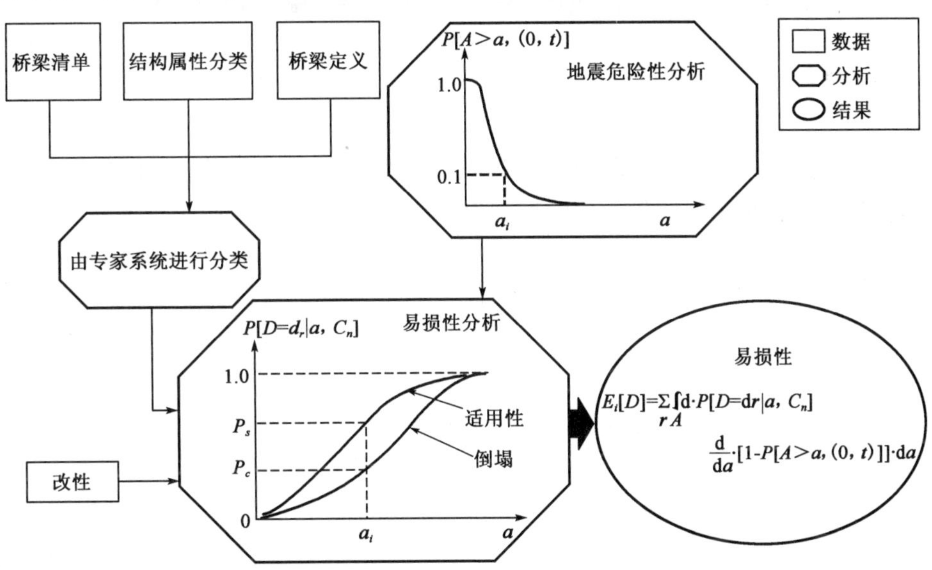

图 A33.1 易损性评估(Basoz 和 Kiremidjian,1995,P.3-6)

NYS DOT (New York State Department of Transportation) **纽约州交通部**

1990 年,NYS DOT 发布了一个技术说明以补充 AASHTO 地震荷载设计规范。该指南在 1992 年升级为 EI 92-046。地震加固准则规定如下:

现场地震强度;

功能重要性;

结构类型和细节;

修复项目的范围。

这里给出了地震加固措施的指导原则。例如,案例 7 中描述的修复计划是独立规划的,但必须考虑地震加固。

设计基岩加速度设定为 0.19g。给出了详细的两跨或多跨桥梁的地震分析。禁止使用钢结构的滑动轴承(图 14.10)。增大了承压面积,升级了锚固螺栓,细化了钢筋搭接接头,并且推荐连续结构,例如,如图 A33.2 所示,尽可能将主要构件搭接。

1995 年,NYS DOT 发布了抗震手册,并于 2002 年进行了修订。其中桥梁抗震加固程序如下:

筛选。根据地震中易损桥梁特征筛选清单,包括重要性,将桥梁初步分为四个易损组。

图 A33.2　修复过程中通过搭接钢梁保证跨径的连续性

分类。根据筛选确定的顺序,对桥梁进行详细调查。根据分类得分将它们分为高、中和低三组地震易损类型。分类的分数是结构的易损性(V)和地震危险性(E)的乘积。

易损性评定。目的是为了建立一个适合优先排序的统一评定方法。根据易损性分类假设一个可能破坏的分数,以及一个基于期望的破坏类型和随暴露程度而增加破坏后果的分数。

易损性分数(V)是由下列确定性推导得出的(NYS DOT,1995,第 3-2 页):

> "尽管桥梁的性能取决于各个构件的相互作用,在过去的地震中已经发现,某些桥梁构件比其他构件更容易损坏。它们是:(a)连接件和支座,(b)桥墩,(c)桥台,和(d)地基。其中,改进支座是最经济的修复方法。因此,易损性分数用于独立于其他构件的连接件、支座和基座的详细检查而确定的分类过程。连接指上部结构在结点处是连续还是断开的。对这些构件,计算单独的易损性系数 V_1。"

墩柱、桥台和基础的易损性分数为 V_2。桥梁的总体分数可为 0、V_1 或 V_2, 其具体数据根据结构的地震性能分类(SPC)和结构重要性确定。

易损性分数在 0~10 的范围内变化。手册还提供了逐步的说明以帮助使用者在实施过程中进行合理的工程判断。

该手册强调地震危险程度是中级的,并且它与重大钢结构细部评价和易损性退化评价同时进行。因此,这些方法和目标的结合如下:

确定的规范性程序和概率风险评估;

正常服务状态和极限事件下的修复。

如图 A33.3a)、b)、c)所示，一些支承处常常是易损坏的，经过了紧急的改造，由于状况糟糕，后来又进行了永久的翻新。

a)

b)

c)

图 A33.3　a)易损支座；b)临时改进；c)重修

NBI 规范(*FHWA*,*2005a*)

筛选和评估是按照 FHWA(1995a)执行的。地震易损性意味着桥梁构件在设计地震下可能会倒塌或者丧失功能。建议采用下列地震易损性规范：

U　没有进行地震评估。

8　桥梁不会因为地震倒塌或者丧失功能而损坏，因为桥位处的地震加速度系数≤0.09

7　桥位所处位置的地震加速度系数大于 0.09，并且已证明桥梁达到现有的地震性能标准。任何原始地震设计的不足都必须进行重新改进设计，以满足标准。

6　桥梁的上部结构已确定能满足设计地震的要求，并已完成所需的维修。下部结构或基础构件不满足现有的地震设计标准，但应避免桥梁功能的损失。

5　桥梁的上部结构已确定能满足设计地震的要求，并已完成所需维修。下部结构或基础构件的性能未知。

4　桥梁在地震中易损。已完成了桥梁的部分修复。需要进一步的修复才能使桥梁在设计地震作用下具有良好的性能。

3　桥梁在地震中易损。没有加固的构件。

2　桥梁在地震中易损。以前的地震已经造成结构出现危害或损坏。

1　桥梁在地震中易损。一次地震造成的结构损坏已使桥梁或其构件即将或已经失稳并失效。

REDARS 2 软件(FHWA-MCEER 项目 094,S. Werner 等人,2000)

REDARS 2 软件是 FHWA 主持项目成果的一部分,由地震工程研究多学科中心(MCEER)完成,用以提高在地震荷载作用下交通结构的可靠性和安全性。目的是为了估计在假定地震和可选的实际地震作用后结构潜在的损失。使用了 Werner 等人提出的基于风险的方法(2000)。最初,软件是根据新德里地震带进行校正的,后来这个软件变得越来越普遍,并可应用到任何人口稠密的地区。考虑交通网络同时考虑了生命线(Chang 等人,1996)和其他地震易损财产。

输入必须包括桥梁、公路的拓扑和属性、起讫区域、行程表、经济损失资料和国家地震减灾计划(NEHRP)中位置处的土壤条件。

使用者有以下选择:

在任意的地震情况下选择确定性或概率性损失分析。

对比结构在修复后和目前状态的损失。

估计受拥塞控制的交通需求。

初步的(第一阶)应用允许用户决定是否需要调整更多的细部分析和更加详细的数据库。

对于这个软件的开发者和用户的挑战是使用已有的清单和管理系统中的数据,同时增加更多的细节,可以使用从其他来源或为特定目标而获得的数据。

案例 14 描述了对现有初始确定性桥梁清单中桥梁的观测,用以在城市桥梁网络中确定易损的结构构件和临界重要结构。

附录 34　桥梁生命周期成本分析(BLCCA)

NCHRP Report 483(2003)描述了 BLCCA 的基本步骤,如下:

- 桥梁及其构件的特征描述。
- 确定其规划范围,分析情形和基础情况。
- 确定桥梁管理的可选策略。
- 指定/选择合适的退化模型和参数。
- (重新)估计成本。
- 管理部门,例行维护。
- 用户,相关工作,其他。
- 易损性,管理部门和用户。
- 计算净现值。
- 审查结果。
- 选择更好的策略或策略调整并重新评估成本。

BLCCA 的主要目的是寻求生命周期成本最小的管理策略。由于在估计 TLCC 时的不确定性,有多种具有“最佳”指标的可选方案,例如,所有费用的最小总体现,最小代理费用,以及其他。而且,分析中可能会使用到这些参数的期望值(平均值)或与其他概率水平有关的值

（例如，对于 TLCC 的值，估计出现一个较低的值只有 20% 的概率，而均值代表了 50% 的概率水平）。

重要的参数分组如下（NCHRP Report 483，第 32 页）：

- 整个桥梁生命周期成本矩阵和影响生命周期成本计算的参数。
- 行为、退化、危险和结果的描述项。
- 管理成本。
- 用户成本。
- 易损性花费。
- 为决策的价值度量。

附录 35　Hambly 悖论

Heyman（1998，第 154 页）通过 Hambly 悖论证明了结构强度储备和超静定简单评估的局限性。悖论结构是分别有三条腿和四条腿的椅子 A 和 B。两张椅子都必须具有强度为 $R=1.2Q$，来抵抗荷载 Q，这里 Q 是对称施加的，并且 R 在椅子的各条腿上平均分配。因此，椅子 A 的每条腿上将具有相等的反力 $0.4Q$，而椅子 B 的每条腿上具有 $0.3Q$ 的反力，如图 A35.1 所示。

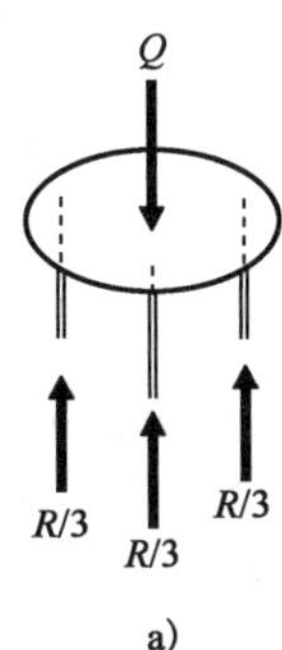

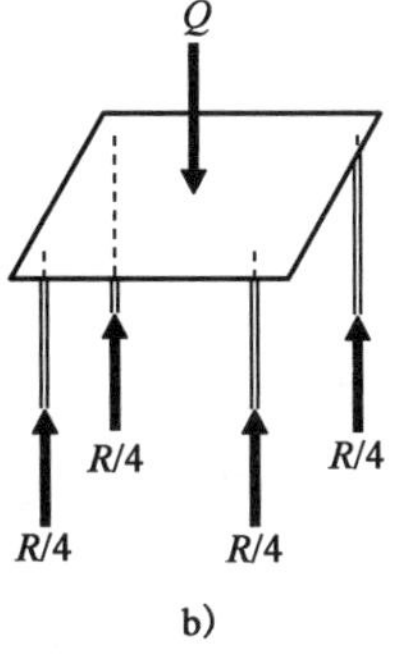

图 A35.1　Hambly 悖论

如果在设计荷载作用下，表面缺陷超出了在设计荷载下椅子的弹性压缩，椅子 B 的某一条腿将不再承担荷载。荷载 Q 将被 $0.9Q$ 的承载能力承担。如果椅子丧失了对称性而摇摆，荷载将只有两条腿承担，即具有等效于 $0.6Q$ 的强度。

由于是静定的，椅子 A 不会出现支撑条件的不确定性。另一方面，如果椅子腿的不确定性包含了 17% 的变动，并且如果 3 条腿可能会受到影响，而不是 4 条腿，则最不利的情况将如下：

椅子 A　$0.4\times3\times0.83Q=0.996Q$

椅子 B　$0.3\times(3\times0.83+1)Q=1.047Q$

在侧向荷载作用下，支撑荷载的不平衡分布是必然的。图 E7.6 显示的是一个具有四个墩的塔，由于顶部的连接设备失效，所有的荷载只由两个墩支承。考虑到非线性行为和荷载重分布有关的许多实际情形，Heyman（1998，第 161 页）总结到："在这些情况下，计算结构"实际”状态是没有意义的;那个状态是结构和环境之间作用的偶然产物,会因不可预测事件而产生根本的改变。”

Cremona(2003,第233页)把类似的说法归为1928年Sreletsky所言。

附录36 优化模型

Cleland和Kocaoglu (1981,第八章)描述了常用的优化模型及其应用,属于以下几大类:

古典式优化。优化问题用连续的微分方程来描述。寻求最小值和最大值。可以解决结构重量最小化问题、最佳存储问题、采购问题和集装箱的最佳尺寸问题。

建模需求的范围常常超出古典式优化的范畴。下列四类表现为数理规划:

线性规划(LP):目标函数和约束方程都用线性数学表述,并且决策变量具有连续值。应用包括最大承载能力时的起重机配置,水源系统,交通流控制,竞争性投标,人类资源分配,设备位置,资源配置和生产规划。

非线性规划:如果目标函数和约束方程是非线性的,有很多方法可以应用。梯度法需要可微的目标函数。直接搜索法不需要求导,但是需要连续的目标函数。等式约束可利用Lagrange乘子整合到目标函数中。不等式约束可以通过补偿函数来建模。

整合规划:整合规划适合于涉及离散变量或输出的问题(例如:是/不是)。

动态规划:对时间的考虑和由时间决定的后果作为输入或决策变量。这些都是博弈论、设备更新政策、经济规划、可靠度理论、控制论和随机过程中所考虑的问题。多级决策过程需要阶段的定义,过程的目标和指示决策如何影响阶段的返回(递归)函数。

与惯例模型不同,描述性模型进行模拟。然而惯例模型在形式和函数上是解析的,模拟可以具有解析的表达,但实质上通过类推寻求最优化的过程。

离散模拟:Monte Cralo技术通过随机产生的数字来模拟事件的概率。可以获得这个系统行为的概率分布。它已经应用于库存问题、排队、财政风险分析等方面的经营决策。

连续模拟:系统构件是确定的,并通过用以描述彼此相互影响的逻辑功能性关系相互关联的。当一个或多个部件发生改变时,整个系统将随之出现变化。结果将导致系统行为的直接改变。为了确定由于引入的外部条件或外部影响所导致的主要的长期改变,需要长时间的观察才能获得。社会、城市、政治和能量系统等都可以通过这个方法来研究。

附录37 数值优化

Diwekar(2003,第1页)引入了如下主题:“当一个系统变得越来越复杂,需要同时进行的决策越来越多,并受到越来越多因素的制约,其中一些因素对系统来说是新出现的,这样就很难基于启发式的或以前的知识得出最优决策。”

可行的方法是数值优化。

数值优化

一个一般性的最优化问题可以有如下表述:

$$\underset{x}{\text{Optimize}}\ Z = z(x) \tag{A37.1}$$

约束：

$$h(x) = 0 \tag{A37.2}$$

$$g(x) \leqslant 0 \tag{A37.3}$$

优化问题的目标是确保模型在满足由等式约束 h[式(A37.2)]和不等式约束 g[式(A37.3)]所建立的限制条件下运行的前提下，确定目标函数 Z 最优的决策变量 x。

模型模拟了现象，并且计算目标函数和约束条件。优化人员将用这些信息来计算一组新的决策变量。该反复迭代的过程要一直进行，直到满足隶属于优化算法的优化准则。

作者提到了很多可以用于数值优化的软件中的一些算法。最优化算法主要依赖于最优化问题的类型。

最优化问题的类型

根据决策变量、目标函数和约束条件的类型，最优化问题可以分为以下几大类：

- 线性规划(LP)。目标函数和约束是线性的。涉及的决策变量是标量，并且是连续的。
- 非线性规划(NLP)。目标函数和/或约束条件是非线性的。决策变量是标量并且连续。
- 整数规划(IP)。决策变数是标量，并且为整数。
- 混合整数线性规划(MILP)。目标函数和约束是线性的。决策变量是标量，其中一些为整数，而其他的为连续变量。
- 混合整数非线性规划(MINLP)。涉及整数和连续决策变量的非线性规划问题。
- 离散优化。涉及离散(整数)决策变量的问题。其中包括 IP、MILP 和 MINLP。
- 最优控制。决策变量为向量。
- 随机规划或随机优化。又称为不确定性最优化。在这些问题中，目标函数和/或约束具有不确定(随机)性变量。经常涉及将上述几类作为子类。
- 多目标优化。涉及一个以上目标的问题。经常涉及将上述几类作为子类。

最优化包含三步：(1)理解系统；(2)找到系统有效性的尺度；(3)自由度分析并运用合适的优化算法求解。

不确定性优化

Cleland 和 Kocaoglu(1981，第十章)讨论了在不确定和风险情况下的决策方法。对于不确定性决策，作者都应用了极大极小、极大极大和极小极小的 Laplace 和 Hurwicz 原理。在“风险”情况下，作者采用了 Bayesian 方法(附录 2)。由于后一种方法可以考虑信息更新，所以是必然选择。

Diwekar(2003，第五章)总结了不确定性优化，如下：

> “关于不确定性优化的文献通常把问题进行分类，如等待和观测、这里和现在，以及机遇约束优化。……这里和现在以及等待和观测问题都需要概率空间的不确定性表达，然后通过模型将这些不确定性扩展以获得输出的概率表达。很多问题本身内部含有这里和现在、等待和观测问题。技巧在于把决策分为以下两类，并采用耦合的方法分析。”

概率或随机模型迭代过程包括：

1. 根据概率分布,确定关键输入参数中的不确定性。

2. 在迭代方法中对指定参数分布取样。Frangopol 和 Liu(Miyamoto 等人,第 57-70 页)总结了优化问题中与问题相关的数学程序(第 60 页),如下:

> "为了求解具有多个并且通常是相互矛盾的目标函数的优化问题,必须把原始的多目标问题转化为一系列等效的单目标优化问题,尽管这样做通常是很不方便的。在总体上得出在所有目标中的一组最优的折衷解……一种是 epsilon 约束方法,它一次只保留一个目标,将其他目标作为约束。这种方法的困难在于确定约束值,尤其是上界和下界。另外一种方法是加权求和法,它是使用特定的加权系数,确定一个复合目标函数作为最初多目标的加权和。因为传统的优化方法通常都是逐点寻求最优解,因此需要多重运算来求最优折衷解。"

遗传算法(GA,本书附录 43)是一种能够直接并同时解决多种矛盾目标问题的可选工具。

附录 38 灾难性结构故障的生命周期成本最小化

Ang 等人(Frangopol,1998,第 1-16 页)估算了混凝土结构的地震破坏成本;对于灾难性破坏,一般采用的是概率模型。初始成本和预期损失成本之间进行权衡。在可接受的平衡事故风险 $r_F \leqslant r_{F0}$ 约束下,基于可靠度的预期生命周期成本 $E[C_T]$ 最小化目标为:

$$E[C_T] = C_1 + E[C_D^0] \qquad (A38.1)$$

式中:C_1——结构的初始费用;

C_D^0——当前累计损坏的成本,包括直接和间接的损失。

引入假设:未来的地震表现为 Poisson 过程,其发生在统计意义上是独立的,并且在每次重大事故后都被修复。由此可以估计 C_D^0 的现值 $E[C_D^0]$:

$$E[C_D^0] = \int_0^L E[C_D]\left(\frac{1}{1+q}\right)^t \nu \mathrm{d}t = \lambda \nu L E[C_D] \qquad (A38.2)$$

式中:ν——强度较大的地震的年平均发生率;

L——预期结构寿命;

λ——折减系数,$\lambda = [1 - \exp(-\alpha L)]/(\alpha L)$;

α——$\alpha = \ln(1+q)$;

q——年折减率。

期望破坏成本 $E[C_D]$ 表示为结构损伤水平 x 的函数:

$$E[C_D] = \sum_i \int_{y,\min}^{y,\max} \int_0^{\infty} C_{Di}(x) f_{X|Y}(x) f_Y(y) \mathrm{d}x \mathrm{d}y \qquad (A38.3)$$

式中:X——结构破坏水平;

Y——地震发生时平均最大地面烈度;

$C_{Di}(x)$——损伤构件 i 的成本函数;

$f_{X|Y}(x)$——X 的概率密度函数,在 $Y=y$ 条件下;

$f_Y(y)$——现场 Y 的概率密度函数。

对于建筑结构,直接损失包括维修费用或重建费用、财产损失以及生命伤亡费用。其中每一项都取决于结构的破坏水平。结构倒塌率和致死率之间的不同关系都需要讨论。救生的成本函数表示为:

$$C_F = r_F N_0 V_F \tag{A38.4}$$

式中:r_F——预期的致死率,$r_F = r_0 \left(p_{fc}\right)^n$;

p_{fc}——结构倒塌概率;

r_0——期望致命率,当 $p_{fc} = 1$ 时;

n——考虑倒塌概率和致命率之间的非线性,$n = 1.6$;

N_0——居住者数量;

V_F——救生的价值。

也可类似地估计非致命伤害。

附录 39　决策性能指标的一般分类

NCHRP 综合报告 238(1997,第 9 页)推荐了国家交通性能监测系统(NTPMS)。TRB 专题报告 234(1992)提出了系统指标的一般分类,如表 A39.1 所示。除了包括反映交通服务供应和需求指数外,这些指标还可以评估安全和人员安全、接触性和机动性、提供服务和费用,以及交通对经济增长、国家安全、环境质量、土地使用和能源消耗的影响。

NTPMS 数据属性和描述(TRB 专题报告 234,1992)　　表 A39.1

供应	系统	提供者
	一般特性	一般特性
	覆盖面	财政状况
	物理条件	
	收费结构	
	供给弹性	
需求	用户特征	
	行为水平	
	车流	
	需求弹性	
性能	安全和人员安全	
	接触性和机动性	
	提供服务:水平、效率和质量	
	成本	
影响	经济增长	
	国家安全	
	环境质量和土地使用	
	能源消耗	

附录40 状态评定系统

NBI 评分(FHWA,1995b,第37页,原始,1971,本书图 A16-1)

根据 NBIS(FHWA,1995),所有桥梁构件清单及桥梁整体,基于其当前状态与预先假定的竣工结构的直观对比,获得0~9之间的整数评分。该评分的目的是为了反映桥面板、上部结构和下部结构(分别为目录项58、59和60)的总体情况,而不是局部的情况,如下:

N 不适用。

9 优异。

8 很好——没有问题。

7 好——有一些小问题。

6 满意——结构单元出现了一点小的退化。

5 尚可——所有主要构件完好,但是可能有小的截面损失、裂缝、剥落或冲刷等。

4 不佳——截面损失、退化、剥落或者腐蚀较严重。

3 严重——截面损失、退化、剥落或冲刷已经非常严重地影响到了主要结构构件。可能发生局部的破坏。钢结构可能出现疲劳裂缝或混凝土结构可能出现剪切裂缝。

2 危险——主要构件严重退化。钢结构可能已经存在钢结构疲劳裂缝或混凝土结构可能已出现剪切裂缝,或冲刷可能已经使得下部结构移位。除非进行密切观测,否则需要封闭该桥,直至采取修复措施。

1 “濒临”破坏——关键结构部件出现了主要的退化或严重的损失,或者发生了明显的垂直或水平向的位移影响了结构的稳定性。桥梁需要关闭交通,但修复措施可以根据服务情况推后。

0 已破坏——不能使用,不可修复。

《规范指南》(1995b)类似地制订了隧道和涵洞的评分等级(第61和62项)。FHWA(2005a)提出了下列状态评分大小的修正:

N 不可用。

8 非常好。

7 好。

6 满意。

5 尚可。

4 不佳。

3 严重。

2 危险。

1 破坏。

对桥面板、上部结构、下部结构、涵洞和河道的每个评分等级提供了相应的物理特性的详细说明。

使用性评估(*FHWA*,*1995b*,第45 页)

NBIS 根据结构评估、桥面线型、水平和垂直桥梁净空、航道要求和引桥路面线型(分别为第67、68、71 和72 项)相对于根据现在标准建造的新结构的结果,评定桥梁的使用性(清单第62 条)评分,给予从0 ~9 评分。评分等级定义如下:

N　不适用。

9　优于现行规范。

8　相应于现行标准。

7　比现行最低标准好。

6　相应于现行最低标准。

5　比可以接受的最小富裕度稍好。

4　满足最小富裕度。

3　基本不可接受,需要较大的修复。

2　基本不可接受,需要较多的更换。

1　不能使用该评分值。

0　关闭桥梁

《规范指南》(FHWA,1995b)中表1 到3B 将使用性评估和每日交通水平(ADT)和桥梁几何尺寸联系起来,以减小这两个因素的影响。因此这些信息也必须定期更新(ADT 清单数据是出了名的不可靠)。

维护评分(*FHWA*,*2002c*,第4.2.4 节)

《桥梁检查员参考手册》(FHWA,2003)提出了维护等级评分,该评分系统在一定程度上与FHWA 状态评分和使用性评分相互一致,如表A40.1 所示。

维护评分(FHWA,2003)　　表A40.1

紧急系数程度分类	需立即采取的维护行动	报告的检测类型
9	无须修复	在报告中标明
8	无须修复;列出在下个周期检查中需特别注意的事项	在报告中标明
7	无立即修复计划;检查需要进一步检测的可能	在报告中标明
6	在下一季末修复;加入工作计划	在报告中标明
5	放在当前计划中;本季修复,首选修复内容	对管理者特别提醒
4	优先;本季修复,审查相对优先的工作计划优先次序,如果可能调整工作表	对管理者特别提醒
3	高级别优先级;本季修复,尽可能早地安排修复	对管理者特别提醒
2	最高优先级;如需要,可中断其他工作,采取基本措施或紧急辅助措施(告示,单车道行驶,禁止卡车通行,限制速度等)	立即口头通知管理者并以书面形式确认
1	关闭服务,等待维修	—

纽约州交通部(*NYS DOT*,*1997*,*原1982*,*本书图A16.5*)

对每跨所有结构单元的状况,以及它们所从属于的部件和整个桥梁进行从1~7的评分,如下:

9 不可及。

8 不适用。

7 新的。

6 介于5和7之间。

5 有小的退化,但能够按原始设计工作。

4 介于3和5之间。

3 严重退化,或不能按原始设计工作。

2 介于1和3之间。

1 完全退化或破坏。

针对所有单元和桥梁整体,以上评分方式具有详细的说明。对于特定的桥梁单元,例如,主要构件和桥面,状态评分反映了桥跨的整体状况。另外,对于支座,评分则是根据该桥跨中状况最差的支座给出的。

对于所有评分小于5,且多处进行了改变或改善的项目,需要给出书面的评价、照片和图示。鼓励提出修改建议,但是并不强制执行。检查结果报告应该是描述性的,但有两个重要的特例。一个是评分为3的定义——不符合设计功能。打分等于或低于3分,检查者定性地改变结构的评价。另一个是独立于所有的评分以外的一个要求,检查工程师需要辨别并立即报告所有的结构风险,必须适当放松立即修复行为决策责任的打分值。

纽约州的评分在数值上转化为NBI的评分。临界评分3(NYS DOT)通常对应于NBI评分中的4。

常见的结构单元(CoRe)

FHWA(2005a,第6页)对常见结构单元提出了下面的定义:"常用于公路桥梁建设及桥梁安全检查中常遇见的一组结构构件,并且已被AASHTO认可。CoRe单元为BMS的数据采集提供了统一的基础,允许在州和各部门之间数据共享,并且允许对桥面、上部结构、下部结构和涵洞状态评分的数据进行统一的转化。"

下列的CoRe结构构件已被AASHTO(1998b,第18页)认同:

上部结构:梁(开口,箱形,闭合腹板),纵梁,穿过式桁架(有或没有底弦杆),上承式桁架,拱,索缆(没有预埋),横梁,销钉和吊杆组合。

下部结构:柱/桩,墩墙,桥台,埋入式承台/基脚,墩帽,涵洞。

公认的结构材料为钢材(油漆或没有油漆的),预应力混凝土,钢筋混凝土和木材。其他材料的拱也都认可。

根据与预期竣工状态的偏离程度来描述并量化了4~5个结构状况。对于喷漆的钢结构和钢筋混凝土结构,其状态为竣工状况(1)到锈蚀或剥落的区域面积达到25%以上,并有强度降低(5)。对于没有喷漆的钢结构和混凝土结构,其状态等级为4级,这表明其内部储备降低了一些。

对每种状态都推荐了可行的方案,包括清洁、重新涂装、修复和更换。建议需要重新分析。评分可使用 PONTIS BMS 程序包(本书图 A16.7)。

CoRe 到 NBI 评分的转化

Hearn 和 Frangopol(TRC 423,1994,第 122-129 页)通过以下两种方法从定量的 CoRe 状态获得了完全定性数值的 NBI 评分:

• 加权平均。如下式:

$$NBI = \sum M_i F_i \quad (A40.1)$$

式中:NBI——根据 BMS 数据计算出的 NBI 状态评分(从 0~9 的实数);

M_i——BMS 状态 i 的映射常数;

F_i——从桥梁单元状态 i 的报告中得到的部分量值。

• 表格计算。该方法与附录 41 中描述的 NBI 效率评分法类似。建立映射常数 $M_{i,j}$,如表 A40.2 所示。NBI 评分结果是整数(从 9~0)。

两种方法的映射常数(M_i,$M_{i,j}$)都需要校准,以使误差最小。在 NBI 评估中,两种方法获得评分偏差应小于 0.5。

CoRe 到 NBI 状态评分的转化　　表 A40.2

CoRe	NBI
$P_1 \geq M1,9$; $P_1+P_2 \geq M2,9$;$P_1+P_2+P_3 \geq M3,9$;且 $P_1+P_2+P_3+P_4 \geq M4,9$	9
$P_1 \geq M1,8$; $P_1+P_2 \geq M2,8$;$P_1+P_2+P_3 \geq M3,8$;且 $P_1+P_2+P_3+P_4 \geq M4,8$ 等	8
$P_1 \geq M1,0$; $P_1+P_2 \geq M2,0$;$P_1+P_2+P_3 \geq M3,0$;且 $P_1+P_2+P_3+P_4 \geq M4,8$	0

注:P_i = 数量的比例。

Hearn (*Frangopol*,*1999b*)

作者提出了桥梁单元在下列不同服务阶段的状态评分方法:受保护阶段,暴露阶段,易损阶段,受损阶段和破坏阶段。如果它们可以利用物理证据(随时间发展的)识别,并且具有相应的响应,那么这些阶段的划分是明显的。

Hearn(TRC 498,2000)推荐了一种估计单元从一种状态向另外一种状态转化的系统。

美国铁路工程和道路维护协会(*AREMA*,*2001*)

《联邦轨道安全标准》49 CFR 213(附录 C)提出了非定期铁路桥梁检测指南。《铁路工程师手册》(AREMA,2001)包含了对钢、混凝土、砌体以及木结构桥梁的检测准则,它与详细的钢轨焊接和焊洞检测准则相互独立。检测结果记录的方式和 NBIS 完全不同。桥梁被分解为以下部件:轨道,下部结构,桥墩,主要构件和挡土墙等。而在 NBIS 中,没有各跨的单独资料。但相比之下,也没有状态的数值评级。取而代之的是,手册鼓励检查者对可能的缺陷发表评论并报告其程度。后者决定了推荐维修的尺度和紧急程度。下面是《检测指南》(AREMA,2001)的摘录:

"混凝土和砌体桥梁

……………………………………………………………………………

2. 桥墩和桥台

材料(砖,石,混凝土):

背墙的情况(垂度,结构净空):________

桥梁支座的情况:________

……………………………………………………………………………

b. 混凝土:

裂缝(位置,尺寸和描述):________

钢筋的状况(暴露,锈蚀位置):________

水线的状况:________

……………………………………………………………………………

钢桥

……………………………………………………………………………

8. 腐蚀

由于腐蚀引起的截面损失,指明确切位置和这些作用可能的发展情况,如果构件严重腐蚀,测量剩余截面的尺寸,密切关注梁体、梁翼缘和腹板以及部分侧向支撑系统的金属截面损失。

由于铆钉和组合部件的锈蚀而导致的扭曲。

各桥跨由于发动机冲击作用引起的上部结构损伤。

支座处和支座加劲板底部区域。”

上面的报告是针对损害的,说明需要立即采取补救措施。检测应是每年都进行的。AREMA 手册和轨道安全标准每年都会更新。这种严格的实施方式受到了 19 世纪铁路桥梁破坏的影响,例如在 1876 年的 Ashtabula Creek 桥和 1879 年的 Tay 桥(Forth of Tay)(Petroski,1994)。近来,类似事故大大减少,证明了该方法的有效性。

法国国家公路和桥梁试验室(*LCPC*)**,公路和高速路技术研究部**(*SETRA*)

法国国家公路桥梁网络的检测结合了评分/描述,缺陷/行为导向的模式。每一座桥梁的定期和紧急检测,包括砌体、钢结构、钢筋混凝土和预应力混凝土,都要参照 LCPC/SETRA(1979)规范。所有预测的缺陷,例如剥落、裂缝、腐蚀等,均应按照结构特定的规范指南(SETRA/LCPC,1975,1981,1982)的要求进行描述、说明并指定识别编号。结构上可能发生这些缺陷的部位应逐跨给予识别编号。缺陷评分基于可变的尺度(根据不同类型有两种或三种水平),并根据规范的要求量化。在大多数报告中,都有注释、草图和图片作为附件。

钢筋混凝土、预应力混凝土和其他结构手册(LCPC/SETRA,1979)都赞同 AREMA 的方法。对所有预期的缺陷都进行了描述、解释和说明。检测必须确定它们的现状和范围。1994 年,一项独立研究(在 IABSE 1995,第 407-412 页)估计了法国公路桥梁网络重建的需求。分为以下六类:

1　良好状态。

2　出现了设备或保护构件的缺陷,或不需要紧急维修的较小的结构缺陷。

2E　如上，但需要紧急维修，以防止结构进一步的退化。

2S　如上，需要紧急维修，以保证道路使用者的安全。

3　桥梁产生了结构性的破坏。

3U　如上，但需要立即的维修。

***DANBRO*，丹麦**

由 Andersen 和 Lauridsen 以及 Lauridsen 在 Vincentsen 和 Jensen(1998，第 49-62 页)(本书图 A16.4)在 TRC 423(1994，第 55-61 页)中提出的丹麦桥梁管理系统已经运行 20 多年了，并且在世界范围内给出了它的专家意见。它采用缺陷/行动的方法，减小了数据采集量。例行的检测(每两周一次)为维护工作列出了工作单。常规的检测(每隔 1～6 年不等)确定结构的状态评级(最多四个等级)。出于结构或经济原因的考虑，也需要进行特殊的检测。该系统特别适合于情况相对较好、桥梁数量相对较少的情况。

***BRIME*(2002)**

欧洲报告(BRIME 2002，第四章，本书图 A16.6)中的桥梁管理部分阐明了六个桥梁等级、相应荷载等级的要求，以及合适的分析模型和方法之间可能存在的关系。其中所提供的流程图(PP.72)也采用了表格的形式，如表 A40.3 所示。

BRIME(2002)的定义如下：

评估。用以确定既有结构安全承载能力的一系列行为。

承载能力。与其他可能荷载/作用适当时，桥梁能够承受的交通荷载(ULS)。

荷载模型和计算原则(图 4.7，BRIME，2002，第 72 页)　　表 A40.3

评估水平	强度+荷载模型	荷载效应计算	分析类型
0	被 BMS，无须正式的评价；表明记录允许的承载能力和状态评估，无须担忧。这是一个理想的评估水平	对此评估无须特殊计算	见记录。如果桥梁是按照现行标准设计的，对评估荷载而言，承载能力系数>1。如果计算，评估水平可以为 2
1	如果有强度和荷载评估模型，则用该模型标准，如没有，则采用设计标准	对于水平 1，可简单计算	采用 ULS 作为主要的规范，并采用其推荐的部分系数进行半概率分析，而其中采用 SLS 可能对整体性有影响
2	基于记录和规范的材料特性	对于水平≥2[a] 进行简化	半概率分析方法
3	基于现场测试的材料特性	对于水平≥2 进行简化	
4	基于现场观测或特殊环境下的荷载值确定特殊桥梁荷载	对于水平≥2 进行简化	半概率分析方法；修改的局部系数
5	强度模型，包含对所有变量和全交通模拟的概率分布	对于水平≥2 进行简化	半概率分析方法；全可靠性分析

注：[a]采用 ULS 作为主要的规范，并采用其推荐的部分系数进行半概率分析，而其中采用 SLS 可能对整体性有影响，或需要技术权威的授权。

活载评估。用于桥梁评估的交通荷载模型,可能不如桥梁设计荷载繁重。
桥梁特殊活载。采用实测数据(SLS)的交通荷载模型。

高强镀锌钢绞线的腐蚀阶段

NCHRP Report 534(2004,第 1-17 页)提到了下列腐蚀阶段(或等级):
阶段 1:钢绞线上有锌氧化点。
阶段 2:全部钢绞线表面上有锌氧化点。
阶段 3:在 3 ~6ft(75 ~150mm)内的锈迹点达 30% 的钢绞线表面积。
阶段 4:在 3 ~6ft(75 ~150mm)内的锈迹超过了 30% 的钢绞线表面积。
完全基于描述打分。尽管认为阶段 4 是危险受限的,但仅凭此无法推测剩余寿命。

台湾桥梁管理

表 A40.4 表示在台湾"中央大学"为桥梁管理开发的,具有相应响应时间框架的 4 等级状态等级评估系统。

状态等级和响应修缮措施的紧急程度(台湾"中央大学")　　表 A40.4

等级	扩展	关联	紧急程度
0:没有该项	0:不可获得	0:不可获得	0:不可获得
1:好	1:<10%	1:微小	1:例行
2:可以	2:<30%	2:小	2:3 年以内
3:差	3:<60%	3:中等	3:1 年以内
4:严重	4:超过 60%	4:主要	4:立即

附录 41　桥梁状态评定

Hearn(Frangopol,1999b)定义了桥梁状态评定优先指标的一般形式如下[如式(A41.1)]:

$$PI = \sum_i K_i F_i(a,b,c,\cdots) \tag{A41.1}$$

式中:PI——优先指标;
K_i——第 i 个缺陷权重;
F_i——第 i 个缺陷;
a、b、c…——缺陷属性。

NBIS(*FHWA,1995,原 1972b,附录 B*)

国家公路网中的桥梁总体质量评分定义如下:

$$0 \leqslant 效率分 = S_1 + S_2 + S_3 - S_4 \leqslant 100\% \tag{A41.2}$$

式中,S_1、S_2、S_3、S_4 含意在表 A41.1 中说明。

权重、规则和图表系统采用生成的检测状态评分、设计、几何尺寸、交通量、设计目录数据以及计算荷载等级来定义 $S_{1,2,3,4}$ 的计算。

NBI 质量等级(FHWA,1988)　　表 A41.1

$0 \leqslant S_1 \leqslant 55\%$ 结构完备度和安全度	$0 \leqslant S_2 \leqslant 33\%$ 服务能力和功能废弃	$0 \leqslant S_3 \leqslant 15\%$ 公共使用的重要性	$0 \leqslant S_4 \leqslant 13\%$ 特殊折减(如果 $S_1+S_2+S_3 \geqslant 50\%$)
	结构上的车道数,日交通量,结构类型,主要的桥梁道路宽度,或近似宽度,VC 道板宽度	迂回长度,平均日交通量	迂回长度,交通安全特征,结构类型,主要的
上部结构	桥面状况		
目录等级	结构评价,桥面板线形		
下部结构	桥下净空,水路完备性,道路线形		
涵洞	国防公路标识	国防公路标识	

各州每年都使用自己的状态评估系统向 FHWA 提交一套经过转换后的数值评分。

纽约州 DOT

A. 桥梁状态

总体桥梁状态评分 R 可由下面的公式得到:

$$R=\frac{\sum_{i=1}^{n}R_iW_i}{\sum_{i=1}^{n}W_i}=\sum_{i=1}^{n}R_ik_i \tag{A41.3}$$

式中:i——对整个桥梁状态有重要影响的桥梁单元($i=1,\cdots,n$),如表 E23.2 所示;

R_i——对桥梁上每个单元最差的状态评分;

W_i——权重,如表 E23.2 所示各 R_i 的重要性系数;

k_i——W_i 的标准值。

表 E23.2 显示了纽约市观测到的式(A41.3)中的 n 个桥梁单元的每个单元的最短有效寿命。该式在任何跨径都采用了发生的最低单元状态,因此评出假设的“最差跨径”的等级。图形上,这样的状态评分历史可由图 10.1 的凹线表示。为了更好地估计修复需要,NYS DOT(1997)为每一跨都引入了状态评分。

B. 桥跨状态指标(NYS DOT,1993)

桥跨状态指标(SCI)定义为:

$$\mathrm{SCI}=\frac{10\mathrm{CCI}_{\mathrm{Super}}+8\mathrm{CCI}_{\mathrm{Deck}}+5\mathrm{CCI}_{\mathrm{Sub}}}{10+8+5} \tag{A41.4}$$

式中:$\mathrm{CCI}_{\mathrm{Super}}$——$\mathrm{CCI}_{\mathrm{Super}}=[8(主要构件)+2(次要构件)]/(8+2)$;

$\mathrm{CCI}_{\mathrm{Deck}}$——桥面结构等级;

$\mathrm{CCI}_{\mathrm{Sub}}$——$\mathrm{CCI}_{\mathrm{Abut}}$ 和 $\mathrm{CCI}_{\mathrm{Pier}}$ 的最小值;

$\mathrm{CCI}_{\mathrm{Abu}}$——$\mathrm{CCI}_{\mathrm{Abu}}[7(主干)+2(背墙)+1(基座/支座)]/(7+2+1)$ 或 [9(主干)+1

（基座/支座）]/(9+1)，（如果没有区分主干）；

CCI_{Pier}——CCI_{Pier}[5（梁帽）+4（固体主干或者柱）+1（基座）]/(5+4+1)。

加州交通部（Caltrans）

Caltrans，PONTIS系统的早期共同赞助者，采用“健康指数”对12 656座桥梁（Shepard和Johnson，2001）补充了CoRe单元评分系统（FHWA，1998）。

该指数将桥梁检测数据与假设的结构或网络的资产价值相联系，直接以货币损失来表达结构的退化：

$$HI = \frac{\sum CEV}{\sum TEV} \times 100(\%) \qquad (A41.5)$$

$$TEV = TEQ \times FC$$

$$CEV = \sum (QCS_i \times WF_i) \times FC$$

式中：WF——[1-（条件状态-1）(1/状态数-1)]，条件状态的权重系数；

HI——健康指标；

CEV——目前的单元价值；

TEV——全部单元价值；

TEQ——全部单元数量；

FC——单元破坏成本；

QCS——处于状态条件中的数量。

式(A41.5)补充了联邦完备性评分的公式(A41.2)。它巧妙地描述了状态评估在为达到管理目的中所进行桥梁评估的作用。

联邦完备性评分[式(A41.2)]，纽约州桥梁状态评分[式(A41.3)]，加州健康指标[式(A41.5)]和SETRA状况分类（附录40）在一定程度上可用于特定桥梁状况评估。可唯一确定桥梁的状态评分。公式可以选择，并且多个业主都选择了公式。纽约州的检测者必须通过式(A41.3)各自确定出一个介于1~7之间的“一般建议”的桥梁的整数评分。Yanev和Chen（TRR 1389，1993）发现两种评分是一致的。可以说，尽管它们都有局限性，但不同桥梁的状态评分通常是彼此相符的，因为它们都收敛于客观存在的桥梁状态。

Frangopol和Das（*Das等人，1999，第45-58页*）

作者基于可靠度指标β（附录7），提出了一种桥梁状态评分方法和实际管理策略，如下：

可靠度指标β	状态
<4.6	1
4.6~6	2
6~8	3
8~9	4
>9	5

竣工道路管理（*Finra*）

FHWA（2005b，第13页）报告了为Finra管理的每一座桥梁计算得出维护指数KTI，如下：

$$KTI = \max(Wt_i \times C_i \times D_i) + k\sum(WT_i \times C_j \times U_j \times D_j) \quad (A41.6)$$

式中：Wt——结构破坏部分的权重(重要性)；

C——结构部件的状态，分值为从0(新的)到4(非常糟糕)；

U——需要维护的紧急程度(例如，2年，$U=10$；4年，$U=5$；无限期的，$U=1$)；

D——破坏的分类(严重性)，例如，轻度(1)，中等(2)，严重(4)，或非常严重(7)；

k——损伤权重综合(缺省值为0.2)；

i——最严重的缺陷；

j——其他缺陷。

结构部分可以为单元或构件，包括内容如下：

结构部分	权重
下部结构	0.7
边梁	0.2
上部结构	1.0
覆盖层	0.3
其他表层结构	0.5
护栏	0.4
伸缩缝	0.2
其他装置	0.2
桥梁位置	0.1

KTI根据一个与平均日交通量(ADT)相关的系数进行调整，其取值范围为1.15(ADT>6 000)到0.85(ADT<350)。修复和重建指标UTI，决定了是否需要维护、修复或重建，如下：

$$UTI = k_p \times k_l \times (\text{状态} + \text{荷载能力} + \text{功能性}) \quad (A41.7)$$

式中：k_p、k_l——反映桥面面积和ADT的系数。

Kawamura等人(Frangopol和Furuta，2001)

作者开发了一种桥梁评定专家系统(BREX)，就适用性、承载能力和耐久性来评估桥梁构件(附录47)。

台湾桥梁管理

表A41.2为由台湾“中央大学”为表A40.4所描述的评分系统开发的权重系统。

用于整体状态评分的结构单元和权重 表A41.2

评分号	单元/构件	权重
1	引桥(道路)	3
2	引桥栏杆	2
3	隧道	4
4	引桥护岸	3
5	桥台基础	6

续上表

评分号	单元/构件	权重
6	桥台	6
7	翼墙/护墙	5
8	磨耗面	3
9	桥梁排水系统	4
10	路缘石和人行道	2
11	护栏	3
12	墩的防护	6
13	墩基础	8
14	桩(柱)	7
15	支座/支座板	5
16	抗震撑	5
17	伸缩缝	6
18	(主)梁	8
19	(中间的)横隔梁	6
20	桥面板	7

附录 42　专家系统(ESs)和人工智能(AI)

在相对较早的开发阶段,Adeli(1988)把 ESs 作为 AI 的产物来讨论。后来,他采用了众多定义中的如下定义(第 2 页):

• AI 是符号推理和解决问题的计算机科学的分支。

• AI 是关于采用计算机进行符号推理方法和概念的计算机科学的一个子域,符号代表用于推理的知识。

• AI 是使计算机按人类认为“智能”的方式运行的一个领域。

ESs 也被类似地精细定义了(Adeli,1988,第 5 页)。其中引用最多的是如下定义:“一种交互式的计算机程序,结合了判断、经验、首要规则、直觉和其他为各种任务提供明智建议的专业知识。”

就桥梁管理系统而言,更具有代表性的是 ES 的必要组件。Adeli(1988,第 8 页)列出了下列 ES 的组成部分:

1. 知识基础:某个特定领域的可用资料库。知识基础可能包括:完善建立并文件化的定义、事实和规则以及判定信息,首要规则和探讨法等。

2. 推理机制(也被称为推理工具或者重分配机制)。它通过断定、假设和结论控制 ES 的推理策略。

3. 工作记录(也作为背景或总体数据库):需要解决的特定问题的当前状态的临时存储。它的内容是动态变化的,包括用户提供的有关信息和由系统推理出的信息。

期望功能包括解释、调试和帮助机制，智能接口以及信息库编辑。

Adeli(1988，第 14 页)确定了解决信息表述的两个基本方法，如下：

过程表达。用于传统的算法编程，具有高效的优点；然而，知识依赖于背景环境，并已包含在规范中。结果是为了拟合“黑盒子”的描述。

陈述性表达。知识被编译为代码，因此更加容易理解和修改，并且独立于环境信息。

作者指出，在工程应用中，需要进行大量的数值计算，过程式-陈述性信息两种表达方式相结合将是最好的解决方案。具体实例包括如下方面：

1. 基于谓词演算和数学逻辑的形式化方法。

2. 语义网络。

3. 语义(目标-属性-价值)三组件。

4. 基于规则或产品的系统。

5. 在预先定义的信息槽内的遗传数据结构框架。

选出的改进方法具有启发式(例如，学习)能力、处理问题的经验，归纳问题及类推。随后开发出两个可相互对比的启发式方法，如附录 43 所述：

组合式方法。

技术升级。

附录 43　模拟退火算法(SA)和遗传算法(GAs)

Diwekar(2003，第 4.4 章)提出 SA 和 GAs 可以作为传统数学程序技术的替代方法。它们是基于实际问题思维的综合概率方法。

模拟退火算法是从统计原理推导而来的启发式组合优化方法。可以类比于没有热缸的物理系统的行为。在物理退火中，所有的原子颗粒重新调整它们的位置，以使物体能量最小化。提供的初始温度足够高，而降温过程缓慢。对于每一个温度 T，系统允许达到热平衡，能量为 E 的概率 P_r，以 Boltzmann 分布形式给出：

$$P_r(E)=\frac{1}{Z(t)\exp(-E/K_bT)} \tag{A43.1}$$

式中：K_b——Boltzmann 常数(1.3806 × 1023J/K)；

$1/Z(t)$——规格化系数。

最小化的目标函数(通常是成本)即为系统的能量。通过生成一个随机的扰动移动了一个“粒子”，使系统变成另一种状态的方式模拟系统的行为。如果移动的结果是达到一个较低的能量状态，那么这个移动就可以接受。如果移动到了一个更高的能量状态，根据 Metropolis 法则，接受的概率为 $\exp(-\Delta E/K_bT)$。这意味着温度越高，向上移动的比例越大，就可以接受。在给定温度下，系统达到热平衡以后，温度会降低，且退火过程继续，直到系统到达代表“冻结”的温度。因此，SA 结合了在局部区域迭代提高和随机跳跃以保证系统不至陷入局部最优的状态。

SA 应用的主要困难在于对物理退火实体模拟物的定义。需要指定空间配置、成本函数、动态生成器(从一个状态随机跳到另外一个状态的方法)、初始和最终温度、温度降低和平衡检测的方法。所有列出的参数都取决于问题的结构。

遗传算法是一种搜索算法,它基于自然选择和遗传学机理,特别是适者生存法则,而不是基于模拟推理过程。领域知识包括在候选解的抽象表达式中,这种表达式被称为“机理”,许多机理又组成“群体”。连续的群称为代。通常的 GA 产生初始代(一个群或一组离散的决策变量)$G(0)$,和对应于每个代 $G(t)$ 产生一个新的 $G(t+1)$,直到得到解答。

当通过设定代的总数或在某种特殊的规则下得到一个可接受的估计时,GA 就会终止。GA 的关键参数为每个代中群的数量、繁衍过程中群的比例、交叉和变异,以及代的数量。交叉操作中,随机交换亲本代 $G(t)$ 中的两个解答的部分基因,来生成两个子代的解答 $G(t+1)$。变异是通过增加群的变量二次搜索解答的过程。

Furuta 等人(Miyamoto 和 Frangopol,2001,第 305-323 页)将病毒进化 GA 应用到包含多种设备的基础设施系统生命周期分析中。

附录 44　状态退化模型

宾夕法尼亚 *DOT*

早期的桥梁管理综合系统是由宾夕法尼亚州交通部(PennDOT)(FHWA-PA,1987)开发的。它强调了维护作为清单中的重要性。PennDOT 根据 NBIS 桥梁状态模拟桥梁的使用寿命,定义检测构件的等效和估计年龄,得到一个规格化的凸曲线结果,部分由下式确定:

$$\mathrm{CNR}=9\left(1-\frac{\mathrm{EQA}}{\mathrm{ESL}}\right)^{0.7} \qquad (\mathrm{A44.1})$$

式中:EQA——桥梁构件的等效年龄(年);

ESL——桥梁构件的估计寿命(年);

CNR——在等效年龄的状态评分。

Miyamoto (*Frangopol 和 Furuta ,2001*)

钢筋混凝土桥梁构件的退化可以用综合凸曲线图表示。桥梁年龄作为横坐标。纵坐标代表承载能力和耐久性平均分数,分别定义为:

$$S_L(t)=f(t)=b_L-a_Lt^4 \qquad (\mathrm{A44.2a})$$

$$S_D(t)=g(t)=b_D-a_Dt^3 \qquad (\mathrm{A44.2b})$$

式中:a_L、b_L、a_D、b_D——常数;

t——桥梁年龄(年);

$f_0(t)$、$g_0(t)$——从开始使用到第一次检测的退化函数。

平均分数从 100 到 0。退化函数根据检测结果、维护和修复进行调整。假设桥梁耐久性比承载能力退化得更快,因此,耐久性函数具有较低的阶数。(注:在这个典型的确定性选择中,耐久性是指可以在检测中发现的状况。)

Busa 等人(1985)

作者对 NBI 桥梁提出了以下模型:

$$\text{Deck}=9-0.119(\text{AGE})-2.158\times10^{-6}(\text{ADT}\times\text{AGE}) \tag{A44.3a}$$

$$\text{Super}=9-0.103(\text{AGE})-1.982\times10^{-6}(\text{ADT}) \tag{A44.3b}$$

$$\text{Sub}=9-0.105(\text{AGE})-2.051\times10^{-6}(\text{ADT}) \tag{A44.3c}$$

式中:AGE——桥梁年龄(年);

ADT——平均日交通量。

Ellingwood(Frangopol,1998)

混凝土退化程度 $X(t)$ 包括碳化深度或截面损失,可由如下关于时间 t 的函数表示(参见动力或时间顺序):

$$X(t)=C\ (t-t_i)^{\alpha} \tag{A44.4}$$

式中:C——比例参数(随机变量);

α——时序参数;

t_i——退化的诱发或初始阶段(随机变量)。

这里,C 和 α 是由试验数据的回归分析决定的。对于扩散控制过程,α 的推荐确定值为 $\alpha=1/2$,例如,碱集料反应;对于反应控制过程,例如,腐蚀和硫酸盐侵蚀,$\alpha=1$。针对不同的场地条件,所提出的方法必须进行校准。它是与模型的耐久性评估相关的。模型的概率性和确定性方面都有清晰的表述。

Sorensen 和 **Engelund**(Frangopol,1998)

作者用概率方法建立了氯化物侵入和混凝土碳化过程模型。通过 Bayesian 概率统计方法来校准参数。初始腐蚀的概率由关于时间的函数来估计,并用在了一个海洋结构的维护和修复策略优化中。

Thoft-Christensen(Frangopol,1998)

当受到氯化物侵袭、腐蚀和交通作用时,对于小型桥梁的混凝土板需要估计生命期可靠度。破坏模型反映剪切和弯曲的极限状态。作者引入了敏感系数以估计可否采用确定性分析或随机分析的参数。建模表明:结构的物理特性和动态荷载系数在初始阶段是很关键的。一旦达到氯化物浓度的临界值,破坏就由腐蚀的随机模型控制。

Barlow 等人(1965,第五章)

作者采用 Markov 链来对复杂系统进行随机性的建模, 基于至少两个合适的原因:

如果每个构件都大致服从指数破坏法则,那么整个系统都可以用 Markov 过程来近似描述。

Markov 过程是一个历史不具有预测价值的随机过程。

对于结构状态的预测，后一个特性被认为是不利的。

作者继续定义了半 Markov 过程，即状态间的转变只在特定的时间发生。半 Markov 过程为更新理论和 Markov 链理论的结合（第 121 页）。更新理论是基于平均剩余寿命的减少和破坏概率（IFR）增加的假设建立起来的。作者研究表明（第 13 页）：指数分布具有常数破坏率，然而 Weibull 分布[式（A9.10）]在 $\alpha > 1$ 具有增加的破坏率。当 t 超过了单独构件的平均寿命时，泊松分布对在$[0,t]$内的 n 个或更多破坏的估计偏于保守。

Ng 和 Moses（*在 Frangopol，1999，第 202-215 页*）

作者提出了一种半 Markov 链模型，即从状态 i 到另外一个状态 j 的转变是由转变概率 p_{ij} 控制的，但在过渡之前状态 i 的持续时间是由保持时间分布 h_{ij} 控制的。

Franopol 和 Liu（*Miyamoto 等人，2005，第 57-70 页*）

桥梁退化可以由 Markov 链来模拟，包括连续的和/或机械的。

Markov 链模型可以考虑有限个过去状态。单步 Markov 模型仅仅考虑即将达到的状态。静态模型中，在指定的时间区间内，（某个构件）从一个状态转换到另外一个状态的必然转换矩阵在指定时间内是常量。

连续计算模型将确定性分配的退化函数和控制参数的概率分布结合起来。如果有数据，Monte Carlo 模拟可以获得退化结构的时变性能特征的统计结果。

力学模型考虑了已知特性和定义材料性能功能的相关性。

BRIDGIT（*Hawk，TRR 1490，1995，第 19-22 页*）

作者在 BRIDGIT 中，描述了采用马科夫链进行桥梁构件退化建模的程序如下：

1. 除非某些作用产生效果，否则单元不能提升自己的状态。
2. 一年时间内，由某级状态转变成更低级状态的构件数量。
3. 构件总数，TOTQUAN，每一种状态下标准化的量的和必须为 1，如下：

$$\sum_{i=1}^{5} \frac{\mathrm{QUAN}_i}{\mathrm{TOTQUAN}} = 1 \tag{A44.5a}$$

式中：QUAN_i——分析年开始时状态 $i(1<i<5)$ 的构件的量。

4. 在 Y 年的每一种状态下，标准化的量之和必须为 1：

$$\sum_{i=1}^{5} \frac{\mathrm{NEWQUAN}_i}{\mathrm{TOTQUAN}} = 1 \tag{A44.5b}$$

式中：$\mathrm{NEWQUAN}_i$——Y 年在状态 i 下的构件量。

由下列 Markovian 转化概率矩阵可得：

$$\frac{\mathrm{NEWQUAN}}{\mathrm{TOTQUAN}} = [P]^{Y}\left[\frac{\mathrm{QUAN}}{\mathrm{TOTQUAN}}\right] \tag{A44.5c}$$

式中：p_{ii}——一年后在状态 i 中的量得到保留的概率。

因为[1]和[2]的规定，[P]只在主对角线上及邻近主对角线的下方有效。规定[5]表明 $P_{55}\equiv 1$。

指数 Y 可以根据状态改变。桥梁单元的退化模型需要通过检测、随机或确定性分析以获得下列信息：

无包含单元中指定比例从一个新状态退化到另一个状态所需平均年限，或指定比例的单元发生相应破损单元恶化所需平均年限。

Pontis（*Golabi 等人，1992*）

《Pontis 技术手册》（Golabi 等人，1992）描述了两种状态预测模型。

第一个模型应用于不连续的两年一次的检测报告。在两年内从状态 i 到状态 j 的概率 P_{ij}为：

$$P_{ij}=1-0.5^{2/T_1} \tag{A44.6}$$

式中：T_1——工程师估计值；

i——$1\leqslant i\leqslant 4$；

j——$1\leqslant j\leqslant 4$。

如果至少有两个连续的检测报告资料，后一个模型就可通过线性规划的 Markov 链确定转变概率。

Bruhwiler、Roelfstra 和 Hajdin（*Miyamoto 和 Frangopol，2001，第 215 页*）

作者得到一个重要的发现：采用 Bayesian 理论（5.2 节）对 Markovian 转变概率矩阵的两种解释如下：

在一个检测周期以后，从状态 i 变化到状态 j 的一个节段的比例。

在一个检测周期以后，从状态 i 变化到状态 j 的一个节段的单位量的概率。

Roelfstra、Adey、Hajdin 和 Bruhwiler（TRC 498，2000，C-2）根据其功能将混凝土桥梁划分成不同节段。退化函数反映了氯化物和湿度、渗透和覆盖厚度的影响。关于时间的安全系数的模拟，得到了部分线性化的平坦-S 退化过程。

Hearn（*TRC 498，2000，C-1 报告*）

在前面的例子中，作者定义的单元从一个状态到下一个状态的跃迁概率 P，其为用于当前状态的时间 $t_{\text{Residence}}$ 的函数：

$$P=1-\frac{1}{t_{\text{Residence}}} \tag{A44.7a}$$

$$t_{\text{Residence}}=t_{\text{State}}+t_{\text{Trans}} \tag{A44.7b}$$

式中：t_{State}——当前状态前的时间（年）；

t_{Trans}——过渡前剩余的时间（年）。

两个时间都可从退化函数的校准中得到。

由 Hearn 建立(Frangopol,1999b)的条件状态有:普通保护的、暴露的、易损的、受侵蚀的和损害的(附录 40)。

Madanat 和 Lin(*TRR 1697,2000,第 14-18 页*)

作者提出了模拟钢筋混凝土退化的 Bayesian 方法。测量根据顺序假设测试并对落入前面定义的五种状态的概率进行了分配:

Fitch、Weyers 和 Johnson(*TRR 1490,1995,第 60-66 页*)

所提出的钢筋混凝土桥面板退化的估计是现象学、统计学和确定性输入的典型组合。根据 Cady 和 Weyer 提出的模型(1984),钢材的腐蚀与观测到的表面随时间的累积损伤有关。腐蚀的主要阶段如下:

1. 氯离子通过混凝土表面扩散。
2. 钢筋开始腐蚀(没有表面现象)。
3. 钢筋的混凝土保护层出现裂缝(在表面出现明显线性增长)。
4. 由于累计的物理破坏,桥梁构件达到服务寿命的终点。

作者将这个现象学模型与通过检测、修复历史、防冻需求和日平均交通量(ADT)的统计数据结合起来,用以估计修复的时间(TTR)。结果模型具有如下形式:

$$y' = -10.3 + 14.0x - 11.4x^{1.05} \tag{A44.8a}$$

式中:y'——基于应用标准的修复板的合适时间;

x——桥面分层、剥落和修补的比例。

在雪带:

$$y' = -11.2 + 5.34x - 3.41x^{1.1} \tag{A44.8b}$$

式中:x——交通状况最差的车道桥面分层、剥落和修补的比例。

附录 45　AASHTO 荷载评定

AASHTO 采用了下列定义:

名义抗力	基于几何形状,允许应力或材料指定强度的构件或连接件对荷载作用的抗力
安全承载能力	在指定检测周期内安全重复使用桥梁的活载
强度极限状态	与强度和稳定性相关的安全极限状态
正常使用极限状态	对服务和疲劳极限状态的综合

对于公路桥梁,《规范指南》(FHWA,1988)定义的两种荷载评定如下:

运营(最大)评定:NBI 64 条,NBI 规范中 L-5 条(FHWA,2005a)。“对于评定中所用车辆类型,结构可以承受的绝对最大运行荷载等级的承载能力评定。”

在一定的环境下，桥梁可能会承受最大允许荷载的作用，但长期如此会缩短它的使用寿命。

清单(服务)评定：NBI 66 条，NBI 规范 L-4 条(FHWA，2005a)。“可以无限期安全使用的既有结构的荷载等级下承载能力评定。”

AASHTO(本书附录 30)定义了评定桥梁的设计活载。在通常情况下，桥梁评定等级 RT (单位为 t)定义为：

$$RT = RF \cdot W \tag{A45.1}$$

式中：W——用以确定活载效应(L)的名义卡车的重量(t)；

RF——评分系数。

AASHTO(2003)LRFD 评分计算按照 AASHTO 现有钢桥和混凝土桥梁强度评估规范指南(AASHTO，1989)执行。该指南给出了基本结构供应(结构强度)要大于需求(作用荷载)的基本公式如下：

$$R \geqslant \sum_k Q_k \tag{A45.2}$$

式中：R——抗力；

Q_k——荷载 k 的效应。

设计规范要求有足够的强度。AASHTO(1998)LRFD《桥梁设计规范》使用了下列公式[式(1.3.2.1-1)](LRFD，1998)：

$$R_r = \varphi R_n \geqslant \sum_i \eta_i \gamma_i Q_i \tag{A45.2a}$$

式中：η_i——对延性、冗余度和运营重要性的荷载修正系数，$\frac{\eta_i}{L} = \eta_D \eta_R \eta_I$，$0.95 \leqslant \eta_i \leqslant 1.0$；

γ_i——基于统计的荷载效应系数；

φ——基于统计的名义抗力系数。

基于式(A45.2)和式(A45.2a)，《规范》(AASHTO，1989)定义了如下评分系数：

$$RF = \frac{\varphi R_n - \sum_{i=1}^{m} \gamma_i^D D_i - \sum_{i=1}^{m} \gamma_j^L L_j (1 + I)}{\gamma_R^L L_R (1 + I)} \tag{A45.3}$$

式中：RF——评定系数(允许部分评定车辆上桥)；

φ——抗力系数；

m——构件数量，包括在荷载中；

R_n——名义抗力；

n——除了交通荷载以外的活载数量；

γ_i^D——构件 i 的恒载系数；

D_i——构件 i 上的最小恒载效应；

γ_j^L——除了评级车辆外的活载 j 的活载系数；

L_j——除了评级车辆外的活载 j 的名义活载效应；

γ_R^L——评级车辆荷载的活载系数；

L_R——评级车辆荷载的名义活载效应；

I——活载冲击系数。

对式(A45.3)的解释如下：

评级车辆荷载效应 = 承载能力 - 恒载效应 - 其他活载效应

如果根据车轮线分布系数计算活载效应，说明不止一辆车，那么"除评级车辆"外的荷载效应 L_j 可以忽略，这样得到一个简化的评定系数表达式：

$$\mathrm{RF} = \frac{\varphi R_n - \gamma_D D}{\gamma_L L(1 + I)} \tag{A45.3a}$$

"荷载效应"是任何设计计算所涉及的构件内力，包括弯矩、剪力和轴力。评定结构构件的最低评定系数对结构起到控制作用。

恒载和活载系数 γ_L 和 γ_D 依赖于结构和交通量。这些参数是设计中应考虑的因素，并进行修正。

名义抗力 R_n 和抗力系数 φ 取决于既有桥梁。考虑了结构退化、冗余度、检测数据的质量和维护的流程图确定 φ 的范围如下：

$$0.55 \leqslant \varphi \leqslant 0.95$$

《状态评估手册》(AASHTO,2000b)参考了式(A45.3)，提出了下面的形式：

$$\mathrm{RF} = \frac{C - A_1 D}{A_2 L(1 + I)} \tag{A45.3b}$$

式中：A_1、A_2——代替 γ_L 和 γ_D 的恒载、活载系数；

C——评定结构构件的承载能力，代替 φR_n。

在式(A45.3b)中，更改的符号表明 AASHTO 规范中的允许应力设计(2002)也是一个可选方案，此时 A_1 和 A_2 均等于 1。

对于荷载系数设计：

$$A_1 = 1.3 \quad A_2 = \begin{cases} 2.17 & \text{对于清单评定} \\ 1.3 & \text{对于运营评定} \end{cases}$$

承载能力 C 对于运营和清单的评分(LRFD)都是一样的，但允许应力是有变化。

AASHTO(2003)在 LRFD 手册(AASHTO,1998a)中定义了极限状态下的构件承载能力。建立了三个荷载等级水平，如下：

- 设计荷载等级(第一级水平评估)。
- 合理荷载等级(第二级水平评估)。
- 允许荷载等级(第三种水平评估)。

当第一级评估获得的运营荷载评分 RF <1 时，需要进行合理荷载等级评定。除非桥梁需要合理荷载等级的评定，否则是不需要考虑允许荷载等级评定的。对于这三种状态中的每一种状态的荷载系数都需要特殊校准。

对于受到集中力作用(轴向弯曲或剪切)的构件或连接件，假设荷载等级系数 RF 具有如下形式：

$$RF = \frac{C - \gamma_{DC}DC - \gamma_{DW}DW \pm \gamma_P P}{\gamma_L(LL + IM)} \tag{A45.3c}$$

式中：C——对于正常使用极限状态，$C = f_R$；

f_R——规范中规定的允许应力，f_R = LRFD；

C——对于强度极限状态，$C = \varphi_C\varphi_S\varphi R_n$；

R_n——构件名义抗力（如检测到的）；

φ_C——状态系数，φ_C = (0,85 ~ 0.1)；

φ_S——状态系数，随着式（A45.3a）的 η_i 变化，φ_S = (0.85 ~ 1.0)，$\varphi_C\varphi_S \geq 0.85$，对于强度极限状态；

φ——LRFD 中规定的抗力系数；

DC——由于结构构件和附件而产生的荷载效应；

DW——由于磨损面和设施而产生的荷载效应；

P——除了恒载以外的其他永久效应；

LL——活载效应；

IM——动力荷载允许值；

γ_{DC}、γ_{DW}、γ_P、γ_L——相应的 LRFD 荷载系数。

NCHRP Report 12-46，2000 根据结构类型和假设的冗余度提出了许多系统系数 φ_S。活载系数 γ_L 通常从运营评定的 1.35 到清单评定的 1.75 变化（允许水平为 1.85）。为了在 RF < 1 的结构上允许更大的荷载作用，AASHTO（2003）需要详细的评估，包括可靠度水平、严密的分析、荷载试验、现场荷载系数确定和直接安全评价。每个过程都进行了定义，并经实例进行了阐述。

Lichenstein（*NCHRP 研究结果摘录 234，1993*）

如果标准荷载评定各公式不能如实反映结构性能，该报告推荐通过非破坏性荷载验证试验来进行桥梁荷载等级评定的方法，包括如下这些情况：

- 预期之外的组合作用。
- 荷载分布效应。
- 护栏、扶手、路缘石和设施的参与作用。
- 材料特性差异。
- 预期之外的连续性。
- 次要构件的参与作用。
- 斜歪。
- 退化和损害。
- 由桥面承受的荷载。
- 由于铰的冻结而导致预期之外的拱作用。

NCHRP 综合报告 327（2004）也引用了上面的列表。

NBI 规范（FHWA，2005a）提出了下列评定方法的编码：

0 无须进行评定分析。

1 荷载系数(LF)。

2 允许应力(AS),只适应于木结构和圬工结构。

3 荷载和抗力系数(LRF)。

4 荷载试验。

5 只可进行现场评估(没有可行计划)。

附录46 标 识

1994 年 2 月 22 日,NYS DOT 工程说明用 EI7.35-13 取代了 EI 88-39 和 EI 85-38,对潜在危害作相应的“标识”如下:

1. 结构红色标识。报告结构构件已破坏或即将破坏。即将破坏指破坏可能发生在下一个检测之前。

典型的红色标识状态包括基础的冲刷和移位、关键易损部件的变形、开裂和截面严重损失等。是否“严重”需要专家判断。开裂和截面损失可能没有到即将破坏的程度,则给予黄色标识。

当现场桥梁荷载评定等级(根据检测档案)低于公布的评定等级 3t(或 50%)及以上时,或在没有实际公布评定等级的情况下,低于 22t 时,发布红色标识。

因此,红色标识与状态和荷载评定等级都有关系。

2. 黄色标识。报告潜在危害的状况,如果置之不理的话,在下一次预期的检测周期将变成真正的危险。也用于报告非关键结构已经破坏或即将破坏,这些破坏可能会降低桥梁承载能力储备或冗余,但并不会导致结构倒塌或导致危险状况。黄色标识不是用来引起维护或例行检查人员注意的。

3. 安全标识。报告目前状况会对车辆或行人交通造成危害,但并不会造成结构破坏或倒塌。也可针对下方交通(或行为)存在危险状况的封闭桥梁而发布。

非结构构件,例如维护结构、饰面和栏杆(图 E16.7 ~ 图 E16.9)、设施、护栏(图 14.17和图 14.18)、人行道和路缘石(图 4.40)的破坏会给予安全标识。尽管它们被公认为可能会对结构有影响,但泄水孔[图 E12.b)]和伸缩缝(图 4.26,图 4.28,图 4.74和图 4.75)被标示为具有高优先级的安全威胁,因为由这些状况引起的潜在破坏是十分紧急的。

桥面板破坏虽然不会导致主要结构的倒塌,却会大大影响其服务,并导致桥梁关闭。因此,它们不应标示为安全。在单层板的情况下,很难分辨破坏是局限在磨耗层还是延伸贯穿了桥面结构(图 4.14 和图 4.15)。

标识是根据 NYS DOT(1997,附录 I)进行的。标识“包”包括报告、注释、草图、照片和冲刷资料(如果有的话)。“标识包”在 5 个工作日内送到所有的责任团体。标识要求 24 小时内展开“迅速的临时措施”(PIA),并且检察员需留在现场,直到责任团体到达。对于其他标识的响应时间不能超过 6 周,并可能包括有临时的或永久的维修、工程分析或关闭。

案例 A46 描述了纽约市桥梁网络中标识方法的应用。

案例 EA46　标识预测(NYC DOT)

在 1980—1994 年间,每年对纽约大约 800 座桥梁(约 5 500 跨)发布的标识,从 30 迅速增加到了 3 000,如图 EA46.1 所示。这种变化表明网络从一个可控的稳定平衡状态转变到了一个充满大量维修需求的状态。与之对应的是,在第二次世界大战后期,划分了街道和公路两支以后,1988 年在 NYC DOT 中重新建立了桥梁局。在随后的 15 年中,每年投资超过 5 亿美元进行重建,而用于紧急修理的费用达 5 千万美元,扭转了标识增长的趋势。

标识数目的增加是由以下主观和客观原因造成的:

● 超过半数的城市桥梁已超过了 30 年,由于几十年疏于维护,它们已经处于临界状态。案例 12 描述了在 1990—2005 年间桥梁年龄和状态的分布状况。

● 附录 46 中定义由一个标识来指示存在潜在危险演化成由安全、黄色、红色和最终需在 24 小时内立即采取临时措施(PIA)的多个标识。最重要的是,在 1988 年以后,所有报告状态中涉及的结构构件都必须单独标示。例如,图 4.24 所示的,在 20 世纪 80 年代早期只有一个标识构成,而在 1988 年以后,将不得不对主要构件、次要构件、桥面和铰等单独标识。这种要求方便了与标识有关的数据处理,却导致图 EA46.1 的历史不均匀性(如直方图所示)。

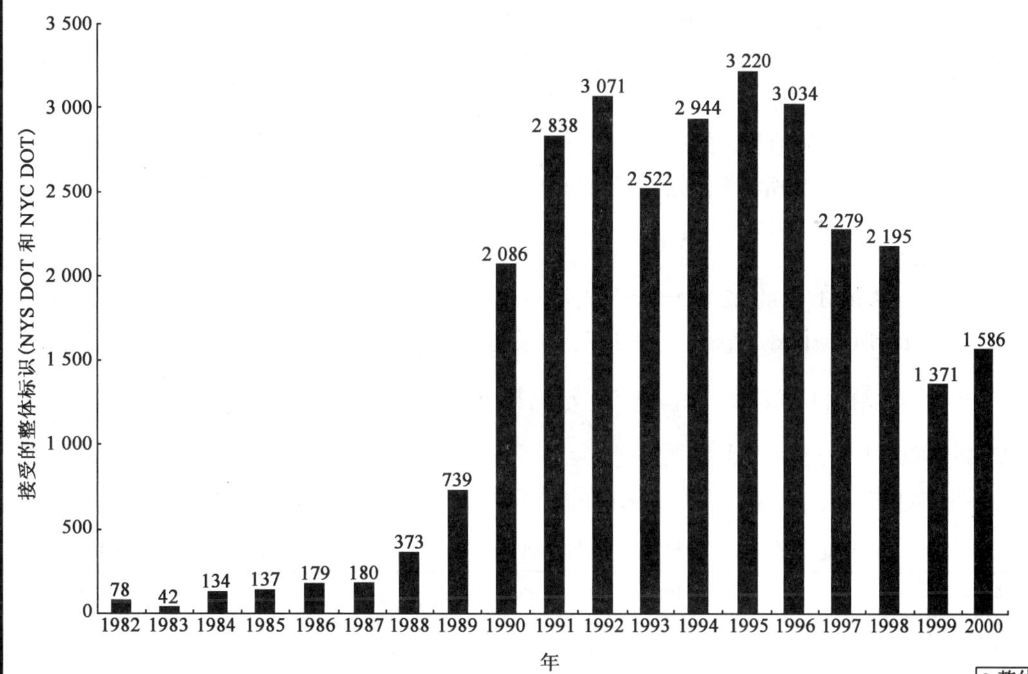

图 EA46.1　纽约市桥梁的标识状况

● 事故影响检测者的判断。1989 年 7 月 1 日的恶性事故(案例 16)就是在下部混凝土桥面板剥落而大量增加后发生的。关键部位断裂和特殊重点部位被连续加入到"100% 近距离目测"项目(14.2 节)中去了。

一旦报告,必须根据规定的程序(附录 46)进行标识。1990 年一个标识的平均修理费用估计为 10 000 美元,在 2002 年为 15 000 美元。修理包括暂时关闭交通、专业的内部和外包的紧急工作、可能的荷载记录和桥梁关闭等。从长远的观点来看,对于满是标识的桥梁网络唯一的解决方案是修复。伴随紧急需求和战略目标的响应是管理的挑战,在这种情况下,可通过如图 E18.2 所示组织结构来实现。从短期来看,应该开发标识预测过程用于年预算、工作量和交通估计。

预测(Yanev,1994)综合了已有的标识和状态评定历史,步骤如下:

• 对于每年的记录,将标识与具有潜在危险状态的桥梁构件联系起来。只考虑新的标识(重新进行标识是非常常见的)。

• 表 EA46.1 中的 22 种桥梁构件占了大约 85% 的标识。

• 下列 12 种构件获得了大约 70% 的标识:引道护栏,主要构件,桥面板,磨耗层,柱,桥台支承,背墙,桥台主体,栏杆,人行道,公用设施和桥台接缝。

• 下列 10 种桥梁构件大约占了 15% 的标识:桥台支座,翼墙,路缘石,排水孔,中间带,桥墩伸缩缝,桥墩支座,桥墩基础,桥墩主体,帽梁。

表 EA46.1 中的 22 种标识的概率估计如下:

• 根据它们的状态等级(构件相同,评定桥跨等级),对标识的构件进行排序。

• 对于每一种评定等级,假定被标识构件的比例与标识的概率相等。如果所有主要钢构件的 50% 评为 3 级,则认为构件评定为 3 级而被标识的概率为 50%。

• 所考虑的 22 种构件的状态评定的历史是确定的。考虑了每种构件单元(案例 9 和案例 12)最糟糕的退化率,也考虑了已知的紧急修复。

基于过去的记录和趋势,该过程对 22 种单元的每一种评定水平都确定了标识的比例。假设结果代表了 85% 的所有预测的标识,如下:

$$0.85\ \text{flags} = \sum_{i=1}^{22}\sum_{R=1}^{7}(N_R^i \times \text{flags}_R^i) \qquad (\text{EA46.1})$$

式中:i——表 EA46.1 中的 22 种单元中的每一种单元;

R——NYS DOT 中每个状态等级 1-7(附录 40);

N^i——类型 i 构件的数量,取值从 1 ~ 7,这样 $N_R^i = \sum_{R=1}^{7} N_R^i$;

N^i——网络中的跨数,i 为已知;

flags_R^i——在预测年内每组 N_R^i 中被标识的构件的比例(%)。

在指定年份内 22 种桥梁单元上的标识分布(NYC DOT;Yanev,1994)　表 EA46.1

桥梁单元	1892	1987	1988	1989	1990	1991(规划的)
桥台伸缩缝	0	0	3	2	2	1
桥台支承	0	2	0	1	6	4
桥台支座	0		5	9	19	17
桥台主体	3	0	7	12	28	11
背墙	0	1	0	5	17	14
翼墙	0	4	5	15	25	15
引桥护栏	5	16	35	28	74	69
磨耗面	1	3	11	14	27	35

续上表

桥梁单元	1892	1987	1988	1989	1990	1991(规划的)
路缘石	2	3	8	16	25	51
人行道	18	26	41	40	85	106
栏杆	3	29	38	46	92	118
排水口	1	0	2	3	16	22
中间带	0	1	1	6	7	23
桥面板	10	26	44	87	264	463
主要构件	11	22	80	261	391	679
桥墩铰	5	8	7	10	26	43
桥墩支座	0	2	7	3	11	12
桥墩基础	0	1	3	8	7	11
桥墩主体	0	0	1	4	9	4
盖梁	0	5	4	6	33	45
柱	1	6	12	16	45	118
设施	0	6	9	6	39	50
合计	60	161	323	598	1 248	1 909

该方法是完全确定性的方法。如果不仅对每一个状态评定水平,还要考虑构件每年的等级,那么这种估计效果将更好。PONTIS 和 BRIDGIT 使用 Markov 链来进行这样的估计,并假设具有足够的数据资料。在这种情况下,目的是预测立即的需求(和相应的预算),以使它们的历史资料在统计上变得显著之前,消除这种状况。这种应用将产生几种观测结果:

• 在重要桥梁上类似的状态将引起更多的标识。这种效应不仅仅是主观的,还因为重要桥梁通常承担了较重的交通。

因此,在纽约城超过 800 座的桥梁中,其中 29 座包含了所有标识的 75%。然而,他们是多跨东河桥(图 E1.1 ~ 图 E1.3;案例 3),25 座为可移动桥梁,而且所有这些桥都是重要的且复杂的结构,均已有 100 年或更长的年龄。网络层次管理基于重要性和整体状况对与之相同的桥梁分配了最高维护优先级。

• 标识和桥梁状态数据集不能自动连接。所有相互参照都必须手工进行。“标识包”仍然不能表示出被标识构件的状态级别,构件状态评定文件也不能建议标识。两种评估类型之间的相互联系是必要的,可以通过当前的检测软件来完成。

• 图 EA46.2 ~ 图 EA46.4 显示:标识出现低于一个特定水平时,最低的等级得到最多的标识。然而,在较高的标识出现水平上,标识数量在评分为 3(表示“没有表现出设计的性能”)时达到顶峰。可以推测,在中等的退化状况下,状态等级与危险评估是一致的。当整体的状况进一步退化时,就会发现潜在的危险先于状态评定。在这种情况下,随着时间的发展,评分降低到小于 2 时,新的标识状态下降,因为桥梁可能已经关闭或者状况已经得到修复。由于采取了临时的修复措施,例如木材的支撑或消除危险的防护措施等,因此关闭了标识,但并没有提高评分(见 11.4 节)。

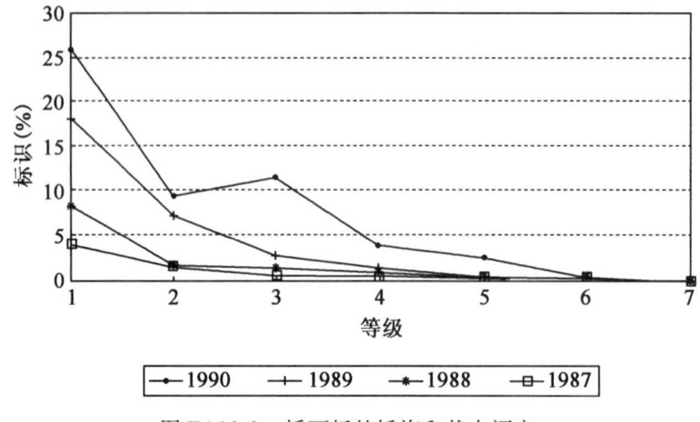

图 EA46.2　桥面板的插旗和状态评定

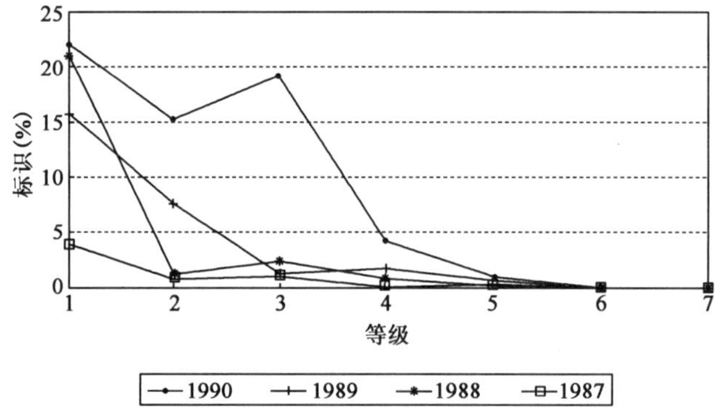

图 EA46.3　主要构件的插旗和评分

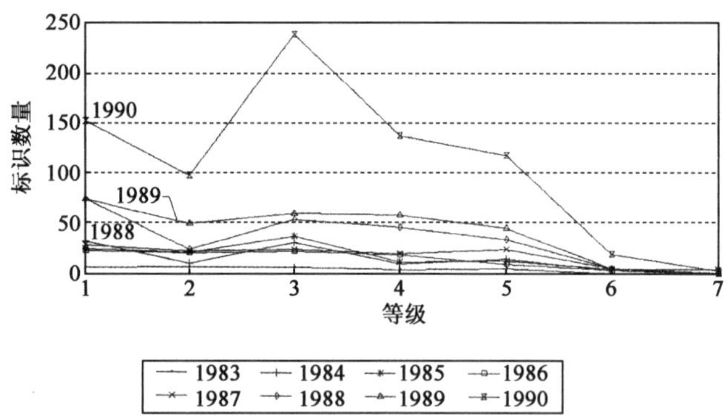

图 EA46.4　桥梁状态等级的插旗和评分

- 与交通事故相关的标识常常以常数比率发生，并且通常与桥梁状态的等级无关。
- 从 1982 年开始，低比率的主要构件和桥面板的标识明显增加。到 1990 年，所有面板评定为 1 的桥跨都给予了标识（图 EA46.2）。对于主要构件，该比率达到了 300%（图 EA46.3）；例如，主要构件评定为 1 的桥跨平均具有 3 个标识。

可以证明获得的预测（例如，表 EA46.1 为 1991 年预测的）是准确的，这表明状态评定和潜在的危险确实是相关的。这就是说，在 7 级状态评分模式下，当状态评分大于 4 时，通过维护来消除潜在的危险是最有效的。

附录 47 桥梁管理专家系统

Kawamura、Nakamura 和 Miyamoto(在 Frangopol 和 Furuta,2001,第 167-178 页中)开发了混凝土桥梁等级评定专家系统(BREX)。混凝土桥梁的服务能力是承载力和耐久性的函数(例如,材料退化率)。桥梁的承载能力可以通过分析确定并经加固而提高。耐久性则根据目测结果评估,也可通过维修来提高。

目标桥梁的性能评估通过诊断推论来实现,该程序模拟专家的评估过程。系统采用一个分层的神经网络通过"如果/那么"的准则和模糊变量来表达 12 个判断项目和输入数据之间的关系,因此也称为神经-模糊专家系统。系统通过反向传播"学习"。用户可以对各分层规则进行验证,以避免"黑匣子"效应。系统目标是建立模拟结果与专家评估结果之间的关联。

Miyamoto(在 Frangopol 和 Furuta,2001,第 179-198 页中)提出应将 BREX 整合到桥梁管理系统(J-BMS)中。该系统可以为选取修复和维护工作的最优方案提供决策支持,从而使费用最小化或质量最优化。基于 BREX 得出的凸形退化曲线,可使用遗传算法来选择最优候选方案。在一个将该算法应用于 7 座桥梁的例子中,严格考虑了结构状况。

Mizuno 等人(在 Miyamoto 和 Frangopol,2002,第 111-126 页中)通过基于网络的交互式系统将决策支持拓展到现场检测(图 A47.1)。

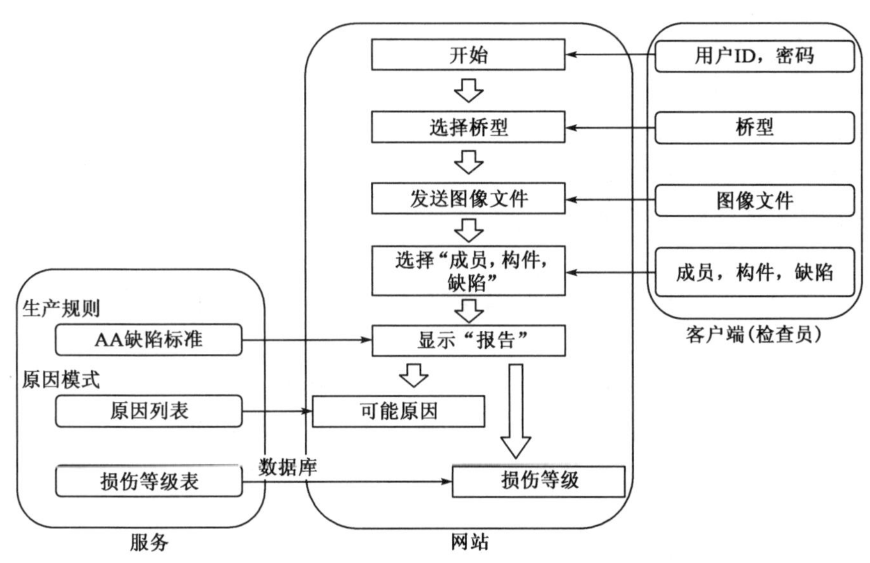

图 A47.1 基于网页的交互式系统、由 Y. Fujino 提供

系统用以下两种方法生成了现场检测的检查表:

- 根据《维护手册》《检测手册》等进行归纳生成(例如基于现象归纳)。
- 基于过去检测记录的推断(例如基于经验的推断)生成。

支持信息以两种形式给出:

- 基于以前的记录,以列表形式给出所报告症状的可能原因。
- 需要立即维修的缺陷识别准则。

多种辅助增强技术，例如语音和图像识别，也用于简化检测者的任务。作者强调了未来从语音和图像中提取信息的需求。服务器、网站和客户之间的数据交流如图 A47.2 所示。

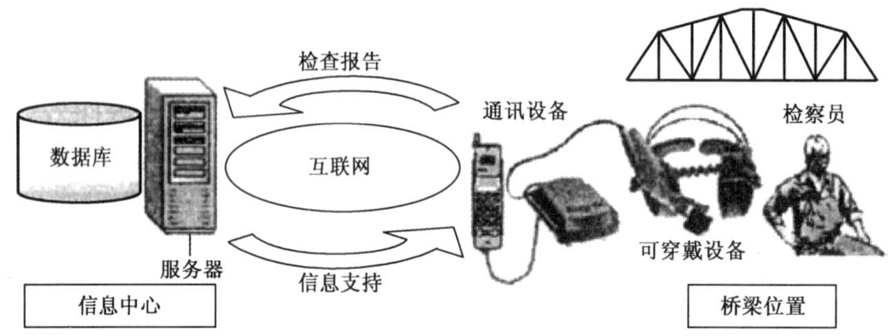

图 A47.2 检查支持信息流程。由 Y. Fujino 提供

Thoft-Chiristensen（Frangopol，1999a，第 236-247 页）已经分别开发了用于检测过程、检测数据采集和分析的专家系统 BRIDGE1 和 BRIDGE2。这两个系统是对 DANBRO（附录 40）的补充。

附录 48 预防性维护（PM）/可维护性

NCHRP 综合报告 327（2004）调查了美国联邦系统外的和地方的（例如，低交通量的）桥梁上的 PM 实践。以下为常用的维护技术：

- 在桥面板寿命的前几年内定期地使用煮沸的亚麻油。
- 使用渗透混凝土的密封胶。
- 每年清洗桥面，以清除堆积的碎屑和铺路盐。
- 维护桥梁排水口和排水系统。

同时提到的是对桥梁下部进行清洗、杂物移除、伸缩缝清洁和维修、清理河道缓和冲刷并增加抛石防护。

以佛罗里达和爱荷华州交通部门制作的维护手册为参考。

NCHRP 综合报告 327（2004）汇总了美国地方桥梁业主中常用的维护措施和耐久性措施，如下：

> “桥面板为维护的重点关注对象，因此很多……初步施工……技术都是为了延长桥面板的使用寿命，包括：
>
> - 使用环氧树脂涂层加固。
> - 高性能混凝土或密实混凝土。
> - 使用硅粉添加剂。
> - 增加覆盖面……
>
> 考虑到细节方面，桥梁结构中最常见的问题是水的不利作用，不论是桥梁基础底部的冲刷力还是桥台后侧的压力，或是促使桥梁上部结构腐蚀的作用……相应的应对措施是应用连续梁桥、无接缝桥梁和整体式桥台。”

据报道，地方桥梁业主通过下列设计方案来避免上部结构的维护：

- 耐候钢。
- 镀锌钢。
- 预制混凝土构件，包括管道和箱涵。

混凝土面板覆盖层的成本效率是另一个相关因素。Llanos 和 Yanev(1991)观察到，在纽约市，具有防水层和沥青铺装桥面板的有效寿命比单层桥面板寿命的两倍还要长，在寒冷的冬天，这些桥上会使用超过 300 000t 的除冰盐。

NCHRP 综合报告 327(2004)提出了几种常用的防止冲刷的方法，包括：

- 抛石保护，可能的话结合土工织布加固。
- 扩大水力开口。
- 桥墩基础布置在水道外。
- 在桥墩下打桩，做承台。

附录 49　用户成本估计

BLCCA(NCHRP Report 483,2003,第 42 页)指出：一些用户成本“可能导致货币支出，例如，增加车辆燃油消耗，但大多数没有。”下列几种延误类型被认为是货币损失的潜在原因：

交通堵塞和关闭延误(TDC_C)

$$TDC_C = [tdc_1 v_1 + tdc_2 v_2 + \cdots + tdc_n v_n] DT_C \qquad (A49.1)$$

式中：tdc_1、tdc_2、…、tdc_n——对不同车辆类型 1、2、…、n 的每辆车单位时间的延误成本；

v_1、v_2、…、v_n——不同车辆类型 1、2、…、n 受影响车辆的数量；

DT_C——由于堵塞和关闭而导致的每辆车的平均延误时间。

在交通部分或完全关闭的情况下，可以使用交通流和排队模型来估计可能延误的车辆数量和可能延误的时间。

由桥面铺装引起的平均延误 DT_P：

$$DT_P = A\left(\frac{CI_t}{CI_F}\right)^Z \qquad (A49.2)$$

式中：CI_t——在考虑期间内，状态退化指数(随着粗糙度增加)；

CI_F——考虑破坏和重新铺面的状态指数；

Z——经验的或判断的指数，通常情况下大于 2(Purvis 等人在 NCHRP Report 377, 1994 中取 $Z=4$)；

A——单位延误校准系数。

交通绕道和延误导致的改道 TDC_D。

$$TDC_D = [tde_1 v_1 + tde_2 v_2 + \cdots + tde_n v_n] DT_D \qquad (A49.3a)$$

式中：DT_D——每辆改道车辆的平均延误时间。

已知最近道路的距离为 D_d，则

$$TDC_D = 2\left(\frac{FP}{FC_n} + \frac{TV_n}{S_n}\right) D_d v_n \qquad (A49.3b)$$

式中：FP——现行的平均燃油价格；

FC_n——对于车辆类型 n 的平均燃油消耗率；

TV_n——对于车辆类型 n 的单位时间价值，例如，平均工资率；

S_n——车辆类型 n 平均速度。

报告进一步确定了导致公路车辆破坏和环境、商业以及其他影响的可能性。对易损性成本单独进行了估计。

Thompson 等人（在 TRR 1697，2000，第 6-13 页中）对 PONTIS 和 BRIDGIT 中使用的模型进行了调整，以更准确地反映道路拓宽对事故风险估计方面的影响。作者参考了下列公式：

$$BW_r = CA_c(R_r - R'_r) \tag{A49.4}$$

式中：BW_r——拓宽的益处；

CA_c——每个事故的平均成本；

R_r——基于日平均交通量（ADT）的目前年事故风险估计；

R'_r——基于改进后的日平均交通量（ADT）的目前年事故风险估计。

北卡罗来纳州桥梁管理系统利用下列回归模型近似估计 R：

$$R_r = 365 \times 200 \times (3.280\,84W_r)^{-6.5}\left(1 + \frac{9 - A_b}{14}\right) \tag{A49.5}$$

式中：W_r——道路宽度（路缘石到路缘石）（m）（NBI 51 项）；

A_b——桥头引道接线率（NBI 72 项）。

针对北卡罗来纳州的 BMS（桥梁管理系统），D. W. Johnston（在 TRC 423，1994，第 139-149 页中）通过下式估计用户成本：

$$AURC(t) = 365ADT(t)[C_{WDA}U_{AC} + C_{ALA}U_{AC} + C_{CLA}U_{AC}C_{CLD}U_{DC}DL + C_{LCD}(t)U_{DL}DL] \tag{A49.6}$$

式中：$AURC(t)$——在第 t 年，桥梁年用户费用（美元）；

$ADT(t)$——在第 t 年，桥梁的平均日交通量；

C_{WDA}——由于宽度不足而导致车辆发生事故的比例系数；

C_{ALA}——由于线形不当而导致的事故；

C_{CLA}——由于净高不足而导致的事故；

C_{CLD}——由于净高不足而导致的车辆绕行的比例系数；

$C_{LCD}(t)$——由于承载能力不足而导致的事故；

U_{AC}——桥梁上车辆事故的单位成本（美元/每起事故）；

U_{DC}——由于净高不足而导致的车辆绕行的平均单位成本［美元/mile（km）］；

U_{DL}——由于承载能力不够而导致的车辆平均绕行的单位成本［美元/mile（km）］；

DL——绕行长度［mile（km）］。

该方法假设对于木、混凝土和钢桥，车辆运行成本和车辆重量以及基于经验的承载能力退化率之间具有线性的关系。事故的单位成本和由于引桥线形以及竖向和水平净空限制而导致的事故率是基于全州内广泛调查结果进行估计的。并根据将来的交通增长情况进行修正。

利用路面管理系统（1987）提供的曲线，NCHRP 综合报告 330（2004）将国际公路粗糙度指标（IRI）与车辆营运成本联系起来。车辆的直接营运成本以时速 50km 时每 1 000km 的费用（以美元计）计量。路面状况分为 5 个等级：很好、好、中等、差、很差。当路面状况等级从 5 下降到2(例如:从很好到差),成本几乎呈线性增长,从48美元增长到60美元。当路面状况从4降低到0,将对应着更大幅度的成本增长,从60美元到90美元。

附录50　公路质量保证术语 (TRC E-C037,2002)

NCHRP综合报告346(2005,第40页)很认同TRC EC037中提出的术语。NCHRP中所引用的术语不仅适用于道路,而且适用于公路桥梁:

验收。采样、测试或检测,以确定满足合同要求的程度。

最终产品规范,要求承包商全面负责提供产品或其中部分内容的规定。公路主管部门的责任是要么接受或拒绝该最终产品,要么根据符合规范的程度进行价格调整。

独立保证(IA)。需要不直接对过程控制或验收负责的第三方对过程控制和验收测试过程中获得的产品和/或测试结果的可靠性提供独立评估的一种管理方法。(独立保证的测试结果并不作为产品验收的基础。)

检验批(或数量)。属于同一验收或过程控制决策的相似材料、施工或单元的特定数量。检验批,作为一个整体,假设是由同样的过程生产的。

材料和工艺(或方法、配方、规定)规范。指导承包商按规定比例使用指定材料和按指定设备和方法处理材料的规定。每一步骤都由公路主管部门的代表予以指定。

性能相关的规范。用以描述与预测性能的基本技术特性相关的关键材料和施工质量水平的QA规定。这些特性(例如,沥青混凝土中的含气量和波特兰水泥混凝土的抗压强度)应满足建设过程中的验收测试。

性能规范。用于描述随着时间的推移,规定竣工结构应具有的性能。

质量保证(QA)。确保产品或设施具有令人满意服务水平的所有必须有计划、有系统的行为。

质量保证规范。最终结果规范和材料、工艺规范的综合。

质量(或过程)控制(QC)。为控制最终产品的质量,用来评估调整施工产品及施工过程的QA活动及相关事宜。

基于随机采样的规范。用于采用合适的统计参数描述目标产品或施工过程的特性的基于随机抽样的规范。

验证。通过检查数据和/或提供客观凭证确定或检测测试检查结果真实性和准确性的过程。

附录51　特殊设计实践

在NCHRP综合报告316(2003)中,Mason和Mahoney总结了美国交通部门(STAs)常用的特殊设计实践。特殊设计是指在公路施工项目中提出或沿用不能满足相应标准和政策的最低要求的几何特征的过程和相应的文件档案。在项目开发的以下领域中可以发现一些特殊性:

- 位置/系统。
- 资金来源。

- 范围/类型。
- 补充标准(即:FHWA 控制标准以外的标准)。
- 高于 AASHTO 标准的 STA 标准取值。
- 修复、重建或重新铺面标准(称为 3R)。

联邦援助政策指南(FHWA,1997)确定了以下 13 项标准,用以控制特殊设计的产生:

- 设计速度。
- 车道宽度。
- 路肩宽度。
- 桥梁宽度。
- 结构承载能力。
- 水平线形。
- 竖向线形。
- 分类。
- 停车视距。
- 横向坡度。
- 超高。
- 竖向净空。
- 横向净空(并非净区域)。

附录 52 实施维护

***AASHTO** (1999a)* **道路桥梁的维护和管理**

手册(第 1-4 页)推荐了早期 NCHRP Report 363(1994)提出的辐射式维护管理结构。其中心是一个集成了维护管理系统的信息中心。轮辐是中心与以下模块或其他系统之间的联系:

- 中央维护功能。
- 桥梁管理系统(BMS)。
- 道路管理。
- 设备管理。
- 交通规划。
- 合同管理。
- 项目开发/预算。
- 工资发放。
- 财务会计。
- 许可证。
- 材料。
- 卫星区域中心。

在相关数据库中,该结构能够与其他系统(如 BMS)集成。

NCHRP Reprt 511 (2004),为强调顾客至上的维护行为效果评价基准提供了该指南

评价基准程序是由下列步骤组成的循环:

选择伙伴——→建立测试标准——→效果评价
↑ ↓
补充和连续改进←——确定最佳效果和实施

推荐用于交通设施维护的效果评价程序是强调顾客至上的。报告中的第三章(第 45 页)确定了下列四种效果评价:

• 资源(输入)。输入是用来提供产品或服务,执行活动或业务所使用的资源。包括劳动力、设备、材料以及所需的资金。也可将土地、水和空气考虑在内。

• 输出。产品、业绩或性能指标的测试。

• 结果。由于提供产品或服务,执行了某种活动而产生的结果、效果或变化。附加价值可以通过提高客户满意度或节约行程时间而获得的经济价值或生命周期成本的降低而产生的经济价值来衡量。主要的可测量结果有以下三个:

• 客户满意度。

• 道路设施和其他设施的状态。

• 客户获得的好处。

• 不利因素。维护组织控制之外的会影响结果和资源使用水平的因素,例如天气和地形。

该方法推荐了一种从内向型生产能力结果测试到外向型客户满意度测量的转变。后者用来调整效果。

附录 53 NBIS 人员的资格条件

NBIS 23 CFR 650 子部 C 规定检测人员应具有如下资格条件:

“§650.307(a)从事桥梁检测、报告和清单撰写的单位负责人至少需要具备下列条件:

(1)为注册专业工程师;或

(2)按照国家法律可以注册成为专业工程师;或

(3)具有至少 10 年桥梁检测经验,且具有相应的能力,并完成了基于联邦-州特别工作小组编制的《桥梁检测者培训手册》及其新增内容的综合培训课程。

(b)桥梁检测队负责人至少应具备以下条件:

(1)具有本节(a)段中规定的条件;或

(2)具有至少 5 年的桥梁检测经验,且具备相应的能力,并完成了基于《桥梁检测者培训手册》的综合培训课程;或

(3)拥有国家职业工程师协会的全国工程技术认证项目颁发的Ⅲ或 IV 级桥梁检测员证书。”

上述《桥梁检测者培训手册》(FHWA,1979)已多次更新。最新的版本是FHWA(2002a)。FHWA和各州都定期进行培训。

FHWA(2005a)对项目经理、小组领导、承载能力评定人员和潜水员等进行了如下的规定:

"§650.309(a)项目经理至少应具备下列条件:

(1)为注册职业工程师,或具有10年桥梁检测经验;并且

(2)顺利完成FHWA认可的桥梁检测培训课程。

(b)小组负责人应至少具备下列条件:

(1)具有本节(a)段中规定的条件;或

(2)具有5年桥梁检测经验,并且顺利完成FHWA认可的桥梁检测综合培训课程;或

(3)拥有国家职业工程师协会的全国工程技术认证项目颁发的Ⅱ或Ⅳ级桥梁检测员证书,并顺利完成FHWA认可的桥梁检测综合培训课程;或

(4)具有所有下列条件:

(i)具有官方承认的或大体相当于工程技术鉴定委员会认可的学院或大学的工程学士学位;

(ii)顺利通过了国家考试委员会组织的工程和测量基础考试;

(iii)具有两年的桥梁检测经验;

(iv)顺利通过了FHWA认可的桥梁检测综合培训课程;或

(5)同时具有下列条件:

(i)具有官方承认的或大体相当于工程技术鉴定委员会认可的学院或大学的工程或工程技术的大专学历;

(ii)4年的桥梁检测经验;

(iii)顺利通过了FHWA认证的桥梁检测综合培训课程;

(c)全面负责桥梁承载能力评定的人员必须是注册职业工程师。

(d)从事水下桥梁检测的潜水员必须通过FHWA认可的桥梁检测综合培训课程或FHWA认可的其他水下桥梁检测培训课程。"

图书在版编目(CIP)数据

桥梁管理/(美)波耶达·雅奈夫(Bojidar Yanev)著;孙利民,陈斌,叶肖伟译. —北京:人民交通出版社股份有限公司,2016.10

ISBN 978-7-114-13411-1

Ⅰ.①桥… Ⅱ.①波… ②孙… ③陈… ④叶… Ⅲ.①桥—保养—研究 Ⅳ.①U445.7

中国版本图书馆 CIP 数据核字(2016)第 246556 号

Title:Bridge Management by Bojidar Yanev,ISBN:978-0-471-69162-4

著作权合同登记号 图字:01-2016-8094

交通科技译丛

书　　名:桥梁管理
著 作 者: Bojidar Yanev
译　　者: 孙利民　陈　斌　叶肖伟
责任编辑: 卢俊丽　李　喆
出版发行: 人民交通出版社股份有限公司
地　　址:(100011)北京市朝阳区安定门外外馆斜街3号
网　　址: http://www.ccpress.com.cn
销售电话:(010)59757973
总 经 销: 人民交通出版社股份有限公司发行部
经　　销: 各地新华书店
印　　刷: 北京盛通印刷股份有限公司
开　　本: 787×1092　1/16
印　　张: 29.25
字　　数: 700千
版　　次: 2016年10月　第1版
印　　次: 2016年10月　第1次印刷
书　　号: ISBN 978-7-114-13411-1
定　　价: 180.00元
(有印刷、装订质量问题的图书由本公司负责调换)